Röhrig (Hrsg.) · Um des Menschen willen

Um des Menschen willen

Grundtvigs geistiges Erbe als Herausforderung für Erwachsenenbildung, Schule, Kirche und soziales Leben

Dokumentation des Grundtvig-Kongresses vom 7. bis 10. September 1988 an der Universität zu Köln

Herausgegeben von Paul Röhrig in Zusammenarbeit mit Henning Schröer, Ulrich Groenke, Christian Thodberg, Hans Henningsen und Angela Sommer

Peter Offelder
D-24939 Flensburg
Bjoernsonstr. 34
Telefon (04 61) 5 77 66
Telefax (04 61) 5 66 88

Deutscher Studien Verlag · Weinheim 1991

Über den Herausgeber:
Paul Röhrig, Prof. Dr. phil., Jg. 25, ist em. Universitätsprofessor am Seminar für Allgemeine Pädagogik der Universität zu Köln.

CIP-Titelaufnahme der Deutschen Bibliothek

Um des Menschen willen : Grundtvigs geistiges Erbe als Herausforderung für Erwachsenenbildung, Schule, Kirche und soziales Leben / hrsg. von Paul Röhrig. – Weinheim : Deutscher Studien Verlag, 1991
  ISBN 3-89271-252-2
NE: Röhrig, Paul [Hrsg.]

Alle Rechte, insbesondere das Recht der Vervielfältigung und Verbreitung sowie der Übersetzung, vorbehalten. Kein Teil des Werkes darf in irgendeiner Form (durch Photokopie, Mikrofilm oder ein anderes Verfahren) ohne schriftliche Genehmigung des Verlages reproduziert oder unter Verwendung elektronischer Systeme verarbeitet, vervielfältigt oder verbreitet werden.

© 1991 Deutscher Studien Verlag · Weinheim
Satz: vpa, 8300 Landshut 2
Umschlagzeichnung von J. Th. Lyndbye (1843): Grundtvig in Borchs Kollegium. Frederiksborgmuseum.
Das nebenstehende Portrait ist eine Radierung, die anläßlich des Grundtvig-Kongresses 1988 von Max Zimmermann angefertigt wurde.
Druck: Druck Partner Rübelmann, 6944 Hemsbach
Seriengestaltung des Umschlags: Atelier Warminski, 6470 Büdingen 8
Printed in Germany

ISBN 3 89271 252 2

Inhaltsverzeichnis

Grußwort von Königin Margrethe II 9
Vorwort 11
Paul Röhrig: Einleitung 13

Eröffnungsvortrag

Erica Simon:
N.F.S. Grundtvig – ein Däne mit weltweiter Bedeutung 19

Hauptvorträge

Poul Engberg:
Folkelighed – die nationalen, sozialen und demokratischen
Komponenten in Grundtvigs Gedanken 29

Otto Dann:
Herder und die Anfänge der deutschen Nationalbewegung 38

Klaus Schaller:
Nationale und humane Identität im Lichte der Gedanken
von Herder und Grundtvig – Gesprächsbericht 53

Kaj Thaning:
Zuerst der Mensch ... – Grundzüge der Anthropologie Grundtvigs 55

Sektion Pädagogik/Erwachsenenbildung
Leitung und Redaktion: Paul Röhrig 65

Knud Eyvin Bugge:
Die pädagogischen Grundgedanken Grundtvigs
im Lichte der neueren Forschung 67

Paul Röhrig: Gesprächsbericht 74

*Die grundtvigianische Volkshochschule in ihrer Geschichte
und gegenwärtigen Aktualität*

Jens Grøn:
Hauptetappen in der Entwicklung der dänischen Volkshochschule 75

Horst Siebert:
Das Geschichtsbewußtsein der deutschen Erwachsenenbildung –
Gesprächsbericht 82

Jakob Krøgholt:
Die Wirklichkeit der dänischen Volkshochschule –
Organisationsform, gesetzliche Grundlagen, Bildungsziele, Lehrer 84

Arne Andresén:
Die Wirklichkeit der dänischen Volkshochschule – Teilnehmer, das Sekretariat der Volkshochschulen, kurze und lange Kurse 92

Norbert Vogel: Gesprächsbericht 100

Hans Henningsen:
Identitätsprobleme der heutigen Volkshochschule zwischen
Grundtvigs Idee und den Anforderungen der modernen Welt 101

Egon Schütz: Gesprächsbericht 106

Die Grundtvigrezeption in der deutschen Erwachsenenbildung

Martha Friedenthal-Haase:
Grundtvig im Spiegel der deutschen Literatur zur
Erwachsenenbildung um 1933 108

Norbert Vogel:
Die Anfänge der Grundtvig-Rezeption in
der deutschen Volksbildung/Erwachsenenbildung 117

Eberhard Harbsmeier: Gesprächsbericht 130

Hermann Scheile:
Grundtvig und die deutschen Heimvolkshochschulen 131

Hans Wilhelm Tölke: Gesprächsbericht 138

Paul Röhrig:
Eine schwierige Annäherung – Versuch, den Dialog zwischen
dänischer und deutscher Erwachsenenbildung neu zu begründen 139

Erik Overgaard: Gesprächsbericht 148

*Grundtvigs Impulse für Leben und Erziehung in Familie
und Schule*

Knud Arnfred:
Leben und Erziehung in einem grundtvigianischen Haus 149

Thea Sprey-Wessing: Gesprächsbericht 155

Eckhard Bodenstein:
Die ersten Alternativschulen –
Idee und Aktualität der grundtvig-koldschen Freischulen 158

Barbara Gaebe: Gesprächsbericht 168

Jakob Andersen:
Eine Schule für das Leben im Geiste Grundtvigs – Die dänische Efterskole ... 169

Ehrenhard Skiera: Allgemeine Informationen zur dänischen Efterskole – Gesprächsbericht ... 177

Grundtvigs Volksbildungsidee in ihrem Verhältnis zu den großen Emanzipationsbewegungen

Franz Pöggeler:
Bericht über Vortrag und Gespräch zum Thema: „Nu kommer bonden" – Aufklärung und Aufweckung der Bauern im Sinne Grundtvigs ... 179

Ebbe Kløvedal Reich:
Grundtvig, die Volkshochschule und die Emanzipation der Frau ... 180

Barbara Rosenthal: Gesprächsbericht ... 184

Henrik Yde:
Die grundtvigsche Volkshochschule und die sozialistische Arbeiterbewegung ... 186

Inken Meinertz:
Die Volkshochschule und die Gewerkschaftsbewegung in Dänemark – aus der Sicht der Frauengewerkschaft ... 195

Hartmut Meyer-Wolters: Gesprächsbericht ... 198

Hat Grundtvig eine Botschaft für die Dritte Welt?

Erica Simon:
Grundtvigs „Folkelighed" und Leopold Senghors „Négritude" ... 200

Rolf Niemann:
Bericht über Vortrag und Gespräch zum Thema: Grundtvig, die dänische Volkshochschule und die Entwicklungsländer. Das Beispiel Afrika ... 204

Ok-Bun Lee:
Asiens Echo auf Grundtvigs Volksbildungsidee ... 206

Sri N.K. Mukherjee:
Grundtvigs Botschaft für das indische Volk ... 210

Nikolaus Richartz: Gesprächsbericht ... 216

Sektion Theologie/Religionspädagogik
Leitung und Redaktion: Henning Schröer ... 217

Henning Schröer:
Grundtvigs theologisches und religionspädagogisches Erbe ... 219

Christian Thodberg:
Das lebendige Wort bei Grundtvig ... 226

Theodor Jørgensen: Gesprächsbericht ... 233

Theologie: Kirche, Volk, Volkskirche

Martin Greschat:
Kirche, Volk, Volkskirche in Deutschland 1918-1945 235

Jörg Thierfelder: Gesprächsbericht 245

Theodor Jørgensen:
Volk und Volkskirche bei Schleiermacher und Grundtvig 246

Hermann Deuser: Gesprächsbericht 258

*Religionspädagogik: Kirchliche Erwachsenenbildung
und Religionsunterricht*

Gerhard Strunk:
Tendenzen der kirchlichen Erwachsenenbildung in Deutschland 260

Günter Weitling:
Unterricht in Religion nach Grundtvig 274

Hans Grothaus: Gesprächsbericht 286

Sektion Nordische Philologie
Leitung und Redaktion: Ulrich Groenke 289

Jürgen von Heymann:
Grundtvigs Geist und Islands
Freiheit – Rezeption, Wirkungen und Widerstände
in Dänemarks ehemaliger Kolonie 291

Hans Bekker-Nielsen:
Für eine färöische Schriftsprache:
N.F.S. Grundtvig, Svend Grundtvig und V.U. Hammershaimb 306

Jens Peter Ægidius:
Mythenerzählen in der Nachfolge Grundtvigs
an den dänischen Volkshochschulen 312

Flemming Lundgreen-Nielsen:
Grundtvig als Dichter – halb Aufklärer, halb Romantiker, ganz Christ . . . 320

Bernd Henningsen: Gesprächsbericht 327

Paul Röhrig: Bericht über die abschließende Diskussion 329

Autorenverzeichnis 335

Amalienborg, am 7. September 1988

Es ist allen Dänen eine grosse Freude, dass die hoch angesehene Universität zu Köln anlässlich ihres 600-jährigen Jubiläums sich entschlossen hat, Nikolaj Frederik Severin Grundtvig besondere Aufmerksamkeit zu widmen.

Unter dänischen Persönlichkeiten des 19. Jahrhunderts ist vor allem der Philosoph Søren Kierkegaard im Ausland bekannt. Bei Grundtvig verhält sich das anders. Sein Name und Gedankengut wiederum spielen heute noch in seinem Vaterland die grösste Rolle. Ausserordentlich begabt als Dichter, Theologe, Historiker, Volkserzieher und Politiker verzichtete er auf jeden äusseren Erfolg und kämpfte - wie er selber sagte - "um des Menschenlebens willen". Für ihn galt es dem Bekenntnis zum Menschlichen vor dem Bekenntnis zum Christentum und Dänentum den Vorrang zu geben.

Der einsame Kampf Grundtvigs rief allmählich eine nationale Bewegung ins Leben, schuf eine kirchliche Erneuerung und verlieh den unteren sozialen Schichten Mündigkeit - auf die demokratische Gesellschaftsordnung hindeutend - die aus diesem Grunde ohne gewaltsame Brechungen hervorwuchs. Diesem letzteren Zweck diente besonders die von Grundtvigs Gedanken geprägte Hochschule, die - als Gegenstück zu der akademischen Ausbildung - in freier Wechselwirkung zwischen Lehrern und Schülern, sich um Geschichte und Muttersprache konzentrieren sollte.

Der unermüdliche Kampf Grundtvigs für das Menschenleben in Freiheit und in Liebe zu der Sprache und der Geschichte seines Vaterlandes ist eine fortwährende Inspiration für das kulturelle und soziale Leben - nicht nur in Dänemark, sondern auch in Teilen der Welt, wo man versucht, die nationale und sprachliche Identität mit der sozialen Gerechtigkeit und der demokratischen Lebensform zu stärken. Es ist meine Hoffnung dass diese Gedanken im Vordergrund des Kongresses, der jetzt in Köln beginnt, stehen mögen.

Ich möchte nochmals meiner Freude darüber Ausdruck geben, dass man meines grossen Landsmannes gedenkt, und spreche der Universität zu Köln meine herzlichsten Glückwünsche zu ihrem 600-jährigen Jubiläum aus.

Vorwort

Nachdem der Kölner Grundtvig-Kongreß durch eine große Beteiligung aus vielen Ländern und durch die ausdrückliche Zustimmung der allermeisten Teilnehmer zu seinem Verlauf sowie durch ein unerwartet großes Echo in Zeitungen, Fachzeitschriften und im Rundfunk seine Rechtfertigung längst gefunden hat, bleibt jetzt die Frage, wie weit die besondere fächerübergreifende Anlage des Kongresses und die inhaltliche Bearbeitung des Themas geeignet sind, einen noch größeren Kreis von Wissenschaftlern und Praktikern zu interessieren.

Zahlreiche Anfragen nach einer Dokumentation des Kongresses weisen darauf hin, daß die geistige Auseinandersetzung mit Grundtvig sich neu belebt und daß außerhalb des skandinavischen Sprachraums ein dringender Bedarf an Literatur zum Thema „Grundtvig und die Aktualität seiner Gedanken" besteht.

So legen wir denn hiermit die Referate und Gesprächsberichte einem pädagogisch, theologisch und philologisch interessierten Publikum zur kritischen Auseinandersetzung und weiteren Bearbeitung vor. Die Texte dokumentieren weitgehend den offiziellen Verlauf des Kongresses; was sie nicht vermitteln können, ist der Eindruck, in welch hohem Maße der thematische Mittelpunkt, Grundtvig, dem das „lebendige Wort" und die „lebendige Wechselwirkung" wichtige Begriffe waren, auch die Form und Art und Weise der Kommunikation des Kongresses bestimmt haben. In einigen Vortragstexten läßt sich noch etwas von dieser Lebendigkeit erkennen, andere zeichnen sich durch hohe, auch formalisierte Gelehrsamkeit aus; beides gehörte zur Sache dieses Kongresses, und wir haben jeden Versuch unterlassen, diese Vielfalt einer einheitlichen Form und einem einzigen Prinzip zu unterwerfen.

Ich habe vielen Menschen zu danken, die zum Gelingen des Kongresses beigetragen haben. Das wichtigste war, daß ich Kollegen fand, die bereit waren, sich auf das Risiko eines Kongresses einzulassen, der inhaltlich gesehen noch ohne Vorbild war. Dem Vorbereitungskomitee habe ich deshalb in erster Linie zu danken: dem Dekan der Erziehungswissenschaftlichen Fakultät, Professor Dr. Johann Michael Schmidt, den Professoren Dres. Ulrich Groenke, Institut für Nordische Philologie an der Universität zu Köln; Henning Schröer, Evang. theol. Seminar der Universität Bonn; Egon Schütz, Pädagogisches Seminar der Universität Köln; Christian Thodberg, Theologische Fakultät der Universität Aarhus; Dietrich Zilleßen, Seminar für Theologie und ihre Didaktik der Universität zu Köln und Hans Henningsen, dem Vorsteher der dänischen Heimvolkshochschule Askov.

Daß Ihre Majestät Königin Margrethe II den Kongreß mit einer Grußbotschaft geehrt hat, haben gewiß alle mit tiefem Dank empfunden.

Dank gebührt dem Rektor der Universität zu Köln, Professor Dr. Peter Hanau, sowie dem Königlich Dänischen Botschafter Dr. Paul Fischer, die nicht nur den Kongreß eröffnet, sondern auch mit Rat und Hilfe unterstützt haben. Der Oberbürgermeister der Stadt Köln, Norbert Burger, trug durch den Empfang der Kongreßgäste im Rathaus sehr zu einem würdigen und munteren Auftakt bei, und der Direktor der Volkshochschule Köln, Ernst Küchler, stellte zur Eröffnungsveranstaltung den schönen Saal des „Forums" zur Verfügung und begrüßte uns als gern gesehene Gäste, weil man sich der Bedeutung Grundtvigs als „Vater" der Volkshochschule bewußt sei.

Der Kongreß wäre nicht möglich gewesen ohne die finanzielle Unterstützung der Deutschen Forschungsgemeinschaft, des Landes Nordrhein-Westfalen und der Universität zu Köln. Die Zusammenarbeit mit diesen geldgebenden Stellen war kooperativ und verständnisvoll, wofür ich besonders zu danken habe. Aber was wäre aus all unseren Bemühungen geworden, wenn nicht so sehr viele Menschen zur Mitwirkung bereit gewesen wären: Zu einem Vortrag, zur Gesprächsleitung, zur Podiumsdiskussion, zur organisatorischen Hilfe und schließlich überhaupt zur Teilnahme am Kongreß, die für manche mit langen Reisen verbunden war. Auch wenn die Namen hier nicht genannt werden können, so meine ich doch mit meinem herzlichen Dank jeden einzelnen der vielen freundlichen Helfer und Teilnehmer. Allerdings wäre ohne die Koordination und das Mitplanen und Mitdenken in allen Bereichen durch meine wissenschaftliche Mitarbeiterin Angela Sommer das Ganze wohl kaum gelungen.

Leider kann ein musischer und recht vergnüglicher Teil des Kongresses hier überhaupt nicht dokumentiert werden, nämlich jener kulturelle Abend, an dem Dea Trier Mørch und Ebbe Kløvedal Reich Texte über Grundtvig und das grundtvigianische Milieu lasen und Annika Hoydal, begleitet von Lars Trier, Grundtvig-Lieder sang. Auch von den Ausstellungen im Foyer der Erziehungswissenschaftlichen Fakultät kann leider kein Eindruck durch Bilder vermittelt werden.

Die Universität zu Köln feierte 1988 den 600. Jahrestag ihrer Gründung. Der Grundtvig-Kongreß als Teil der Veranstaltungen zum Jubiläumsjahr wurde in der Kölner Volkshochschule eröffnet. Damit symbolisierten wir die Anknüpfung an den Geist der Neugründung von 1919, nämlich eine mit dem praktischen Leben eng verknüpfte Universität zu sein, wobei auch durch Personen wie Leopold von Wiese, Max Scheler und vor allem Paul Honigsheim die Verbindung zur Volksbildung hergestellt wurde. Der Kongreß strebte ebenfalls nach einer solchen Verbundenheit mit Fragen des wirklichen Lebens und war, wenigstens in großen Teilen, was Wilhelm Flitner unter wissenschaftlicher Pädagogik versteht: réflexion engagée, was Grundtvig als „lebendige Wissenschaft" bezeichnet hätte. Mögen der Kongreß und dieses Buch neben der Untersuchung und Erörterung rein wissenschaftlicher Probleme einen Beitrag leisten zur Beantwortung der Frage, wie wir heute in der rechten Weise leben und handeln sollten und ob Grundtvig uns dazu etwas zu sagen hat.

Die Veröffentlichung wurde unterstützt durch Dronning Margrethes og Prins Henriks Fond, N.F.S. Grundtvigs Fond, Lili Zingels Fond, die Evangelische Kirche im Rheinland und die Universität zu Köln.
Allen sei aufrichtig gedankt.

Köln, im August 1990   Paul Röhrig

Paul Röhrig
Einleitung

Kein Däne habe einen so tiefen Einfluß auf sein Volk ausgeübt wie Nicolaj Frederik Severin Grundtvig, so leiten Georg Christensen und Hal Koch ihre zehnbändige Grundtvig-Auswahl ein, und nicht mancher dänische Wissenschaftler wird diesem Urteil widersprechen.[1] Auch darf Christian Thodberg breiter Zustimmung gewiß sein, wenn er Grundtvig als die bedeutendste Persönlichkeit des dänischen Kirchenlebens im 19. Jahrhundert bezeichnet.[2] Daß Grundtvig der größte dänische Dichter sei, mag eine umstrittene These bleiben, für die aber Poul Borum auf einigen hundert Seiten plausible Argumente vortragen kann.[3] Schon wenn man dies bedenkt, erstaunt einen, wie wenig Grundtvig im deutschen, dem skandinavischen benachbarten Sprachraum bekannt ist.

Bedenkt man nun weiter, daß die wichtigste pädagogische Neuschöpfung, die im 19. und 20. Jahrhundert neben die alten Institutionen Schule und Universität trat, von Grundtvig inspiriert war, müßte man zumindest im pädagogischen Bereich eine lebendige Erinnerung erwarten. Und weil Grundtvigs Volkshochschulidee, vielfach verknüpft mit theologischen Aussagen über Kirche und Volk, während der Weimarer Zeit besonders in evangelischen Kreisen Anklang gefunden hat, müßte auch hier noch ein Erbe anzutreffen sein. Aber es ist offensichtlich so, daß weder in der wissenschaftlichen pädagogischen und theologischen Literatur, noch in der pädagogischen Praxis und im kirchlichen Leben Grundtvig heute eine bemerkenswerte Rolle spielt. Daß Grundtvig als Dichter außerhalb Skandinaviens kaum eine Wirkung gehabt hat und als solcher nur Gegenstand der nordischen Philologie ist, läßt sich auf Grund sprachlicher Besonderheit und der spezifischen Mentalität Grundtvigs leicht erklären; hingegen ist es verwunderlich, den Begründer der Volkshochschule und den Reformator religiösen Lebens nicht stärker im Bewußtsein pädagogisch und theologisch interessierter Menschen im deutschen Sprachraum zu finden.

Da es allerdings nur vage Vermutungen und kein fundiertes Wissen darüber gab, wo außerhalb Dänemarks wissenschaftlich über Grundtvig gearbeitet wird und wo noch etwas vom Geiste Grundtvigs in pädagogischen oder kirchlichen Institutionen wirksam ist, barg die Einberufung eines Grundtvig-Kongresses nach Köln ein unkalkulierbares Risiko: Es lag im Bereich des Möglichen, daß der Kongreß an mangelndem Interesse scheiterte. Umgekehrt war dann aber das positive Echo – es kamen mehr als zweihundert Teilnehmer – ein Indiz dafür, daß es Stellen außerhalb Skandinaviens gibt, wo noch an und mit Grundtvig gearbeitet wird, und daß hier und da auch neues Interesse für Grundtvigs Gedanken entsteht. Insofern lag schon in der Tatsache des Gelingens eine wichtige Erkenntnis dieses Kongresses, die demnächst Grundlage sein wird für weitere Aktivitäten in der Grundtvigforschung und der Auseinandersetzung mit grundtvigianischem Gedankengut.

---
1 N.F.S. Grundtvig: Værker i Udvalg. Bd. 1. København 1940.
2 In: Dänemark. Ein offizielles Handbuch. Kopenhagen 1971. S. 218.
3 Borum, Poul: Digteren Grundtvig. København 1983.

Was rechtfertigt und begründet nun eine erneute und verstärkte Beschäftigung mit Grundtvig?

Zunächst ist hier ein ganz einfaches historisch-wissenschaftliches Interesse anzumelden: Grundtvig ist in einer entscheidenden Phase seines Lebens durch die Vorträge seines Vetters Henrik Steffens und nachfolgende intensive Lektüre von der deutschen Vorromantik und Romantik beeindruckt und beeinflußt worden, und es hat umgekehrt, wenn auch schwächer, eine Rückwirkung Grundtvigs auf das deutsche Geistesleben seiner Zeit gegeben. Wenn etwa, wie Bernd Henningsen schreibt,[4] Grundtvigs so wichtiger Begriff der Folkelighed nicht ohne Herder denkbar ist, und wenn wir beispielsweise sehen, daß Friedrich Schlegel Teile aus Grundtvigs Mythologie des Nordens übersetzte und daß Grundtvigs theologische Polemiken damals auch in Deutschland publiziert wurden, dann ist damit selbstverständlich ein Forschungsgegenstand unserer Geistesgeschichte konstituiert.

Viel intensiver müßte das Forschungsinteresse aber eigentlich dadurch herausgefordert sein, daß Grundtvig in der Geschichte unseres Bildungswesens, insbesondere der Erwachsenenbildung, deutliche Spuren hinterlassen hat. Ist es fast selbstverständlich, daß die großen Gründer unserer Heimvolkshochschulen, wie Eduard Weitsch und Theodor Bäuerle, oder, in der Schweiz, Fritz Wartenweiler, auf Grundtvig fußten, so ist die Rezeption Grundtvigs durch viele führende Köpfe der deutschen Pädagogik ein erstaunliches Phänomen: Adolf Reichwein, Martin Buber, Wilhelm Flitner und Erich Weniger sind von Grundtvig inspiriert, und der wohl einflußreichste deutsche Pädagoge, Hermann Nohl, stellt ihn auf eine Ebene mit Comenius, Basedow, Pestalozzi, Fröbel und Kerschensteiner.[5]

Hier gibt es nun Fragen zu stellen: Wie haben sich diese Inspirationen in der pädagogischen Wirklichkeit niedergeschlagen, wo ist der Einfluß Grundtvigs hingelangt, wo mißdeutet und mißbraucht worden, warum ist nach kurzer Wiedererinnerung seit 1945 das meiste bei uns in Vergessenheit gesunken? Wie weit hängen Nationalsozialismus, Wirtschaftswunder, die realistische Wende in der Erziehungswissenschaft und Erwachsenenbildung damit zusammen?

Im 19. Jahrhundert, als es noch kaum eine über sich selbst reflektierende Erwachsenenbildung im deutschen Sprachraum gab, waren es außer einigen romantischen Dichtern nur protestantische Theologen, die kleinere Texte Grundtvigs übersetzten und Aufsätze über ihn veröffentlichten. Grundtvigs berühmt-berüchtigte Streitschrift gegen Professor H.N. Clausen und auch einige seiner Predigten vermochten in Deutschland einiges Aufsehen zu erregen; aber zu einer so tiefgreifenden Aufnahme und Wirkung Grundtvigs wie im Bereich der deutschen Volksbildung im ersten Drittel unseres Jahrhunderts kam es in der protestantischen Theologie nicht. Wohl haben die Bücher von A.H. Hollmann, Fritz Wartenweiler und besonders die von Johannes Tiedje besorgte Übersetzung von Grundtvigs Volkshochschulschriften[6] stark auf evangelische Pfarrer gewirkt, die sich in der Dorfkirchenbewegung und der Volksbildung engagierten; aber hier ging die Wirkung doch stärker vom Volksbildner als vom Theologen Grundtvig aus.[7]

---

4 Bernd Henningsen: Grundtvig und die deutsche Philosophie. In: N. Vogel und H. Scheile (Hg.): Lernort Heimvolkshochschule. Paderborn 1983, S. 56-68.

5 H. Nohl u. L. Pallat (Hg.): Handbuch der Pädagogik. Bd. 1. Langensalza 1933, S. 46.

6 Hollmann, A.H.: Die dänische Volkshochschule und ihre Bedeutung für die Entwicklung einer völkischen Kultur in Dänemark. Berlin 1909 (2. Aufl. 1919, 3. Aufl. 1928).
Wartenweiler, Fritz: Ein nordischer Volkserzieher. Die Entwicklung N.F.S. Grundtvigs zum Vater der Volkshochschule. Bern 1913.
N.F.S. Grundtvig: Schriften zur Volkserziehung und Volkheit. Ausgew., übers. und eingel. v. Johannes Tiedje. 2 Bände. Jena 1927.

7 Vgl. Koch, Georg: Der Volkshochschulgedanke. Kassel 1928.

Aber gerade Theologie und Pädagogik sind nicht in erster Linie historische Wissenschaften. Faßt man mit Wilhelm Flitner die pädagogische Wissenschaft als eine „réflexion engagée" auf, „ein verantwortliches Denken, das eine geistige Entscheidung bei sich hat",[8] dann kann man einem so engagierten Mann wie Grundtvig nicht mit bloß historischem Interesse gegenübertreten. Das gilt auch für den Theologen Grundtvig, denn nach Flitner „ist die Theologie selbst als Aufklärung des Glaubenslebens für den praktischen Erzieher wie für den Theoretiker der Pädagogik von großer Bedeutung – auch von existentiellem Interesse".[9] So hat die Erziehungswissenschaft einerseits an dem geradezu revolutionären Pädagogen Grundtvig ein „existentielles Interesse", andererseits auch an dem Reformator des dänischen Glaubenslebens. Denn beides steht in Wechselwirkung zueinander.

Selbstredend hat die Theologie auf Grund ihrer paränetischen (ermahnend-predigenden) Aufgabe eine natürliche Verbindung zur Pädagogik, die in dem, was man heute Religionspädagogik nennt, ihr Zentrum hat. Aber im Falle Grundtvigs gibt es noch eine zweite Beziehung, die durch den Begriff der „Folkelighed" vermittelt ist. Grundtvigs Auffassung von Christentum und Kirche ist stark geprägt von seinem Volksbegriff, und seine Konzeption der Volkshochschule ist dies nicht minder. Folkelighed aber steht im Kontext einer Anschauung vom Menschenleben, von nationaler Identität, von Demokratie und geistiger und religiöser Freiheit, von staatsmäßiger und volksmäßiger Aufklärung. Im Umkreis von Grundtvigs Denken sind also Theologie und Pädagogik über den Bereich von Politik und Gesellschaft miteinander verbunden. Das hat sie im Laufe der neueren Geschichte in Deutschland auch in Gefahren und vor schwerwiegende Entscheidungen gebracht: Tendierte man mit Grundtvig gegen oder für den Nationalsozialismus; könnten die Gründe für die großen Verhängnisse unseres Jahrhunderts nicht auch schon in den Anfängen des Nationalgedankens liegen?

Hier wird aber nicht nur Geschichte wieder hochaktuell, sondern Pädagogik und Theologie, verbunden mit Politik, treten ein in den Raum von Verantwortung und Entscheidung für die Zukunft, werden über die historische Reflexion hinaus zur réflexion engagée im Sinne Flitners und zu „lebendiger Wissenschaft" im Sinne Grundtvigs. Wie sollen wir leben, wie lehren und lernen, wie handeln und entscheiden, damit das Menschenleben nicht verdorben und zerstört wird? Hat Grundtvig eine Antwort auf die Herausforderungen unserer Zeit – oder sind seine Gedanken eine Herausforderung an unsere Art und Weise, das Leben zu verstehen und zu gestalten?

Wenn die Frage nach der Tragfähigkeit und Aktualität der Gedanken Grundtvigs im Mittelpunkt des Kongresses stehen sollte, dann mußte das mindestens vier Konsequenzen haben:

1. Einige Grundzüge in Grundtvigs Anthropologie waren zu klären, allen voran jenes Verständnis des Menschenlebens, das verkürzt in der Formel „zuerst der Mensch – und dann der Christ" zum Ausdruck kommt, denn die Grundtvigdiskussion kommt bis heute in Dänemark immer wieder auf solche Grundfragen zurück.
2. Der Begriff der Folkelighed mußte in seiner ganzen Breite geklärt werden, weil in ihm einerseits die politischen Kraftströme zusammenfließen, er andererseits in völkischer und nationalistischer Engführung zu schwerwiegenden Mißdeutungen geführt hat und immer noch führen kann.
3. In einer Zeit, in der die Frage nationaler Identität an vielen Stellen Europas wieder zum Streitpunkt geworden ist, muß daran erinnert werden, in welchem humanen

---

8 Flitner, Wilhelm: Das Selbstverständnis der Erziehungswissenschaft in der Gegenwart. Heidelberg 1957, S. 18.
9 A.a.O. S. 30.

und universalen Zusammenhang der Nationalgedanke an seinem Ursprung auftritt, insbesondere bei Herder, von dem Grundtvig dann stark inspiriert wurde.
4. Da die Tragfähigkeit grundtvigscher Gedanken in erster Linie dort abzulesen ist, wo sie gezündet und ein pädagogisches, christliches und politisches Leben und Werk hervorgerufen haben, muß diese grundtvigianische Wirklichkeit – Volkshochschule, Freischule, Gemeinde und soziale Welt – auch zur Sprache und Darstellung kommen, und zwar nicht nur durch Erforscher dieser Wirklichkeit, sondern auch durch sich selbst, d.h. durch verantwortlich in ihr Wirkende. Und das bedingt wiederum, daß jene Praxis, die nicht oder nur wenig durch Grundtvig geprägt, aber Adressat seiner Intentionen sein kann, ebenfalls durch verantwortlich Handelnde vertreten ist, die dann gerade die richtigen Fragen stellen können, auf die Grundtvig möglicherweise eine Antwort hat.

Aus solchen grundsätzlichen Erwägungen ergaben sich folgerichtig: das Kongreßthema, der einleitende allgemeine Teil des Kongresses und die Programme der Sektionen Pädagogik/Erwachsenenbildung und Theologie/Religionspädagogik.

Daß auch eine Sektion „Nordische Philologie" eingerichtet wurde, bedarf einerseits keiner besonderen Rechtfertigung, denn Grundtvig gehört als wichtiger Vertreter der skandinavischen Literatur zum selbstverständlichen Forschungsgebiet dieser Philologie. Aber es sollte bei diesem Kongreß gerade nicht ein für Grundtvig durchaus zuständiger Forschungszweig einfach angehängt werden, sondern, um auch der universalen geistigen Gestalt Grundtvigs gerecht zu werden, in die Fragestellung der beiden anderen Sektionen integriert sein. Die pädagogische und theologische Grundtvigforschung, erst recht aber die Rezeption und Adaption grundtvigscher Gedanken in bestimmten Handlungsfeldern, bedürfen ja der Philologie, damit die Grundlagen stimmen, von denen man ausgeht. Und andererseits geht die literaturwissenschaftliche Hermeneutik bei einem Autor wie Grundtvig immer auch in theologische, politische oder pädagogische Hermeneutik über – und umgekehrt. So war es wiederum fast selbstverständlich, ein Programm für die Sektion Nordische Philologie zu erstellen, das in einer inneren Verbindung zur übrigen Arbeit des Kongresses stand.

Ein Kongreß oder ein Werk über eine Person unseres Geisteslebens wird wohl immer auch etwas von der Denk- und Arbeitsweise desjenigen an sich haben, um den es geht. Wenn man den oft spontan und unsystematisch arbeitenden Grundtvig, der es sogar liebt, Gedanken in die Form des Liedes zu fassen, nachträglich streng systematisiert, so geht leicht auf der anderen Seite viel vom eigentlichen Grundtvig verloren. Natürlich wirkt es erhellend, wenn jemand Grundtvigs Gedanken strenger systematisch faßt als er es selbst getan hat, aber die erzählende Form der Darstellung hat bei ihm das gleiche Recht. Die Abgrenzung und separate Behandlung bestimmter Fragestellungen, wie sie in wissenschaftlichen und unterrichtenden Abhandlungen immer erfolgen müssen, dürfen gerade bei Grundtvig nicht vergessen machen, daß sein ganzes Denken aus der Suche nach seiner eigentlichen Lebensaufgabe erwuchs und in der Verantwortung für sein Volk, das Christentum und die Welt letztlich seine Mitte hatte.

Das Programm des Grundtvig-Kongresses zeigt ein Spektrum von Themen, die verhältnismäßig scharf gegeneinander abgrenzbar sind. Aber es war voraussehbar, daß in der Durchführung ein zweites Prinzip konstituierend sein würde, das der geheimen und offenkundigen Verbindungslinien, die vor allem Grundtvigs reifes Werk der letzten Jahrzehnte durchziehen. Solche leitenden Grundgedanken mußten in fast jedem Vortrag des Kongresses auftauchen, weil der jeweiligen Hörerschaft der Zusammenhang von speziellen Themen bei Grundtvig mit seinen tiefen Lebensfragen deutlich gemacht werden mußte. Der Leser des Kongreßberichts ist nun in einer anderen Lage, weil er alle Vorträge vor sich hat, so daß zu fragen war, ob die Wiederholungen ausgetilgt und stattdessen Verweisungen eingeführt werden könnten. Es zeigte sich aber, daß selbst indirekte oder wörtliche Zitate in den verschiedenen Kontexten auch andere Nuancen an Bedeutung und Funktion haben und deshalb am besten in der vom Autor verwendeten Form stehenbleiben. Das Maß der Wiederholungen ist nicht unerträglich hoch, und da gewiß viele Leser des Kongreßberichtes sich einzelne Themen oder Themenkomplexe herausgreifen und nicht das ganze Buch lesen, überwiegt der Vorteil, die wenigen grundlegenden Gedanken und Zitate, auch wenn sie woanders noch einmal wiederholt werden, an ihrem Ort stehenzulassen.

Wer allerdings den ganzen Kongreßband durcharbeitet, dem wird das Prinzip der inneren Verbundenheit der Intentionen und Gedanken Grundtvigs deutlich. Insofern ergänzen und bereichern sich die verschiedenen Vorträge innerhalb der drei Sektionen, aber auch die Arbeiten der Sektionen gegenseitig. Beispielhaft dafür ist, daß in allen Themenbereichen auf Grundtvigs wichtigen Gedanken des lebendigen Wortes hingewiesen wird, aber nur in einer Sektion, nämlich bei der Theologie, das Thema gründlich abgehandelt wird, einesteils stellvertretend auch für die anderen Sektionen, andererseits auch unter einem eigenen theologischen Aspekt. Gerade dieses Thema macht deutlich, daß der Vorrang des lebendigen Wortes als bloße sprachphilosophische These verhältnismäßig steril ist,[10] daß aber im Zusammenhang mit Grundtvigs Volkshochschulidee, seiner Demokratieauffassung, seiner Theologie vom Wort Gottes, seinem Kampf für freie Gemeinden, Versammlungshäuser, unbedingte mündliche Verhandlung vor Gericht etc., dies ein äußerst fruchtbarer Gedanke ist, der erst im Bezug zur Lebenswirklichkeit auch bemerkenswerte philosophische Konturen gewinnt.

Aus solchen inneren, der Denkstruktur Grundtvigs geschuldeten Gründen, konnte der Kongreß kein kurz zusammengefaßtes Resultat haben, sondern mußte zunächst eine Vielfalt von Aspekten bieten, die für sich selbst weiter verfolgt werden können. Andererseits zeigte die sehr gut besuchte Schlußdiskussion, daß den Berichten aus sehr unterschiedlichen Perspektiven und Arbeitsgruppen ein erstaunlich hohes gemeinsames Interesse entgegengebracht wurde. Die sehr lebhafte Aussprache bewies, daß Grundtvigs Denken durchaus aktuell ist. Noch etwas anderes aber zeigte dieser Kongreß, was nicht schriftlich dokumentiert werden kann, aber zu beobachten war und von vielen Teilnehmern auch geäußert wurde: daß im Geiste und Namen des eigenwilligen und knorrigen Dänen eine phantastisch gute Kommunikation zwischen Menschen verschiedener Fächer, unterschiedlicher Praxisfelder, Kulturkreise, Nationen und Erdteile zustande kam, die zu wissenschaftlichen Kontakten, geistigen und persönlichen Freundschaften führten. Das läßt hoffen, daß die Wirkung des Kongresses noch lange andauert und der Kongreß Impulse für weitere Arbeit an und mit Grundtvig gegeben hat.

Insofern war der Kongreß vielleicht das, was Grundtvig einmal von der von ihm geforderten Nordischen Universität erwartet hat, nämlich „Værkstedet for en lyslevende Vidskab", eine Werkstatt für eine hell-lebendige Wissenschaft zu sein. Hoffentlich vermittelt auch der Kongreßband etwas von dieser hellen Lebendigkeit.

---

10 Das zeigt überdeutlich der philosophische Grundtvig-Kongreß an der Universität Kopenhagen vom 9.-10. September 1983. Die Sprachphilosophen wußten mit Grundtvig wenig anzufangen. Siehe: Sprog – Tale og skrift. Redigeret af Peter Kemp. Århus 1984.

Erica Simon

N.F.S. Grundtvig – ein Däne mit weltweiter Bedeutung*

Von den drei berühmten Dänen des 19. Jahrhunderts sind zwei in alle Sprachen übersetzt worden, und seit langem haben sie ihren Platz im Parnaß der Großen des europäischen Geisteslebens, nämlich H.C. Andersen und Søren Kierkegaard. Und der dritte, hier vielleicht etwas herausfordernd als „Däne mit weltweiter Bedeutung" bezeichnete? Wer von meinen Zuhörern hat den Namen von N.F.S. Grundtvig schon gehört?

Wahrscheinlich nur sehr wenige: Grundtvig ist nur in gewissen und sehr begrenzten Kreisen des geistigen Lebens bekannt. Und doch konnte man im Jahre 1983 Repräsentanten aus 35 verschiedenen Ländern versammeln, um das zweihundertjährige Jubiläum von Grundtvigs Geburtstag in Kopenhagen zu feiern.

Wie kann man das Interesse für diesen unbekannten Dänen erklären?

Seine Werke sind in einer dänischen Sprache geschrieben, die für die meisten Dänen ziemlich schwer verständlich ist, aber selbst in der sehr exklusiven Welt von Forschern und Spezialisten ist es noch keinem gelungen, den unermeßlichen Urwald von Manuskripten zu durchforsten.

Man kann also die berechtigte Frage stellen: Warum konnte man 35 Nationalitäten in Kopenhagen versammeln und mehrere Tage lang über diesen unbegreiflichen Dänen diskutieren?

Sicherlich nicht, um sich in seine zahlreichen, sehr weitläufigen historischen Werke zu vertiefen. Auch nicht, um die Stellung von Grundtvigs „Fröhlichem Christentum" im Rahmen der verschiedenen Interpretationen der protestantisch-lutherischen Kirche zu definieren.

Nein – man war zusammengekommen, um darzustellen und zu vergleichen, wie man in vielen Ländern der Welt versucht hat, eine Institution mit dem Namen „Højskole" an die jeweils gegebenen Verhältnisse anzupassen.

Sorø und Göteborg: Die Dialektik zwischen dem Nationalen und dem Universalen

Ich habe das dänische Wort „Højskole" benutzt, und man braucht nur dieses Wort näher zu betrachten, um sofort in den Kern des Interesses für Grundtvig einzudringen.

Højskole ist nämlich die dänische Übersetzung von Hochschule, Hochschule mit der Bedeutung von „Universität" im Deutschen.

Wollte vielleicht Grundtvig eine neue Universität gründen? Nicht im geringsten, auf jeden Fall nicht in der Bedeutung der existierenden Universitäten. Im Gegenteil, diese sollten alle abgeschafft werden, denn was dort gelernt wurde, war eine vom Ausland, hauptsächlich aus Deutschland, importierte Kultur, die nur einer ganz kleinen Schicht der Bevölkerung zugänglich war. Die Gefahr dieser Verhältnisse lag darin, so meinte Grundtvig, daß diejenigen, die in diesen Universitäten ausgebildet wurden – Beamte,

---

* Einleitungsvortrag anläßlich der Eröffnung des Kölner Grundtvig-Kongresses im Forum der Volkshochschule Köln

Juristen, Pastoren usw., nach abgeschlossener Ausbildung die Bevölkerung bevormundeten, ohne auch nur die geringste Ahnung von der Kultur zu haben, die das Volk prägte und die sich im Volke seit über tausend Jahren bewahrt hatte.

Kann man von Kultur sprechen, wenn nur eine begrenzte Minderheit der Bevölkerung daran teilnehmen kann? Grundtvigs Antwort auf diese Frage ist ein definitives Nein. Eine fundamentale Änderung mußte eintreten, neue Wege mußten gefunden werden. Grundtvig schlug eine „Højskole" vor, eine „Anti-Universität" – um es mit meinen Worten zu sagen – mit der Aufgabe, die existierenden Universitäten, die dem Vorbild der Sorbonne folgten, zu ersetzen, und in dieser „Højskole" ein neues Bildungsideal einzuführen, ein Bildungsideal, welches von Island her geholt werden sollte – Island, das nordische Hellas – von Grundtvig als „Die nordische Højskole des Mittelalters, Nordens historisk-poetisk Koloni" betrachtet.

Um diese Pläne zu verwirklichen, hatte Grundtvig sich vorgestellt, daß die ehrwürdige Akademie in Sorø, auf Seeland, in eine Højskole umgewandelt werden könne. Im Gegensatz zu den „lateinischen Universitäten", die für eine exklusive Minderheit reserviert waren, sollten in Grundtvigs Højskole alle Schichten des Volkes eine dänisch-nordische Bildung erhalten. Es handelte sich um eine *staatliche* Institution, eine einzige in jedem nordischen Land. Diese Højskole sollte in Grundtvigs Verständnis „folkelig" sein, das heißt, der nationalen Eigenart des Volkes entsprechen und der Ausdruck dieser nationalen Eigenart sein. Deshalb sollte jedes nordische Land eine solche Hochschule errichten, als Ausdruck der Nationalität des eigenen Volkes.

In dieser „folkeligen" Højskole würden Vertreter aller Volksschichten zusammengeführt werden: Bauern, Handwerker, Beamte, Juristen, Theologen usw., gerade weil sie alle demselben Volk angehören.

Die berufliche Ausbildung, wie wir heute sagen würden, hatte natürlich in Grundtvigs Højskole keinen Platz, und dies ist bekanntlich noch heute so. Praktische Tätigkeit mußte jedem Aufenthalt in dieser neu zu schaffenden Institution vorangehen, und die berufliche Ausbildung, z.B. von Juristen, Theologen usw., auf Spezialseminare – von Grundtvig als Plantesteder (Pflanzschulen) bezeichnet – verlagert werden.

Grundtvig hat natürlich den Zusammenhang von Sekundarschulen und Universitäten erkannt. Würden diese abgeschafft, könnte man jene nicht beibehalten. Außerdem, wie schädlich waren diese Zwangsanstalten, „in denen die Jugend für Leben und Wissen zerstört wird, wo ihr die Flügel beschnitten werden, und man aus Federn schlechte Schreibfedern macht, wo man Tinte anstatt Blut in die Adern füllt, so daß alle Lebensquellen verstopft werden und das Herz zu einem Tintenfaß wird" – um es mit Grundtvigs berühmtem Zitat auszudrücken.

Die Jugend sollte in Gottes freier Natur und in der Familie erzogen werden: Es dürfte bekannt sein, daß in einigen der dänischen Grundtvig-Familien die Kinder nicht in die Schule geschickt, sondern zu Hause erzogen wurden.

Man kann ohne Schwierigkeit verstehen, daß diese „revolutionären" Ideen, die außerdem in einer Sprache vorgelegt wurden, die selbst Grundtvigs Freunde und Schüler nur schwer verstanden, von allen Seiten derartig angegriffen wurden, daß das sogenannte „Sorø-Projekt" niemals verwirklicht wurde – was Grundtvig bis an sein Lebensende bedauert hat.

Die Højskole – Hochschule – war für Grundtvig, wie man sieht, ein Teil einer totalen Bildungsreform. Diese Bildungsreform enthält außerdem den Vorschlag zu einer anderen Institution, die man vielleicht als dialektisches Gegengewicht zur „folkeligen Højskole" auffassen kann.

Dieser Vorschlag wurde 1839 in einer Zeitschrift namens „Der Alte und der Neue Norden" veröffentlicht. Hier publizierte Grundtvig seine Gedanken unter dem schwer verständlichen Titel „Über Nordens wissenschaftliche Vereinigung". Schwer verständlich ist dieser Titel insofern, als „videnskabelig" in Grundtvigs Sprache nicht „wissenschaftlich" bedeutet, sondern eher im Sinne von „universal" gebraucht wird. Der Begriff „universal" hat zu Grundtvigs Zeiten natürlich nicht die globale, planetare Bedeutung wie heute und bezog sich auf den nordischen Rahmen.

Aber geistesgeschichtlich ist es meiner Meinung nach sehr interessant zu konstatieren, daß Grundtvigs „Nationalismus" – der ihm ja heute noch zu Unrecht vorgeworfen wird – in einer dialektischen Verbindung mit der nordischen Komponente steht.

Man darf nicht vergessen, daß Grundtvigs Ideen, unter europäischer Perspektive, in das Zeitalter der Romantik und der nationalen Bewegungen des 19. Jahrhunderts gehören, unter nordischer Perspektive in die Zeit des akademischen Skandinavismus.

Für Skandinavisten galt es, eine nordische Einheit zu schaffen, die die Unterschiede der nordischen Länder ignorierte. Für Grundtvig dagegen konnte die nordische Einheit nur als Zusammenspiel der drei großen nordischen Nationalitäten, unter absoluter Wahrung der Unterschiede, aufgefaßt werden. Diese nordisch-universale Komponente sollte in einer Institution gepflegt werden – *den videnskabelige Højskole* – die Grundtvig in die Gegend von Göteborg legte, also in eine Gegend, in der die Geschichte der drei großen skandinavischen Länder viele Gemeinsamkeiten hat.

Grundtvig vereinte mit seinen ungewöhnlichen, oft als extravagant aufgefaßten Ideen eine ausgesprochen pragmatische Einstellung zum Leben. Als praktisches Beispiel möchte ich einen kurzen Text zitieren, aus dem hervorgeht, was in der „folkeligen Højskole" gelehrt werden sollte, nämlich alles, was mit Grundtvigs eigenen Worten „Livets Tarv" dient, was man vielleicht mit „Bedürfnissen des Lebens" übersetzen kann, woraus man schließen kann – was Grundtvig selbst auch so geschrieben hat – daß man sich nicht einbilden solle, daß die große Mehrheit des Volkes sich auf gelehrte Weise in Geschichte, Literatur, Philosophie usw. vertiefen sollte: „Man muß einsehen, daß man auf der einen Seite Gelehrtentum hat, auf der anderen Ausbildung für das praktische Leben, beide können gut vereint werden, aber nicht, wenn es sich um die Mehrheit des Volkes handelt. Gelehrtentum und Ausbildung für das praktische Leben dürfen sich nicht feindlich gegenüberstehen, aber sie müssen voneinander getrennt werden, sonst würden sie unweigerlich ihren eigenen Charakter verlieren."

Dazu kommt noch, und das darf man auch nicht außer acht lassen, daß die Gesellschaft nicht daran interessiert ist, daß alle sich in das sogenannte höhere Geistesleben vertiefen, denn es muß immer jemanden geben, der sich den praktischen Problemen des Lebens widmet, sonst würde man nämlich gezwungen sein, so schreibt Grundtvig, sich von Luft zu ernähren. Nein, das geistige Leben auf der folkeligen Højskole darf die Menschen nicht von den praktischen Aufgaben des Lebens entfernen.

Aber immerhin kann man sich vorstellen, daß eine kleinere Gruppe – sie wird für alle drei nordischen Länder auf zwei- bis dreihundert Menschen angesetzt – sich damit beschäftigt, über die großen Fragen des Lebens nachzudenken. Ohne die Verpflichtung, Vorlesungen vorzubereiten oder Examina abzuhalten, sollten diese Auserwählten, wie in der platonischen Akademie, sich nicht mit Wissenschaft beschäftigen, sondern *Wahrheit* erstreben, was bei Grundtvig „Livets Gåde" heißt: das Rätsel des Lebens ergründen. Hier haben wir in wenigen Worten Grundtvigs Kritik des Aufklärungszeitalters und der Vorstellung, daß es für die menschliche Vernunft keine Grenzen der Erkenntnis gibt. „Livets Tarv" und „Livets Gåde" – die Bedürfnisse des praktischen Lebens und das rätselvolle, in Dunkelheit gehüllt Leben – in dieser Dialektik liegen die Aufgaben der beiden zu schaffenden Institutionen.

Eine Verbindung zwischen den beiden besteht darin, daß man sowohl in der einen wie in der anderen nicht aufgenommen werden kann, wenn man nicht zuvor einen praktischen Beruf ausgeübt hat. Außerdem kann man nicht in die „videnskabelige Højskole" gelangen, ohne vorher die „folkelige" besucht zu haben.

Also handelt es sich hier, wie bereits erwähnt, um eine Art platonische Akademie zur Suche nach der Wahrheit für diejenigen, die fest in der Eigenart ihres Volkes verwurzelt sind.

Ich möchte gerne noch einmal unterstreichen, daß die Dialektik zwischen Nationalität und Universalität bei Grundtvig nie vergessen werden darf. Im Gegensatz zum Aufklärungszeitalter stellt sich Grundtvig die Menschheit nicht in einem abstrakten Raum vor; in Grundtvigs immer sehr konkreter Ausdrucksweise: Die Menschheit hängt nicht irgendwo in der Luft, d.h. ohne feste Bindung an ein Volk. Mit anderen Worten: Jeder Mensch wird in einem bestimmten Milieu geboren und durch dieses Milieu wird der Charakter des Menschen – und seine sozialen Bindungen – bestimmt. In moderner Sprache ausgedrückt befinden wir uns hier auf dem Gebiet der Kulturanthropologie. Und genau wie die Kulturanthropologie zu einem neuen kulturellen Universalismus führt, also zur Anerkennung und Gleichstellung aller Kulturen der Welt, so führt auch Grundtvigs Kulturanthropologie, mit ihrem Ausgangspunkt im Norden, über die nordischen Grenzen hinaus.

Diese Dimension kommt gerade zu der Zeit zum Ausdruck, als er seinen Vorschlag der „videnskabeligen Højskole" veröffentlichte. Der Herausgeber der Zeitschrift, in der dieses Projekt veröffentlicht wurde, wollte die Zeitschrift, wie oben zitiert, „Der Alte und der Neue Norden" nennen. Damit war Grundtvig nicht einverstanden. Er meinte, wie er an den Herausgeber schrieb, daß die Zeitschrift eine viel breitere Wirkung haben könnte, wenn sie sich nicht ausschließlich auf den Norden beschränken würde. Dadurch würde sie auch dem nordischen Charakter viel eher entsprechen, denn, so schrieb Grundtvig, „Auslandsreisen gehören seit uralten Zeiten zum nordischen Leben". Deshalb, so empfiehlt er, „spüre (ich) die Lust und den Drang, die nordischen Leser besser bekannt zu machen mit dem menschlichen Leben unter anderen Himmelsgegenden". Und darum schlägt Grundtvig vor, die ganze Welt in die Zeitschrift einzubeziehen.

Grundtvig hatte sich vorgestellt, daß man nur ein Jahr brauchen würde, um die „folkelige Højskole" ins Leben zu rufen, und fünf Jahre für die „videnskabelige". Aber diese Voraussagen wurden nicht erfüllt; die Vorschläge für die Hochschule in der Gegend von Göteborg wurden nicht einmal diskutiert, auf jeden Fall nicht zu Grundtvigs Lebzeiten. Später hat man wieder darauf hingewiesen, besonders nach dem Zweiten Weltkrieg, als man sehr stark das Bedürfnis empfand, über das Nordische Klarheit zu erlangen, und man holte Grundtvigs Ideen wieder hervor. Die 1969 eröffnete *Nordens folkeliga Akademi"* wurde ja, von dänischer Seite jedenfalls, als Versuch angesehen, Grundtvigs Ideen zu verwirklichen.

Man muß mit Verwunderung feststellen, daß dieser eigentümliche Grundtvig Vorschläge gemacht hat, die ziemlich unbekannt geblieben sind, niemals in die Realität umgesetzt wurden, und doch fast hinter allem dem stehen, was heute noch seine Gültigkeit hat, und was weit über die Grenzen Dänemarks in vielen Ländern der Welt als einer der interessantesten Versuche der Erwachsenenbildung angesehen wird. Vielleicht gerade deshalb, weil man sich von Grundtvig hat inspirieren lassen, ohne alles sklavisch nachzuahmen.

Auf jeden Fall wurden die grundtvigschen Ideen anders in die dänische Wirklichkeit überführt, als Grundtvig es sich vorgestellt hatte.

Statt einer staatlichen Institution wurden kleine Bauernschulen gegründet

Wer heute nach Dänemark fährt, um die Volkshochschulen zu studieren, bekommt vielleicht den Eindruck, daß man nicht mehr viel von Grundtvigs Gedankengut spürt. Ich möchte diese Frage vorläufig noch zurückstellen und versuchen, mit meiner historischen Darstellung einen Schritt weiter zu gehen und zu erklären, warum anstatt einer staatlichen Institution eine große Anzahl von kleinen Schulen auf dem Lande gegründet wurden.

Das „folkelige" Element ist bei Grundtvig nicht von dem religiösen zu trennen, denn auch seine Auffassung vom Christentum ist „folkelig", und als die erste Generation von Grundtvigs Schülern aufs Land zog, wurden von ihr die Volkshochschulen gegründet.

Ich überspringe die Zeit von Rødding, von Christen Kolds Dalum, und komme direkt zu den großen historischen Schulen: Askov, Vallekilde und Testrup, gegründet 1864 und 1865. Die grundtvigsche Inspiration und der Wunsch, nach der schweren Niederlage von 1864 Dänemark neue Kräfte zuzuführen, bilden den Hintergrund dieser Schulen.

Man muß sich vorstellen, was für ein „Engagement", wie wir heute sagen würden, aufgebracht wurde von diesen jungen Akademikern, die Grundtvigs Botschaft versuchten in die Wirklichkeit umzusetzen. Die Schulen wurden in Gegenden Dänemarks gegründet, in denen die religiöse grundtvigianische Bewegung bereits Fuß gefaßt hatte. Man darf jedoch nicht vergessen, daß niemand so deutlich wie Grundtvig die Trennung zwischen Kirche und Schule unterstrichen hat. Die religiös-grundtvigianische Prägung war eigentlich ein Verrat an Grundtvigs Ideen; hatte er nicht gesagt – genau wie Marx, von dem behauptet wird, daß er erklärt habe: Ich, Marx, bin kein Marxist – Ich, Grundtvig, bin kein Grundtvigianer?

Was geschah nun in diesen Schulen? Neben praktischem Unterricht in Geschichte – dänischer und „Universal"-Geschichte –, die Grundtvig in unzähligen ausführlichen Bänden behandelt hat, natürlich Bibelgeschichte und Mythologie, nordische Mythologie. Wir wissen von einem Bauern, der später im dänischen Parlament eine sehr große Rolle spielte, daß er von seinem Hof aus 25 km zu Fuß ging, um in Rødding Christian Flors mythologische Vorlesungen zu hören.

Ein anderes Beispiel läßt uns verstehen, welche praktische Bedeutung die Einführung in die nordischen Mythen für einige Bauern hatte. Als Askov seinen 50. Geburtstag feierte, erzählte ein Bauer, daß er von Ludvig Schrøders mythologischen Vorlesungen gelernt habe, seinen Hof zu betreiben. Ein eklatantes Beispiel der Erwekkungspädagogik, die Christen Kold eingeleitet hat! Um dieser Aussage noch mehr Relief zu geben, möchte ich erwähnen, daß die offiziellen Versuche, den Bildungsstand der Bauern durch traditionelle pädagogisch-schulische Maßnahmen zu fördern, nicht den geringsten Erfolg hatten.

Es ist bekannt, daß ein großer Teil der jüngeren Bauern durch die Volkshochschulen „geweckt" wurde und daß diese Bauern nicht, wie man sich das wohl heute vorstellen würde, den Bauernhof verließen, um einen höheren, besseren Beruf zu ergreifen, sondern daß sie in bester Übereinstimmung mit Grundtvigs „Livets Tarv" die genossenschaftliche Bewegung gründeten und dazu beitrugen, die dänische Landwirtschaft mustergültig zu entwickeln.

Der „Kulturkampf"

Wir überspringen einige Jahrzehnte und befinden uns im Jahr 1870, als zwei politische Parteien gegründet wurden, eine Rechts- und eine Linkspartei, die aus Bauern und Grundtvigianern bestand.

Im selben Jahr sollten Sparpläne im höheren Unterrichtswesen diskutiert werden. Grundtvig und seine Anhänger unterbreiteten bei dieser Gelegenheit den Vorschlag, neben der humanistischen und naturwissenschaftlichen Sektion eine nordische einzuführen.

Das „Establishment" reagierte sofort mit Entrüstung. Was sollte das bedeuten – eine nordische Sektion – sollte die Barbarei in die Universitäten einkehren? So lange diese abstrusen grundtvigschen Ideen auf dem Lande blieben und sich auf die bäuerliche Welt beschränkten, war ja kein Anlaß zu Protest vorhanden. Aber was meinten diese Grundtvigianer, sollte die „höhere" Kultur in Dänemark geopfert werden auf dem Altar der nordischen Götter? Sollten die Bauern, die erst vor 100 Jahren aus der Leibeigenschaft befreit worden waren, sollten diese ungebildeten Bauern, angeführt von grundtvigianischen Akademikern, die als Verräter an ihrer Klasse angesehen wurden, in dieser gefährlichen Kombination die Zukunft Dänemarks gefährden?

Die Furcht der Konservativen war nicht unbegründet. Hatte nicht einer der konservativen Führer, Orla Lehmann, schon 1860 erklärt, daß die Macht denen zufiel, „die Begabung, Bildung und Vermögen hatten". Eben gerade dagegen richtete sich der kulturelle und politische Vorstoß der Grundtvigianer im Parlament. 1874 erklärte der Bauer und Parlamentarier P. Rønne: „Für uns ist der Kampf, den wir führen, ein Kampf gegen die alte nationalliberale Kultur, ein Kampf zwischen der alten Zeit, die die Beschlußkraft in die Hände von einigen wenigen Privilegierten legte, und der neuen Zeit, die sowohl Beschlußkraft wie Verantwortung in die Hände des Volkes legen will."

Es wurden also politische Konsequenzen aus Grundtvigs „Kulturphilosophie" gezogen, eine Philosophie, die mit wenigen sehr konkreten Worten in einem seiner Gedichte dargestellt wird, ein Gedicht, das gerade aus der Zeit stammt (es wurde 1839 geschrieben), da Grundtvig vergebens versuchte, seine Projekte in die Wirklichkeit umzusetzen. Es ist ein Gedicht, das heute noch gesungen wird, ohne daß man sich vielleicht darüber im klaren ist, welche revolutionäre Sprengkraft sich hinter diesen einfachen Worten verbirgt:

„*Er lyset for de Lærde blot*"
„Ist das Licht" – Symbol für Wissen und Kultur – „nur für die Gelehrten da?"
Und mit verächtlicher Ironie: „um richtig oder falsch zu buchstabieren"
Nein, natürlich nicht, denn „*der Himmel*" – d.h. Gott – „*verteilt seine Gaben auf alle, und das Licht*" (also die Kultur) „*ist eine Gabe des Himmels*",was so zu verstehen ist, daß es sich bei Grundtvig nie um eine säkularisierte, aber um eine von der Kirche getrennte Kultur handelt.

Und dann folgt die wichtigste Feststellung:
„*Die Sonne geht ja mit den Bauern auf
und nicht im geringsten mit den Gelehrten*".
Die Kultur wird im Volke geboren. Von der traditionellen Kultur fallen bestenfalls einige Brocken von der Elite für das Volk ab, da das Kulturleben die Gebildeten von den Ungebildeten trennt.

Weil „*die Sonne*" – die Kultur – „*zuerst die Füße erhellt und dann den Kopf*". Um es noch einmal deutlich zu sagen, die vom Volk ausgehende Kultur umfaßt natürlich auch die Elite, denn, wie es Grundtvig oft wiederholt hat, „was wir alle gemeinsam haben ist die Humanität, die Menschlichkeit, die Nation und die Muttersprache". Hier ist eben kein Platz für kulturelle Segregation.

Zum Schluß noch eine wichtige Zeile: „*Die Sonne*" – die Kultur – „*gibt ihr Licht vor allem denen, die arbeiten*".

In diesem Gedicht haben wir, in wenigen Worten konkret ausgedrückt, das wesentlichste Element des Kulturkampfes.

Der norwegische Dichter Björnson hat diese fundamentale, revolutionäre Verkündigung Grundtvigs zum Streitruf seines politischen und kulturellen „Engagements" gemacht: *nedefra* – „von unten auf".

Man kann gut verstehen, daß die Intelligenzija des Landes alle ihre Kräfte mobilisierte, um diesen Angriff auf ihre kulturelle und politische Position abzuwehren.

Auf jeden Fall ist meiner Ansicht nach der „Kulturkampf" eine kurze, aber ideologisch betrachtet wichtige Episode in der bewegten Geschichte der dänischen Volkshochschule, die vielleicht heute vergessen ist, aber großes Interesse in außereuropäischen Kulturen erweckt.

Und hundert Jahre später?

„Kulturkampf" in Afrika

Im Jahre 1871 erklärte der dänische Philosoph Rasmus Nielsen auf dem jährlichen Treffen der Grundtvigianer folgendes: „Grundtvig hat verstanden, wie man durch ‚folkelig oplysning' – die nationale Kultur – das Volk ergreifen kann, und er hat selbst den Weg dahin gezeigt. Schon jetzt kann man sehen, was die Weltgeschichte in 100 Jahren schreiben wird, nämlich, daß nach vielen mißglückten Versuchen durch Grundtvig die richtige Schule des Volkes geschaffen worden ist, zuerst in Dänemark und im Norden, später in der übrigen Welt."

Und eigentümlicherweise – eigentümlich erscheint es mir, weil, wie wir gesehen haben, die Projekte Grundtvigs nie verwirklicht wurden – ist die dänische, die nordische Volkshochschule tatsächlich ein Wegweiser geworden, besonders in der Dritten Welt, für viele Länder, die neue Wege suchen, um sich von dem europäischen Kulturimperialismus zu befreien und für ihre eigene Kultur passende Institutionen zu finden.

Im UNESCO-Kurier vom Januar 1983 schreibt der vor kurzem in den Ruhestand getretene Leiter, der Senegalese M'Bow: „Vielleicht hervorgerufen als Reaktion auf die wachsende Globalisierung aller sozialen Grundprozesse und den uniformisierenden Druck, den sie auf die individuellen und kollektiven Mentalitäten ausübt, konstatiert man überall ein Erwachen von Verschiedenheiten als Manifestation einer Forderung, die immer vorrangiger wird, nämlich die Forderung nach Identität. Diese Forderung macht sich in allen Teilen der Welt geltend und fällt in einigen Ländern mit in neuester Zeit unternommenen und mit Erfolg gekrönten Versuchen zusammen, die Werte der nationalen Kulturen ins Licht zu stellen."

Es handelt sich in diesem Text um die Suche nach Identität – wie wir wohl heute am besten das Wort „Folkelighed" übersetzen – in globaler Sicht, hervorgerufen durch die nivellierende und uniformisierende Medienkultur. In dem Suchen nach Identität in der Dritten Welt kann man dagegen eine Parallele zum dänischen Kulturkampf sehen.

Ich nehme als Beispiel die ehemaligen französischen Kolonien im schwarzen Afrika. Frankreich hat dort sein Schulsystem eingeführt. Die sehr geringe Zahl derjenigen, die dieses Bildungssystem absolviert haben, wird dadurch vollständig von der Kultur des eigenen Landes abgeschnitten. Eine totale Segregation ist eingetreten, und man hört den Ruf „récupérer nos élites", unsere Eliten zurückerobern. Also, auch hier sollen die Kulturströme umgewandelt werden: Nicht von *oben* soll eine fremde Kultur sich entwickeln und die Eliten aus der Entfremdung, der Alienation, lösen. Auch hier bekommt der Kulturkampf politische Dimensionen: Die französisch erzogene Elite hat durch ihre Bildung politische Privilegien erhalten, die sie mehr im Interesse der ehemaligen Kolonialmacht als im Interesse des Volkes nutzt.

Ich habe mehrere Male die Gelegenheit gehabt, in Afrika die Ideengrundlagen der nordischen Volkshochschulen darzustellen. Wir haben übrigens auch in Kopenhagen ein Kolloquium organisiert, wo afrikanische und nordische Kultur gegenübergestellt und verglichen wurden.

In beiden Fällen war das Interesse für das Thema „Kristendom og Folkelighed" – nationale Identität, besonders groß. Nach Grundtvigs Auffassung ist die Nationalität nämlich die Voraussetzung dafür, daß überhaupt das Christentum angenommen werden kann. Was in bezug auf Afrika bedeutet, daß man dort nicht die christliche Religion in abendländische Kleider eingehüllt, einführen kann. In der eigenen Kultur des Volkes muß die Religion sich vielmehr entwickeln. In den letzten Jahren hat die katholische Kirche, auf jeden Fall in Frankreich, diese Notwendigkeit verstanden und sogar ein neues Wort geprägt, nämlich: „*inculturation*", und damit kommt sie Grundtvigs Gedankengängen sehr nahe.

Es dürfte bekannt sein, daß in Indien schon seit vielen Jahren Schulen, Vidyapeeth genannt, in der Provinz Mysore existieren. Die indischen geistigen Voraussetzungen haben die Anpassung oder Übernahme von Grundtvigs Ideen sicherlich erleichtert. In afrikanischen Ländern wie Ghana oder Tanzania sind Schulen errichtet worden, die praktische Arbeit mit kulturpolitischen Einsätzen vereinbaren. Andere Projekte sind in Vorbereitung.

Und außerhalb der Dritten Welt?

Vielleicht darf ich auch erwähnen, daß die israelischen Ulpanim, die Schulen, in denen man versucht, den mit ihrem sehr verschiedenen kulturellen Hintergrund nach Israel kommenden Immigranten ein Nationalbewußtsein zu geben, daß diese Schulen – besonders das Ulpanim in Akiva – sich an den nordischen Volkshochschulen orientiert haben.

Und Amerika? Folkelighed in Amerika, the melting pot? Nichts scheint weiter entfernt von Folkelighed zu liegen als Amerika! Und doch! Man stellt fest, daß die neuen Immigrantengruppen kein Interesse mehr daran haben, dem „american way of life" zu folgen. Sie geben ihre Sprache nicht auf, auch nicht die Verbindung mit den im Lande gebliebenen Familien, sie ändern nicht ihren Lebensstil, kurz und gut, sie halten fest an ihrer „Folkelighed".

Außerdem spürt man in gewissen – natürlich sehr begrenzten – Kreisen, die in Verbindung stehen mit „The American Folk School Movement", eine Reaktion gegen die Entwurzelung der Amerikaner. Und wo sucht man die Wurzeln einer eventuellen Identität? In der Mythologie der Indianer, der Inuit, Eskimos, also bei der Bevölkerung, die man mit gutem Gewissen und großer Verachtung ausgerottet hat, und bei denen man plötzlich entdeckt, was einem heute fehlt.

Folkelighed und die europäischen Minoritäten

Ich komme noch einmal auf den Text des Senegalesen M'Bow zurück. Er schreibt in dem oben erwähnten Artikel weiter:

„Wir stellen mit Interesse fest, daß die Forderung nach kultureller Identität, die schon im 19. Jahrhundert zu verspüren war, (...) in den industrialisierten Gesellschaften von regionalen und ethnischen Kulturen erhoben wird." Ich begnüge mich mit einem einzigen Beispiel: die sechs französischen Minoritäten, von denen die bretonische ihre kulturelle Forderung nach Folkelighed, nationaler Identität, am stärksten verteidigt.

In der Bretagne haben wir 1984 ein Grundtvig-Seminar abgehalten. Die bretonischen Aktivisten haben uns erklärt, daß man nur aus Geldmangel keine Volkshochschule errichtet habe. Keltische und nordische Mythen wurden von dem berühmten Mythenerzähler Kr. Schultz Petersen vorgetragen, und es wurden uns Texte aus den zwanziger Jahren vorgelegt, Übersetzungen in die *bretonische* Sprache von Artikeln einiger in der grundtvigianischen Welt sehr bekannter Persönlichkeiten (Holger Begtrup, Hans Lund, Peter Manniche).

Also, Grundtvig lebt! Heimdals Horn hat seinen Ruf weit hinaus in die Welt getragen. Aber auch im eigenen Lande leben Grundelemente seines Denkens weiter.

„Folkelighed betyder Oprør"

Ich komme noch einmal auf das Schlüsselwort *Folkelighed* zurück. Außerhalb Dänemarks wird, wie wir gesehen haben, das dänische Beispiel herangezogen, wenn es darum geht, die nationale Kultur des Volkes zu stärken.

Die „Kommunikationsgesellschaft" mit ihren unzähligen Medien bedroht überall die nationalen Kulturen. Ich möchte aber zum Abschluß auf ein wichtiges Element des „Kulturkampfes" eingehen. Der Kulturkampf – die Umlenkung der Kulturströme von unten nach oben, vom Volk zur Elite, im Gegensatz zu dem üblichen Weg von oben nach unten – dieser Kampf enthielt ja immer und überall, das liegt wohl in der Natur der Sache, ein Element des Protestes, nämlich des Protestes gegen die sogenannte Elite, die mit Kulturprivilegien immer politische Privilegien zu verbinden verstand.

Dieser Protest ist immer noch aktuell, und wir können uns nun fragen, auf welchen Gebieten wird heute in der nordischen Volkshochschule protestiert?

Was Dänemark anbetrifft – die anderen nordischen Länder sind ja nicht Mitglieder der EG – kann man wohl ohne Übertreibung feststellen, daß die grundtvigianische Volkshochschule, ihren Traditionen gemäß, aktiv im Kampf gegen Dänemarks Mitgliedschaft in der EG gewirkt hat. Häufig kommt ein Protest zum Ausdruck, der sich gegen die zentralistische, technokratische, von den politischen, wirtschaftlichen und kulturellen Eliten beherrschte Gesellschaftsform richtet, und es wird sogar gefragt, ob man sich der „EG Kultur" unterwerfen und damit die „Folkelighed" aufgeben soll. Allgemeiner, also nicht nur als gegen die EG gerichtete Kritik, wird der dänischen Volkshochschule geraten, den Mut aufzubringen, in der heutigen Welt ein Gegenstrom zu werden.

Und das geschieht auch, aber nicht nur, in Dänemark. In allen nordischen Ländern wird von der Volkshochschule Protest erhoben gegen die heutige Gesellschaft mit ihren Kernkraftwerken, ihrer Umweltzerstörung, ihrer Flüchtlingspolitik usw. Man bemerke, daß es sich hier nicht um parteipolitische Bindungen handelt, sondern um einen Protest, der viel tiefer wurzelt, nämlich in der Überzeugung, daß die Gesellschaftsordnung von unten her, also vom Volk aus, aufgebaut werden muß und nicht von irgendwelchen Machtkonzentrationen, die das Volk nicht durchschauen kann. Daher auch die große Skepsis gegenüber den neuen Kommunikationstechnologien; auch diese müssen „folkelig" gesteuert werden und nicht von oben herab, im Dienste undurchschaubarer wirtschaftlicher Interessen, die dem Volk aufgedrückt werden.

Paul Röhrig gibt seinem Beitrag den Titel „Eine schwierige Annäherung – Versuch, einen Dialog zwischen dänischer und deutscher Erwachsenenbildung neu zu begründen". Könnte man sich nicht vorstellen, daß ein solcher Dialog auf der Grundlage des „Protestes" angebahnt werden könnte? Dieser Gedanke kommt mir, nachdem ich in einer deutschen Quelle zur Erwachsenenbildung folgendes gelesen habe:

„Es suchen z.B. Frauengruppen, Friedensgruppen, Ökologiegruppen, psycho-soziale Gruppen und Ausländergruppen eine bildungspolitische Stütze und einen Lernort. Die Geschichte der deutschen Heimvolkshochschule als Lernort für benachteiligte Bevölkerungsgruppen zeigt in allen Entwicklungsphasen, daß solch ein Lernort *gegen* die Gesellschaft *erkämpft*, bzw. ihr *abgetrotzt* werden muß."

Hier versucht also die deutsche Heimvolkshochschule, anscheinend mit großen Schwierigkeiten, das anzustreben, was in den nordischen Volkshochschulen zum täglichen Leben gehört. Die verschiedenen Möglichkeiten des Protestes, wenn sie auch oft nicht mit der politischen Linie des Landes übereinstimmen, werden im Norden von Regierungen finanziert. Gerade an diesem Punkt setzt z.B. die dänische Kritik der EG ein: Wenn alles im Europa der Zwölf synchronisiert wird, was geschieht dann mit solchen Initiativen, die, wie ich aus der zitierten Quelle ersehe, in Deutschland sich nur schwer durchsetzen können?

Das sind Fragen, die in der Welt der grundtvigianischen Volkshochschule eifrig diskutiert werden.

Vielleicht sind Sie nun etwas verwundert über meine sehr wenig akademische, aber dafür umso mehr persönliche Darstellung der Probleme in meinem Vortrag.

Zu meiner Rechtfertigung möchte ich eine legendäre Gestalt der dänischen Volkshochschule zitieren: J.Th. Arnfred, dessen Name eng mit Askov verknüpft ist. Arnfred schrieb Anfang der 50er Jahre in einem Artikel, daß der Unterschied zwischen Universität und Højskole nicht darin besteht, daß das Niveau in der einen höher ist als in der anderen. Nein, der Unterschied besteht darin, daß derjenige, der in der Højskole Vorträge hält, seine Gedanken mit dem vollen Einsatz seiner Persönlichkeit und seinem persönlichen Engagement für das, was er zu sagen hat, darstellt, während in der Universität, mit der Forderung nach Objektivität – ein Wort, das, nach Grundtvig, in der dänischen Sprache nicht existiert – die Persönlichkeit sich hinter wissenschaftlichen Forschungen zu verbergen hat.

Wie dem auch sei, so hoffe ich, daß jetzt kein Zweifel mehr darüber besteht, warum man im Jahre 1983 35 Nationalitäten in Kopenhagen versammeln konnte, um über Grundtvig und die nordische Volkshochschule zu diskutieren.

Zum Abschluß möchte ich gerne Hal Koch zitieren, damit Grundtvig in diesem Kreis nicht nur als Erzieher, sondern auch als Kulturpersönlichkeit dargestellt wird.

„Wenige Menschen haben wohl mehr als Grundtvig gegrübelt und gedacht – auch gegrübelt in rein philosophischer Bedeutung. Wie die Großen der Dichtung und des Denkens – ein Platon, ein Shakespeare, ein Pascal, ein Nietzsche, ein Dostojewski – ist er vorgedrungen bis zum Grenzland des Lebens, wo man sozusagen alles in schärferem Lichte sieht, wo gut und böse, Lüge und Wahrheit, Leben und Tod, Gott und Teufel den Menschen erwarten. Hier hat er etwas von dem rätselhaften Reichtum des menschlichen Lebens erfaßt, und mit dem Ausgangspunkt von dieser Sicht hat er sein ganzes Leben lang geredet und gedichtet."

Poul Engberg
Folkelighed – die nationalen, sozialen und demokratischen Komponenten in Grundtvigs Gedanken

Zuerst einen herzlichen Dank für die Einladung zu diesem Kongreß und die Aufforderung, einen Beitrag zu leisten. Ich bin auch froh, daß mein Thema mit dem dänischen Wort „Folkelighed" angegeben ist, denn dieses Wort kann nicht übersetzt werden, weder ins Englische, Französische noch Deutsche. Diese Unübersetzbarkeit hängt mit wichtigen Verschiedenheiten in historischen Erfahrungen und Erlebnissen zusammen.

Als ein Versuch, diese Verschiedenheiten zu überbrücken, sind dem Titel meines Vortrags die Wörter: „die nationalen, sozialen und demokratischen Komponenten in Grundtvigs Denken" zugefügt. Ich muß jedoch ergänzen, daß diese drei Wörter nicht ohne weiteres als ein Katalog des Inhaltes von „Folkelighed" gelten können. Sie bezeichnen nur Konsequenzen – natürlich sehr wichtige Konsequenzen – einer lebendigen und wirkenden „Folkelighed". Auf der anderen Seite gehören diese drei Komponenten unbedingt zur „Folkelighed" dazu. Wenn nicht, werden sie in verzerrter oder extremer Form hervortreten, das Nationale wird zu Nationalismus, das Soziale zu Sozialismus in einem abstrakten und unmenschlichen System, und das Demokratische zu einer Art von Demokratismus, wo Mehrheitsbeschlüsse nur ein Schleier einer rücksichtslosen Machtpolitik werden, in welcher Minderheiten unterdrückt werden.

Andererseits würde eine „Folkelighed" ohne Konsequenzen für die erwähnten drei Komponenten eine Isolierung des Geisteslebens bedeuten, die sich als Armut im Gesellschaftsleben auswirken und das geistige Leben im Volk verderben würde.

Das Jahr 1848 war eine bedeutendes Jahr, in Deutschland wie auch in Dänemark. Wir bekamen eine demokratische Verfassung und erlebten gleichzeitig einen Bürgerkrieg zwischen uns Dänen und der schleswig-holsteinischen Bewegung, die Anschluß an ein freies und vereinigtes Deutschland wünschte. In eben diesem Jahr schrieb Grundtvig ein Gedicht, worin es heißt: „Folkelighed ist ein nordisches Wort, behutsam löst sie das Rätsel der Gleichheit."

„Folkelighed" hat also etwas zu tun mit Gleichheit. Nicht ohne weiteres mit Gleichheit in Einkommen oder Ausbildung, denn innerhalb der „Folkelighed" gibt es reichlich Freiraum für Verschiedenheiten in Lebensformen und Lebensinhalten der Menschen und Völker. Diese Achtung der Mannigfaltigkeit hängt damit zusammen, daß „Folkelighed" für Grundtvig ihre Bedeutung in seiner *mosaisch-christlichen* Anschauung hatte. Diese Anschauung entsprang für ihn persönlich aus seinem christlichen Glauben; er benutzte aber das Wort Anschauung, weil er in seinem Wirken für „Folkelighed" und folkelige Aufklärung keine Grenzen oder Gegensätze hervorbringen mochte zu Gruppen und Menschen im Volke, die nicht Christen waren, aber doch – wie er es ausdrückte – als Naturalisten mit Geist zum Volk gehörten und an folkeliger Aufklärung teilnehmen konnten, weil sie Sinn für Geist und Poesie hatten. Alle Menschen mit Sinn für Liebe, Poesie, Geschichte und menschliche Gemeinschaft haben Verbindung mit der „Folkelighed". Nur eine rein biologische Menschenauffassung grenzt sich hiervon ab.

Grundtvig ist ohne Zweifel ein lutherischer Theologe, der entschiedener als irgend jemand anderes daran festgehalten hat, daß die Schöpfung in Gottes Bilde nicht im Sündenfall ganz verloren gegangen ist, sondern noch heute wirksam ist im Leben und der Geschichte aller Menschen und Völker, in ihren Mythen und ihrer Poesie, wie auch in ihrem Streben nach Freiheit, Gerechtigkeit, Liebe und Menschenwürde.

Grundtvig meinte, daß Gott sich mitten in der heutigen Wirklichkeit in zwei Wesen offenbart: als Schöpfer und als Vater Jesu Christi. Als Schöpfer aller Menschen und Völker auf der Erde ist er die letzte und innerste Ursache der Geschichte. Schon im Paradies begann die Geschichte für Adam und Eva mit dem Ziel, daß sie sich das vollkommene Leben Gottes nach und nach aneignen und dadurch gleichzeitig das vollkommene Verständnis des göttlichen Lebens erlangen sollten. Sie sollten „am besten Gott ähnlich werden und mit ihm als seine Nächsten reden", wie Grundtvig es ausgedrückt hat.

Die zweite Offenbarung kam mit Jesu Christi Geburt als Mensch auf die Erde. Die erste ist aber für Grundtvig die Grundlage der „Folkelighed". Jedoch war es nicht so, daß er denselben Glauben von anderen Menschen forderte, denn er sah sich in folkeliger Gemeinschaft mit allen anderen Menschen. Er glaubte aber, daß Gott trotz Tod und Sündenfall als eine universale Kraft in allen Formen von „Folkelighed" auf der Erde wirkt. Er fand Spuren Gottes in der Geschichte der Völker, ihren Träumen von einem vollkommenen Leben, wie sie sich in ihren Mythen, Sagen, Märchen und Dichtungen ausdrücken, und wie sie sich in ihrem Streben nach Gerechtigkeit, Freiheit, Liebe, Freude und Menschenwürde äußern.

Diese Träume sind von Volk zu Volk verschieden, weil Gott den Völkern verschiedene Aufgaben gegeben hat. Gott hat – wie Grundtvig es formuliert – zu jedem Volk einen Engel gesandt, einen Volksgeist, der die historische Aufgabe jedes Volkes verkündet. Und die folkelige Aufklärung muß diese Aufgabe beleuchten durch Erzählen von Mythen und Geschichte. Gemeinsam können die Völker mit verschiedenen Aufgaben im Laufe der Geschichte ein reiches Bild geben von dem mannigfaltigen Menschenleben.

Die Geschichte, worin Gottes heutige Schöpfung sich verwirklicht, im einzelnen Menschen wie auch im Leben der Völker und der ganzen Menschheit, verläuft durch vier verschiedene Lebensalter: Kindheit, Jugendzeit, Erwachsenenalter und Alter. Alle Perioden haben den gleichen Wert und die gleiche Bedeutung, und so kann man nicht die Kindheit oder Jugendzeit nur betrachten als eine Vorbereitungszeit auf die „eigentliche" Lebensperiode: das Erwachsenenalter.

Kindheit und Jugend müssen mit ihren eigenen Bedingungen durchlebt werden und können nur so wertvoll werden für das spätere Leben. Hieraus ergeben sich bedeutsame Folgen für das Schulwesen, sowohl in der Kindheit als auch in der Jugendzeit. In unserer westlichen Welt haben wir ja ein Schulwesen organisiert, das zum Ziel hat, gute und produktive Bürger zu erziehen, und in dieser Hinsicht bedeutet Grundtvigs Gedanke ein ernsthaftes Korrektiv. Die dänischen, grundtvigschen Kinderschulen und Heimvolkshochschulen sind der Anfang eines Schulsystems, das auf einer folkeligen Menschenauffassung begründet ist.

Grundtvig meinte, daß die Jugendzeit zwei wichtige Charakteristika aufweist: Sie ist kritisch gegenüber der Gesellschaft und der Generation der Eltern. Und diese kritische Haltung begründet sich aus einem Traum von einem besseren Leben, einer freien und menschenwürdigen Gesellschaft. Der Blick der Jugend ist in die Zukunft gerichtet, und die Aufgabe der folkeligen Aufklärung besteht darin, den Träumen der Jugend Nahrung zu geben, so daß sie nicht nur auf ihre eigene Karriere und Vorteile ausgerichtet sind, sondern sich an die Geschichte des Volkes binden und zu einer folkeligen Verantwortlichkeit führen. In dieser Hinsicht sind die Geschichte des Volkes und die Mythen bedeutsam.

Wir haben z.B. in Dänemark ein Lied von Grundtvig mit dem Titel „Dänemarks Engel", das eine alte dänische Sage wiedergibt über eine Zeit in unserer Geschichte, in der wir keinen König hatten und alles deshalb schief ging. Die Guten weinten und die Bösen lachten. Dann kam ein Schiff über das Meer, von Odin gesandt, mit einem kleinen Knaben an Bord, der auf einem Schild lag und von Garben umgeben war. Die Dänen führten ihn zu dem „Ting" und wählten ihn zum König mit dem Namen Schild, „Kong Skjold". Grundtvigs Lied erzählt uns nun, daß unsere Aufgabe als Volk darin besteht, immer das *Kindliche* – das Sanfte und Milde – über uns regieren zu lassen. Skjold ist unser ewiger König.

Nun aber zu den drei Komponenten.

Die nationalen Komponenten

Natürlich war Grundtvig Däne und Nordländer. In einer Artikelreihe von 1855 schrieb er über „Die dänische Sache" als nicht nur eine Sache der Dänen, sondern als eine Sache Gottes. Das könnte gefährlich ähnlich klingen wie Hitlers „Gott mit uns", aber liest man die Artikel, so versteht man, daß die Sache eines jeden Volkes auf der Erde die Sache Gottes ist. Die Artikel sind nur fünf Jahre nach dem Bürgerkrieg geschrieben, in dem die Schleswig-Holsteiner militärische Hilfe von Preußen und dem Deutschen Bund bekamen und ganz Jütland okkupiert wurde. Diese Besetzung betrachtet Grundtvig als eine Handlung gegen Gottes Willen, weil Gottes Ziel in der Geschichte ein freies und gleichberechtigtes Zusammenleben aller Völker ist. Die Deutschen kränkten also Gottes Willen bezüglich des Lebens der Völker. Deshalb konnte Grundtvig in einem Lied schreiben: „Deine Feinde im Lande sind auch Gottes Feinde." Das sind sie, so weit und so lange sie dänisches Land und Volk in Unterdrückung halten. „Mein Haß gegen die Deutschen", sagt Grundtvig, „verfolgt sie nicht über die Eider." Auf ihrem eigenen Boden haben die Deutschen genau die gleichen Rechte wie alle anderen Völker auf ein eigenes Leben in Freiheit.

In den erwähnten Artikeln von 1855 reflektiert er das Problem der Vaterlandsliebe im Verhältnis zu einer universalen, folkeligen Geschichtsauffassung, von der er immer ausgegangen ist. Vaterlandsliebe ist, so Grundtvig, eine Vorliebe, wie echte Liebe es immer ist, wenn sie nicht in einem Abstraktum verlorengehen soll.

Die Familienliebe ist auch eine Vorliebe und ist doch eine Erziehung zur echten Menschenliebe. Eine Liebe in die blaue Luft zu der ganzen Menschheit ist ein unverbindliches Abstraktum, das mit leeren Wörtern oder etwas Geld befriedigt werden kann. Echte Menschenliebe fordert das ganze Leben und den täglichen Einsatz. Wer sein Vaterland liebt und dies als göttliche Aufgabe ansieht, will nicht nur verstehen können, sondern will direkt dafür kämpfen, daß alle Völker der Erde Freiheit und Menschenwürde erlangen. Die dänische Sache ist also, wie die Sache aller Völker in der Welt, Gottes Sache.

Grundtvig schrieb: „Es ist nicht dort, wo man Vater und Mutter, Ehefrau, Kind und Geschwister so wenig wie möglich liebt, aber da, wo man sie möglichst am meisten liebt, daß das Herz Raum für Christi Liebe bekommen kann... Die letztere setzt die erste voraus und muß ihr verpflichtet werden, um erkennbar zu werden." Und in seiner Zeitschrift „Danskeren" schrieb er 1849 während des Krieges: „Die Völker dürfen nicht einander hassen, zerstören oder verschlucken, sollen aber als Äste auf dem selben Baum (dem Baum der Menschheit Ygdrasil) einander dabei helfen, Stürme durchzuhalten, Schutz zu leisten und Schatten zu geben, während ein jeder von ihnen seine eigenen Blätter, Blumen und Früchte trägt."

In der selben Zeitschrift protestierte er gegen die dänische national-liberale Partei, die die Regierungsmacht hatte, weil sie ganz Schleswig bis zur Eider in das Königreich Dänemark einverleiben wollte. Er protestierte gegen eine Zwangsdänisierung der schleswigschen Bevölkerung. Eine Möglichkeit wäre, so meint er, eine Aufteilung Schleswigs zwischen Dänemark und Deutschland, wie sie 1920 durchgeführt wurde, aber eine solche Lösung war nicht unumstritten in der dänischen Bevölkerung Schleswigs, und die Friesen, Flensburger und Angeln wußten noch gar nicht, wohin sie sollten. Das Land mußte deshalb in einer Zwischenstellung stehen bleiben, in der die Sprachen und Kulturen gleichberechtigt nebeneinander standen. Dort, wo man also Hochdeutsch als Kirchensprache bevorzugte, sollte dies respektiert werden, und umgekehrt sollte da, wo die eigene Sprache als Kirchensprache gewünscht wurde, diese eingeführt werden. Das gleiche sollte in den Schulen geschehen. Alle Priester, Lehrer und Beamten sollten eine folkelige Erziehung erhalten, so daß sie Verständnis für die Vielfältigkeit des Volkslebens bekamen. Nach dem Kriege beschloß die dänische Regierung, das Dänische zwingend als Kirchensprache in ganz Nordschleswig einzuführen, was Proteste der deutschgesinnten Bevölkerungsteile hervorrief, und Grundtvig erklärte, daß es unrecht sei, den Deutschen zu verweigern, ihren Kindern Religions- und Konfirmandenunterricht in Deutsch zu erteilen, so, wie sie es gewöhnt waren.

Das Verhältnis zwischen Deutschen und Dänen war für Grundtvig Teil einer größeren Problemstellung, nämlich zwischen dem Norden und dem kontinentalen Europa. In seinem großen Werk „Die Mythologie des Nordens" von 1832 behauptet er, daß die europäische Kultur, deren Grundlage die mosaisch-christliche Anschauung und die griechische Kultur und Mythologie sind, nun mit dem Einfluß des Nordens bereichert werden müsse. Rom betrachtete er nicht als einen Kulturschöpfer, sondern von dort komme nur Organisationsfähigkeit und Machtwille. Er betrachtete deshalb Rom und jede von Rom inspirierte Politik als einen gefährlichen Feind und Zerstörer aller „Folkelighed". Auch die Rationalität, die unsere westliche Kultur, Wissenschaft und Politik so einseitig beherrscht, sei – so meinte er – ein Resultat des römischen Einflusses. Eine Erneuerung könnte – fügte er hinzu – aus dem Norden kommen, weil die Mythologie hier offen ist für das Rätselhafte im Menschenleben. Die Zeit des Nordens sei nun gekommen, in der die nordischen Völker (oder das nordische Volk, denn es gab für ihn nur einen Volksgeist des Nordens, aber viele verschiedene Volksherzen) in die europäische Geschichte eintreten und als ein neues „Hauptvolk" Kraft und Geist zu dem folkeligen Leben in Europa beitragen sollten. Die nordischen Mythen sind von *historischer* Art, weil sie das Leben als einen Kampf zwischen Asen und Riesen betrachten, in welchem die Menschen auf die Seite der Asen treten sollten, während die griechischen Mythen naturgeprägt sind. Die nordischen Mythen könnten deshalb eine neue Dimension in die europäische Kultur einbringen, damit das rationale, naturwissenschaftliche Lebensverständnis zurückgedrängt werden könne. Nach Grundtvigs Auffassung ist jedes Lebensverständnis immer *historisch*: Wir verstehen nur das Leben, wenn wir es durchlebt haben. Das historische Verständnis des Lebens ist folkelig, weil es auf Lebensaneignung und nicht, wie das rationale Verständnis, auf dem Intellekt begründet ist. Und die historische Lebensauffassung kann weiter Verständnis schaffen für die reiche Mannigfaltigkeit der Völker und so zu größerer Freiheit für alle Völker führen. Der Norden könnte so zu einer folkeligen Entwicklung in Europa beitragen.

Die europäische Kultur braucht diese neue Inspiration, weil die geistigen Werte nach und nach von rationaler Analyse verdrängt und Produktivität und Effektivität die höchsten Werte geworden sind. Europa braucht eine menschenfreundlichere Gesellschaft.

Grundtvigs Hoffnung in die nordischen Völker ist nicht Ausdruck eines selbstüberschätzenden Nationalismus, sondern ein Glaube an Gottes Lenkung der Geschichte in Richtung auf mehr Freiheit für das folkelige Leben und an die Rolle der nordischen Völker in dieser Geschichte. Sein Interesse galt immer der Weltgeschichte, er war universal in seiner „Folkelighed".

Diese Universalität zeigt sich schon 1820 in seinem Vaterlandslied, in welchem er einräumt, daß Dänemark nicht das beste Land der Welt ist und die Dänen nicht die klügsten und tapfersten Menschen sind. Andere Völker haben höhere Berge, schönere Landschaften, begehen größere Taten, haben höhere Intelligenz und eine feinere Sprache und größere Reichtümer an Gold und Silber als wir. Aber für uns, die hier in dieser Landschaft und in diesem Volk geboren sind mit einer gewissen Geschichte und Muttersprache, ist das Dänische nicht nur das Beste, sondern die einzige Lebensmöglichkeit, in welcher wir wahre und wirkliche Menschen werden können. Und genau dasselbe kann jedes Volk auf der Erde sagen.

Die sozialen Komponenten

In dem eben erwähnten Vaterlandslied von 1820 gibt Grundtvig auch ein soziales Programm, das fast ein Sprichwort in Dänemark geworden ist. Im letzten Vers, in dem er die Reichtümer anderer Völker erwähnt, tröstet er die Dänen damit, daß wir einen noch wichtigeren Reichtum besitzen, nämlich ein Streben danach, daß bei uns nur wenige Leute zu viel haben und noch weniger zu wenig. Ein solches soziales Streben ist, so sagt er, ein noch größerer Reichtum. In seinem sozialen Denken war er nur insofern liberal, als er Freiheit für Initiative und Tüchtigkeit schätzte. Sein Liberalismus war aber begrenzt durch Rücksichten, die für ihn noch bedeutsamer waren. Diese Rücksichten hingen mit seiner „Folkelighed" zusammen und mit dem Glauben, daß alle Menschen – intelligente und weniger intelligente, starke und schwache, bedeutende und kleine – den selben Wert haben. Deshalb müssen ihnen auch alle menschenwürdigen Lebensbedingungen gegeben werden, auch was das Einkommen betrifft.

Seine Hochachtung vor allen Menschen bedeutet darüber hinaus, daß die einzige Funktion des Staates darin liegt, Diener des Volkes zu sein. Der Staat darf niemals zum Selbstzweck werden, niemals seine eigene Macht suchen, sondern nur ein Beschützer von Menschlichkeit, Freiheit und Gleichberechtigung der Bürger sein. Eine milde Gleichheit soll das ganze Leben des Volkes durchdringen. Alle Schichten des Volkes – die Intellektuellen, die leitenden Personen in Kultur, Politik und Kirche wie auch die Arbeiter, Bauern und Arbeitslosen – müssen in diesem Geist der Milde aufgezogen werden. Eine alte Sage erzählt von dem dänischen König Frode Fredegod, daß während seiner Regierungszeit Friede und Freundlichkeit in einem solchen Grade die Seele des Volkes beherrschten, daß ein Stück Gold, das auf einem öffentlichen Weg lag, niemals gestohlen wurde. Da Gold Freude bedeutet, erzählt die Sage also, daß niemand in Dänemark die Freude anderer Menschen rauben sollte. Die Freude gehört allen, reichen und armen, großen und kleinen Menschen.

Ein dänischer Dichter, C. Hostrup, der von Grundtvig inspiriert war, hat in einem Lied Grundtvigs soziales Ziel so ausgedrückt: eben die kleinsten Menschen sollten Anteil an der Freude des Lebens haben.

Zu Grundtvigs Zeit lebte und arbeitete die große Mehrheit der Bevölkerung auf dem Lande als Bauern, Kleinbauern, Landarbeiter, Handwerker usw. Und sie waren sowohl in politischer, sozialer als auch in kultureller Hinsicht benachteiligt. Es war damals vor allem Grundtvigs Ziel, daß sie Vertrauen in das eigene Leben bekamen, was sich dann auch auf das soziale Leben auswirken würde. Kultur und Bildung sollten nicht länger den höheren, gebildeten Gruppen vorbehalten bleiben. Das allgemeine Volk sollte auf den Volkshochschulen einen Glauben an das göttliche Ziel ihres eigenen Lebens empfangen, so daß Freude und Selbstvertrauen wachsen könnten. Dazu ist das Erzählen von Mythen sinnvoll, sie handeln ja vom Zusammenleben und Zusammenwirken der Götter mit allen Menschen.

Die dänische Landbevölkerung erfuhr auf diese Weise eine herzliche und frohe Belebung ihres Lebens und Wirkens und transformierte ihr neues Selbstvertrauen in eine bemerkenswerte Modernisierung und Industrialisierung ihrer Betriebe. Viele Bauern haben es so formuliert, daß sie ihre Höfe auf der Grundlage der Mythenerzählung der Volkshochschule bewirtschafteten.

Grundtvig hatte in England beobachtet, daß viele Menschen mit Lust und Initiative an ihre Arbeit gingen. Und da er die Engländer als „ausgewanderte Nordländer" betrachtete, war er überzeugt, daß sie von dem nordischen Volksgeist inspiriert waren. Er bewunderte auch die Freiheit, die im Wirtschaftsleben herrschte, eine Voraussetzung – wie er meinte – für Lust und Initiative im Wirtschaftsleben. Die gleiche Freiheit sollte deshalb in Dänemark eingeführt werden, wofür er auch als Politiker gearbeitet hat.

Auf der anderen Seite mußte diese individuelle Freiheit immer der folkeligen Gemeinschaft und dem Allgemeinwohl untergeordnet werden. Z.B. sagte er, daß das Vaterland der einzige Eigentümer der Grundstücke des Landes sein kann. In der Zeitschrift „Danskeren" hat er das höchste folkelige Prinzip so ausgedrückt: „Der gefährlichste Feind der Folkelighed ist die Eigenliebe, die sich von allen natürlichen Bändern des Menschenherzens losreißt und sich mit einer Weltbürgerlichkeit beschmückt, die viel weiter reicht und viel edler sein soll als eben die Folkelighed und sich zuweilen auf das Christentum beruft." Die Eigenliebe – die Triebkraft der liberalen Konkurrenzgesellschaft – ist also ein Feind der „Folkelighed". In einem Lied über die „Folkelighed" hat er es so formuliert: Reißen sich die Stände des Reiches los von dem gemeinen Volksgeist, wird das Reich zerrissen.

In England erlebte er eine effektive Industriegesellschaft und konnte die Erleichterung für die körperliche Arbeit begrüßen, die die Maschinen brachten. In „Dansk Ravnegalder" 1860 heißt es, daß alles, was den Frondienst des Körpers ablösen kann, wünschenswert ist, aber nur, wenn das Leben selbst nicht verlorengeht. Er fürchtete, daß die Arbeiter zu „gedankenlosen Sklaven" verwandelt werden könnten, und die Poesie des Lebens für sie ganz verlorengehen würde. Poesie war für ihn nicht nur Poesie auf dem Papier, sondern Verbindung zu ewigen, unsichtbaren Kräften.

Überhaupt fürchtete er eine freie (liberale) Entfaltung des menschlichen Egoismus'. In „Ravnegalder" wandte er sich klar gegen eine Gesellschaft, in der nicht mit Menschen, sondern nur mit Geld und Profiten gerechnet wird. „Das wäre der grundlegende Irrtum in der Staatslehre, daß sie die Menschen für den unbelebten Überschuß in Zeit, Geld und Menge opferte." Immer betonte er, daß die gleiche Würde aller Menschen und die folkelige Gemeinschaft das höchste Prinzip in unserer Gesellschaft sein müßten, besonders bei uns, wo das Milde und Kindliche herrschen sollte.

Die demokratischen Komponenten

Grundtvigs drei Reisen nach England in den Jahren 1829-31 bilden einen Wendepunkt in seinem Leben als Mensch und Staatsbürger, wie es Kaj Thaning beleuchtet hat. Im dänischen Reichstag sagte er am 29. März 1849: „In meiner Jugend war ich von der deutschen Lust angesteckt, die ganze Welt nach meinem Kopf zu verändern. Ich habe mich aber, besonders bei den Engländern, belehren lassen, daß es sowohl klüger ist als auch sich eher lohnt, die Welt zu nehmen, wie sie nun einmal ist." Dieser Realismus bedeutet jedoch nicht, daß er nicht wünschte, in dem historischen, folkeligen Prozeß mitzuwirken, nur daß er einsah, daß man gegen diesen Prozeß nichts ausrichten konnte. Und ein historischer Prozeß – im tiefsten von Gottes Schöpfung bestimmt – ging vor sich, davon war er überzeugt. Nun kam die *Zeit des Volkes*, das hatte er schon lange geahnt. Nun sollten weder die Fürsten noch die römischen Großmächte die Völker unterdrücken. Die Völker sollten sich befreien – von Kirchenmacht, von schwarzen Schulen und der Besserwisserei der rationalistischen Wissenschaft. Die Völker sollten ihre eigene Geschichte in die Hand nehmen, um dadurch zu entfalten, was Gott ihnen gegeben hat.

In Grundtvigs Lebensentwicklung haben seine bewußten Gedanken und Meinungen oft seine Visionen nach sich gezogen. Dies war auch der Fall mit seinem politischen Denken im Verhältnis zu seinen folkeligen Visionen. Noch im Jahre 1830, als die Julirevolution und die national-liberalen Bewegungen Europa prägten, schrieb er über den Reichstag, daß es umso weniger Suppe gäbe, je mehr Köche daran beteiligt seien. Als in Dänemark in den 1830er Jahren die Ständeversammlungen eingeführt wurden, sah er diesen Beginn einer Volksmitbestimmung positiv und erklärte, daß Volksstimme und Königshand nun zusammenwirken sollten. Und als 1848 der neue König Frederik VII. den Absolutismus abschaffte und dem Volk eine demokratische Verfassung versprach, ließ Grundtvig sich im Oktober als Kandidat aufstellen, zuerst in Kopenhagen, wo er nicht gewählt wurde, später dann in Südsjælland, wo er geboren war. Hier wurde er gewählt. Die Bauern hatten einen Bauern aus Grundtvigs Heimatdorf Udby aufgestellt. Dieser zog indessen seine Kandidatur zurück, als Grundtvig seine Zusage gegeben hatte, mit der Begründung, daß er ein alter Konfirmand Grundtvigs sei, und nun, als er wieder seinen ehemaligen Pastor Grundtvig gehört hatte, sah er ein, wie viel er ihm schuldig war. So wurde Grundtvig einstimmig in den Reichstag gewählt.

Aufgabe des Reichstages war es, ein Grundgesetz auszuarbeiten, das am 5. Juni 1849 unterschrieben wurde. Ein neuer Reichstag sollte danach gewählt werden, und auch in ihn wurde Grundtvig vom selben Wahlkreis gewählt. 1853 wurde er in Kerteminde gewählt, 1854-55 repräsentierte er Skelskør, 1855-57 wieder Kerteminde. Und 1866 wurde er in die zweite Kammer, den Landsting, gewählt.

Als Politiker war für ihn immer die Freiheit innerhalb wie auch außerhalb der Volkskirche ein Hauptanliegen. Sein Kampf für Geistesfreiheit war fast ohne Grenzen und führte zu einer Entwicklung im dänischen Kultur-, Schul- und Kirchenwesen, die ziemlich einzigartig in Europa ist. Er forderte natürlich vollkommene Religionsfreiheit, auch für alle Beamten, aber auch Freiheit der Volkskirche für Gemeinden gegenüber den Pfarrern und für die Pfarrer gegenüber ihren Vorgesetzten. Die Freiheit für die Gemeinden wurde 1855 gesichert durch ein Gesetz über die Aufhebung der Verpflichtung der einzelnen Kirchenmitglieder, einem bestimmten Kirchspiel anzugehören und 1866 durch ein Gesetz, das sogenannte Wahlgemeinden innerhalb der Volkskirche zuließ mit Mitgliedern aus mehreren Kirchspielen. Diese freien Gemeinden mußten anfangs selbst die Kirche und Pfarrerwohnungen bauen und die Gehälter ihrer Pfarrer und anderen Mitarbeiter bezahlen. Dafür wurde ihnen gleichzeitig die Befreiung von der allgemeinen Kirchensteuer eingeräumt. Später wurde es ihnen erlaubt, volkskirchliche Gebäude zu nutzen. Die weitgehende Freiheit für die Pfarrer, die Grundtvig wünschte, ist wohl offiziell nicht durchgeführt, aber in der Praxis weitgehend gültig. In der dänischen Volkskirche findet man daher viele verschiedene theologische Auffassungen.

Grundtvig forderte überhaupt Freiheit für das gemeine Volk von jedem Dirigieren und jeder Manipulation seitens des Staates, der Beamten, der Geistlichen, Militärs und des Schulwesens. Er war politisch kein Anarchist und betrachtete ein gewisses Quantum an Ordnung durch die Polizei und Gerichte als notwendig. Er war aber überzeugt, daß das lebendige und aufgeklärte Volk selbst in der Lage war, von der Basis aus fast alle gemeinsamen Aufgaben zu lösen, so z.B. auch die Verteidigung des Landes. Unser Land mußte verteidigt werden, das war für ihn klar – besonders während des Bürgerkrieges 1848-50. Er war aber überzeugt, daß die dänische Jugend mit Freude und freiwillig Dänemark verteidigen würde, wie auch seine eigenen Söhne sich freiwillig gemeldet

35

hatten. Er war aber ein Gegner eines stehenden Heeres in Friedenszeiten. Ein solches Heer könne leicht ein Staat im Staate werden, in dem menschliche Rechte keine Gültigkeit hätten. So war er auch ein Gegner der Wehrpflicht und betrachtete den blinden Gehorsam in Kasernen als unterdrückend und unmenschlich. Wehrpflicht ist Sklaverei, Volksbewaffnung ist Freiheit.

Ein starker Staat war für ihn überhaupt unannehmbar. Der Staat ist eine für das Volk fremde, unbiegsame, strenge Persönlichkeit, für welche sich das ganze Volk opfern soll. Was der Beamte den Staat nennt, ist nichts anderes als er selbst. Alle Offiziere, Pfarrer, Beamten und Schullehrer müssen eine folkelige Bildung erhalten, so daß sie Respekt vor dem Volk bekommen. Es war für ihn widersinnig, daß die dänische Sprache in Offiziers- und Beamtenkreisen oft verachtet wurde, und daß man damals General oder Staatsminister werden konnte, ohne Dänisch sprechen oder schreiben zu können, während kein Däne Leutnant oder Schreiber in einem Ministerium werden konnte, ohne Deutsch zu beherrschen.

Der Staat war für Grundtvig niemals ein Ziel in sich, und das Recht war für ihn niemals ein Produkt der Macht, sondern immer ein Produkt der „Folkelighed". Wenn das Ziel des Staates darin liegt, möglichst viel Geld in der Staatskasse zu haben, das große Kriege ermöglichen sollte, und wenn die Ordnung Selbstzweck der regierenden Behörden würde, dann führe man im Grunde Krieg gegen das menschliche Leben und das Glück des Volkes.

Grundtvig war auch ein Gegner der Schulpflicht und schlug vor, daß das Grundgesetz den Ärmsten im Lande das Recht einräumen solle auf folkelige Bildung. Die Dänen sind, so sagt er, weder Tiere noch Wilde, auch wenn sie nicht Latein gelernt haben oder von einer Person abgerichtet worden sind, die im ersten, zweiten oder dritten Glied von einem Schulmeister abstammt. Er forderte, daß die Eltern das Recht haben sollten, ihre Kinder selbst zu unterrichten, was 1915 per Gesetz eingeführt wurde, und er protestierte während der Behandlung eines Gesetzes über Privatschulen 1855 gegen die Forderungen nach so viel Kenntnissen, daß das Kindesalter quasi schon zur Studienzeit würde. Die Kinder sollten vielmehr das Recht haben, Kinder zu sein und als Kinder zu leben.

Wenn nun die Zeit des Volkes gekommen war, mußten auch alle Arten von Wahlrechtsprivilegien abgeschafft werden. Während der Debatten im Reichstag im Winter 1848-49 über das Grundgesetz protestierte er gegen jeden Wahlrechtszensus und erklärte, daß weder ein Großbesitz noch der Besitz von zwei Fässern voller Gold eine Garantie dafür seien, daß der Besitzer mehr aufgeklärt oder weniger eigennützig sei als der, der dies nicht besitzt.

Er forderte das Wahlrecht für alle erwachsenen Männer und beklagte die Altersgrenze von 30 Jahren, die sogar das gesamte Heer ohne Wahlrecht ließ.

Nach der Niederlage im Krieg 1864, die eine Folge der national-liberalen Eiderpolitik war, gelang es den alten, konservativen Kreisen, an die Macht zu kommen. Die Großgrundbesitzer bekamen durch eine Änderung des Grundgesetzes die Mehrheit in der zweiten Kammer (Landsting). Der neue König Christian IX. zögerte noch, die Änderung zu unterschreiben, und Grundtvig – nun 83 Jahre alt – hoffte, daß der König seine Unterschrift verweigern würde und versuchte – zusammen mit dem alten radikalen Politiker Tscherning – eine Audienz beim König zu bekommen um ihm zu sagen, welch großes Unglück für das Volksleben die neue Verfassung bedeuten würde, wenn nun die Rechte, die man dem Volk einmal zugestanden hatte, wieder aufgehoben würden. Der König jedoch wollte sie nicht anhören und unterschrieb, und die Folge war ein erbitterter politischer Streit in den nachfolgenden Jahrzehnten bis 1901. In diesem Streit war die grundtvigianische Bewegung von großer Bedeutung, und ihre Ideen über freie Kinderschulen, Volkshochschulen und freie Gemeinden wurden von den linken Parteien übernommen. In der linken Partei sammelten sich sowohl die nationalen, die sozialen als auch die demokratischen Komponenten aus Grundtvigs Denken.

Was für uns heute Bedeutung haben kann, das sind natürlich nicht alle konkreten Aussagen Grundtvigs zu nationalen, sozialen und demokratischen Fragen. Die sind ja aus seiner Zeit heraus bestimmt. Was aber heute für uns von Bedeutung ist, das ist die „Folkelighed", seine folkeligen Visionen, die, wie schon gesagt, oft seinen Meinungen vorausgingen. Diese Visionen wurden entscheidender als die irgend eines anderen Dänen, weil sie in einen konkreten historischen Prozeß in der dänischen Gesellschaft eingingen, nämlich die Befreiung des gemeinen Volkes, das damals im wesentlichen auf dem Lande lebte.

Heute ist ein ganz anderer Prozeß nötig, denn die früher unterdrückten Gruppen der Arbeiter und Bauern haben im großen und ganzen ihre politischen und sozialen Ziele erreicht. Die Aufgabe der „Folkelighed" besteht heute darin, die Gemeinschaft des ganzen Volkes politisch, sozial und wirtschaftlich zu verwirklichen.

Dazu noch eine Ergänzung. Heute ist es notwendiger denn je, die Universalität der „Folkelighed" zu unterstreichen, denn das Zusammenleben und die gegenseitige Abhängigkeit der Völker gewinnt immer größere Bedeutung. Das bedeutet nicht die Bildung von Unionen und großen Machtkonzentrationen wie in römischer Zeit, die Grundtvig so sehr haßte. Was er wünschte, das war ein friedliches Zusammenleben von freien und oft sehr verschiedenen Völkern, also eine schöne Mannigfaltigkeit der Völker.

Im Gegenteil müssen wir uns heute für den Kampf vieler kleiner Völker in Europa und in der ganzen Welt interessieren. Die Basken, die Elsäßer, die Korsen, die Kurden, die Palästinenser usw. bilden eine dynamische folkelige Kraft in der heutigen Weltgeschichte, und der einzige Weg zum Frieden ist eine Anerkennung ihrer Rechte auf ein freies und gleichberechtigtes Leben. Ein historisches Beispiel ist schon vorhanden im Norden, wo die folkeligen Gedanken teilweise verwirklicht sind, auch mit Hilfe der Volkshochschulen, die überall für die Freiheit und die sprachliche, kulturelle und politische Gleichberechtigung aller kleinen, früher unterdrückten Völker im Norden gekämpft haben.

Auf diesem Hintergrund können Grundtvigs folkelige Gedanken eine Inspiration werden für Frieden und Freiheit für alle Völker der Welt, die bisher unterdrückt wurden durch Kolonialismus, Großmächte und andere Machtkonzentrationen.

In diesem Sinne ist „Folkelighed" revolutionär.

Otto Dann
Herder und die Anfänge der deutschen Nationalbewegung

I.

Der Name Herder hat in der Geschichte des modernen Nationalismus eine Bedeutung, die weit über die deutschen Grenzen hinausreicht. Er gilt als einer der großen Anreger des nationalen Erwachens der europäischen Völker. Ein Blick in die Geschichtsschreibung Osteuropas genügt, um sich davon zu überzeugen. Eine ausgedehnte Forschung hat nachgewiesen, welche Wirkungen von Herders Schriften auf die Initiatoren nationaler Bewegungen ausgegangen sind.[1] Davon ausgehend, hat man Herders Bedeutung bis ins Grundsätzliche ausgeweitet. Auf ihn gehe ein besonderer Typus des Nationalismus zurück: wenn ein Volk ohne eigene staatliche Strukturen eine nationale Bewegung aus den kulturellen Traditionen heraus entwickelt und auf diesem Wege das Ziel nationaler Autonomie verfolgt.[2]

Bei solchen Einschätzungen wird stets vorausgesetzt, daß Herder in diesem Sinne vor allem die nationale Bewegung seines eigenen Volkes beeinflußt hat. Dementsprechend findet man in der Literatur immer wieder Aussagen, in denen der deutsche Nationalismus besonders auf Herder zurückgeführt wird; das Spezifische des deutschen im Unterschied zum sogenannt westeuropäischen Nationalismus sieht man durch Herder begründet.[3]

Fragt man jedoch genauer nach Herders Rolle innerhalb der deutschen Nationalbewegung, gerät man ins Stocken und steht vor einer Reihe von offenen Fragen. Nicht nur, daß es bis heute dazu keine Forschungen gibt, man kennt bisher kaum eine Stimme aus dem Bereich der nationalen Bewegung selbst, die positiv auf Herder verweist.[4] Nach dem heutigen Kenntnisstand muß man im Hinblick auf die nationale Frage

---

1   Vgl. die Überblicksdarstellung von Holm Sundhausen, Der Einfluß der Herderschen Ideen auf die Nationsbildung bei den Völkern der Habsburger Monarchie, München 1973. Gerhard Ziegengeist, H. Graßhoff, Ulf Lehmann (Hrsg.), Herder. Zur Herder-Rezeption in Ost- und Südosteuropa, Berlin 1978. Eine Untersuchung über die Aufnahme Herders in Dänemark und speziell über die Herder-Rezeption Grundtvigs liegt u.W. noch nicht vor.
2   Beispielhaft sei verwiesen auf Eugen Lemberg, Geschichte des Nationalismus in Europa, Stuttgart 1950, 192ff.; auch ders., Nationalismus I, Reinbeck 1964, 168ff.; Hans Kohn, Die Idee des Nationalismus, Heidelberg 1950, 481ff.; Elie Kedourie, Nationalismus, München 1971, 56ff.
3   Vgl. etwa Hans Kohn (wie Anm. 2), 477; jüngst auch Peter Alter, Nationalismus, Frankfurt 1985, 34, 63 u.ö.
4   Die so oft postulierte Schlüsselbedeutung Herders für die nationale Bewegung in Deutschland wäre vor allem für deren erste Phase nachzuweisen. Selbst Gervinus, der natürlich in seiner „Geschichte der poetischen Nationalliteratur der Deutschen" auf Herder eingeht, fällt hier weitgehend aus (vgl. zu Gervinus unten Anm. 44).
   In zwei profunden englischen Arbeiten wird die Frage der Nachwirkungen Herders diskutiert, aber nur in ideengeschichtlicher Richtung: G.A. Wells, Herder and after. A Study in the Development of Sociology, 1959, spez. 136ff.; F.M. Barnard, Herders social and political Thought. From Enlightenment to Nationalism, Oxford 1965, 153ff.

geradezu von einer Herder-Vergessenheit (oder -Verdrängung?) im Deutschland des 19. Jahrhunderts sprechen.

Auch die mit der großen Biographie von Rudolf Haym greifbare Renaissance Herders innerhalb der Literaturwissenschaft und der Philosophie hat innerhalb der politischen Geschichtsschreibung zunächst nicht zu einer neuen Würdigung geführt.[5] Bis hin zum Ersten Weltkrieg wurde das nationale Denken Herders in Deutschland nur verkürzt rezipiert und weitgehend distanziert beurteilt. Unübersehbar waren bestimmte Ansichten Herders, für die das nationalliberale Bürgertum des wilhelminischen Deutschland kein Verständnis aufbringen konnte: seine Kritik am Staat Friedrichs des Großen, seine Verurteilung des Kolonialismus der europäischen Staaten, seine Aufgeschlossenheit für kleinere Völker und deren Recht auf eine eigenständige nationale Entwicklung und nicht zuletzt seine Friedensgesinnung.

Erst nach dem Ersten Weltkrieg wurde Herder innerhalb der politischen Geschichtsschreibung und der beginnenden Nationalismusforschung stärker beachtet. Eine jüngere Generation deutscher Wissenschaftler, zumeist hervorgegangen aus der Jugendbewegung, würdigte Herder erstmals als nationalen Denker im Zusammenhang ihrer Bemühungen um eine Akzentuierung des Volkstums als Grundlage neuzeitlicher Geschichte und Politik.[6] Diese Einschätzung Herders hat in Deutschland über den Zweiten Weltkrieg hinaus fortgedauert, wenn auch nicht mehr mit der völkischen, antiwestlichen Akzentuierung der 1930er Jahre.[7]

In den späten 20er Jahren setzte auch eine historisch-soziologische Theoriebildung über den modernen Nationalismus ein. Carlton Hayes und seine Schule sahen in diesem Zusammenhang in Herder den ersten, der eine geschlossene Theorie des modernen Nationalismus vorgelegt hat. Er habe neben dem politisch geprägten westeuropäischen einen Typus des modernen Nationalismus begründet, der von kulturellen Faktoren ausgehe und den Gedanken der Selbstbestimmung, die nationale Autonomie eines Volkes, in den Mittelpunkt stelle.[8] Dieser Ansatz wurde während des Zweiten Weltkrieges durch pejorative Gesichtspunkte ins Negative verkehrt: Herder wurde nun zum Begründer eines spezifisch deutschen Nationalismus, der nicht mehr ohne einen Blick auf den Nationalsozialismus gesehen wurde.[9] Diese Richtung der Interpretation ist durch den Germanisten Gerhard Kaiser in den 1950er Jahren noch dadurch ergänzt

---

5   Rudolf Haym, Herder nach seinem Leben und seinen Werken, 2 Bde., Berlin 1880-85.
6   Max Hildebert Boehm, Das eigenständige Volk, Göttingen 1932, wurde zum wichtigsten theoretischen Werk dieser Richtung.
7   Vgl. die in Anm. 2 und 3 angegebene Literatur. Interessant ist der kritische Rückblick Theodor Schieders auf die „utopischen" Komponenten des auf Herder sich berufenden Volkstumsdenkens der Zwischenkriegszeit: ders., Nationalstaat und Nationalitätenproblem, in: Zeitschrift für Ostforschung, 1952, 178f.
8   Robert R. Ergang, Herder and the Foundation of German Nationalism, New York 1931. Vorher schon aufrißhaft Carlton J.H. Hayes, Contributions of Herder to the Doctrine of Nationalism, in: American Historical Review 32, 1927, 719ff.
9   Vgl. Hans Kohn, Die Idee des Nationalismus, Heidelberg 1950 (zuerst New York 1945), 573-604. Kohn bildet mit seiner Herder-Interpretation jedoch eine Ausnahme, weil er an seinem früher geprägten positiven Bild von Herder festhält. Er stellt ihn bewußt an den Rand seines Deutschlandkapitels und hebt die universalen, humanitären Züge seines Denkens hervor, seine Wertschätzung anderer Völker, nicht zuletzt auch des Volkes Israel. Zur Charakterisierung des deutschen Nationalismus vgl. das., 447ff., wo alle uns geläufigen Topoi versammelt sind: der antirationale, romantisch-mystische Charakter des deutschen Denkens, dessen starke Orientierung auf den Obrigkeitsstaat und das Militärische, die Frontstellung gegen die westliche Demokratie.

worden, daß er Herders nationales Denken auf Anschauungsformen des deutschen Pietismus zurückführte.[10]

Die nationale Interpretation Herders war bisher weitgehend geprägt von dem geistigen und politischen Klima der europäischen Zwischenkriegszeit und ihrem Nationalismus, dessen Aufarbeitung auch die Nachkriegszeit noch lange in Anspruch genommen hat. Ein neuer Ansatz zum Verständnis von Herder hätte einzusetzen mit der Frage nach seinem Ort innerhalb der nationalen Entwicklung in Deutschland. Im Rahmen dieses Beitrags konzentrieren wir uns auf den Ausgangspunkt von Herders nationalem Denken und sehen ihn im Zusammenhang der Deutschen Bewegung, die im Jahrzehnt nach dem Ende des siebenjährigen Krieges entstanden war.

II.

Aus der Mitte dieser Zeit besitzen wir von Herder das Journal seiner großen Reise nach Westeuropa im Jahre 1769, in dem er auch Auskunft gibt über die vaterländischen Bindungen, die für ihn bestimmend waren.[11]

Gegenüber Preußen, dem Land seiner familiären Herkunft und seiner Universitätsstudien, ist Herder zeitlebens distanziert geblieben. Es war der Staat Friedrichs des Großen, in dem er als junger Mann ständig fürchten mußte, zur Armee rekrutiert zu werden. Wegen des Untertanengeistes, der in ihm herrschte, konnte ihm dieser Staat nie zum Vaterland werden. An Friedrich kritisierte er dessen Vorliebe für die französische Kultur, seine Geringschätzung deutscher Sprache und Literatur.[12]

Ganz anders Herders Verhältnis zu Rußland, das auch absolutistisch regiert wurde. Er verherrlicht Katharina II., die Reform-Zarin, und gibt sich als russischer Patriot. Dieser Patriotismus war verbunden mit der Hoffnung, sich in den Reformprozeß aktiv einschalten zu können. Herder sah das Zarenreich als einen Staat mit vielen Völkern, denen er je ein eigenes Entwicklungsrecht zuerkannte.[13]

Die Stadt Riga, mit Autonomierechten der deutschen Oberschicht im russischen Reich gelegen, war Herders eigentliches Vaterland. Hier hatte er seit 1764 eine vielfältige gesellschaftliche Wirkung entfalten können, und er blieb auch im Jahre 1769 mit seinen patriotischen Vorstellungen noch auf dieses „Genf des Ostens" ausgerichtet. Hier möchte er zum „zweiten Zwingli" werden, und es ist wiederum charakteristisch für ihn, daß sich sein reformerischer Blick über die Grenzen der deutschsprachigen Oberschicht hinaus auf die Völker im Umkreis richtet. Er möchte eine „livländische Vaterlandsschule" ins Leben rufen und die Völker des Ostens auf einen „Weg zur allmählichen Freiheit" geführt sehen.[14] Seine eigene gesellschaftliche Position darf man

---

10 Gerhard Kaiser, Pietismus und Patriotismus im literarischen Deutschland. Ein Beitrag zum Problem der Säkularisierung, 2. Aufl. Frankfurt 1973. Kaiser versteht Pietismus und Patriotismus als Positionen einer gegenaufklärerischen Irrationalität. Auch der Nationalismus ist für ihn eine grundsätzlich irrationale Ideologie.

11 Zu Herders nationaler Orientierung gibt es nur wenig brauchbare Literatur. Die Dissertation von Walther Goeken (Herder als Deutscher. Ein literarhistorischer Beitrag zur Entwicklung der deutschen Nationalidee, Stuttgart 1926) ist nicht mehr als eine Materialsammlung. Neben einigen ideengeschichtlichen Arbeiten noch immer am wichtigsten Rudolf Hayms große Biographie und die neuere Gesamtinterpretation von Barnard (wie Anm. 4).

12 Herder, Journal meiner Reise im Jahre 1769, hrsg. v. Katharina Mommsen, Stuttgart 1976, 82f.

13 Das., 78ff. und 99ff. Vgl. auch Herders Einführungsrede an der Domschule in Riga vom Jahre 1765, die in einem Loblied auf Katharina endet (SW XIX,27).

14 Das., 38f. und 80. Herder will den „Emile des Rousseau zum Nationalkinde Lieflands" machen, er will die literarischen Vorbilder „nationalisieren" (das., 39).

dabei nicht übersehen: Herder war eingebettet in die politische Führungsschicht Rigas, war getragen vom Wohlwollen der Regierung und fühlte sich aufgerufen zum Reformer des gesellschaftlichen Lebens, zum Erwecker schlafender Völker zu werden; selbst aber steht er außerhalb und oberhalb von ihnen, wirkt wohltätig auf sie herab: die Position des Patrioten in der Welt des Ancien Regime.[15]

Obwohl Herder 1769 noch mit einer möglichen Rückkehr nach Riga rechnete, hatte er doch schon seit längerem eine besondere Beziehung zu Deutschland angeknüpft, und zwar über den aufblühenden Buchmarkt und den literarischen Briefwechsel. Er verfolgte die Entwicklung der deutschsprachigen Literatur, nicht zuletzt in den neuen literarischen Zeitschriften. Neben das Lesen trat für ihn bald auch das Schreiben, zunächst in der Form des Briefwechsels mit anderen Gebildeten; sodann die eigene Schriftstellerei, die zu seinem Berufsideal wurde. Von daher ist festzuhalten: Herder erlebte Deutschland, sein besonderes Vaterland, zuerst über die Literatur. Außerhalb des Deutschen Reiches erfuhr er Deutschland als eine Kulturgesellschaft der Lesenden und Schreibenden; deren Gemeinsames war die sich neu entwickelnde hochdeutsche Schriftsprache.[16]

Die Gemeinsamkeit des deutschen Sprachgebrauchs, die vielen kaum bewußt wurde, bei den oberen Schichten zudem durch andere Standessprachen, das Lateinische oder Französische, überdeckt war, diese Gemeinsamkeit hat der junge Herder offensichtlich schon früh als einen besonderen nationalen Zusammenhang aufgefaßt. Er imaginierte eine nationale Gesellschaft, geprägt durch eine gemeinsame Muttersprache, und das war seine deutsche Nation. Daß es auch eine andere, eine politische Nation in Deutschland gab, konnte er von Riga aus damals kaum wahrnehmen.

Es ist für Herder bedeutsam geworden, daß er mit der Thematisierung dieses „nationalen" Zusammenhangs seinen schriftstellerischen Einstieg in die deutsche Kulturgesellschaft wagte. Als „Beilage" zu der damals führenden deutschen Literaturzeitschrift, den von Lessing und seinem Freundeskreis herausgegebenen „Briefen, die neueste Literatur betreffend" veröffentlichte er „Fragmente". Bemerkenswert der zusätzliche Titel, den er diesen „Fragmenten" beigab: „Über die neuere deutsche Literatur". Wichtig ist das Adjektiv: Herder qualifizierte die von ihm besprochene Literatur als „deutsch", er sah sie in einem nationalen Zusammenhang.

Dementsprechend äußerte er sich zu dem Anliegen, das er mit seinen „Fragmenten" verfolgte: Herder wollte die gesamte deutschsprachige Literatur in einem eigenen geschichtlichen Zusammenhang sehen und damit einen Beitrag leisten zur Aufklärung über den derzeitigen Entwicklungsstand der deutschen Nation.[17] Herder hielt eine solche patriotische Tat für notwendig, weil es kaum Zusammenhalt unter den Deutschen gab, keine Hauptstadt und nur wenige gemeinsame Interessen. Er sah in der Sprache eine „Bildnerin der Nation" und erhoffte von einer Beschäftigung mit ihr Impulse für eine Nationsbildung unter den Deutschen.

---

15 Wichtig in diesem Zusammenhang auch die Abhandlung von 1765 „Haben wir noch jetzt das Publikum und Vaterland der Alten?" (SW I, 13ff.). Dazu Kurt Stavenhagen, Herder in Riga, in: Abhandlungen des Herder-Instituts zu Riga, Bd. 1, Riga 1925.
Zum Patriotismus im Intelligenzbürgertum des 18. Jahrhunderts: R. Vierhaus, Patriotismus – Begriff und Realität einer moralisch-politischen Haltung, in: ders. (Hrsg), Deutsche patriotische und gemeinnützige Gesellschaften, München 1980, 11ff.

16 Vgl. dazu Haym I, 111ff., der Herders Rigaer Lebenssituation als eine schrittweise Entfremdung von seiner unmittelbaren Umgebung interpretiert.
Zu den sozialen Bedingungen des großen Aufbruchs der deutschsprachigen Literatur im 18. Jahrhundert vgl. K. Kiesel und P. Münch, Gesellschaft und Literatur im 18. Jahrhundert, München 1977, und den Überblick von W. Ruppert, Bürgerlicher Wandel, Frankfurt 1981, 33ff., und 97ff.

17 SW I, 141ff.

Herder erlebte die deutsche Nation vor allem als eine Gesellschaft von Gebildeten, doch sein Horizont blieb nicht auf diese Schicht beschränkt. Zur sprachnationalen Gemeinschaft der Deutschen rechnete er alle Schichten der Bevölkerung, auch die unteren – das Volk in seiner Gesamtheit. Schon in seinen Rigaer Schriften kommt das in der Würdigung von Thomas Abbt zum Ausdruck.[18]

Im Jahre 1770 hat Herder, von Frankreich kommend, zum ersten Mal den Boden des Deutschen Reiches betreten und in einem längeren Gedicht „An den Genius von Deutschland" dieses Reich als sein eigentliches Vaterland begrüßt. In seiner gedankenüberladenen und pathetischen Form kaum eine Empfehlung für Herder als Dichter, bringt es doch gut zum Ausdruck, mit welchen Hoffnungen er sich der deutschen Gesellschaft zuwandte. Er sah Deutschland als ein Land, das befreit, das erweckt werden muß.[19]

Auf den Reisen, die er in den folgenden Jahren unternahm, lernte Herder die deutsche Bildungsgesellschaft auch persönlich kennen; die Hofgesellschaften in den Residenzstädten wurden nicht umgangen, sie gehörten dazu, obwohl Herder mit den Fürsten und dem höfischen Adel durchaus seine Probleme hatte. Da er als Schriftsteller bereits einen Namen hatte, war es für Herder nicht schwierig, in die führenden Kreise der deutschen Bildungsgesellschaft hineinzukommen. Er wurde zum Mitarbeiter an beinahe allen wichtigen Zeitschriften, die damals in Deutschland erschienen. Wir nennen Nicolais „Allgemeine Deutsche Bibliothek", die „Frankfurter Gelehrten Anzeigen" des Jahres 1772, Wielands „Teutscher Merkur" und im Jahre 1776 noch das „Deutsche Museum" von Boie und Dohm.

Mit dem Buch „Von deutscher Art und Kunst", das im Jahre 1773 erschien, hat Herder am deutlichsten die Anliegen zum Ausdruck gebracht, die ihm zur Befreiung und Erweckung seines neu gewonnenen Vaterlandes am Herzen lagen. Obwohl eine Zusammenstellung von Beiträgen mehrerer Autoren, ist dieser Band sehr bewußt von Herder gestaltet worden. Im Titel stellte er das Adjektiv „deutsch" betont heraus, und in den Beiträgen werden verschiedene Formen einer spezifisch deutschen Ausdrucksweise behandelt: in Literatur, Architektur und Geschichtsschreibung.[20]

Die nationale Intention des Bandes kommt besonders zum Ausdruck in dem Hymnus des jungen Goethe auf das Straßburger Münster, dessen gotischer Stil als eine spezifisch „deutsche Baukunst" – wiederum bereits im Titel! – gefeiert wird. Es ist das besondere Dokument der national-deutschen Anregungen, die Goethe von Herder während des gemeinsamen Aufenthaltes in Straßburg empfangen hat.[21] – Außerdem kommt zum Abdruck ein Auszug aus der Vorrede Justus Mösers zu dessen Osnabrücker Geschichte,

---

18 Über Thomas Abbts Schriften. Der Torso von einem Denkmal, an seinem Grabe errichtet (1778), in: SW II, 249ff. Vgl. bes. den dritten Abschnitt, wo Herder Abbt als einen patriotischen Volksschriftsteller herausstellt.
Im Geiste Abbts reflektierte Herder schon 1764 in einer kleinen Abhandlung die Frage, „Wie die Philosophie zum Besten des Volkes allgemeiner und nützlicher werden kann" (SW I, 83ff.), und in einem Brief an seinen Lehrer Kant äußert er sich in der gleichen Richtung über „den ehrwürdigen Teil der Menschen(...), den wir Volk nennen" (Briefe, Bd. 1, Weimar 1977, 120).

19 „Der freien Deutschen Geist, wie lange soll er sein ein Mietlingsgeist?" fragt Herder seine Zeitgenossen (SW XXIX, 332). In diesen Zusammenhang gehört auch der Brief vom 30. November 1769 an Nicolai mit dem Bekenntnis: „Der Patriotismus für Deutschland verstärkt sich in mir" (Briefe, Bd. 1, 175).

20 Nicht nur zum Entstehungszusammenhang ist das Nachwort von Hans Dietrich Irmscher in der von ihm herausgegebenen Edition (Reclam, Stuttgart 1968, spez. 163 ff.) zu vergleichen.

21 Goethes Verflechtung in die Deutsche Bewegung um 1770 ist u.W. noch nicht speziell analysiert worden. Vgl. Ernst Beutler, Von deutscher Baukunst. Goethes Hymnus auf Erwin von Steinbach. Das Vermächtnis der deutschen Klassiker, Frankfurt 1962, 157ff.

von ihm demonstrativ versehen mit der Überschrift „Deutsche Geschichte". Die sozialkritischen Komponenten dieses Textes sind bemerkenswert und auch für Herders Einstellung wichtig: die deutsche Geschichte sei als eine Nationalgeschichte des Volkes zu schreiben und nicht als eine Reichsgeschichte der Fürsten.[22]

Schließlich sind Herders eigene Beiträge zu diesem programmatischen Band zu beachten: sein Aufsatz „Über Ossian", mit dem er darauf hinweist, daß sich eine Nationalsprache originär im Liede äußert, im Nationallied, das er „Volkslied" nennt. Es sind die Lieder des ungebildeten Volkes, des „großen ehrwürdigen Teiles des Publikums, der Volk heißt". Herder erinnert an Luthers Aufgreifen der Sprache des Volkes, zitiert und interpretiert eine Fülle von Beispielen, mit denen er seine Leser auf die schöpferische Kraft der Nationalsprache hinweist, wie sie in den Volksliedern zum Ausdruck kommt. Er fordert zum Sammeln und Entdecken dieser Lieder auf – in der Überzeugung, dies „könne uns auf einen besseren Weg bringen".[23]

Das Resultat seines eigenen Sammelns, die „Stimmen der Völker in Liedern", die Herder im Jahre 1778/79 endlich vorlegen konnte, machen deutlich, daß sein Interesse an der Sprache und Kultur des eigenen Volkes ihn aufgeschlossen machte gegenüber anderen Völkern und deren Kultur. Das ist für Herder schon frühzeitig charakteristisch gewesen.[24]

Mit seinem wiederholten Appell zu einer Besinnung auf die eigene Literatur und die deutsche Muttersprache hatte Herders Bemühen um sein Vaterland eine neue Stufe erreicht. Mit seinem Programm zur nationalen Bewußtwerdung und Erneuerung hatte er nicht nur eine literarische Entwicklung im Auge; das geht aus vielen gleichzeitigen Äußerungen deutlich hervor.[25]

Im Rückblick wird deutlich, daß Herders Weg zu seinem Vaterland über mehrere Stationen verlief. Außerhalb der Reichsgrenzen geboren, von Preußen durch inferiore Lebensverhältnisse abgestoßen, entwickelte Herder zunächst patriotische Gefühle für die Staaten, in denen er sich besser entwickeln konnte. Sein früher Patriotismus, typisch für die Intelligenz der Aufklärungszeit, war auf den Herrscher bzw. auf die

---

22 „Die Geschichte von Deutschland hat meines Ermessens eine ganz neue Wendung zu hoffen, wenn wir die gemeinen Landeigentümer, als die wahren Bestandteile der Nation, durch alle ihre Veränderungen verfolgen", so leitete Möser sein Geschichtswerk ein. Er hatte schon an dem Vorfrühling jener Deutschen Bewegung, den man in den späten 1740er Jahren beobachten kann, aktiv teilgenommen: als Mitglied einer „Deutschen Gesellschaft" in Göttingen, Herausgeber eines Wochenblatts „Die deutsche Zuschauerin", und Verfasser einer „Arminus"-Tragödie. In der Literatur wird Möser vorwiegend für einen regionalen Patriotismus in Anspruch genommen. Vgl. Christoph Prignitz, Vaterlandsliebe und Freiheit, Wiesbaden 1981, 26ff.
Zu Herders damaligen Anschauungen über eine nationale Geschichtsschreibung vgl. die Betrachtung „Über die Reichsgeschichte" (1769), wo er dazu aufruft, „keine bloße Fürsten- noch Kaiser- noch Papstgeschichte, sondern eine Historie der deutschen Nation zu schreiben" (SW III, 469). Fürsten und Kaiser, die Träger und Repräsentanten des deutschen Reiches, werden hier der deutschen Nation gegenübergestellt!
23 Auszug aus einem Briefwechsel über Ossian und die Lieder alter Völker, in: Von deutscher Art und Kunst (wie Anm. 20), 54 und 57.
24 Die epochemachende Sammlung „Stimmen der Völker in Liedern" war schon 1773 als Manuskript abgeschlossen, konnte aber erst 1778/79 in zwei Teilen erscheinen. Zu verweisen ist in unserem Zusammenhang v.a. auf die Vorrede zum 2. Teil der Sammlung, wo Herder die Selbstverleugnung der Deutschen hinsichtlich ihrer älteren Literatur bedauert.
25 Verwiesen sei vor allem auf die Preisschriften aus den 1770er Jahren, in denen Herder die gesellschaftliche Wirkung der Literatur und das Verhältnis von Politik, Staatsverfassung und Kultur diskutiert: „Ursachen des gesunkenen Geschmackes bei den verschiedenen Völkern, da er geblühet" (1773), „Über die Wirkung der Dichtkunst auf die Sitten der Völker" (1778); „Vom Einfluß der Regierung auf die Wissenschaft und der Wissenschaft auf die Regierung"(1779).

Herrschaftseliten ausgerichtet, die den beruflichen Wirkungskreis sicherstellten; doch die handarbeitenden Volksschichten, deren Lebens- und Bildungsverhältnisse es zu verbessern galt, waren nicht ausgeblendet.

Charakteristisch für die politischen Verhältnisse in Deutschland war aber auch das andere: Der Patriotismus Herders und seiner Zeitgenossen hatte eine doppelte Ausrichtung: einerseits auf den Staat, in dem man lebte und arbeitete, andererseits auf das deutsche Vaterland, dem man durch Sprache und Kultur zugehörte. Herder, dessen Reisejournal von 1769 diese Doppelung des Vaterlandes so anschaulich macht, kam im Jahre 1770 in Straßburg in einen Kreis von jungen Gebildeten, deren Engagement für das Deutschtum zum Ausgangspunkt einer patriotischen Bewegung wurde. Goethe hat diese Bewegung, an der er führend beteiligt war, im Rückblick als eine „deutsche literarische Revolution" beschrieben. Wir sahen jedoch an Herder, daß die erhoffte deutsche Regeneration nicht auf den Bereich der Literatur beschränkt sein sollte. Von daher wird es notwendig, jene Bewegung, deren hervorstechendes Kriterium die Besinnung auf das Deutsche gewesen ist, neu auszumessen. Dann erst können die Zusammenhänge und Dimensionen sichtbar werden, in denen auch Herders nationales Verhalten zu sehen ist.

III.

Die Deutsche Bewegung, die an Herders Jugendentwicklung sichtbar geworden ist, entstand in den 1760er Jahren. Der Siebenjährige Krieg Friedrichs des Großen hatte die öffentliche Meinung in Deutschland mehr als frühere Fürstenkriege beschäftigt. Nicht etwa aus religiösen Motiven, sondern aus reinem Machtegoismus kämpfte hier ein Reichsfürst gegen seinen Kaiser und machte die Brüchigkeit der deutschen Reichsnation offenbar. Er zeigte den Deutschen, daß ihm an einer Erhaltung des Reichsfriedens und der Reichsinstitutionen nicht sonderlich gelegen war. Und dieser Fürst war von der Aufklärungsbewegung stets als der ihre begrüßt worden! Der preußische Sieg über ein französisches Heer bei Roßbach im Jahre 1758 wurde unter den Deutschen wie ein nationaler Sieg gefeiert; Friedrich selbst aber war ein Anhänger der französischen Kultur und verachtete die deutsche.[26]

Diese verwirrende Konstellation des Meinungsbildes um den berühmtesten deutschen Monarchen der Zeit mußte produktiv wirken, und dies um so mehr, als die Aufklärungsbewegung in Deutschland an Breite und Vertiefung sehr gewonnen hatte. Unverkennbar meldete sich seit 1765 eine Generation zu Wort, die in der Entwicklungsgeschichte der bürgerlichen Gesellschaft in Deutschland eine neue Etappe einleitete.[27]

Die immer deutlicher zu vernehmende öffentliche Meinung war in den Jahren um 1770 elementar beunruhigt durch eine große ökonomische Krise, die die deutschen Länder heimsuchte. Es war eine der letzten Hungerkrisen alten Stils in Deutschland, geprägt durch Mißernten, Teuerung und Massenverelendung.[28] Das Erlebnis dieser

---

26 Vgl. in diesem Zusammenhang zuletzt Theodor Schieder, Friedrich der Große – eine Integrationsfigur des deutschen Nationalbewußtseins im 18. Jahrhundert? in: Otto Dann (Hrsg.), Nationalismus in vorindustrieller Zeit, München 1986, 113-127.

27 Noch immer fehlen genauere Analysen der Emanzipationsgeschichte der modernen bürgerlichen Gesellschaft in Deutschland. Man muß in die regionalen Milieus hineinschauen, um sie zu entdecken. Beispielhaft Franklin Kopitzsch, Grundzüge einer Sozialgeschichte der Aufklärung in Hamburg und Altona, Hamburg 1982, spez. 328ff.

28 Hierzu spez. Wilhelm Abel, Massenarmut und Hungerkrisen im vorindustriellen Deutschland, Göttingen 1972, 46ff.

Krise schlug sich nieder in einer neuen Aufmerksamkeit gegenüber gesellschaftlichen Entwicklungen. Innerhalb der deutschen Bildungsschichten kam die Situation der handarbeitenden Volksschichten erstmals als ein soziales Problem in den Blick.

Auf dem Hintergrund dieser erhöhten sozialen Sensibilität setzte sich der Patriotismus als eine neue Form sozialen Verhaltens durch.[29] Patriotisch sein, das bedeutete, die eigenen Berufs- und Standesinteressen zugunsten der Gesamtgesellschaft zurückzustellen, den Staat als Vaterland zu betrachten. Wer in diesem Sinne „patriotisch" handelte, konnte sich nicht mehr als Untertan verstehen, denn er wollte verantwortlicher Bürger – ‚Staatsbürger' – sein. Für den Patriotismus vorbildhaft war die Schweiz und innerhalb des Reiches eine Stadtrepublik wie Hamburg.[30] Das neue patriotische Denken richtete sich bald auch auf Deutschland als Ganzes. Friedrich Karl von Moser, der damals wohl bekannteste politische Schriftsteller in Deutschland, gab im Jahre 1765 den Anstoß mit seiner Schrift „Von dem deutschen Nationalgeist". Er wies den Deutschen nach, wie entfremdet voneinander sie waren und welche divergierenden Interessen im Hinblick auf das gemeinsame Vaterland unter ihnen bestanden. Mosers Schrift fand weite Verbreitung und löste eine breite Diskussion über „deutschen" Patriotismus aus. In ihrem Gefolge beobachtet man innerhalb der Bildungsschichten ein verstärktes Interesse am Deutschen Reich und seiner aktuellen Verfassung, das sich auch in Reformvorschlägen niederschlug.[31]

Aus dem Bereich der poetischen Literatur ist die zunehmende Thematisierung „nationaler" Inhalte bekannt. Sie war wohl mehr als eine „Deutschtümelei", die man dem Sturm und Drang heute als lästiges Accessoire anhängt.[32] Deshalb seien einige Daten in Erinnerung gerufen. Klopstock, der gefeierte Wortführer der neuen deutschen Dichtung, machte sich im Jahre 1767 daran, seine Ode „An des Dichters Freunde" aus dem Jahre 1747 umzuarbeiten, ersetzte die dort verarbeitete griechische Mythologie durch die nordische der Edda und ließ sie in dieser „germanischen" Gestalt unter dem Titel „Wingolf" neu herausgehen. Im gleichen Jahr verfaßte er ein Drama „Hermanns Schlacht", in dem er den deutschen Arminius-Mythos wiederbelebte. Dann folgte die Ode „Mein Vaterland":

> „...Ich halt es nicht länger aus!
> Ich muß die Laute nehmen,
> Fliegen den kühnen Flug,
> Reden, kann es nicht mehr verschweigen,
> Was in der Seele mir glüht!
>
> Oh, schone mein! Dir ist dein Haupt umkränzt
> Mit tausendjährigem Ruhm,
> Du hebst den Tritt der Unsterblichen
> Und gehest hoch vor vielen Landen her!
> Oh, schone mein! Ich liebe dich, mein Vaterland!..."[33]

---

29 Zum Entstehen des Patriotismus vgl. Christoph Prignitz (wie Anm. 22), 7ff.
30 Der Patriotismus der Schweizer wirkte v.a. über die Schrift von Johann Georg Zimmermann „Von dem Nationalstolze" (1758) auf Deutschland. In Hamburg kam es 1765 schon zum 2. Mal im 18. Jahrhundert zur Gründung einer Patriotischen Gesellschaft; dazu zuletzt Franklin Kopitzsch, Die Hamburgische Gesellschaft zur Beförderung der Künste und nützlichen Gewerbe (Patriotische Gesellschaft von 1765) im Zeitalter der Aufklärung, in: R. Vierhaus (wie Anm. 15), 71-118.
31 Vgl. zuletzt John G. Gagliardo, Reich and Nation. The Holy Roman Empire as Idea and Reality. 1763-1806, Bloomington 1980. Ursula Becher, Politische Gesellschaft. Studien zur Genese bürgerlicher Öffentlichkeit in Deutschland, Göttingen 1978, 104 ff., bietet noch immer den besten Überblick.
32 Vgl. zuletzt Gerhard Sauder, Die deutsche Literatur des Sturm und Drang, in: Neues Handbuch der Literaturwissenschaft, Europäische Aufklärung II, Wiesbaden 1984, 368.

Wer von den Jüngeren, die alle Klopstock verehrten, konnte sich diesem Appell entziehen? Schon im Jahre 1766 hatte sich Klopstock in einer Ode an „Unsere Fürsten" gewandt und ihnen öffentlich gesagt, daß sie durch die Dichter von ihrer führenden Rolle im Dienst fürs Vaterland verdrängt seien. Dieser antiaristokratische Akzent, der ein gestiegenes bürgerliches Selbstbewußtsein verrät, war charakteristisch für die gesamte Bewegung und gehört mit dem „deutschen" Anliegen unmittelbar zusammen. Auf den „Göttinger Hain", sogar auf Friedrich Leopold von Stolberg wäre hinzuweisen, der mit dem Titel „Die Freiheit" ein weiteres zentrales Stichwort der Bewegung thematisierte. Johann Heinrich Voß hat ihm patriotisch geantwortet, wiederum mit antiaristokratischer Stoßrichtung. Darin stand ihm Friedrich August Bürger nicht nach, der weniger „patriotisch" dichtete, doch seine seit 1768 projektierte Homer-Übersetzung stets als eine nationale Aufgabe verstanden hat, ebenso wie seine Bemühungen um Volkspoesie. Auch Wieland engagierte sich in den 1770er Jahren in einer auffälligen Weise patriotisch: Er versuchte, den Wiener Hof von der Notwendigkeit einer nationalen Akademie zu überzeugen und stürzte sich 1773 in sein Zeitschriftenprojekt des „Teutschen Merkur", das betont auf die Nation hin ausgerichtet war.[34] Schließlich sei nochmals auf den Umkreis Herders in Südwestdeutschland verwiesen, der uns, auch in seiner deutsch-nationalen Orientierung, eindrucksvoll durch Goethe geschildert wird: Die Atmosphäre unter den Deutschen in Straßburg, das Entstehen einer antifranzösischen Haltung, die bewußte Zuwendung zur Muttersprache – eine „deutsche literarische Revolution, von der wir Zeugen waren und wozu wir, bewußt und unbewußt, willig oder unwillig, unaufhaltsam mitwirkten".[35]

Bei literarischen Äußerungen von einzelnen ist es jedoch nicht geblieben. Man kann beobachten, daß in jenen Jahren in einer auffällig dichten Reihenfolge speziell so genannte „deutsche" Zeitschriften gegründet wurden – Zeitschriften, die sich appellativ an ein deutsches Publikum wandten und die deutschen Verhältnisse besonders reflektierten: So die im Jahre 1765 gegründete „Allgemeine Deutsche Bibliothek" von Friedrich Nicolai in Berlin; 1770 der Göttinger „Musenalmanach", der nur wegen der gleichzeitigen Konkurrenz eines „Almanach der deutschen Musen" kein „deutsch" im Titel führte; für den südwestdeutschen Sturm und Drang die „Frankfurter Gelehrten Anzeigen" des Jahres 1772; im Jahre 1773 Wielands „Teutscher Merkur" mit seiner großen Resonanz; ein Jahr später Schubarts „Deutsche Chronik". „Deutschland. Dieser Artikel soll immer der erste sein, den wir immer mit dem wärmsten Herzen beleuchten werden. Und haben wir jemals Ursache gehabt, stolz auf unser Vaterland zu sein, so ist es gewiß der gegenwärtige Zeitpunkt."[36]

Es ging in diesen „deutschen" Zeitschriften also nicht allein um Literatur. Zunehmend wurden sie zu einer Plattform der Kommunikation und Information über alle Themen von öffentlichem Interesse. Dabei rückte das Politische stetig mehr in den Vordergrund. Wir nennen als letztes Beispiel unter den heute noch bekannten Zeitschriften jener Zeit das „Deutsche Museum", das schon Lessing plante, im Jahre 1776 von Boie und Dohm verwirklicht. Es war getragen von der programmatischen Absicht,

---

33 Für Klopstocks Patriotismus gilt Gerhard Kaiser heute als maßgeblicher Interpret. Vgl. Anm. 10 und speziell „Klopstock als Patriot" (1966), das., 267-290.
34 Zu Wielands Merkur-Projekt grundlegend immer noch Hans Wahl, Geschichte des Teutschen Merkur, Berlin 1914, sodann Friedrich Sengle, Wieland, Stuttgart 1949, 407ff., und zuletzt Karin Stoll, C.M. Wieland, Journalistik und Kritik, Bonn 1978.
35 Goethe. Werke. Hamburger Ausgabe, Bd. 9, 490. Vgl. aus „Dichtung und Wahrheit" das 7. Buch zur Situation der deutschen Literatur und Buch 9-11 über die Straßburger Zeit.
36 Christian Friedrich Daniel Schubart, Deutsche Chronik auf das Jahr 1774, 1. Stück, S. 5. Der Artikel macht deutlich, in welchem Maße die nationale Aufbruchstimmung der Zeit auf die politische Geschichte und Verfassung des Reiches hin orientiert und von ihr abhängig war.

„der Nation eine mehr politische Stimmung zu geben". Die Herausgeber erklärten so deutlich wie keiner ihrer Vorgänger, daß es ihnen darum gehe, zur Bildung von nationalem Bewußtsein unter den Deutschen beizutragen: „Das Deutsche Museum hat sich besonders zur Absicht gemacht, die Deutschen mit sich selbst bekannter zu machen und auf ihre eigenen Nationalangelegenheiten aufmerksam zu machen. Mögten doch viele Patrioten sich bestreben, die Kenntnis der Verfassung deutscher Länder zu erweitern und zu vermehren!"[37]

Es darf nicht übersehen werden, daß die Patrioten der 1770er Jahre mehr wollten als nur vaterländische Gedichte zu schreiben. Schon die Gründung einer Zeitschrift war nicht allein eine Sache des Schreibens. Sie beinhaltete auch eine erhebliche organisatorische Aktivität, und auf die Gruppenbildung unter den Patrioten ist hier besonders zu verweisen. Der Göttinger Hainbund, der sich auch „Deutscher Bund" nannte, ist noch heute bekannt und wäre unter nationalem Gesichtspunkt genauer zu analysieren. Wir haben es hier mit den Frühformen einer Gruppen- und Vereinsbildung zu tun, die zum Motor der nationalen Bewegung werden sollte.[38]

Es war in der Tat mehr als eine literarische Bewegung, die in den frühen 1770er Jahren zu beobachten ist. Die Patrioten wollten über ihre individuellen Abhängigkeiten hinauskommen, sich als eine gesellschaftliche Kraft darstellen und auf die nationale Entwicklung Einfluß nehmen. Das zeigt auch der Akademieplan Wielands vom Jahre 1772. Zwei Jahre später mobilisierte Klopstock die deutsche Bildungswelt mit seinem Projekt einer „Deutschen Gelehrtenrepublik", dem ebenso utopischen wie interessanten Vorschlag einer nationalen Organisierung der deutschen Bildungsschichten.[39] Auch die Idee zur Gründung eines deutschen Nationaltheaters, die schon Johann Elias Schlegel gefaßt hatte, ist nicht zufällig im Jahrzehnt der Deutschen Bewegung wieder aufgegriffen worden und nun auch zu ihren konkreten Ausprägungen gelangt.[40]

Mit den exemplarisch zusammengestellten Daten sollte gezeigt werden, daß die Deutsche Bewegung um 1770 mehr war als nur eine Gruppenmeinung und auch mehr als eine literarische Strömung. Die gesamte reichsdeutsche Gebildetenschicht war von ihr erfaßt und gab ihr vielgestaltig Ausdruck. Die Geschichte dieser Bewegung ist noch zu schreiben, ihre genaueren Ausmaße, Hintergründe und Abgrenzungen sind noch zu untersuchen. Offen ist auch ihre Datierung: Das Ende jener Bewegung ist nicht so deutlich zu markieren wie ihr Einsatz nach dem Siebenjährigen Krieg; denn der große Entwicklungsbogen der Emanzipation und Politisierung der bürgerlichen Gesellschaft in Deutschland ging weiter.

---

37 Deutsches Museum, 1. Stück, 1777, Vorerinnerung.
38 Auf die Rolle von Gruppenbildungsprozessen im Zusammenhang des „Sturm und Drang" hat v.a. Gerhard Sauder hingewiesen: ders. (wie Anm. 32), 334ff. Zur Organisationsfrage: Otto Dann, Die Anfänge politischer Vereinsbildung in Deutschland, in: Ulrich Engelhardt u.a. (Hrsg.); Soziale Bewegung und politische Verfassung, Stuttgart 1976, 197ff.; auch Richard van Dülmen, Die Gesellschaft der Aufklärer, Frankfurt 1986.
39 Zu Klopstocks Projekt noch immer grundlegend Max Kirschstein, Klopstocks Deutsche Gelehrtenrepublik, Berlin 1928, spez. 81ff.; neuerdings, in der Einschätzung allerdings fragwürdiger, U. Dzwonek, C. Ritterhoff, H. Zimmermann, Bürgerliche Oppositionsliteratur zwischen Revolution und Reformismus. F.G. Klopstocks Deutsche Gelehrtenrepublik, in: B. Lutz (Hrsg.), Deutsches Bürgertum und literarische Intelligenz 1750-1800, Stuttgart 1974, 277ff.
40 Zu den Nationaltheater-Projekten zuletzt: S. Maurer-Schmoock, Deutsches Theater im 18. Jahrhundert, Tübingen 1982; R. Krebs, L'Idée de „Théâtre Nationale" dans l'Allemagne des Lumières. Théorie et Réalisations, Wiesbaden 1985. Vgl. auch den instruktiven Überblick von Regine Otto in: Geschichte der Deutschen Literatur, Bd. 6, Berlin 1979, 463ff.

IV.

Wir kommen auf den jungen Herder zurück. Er hatte sich von Riga aus in jene Deutsche Bewegung hineingelesen und -geschrieben, und er zählte bald zu denen, die ihr eine besondere Richtung gaben. Worin bestand Herders Beitrag? Wir stellen zunächst vier Gesichtspunkte in den Vordergrund:

1. Herder steht in besonderem Maße für den literarischen Charakter jener Bewegung. Er hatte die Sprache in einem neuen, umfassenden Sinne als Medium zwischenmenschlicher Kommunikation erkannt und die Muttersprache in ihrer nationsbildenden Funktion speziell herausgestellt. Von daher hat er seine deutschen Zeitgenossen auf die Bedeutung der Sprache und Kultur für die nationale Bewußtwerdung und Emanzipation eines Volkes als einer der Ersten hingewiesen.[41]

2. In einer neuen Weise hat Herder auf die Bedeutung der Geschichte für die nationale Selbstfindung eines Volkes aufmerksam gemacht. Gegenüber der generalisierenden und teleologischen Ausrichtung damaliger Geschichtsschreibung hat er den Weg dafür freigemacht, den Eigenwert der Entwicklung eines jeden Volkes zu erkennen. In diesem Sinne hat er auch die deutsche Geschichte betrachtet und sie benutzt als Erfahrungsschatz für eine nationale Selbstverständigung.[42]

3. Herder steht in besonderem Maße für die demokratischen Tendenzen jener Bewegung. Nicht nur den Adel und die Gebildeten, sondern alle Volksschichten hat er als Angehörige der Nation und Teilhaber ihrer Geschichte gesehen. Das Volk, d.h. die ungebildeten Bevölkerungsschichten, hat er in nationaler Hinsicht sogar höher eingeschätzt; denn er sah bei ihnen die Muttersprache und die Tradition der Nationalkultur besser bewahrt. Das führte zu der provokanten Gleichsetzung von ‚Nation' und ‚Volk' – angesichts der dominierenden Rolle des Adels in der deutschen Reichsnation eine brisante Position.[43]

4. Die nationale Betrachtungsweise von Literatur und Geschichte war für Herder mit einer Öffnung des Blickes über die deutschen Grenzen hinaus verbunden: zum Vergleich mit anderen Völkern, für Anregungen von außen, getragen von einer Wertschätzung anderer Nationen und ihrer Entwicklung. Herder war wachsam gegenüber einer jeden Verengung nationaler Positionen, auch in ästhetischer Hinsicht.

Herders Situation im Zusammenhang jener Deutschen Bewegung verdeutlicht aber auch deren Grenzen! Obwohl Herder wesentlich dazu beigetragen hatte, daß die Literatur zum Ausgangspunkt der Bewegung wurde, hat er es doch zunehmend als ein Problem empfunden, daß sie über die literarische Ebene nicht hinauskam und keine sichtbaren gesellschaftlichen und politischen Veränderungen zur Folge hatte. In der zweiten Hälfte der 1770er Jahre mehren sich Äußerungen von ihm mit Zweifeln am lesenden Publikum und der Möglichkeit seiner patriotischen Mobilisierung. In die Hof- und Adelsgesellschaft der deutschen Kleinstaaten hat sich Herder nie glücklich integrieren können, obwohl er für seinen Lebensunterhalt auf sie angewiesen war. An seinen

---

41 Vgl. v.a. die „Abhandlung über den Ursprung der Sprache" von 1770 und H.D. Irmschers Nachwort zu seiner Edition des Textes, Stuttgart 1966, 137ff.

42 Zu Herders Geschichtsdenken noch immer grundlegend: R. Stadelmann, Der historische Sinn bei Herder, 1928, u. Friedrich Meinecke, Die Entstehung des Historismus, München 1936. Zur neueren Diskussion: F.M. Barnard, Herders Treatment of Causation and Continuity of History, in: Journal of the History of Ideas 24, 1963; Erich Hassinger, Zur Genesis von Herders Historismus, in: Deutsche Vierteljahresschrift 53, 1979, 251ff.

43 Vgl. bes. die Vorrede zum 2. Teil der Volksliedersammlung, wo die Begriffe Volk und Nation ständig ineinandergehen. Zuletzt Walter Dietze (Hrsg), Herder-Kolloquium 1978, Weimar 1980 (mehrere Beiträge zu Herders Auffassung vom Volk) und ders., Johann Gottfried Herder. Abriß seines Lebens und Schaffens, Berlin 1980, 46ff.

Schriften nach 1775 wird deutlich, daß die aufsteigende, hoffnungsvolle Linie der Deutschen Bewegung an ihr Ende gekommen war, daß man von einer „Bewegung" nun nicht mehr sprechen kann.

Für Herder und seine Zeitgenossen war die Komplexität ihrer patriotischen Situation zum Problem geworden. Sie waren einerseits Angehörige eines deutschen Einzelstaats und für jedes konkrete Engagement an dessen Institutionen verwiesen. In ihrem nationalpatriotischen Empfinden aber waren sie auf das übergreifende Vaterland der Deutschen ausgerichtet. Diese Dualität der patriotischen Orientierung war auf die Dauer schwer durchzuhalten. Nur in Riga hatte Herder eine glückliche Ergänzung beider Orientierungen erlebt, die dort in ganz verschiedene Richtungen gingen. In Bückeburg, besonders aber in Weimar, hat er sich – wie viele seiner Zeitgenossen – an diesem Gegensatz aufgerieben. Die deutsche Nation und ihr Schicksal blieben für Herder ein zentrales Thema.

V.

Wir haben versucht, das Thema „Herder und der moderne Nationalismus" auf seinen realen Ausgangspunkt zurückzuverfolgen: Herders Denken und Verhalten als deutscher Patriot. Dabei haben wir uns auf das erste Jahrzehnt seiner schriftstellerischen Wirksamkeit konzentriert. Herder stieß in diesem Jahrzehnt von der Peripherie des deutschen Kulturgebietes bis in dessen Zentrum vor. Er erlebte hier einen kometenhaften Aufstieg als Schriftsteller und eine Resonanz, die man nur begreifen kann, wenn man sieht, daß die gesamte reichsdeutsche Bildungsgesellschaft damals in Bewegung geraten war. Die alten Grundorientierungen waren fragwürdig geworden; man suchte nach der Fundierung einer eigenen Position durch Besinnung auf das Deutsche und seine Traditionen. Auch für Herder lag hier der treibende Impuls. Er konnte seinen Wunsch nach einer patriotischen Wirksamkeit im Felde der Literaturkritik verwirklichen und wurde zum Analytiker und Anreger eines neuen Aufschwungs der deutschen Literatur. Hierin, in der kritischen und offenen Selbstbesinnung auf die Grundlagen der deutschen Literatur, in seiner Vermittlung von Sprache, Literatur und Volk – nicht in irgendwie gearteten Bekenntnissen zum deutschen Vaterland! – liegt der Angelpunkt des so auffällig „national" orientierten Denkens des jungen Herder.

Die Analyse seines national-patriotischen Verhaltens und die zu dessen Verständnis zusätzlich beigebrachten Daten erlauben nun, jene Deutsche Bewegung, in der wir einen Vorläufer des deutschen Nationalismus sehen, abschließend mit einigen Stichworten genauer zu charakterisieren:

1. Die frühlingshafte Aufbruchstimmung, die in den Jahren um 1770 eine jüngere Generation der deutschen Bildungsschichten erfaßt hatte, wurde schon von den Zeitgenossen als eine „Bewegung" empfunden. In der Bezeichnung „Sturm und Drang", die sich allgemein eingebürgert hat, kommt der stürmische Aufbruch dieser Bewegung gut zum Ausdruck. Goethe hat diesen Sturm und Drang seiner eigenen Jugend sogar als eine „Revolution" bezeichnet, und auch Gervinus hatte noch ein Gespür für das Revolutionäre, das in jener Bewegung enthalten war.[44] Inzwischen wird der „Sturm und Drang" innerhalb der Literaturwissenschaft, die den Begriff allein benutzt und verwal-

---

44 G. Gervinus, Geschichte der deutschen Dichtung, Bd. 4, 4. Aufl., Leipzig 1853. Gervinus sah die Wiedergeburt der deutschen Dichtung, die „Revolution der Geister", in einer direkten Parallelität mit der politischen Revolution in Frankreich, stellte das Jahr 1768 in der deutschen Literatur neben das Jahr 1789 in der französischen Politik (das., 376ff.).

tet, im wesentlichen nur als eine literarische Strömung gesehen, für deren Überschießendes man den Begriff „Jugendbewegung" bereithält.⁴⁵ Nicht zuletzt an Herders Verhalten ist deutlich geworden, daß eine solche Klassifizierung zu kurz greift. Diese Bewegung war mehr als ein „Sturm und Drang", mehr als nur eine literarische Bewegung, mehr auch als ein Generationskonflikt.

2. Die Deutsche Bewegung wurde ausgelöst durch das Erlebnis der Kriege Friedrichs des Großen gegen den deutschen Kaiser, vor allem des Siebenjährigen Krieges; ihre Wurzeln aber lagen in einem neuen Selbstbewußtsein der Bildungsschichten, die seit den 1740er Jahren immer stärker von der Aufklärungsbewegung durchdrungen waren. Die intensive Diskussion über Patriotismus und deutschen Nationalgeist in den 1760er Jahren markiert den Anfang jener Bewegung. Nach dem Hubertusburger Frieden verbreitete sich im gebildeten Bürgertum das Bewußtsein vom desolaten Zustand der nationalen Institutionen in Deutschland, sowohl auf der politischen Ebene wie im Bereich der Kultur, wo in den Oberschichten das Französische weitgehend zur Bildungssprache geworden war. Der Höhepunkt der Deutschen Bewegung liegt in den frühen 1770er Jahren, erkennbar an der Bildung von Gruppen und der Projektierung gemeinsamer Aktionen. In der zweiten Hälfte der 1770er Jahre ging die Gruppenbildung aber bereits wieder zurück, so daß man seitdem kaum noch von einer „Bewegung" sprechen kann.

3. Die starke Akzentuierung des Deutschen innerhalb jener Bewegung – oft allzu pathetisch, idealisierend, forciert – kann in ihrem Sinn- und Erlebnisgehalt heute nur noch schwer nachvollzogen werden. Dadurch verstellt man sich leicht den Blick für den originären Charakter, der jener Bewegung gerade im nationalen Sinne eigen war. Der Begriff des Deutschen war noch nicht eindeutig, noch keineswegs auf Nationales oder gar Nationalistisches festgelegt. Wenn wir recht sehen, waren es vier verschiedene Bedeutungen, die damals in dem Wort „deutsch" zusammenliefen:⁴⁶

a) „Deutsch" war zunächst bezogen auf die hochdeutsche Sprache. Deutsche waren von daher alle, die alltäglich oder kulturell mit dieser Sprache lebten, – eine große Sprach- und Kulturgemeinschaft in Mitteleuropa, die über Staats- und Reichsgrenzen hinwegging. Die Deutsch-Schweizer z.B., obwohl nicht mehr zum Reiche gehörig, zählten dazu; sie spielten im zweiten Drittel des 18. Jahrhunderts bei der Entstehung eines neuen Deutschbewußtseins eine wichtige Rolle.

b) Der Terminus „deutsch" war außerdem von dem Germanismus jener Epoche geprägt und bezeichnete dann den gesamten germanischen Sprachraum. Shakespeare z.B. und die Dichtung der germanischen Frühzeit wurden hier als „deutsch", als nationalverwandt betrachtet. Damit war meist eine Abgrenzung vom Romanischen, besonders von der französischen Kultur intendiert.

c) In einer besonderen Weise wurde ‚deutsch' im Sinne einer sozialen Abgrenzung gebraucht und meinte die Sprech- und Verhaltensweise der niederen Volksschichten. Wer „deutsch" sprach und reagierte, verhielt sich wie das einfache Volk, derb und unkultiviert. Im Zusammenhang der Deutschen Bewegung setzte hier jedoch eine Umwertung ein: Auf die altdeutschen Traditionen sich zu besinnen, die im einfachen

---

45 Vgl. den verdienstvollen Sammelband von Walther Hinck, Sturm und Drang, Kronberg 1978. Christoph Siegrist (das., 1-13) sieht die sozialkritischen und emanzipatorischen Tendenzen der Bewegung, bringt sie jedoch mit den patriotisch-nationalen nicht zur Deckung. Ähnlich liegt das Problem in dem verbreiteten Buch von Roy Pascal, Sturm und Drang, 2. Aufl., Stuttgart 1977.
46 Vgl. die anregenden Ausführungen H.D. Irmschers (wie Anm. 20) 165f., der drei Bedeutungsrichtungen unterscheidet.

Volk noch lebendig waren, sich „volkstümlich" zu verhalten, sich „deutsch" zu kleiden, bekam unter den gebildeten Patrioten einen positiven Wert.[47]

d) Schließlich und letztlich waren mit dem Begriff alle die Deutschen und ihre Institutionen gemeint, die zu der politischen Gemeinschaft des Heiligen Römischen Reiches Deutscher Nation gehörten. Das war der sich dann durchsetzende national-politische Sprachgebrauch. Wer in diesem Sinne vom deutschen Vaterland sprach, meinte konkret das Reichsgebiet.

4. Die Deutsche Bewegung ist von ihren Trägern wie von ihren Ausdrucksformen her gesehen vorwiegend eine literarische Bewegung gewesen. Sie wurde getragen von einer jüngeren Generation der Bildungsschichten, die sich durch die Aufklärungsbewegung in einem großen Aufbruch befanden. Schrittmacher der Bewegung waren durchweg Schriftsteller; einige von ihnen hatten auch politische Funktionen. Die „deutsche" Tendenz der Bewegung kam vor allem in Forderungen an die Literatur zum Ausdruck: Abwendung vom Normenkanon der französischen Klassik; Hinwendung zur englischen Literatur, insbesondere zu Shakespeare; Entdeckung und Hochschätzung der Volkspoesie als der eigentlichen Nationalpoesie; Bevorzugung von Stoffen der deutschen Geschichte, Literatur und Mythologie. Der literarische Charakter der Bewegung wird oft zum Anlaß genommen, sie als defizitär einzuschätzen. Entsprach er aber nicht den sozialen Gegebenheiten und produktiven Möglichkeiten der hier engagierten Personen?

5. Die Deutsche Bewegung war literarisch, aber nicht unpolitisch. An ihrem Beginn standen neue politische und soziale Interessen der bürgerlichen Bildungsschichten, eine Diskussion über Patriotismus und Nationalgeist, der Wille zum patriotischen Engagement.[48] Diese Schriftsteller behandelten in einem bisher nicht gekannten Maße auch gesellschaftliche und politische Themen, sie appellierten an das lesende Publikum im Interesse gemeinsamer nationaler Anliegen. Sie grenzten sich ab von der höfisch-aristokratischen Gesellschaft und ihrer französisch orientierten Kultur, von den Trägern einer erfolglosen Reichspolitik, und sie entdeckten die handarbeitenden Bevölkerungsschichten als einen Teil des Volkes, der Beachtung verdiente, von dem man lernen konnte. Die Bewegung war geprägt von einer neuen Wachsamkeit gegenüber den sozialen Problemen und der politischen Entwicklung im Deutschen Reich.

6. Unverkennbar war innerhalb der Deutschen Bewegung das Bemühen, über die literarischen Ausdrucksformen hinauszukommen und praktisch-organisatorisch wirksam zu sein. Davon zeugen die an einigen Orten realisierte Gruppenbildung,[49] die Gründung von Zeitschriften, mit denen man ein größeres Publikum zu gewinnen suchte, sowie die Projektierung von Institutionen, in denen sich die deutsche Nation darstellen und bilden sollte. Diese Initiativen sind zu verstehen als Ansätze zur Konstituierung einer neuen Öffentlichkeit in Deutschland, die nicht mehr vom Adel geprägt sein sollte.

---

47 Einen Überblick über das Volksdenken in der deutschen Intelligenz der 1770er Jahre gibt Roy Pascal auf der Basis der von ihm behandelten Schriftsteller (wie Anm. 45, 95ff.).
48 Die von der Klischeevorstellung eines zurückgebliebenen Deutschland geprägten Urteile von Pascal (wie Anm. 45, 62ff., 67) wären in diesem Punkte zurechtzurücken, zumal er das Interesse der Sturm und Drang-Schriftsteller für gesellschaftliche Fragen betont (das., 75ff., 358f., 366).
49 Gerhard Sauder hat erstmals die Sturm und Drang-Bewegung konsequent als einen Prozeß der Gruppenbildung dargestellt und die Fruchtbarkeit einer solchen Sichtweise unter Beweis gestellt (wie Anm. 32, 334ff.).

Von den bürgerlichen Bildungsschichten wurden damit erstmals alternative kulturelle Orientierungen und neue nationale Zielvorstellungen zum Ausdruck gebracht.

7. Die Deutsche Bewegung ist von daher als eine Freiheitsbewegung bürgerlicher Schichten zu interpretieren und als solche einzureihen in den großen emanzipatorischen, bald auch revolutionären Aufbruch des Bürgertums, den man in vielen Ländern Europas und Amerikas seit 1770 beobachten kann: der Beginn des „Zeitalters der demokratischen Revolution", in dem sich das Bürgertum zur modernen Nation emanzipierte. „Unsere Nation ist wahrlich in Gärung", schrieb der Göttinger Hainbündler Friedrich Leopold von Stolberg im Jahre 1774 an Klopstock.[50] Diese „Nation", die damals in Deutschland in Bewegung kam, war zahlenmäßig nicht groß; doch um Elite-Vorgänge handelte es sich in allen Ländern. Es war auch nicht eine besondere „Kulturnation", die sich hier zu Worte meldete; es waren die reichsdeutschen Bildungsschichten, die sich zu politisieren begannen und den Nationsbegriff in neuer Weise für sich beanspruchten.

8. Zu Beginn des 19. Jahrhunderts, in der Auseinandersetzung mit der napoleonischen Okkupation, hat es in Deutschland wiederum eine nationale Bewegung gegeben. Im Vergleich mit dieser kann man die Deutsche Bewegung um 1770 noch nicht im eigentlichen Sinne als eine Nationalbewegung bezeichnen. Einige für solche Bewegungen konstitutive Elemente waren in ihr noch nicht ausgebildet. Es fehlte ein konkretes nationalpolitisches Programm, eine integrierende politische Aktion und eine dementsprechende Organisierung. Die Deutsche Bewegung war jedoch ein wichtiger Vorläufer des nach 1806 einsetzenden Nationalismus. In ihrem Zusammenhang kam es zur ersten Selbstfindung der deutschen Bildungsschichten im Zeichen des Nationalen, zu einer ersten Verständigung dieser Schichten über eigene kulturelle Interessen, gesellschaftliche Anliegen und politische Ideale. Damit grenzte sich die bürgerliche Gesellschaft in Deutschland erstmals deutlich ab von den adligen Führungsschichten, die bis dahin unbestritten die Nation repräsentierten. Sie setzten ihnen konzeptionell ein neues Verständnis der Nation entgegen, in dem ein emanzipatorischer Anspruch zum Ausdruck kam: die auf Geschichte, Kultur und Sprache beruhende Gemeinschaft des Volkes; ihr sollte auch politisch die Zukunft gehören. Der junge Herder hat wesentlich zur Entstehung dieses neuen Begriffs der Nation beigetragen.

---

50 Brief vom 15.3.1774, bei A. Kelletat Hg., Der Göttinger Hain, Stuttgart 1967, 362.

Klaus Schaller

Nationale und humane Identität im Lichte der Gedanken von Herder und Grundtvig

Gesprächsbericht

Das Podiumsgespräch „Nationale und humane Identität im Lichte von Herder und Grundtvig" wandte sich einem Thema zu, das in Deutschland durch die Erfahrung der jüngeren Geschichte außerordentlich belastet ist. Über „Volk" und „Nation" läßt sich hierzulande nicht mehr vorurteilsfrei diskutieren. Mußte man da nicht befürchten, daß gerade in Deutschland die „Folkelighed" Grundtvigs als eine frühe dänische Variante des Nationalismus mißverstanden würde? Die Referenten hatten dem allerdings gründlich vorgebeugt. Poul Engberg empfahl eine moderne Weiterführung des mit „Folkelighed" Gemeinten. „Volk" kann danach heute eben nicht mehr die borniert Stammes- und Sprachgemeinschaft sein: „Folkelighed" heute fordert, auch auf die Vertriebenen, die Gastarbeiter, die Asylanten, die Randgruppen der Gesellschaft zu achten, auch sie in den Kontext des Volkes einzubeziehen. Insofern ist das entschieden Demokratische eine Konsequenz der „Folkelighed". Auch Otto Dann sprach in diesem Zusammenhang von der Gemeinsamkeit der Duldenden. „Folkelighed" muß heute also heißen, alle die zu Worte kommen zu lassen, auf alle die – politisch, sozial und ökonomisch folgenreich – zu hören, die zusammen unter dem gleichen Schicksal (sors) leben, auf die Con-Sorten, gleichgültig ob sie „oben" oder „unten", in der Mitte oder am Rande der Gesellschaft leben. Ohne die am Rande wären die in der Mitte nicht das, was sie sind: eben die in der Mitte. Wenn sie sich über sich selbst ins Klare kommen wollen, können sie dies nicht ohne einen Blick auf die am Rande; denn diese sind für sie – ob sie wollen oder nicht – ihr eigenes Problem; ihre eigene Identität ist in der Rücksicht auf die anderen fundiert.

Verständlich, daß unter dieser Vision das Gespräch immer wieder die Frage erörterte, ob Volk – wie herkömmlich – nur all die meine, die die gleiche Sprache sprechen, ob man sich heute solche Exklusivität noch erlauben könne.

Vor allem die Dänen in der Diskussionsrunde, Hans Henningsen aus Askov und Lorenz Rerup aus Roskilde, konnten den deutschen Zuhörern die Vieldimensionalität von „Folkelighed" verdeutlichen.

Wer Johann Gottfried Herder kennt, und Otto Dann hatte ihn vorgestellt, sollte gleichfalls davor gefeit sein, Volk in einem nationalistischen Sinne zu nehmen. Gewiß war er in seiner mittleren Periode eng der „deutschen" Bewegung verbunden; dann aber ist es für ihn nicht mehr das deutsche Volk, sondern die Völker sind es (Slaven, Hebräer usw.), ohne deren aktiven Beitrag Humanität nicht Gestalt gewänne.

Daß Grundtvig Herder kannte, war leicht zu konstatieren. Wie die von Herder ihm zuteil gewordenen Anregungen aber konkret aussahen, konnte man nicht sagen; diese Frage zu beantworten wurde als Desiderat der künftigen Forschung herausgestellt.

Auch Bernd Henningsens Hinweis, Grundtvig habe im offiziellen Gedenken der Dänen gar nicht die zentrale Stellung, wie man hier vermute, Grundtvigs Schriften ließen eine eindeutige Systematik vermissen, Grundtvig könne man zu den verschiedensten Zwecken zitieren, wirkten im Gespräch keineswegs destruktiv. Eine Leidenschaft (Pathos) ist es nämlich, die alle Schriften Grundtvigs belebt: seine „Parteilichkeit fürs Volk", so könnte man mit Pestalozzi sagen. Von dieser Leidenschaft her sind seine Schriften einzuschätzen; nicht durch den Nachweis ihrer bruchlosen Logik wird ihnen ihre Bedeutung versichert. Diese Überlegung machte noch einmal deutlich (Paul Röhrig hatte eingangs bereits darauf hingewiesen), daß es in dieser Gesprächsrunde ja auch gar nicht um Grundtvig- oder Herderphilologie gehen könne. „Nationale und humane Identität" ist eine auch uns heute aufgetragene, ist unsere immer noch unerfüllte Aufgabe. Wir müssen für sie unsere eigene Lösung finden, die keineswegs durch Grundtvig- oder Herderzitate zu bewerkstelligen ist. Gewiß ist „Folkelighed", wie Grundtvig sie verstanden hat, für uns lehrreich. Was diese Achtsamkeit auf alle Konsorten, auf alle, die „mit uns in einem Boot sitzen", von uns allen fordert, das müssen wir freilich selber in unserer konkreten Lage, Dänen und Deutsche, hier und anderswo, zum „Wohl der Menschheit" (Herder) immer neu ermessen.

Kaj Thaning

Zuerst der Mensch ... – Grundzüge der Anthropologie Grundtvigs[1]

Das Besondere an Grundtvig ist wohl dies, daß er in gleichem Maße sowohl Mann der Kirche als auch des kulturellen Lebens war *und* daß er diese beiden Aufgaben zugleich deutlich voneinander trennte. Dies tat er seit der Mitte seines Lebens – seit 1832. Bis dahin hatte er nach eigener Aussage seine Aufgaben miteinander vermengt, hatte eine christliche Kultur schaffen wollen. Danach aber – seit 1832 – wollte er nur an der Schaffung einer nordischen bzw. dänischen Kultur mitarbeiten.

Aus Anlaß seines 200-jährigen Geburtstages wurde in Kopenhagen im Jahre 1983 eine dreitägige Konferenz abgehalten, zu der Leute aus aller Welt kamen, mindestens aus 32 Ländern und aus allen Erdteilen, um sich mit den Gedanken Grundtvigs zu beschäftigen – sicherlich vor allem wegen seiner Idee einer Heimvolkshochschule. Der erste Tag war seinen kirchlichen Gedanken und seinen Kirchenliedern gewidmet – er schrieb über 1500 Lieder. Die beiden nächsten Tage behandelten seine „volkheitlichen" und pädagogischen Gedanken, und schließlich gab es eine Diskussion, bei der einige dänisch-stämmige Amerikaner bemängelten, an den letzten beiden Tagen sei nicht deutlich geworden, daß Grundtvig Christ war. Sie hatten nicht verstanden, daß Grundtvig sowohl Christ als auch Humanist war und dies zugleich auch voneinander trennen konnte. Wir wollen dies nun hier im Zusammenhang des grundtvigschen Denkens zu verdeutlichen versuchen.

Grundtvigs Ausgangspunkt war ein traditionelles Pfarrhaus in Südseeland. Der Vater hielt sich selbst für einen Lutheraner, aber die Familie war durch das geprägt, was Kirchengeschichtler später das „lutherische Bußchristentum" genannt haben, eine Verfälschung des lutherischen Glaubens: Der Grundgedanke war der sogenannte Pilgrimsmythos, die Idee nämlich, daß das irdische Leben eine Probezeit sei, eine vorläufige Wanderschaft, bis der Tod den Weg zum eigentlichen, zum ewigen Leben eröffnet. Grundtvig aber war von Anfang an von der Geschichte des Menschengeschlechts fasziniert, und wenn man ihn am Ende seines Lebens gefragt hätte, was er eigentlich gewesen sei, hätte er wohl geantwortet: Historiker. Und damit läßt sich ja die Auffassung des Lebens als einer Wanderschaft, auf der man sich nicht umschauen darf, nicht vereinbaren. Man muß nach vorn schauen, nicht zurück.

In seiner Jugend war Grundtvig stark von den deutschen romantischen Dichtern und Philosophen beeindruckt, besonders – vermittelt durch seinen Vetter, den Schellingschüler Heinrich Steffens – von Schelling selbst. Ohne Schelling wäre er nicht das geworden, was er geworden ist, ganz so wie Søren Kierkegaard in seinem Gegensatz zu Hegel eben auch durch Hegel geprägt worden ist. Aber Grundtvig hat auch viel von Fichte und Herder gelernt. Und dennoch ist er in seinem Denken einzigartig.

Nietzsche, der wie Grundtvig Pfarrerssohn war und pietistisch erzogen wurde, forderte als Protest gegen seine Erziehung, man müsse der „Erde treu sein", ein Wort, das für meine Generation für die Auslegung der Botschaft des Christentums große Bedeutung gewonnen hat. Dieses Wort hätte sich Grundtvig auch zueignen machen

---

[1] Übersetzung von Eberhard Harbsmeier

können, als Auslegung dessen, was das Christentum will. Man kann an eine Strophe aus seinem bekannten Morgenlied denken, fast dem einzigen Morgenlied, das er geschrieben hat:

> Geht nun frei,
> wohin es sei,
> an Gottes Gnad euch haltet!
> Er gibt uns dann auch Glück und Mut,
> daß hier wir dienen recht und gut,
> so wie er selber waltet.[2]

So wollte Grundtvig „der Erde treu" sein.

Die Frage, die er aus seiner Jugend mitbrachte, war diese Frage, die er an ein Christentum richtete, welches das Leben hier auf Erden nur als Wanderschaft zu einer besseren Welt auffaßte: Bedeutet es denn gar nichts, daß man dieses Menschenleben von der Geburt bis zum Tode lebt? Ist dieses Leben nur Wartezeit, Probezeit? Seine kämpferischen Jahre waren ein Suchen nach einer Antwort auf diese Frage. Dies führte zu einer Auseinandersetzung mit dem Bußchristentum, also seinem väterlichen Erbe, und zu dem Versuch, das „Rätsel des Menschen" zu lösen, das sich ihm in der deutschen Romantik stellte.

Jetzt aber zum Thema. Das Gedicht, das mit den Worten: „Mensch ist man erst, dann wird man Christ"[3] beginnt, ist vermutlich im Januar 1837 geschrieben worden, nachdem Grundtvig einen erbaulichen Artikel in einem kirchlichen Blatt gelesen hatte. Dieser trug die Überschrift: „Kein Mensch, kein Christ", und war von einem deutschen Schriftsteller des 17. Jahrhunderts, H. Müller, verfaßt. Die Überschrift hatte Grundtvig interessiert, der Artikel selbst handelte vom Unterschied zwischen dem alten und dem neuen Menschen und stellte die Behauptung auf, daß jener alte Mensch ein Unmensch sei, dieser, der neue Mensch, dagegen ein wahrer Mensch, und der Autor kam schließlich zu der These: „Ohne Christus ist kein Mensch ein wahrer Mensch". Hier protestierte Grundtvig. Ihm waren in seinem großen Hauptwerk „Mythologie des Nordens" im Jahre 1832 die Augen für das „Leben" aufgegangen, das „vorliegende Leben", wie er sagte. Dies war wirklich voll, dies bedeutete etwas in sich, dieses Leben war die Voraussetzung dafür, daß auch das Christentum etwas bedeuten konnte. Es gab ein Menschenleben auf Erden, ehe das Christentum in die Welt kam. So wie er vorher entdeckt hatte, daß es eine Kirche auf Erden gab, ehe das Neue Testament geschrieben wurde, und daß er in die Kirche hineingetauft war, ehe er zum Bibelleser wurde. Im Apostolischen Glaubensbekenntnis – gesprochen bei der Taufe – hatte er das Christentum gefunden, ehe er es in der Bibel wiederfinden konnte. Genauso gewann er jetzt einen Blick für die von Gott geschaffene Welt, die schon da war, ehe er vom christlichen Glauben erfuhr, die Welt existierte schon vor der Kirche. Und Grundtvig sah, daß es wahre Menschen in der Welt gab, ehe es Christen gab. Auch die Menschen des Alten Testaments waren *wahre* Menschen, auch wenn sie keine Christen waren, da sie vor Christus gelebt hatten. In seinem Gedicht nennt Grundtvig als Beispiele für wahre Menschen Adam, Henoch, Abraham, David, Johannes den Täufer. Müller hatte behauptet: „Ohne Christus ist kein Mensch wahrer Mensch." Aber was ist dann von all den Menschen im Alten Testament zu sagen, die vor Christus gelebt haben?

Grundtvigs Problem war in seinem Elternhaus entstanden, das von demselben lutherischen Bußchristentum geprägt war, das auch in den Worten Müllers zum Aus-

---

[2] Übersetzung nach: Kirchenlieder von N.F.S. Grundtvig, Kopenhagen 1983
[3] Deutsche Übersetzung von W. Görnandt in: Grundtvig als Kirchenlieddichter in lutherischer und ökumenischer Sicht, 2. Aufl., Helsingør 1969, S. 76-77

druck kam. Aber Luther hatte ja durch seine Lehre vom Leben in weltlichen Berufen mit einer jahrhundertealten christlichen Tradition gebrochen, die vom Menschen als einem Fremdling in dieser Welt gesprochen hatte, für den es darum gehe, das himmlische Ziel zu erreichen, die Befreiung vom irdischen Leben und seinen Fesseln. Das Problem stellte sich für Grundtvig in seiner Jugend in dieser Form: Wer ist der Mensch? Mein guter Freund, der verstorbene Professor Götz Harbsmeier aus Göttingen, hat ein ausgezeichnetes Buch über Grundtvig geschrieben: „Wer ist der Mensch". Für Luther war die Frage: „Wer ist Gott?". Das ist der Unterschied zwischen den beiden und ihren Fragestellungen. Grundtvig fragt nach dem Menschen, Luther nach Gott.

Ein erstes Licht in das Rätsel des Menschenlebens fiel für Grundtvig in den alten nordischen Mythen. Die „Felsenkette der Götter" wurde für ihn zu einem Schutz gegen die „jämmerliche Existenz". Hier konnte er sich im Kampf gegen die Leidenschaft festhalten, in die er durch eine unglückliche Liebe geriet, als er als Hauslehrer auf einem Gut auf der Insel Langeland arbeitete.

1810 bekehrte er sich zu dem Glauben seines Elternhauses und wurde Pfarrer, ohne sein Problem gelöst zu haben und ohne zu wissen, was er davon am Sonntag sagen sollte, als er nun Hilfspfarrer seines alten Vaters wurde. Als dieser starb, konnte sich Grundtvig wieder auf sein Problem konzentrieren. Er gab sein Pfarramt auf und gab eine Zeitschrift in vier Jahrgängen heraus, deren Artikel er alle selbst schrieb und in denen er philosophische, sprachliche und historische Fragen behandelte, ohne jedoch zu einer Klarheit zu gelangen. Von der romantischen Philosophie wandte er sich nun der englischen Erfahrungsphilosophie zu, ehe er 1821 wieder Pfarrer wurde. Er war aber noch immer Bußprediger.

Dann aber stieß er durch Zufall auf den alten Kirchenvater Irenäus, Bischof von Lyon im 2. Jahrhundert. Irenäus hatte in seinem Werk „Gegen die Ketzer" die falschen Christen bekämpft, die sich in seine Gemeinde eingeschlichen hatten und die eine weit verbreitete Religion christlicher Färbung vertraten, die man heute Gnostizismus nennt. Diese Religion leugnete – im Gegensatz zur Bibel – den Glauben an Gott den Schöpfer: Die Seele ist ein Fremdling in dieser Welt und muß sich über das Irdische durch ein höheres Wesen, die Gnosis, erheben. Aber die Waffe des Irenäus war gerade der Schöpfungsbericht des Alten Testaments: Gott selbst hat Himmel und Erde geschaffen und Adam auf die Erde gestellt, damit er sie in Ehrfurcht vor Gott pflege. Der Sündenfall besteht in dem Ungehorsam des Menschen gegen den Schöpfer, nicht aber schon in der Tatsache, ein irdischer Mensch zu sein. Jetzt ging Grundtvig ein Licht auf. Wer ist der Mensch? Nicht nur, wie das alte Luthertum sagte, ein Sünder. Vom Mensch ist anderes zu sagen, er ist ja im Bilde Gottes geschaffen, ja, er war ein Adam vor und nach dem Sündenfall. Seine Entdeckung des Jahres 1825, daß die Kirche vor dem Buch da sei, ist in diesem Zusammenhang kein Beitrag zu einer Klärung seiner Grundfrage nach dem Verhältnis zwischen Menschlichem und Christlichem. Auch jetzt konnte er noch nicht „Mensch zuerst" sagen, was später zu seinem Leitmotiv wurde.

1832 aber wurde ihm deutlich, daß die Mythologie der alten Heiden eine Bildersprache war, die wahr vom menschlichen Dasein redete und es als einen wahren Kampf deutete. Die deutsche Romantik hatte ihn gelehrt, Mythen als Bildersprache zu verstehen und nicht nur als Naturbilder. Grundtvigs erste „Mythologie des Nordens" aus dem Jahre 1808 war von deutschen Romantikern sehr positiv aufgenommen worden. Jetzt aber, im Jahre 1832, versteht er die Mythen nicht mehr als eine „Sache der Seligkeit". Nun sind sie eine „Sache des Volkes", sie dienen der Erhellung des Menschenlebens. Und wenn der Schöpfungsbericht nicht in der Bibel stünde, hätte man ihn erfinden müssen, um angemessen vom Menschen reden zu können. Auch der Anfang der Bibel war ja mythisch zu verstehen. Im übrigen läßt sich Grundtvig an Bibeltreue von niemandem übertreffen, obwohl er sich also nicht wie früher zu einer Apologetik genötigt sah. Kierkegaard hat zwar später eingewendet, die Apologetik müsse dem Glaubensbekenntnis folgen, aber das machte auf Grundtvig keinen Eindruck. Er suchte nun vielmehr nach Verbündeten in seinem Kulturkampf für ein lebendiges Menschenleben und eine lebendige Kultur – wir sollen uns ja als Menschen bewußt werden, das Leben soll nicht mehr als ein *christliches* Leben gestaltet werden, dazu sind wir nicht fähig, sondern es sollte *menschlich* werden.

Als Konsequenz aus diesen Einsichten macht Grundtvig nun einen Vorschlag, um alle Kräfte guten Willens zu vereinigen: Er bietet Arbeits- und Kampfgemeinschaft über die Grenzen zwischen Glauben und Unglauben hinaus an. Er hatte sich in einem heftigen Streit mit dem Theologieprofessor H.N. Clausen befunden, den er damals als Rationalisten betrachtete. Jetzt ist ihm deutlich geworden, daß man zwischen Rationalismus und „Naturalismus" (Schelling ist Naturphilosoph) unterscheiden muß und daß Clausen kein Rationalist war, sondern – als Schüler Schleiermachers – auch von der Romantik beeinflußt war, er war „von Geist", auch wenn er kein Christ war. Deshalb formuliert Grundtvig nun eine Lebensanschauung, die er, wie er meint, mit Clausen und seinen Anhängern, kurz: mit allen „Leuten mit Geist", teilen kann: die mosaisch-christliche Grundanschauung. In der Auseinandersetzung in seinen Jugendjahren mit dem „Pantheisten" Schelling hatte er erklärt, wenn man dessen Ausgleich des Gegensatzes zwischen Wahrheit und Lüge widerspreche, könne man ansonsten seine Auffassung vom Menschen gutheißen. Grundtvig gebraucht hier den Ausdruck „Anschauung", einen Ausdruck, den er nun für die biblische Auffassung vom Menschen, die mosaisch-christliche Anschauung, gebraucht. Sie kann er mit seinen kirchlichen Widersachern, also Clausen und seinen Anhängern, teilen. Sie teilen die Auffassung von Schöpfung und Sündenfall, nicht aber von der Möglichkeit der Erlösung. Er selbst glaubt an die Wiedergeburt in der Taufe, seine Gegner sind dagegen Idealisten und glauben an Selbsterlösung, – „sich selbst an den Haaren herausziehen", wie Grundtvig dies nennt. Und was das Wort Sündenfall betrifft, so weiß er, daß die Gegner das Wort nicht gebrauchen, sondern statt dessen z.B. „Verirrung" sagen. Aber das soll sie nicht trennen, denn die Realität läßt sich auch human oder mythologisch ausdrücken: Grundtvig will außerhalb der Kirche, in der von Sünde gegen Gott, Ungehorsam, Eigenmächtigkeit die Rede ist, auch davon reden, daß dem Menschen sehr früh ein großes Unglück zugestoßen sei, welches die Erde in eine schiefe Stellung dem Himmel gegenüber, die Zeit in ein Mißverhältnis zur Ewigkeit und den Menschen in Streit mit sich selbst gebracht habe. Das bezeugen sowohl die alltägliche als auch die historische Erfahrung deutlich, deshalb kann kein Mensch, der nur einen Funken von Geist besitzt, das leugnen.

So „übersetzt" Grundtvig den Bericht vom Sündenfall, der natürlich hinter diesen Gedanken steht. Er ist der Auffassung, daß man ungeachtet der Glaubensunterschiede dieses mythologische Bild verstehen kann. Auch die alten Heiden gingen ja davon aus, daß das Dasein unharmonisch sei. Heute würden wir wohl statt dessen davon sprechen, daß die Dinge nicht aufgehen, daß etwas nicht stimmt, daß zwei mal zwei nicht immer vier ist (Dostojewski) und dergl. Der Schöpfungsgedanke war zu Grundtvigs Zeiten Allgemeingut, er bereitete keine Probleme. Jedenfalls hoffte Grundtvig, auf diese Weise eine Grundlage für Zusammenarbeit geschaffen zu haben, damit die Leute „mit Geist", also Leute, die zwischen lebendig und tot, menschlich und unmenschlich, falsch und echt unterscheiden konnten, sich gemeinsam daran machen konnten, eine lebendige Kultur zu schaffen.

So appelliert Grundtvig an den Realismus seiner Zeitgenossen. Das „große Unglück" ist eine menschliche Erfahrung, nicht nur eine metaphysische Theorie von den ersten Tagen des Menschen auf Erden. Grundtvig spricht davon ganz persönlich, wenn er von Balder erzählt, dem guten nordischen Gott, in welchem die großen Dichter einen tiefen Ausdruck und ein großes Sinnbild des Glanzes sahen, der das Leben im Stande der

Unschuld, der Kindheit umstrahlt. Dieser Glanz muß früh, durch ein großes Unglück, von der Erde verschwunden sein, da er unwiderruflich von jedem Menschenkind verschwindet, ehe dieses sich recht auf sein Dasein besonnen hat. Dem muß jeder wahrheitsliebende Mensch zustimmen. Die heidnische Sinnbildsprache kann wahr vom Leben sprechen! Die alten Heiden konnten wahr vom Leben sprechen! Shakespeare – in Grundtvigs Jugendjahren sein Lieblingsdichter – sprach in seinen „Geschichten" mehr wahr als irgendein anderer Dichter vom menschlichen Dasein, auch wenn er – nach Grundtvigs Meinung – kein Christ war.

Von der Disharmonie des Daseins spricht infolge Grundtvigs der Mythos von dem die Erde umschlingenden „Mittelhofsdrachen" (Midgårdsormen), von dem er in einem Gedicht sagt:

> Alles Böse wird einmal von Grund auf vernichtet,
> aber niemals gelingt dies,
> solange die Schlange der Falschheit
> in vielen Windungen
> hartnäckig um die Welt sich schlängelt.

Der „Mittelhofsdrachen" war für Grundtvig Ausdruck dafür, daß sich die Welt nicht verwandeln läßt, solange sie steht. Grundtvig ist kein Utopist in seinem Kulturkampf. Er will versuchen, die Welt gerechter, menschlicher, friedlicher zu machen. Er will für die Freiheit von allem Zwang kämpfen, auch wenn die Gefahr besteht, daß die Freiheit mißbraucht wird. Er will die Welt lebendiger machen und das Tote zurückdrängen. Antiutopisch ist sein Gebrauch dieser Komparative. Superlative sind nicht verwendbar, wenn es darum geht, das Ziel des Kampfes zu formulieren. In einem Gedicht stehen diese Zeilen:

> Nicht nur für Träume,
> will ich meine Kraft brauchen.
> Mit dem Machbaren begnüge ich mich.

Die nordischen Mythen ermutigen Grundtvig also zu einem Kulturkampf, zugleich zeigen sie ihm die Grenzen, die den menschlichen Möglichkeiten gesetzt sind. Aber innerhalb dieser Grenzen nimmt er den Kampf entschlossen auf, und um ihn führen zu können, fand er ein Mittel zur Schaffung einer lebendigen Kultur: die Hochschule des Volkes. Das Motto für seine erste Hochschulschrift ist dem alten nordischen Gedicht „Prophezeiung der Sibylle" entnommen:

> Gefolgt von dem Adler,
> geschaffen aufs neue,
> taucht auf aus den Wogen
> die grasgrüne Aue.

Dies ist ihm ja selber widerfahren, als er „wie durch ein Wunder" das Leben und den Platz des Menschen auf Erden erblickte. Da ließ er das lutherische Bußchristentum mit seiner Auffassung vom Menschen als einem Pilgrim und vom Tode als einer Befreiung vom Leben hinter sich. In einer Predigt sagt er, daß wir zum Natürlichen zurückkehren müssen, um wirklich zum Geistigen vordringen zu können. Wir müssen also zurück zum Menschen, um zum Christentum kommen zu können – hier kommt sein „Mensch zuerst" zum Durchbruch. Ohne dieses „Mensch zuerst" wird das Christentum entstellt – es wird zur Seelenrettung weg von der Welt, statt zum Befreiungswort für den Menschen in der Welt, dem Wort, das Lust und Mut zum Leben geben soll.

Grundtvigs Entdeckung des Menschenlebens bedeutete zweierlei: 1. Das Christentum ist für das Menschenleben da. 2. Die Kulturarbeit ist für das Menschenleben da. Seine Predigt soll nun bedeuten, daß das Menschenleben erlöst, befreit und in der Taufe neu geschaffen wird. Die Finsternis ist besiegt, der Tod ist überwunden, und das ewige Leben existiert hier und jetzt und ist nur deshalb eine ewige Wirklichkeit. In einem Lied schreibt er: „Mitten unter uns ist Gottes Reich". Es ist unsichtbar, es existiert nur für den Glauben, aber Gott wird es einmal sichtbar machen. Aber es geht um die Erneuerung *dieses* Himmels und *dieser* Erde. Gott will seine Schöpfung erneuern, er will sie nicht durch etwas anderes ersetzen.

Aber dann müssen wir uns dieses Lebens bewußt werden, es wecken und erhellen. *Lebenserhellung* wird zum Hauptwort für Grundtvig, sie ist Aufgabe der Hochschule.

Diese Hochschule soll „volkhaft" sein, forderte Grundtvig schon 1832, als er seine Ideen vortrug. Er stellt die Hochschule des Volkes der Universität gegenüber, der akademischen Hochschule. Er spricht von Volksbildung, was vor ihm niemand getan hatte. Es handelt sich um eine andere Bildung als die akademische, die das Privileg der sogenannten Gebildeten war, damals etwa 15% der Bevölkerung. Die anderen gehörten zum gewöhnlichen Volk. Die Volksbildung aber sollte dem Volke ihre Sprache entlehnen, die Muttersprache sollte belebt und zur Sprache des Landes werden. Die Gelehrten lasen ja Lateinisch und Griechisch, in gebildeten Kreisen galten fremde Sprachen, vor allem Deutsch und Französisch, als schick.

Das Wort Folkelighed (Volkheit) hat bei Grundtvig zwei Bedeutungen: 1. bedeutet es eine Gleichheit innerhalb des Volkes, Gleichheit vor dem Gesetz. Gleichheit bedeutet nicht, daß man einander gleicht. Es gibt keine zwei Buchenblätter, die einander gleichen, keine zwei Pferde, die man gleich behandeln muß. Die Natur soll nicht vergewaltigt werden, indem man allem eine Gleichheit aufzwingt. Aber alle sollen im Volk gleich gestellt sein, das Recht des einzelnen Bürgers soll wie im alten Norden geschützt werden, wo die mittelalterlichen Landgesetze das Recht des einzelnen schützten. Wenn Grundtvig sagt: Wer frei sein will, muß den Nächsten neben sich auch frei sein lassen, also: Wenn *Du* nicht frei bist, bin *ich* es auch nicht, so beruft er sich hier auf einen alten nordischen Gedanken: Freiheit ist eine Angelegenheit zwischen Menschen. Grundtvig kannte den Liberalismus Adam Smiths, aber der war ihm zu utopisch: Wenn der einzelne in der Gesellschaft frei wird, ist die Gesellschaft frei. Grundtvig geht nicht vom einzelnen aus, sondern denkt an die Ganzheit.

Er gehörte dem verfassunggebenden Reichstag von 1848-49 an, aber nur ein Paragraph der Verfassung ist seiner Initiative zu verdanken: „Öffentlichkeit und Mündlichkeit sind so bald wie möglich und so weit wie möglich in die Rechtspflege einzuführen." Dies war eine gefährliche Formulierung, denn man bildete eine Kommission zu diesem Paragraphen, und er wurde erst vor einigen Jahren realisiert. Grundtvigs Gedanke der Freiheit des anderen vor der eigenen Freiheit führte zu einer umfassenden Gesetzgebung zum Schutze von Minderheiten in Dänemark – selbst kleinste Minderheiten sowohl im kulturellen als auch im kirchlichen Bereich erhielten Freiräume.

Folkelighed (Volkheit) bedeutet 2. Gleichheit *mit* dem Volk, sie hat dänisch in Dänemark zu sein, norwegisch in Norwegen, schwedisch in Schweden. Deutschtum ist die deutsche Volkstümlichkeit, die in Deutschland ihre Berechtigung hat, nicht aber außerhalb der Grenzen des Landes. Grundtvig ist Deutschenhaß vorgeworfen worden; er antwortete auf diesen Vorwurf: „Ich hasse Deutschtum, aber *nur* bis zur Eider... bei uns hat es nichts zu suchen." Der schleswig-holsteinische Druck auf die Grenze, der schließlich zum Kriege 1848-50 führte, schärfte Grundtvigs Sinn für den Begriff des Volkstums. Sein Kampf wurde ein Kampf für die dänische Sprache, die dänische Kultur.

Mit der Betonung des Volkstums wird Grundtvigs Parole „Mensch zuerst" durch eine neue Formulierung ersetzt: „Volkstum zuerst". Er behauptet nämlich, daß es das

Menschliche nur in volkheitlicher Gestalt gebe. Ein Mensch gehört ja stets an einen bestimmten Ort, zu einem bestimmten Volk und spricht die Sprache eines Volkes, und nur dort, wo man zu Hause ist, kann einem das christliche Evangelium begegnen, das stets zum Herzen und immer in der Muttersprache spricht. „Nur lose ist alle fremde Rede", heißt es in einem Lied über die Muttersprache. Je persönlicher, menschlicher und offener sich das Leben eines Volkes gestaltet, desto lebendiger und reicher wird dessen Sprache und desto besser kann das christliche Evangelium zur Sprache kommen. Kein Däne hat einen größeren dänischen Wortschatz als Grundtvig, er schöpfte aus allen dänischen Sprachquellen. Das kam seiner Liederdichtung zugute. Aber je souveräner er in den Liedern die Sprache benutzte, desto schwieriger ist sie natürlich zu übersetzen. Die Schwierigkeit liegt aber auch in Grundtvigs Auffassung vom Christentum. Man spricht von „dänischem Christentum", Luther ist in Dänemark gleichsam nur durch Grundtvig vermittelt wirksam.

Die Hochschule ist freilich nicht als eine christliche Schule gedacht. Grundtvig hat sogar die mosaisch-christliche Anschauung verlassen und spricht statt dessen von Lebenserhellung, wobei er an seine „historisch-poetische" Erhellung des gemeinsamen Lebens denkt. Alle bedürfen der historischen Erhellung des Lebens, man muß wissen, wo man zu Hause ist, was für eine Vergangenheit man hat, wo man hingehört. Und die Erhellung muß persönlich sein, muß durch ein lebendiges Herz vermittelt sein – Poesie hat mit dem griechischen poiesis (=Schöpfung) zu tun. Der Mensch ist im Bilde Gottes geschaffen, „mit lebendigen Worten auf seiner Zunge", heißt es in einem Lied. Dieses lebendige Wort soll die tragende Grundlage der Hochschule sein, nicht Bücher. Die Hochschule hat kein Pensum, keine Examina außer dem Examen, dem der Lehrer sich ausgesetzt sieht, wenn der Schüler seine Fragen stellt. Die Hochschule ist als eine Schule des Gesprächs gedacht: Die Sprache, die nicht zum Gespräch wird, ist verlorene Mühe. Die Hochschule baut auf der „Wechselwirkung", zunächst zwischen Lehrer und Schüler, dann auch zwischen den Schülern untereinander, auf. Diese kommen aus allen Teilen des Landes und aus allen Berufen. Sie haben deshalb Vorurteile, die aber durch diese Wechselwirkung ausgeräumt werden. Schließlich soll die Jugend – sie ist mindestens 18 Jahre alt, in der, wie Grundtvig sagt, „Schöpfungsstunde des Geistes", wo der Ton entsteht, der das ganze Leben hindurch klingt – den Dichtern des Volkes begegnen, ihrem Reichtum und ihrer Stärke in der Muttersprache. Durch diese Wechselwirkung entsteht die Sprache, die dänische Sprache wird durch eine solche Inspiration kräftiger und reicher.

Die Fächer sollen wie gesagt allgemein sein, keine Spezialfächer. Die Muttersprache soll vorherrschen, das dänische Volk soll sich als Volk bewußt werden, die Vaterlandsliebe soll geweckt werden, in Dänemark ist der Schüler zu Hause. Außer der Geschichte soll der Schüler auch die Geographie und Wirtschaft des Landes kennenlernen. Und es soll gesungen werden. Grundtvig selbst schrieb eine Reihe von Vaterlandsliedern, zu denen die Komponisten des Landes rasch Melodien schrieben. Aber auch die alten Volksweisen wurden wieder entdeckt und gesungen; es gab Volkshochschullehrer, die sich auf diese Aufgabe spezialisierten. Und es wurde erzählt. Ein Leiter einer Heimvolkshochschule erzählte Mythen, ein anderer Weltgeschichte, ein dritter biblische Geschichte – es handelte sich um einen Juden. Grundtvig wurde aufgefordert, Morgenlieder für eine nichtkonfessionelle Schule zu schreiben. Lieder, die von Kindern verschiedener Konfessionen, u.a. der jüdischen, gesungen werden konnten. Grundtvigs eigene Freunde waren überrascht. Sie verstanden seinen Gedankengang kaum. Ihre Schulen beruhten auf dem christlichen Glauben. Sie verstanden seine Rede von „Leuten mit Geist" nicht. Heute werden seine Gedanken besser verstanden. Nur wenige Schulen beginnen den Tag mit Morgenandacht, Vaterunser und Glaubensbekenntnis wie früher. Einer der ersten Leiter einer Heimvolkshochschule sagte: „Wo die Fähigkeiten des

Lehrers und der Drang des Schülers sich begegnen, dort ist Hochschule". Aber der Drang kann nicht geweckt werden. Auch wenn die Schule Unterricht in vielen Fächern anbietet, geht es nicht darum, daß man sich damit begnügt, unmittelbare Bedürfnisse zu befriedigen – die persönliche Erweckung von Wissensdrang kann in unerwarteter Weise geschehen, z.B. durch Theaterspielen – allein dadurch, daß man sich eine einzelne Replik aneignet, oder in der Keramikwerkstatt, wenn eine Vase die erwünschte Form erhält. Die kreativen Fächer sind populär, vielleicht weil viele Schüler Abiturienten sind und deshalb des Wissens überdrüssig, das man sich aus Büchern erwerben kann.

Wie die Schüler sind auch die Lehrer äußerst verschieden. Viele aber empfinden die Hochschule als einen Freiraum.

In Dänemark ist es eine recht verbreitete Sitte, daß junge Leute bis zu einem halben Jahr dafür verwenden, einzuhalten und nach neuen Wegen zu fragen. In der Zeit Grundtvigs rechnete man damit, daß junge Leute nach dem Aufenthalt an der Heimvolkshochschule zu ihrer alten Arbeit „mit erhöhter Lust" zurückkehrten. Die allermeisten wurden Bauern, und es wird sogar berichtet, daß einer durch Erzählungen von den nordischen Mythen dazu angeregt wurde, die jütländische Heide urbar zu machen. Diese Mythen machten Mut zum Kampf. Nach der Niederlage Dänemarks im Jahre 1864 hatte das Land neue Anregungen nötig. „Was nach außen verloren gegangen ist, muß nach innen gewonnen werden", hat ein Pionier für die Urbarmachung der Heide gesagt. Zahlreiche Hochschulen entstanden im Lande, meist in ländlichen Gegenden. Der Reichstag wurde durch die alten Absolventen der Heimvolkshochschulen geprägt, einer von ihnen wurde Ministerpräsident. Heute ist das anders, aber das dänische Parlament erkennt die Bedeutung der Heimvolkshochschulen im Lande an und gibt ihnen gute Arbeitsbedingungen, trotz der Notwendigkeit, überall zu sparen.

Der Gedanke der Heimvolkshochschule wird exportiert, aber es ist schwer, in anderen Ländern – vielleicht abgesehen von den anderen nordischen Ländern – eine Tradition dafür zu schaffen, daß junge Leute für so lange Zeit freigestellt werden, ohne sich in dieser Zeit durch Examina für weiteres berufliches Fortkommen zu qualifizieren. Nicht zuletzt in den Entwicklungsländern ist dies schwer, da man sich nicht eine Schule vorstellen kann, die nicht auch Berufschancen eröffnet, und dies, obwohl man hier nach einer „ethno-kulturellen" Identität fragt, wie das heute heißt. Grundtvig sprach statt dessen von Volkheit, aber er meinte dasselbe. Er kam weit mit seiner Schule. Ein bekannter Däne formulierte die Wirkung der Heimvolkshochschulen so: „Die kleinen Leute wurden zu einem Volk." Man hat auch gemeint, daß die dänische Landwirtschaft und das Genossenschaftswesen durch die Heimvolkshochschulen beeinflußt sind. Aber es ist auch möglich, daß die Form des Zusammenlebens an den Heimvolkshochschulen Formen von Zusammenarbeit gefördert und angeregt hat. In der Lüneburger Heide liegt die Heimvolkshochschule Herrmannsburg mit ihrer eigenen Ideologie. Es heißt, sie habe, ähnlich wie in Dänemark, zur Zusammenarbeit angeregt; es gibt auch genossenschaftliche Betriebe in der Umgebung der Schule. Es besteht auch kein Zweifel daran, daß das Zusammenleben selbst an einer solchen Hochschule von großer Wirkung und von großem Nutzen ist. Dies wird von Absolventen oft als der wichtigste Ertrag eines Aufenthaltes an einer Volkshochschule genannt, die ja in Dänemark alle Internatsschulen sind.

Wenn Grundtvig sagte: Mensch zuerst – dann Christ, so meinte er damit nicht eine bestimmte Entwicklung, die man durchlaufen muß – erst muß man zu einem Menschen werden, um dann ein Christ werden zu können. Diese Formulierung richtet sich vielmehr gegen eine Form des Christentums, die nicht in Betracht ziehen will, daß es um das Menschenleben geht, für Gott, der es geschaffen hat und nicht aufgeben will – alle unsere Haare sind gezählt – , und für den Menschen, der das Leben leben soll.

Wenn Grundtvig sagt: Volkheit zuerst, so deshalb, weil das Evangelium nur zu einem Menschen sprechen kann, der in diesem Zusammenhang steht.

In jeder nur denkbaren Weise bekämpfte Grundtvig die Proklamation der Vernunft als Mittelpunkt des Lebens im 18. Jahrhundert. Statt dessen sprach er mit der Romantik von Phantasie, Herz und Gefühl, und dies sind wieder ehrwürdige Worte geworden, nachdem man sich ihrer viele Jahre lang geschämt hat. Aber wenn er von „Leuten mit Geist" sprach, so kann man dennoch fragen, ob es angeht, hier das Wort „Geist" zu gebrauchen. Für Grundtvig war dies erforderlich, er konnte damit die Dimensionen festhalten, die notwendig waren, um wahr vom Menschen und dem Rätsel seines Lebens, vom Himmlischen und vom Irdischen, dem Hohen und dem Tiefen, Geist und Staub oder, wie wir heute sagen, Körper zu sprechen. Wenn Grundtvig das Wort Geist gebrauchte, so deshalb, um ein Wort für das Lebendige im Menschen, in unserem gemeinsamen Zusammenleben als Menschen zu finden. Aber in Dänemark führte dies dazu, daß man sich durch Derivate dieses Wortes zu einer Art von neuem Gnostizismus verleiten ließ: Man konnte von „Geistigkeit" reden, die leicht zu einer Übergeistigkeit wird, besonders wenn es um sogenannte „geistige Werte" geht, ein Begriff, den Grundtvig nie in den Mund genommen hätte. Das Wort „Wert" wurde aus Deutschland Ende des letzten Jahrhunderts übernommen. Es wurde in Dänemark den „materiellen" Werten entgegengestellt als etwas Höheres als diese. Man erhob sich über das Irdische wie die Gnostiker, und man wurde leicht übergeistig und endete in einer Form von Neognostizismus.

Die Reaktion konnte nicht ausbleiben. Der Marxismus gewann an den Hochschulen an Boden, eine jüngere Generation begann, Grundtvig und Marx als Parallelen zu betrachten. Diese Entwicklung ist heute rückläufig, man kehrt wieder zu einem alten Thema der Hochschule zurück: dem Erzählen. Sowohl in der Kinderschule als auch in der Hochschule, die Mythen kehren offenbar zurück.

So ist die Heimvolkshochschule in einer ständigen Entwicklung begriffen, ganz wie auch die Grundtvigforschung selbst. Es erscheinen ständig neue Bücher über ihn, meine Auffassung wird immer wieder kritisiert. Aber es wurde schon bei seinem 100jährigen Geburtstag vorausgesagt, daß es immer Streit um ihn geben werde. Er selbst hat zu dem Begriff des Grundtvigianers, der schon zu seinen Lebzeiten geprägt wurde, gesagt, er habe jedenfalls zwei Parteien. Die einen hielten sich an seine Lieder und Predigten, die anderen verstanden sein Geschichtsbewußtsein und sein Ur-Dänentum, und wenn man sich beidem anschließen wolle, so nur unter der Bedingung, daß das Dänentum zuerst christianisiert werden müsse, um etwas wert zu sein, „und dies liegt mir völlig fern". So trennte er selbst die beiden Teile seines Werks, und am Ende seines Lebens hat er gesagt, es gebe Leute, die seine Ideen über die Heimvolkshochschule übernähmen, aber nicht seine kirchliche Anschauung. Und dies sei völlig in Ordnung, auch wenn er bedauere, daß sie seine Auffassung vom Christentum nicht verstünden.

Eines verband diese beiden Auffassungen, sein Glaube an den *Geist*. Und wenn es um die Kirche nicht gut stand, so deshalb, weil es auch mit dem Volk und dem Christentum nicht zum Besten bestellt war, sagte Grundtvig. Aber unter allen Umständen sollte das Volk um seiner selbst willen erweckt werden. Hier war sein Gegner der Rationalismus, der alles mit Hilfe der Vernunft erklären will.

Wenn man heute fragen will, ob die Heimvolkshochschulen noch immer grundtvigianisch sind, dann könnte man fragen, ob der Lehrer hier dem Schüler dazu verhilft, zu einem besseren Verständnis seiner selbst vorzudringen. Vielleicht lernt der Schüler, sich selbst als Menschen zu verstehen, durch eine marxistische Erklärung, eine biologische Erklärung, eine psychologische oder soziologische Erklärung oder kurz und gut eine rationale Erklärung. Dann könnte man sagen, dies sei ganz ungrundtvigianisch.

Das Leben kann erhellt, aber nicht erklärt werden. Das Rätsel des menschlichen Lebens läßt sich nicht auflösen.

Aber auch wenn wir heute das Wort Geist in der Lebenserhellung nicht gebrauchen können, so gibt es dennoch ein Wort, das sowohl zu Grundtvigs Zeiten als auch heute Sinn hat: Das Wort „Geistlosigkeit". Eine Schule, deren Arbeit mit diesem Wort bezeichnet werden kann, ist nicht grundtvigianisch.

Sektion Pädagogik/Erwachsenenbildung

Leitung und Redaktion: Paul Röhrig

Knud Eyvin Bugge
Die pädagogischen Grundgedanken Grundtvigs im Lichte der neueren Forschung

Die folgende Darstellung gliedert sich, entsprechend dem Thema, in zwei Hauptabschnitte: 1. Die pädagogischen Hauptgedanken Grundtvigs und 2. Die neuere Forschung über Grundtvigs Beitrag zur Pädagogik in Hauptzügen. Hieran knüpfen sich einige Bemerkungen über noch ungelöste Forschungsaufgaben auf diesem Gebiet an.

Im Hinblick auf die Abgrenzung des Themas: Die „pädagogischen Hauptgedanken Grundtvigs" sei einleitend folgendes festgestellt: Es ist hier nicht der Ort, näher auf die Phasen der persönlichen Entwicklung Grundtvigs einzugehen. Dieses Thema wird von anderen Referenten behandelt und diskutiert. Auch wird es nur in sehr begrenztem Umfange möglich sein, auf das mehr spezielle Thema der Frage nach dem Religionsunterricht in Kirche und Schule einzugehen. Auch die zeitgeschichtlichen Ereignisse aus der Zeit Grundtvigs, die für seine pädagogischen Ideen von Bedeutung waren, muß ich hier außer acht lassen. Schließlich sei angemerkt, daß dem, der meine Darstellung im Jubiläumsbuch der Dänischen Gesellschaft: „N.F.S. Grundtvig. Tradition und Erneuerung" aus dem Jahre 1983 kennt, einiges des nun unmittelbar folgenden bekannt vorkommen wird. Das liegt daran, daß ich nicht davon ausgehen kann, daß diese Darstellung allen bekannt ist. Ich habe es deshalb für zweckmäßig gehalten, hier in gekürzter Form einige Abschnitte dieser früheren Darstellung wiederzugeben.

Die endgültige Klärung der Schulgedanken Grundtvigs vollzieht sich im Laufe der 1830er Jahre. In der Einleitung zur „Mythologie des Nordens" (1832) unterscheidet Grundtvig zwischen *Glauben* und *Anschauung*. Glaube sind Gedanken oder Erwartungen, die nach christlicher Auffassung eng mit der Person und dem Werk Christi verknüpft sind. Anschauung dagegen ist eine Auffassung vom Leben und vom Menschen, die Christen mit Leuten gemeinsam haben können, die Grundtvig „Naturalisten" nennt. Mit diesem Ausdruck meint Grundtvig Menschen, die nicht einer engen biologischen, mechanistischen Sicht des Menschen verhaftet sind, sondern positiv dafür eintreten, daß „Geist" eine wesentliche Bestimmung des Menschseins ist. An diesem Punkt meint Grundtvig, daß der Christ grundlegend mit jedem Menschen einig ist, der auch nur „ein bißchen Geist und ein Fünkchen Wahrheitsliebe" hat.

Die Frage ist nun, wozu Grundtvig diesen Unterschied zwischen Glauben und Anschauung gebrauchen kann. Es ist bemerkenswert, daß Grundtvig die Konsequenz aus seiner Unterscheidung zieht, daß Christen und Naturalisten in der Schule zusammenarbeiten können. Die Divergenz hinsichtlich des Weges zum endgültigen Ziel des Menschen muß man bis auf weiteres außer acht lassen. Nur die Zeit kann entscheiden, wer Recht hat. Wenn es aber darum geht, eine dringend notwendige Aufgabe an der Schule zu lösen, muß es möglich sein, daß man auf der Basis einer grundlegenden Einigkeit hinsichtlich der Auffassung vom Menschen zusammenarbeiten kann.

Gewöhnlich faßte man früher den Hauptinhalt der Schulgedanken Grundtvigs in folgenden Punkten zusammen: 1. Betonung der Jugendzeit – im Gegensatz zur Kindheit – als der eigentlichen Schulzeit; 2. Betonung des mündlichen Unterrichts, besonders der anregenden und erweckenden Bedeutung des geistgetragenen Vortrags; 3. Betonung der dänisch-nordischen Kulturtradition, im Gegensatz zur klassisch-lateinischen, als der besten Grundlage für den Unterricht; und schließlich 4. daß diese Gedanken in irgendeiner Weise mit einer christlichen Lebensauffassung verknüpft werden.

Man kann aber zu den vier angeführten Punkten die Frage stellen: Was verbindet diese Gedanken zu einer Einheit, zu einem individuellen Universum von Gedanken, das eine eigene Identität hat? Welche Grundauffassung steht letztlich hinter diesen Ideen? Eine Untersuchung der vielfältigen – meist unveröffentlichten – Entwürfe zu den Schulschriften Grundtvigs hat deutlich gemacht, daß der Begriff „Wechselwirkung" eine zentrale Rolle in den Gedanken Grundtvigs über Unterricht und Erziehung spielt. Von den Adjektiven, die Grundtvig mit dem Begriff Wechselwirkung verknüpft, sind vor allem drei zu beachten: frei, lebendig und natürlich. Es zeigt sich, daß Grundtvig mit diesen Adjektiven zwei verschiedene Bereiche innerhalb der Kategorie der Wechselwirkung anspricht: einmal die Funktion der Wechselwirkung, zum anderen ihre Bedingungen. Die Adjektive frei, lebendig und natürlich bezeichnen teils die Funktion, das Geschehen und das Leben selbst in der neuen Schule, die er vor sich sieht, und teils die Bedingungen dafür, daß dies stattfinden kann.

Was die *Freiheit der Wechselwirkung* angeht, sind besonders die Vorträge „Rückblick eines Mannes" (1838) interessant. Hier merkt Grundtvig z.B. an, daß es ein gravierender Fehler an der Form der Vorlesung sei, daß es „nicht zu einer lebendigen Wechselwirkung zwischen Ihren und meinen Gedanken kommt". Grundtvig wendet sich also gegen die Unterrichtsform, in der der Lehrer allein das Wort führt: „Ich sehe ein, daß wir in unserem Dienst am Zuhörer versagen, wenn wir allein reden und es nicht verstehen, durch lebendiges Gespräch die allgemeine Teilnahme und Wechsel-Wirkung einzuleiten..." Später werden diese Gedanken breit ausgemalt in der Schilderung der großen nordischen Hochschule, „wo alles, was den Geist stark anzieht oder erweckt, in einer ständigen munteren Wechselwirkung sein soll", in einem wohlgeordneten Gespräch.

Soweit die Funktion der Wechselwirkung, wenn sie durch Freiheit charakterisiert wird. Hinsichtlich der Freiheit, verstanden als Bedingung, ist in erster Linie darauf hinzuweisen, daß die Freiheit der Wechselwirkung durch die Freiheit von der Verpflichtung gegenüber „dem anderen Leben", d.h. dem Leben in der ewigen Seligkeit, bedingt ist. Die Bildungsarbeit ist aber ausschließlich für dieses Leben bestimmt. Sie soll zur „Erklärung des Menschenlebens" beitragen, das heißt der Erklärung oder Klärung dessen, was der Sinn und das Ziel des Menschenlebens ist. Die „Verklärung" findet in der Zeitlichkeit statt in einem geschichtlichen Prozeß, der bis zum Ende der Zeiten fortschreitet. Erst dann, wenn die Zeit nicht mehr ist, findet die endgültige, ewige „Verklärung" des Sinnes des Menschenlebens statt.

Eine andere Bedingung dafür, daß die Wechselwirkung frei sein kann, ist die Befreiung vom „römischen Joch". Die lateinische Bildung beruhte nämlich nach Grundtvigs Auffassung auf der falschen Voraussetzung, daß es möglich sei, die Menschen umzubilden. Die lateinische Bildung enthält also ein starkes Moment der „Herrschsucht", das Grundtvig gerade aus der rechten Schulform verweisen wollte. Weiter weist er darauf hin, daß die Freiheit der Wechselwirkung – das freie wechselseitige Verhältnis zwischen Lehrer und Schüler – bedingt, daß die Verpflichtung gegenüber einem Examen entfällt. Auch dieser bekannte „grundtvigsche" Gedanke hat also seinen natürlichen Ort in der Kategorie der Wechselwirkung.

Die rechte Wechselwirkung wird weiter in den Schulschriften Grundtvigs durch das Wort *Leben* gekennzeichnet. Sowohl Lehrer als auch Schüler sollen lebendig sein, fordert Grundtvig. Vor allem ist es die Verwendung des lebendigen, mündlichen Wortes, das die lebendige Wechselwirkung kennzeichnet. In der Schule für das Leben beginnt der Unterricht mit der mündlichen Rede des erfahrenen Lehrers und schließt mit einem Gespräch zwischen Lehrer und Schüler oder zwischen den Schülern untereinander. Hier werden, wie Grundtvig sich ausdrückt, die Gegenstände des Unterrichts in lebendiger Wechselwirkung zutage gefördert.

Das Leben der Wechselwirkung äußert sich aber auch auf andere Weise: Grundtvig ist es wichtig, daß man an das Interesse der Schüler appelliert und daß sich das Gespräch weg vom Abstrakten zu etwas Nahem und Nützlichem bewegt. Schließlich äußert sich das Leben in der Heiterkeit. Es liegt ganz auf dieser Linie, wenn Grundtvig hervorhebt, daß „fröhliche Lieder" Symptom für Leben in der Schule sind.

Unter den Bedingungen dafür, daß die Wechselwirkung durch Leben geprägt ist, ist in erster Linie zu nennen, daß die neue Form des Unterrichts die traditionelle Grundlage der Schule, das geschriebene Wort, das Buch, verläßt. Zwar sollen Bücher gebraucht werden, sie sollen aber auf ihren rechten Platz verwiesen, „als gute Freunde in der Hinterhand" konsultiert werden. Die lebendige Wechselwirkung setzt voraus, daß „die Buchgelehrten, wenn sie mit dem Volk reden, die Bücher über dem Leben vergessen können und wollen".

Aber auch die Verbindung zum Leben des Volkes in Vergangenheit und Gegenwart ist eine wichtige Voraussetzung für das Leben der Wechselwirkung. Die Bildungsarbeit muß *historisch-poetisch* sein. Sie muß anhand von Dichtung, Mythen und Geschichte des Volkes die jungen Menschen dazu anleiten, die Rede der Vergangenheit von den wahren Bedingungen des Menschenlebens hören zu können. In den Mythen haben die Skalden in einer poetischen Bildersprache einer solchen tiefen Erkenntnis Ausdruck zu geben vermocht. Und die Geschichte ist keine zufällige Anhäufung von Ereignissen, sondern im Innersten ein Bericht von der stufenweisen Klärung dieser Erkenntnis. Die Geschichte ist die „Lebens-Erfahrung im Großen". Die Bildungsarbeit muß das „Wohl des Reiches und das Allgemeinwohl" im Auge haben. Deshalb sollten auch folgende Fächer an der Hochschule des Volkes betrieben werden: „Volksnatur, Staatsverfassung, das Vaterland in jeder Hinsicht – kurz, das Lebendige, das Gemeinsame und Allgemeine."

Schließlich ist die Wechselwirkung durch *Natürlichkeit* gekennzeichnet. In den Vorstellungen Grundtvigs von einem „natürlichen" Unterricht begegnen sich zwei Gedankengänge: Einmal die Forderung, daß der Unterricht der vorhandenen „Natur" beim Volk und beim Einzelnen helfen und sie entwickeln sollte, zum anderen die Forderung, daß der Unterricht eine bestimmte „Ordnung der Natur" zu respektieren habe.

Wenn Grundtvig die Jugendzeit als die eigentliche Schulzeit hervorhebt, hängt das eng mit seinen Gedanken darüber zusammen, was für die verschiedenen Phasen in der Entwicklung eines Menschen charakteristisch ist. Die „Natur" der Jugend, behauptet Grundtvig, ist, daß das Gefühl geweckt ist. Dieses geweckte Gefühl tritt im Rahmen der natürlichen Wechselwirkung in ein freies Verhältnis zu der älteren, erfahrenen Generation, deren „Natur" die Erfahrung und der Verstand sind.

Ferner enthält auch der Begriff der „Ordnung der Natur" etwas für die Schulgedanken Grundtvigs ganz Wesentliches. Aber welchen Inhalt hat Grundtvig diesem Begriff gegeben? Wenn die Pädagogen des 17. und 18. Jahrhunderts von der Ordnung der Natur sprachen, wollten sie damit auf eine Erziehung hinweisen, die sich in Übereinstimmung mit der Natur des Kindes befindet und sich gegebenenfalls nach den Gesetzen richtet, die das Kind umgeben. Grundtvig gebraucht den Ausdruck in einer ganz anderen Bedeutung. Mit den Worten „Ordnung der Natur" will Grundtvig auf das „Gesetz des Lebens-laufs" hinweisen, das der natürliche Unterricht respektieren muß: Daß jedes Menschenleben einen bestimmten historischen Prozeß durchläuft von der Kindheit durch Jugend und Reife zum Alter. Die natürliche Ordnung ist die Grundbedingung allen Menschseins. Und diesem „Natur-Gesetz des Menschen-Lebens" kann man so wenig wie anderen Naturgesetzen ungestraft trotzen. Deshalb darf man nicht dem Kinde die Lebensweise des reifen Alters aufzwingen. Das wäre dasselbe, wie dem Kinde den Tod selbst einzupflanzen.

Nach dieser Darstellung der pädagogischen Hauptgedanken Grundtvigs wollen wir einige *Hauptaspekte der neueren Forschung* zu diesem Thema behandeln.

Unter neuerer Forschung verstehe ich die Grundtvig-Forschung der Nachkriegszeit, die in der Grundtvig-Gesellschaft und ihrem Wirken seit 1947 ihren organisatorischen Mittelpunkt gefunden hat.

Charakteristisch für diese neue Forschung ist, daß man hier das reichhaltige Material des N.F.S. Grundtvig-Archivs benutzt und dieses Material nach den Ansprüchen moderner Philologie nach genauer Textbehandlung bearbeitet.

Erst relativ spät hat diese neuere Forschung in einer wissenschaftlichen Monographie über die pädagogischen Ideen Grundtvigs ihren Niederschlag gefunden. Dies geschah mit meiner Habilitationsschrift aus dem Jahre 1965 und meiner darauf folgenden kommentierten Ausgabe der pädagogischen Schriften Grundtvigs, die in zwei Bänden im Jahre 1968 erschien. Es geht mir nun darum, einen Überblick über die Forschung zu geben, die sich seitdem, d.h. in den letzten zwanzig Jahren, vollzogen hat.

Der erste Beitrag, den ich hier heranziehen will, ist die Abhandlung von Henning Heilesen: „Et forslag til en grundtvigsk lærd skole 1832" (Ein Vorschlag zu einer grundtvigschen gelehrten Schule 1832), veröffentlicht in den Grundtvig-Studien im Jahre 1972. Die Darstellung beruht auf bisher unbekannten Dokumenten aus den Archiven der Universität und der Schuldirektion. Um 1830 ist Grundtvig damit beschäftigt, Neugriechisch zu lernen. Grundtvig fasziniert an dieser Sprache, daß es sich hier um eine antike Sprache handelt, die nicht ausgestorben ist, sondern noch immer eine lebendige Sprache ist. Von hier aus kommt Grundtvig auf die Idee, daß Griechisch und besonders Neugriechisch in den gelehrten Schulen die wichtigsten Fremdsprachen sein müßten. Einer der Mitarbeiter Grundtvigs, C.H. Muus, erarbeitete deshalb im Jahre 1832 im Einvernehmen mit Grundtvig einen Vorschlag für eine gelehrte Schule, in der Griechisch an die Stelle von Latein treten sollte. Auf der Grundlage der verschiedenen Schreiben in dieser Sache stellt Heilesen nun das Schicksal dieses Vorschlags dar. Wie wohl zu erwarten war, wich der Plan so radikal von der geltenden Ordnung ab, daß er von den Schulbehörden nicht genehmigt werden konnte.

Auch wenn die Aktion also ergebnislos endete, ist die Sache und ihr Verlauf dennoch in mehrerer Hinsicht interessant. Sie offenbart die isolierte Stellung Grundtvigs in der damaligen akademischen Welt. Und sie erklärt, daß Grundtvig in den darauf folgenden Jahren eine direkte Reform der gelehrten Schule und der Universität aufgab und sich statt dessen auf eine Reform der Akademie von Sorø konzentrierte als eine alternative Möglichkeit für die Realisierung seiner Ideen.

Der zweite Beitrag, der hier erwähnt werden soll, ist das Buch von Dan Ch. Christensen: „N.F.S. Grundtvig. To Dialoger om Højskolen" (N.F.S. Grundtvig. Zwei Dialoge über die Volkshochschule, 1983). Dieser relativ unbekannte Text besteht aus einem lebendigen und munteren Dialog zwischen verschiedenen Personen, unter ihnen Grundtvig selbst. Das Manuskript, aus dem in bisherigen Ausgaben nur wenige Stellen zitiert werden, hat Dan Ch. Christensen 1983 mit Einleitung und ausführlichem Kommentar herausgegeben. Es ist für die Forschung ein entscheidender Gewinn, daß der Text hiermit vollständig zugänglich ist.

Es ist Dan Ch. Christensen gelungen, das Manuskript ziemlich genau auf die Zeit zwischen Oktober 1837 und März 1838 zu datieren. Das wichtigste Verdienst des Herausgebers ist jedoch, daß er auf die Abschnitte in dem Manuskript aufmerksam gemacht hat, in denen Grundtvig einige Erinnerungen von seinen drei Reisen nach England in den Jahren 1829-31 verarbeitet. Durch ein eingehendes Studium dieser

Erinnerungsstücke ist es Dan Ch. Christensen gelungen, ein neues und nuancierteres Bild der Beobachtungen und Reflexionen Grundtvigs zur industriellen Revolution in England zu geben. Diese Eindrücke waren für die Entfaltung der Schulideen Grundtvigs von wesentlicher Bedeutung, so wie sich diese in den bekannten Schulschriften aus den 1830er und 1840er Jahren darstellen. Positiv haben diese Eindrücke dazu beigetragen, daß Grundtvig für einen wirklichkeitsnahen Unterricht eintrat, der die praktische Arbeit berücksichtigt. Negativ haben sie dazu beigetragen, daß er es für wichtig halten mußte, daß man in Dänemark die zerstörenden Folgen der Industriekultur im sozialen und wirtschaftlichen Bereich vermied, mit anderen Worten, daß der Mensch und das Menschliche nicht im technischen Fortschritt zugrunde gingen.

Der dritte Forschungsbeitrag, den ich hier nennen will, sind Vilhelm Nielsens Studien über die Rolle des Mündlichen im pädagogischen Universum Grundtvigs. In seinen Kommentaren zu dem bis dahin unveröffentlichten Grundtvig-Text „Statsmæssig Oplysning" hebt Vilhelm Nielsen hervor, daß gerade das mündliche Wort für Grundtvig im Jahre 1834 eine große Rolle spielt, zu einem Zeitpunkt also, der der Veröffentlichung seiner Schulschriften vorausgeht. Weiter bringt Grundtvig in diesem Text den Wunsch zum Ausdruck, zu seinen Landsleuten sprechen zu können. Dieser Wunsch ging mit der umfassenden Vortragstätigkeit Grundtvigs seit 1838 voll in Erfüllung.

In seinem Beitrag für das Jahrbuch der Gesellschaft für die Muttersprache (Modersmål-Selskab) vertieft Vilhelm Nielsen diese Gedanken aus seiner Textausgabe, die etwas früher im selben Jahr erschienen war. In dem Artikel des Jahrbuchs: „Grundtvigs brug af det levende ord – i skolen" (Grundtvigs Gebrauch des lebendigen Wortes – in der Schule) untersucht Vilhelm Nielsen die relativ wenigen Schulbücher, die Grundtvig herausgegeben hat. Er zeigt, daß der Gedanke des mündlichen Wortes auch hier als etwas ganz Zentrales zum Tragen kommt. Grundtvigs Schulbücher, die bislang recht unbeachtet geblieben sind, werden hier in einen wesentlichen Zusammenhang einbezogen.

Was meine eigenen Studien betrifft, so wären hier zwei Artikel zu nennen, die Grundtvigs Gedanken über den christlichen Religionsunterricht beleuchten. Größeres allgemeines Interesse hat wahrscheinlich die Veröffentlichung des bis dahin ungedruckten Grundtvig-Textes: „Statsmæssig Oplysning..." („Staatsmäßige Aufklärung") gefunden. Es handelt sich um ein recht umfassendes Manuskript (79 Seiten), das Grundtvig im Sommer 1834 verfaßt, aber nicht veröffentlicht hat. Das Manuskript ist interessant, weil es in einige grundlegende Erwägungen Einblick gibt, die Grundtvig angestellt hat, wenige Jahre bevor er mit der Veröffentlichung der bekannten Schulschriften seit Mitte der 1830er Jahre begann.

Grundtvig unterscheidet zwischen 1. der „Almue-Schule", d.h. der obligatorischen Kinderschule, 2. der „Bürger-Schule", d.h. einer Hochschule des Volkes für alle erwachsenen Bürger der Gesellschaft einschließlich der werdenden Beamten, und 3. der „gelehrten Schule", d.h. der Lateinschule (den Gymnasien) und der Universität. In dem mittleren Abschnitt über die „Bürger-Schule" zeigt sich, daß ein wesentliches Motiv für Grundtvigs Wunsch nach einer Hochschule, die für alle erwachsenen Bürger der Gesellschaft gemeinsam ist, in der Angst vor den die Gesellschaft zersetzenden Kräften des Individualismus zu suchen ist. Als Gegengewicht gegen solche Auflösungstendenzen wünscht Grundtvig einen Unterricht, dessen Hauptanliegen nicht das ist, was dem „Einzel-Manne" nützt, sondern was das „gemeinsame Beste" der ganzen Gesellschaft fördert. In diesem Zusammenhang finden sich Äußerungen Grundtvigs, die wohl manche Grundtvig-Kenner überraschen mögen. In seinem Kampf gegen den Individualismus hebt Grundtvig hier den preußischen Staat hervor. Dieser Staat wird gelobt, weil er den Mut gehabt habe, „sich nach einem wohlberechneten Plan kenntnisreiche, weltkluge und gehorsame Beamte heranzuziehen". Es überrascht, daß Grundtvig, der sonst dafür bekannt ist, daß er die Freiheit in der Schule hervorhebt, hier ein autoritäres Bildungssystem lobt. Hier liegen einige interessante Forschungsaufgaben: Einmal geht es darum zu klären, auf welcher Grundlage sich Grundtvig hier so über den damaligen preußischen Staat äußert. Waren es literarische Quellen, persönliche Kontakte? Zum anderen geht es um die Staatsauffassung, die Grundtvig hier vertritt.

Am Ende dieser Forschungsübersicht wollen wir uns einer Grundsatzdiskussion zuwenden, die jahrelang geführt worden ist. Die Diskussion geht darum, in welchem Umfange die Begriffe *Dialog* und *Dialektik* sich als Schlüssel für ein näheres Verständnis des zentralen Begriffs im pädagogischen Denken Grundtvigs eignen: der freien, lebendigen und natürlichen Wechselwirkung. In seinem Buch „Dialogen i voksenundervisningen" (Der Dialog in der Erwachsenenbildung, 1981) schildert Sven Borgen die Schulideen Grundtvigs als Beispiel einer „Dialogpädagogik" auf einer Linie mit Sokrates, Paulo Freire und Oskar Negt. – Für Sven Borgen ist also der Begriff des Dialogs das Entscheidende. Der Begriff der Dialektik ist dagegen besonders durch den Schriftsteller Ejvind Larsen in die Diskussion eingeführt worden. Dessen Buch: „Grundtvig – og noget om Marx" (Grundtvig – und etwas über Marx) aus dem Jahre 1974 ist in diesem Zusammenhang der zentrale Text. Zu dieser Diskussion habe ich verschiedentlich Stellung genommen (siehe Literaturliste). Hier muß es genügen, die Schlußfolgerungen aus dieser Debatte zusammenzufassen: Dialog ist nach meiner Auffassung ein statischer Begriff, da er nicht notwendigerweise Vorstellungen darüber beinhaltet, was dem Dialog vorausgeht und was auf ihn folgt. Die Gegenseitigkeit des Dialogs an sich wird in der Regel als das Wichtigste angesehen, als wertvoll in sich. – Dialektik ist im Gegensatz dazu ein Begriff, der Vorstellungen sowohl über Vergangenheit, Gegenwart als auch Zukunft enthält. Dialektik ist freilich wesentlich ein logischer Begriff. Auf das menschliche Leben angewandt wird der Begriff der Dialektik zuweilen, aber nicht immer, eine Verständnishilfe sein. Wenn das nicht so wäre, wäre es schlimm um das menschliche Leben und seine Tatsachen bestellt. Dann müßten diese geändert und so eingerichtet werden, daß sie der Logik entsprechen! In solchen Fällen wird die Logik zu einem Tyrannen für das Leben.

In dem historisch fundierten Denken Grundtvigs haben wir eine dritte Lösung vor uns: Pädagogische Wechselwirkung ist infolge Grundtvig eine der Weisen, in der der Mensch stufenweise zu immer größerer Klarheit über den Sinn des Daseins gelangt. Grundtvig kann deshalb hervorheben, daß auch der Unterricht zu dem beiträgt, was er die „Erhellung des Menschenlebens" (forklaring) nennt. Grundtvigs Begriff der Wechselwirkung stellt also eine Herausforderung an unsere Verwendung der beiden Begriffe Dialog und Dialektik dar. Kraft seiner historischen Perspektiven fügt der Begriff der Wechselwirkung dem Dialog eine Entwicklungsperspektive hinzu, und der Dialektik eine menschliche Perspektive. So verstanden stellt der Begriff der Wechselwirkung bei Grundtvig eine nützliche Herausforderung an das pädagogische Grundsatzdenken unserer Tage dar.

An *noch ungelösten Forschungsaufgaben* seien in erster Linie drei Aufgaben genannt, die nach meiner Einschätzung wesentlich sind:

1. Es fehlen einige Studien, die detaillierter als bislang den europäischen Hintergrund einiger Schulschriften Grundtvigs klären können. Im Zusammenhang mit der Schrift „Statsmæssig Oplysning" ist in bezug auf den deutschsprachigen Hintergrund auf diese Aufgabe hingewiesen worden. – Dan Ch. Christensens Studien zeigen, daß es auch hinsichtlich der Klärung der englischen Anregungen Grundtvigs noch ungelöste Fragen gibt.

2. Es fehlt eine wissenschaftliche Ausgabe von Grundtvigs bedeutendem Vortrag „Mands Minde" (Rückblick eines Mannes) aus dem Jahre 1838. Im Archiv liegen mehrere Entwürfe, die man in diesem Zusammenhang einbeziehen könnte.
3. Vilhelm Nielsens Studien über den Wert des Mündlichen in der Pädagogik Grundtvigs verdienen es, weitergeführt zu werden. In diesem Zusammenhang könnte ein näheres Studium der von Grundtvig veröffentlichten Schulbücher in Betracht kommen.

Schließlich sei erwähnt, daß eine große Aufgabe hinsichtlich der Wirkungsgeschichte der Schulgedanken Grundtvigs nicht nur in Europa, sondern auch in anderen Teilen der Welt, noch vor uns liegt. Als ganz neues Beispiel für solche Studien sei das Buch des amerikanischen Forschers David W. Stewart genannt: „Adult Learning in America: Eduard Lindeman and His Agenda for Lifelong Education", Malabar, Florida 1987. Weiter sei erwähnt, daß eine größere Arbeit über die Entwicklung des Volkshochschulgedankens in Ghana, Westafrika, in Vorbereitung ist. Man könnte noch vieles mehr erwähnen. Ein Kongreß wie dieser ist deshalb wichtig, weil er Anlaß geben kann, solche Studien in Angriff zu nehmen und zu fördern.

Literatur

Mands Minde 1788-1838. Foredrag over det sidste halve Aarhundredes Historie, holdte 1838 af N.F.S. Grundtvig. Udg. af Svend Grundtvig (1877)
Grundtvigs skoleverden i tekster og udkast (Die Schulwelt Grundtvigs in Texten und Entwürfen), udg. af K.E. Bugge, I-II (1968)
N.F.S. Grundtvig. To Dialoger om Højskolen. Udg. af Dan Christensen (1983)
N.F:S: Grundtvig: Statsmæssig Oplysning. Udg. af K.E. Bugge og Vilhelm Nielsen (1983)
N.F.S. Grundtvig. Tradition und Erneuerung. Hrsg. v. Christian Thodberg u. Anders Pontoppidan Thyssen. Det Danske Selskab (Dänisches Institut, Kopenhagen) (1983)
Sven Borgen: Dialogen i voksenundervisningen (1981)
K.E. Bugge: Skolen for livet. Studier over N.F.S. Grundtvigs pædagogiske tanker (Die Schule für das Leben. Studien über die pädagogischen Gedanken N.F.S. Grundtvigs) (1965)
K.E. Bugge: Pædagogik og livsanskuelse hos Grundtvig. *Pædagogik* 1975/3
K.E. Bugge: Grundtvigs bibelhistoriske sange. *Årbog for Dansk Skolehistorie* (1978)
K.E. Bugge: Grundtvig's Challenge to Modern Educational Thought. In: *Education for life*. Det Danske Selskab (Dänisches Institut, Kopenhagen) (1983)
K.E. Bugge: Dialektisk pædagogik og levende vekselvirkning. In: Jørgen I. Jensen og Erik A. Nielsen, red.: Efterklange – et Grundtvig-seminar (1983)
K.E. Bugge: Grundtvigs syn på kristendomsundervisningen. In: Religionspedagogisk forskning i de nordiska länderna, udg. af K. Tamminen og A. Franzén (Helsingfors 1984)
Henning Heilesen: Et forslag til en grundtvigsk lærd skole 1832. *Grundtvig-Studier* (1972)
Ejvind Larsen: Grundtvig – og noget om Marx (1974)
Vilhelm Nielsen: Grundtvigs brug af det levende ord – i skolen. In: Det levende ord. *Modersmåls-Selskabets årbog* (1983). – Se endv. ovf. under Grundtvig: Statsmæssig Oplysning
David W. Stewart: Adult Learning in America. Eduard Lindeman and his Agenda for Lifelong Education (Malabar, Florida 1987)

Paul Röhrig
Die pädagogischen Grundgedanken Grundtvigs im Lichte der neueren Forschung
Gesprächsbericht

Da der Referent hervorgehoben hatte, „Wechselwirkung" sei der wichtigste pädagogische Begriff Grundtvigs, und dann auch die Frage stellte, wie weit es legitim sei, diesen Begriff in Relation zu „Dialog" und „Dialektik" zu setzen, ist es nicht verwunderlich, daß sich die Diskussion auf diese Problematik konzentrierte. Es zeigte sich, daß Dialog und Dialektik Begriffe sind, die einerseits kaum einen Pädagogen gleichgültig lassen, aber andererseits auch von sehr unterschiedlichen Vorstellungen und Auffassungen besetzt sind. Auch der Referent hatte die Schwierigkeiten der klaren begrifflichen Unterscheidung betont, kam aber dann selbst zu dem Ergebnis, daß Grundtvigs Begriff der Wechselwirkung eher auf der Seite der dialektischen als der dialogischen Pädagogik anzusiedeln sei. Dies war für manche deutsche Teilnehmer überraschend, weil sie wußten, daß in der Weimarer Zeit – nicht zuletzt unter dem Einfluß Grundtvigs – sich in der deutschen Erwachsenenbildung eine Pädagogik des Dialogs herausgebildet hat, über die man mit gutem Grund auch Grundtvigs Begriff der lebendigen Wechselwirkung setzen könnte.

Es stellte sich bald heraus, daß eine sehr unterschiedliche Auffassung von dem, was das Wesen des Dialogs ist, bestand und die Festlegung des Referenten, der Dialog sei etwas Statisches und geschehe nur um seiner selbst willen, von einigen nicht geteilt werden konnte. Für Martin Buber geschehe ja gerade etwas Wichtiges mit den Menschen, wenn sie in einen Dialog eintreten, und bei Paulo Freire gehe mit dem Dialog mit der Welt auch das Verändern der Welt einher – so etwa wurde dem entgegengehalten. Eine Einigung war in der Kürze der Zeit nicht zu finden.

Da im modernen dialektischen Denken auch die ganze Problematik der Geschichtsdialektik eine Rolle spielt, häufig sogar die entscheidende, waren manche Diskussionsteilnehmer skeptisch gegenüber der These, hier eine Nähe zu Grundtvigs Begriff der Wechselwirkung zu sehen. In der deutschen pädagogischen Tradition hat Grundtvigs Gedanke der lebendigen Wechselwirkung seinen Niederschlag in der Idee der „Arbeitsgemeinschaft" gefunden, die sowohl in der Erwachsenenbildung der Weimarer Zeit als auch in der sog. Reformpädagogik eine zentrale Rolle spielte. Denkt man daran, daß in der deutschen Volkshochschulbewegung die Idee der „Arbeitsgemeinschaft" noch flankiert war von Grundtvigs These vom Vorrang des lebendigen Wortes und auch von der Heimvolkshochschulidee als Verbindung von Schule und Zusammenleben, so darf man, jedenfalls vom Standpunkt der deutschen Tradition aus, Grundtvig als einen der Väter dialogischer Pädagogik ansehen und seine „lebendige Wechselwirkung" in die Nähe etwa von Martin Bubers dialogischem Prinzip rücken. Daß in dänischer Perspektive die Dinge etwas anders liegen mögen, sollte Anlaß sein, den kaum begonnenen Dialog darüber einmal intensiv fortzusetzen.

Insgesamt fand die Darlegung von Grundtvigs Pädagogik im Lichte neuerer Forschung große Zustimmung, zumal für viele Teilnehmer dieser Vortrag die allgemeine Basis abgab für den Einstieg in die speziellen pädagogischen Themen der Arbeitskreise. Die kurzen, aber prägnanten Erörterungen neuerer Ergebnisse der Grundtvigforschung zeigten, wie wenig das Thema „Grundtvig" auch in der dänischen Wissenschaft abgeschlossen ist und wie interessant es sein könnte, darüber stärker in einen internationalen Austausch zu treten – sowohl um der wissenschaftlichen Erkenntnis als auch der pädagogischen Praxis willen.

Jens Grøn

Hauptetappen in der Entwicklung der dänischen Volkshochschulen

Im Jahre 1844 wurde die erste Volkshochschule in Nordschleswig in dem kleinen Dörfchen Rødding gegründet. Heute gibt es etwa 400 in den nordischen Ländern, davon 105 in Dänemark.

Deutlicher kann der Erfolg der Volkshochschule wohl nicht beschrieben werden. Wie groß der Einfluß der Volkshochschule auf die Verhältnisse in Politik, Schule, Kirche usw. war, ist natürlich schwer nachzuweisen, aber markant war er auf jeden Fall. Ich hoffe, mit meinem Beitrag diesen Einfluß präzisieren zu können.

Man hat oft gefragt, warum die Volkshochschule beinahe ausschließlich im Norden ein Erfolg gewesen ist. Manche Versuche sind doch auch in anderen Länder, wie z.B. in Amerika, der Schweiz, Polen und auch hier in Deutschland gemacht worden. Die bisher übliche Antwort war, daß die Volkshochschule mit der nordischen Lebensanschauung eng verbunden sei. Aber gilt das heute noch? Ich denke nicht nur daran, daß das Interesse z.B. in Afrika und Indien spürbar ist, sondern auch daran, daß die Erde mehr und mehr „ein globales Dorf" mit gemeinsamen Problemen wird.

Daher ist der Grundtvig-Kongreß besonders interessant, weil ich die Gelegenheit bekomme, der Frage nachzuspüren: „Ist jetzt die Zeit eines erneuten Interesses an der Volkshochschule?" Am Ende meines Beitrages werde ich auf diese Frage zurückkommen.

Meine Aufgabe hier ist es, zentrale Punkte aus der Geschichte der Volkshochschule heranzuziehen. Meine zwei Hauptpunkte sind das, was ich die „klassische" und die „moderne" Volkshochschule nenne. Die erste finden wir von etwa 1864 bis 1945 und die andere danach. Die erste ist mit dem „Leben auf dem Lande" eng verbunden, die zweite mit dem „Leben in der Stadt".

Ich sehe die Entwicklung der „klassischen" Volkshochschule als eine Ellipse. Am Anfang befindet sie sich am Rande der Gesellschaft, bewegt sich nach und nach auf das Zentrum zu, wirkt auf ihrem Höhepunkt in der Nähe des Zentrums und entfernt sich dann wieder von ihm. Wird dieser Verlauf sich, was die moderne Volkshochschule anbelangt, wiederholen? Ich bin natürlich nicht der Überzeugung, daß die Geschichte sich automatisch wiederholt. Aber als Mitarbeiter an der Volkshochschule habe ich doch die Hoffnung, daß die moderne Volkshochschule etwas näher an das Zentrum herankommen könnte, als sie es heute ist. Können wir aus der Geschichte der „klassischen" Volkshochschule etwas lernen, oder haben wir Aufgaben, die die „klassische" nicht hatte?

Dahingehende Überlegungen führen direkt zu Grundtvig. Seine Inspiration war doch die wichtigste Voraussetzung für die Volkshochschule! Ich finde jedoch, daß diese Behauptung oftmals unbestimmt ist. Meiner Meinung nach ist die zentralste Aussage Grundtvigs für die „klassische" Volkshochschule gewesen, daß ein wahres Menschenleben „historisch-poetisch" sein muß. Die großen Persönlichkeiten der „klassischen" Volkshochschule haben stets versucht, darunter etwas Konkretes zu verstehen und dies zu verwirklichen.

Was verstanden sie darunter?
In meinem kurzen Durchgang durch die Geschichte der Volkshochschule benutze ich eine traditionelle Einteilung, die auch etwas von der Geschichte Dänemarks erzählt.

1. Etappe 1844 – 1864

Diese zwei Jahrzehnte waren sehr entscheidend für Dänemark. 1849 wurde mit dem Grundgesetz die Demokratie eingeführt, und Dänemark gewann den dreijährigen Krieg (1848-1850). Zwei positive, erfreuliche Ergebnisse, die Selbstvertrauen gaben. In diesem optimistischen Zeitraum wurden 17 Volkshochschulen gegründet, die bekanntesten davon waren Rødding, Uldum (in Jütland) und Dalby (auf Fünen). Die erste war das Werk Christian Flors, Professor der Universität Kiel. Sie sollte eine Waffe in dem Sprachenkampf sein. Uldum wurde von Rasmus Sørensen, dem Bauernagitator, gegründet als eine Waffe im politischen Streit. Dalby (später Dalum) wurde von dem Schuhmachersohn aus Thisted, Christen Kold, gegründet. Er wurde eine der bekanntesten Persönlichkeiten dieser Zeit und ist wohl, neben Grundtvig, der wichtigste „Vater" der Volkshochschule; Grundtvig ist der Theoretiker, Kold der Praktiker.

Viele der progressiven Männer waren sich mit Grundtvig einig darüber, daß nur ein ausgebildetes, emanzipiertes Volk imstande sei, aktiv am parlamentarischen Leben teilzunehmen. Jedoch herrschten in den Auffassungen über „Ziel und Mittel" erhebliche Differenzen. Der bekannte Pfarrer und Dichter Steen Steensen Blicher hatte um 1840 zu großen Volksversammlungen auf unserem lieben „Himmelbjerg" aufgerufen und feuerte das Volk an: „Vorwärts, Bauersmann, vorwärts. Wissen ist Macht." Er und viele mit ihm meinten damit, daß das Volk dasselbe wie die Elite wissen müsse, um mit ihr konkurrieren zu können.

Die Genialität Grundtvigs lag darin, daß er sehen konnte, daß die Voraussetzungen des Mannes aus dem Volke als Ausgangsbasis genommen werden müßten. Deshalb siegte seine Volkshochschulidee und nicht die Versuche, eine Art „Realschule auf dem Lande" zu errichten, wie beispielsweise die 1842 in Rendsburg gegründete.

Doch niemand ist vollkommen! Grundtvig hatte die Idee, daß eine Volkshochschule für das ganze Volk in Sorø auf Sjælland notwendig sei. Wegen des politischen Umbruchs wurde sie weder damals noch später verwirklicht. Aber würde sie auch in seinem Sinne gewirkt haben? Vielleicht war das Volk schon zu „dezentral" eingestellt aufgrund der religiösen Laienbewegungen und des anbrechenden politischen Lebens. Diesen Pluralismus der ersten Zeit drückte Christen Kold 1856 folgendermaßen aus: Rødding soll sich als Kämpfer zum Schutz gegen die Deutschen entwickeln, Hindholm (auf Sjælland) soll Kämpfer für die Auseinandersetzung mit den Grundbesitzern um Gleichheit und Freiheit werden, während dagegen meine Schule Kämpfer für den immerwährenden Streit zwischen Tod und Leben sein soll.

Eine Volkshochschule muß „von unten" gegründet werden, nicht „von oben", und dies ist auch heute noch von größter Bedeutung.

Noch ein weiterer Punkt dieser ersten Phase der Volkshochschule ist heute aktuell: die Pädagogik der Volkshochschule als eine „Pädagogik des Erlebens" gegenüber der gewöhnlichen „Pädagogik der Fertigkeiten" der Volksschule dieser Zeit. Mit Fertigkeiten wie Lesen, Rechnen, Auswendiglernen-Können usw. sind wir Menschen sehr unterschiedlich ausgestattet, aber wir alle können erleben. Diese Grundauffassung, die u.a. Christen Kold vertrat, betonte gleich von Anfang an den auditiven Aspekt der Pädagogik und die damit verbundenen Aspekte, z.B. das Singen. So wurde einer der zentralen Begriff bei Grundtvig, das „lebendige Wort", konkret-pädagogisch verstanden.

Die Auffassung über den Menschen ist, daß ein wahres Selbstbewußtsein und eine Emanzipation Lebensmut und Lebensfreude voraussetzen. Christen Kold meinte, das

Geheimnis seiner Volkshochschule sei es „zu ermuntern/beleben und aufzuklären, aber ‚früh und spät' unaufhörlich zu ermuntern". Mit Beginn der Informationsgesellschaft muß diese Pädagogik heute neues Interesse hervorrufen.

2. Etappe 1864 – 1894

Während des Krieges 1864 gegen Preußen und Österreich verlor Dänemark Schleswig-Holstein, 2/5 des Landesgebietes und 1/3 der Einwohnerzahl. Dieser Schock hat stark zum „Rechtsruck" des Grundgesetzes von 1866 beigetragen. Die national-liberale Partei hat sich mit der Rechten gegen die „Bauernfreunde" verbunden. Die Laienbevölkerung war „zu hoch gekommen", jetzt mußten „die Begabten, die Gebildeten und die Wohlhabenden" die Regierungsmacht innehaben, wie der National-Liberale Orla Lehmann es ausdrückte. Das Wahlrecht wurde ein Privileg. In den folgenden 25 – 30 Jahren spitzte sich das politische Leben sehr stark zu, besonders in der Regierungsperiode des Konseilpräsidenten Estrup, der mit provisorischen Finanzgesetzen regierte, d.h. Gesetzen, die keine Mehrheit im Parlament fanden. Hinzu kommt um 1880 noch eine weitere Schwierigkeit: die Krise der Landwirtschaft aufgrund sinkender Kornpreise auf dem Weltmarkt, verursacht durch das Eintreten der großen Produktionsländer wie Australien und Amerika.

Auf diesem dunklen Hintergrund ist die Schöpfung „des folkeligen Dänemark" zu verstehen – und zu bewundern. So findet man am Ende des Jahrhunderts die dänische Landschaft, Städtchen und Dörfer, verwandelt vor: zahlreiche Genossenschaftsmolkereien, Genossenschaftsschlachtereien, Konsumvereine, Versammlungshäuser, kleine Freischulen, Freiwahlgemeindekirchen – und 74 Volkshochschulen sind entstanden.

„Was nach außen verloren wurde, soll nach innen gewonnen werden", das war das Motto dieser erfolgreichen Zeit. Mit der Gründung der Volkshochschulen in Askov, Vallekilde und Testrup von den drei Theologen, den von Grundtvig beeinflußten Gesinnungsgenossen und Freunden Ludvig Schrøder, Ernst Trier und Jens Nørregaard, wurde das geschaffen, was ich die „klassische Volkshochschule" nennen möchte.

Junge Männer vom Lande besuchten während fünf Monaten – von November bis April –, junge Mädchen während drei Monaten – von Mai bis August –, die Volkshochschule, so daß sie zur Erntezeit zu Hause helfen konnten. In der Volkshochschule fanden täglich zwei bis drei Vorträge statt, es wurde viel gesungen, Unterricht in Dänisch und Rechnen, Turnen, und oft auch in praktischen Fächern wie Landwirtschaft und Handwerk, erteilt.

In den Volkshochschulen, die im Besitz des Vorstehers waren, herrschte ein Umgangston ähnlich dem des „Bauernpatriarchats".

Die Lehrkräfte hatten vier Monate Zeit sich vorzubereiten, Vorträge in Versammlungshäusern abzuhalten und ihr eigenes Familienleben zu pflegen.

„Die Lebensweisheit in den nordischen Mythen, wie ich sie in Askov hörte in meinen jungen Tagen, ermutigte die Jugend zur Tat." Dies war für einen der Schüler Ludvig Schrøders die Essenz seines Aufenthaltes, und so ging es auch Tausenden anderer. Ludvig Schrøder und viele andere in der Volkshochschule praktizierten, was man die „indirekte Methode" genannt hat. Denken Sie einen Augenblick an Don Quichotte und seinen getreuen Knappen Sancho Pansa. Don Quichotte flog auf seiner Rosinante der Windmühle entgegen und wurde selbstverständlich zu Boden geschlagen – für Sancho gab es nur ein Problem: Essen, Trinken und Spaß in reichlicher Menge zu bekommen. Um Rechtschaffenheit, Barmherzigkeit und ein edles Leben zu streiten, dies war nicht seine Sache. Aber die Volkshochschule hat einen „dritten Weg" entdeckt: Sancho etwas Lebenskräftigendes zu erzählen, so daß er ermuntert wird und in ihm der Wunsch wächst, „so klug wie sein lieber Herr zu werden", ohne dessen Fata Morgana zu übernehmen.

Das war es, was die „erste Generation" von Volkshochschul-Männern unter „historisch-poetischem" Leben verstand – Mythen hören und Genossenschaftsmolkereien bauen.

Aber zwei Umstände zeigten bald, daß alles nicht so leicht und einfach war, und später wurden sie von größter Wichtigkeit. Die Industrialisierung begann um 1870, die Bevölkerung arbeitete zunehmend in den Städten, das Leben des Industriearbeiters wurde zur Realität.

Der zweite Umstand war eine neue Sicht des Lebens, die von Charles Darwin und der modernen positivistischen Naturwissenschaft beeinflußt war. Man bezeichnete dies als „Brandesianismus" nach dem Kritiker und Literaturforscher Georg Brandes, der der bekannteste Repräsentant dieses Kulturradikalismus' wurde. Die Mythen seien Ammenmärchen, an Gott zu glauben reaktionär, und es gäbe keine *Wahrheit*, sondern als Wahrheit gelte nur, was naturwissenschaftlich beweisbar sei. Die Säkularisierung und das „moderne Bewußtsein" wurden zur gesellschaftlichen Realität.

Es wurden sporadisch Versuche unternommen, die Stadtbevölkerung für die Volkshochschul-Idee zu gewinnen. Der bekannteste ist Johan Borups Volkshochschule in Kopenhagen (gegründet 1891), die noch heute besteht. Sie ist die einzige, in der die Schüler nur tagsüber sind. Aber insgesamt gelang es der Volkshochschule nie, sich in die Städte „umzupflanzen".

Es gibt auch mehrere bekannte Beispiele für eine Kritik der säkularisierten Lebenshaltung gegenüber der Volkshochschule. (Dichter und Schriftsteller wie Henrik Pontoppidan, Jeppe Aakjær und Martin Andersen Nexø.) Bekannt ist auch, daß Ludvig Schrøder seine mythologischen Vorträge aufgegeben habe, weil die Wissenschaft behauptete, daß die nordischen Mythen nicht altnordisch seien, sondern vom Christentum beeinflußt. Doch sind viele heute der Auffassung, daß es sich hierbei um eine innere Entwicklung Ludvig Schrøders handelte. Später nahm er dann die Mythen wieder auf.

Generell bleibt jedoch zu sagen, daß die Volkshochschule einen sehr starken Einfluß auf die Entwicklung der Gesellschaft ausgeübt hat. Nach und nach fanden sich überall „alte" Volkshochschüler im Parlament, Kirchen- und Schulleben, in Gemeinderäten, Vorständen der Gemeindeinstitutionen usw.

3. Etappe 1894 – 1919

Gegen Ende des 19. Jahrhunderts konsolidierte und institutionalisierte sich das „folkelige" Dänemark. Die „Bauernfreunde" hatten sich in der Partei „Venstre" (Linke) gesammelt, 1891 bildeten die Volkshochschulen und Landwirtschaftsschulen einen Verein, 1892 kam es zum ersten Volkshochschulgesetz – und 1894 erschien das erste Volkshochschulliederbuch. Dieses Gesangbuch ist wohl heute der Traditionsvermittler par excellence. Jedes Jahr werden etwa 30.000 Exemplare davon verkauft.

Der Begriff „Volkshochschule" wurde festgelegt.

Im Jahre 1901 kam der „politische Systemwechsel". Die Rechte wurde geschlagen, die Linke nahm zu und die junge sozialdemokratische Partei wuchs beständig. 1915 wurde das allgemeine Wahlrecht eingeführt, und die Frauen konnten „die Eiche der Frauen" auf Blichers „Himmelbjerg" pflanzen.

Gegen Ende dieser dritten Etappe der Volkshochschulgeschichte brach der Erste Weltkrieg aus – „Donner im Süden", wie der Schriftsteller Jacob Paludan es ausdrückte. Bekanntlich gelang es Dänemark, sich aus dem Krieg herauszuhalten. Obwohl eine Machtlosigkeit zu spüren war, kann man insgesamt sagen, daß diese Periode die ruhigste gewesen ist, sowohl für das „folkelige Dänemark" wie auch für die Volkshochschule. In diesem Zeitraum ist sie dem Zentrum des politischen, kulturellen und volklichen Lebens am nächsten. Man hatte sogar die Kräfte, gute Kontakte mit den Volkshochschulen der nordischen Bruderländer zu pflegen und beginnende internationale Beziehungen zu etablieren.

Ich würde sagen, daß die Auffassung des „historisch-poetischen Lebens" „feingeputzt" und nicht in größerem Maße von der Arbeiterkultur und dem Brandesianismus angefochten wurde.

4. Etappe 1920 – 1945

Seit 1864 war es immer das tiefste Ziel der Volkshochschule, Schleswig „nach Hause" zu holen. Nach dem Ende des Ersten Weltkrieges gelang dies – aber nur zur Hälfte, denn die Grenze verlief dann unmittelbar nördlich von Flensburg. Daher kam die Frage auf, ob der alte Traum „Dänemark bis zur Eider" Anklang bei jungen Dänen finden würde. Die Volkshochschule Danebod wurde 1920 auf dem Alsen, Rønshoved nahe der Flensburger Förde, 1921 gegründet. Aber der Anklang war nicht groß genug, neue Ziele sollten gefunden werden. So wurden zwei sehr unterschiedliche Volkshochschulen gegründet: die internationale Volkshochschule in Helsingør (auf Sjælland) von Peter Manniche und die Gymnastikhochschule in Ollerup (auf Fünen) von Niels Bukh. Eine neue Epoche begann. „Durch das Nationale international werden" wurde zum Motto; eine weitere Aufgabe wurde es, Turnlehrer und Gruppenleiter für Gymnastikgruppen auszubilden.

Schon zu Beginn des neuen Jahrhunderts kann man eine Spezialisierung beobachten, die stets zugenommen hat. Z.B. eine Volkshochschule für junge Handlungsgehilfen, „Købmandshvile" 1910, eine für junge Fischer, „Snoghøj" 1913 – und die Arbeiterbewegung errichtete ihre eigene Volkshochschule 1910 in Esbjerg. Später kamen die „Krankenschwesternhochschulen" dazu, wie z.B. in Testrup, deren Vorsteherin Maren Grosen 1936 diese Art von Volkshochschule mit den folgenden Worten verteidigte: „Es ist nicht das Thema, sondern der Geist, in dem es behandelt wird, der darüber entscheidet, ob es auf einer Volkshochschule Platz hat oder nicht, aber diesem Geist muß man auch verpflichtet sein, um das Recht zu haben, dort zu bleiben".

Weil diese Spezialisierung nach dem Zweiten Weltkrieg stark zugenommen hatte, ist diese Aussage wichtig für uns. Was Maren Grosen sagt, ist wohl eigentlich, daß ein Lehrer die Ideengrundlage, Tradition und den „Geist" kennen muß.

So war es, glaube ich, im großen und ganzen bis etwa 1970, aber heute ist es nicht mehr so! Die Mehrzahl der neuen Lehrkräfte hat keine oder nur geringe Kenntnisse davon. Wie wichtig ist es, zu versuchen, dieser Tatsache abzuhelfen, und wie tut man das?

Kann man auf einer Schule, die sich frei nennt, eine Art von Vorkenntnissen zur Bedingung machen? Ein Ergebnis solcher Überlegungen ist ein Wochenkurs für neue Mitarbeiter – aber dieser ist natürlich freiwillig.

Ich möchte auch ein wenig über eine andere Person aus dieser Zeit sprechen: Aage Møller, Vorsteher in Rønshoved. Er stand der Volkshochschule seiner Zeit kritisch gegenüber. Die wahre Volkshochschule solle mythologisch sein, denn das „lebendige Wort" sei mythologisch, nicht rational oder psychologisch. Nur Mythen – nordische oder die des Alten Testaments – könnten ein wahres Licht auf das Leben werfen. Møller fand aber nie viele Schüler, und nur wenige seiner Kollegen stimmten mit ihm überein. Die meisten von ihnen stimmten ihm wohl in der Theorie zu, aber in der Praxis, im alltäglichen Unterricht, hatten auch sie andere Forderungen.

Politische, psychologische und auch künstlerische Themen fanden viel Interesse und waren (und sind) auf das engste mit dem Leben der modernen Zeit verbunden. Der Fall

Aage Møller ist für mich besonders wichtig, da hier die Frage aufgeworfen wird: „Ist das moderne Bewußtsein unmythologisch? Haben Rationalität und Psychologie sich des ganzen Bewußtseins bemächtigt?"

Meiner Meinung nach ist es jedenfalls sehr schwierig, Mythen zu erzählen. Sie werden entweder als „Moralpredigt" (der ideologische „Kreuzzug" der Lehrer) oder als Bestätigung eigener Vorurteile der Schüler gehört.

Aber was kann man dann in moderner Zeit unter „historisch-poetischem Leben" verstehen?

In den Krisenjahren um 1930 lag die Arbeitslosigkeit bei 25 – 30%. Die Arbeitslosen konnten zwar die Volkshochschule besuchen, doch geschah dies nicht freiwillig. Wollten sie Unterstützung bekommen, mußten sie beispielsweise einen Hochschulaufenthalt wählen. Doch habe ich „alte" Schüler dieser Zeit über fruchtbare Begegnungen zwischen „Land und Stadt" sprechen hören. Aufgrund der ökonomischen Krise und steigender Spezialisierung des Arbeitslebens kamen weniger junge Menschen auf die Volkshochschule, doch lag ihre Zahl gegen Ende des Zweiten Weltkriegs genauso hoch wie in den 20er Jahren.

Diese moderne „Götterdämmerung" brachte auch den Volkshochschulen große Schwierigkeiten. Einige wurden von der Wehrmacht für Einquartierungen beschlagnahmt. Doch brachte der Krieg auch eine starke Einmütigkeit. Der bedeutendste Mann dieser Bewegung, Hal Koch, Leiter der 1946 gegründeten Krogerup-Volkshochschule (auf Sjælland) sagte in seiner bekannt nüchternen Art und Weise: „Es war der politische Kampf, der uns vereinigte, während das Kulturelle und Religiöse uns auf mancherlei Art spaltete."

Nach dem Krieg trat diese Zerspaltenheit immer deutlicher hervor.

5. Etappe 1945 bis heute

„Nach 1945 hat die Volkshochschule entdeckt, daß das 19. Jahrhundert zu Ende war", sagte ein ironischer Kritiker. Die Wahrheit ist jedenfalls, daß große und fundamentale Veränderungen seit 1945 stattgefunden haben, vielleicht so große, daß wir heute eine völlig neue Volkshochschule vorfinden, die nur wenig mit der „klassischen" Volkshochschule gemeinsam hat. Ich kann doch drei gemeinsame Dinge nennen: die Form der Internatsschule, die Prüfungsfreiheit und das Gesangbuch, und das ist nicht wenig!

Aber sonst hat sich vieles geändert. So sind nach wenigen Jahren fast alle Volkshochschulen aus dem Privateigentum des Vorstehers in rechtsfähige Stiftungen mit gewählten Vorständen umgewandelt worden.

Die Stadtbevölkerung hat die Volkshochschule entdeckt. Um 1970 bildete sie in Vestbirk schon die Mehrzahl der Schüler, und dies ist auch heute noch so, obwohl sich seit 1980 langsam wieder eine Balance zwischen Stadt- und Landbevölkerung einpendelt. Zu den fünfmonatigen Winterkursen kommen seit etwa 1950 auch Mädchen. Sie sind auch in vielen Volkshochschulen bereits in der Überzahl. Die Senioren, die alten Menschen, die nicht mehr arbeiten, kommen seit 1960 zu zweiwöchigen Kursen. Diese Kurse sind mit explosionsartiger Geschwindigkeit angewachsen. „Erst in unserer Zeit ist die Volkshochschule in Wahrheit eine Schule für das Volk geworden", konstatierte Anders Fog Petersen bei seinem Abschied von Rødding 1972.

Wie ein Chamäleon verstand es die Volkshochschule, sich auf die fundamentalen Veränderungen der Gesellschaft einzustellen: Wohlfahrtsstaat, Ausbildungsgesellschaft, Freizeitgesellschaft, „Jugendaufruhr", Graswurzelbewegungen. Und das Chamäleon hat damit Erfolg gehabt – so viel, daß wir heute, wie bereits am Anfang erwähnt, 105 Volkshochschulen haben, die höchste Anzahl, die es je gab. Das Spektrum der Ideen und Lebenshaltungen ist ebenfalls sehr breit, politisch-ideologische, neureligiöse, ökologische, ästhetisch-kreative und „allgemeine". So ist die Volkshochschule auf der einen Seite ein Erfolg geworden, aber auf der anderen kann man fragen, ob diese chamäleonische Fähigkeit nicht zu groß geworden ist.

Wenn wir noch einmal an das Bild von der Ellipse denken, das ich anfangs benutzt habe, und uns fragen, ob die Volkshochschule sich weit vom Zentrum entfernt habe, so lautet meine Antwort: ja! Aber wie ändert man das? Junge Leute finden, daß sich zuerst das Zentrum ändern müsse. Unsere Spitzenpolitiker sprechen heute von einer „Glaubwürdigkeitslücke". Wie oben erwähnt, war auch die „klassische" Volkshochschule nicht immer in der Nähe des Zentrums. Vielleicht ist der gegenwärtige Zustand notwendig, vielleicht ist es nicht immer gesund, „reine Finger" zu haben. Und ich glaube, daß hier bald eine Veränderung eintreten wird. Ich glaube dies deshalb, weil wir Dänen sparen lernen müssen! Gibt dies nicht vielleicht neue Gelegenheit, sich in das Zentrum zu wagen? Zu Hause in Dänemark haben wir ein neues Wort erfunden: Kreativsparen! Viele junge Menschen voller Phantasie kommen nach Dänemark, um hier ökonomisch wieder „auf die Füße zu kommen".

Nun möchte ich noch etwas zu meinem anderen Kriterium sagen: Die Volkshochschule hat immer die Aufgabe gehabt, ihr Verständnis von „historisch-poetischem Leben" konkret zu machen. Haben wir heute eine Volkshochschule, die diese Aufgabe lösen kann? Meiner Meinung nach ist das, was ich vorher das „moderne" Bewußtsein genannt habe, das Problem; es hat zwei Seiten. Um es kurz zu sagen: ein Bewußtsein, das meint, es gibt auf alles eine Antwort, und wenn es diese nicht gibt, so „glaubt" es daran, auch wenn es mit seinem „Wissen" nicht übereinstimmt. Dieses Bewußtsein finde ich beispielsweise bei hoch gebildeten Jugendlichen, die neureligiösen Bewegungen nachfolgen.

Wenn das so ist, was kann man dann tun? Vielleicht nicht allzu viel, aber es gibt doch ein „Mindestmaß". Man kann nachzuweisen versuchen, daß die Lebensanschauung eines modernen Bewußtseins in einer egozentrischen Falle gefangen ist, daß ein wahres Menschenleben ein „Leben miteinander" ist. Das ist das, was ich heute unter „historisch-poetisch" verstehe.

Zum Schluß möchte ich zu meiner einleitenden Frage zurückkehren: Gibt es jetzt ein erneutes internationales Interesse an der Volkshochschule? Meiner Meinung nach ist eine neue Demokratie notwendig in dem „globalen Dorf". Ich nenne sie die „Demokratie des bedrohten Lebens". Die ökologischen Katastrophen, die wir erlebt haben, zeigen uns, daß sie keine Grenzen kennen. Sie sind auf eine unheimliche Weise allgemein!

Wie alle Demokratien, fordert auch diese Selbstbewußtsein und Emanzipation.

Kann die Volkshochschule zur Schöpfung der „Demokratie des bedrohten Lebens" beitragen?

Horst Siebert
Das Geschichtsbewußtsein der deutschen Erwachsenenbildung

Gesprächsbericht

Die westdeutsche Erwachsenenbildung hat ein ambivalentes, zum Teil auch indifferentes Verhältnis zu ihrer Geschichte. Zwar werden zur Zeit landauf, landab Jubiläumsfeiern zur 40jährigen Nachkriegsgeschichte vieler Einrichtungen der Erwachsenenbildung durchgeführt und entsprechende Festschriften veröffentlicht. Aber meist ist diese Geschichtsbetrachtung von der aktuellen Aufgabenbestimmung abgekoppelt: Es wird erzählt, wie es früher war, und dann folgt ein neues Kapitel über die gegenwärtigen und zukünftigen Aufgaben der Erwachsenenbildung angesichts von Arbeitslosigkeit und neuen Technologien. Das Bewußtsein einer Kontinuität der Zielsetzungen und einer Verpflichtung gegenüber historisch begründeten Ideen der Aufklärung und Demokratisierung scheint kaum vorhanden zu sein. Die Geschichte erscheint als interessant, aber doch als vergangen. Die Frage, warum die gegenwärtige Erwachsenenbildung so und nicht anders geworden ist, wird nicht ernsthaft gestellt.

Das mag damit zusammenhängen, daß in Deutschland – im Unterschied zu Dänemark – ein generativ tradiertes und biographisch erlebtes Geschichtsbewußtsein fehlt. Die meisten dänischen Erwachsenenbildner haben die Geschichte der Volksbildung aus Erzählungen ihrer Eltern und Verwandten kennengelernt, die ihre Heimvolkshochschulerfahrungen an die junge Generation weitervermitteln. Erwachsenenbildungsgeschichte – das hat das Grundtvigjubiläum 1983 gezeigt – ist in Dänemark allenthalben präsent. In Deutschland ist die pädagogische Geschichte allenfalls in Büchern archiviert.

Das Interesse der Deutschen an Grundtvig

Zwar interessiert sich nur eine Minderheit der deutschen Erwachsenenbildner für das Wirken und die Ideen Grundtvigs, aber dieses Interesse scheint doch zuzunehmen. Eine Erklärung dafür könnte in der wachsenden Skepsis deutscher Pädagogen gegenüber einer kognitivistischen Aufklärung und einer verkürzten Rationalität liegen. Grundtvig erscheint uns als ein Nestor einer eher ganzheitlichen, romantisch geprägten Volksbildung – auch wenn diese Etikettierung nicht seinem eigenen Selbstverständnis entsprochen haben dürfte. Grundtvigs Ideen werden heute von vielen Pädagogen als „Wärmemetaphern" mit hohem affektivem Identifikationspotential aufgenommen: Seine Kritik an der sterilen Buchschule und sein Plädoyer für das „lebendige Wort", seine Distanzierung gegenüber den analytischen Wissenschaften und seine Aufwertung natürlicher Lebenswelten, seine Betonung von „Wechselwirkungen" und Ganzheitlichkeit, seine Vorliebe für Musisches und Mythologisches – dies alles konvergiert mit einer Strömung unseres Zeitgeists, die sich der Rationalisierung und Industrialisierung unserer Welt – verständlicherweise – widersetzt.

Dabei müssen wir uns jedoch fragen: Haben wir Grundtvig sorgfältig genug gelesen, wenn wir ihn auf diese Weise vereinnahmen? Aber auch: Können wir uns mit seinen Ideen identifizieren, ohne zu berücksichtigen, daß er in einem vorindustriellen, ländlichen Milieu und in einer nationalpolitischen Ära gelebt hat? Ist heute das nationale Erziehungsziel noch zeitgemäß, wo vor allem „interkulturelles Lernen" nötig erscheint? Außerdem dürfen wir Deutschen nicht vergessen, daß die Nationalsozialisten das romantische „Lebensweltparadigma" pervertiert und damit desavouiert haben. Zweifellos ist das „lebendige Wort" lebenswichtig, aber Einsichten in komplexe und abstrakte Strukturzusammenhänge vermittelt es kaum noch.

Das Vorbild der dänischen Volkshochschule

Die dänische Erwachsenenbildung gilt vielen von uns – und ich schließe mich selbst ein – in mancherlei Hinsicht als vorbildlich, vielleicht sogar, weil die dänische Heimvolkshochschule uns gelegentlich in liebenswürdiger Weise altmodisch und unmodern erscheint. Vielleicht haben wir Deutschen einen übertriebenen Perfektionismus und eine übermäßige Rationalisierung – bis hin in den Hauswirtschaftsbetrieb einer Heimvolkshochschule – angestrebt. Wir haben gehört, daß in Dänemark auch heute noch ein „Volkshochschulliederbuch" benutzt und ständig aktualisiert wird.

Ein solches Liederbuch könnte auch unsere westdeutsche Erwachsenenbildungskultur beleben und bereichern. Erwachsenenbildung besteht ja nicht nur aus Tests und Lernzielkatalogen.

Jakob Krøgholt
Die Wirklichkeit der dänischen Volkshochschule – Organisationsform, gesetzliche Grundlagen, Bildungsziele, Lehrer

Organisationsform

In der dänischen Schulgesetzgebung findet man den Begriff der „freien Schulen". Dies sollte nun niemanden zu der Annahme verleiten, daß die öffentlichen Schulen – ob nun staatlicher oder kommunaler Art – unfrei seien oder gar durch Zwangsmaßnahmen belastet. Die freien Schulen sind frei, einmal weil sie auf die Initiative von Privatpersonen hin gegründet wurden und zweitens, weil die Schulen ihre Lehrpläne selbst ausarbeiten. Kennzeichnend für die öffentlichen Schulen ist dagegen, daß sie auf staatliche Initiative zurückgehen und die Lehrpläne von den zuständigen Behörden festgelegt werden.

In Dänemark gibt es keine Schulpflicht, sondern lediglich eine Unterrichtspflicht. Eltern können ihre Kinder entweder in eine öffentliche Schule oder in eine freie Schule schicken, oder sie können ihr Kind selbst unterrichten. Von diesem Recht machen allerdings nur wenige Eltern Gebrauch. Wenn zur Zeit 67.000 Kinder (ca. 9%) in eine freie Schule geschickt werden, dann weil die Eltern entweder unzufrieden sind mit den Unterrichtsformen der öffentlichen Schulen oder weil sie – positiv gewendet – die pädagogische Richtung der freien Schulen oder deren politische und religiöse Weltanschauung vorziehen.

Es ist jedoch nicht nur ein Recht der Eltern, ihre Kinder in eine freie Schule zu schicken. Der größte Teil der Kosten eines solchen Schulaufenthalts wird zudem von der öffentlichen Hand getragen. Die freien Schulen sind Einrichtungen, die zur Wahrung der geistigen Freiheit dienen. Diese Freiheit sollte nicht aus wirtschaftlichen Erwägungen eingeengt werden. Aus diesem Grunde trägt die öffentliche Hand wesentlich zur Erhaltung der freien Schulen bei.

Auch die Volkshochschulen gehören zu der Kategorie der „freien Schulen", nur sind die Schüler hier keine Kinder, sondern Erwachsene mit einem Mindestalter von 17 1/2 Jahren. Seit der Gründung der ersten Volkshochschule im Jahre 1844 bis heute waren immer Privatpersonen die Initiatoren: Eine oder mehrere Personen haben die Idee, eine Volkshochschule zu gründen – es gelingt ihnen, weitere Personen für das Projekt zu interessieren – die Idee nimmt praktische Gestalt an – es wird in der Umgebung Geld gesammelt – ein Ausschuß oder ein Vorstand nimmt sich der praktischen Probleme an. Und eines Tages ist dann die Schule da, komplett ausgestattet mit Gebäuden, Lehrkräften und einem Vorsteher, der jetzt beweisen soll, daß die Ideengrundlage eben dieser Schule von Dauer ist. Der überwiegende Teil der Volkshochschulen wurde ins Leben gerufen, weil die Einwohner in einem oft sehr begrenzten geographischen Gebiet eine Schule haben wollten oder willens waren, die notwendigen Mittel aufzubringen.

Viele Jahre hindurch befanden die Schulen sich in Privatbesitz. Der Vorsteher war gleichzeitig auch der Eigentümer. Diejenigen, die Mittel für die Schulgründung zur Verfügung stellten, übertrugen ihm ihr Geld als Startkapital – als Kapital, das weder verzinst noch zurückgezahlt werden mußte. Danach war es an ihm, eine gute Schule aufzubauen, damit genügend Schüler kamen, um die ökonomische Basis zu sichern.

Hundert Jahre nach der Gründung der ersten Volkshochschule, in der Zeit nach dem Zweiten Weltkrieg, waren die Anforderungen an Gebäude und Einrichtung der Schulen zu einer solchen wirtschaftlichen Belastung geworden, daß es für Einzelpersonen schwierig wurde, die ökonomische Verantwortung alleine zu tragen, es sei denn, sie waren sehr kapitalkräftig. Aber ein solides Kapitalpolster und die Eigenschaften, derer es bedarf, um eine Volkshochschule zu leiten, sind nicht immer in ein und derselben Person vereint. Daher änderten die Volkshochschulen im Laufe der Zeit ihren Status. Aus Privateigentum wurden rechtsfähige Stiftungen, also juristische Personen mit einem gewählten Vorstand. Die Stiftungen arbeiten auf der Grundlage von Satzungen, aus denen der Zweck hervorgeht und die auch festlegen, wie man Mitglied wird und daß kein Mitglied persönlich für die Stiftung haftet. Natürlich kann dann auch kein Mitglied teilhaben an dem Gewinn oder Vermögen der Stiftung, die in derselben verbleiben und im Falle einer Auflösung gemeinnützigen Zwecken zufließen.

Heute besagt das Gesetz über die Volkshochschulen, daß die Schulen rechtsfähige Stiftungen sein müssen, wenn sie in den Genuß öffentlicher Zuschüsse kommen wollen.

Gesetzliche Grundlagen

Das erste Gesetz über die Volkshochschulen wurde im Jahr 1892 verabschiedet. Bezeichnenderweise enthielt das Gesetz Bestimmungen über die öffentlichen Zuschüsse, die den Schulen gewährt werden konnten; Unterricht und Inhalt wurden mit keinem Wort erwähnt. Seither ist das Gesetz einige Male geändert worden, und die Zuschüsse sind heute verhältnismäßig höher als ursprünglich vorgesehen.

Die geltende Fassung des Gesetzes über die Volkshochschulen stammt aus dem Jahr 1970 und besagt über den Unterricht der Schulen, daß dieser allgemeinbildend sein soll. Mehr wird über Unterricht und Lehrpläne nicht ausgesagt. Außerdem enthält das Gesetz Bestimmungen über

1. die Gründung von Volkshochschulen,
2. staatliche Zuschüsse,
3. die Länge der Volkshochschulkurse und
4. die Aufsicht der Schulen.

Ich möchte im folgenden etwas näher auf diese Punkte eingehen.

1. Gründung
Bevor eine Volkshochschule als zuschußberechtigt gelten kann, muß das Ministerium folgendes anerkennen: die Satzung der Schule, die pädagogischen und administrativen Fähigkeiten des Vorstehers, die Gebäude und Räumlichkeiten der Schule sowie den Kursplan.

Das Ministerium ist verpflichtet sicherzustellen, daß der Kursplan einen allgemeinbildenden Inhalt hat. Die Kurse dürfen also weder der beruflichen Aus- und Weiterbildung dienen noch qualifikatorischer Art sein. Es ist dagegen nicht Sache des Ministeriums, dazu Stellung zu nehmen, ob der Inhalt der Lehrpläne religiös oder atheistisch geprägt oder politisch links oder rechts angesiedelt ist. Das Ministerium kann eine Anerkennung des Vorstehers oder der Satzung rückgängig machen, wenn sich herausstellt, daß die Voraussetzungen nicht mehr gegeben sind. Dies geschieht aber äußerst selten.

2. Staatliche Zuschüsse an Schule und Schüler

Das Gesetz über die Volkshochschulen bestimmt den Umfang der staatlichen Zuschüsse zur Gründung und zum Betrieb der Schulen. Die Gründungszuschüsse werden in Form von Darlehen gewährt. Voraussetzung ist, daß die Initiatoren selbst ein Sechstel der Kauf- bzw. Bausumme der Gebäude beschaffen. Steht diese Summe zur Verfügung, so stellt der Staat die übrigen fünf Sechstel bereit. Das Darlehen muß nicht zurückgezahlt werden. Es müssen jedoch 4% Zinsen gezahlt werden – weniger als die Hälfte des heute üblichen Zinssatzes. Da seit längerer Zeit von Seiten des Staates nur begrenzte Mittel für diese Darlehen vorgesehen sind, beträgt die Wartezeit im Augenblick acht bis zehn Jahre.

Plant eine bereits bestehende Schule einen Umbau oder eine Erweiterung, so ist auch dieses Vorhaben zuschußberechtigt, entweder in Form des bereits genannten staatlichen Darlehens oder durch eine 85%ige Refusion der Zinsen eines normalen Bankdarlehens. Darüber hinaus gewährt der Staat Zuschüsse zum Betrieb der Volkshochschulen: 85% der Lehrergehälter und bis zu 85% der Ausgaben für Wartung, Unterrichtsmittel, Verwaltung, Heizkosten und Steuerberatung. Für diese Bereiche ist allerdings eine Obergrenze festgelegt. Abgesehen von den Wartungskosten sind die übrigen Zuschüsse abhängig von der Anzahl der Schüler.

Da die Volkshochschulen Internatsschulen sind, ist es trotz der staatlichen Zuschüsse recht teuer, einen Kurs zu belegen. Daher gewährt der Staat auch den Schülern einkommensabhängige Zuschüsse, um den Beitrag des einzelnen zu senken.

3. Länge der Kurse

Das Gesetz enthält Bestimmungen über die Länge der Volkshochschulkurse, d.h. es legt eine Mindestdauer von einer Woche fest. Dies wird dadurch begründet, daß ein Volkshochschulkurs nicht nur ein pädagogisches Ziel hat, sondern auch aus dem Zusammenspiel zwischen Unterricht und dem Zusammensein mit anderen Menschen besteht. Der letztere Faktor ist von ebenso großer Bedeutung wie der erste. Ein Kurs muß mindestens eine Woche dauern, wenn man den Teilnehmern die Möglichkeit geben will, sich mehr als nur oberflächlich kennenzulernen. Das Gesetz besagt auch, daß die Schule im Laufe eines Jahres mindestens einen 20-wöchigen Kurs oder zwei Kurse von je 12 Wochen Dauer abhalten muß. Dies wird damit begründet, daß im Laufe von langen Kursen die Ideen und das Ziel der Schule besser zum Tragen kommen als durch die kurzen Kurse.

4. Aufsicht der Volkshochschulen

Das Ministerium kontrolliert, ob die Volkshochschulen die oben genannten Bestimmungen einhalten. Ich bin selbst angestellt, um diese Aufgabe wahrzunehmen, und ich möchte in diesem Zusammenhang gerne unterstreichen, daß die Kontrolle allein technische und ökonomische Bedingungen umfaßt. Inhalt, Idee und Weltanschauung der Schulen liegen außerhalb der Zuständigkeit der Aufsichtsbehörde. Wir sind nur angehalten zu gewährleisten, daß der Unterricht nicht der beruflichen Weiterbildung und Qualifikation dient.

Die Freiheit, anders zu sein

Die günstigen Bedingungen für die Gründung einer Volkshochschule haben in den letzten 15 Jahren dazu geführt, daß die Anzahl der Schulen wesentlich gestiegen ist. 1970 gab es etwa 70 Schulen, heute kommen 104 Volkshochschulen in den Genuß staatlicher Zuschüsse. In diesem Zusammenhang kann ich erwähnen, daß allein im

Zeitraum von 1978-88 13 Schulen aufgegeben, jedoch 33 neu gegründet wurden. Dieser Anstieg ist wahrscheinlich darauf zurückzuführen, daß die Möglichkeiten, die das Gesetz eröffnet, in den letzten 15 – 20 Jahren auch in Personenkreisen bekannt wurden, die vorher eine solche Initiative nie in Erwägung gezogen hätten. Daher ist das Bild, das die Volkshochschulen heute bieten, auch weitaus vielfältiger als es vor 15 Jahren der Fall war.

Die meisten Volkshochschulen sind noch immer traditionelle, von den Gedanken Grundtvigs inspirierte Schulen. Daneben existieren jedoch Schulen, die sich überwiegend auf spezifische Interessensgebiete, Ideen oder Haltungen konzentrieren: Es gibt Volkshochschulen mit einer klar sozialistischen oder antikapitalistischen Grundhaltung, was aus dem Namen „Die rote Volkshochschule" (Den røde Højskole) ersichtlich ist. Andere Schulen haben ihren Schwerpunkt auf künstlerischem Gebiet, sind also Volkshochschulen für Kunst, Musik oder Theater. Es gibt christliche Volkshochschulen und eine Schule, die auf der Philosophie Rudolf Steiners aufbaut, sowie zwei Schulen, deren Grundlage die transzendentale Meditation ist. Umwelt, Naturschutz und Friedensbewegung sind die Basis für wieder andere Schulen. Es gibt Schulen für Senioren und eine, die sich vorwiegend mit Informationstechnologien befaßt. Auch die Frauenbewegung hat eine Volkshochschule gegründet – nur für Frauen.

Es sind die Graswurzelbewegungen, also die alternativen Strömungen in der Gesellschaft, die in den letzten Jahren in der Volkshochschulbewegung ihre Plattform gefunden haben. Ich glaube aber nicht, daß ich eine Volkshochschule nennen kann, die man als reaktionär und konservativ bezeichnen könnte. Obwohl die politischen Haltungen innerhalb der Schulen ein breites Spektrum darstellen, gründen sich alle in irgendeiner Weise auf eine Tradition, deren Basis geistige Freiheit und Liberalität sind.

Einige Gründungsinitiativen konnten vom Ministerium nicht genehmigt werden, weil ihre Satzung zu eng gefaßt war, oder weil es das Ziel der Schule war, die Schüler beruflich weiterzubilden. Ob eine Schule den Bestimmungen des Gesetzes genügt, beruht natürlich immer auf einer Bewertung. Aus meinen Beispielen geht jedoch hoffentlich unzweideutig hervor, daß wir dabei sehr liberal vorgehen, was auch notwendig ist, wenn wir die Tradition der Geistesfreiheit beibehalten wollen.

Man kann nun die Frage stellen, ob auch im dänischen Parlament, dem Folketing, der Wille besteht, eine Schulform mit so umfassenden Freiheiten weiterhin großzügig zu unterstützen. In einigen Fällen sind Einwände seitens der Politiker gegenüber Grundhaltung und Unterricht einzelner Schulen laut geworden. In jedem einzelnen Fall hat sich jedoch eine solide Mehrheit dafür ausgesprochen, daß man nicht von politischer Seite das Recht und die Freiheit der Schulen anfechten soll, in Übereinstimmung mit ihrer Grundhaltung zu arbeiten, auch wenn dies kontrovers erscheint. Voraussetzung ist natürlich, daß die Schulen sich innerhalb des gesetzlichen Rahmens bewegen. Ihre Freiheit besteht ja eben darin, auch dem Widersprüchlichen Ausdruck zu verleihen.

Bildungsziele

Die Volkshochschulen wurden zu einer Zeit „erfunden", in der sich die Gesellschaft und Bevölkerung Dänemarks im Umbruch befanden. Grundtvig war der Ansicht, daß eine freie, unabhängige Schule das einzige Gegengewicht zu einem elitären und universitären Unterricht bilde. Das Volk, die Landbevölkerung, kann sich nur emanzipieren und ein Selbstbewußtsein entwickeln durch einen Unterricht, der seinen Ausgangspunkt nimmt in den Lebensbedingungen des Volkes und nicht in denen der Elite. Nur ein selbstbewußtes, emanzipiertes Volk ist imstande, aktiv am parlamentarischen Leben teilzunehmen, ohne von der Elite an den Rand gedrängt zu werden. Vornehmlichstes Ziel der Volkshochschulen war es deshalb, aus einer passiven Landbevölkerung aktive Bürger zu machen, und dies ist noch heute das übergeordnete Ziel aller Volkshochschulen.

Die Schüler verlassen zwar für kürzere oder längere Zeit ihre gewohnte Umgebung, ihre Arbeit, ihre Ausbildung und ihren Bekanntenkreis, um sich auf einer Volkshochschule scheinbar abzusondern. Aber, die Schulen wurden immer, direkt oder indirekt, geprägt von den Strömungen und Tendenzen in der Gesellschaft. Die Volkshochschulen waren auf ihre besondere Art ein Spiegel der Zeit – ein Hohlspiegel gar, der vergrößert und unterstreicht, was den Teil der Bevölkerung bewegt, der gerade in der Schule zu finden ist. Die jungen Leute, die überwiegend die Kurse belegen, bringen aktuelle Strömungen mit, und das intensive Leben an einer Volkshochschule führt oft dazu, daß diese unverfälscht zum Ausdruck kommen.

Aus diesem Grunde sind die Volkshochschulen – insbesondere in den letzten Jahrzehnten – ständig in Bewegung begriffen. In den ersten 100 Jahren waren die Schüler fast ausschließlich junge Menschen vom Lande. Die Landbevölkerung begrüßte die Volkshochschule als eine Einrichtung, in der die Söhne und Töchter der Bauern ihre Umwelt respektieren und lieben lernten: Arbeit, Heimat und Vaterland. In diesen Schulen lernten sie aber auch diejenigen Dinge zu verstehen, die über den engen Horizont des täglichen Lebens hinausgingen. Einer der Pioniere der Volkshochschulbewegung, der Schuhmacherssohn Christen Kold, formulierte sein Schulprogramm folgendermaßen: Ich will den Schülern die Liebe zu Gott und Dänemark beibringen. Im Laufe der Zeit verlor der religiöse, christliche Aspekt an Bedeutung, er wurde eher als selbstverständlich vorausgesetzt. Die Volkshochschulen entwickelten sich im Laufe von 100 Jahren zu Stätten, an denen die dänischen Bauern und ihre Kinder Wissen, Selbstbewußtsein und den Mut gewannen, ihr Leben in die eigene Hand zu nehmen. In dem Maße, wie die Schulen zu allgemein anerkannten Institutionen wurden, konnte man mit einigem Recht behaupten, daß die Tendenz zur Selbstbestätigung etwas zu ausgeprägt wurde.

In den ersten 100 Jahren waren die Volkshochschulen von den Haltungen der Landbevölkerung geprägt, von ihren Traditionen, ihrer Lebensanschauung und ihrem Unwillen, die Welt zu verändern. Im Unterricht hatte man Wert gelegt auf die Fächer Dänisch, Geschichte, Literatur, Turnen und Singen.

Aber nach dem Ende des Zweiten Weltkriegs hat sich die Struktur der dänischen Bevölkerung entscheidend geändert: die Landbevölkerung verlor ihre zahlenmäßig dominierende Rolle. Gleichzeitig hatte die Stadtbevölkerung die Volkshochschule für sich entdeckt, und plötzlich kamen ganz andere Haltungen zum Ausdruck. Dies galt insbesondere für die späten 60er und frühen 70er Jahre, als die Ausläufer der 68er Bewegung auch die Volkshochschulen erreichten. Die Schulen selbst änderten sich, denn junge Menschen brachten neue Haltungen mit sich. Mit anderen Schülern und einem Lehrkörper, der im Umbruch begriffen war, änderte sich gewissermaßen auch das Ziel der Volkshochschulen.

Im Mittelpunkt stand immer noch die Entwicklung der Persönlichkeit, aber viele Traditionen wurden in Frage gestellt. Die Schulen wurden gesellschaftsbewußter – und nicht nur gesellschaftsbewußter, sie wurden auch gesellschaftskritisch. Einige Jahre lang wurden die Volkshochschulen daher in bürgerlichen Kreisen als Brutstätte der Revolution angesehen. Zu Unrecht! Es wurden jedoch hitzige Gefechte ausgetragen zu einer Zeit, als die Schulen ihre Grundhaltung wahren wollten, während die Schüler jede Tradition und jede Norm als unzeitgemäß und unbrauchbar betrachteten.

Zielsetzung, Zweck des Unterrichts und der Arbeit der Volkshochschulen sind in den Schulen selbst eifrig debattiert worden. Außenstehende haben das als Zeichen eines grundtvigianischen Egozentrismus aufgefaßt. Diese Debatten waren jedoch fundamental notwendig, eben weil den Schulen nie eine Zielsetzung diktiert worden ist, sondern sie diese immer selbst definieren mußten. Eine der Definitionen wurde im Jahr 1871 von Ludvig Schrøder formuliert, dem Vorsteher der Volkshochschule Askov: „Wenn eine Gruppe junger Menschen eine Schule besucht, in der nicht auf eine Prüfung hingearbeitet wird, dann stellt sich nicht so sehr die Frage, was die Lehrer zu sagen haben, sondern was die Schüler aufnehmen. Unsere Aufgabe ist genau dort angesiedelt, wo die Fähigkeiten der Lehrer und die Bedürfnisse der Schüler zusammentreffen." Es ist also nicht nur ein legitimer, sondern auch ein notwendiger Schritt seitens der Schulen, ihren Unterricht an die jeweiligen Wünsche und Bedürfnisse der Schüler anzupassen. Gleichzeitig aber gilt es, Seele und Selbstachtung nicht jeder Mode unterzuordnen. Die Wahrung dieses Gleichgewichts war in den letzten vier Jahrzehnten die größte Herausforderung, die sich den Volkshochschulen stellte – und ist es noch heute.

Heute, in den 80er Jahren, ist das gesellschaftskritische Engagement stark rückläufig. Die anhaltende Arbeitslosigkeit, von der besondere junge Leute betroffen sind, die Wirtschaftskrise und der fehlende Glaube an einen relativ raschen wirtschaftlichen Aufschwung prägen die Gesellschaft. Schüler und Schulen wenden sich in stärkerem Maße dem persönlichen Bereich zu. Schwerpunkte des Unterrichts heute sind musisch-kreative Fächer wie Kunst, Musik, Theater, Kunsthandwerk und Sport.

In unserer schnellebigen Zeit ändern sich die gesellschaftlichen Schwerpunkte entsprechend. Schon jetzt, Ende der 80er Jahre, können wir erste Tendenzen in eine andere Richtung wahrnehmen – eine Hinwendung zur persönlichen Verinnerlichung. Nicht das Objektive, Rationale, Ideologische ist gefragt, sondern das Subjektive, das persönliche Erlebnis, das Irrationale. Das Interesse gilt den psychosomatischen Zusammenhängen, man konzentriert sich darauf, „wie mein Körper in bestimmten Situationen reagiert", es werden Mythen, Sagen und Märchen studiert, nacherzählt und interpretiert in einem Versuch, etwas Ursprüngliches aufzuspüren. Auch religiöse Fragen beschäftigen die Gemüter – nicht so sehr das Christentum an sich, sondern eher eine allumfassende religiöse Lebensanschauung ohne kleinliche Trennlinien zwischen indischer Philosophie und Meditation, Astrologie und Okkultismus – alles vorzugsweise eingebunden in eine ganzheitliche Grundhaltung.

Ich habe im Vorangegangenen ausdrücklich von Tendenzen gesprochen. Wir befinden uns mitten in einem gesellschaftlichen Umbruch, in einer verwirrenden Phase, von der die gesamte westliche Welt betroffen ist, die jedoch in den Volkshochschulen ganz besonders deutlich zum Ausdruck kommt. Wie gesagt handelt es sich um Tendenzen, und die Volkshochschulen begegnen diesen Tendenzen in sehr unterschiedlicher Weise. Wie, das hängt von der Ideengrundlage der jeweiligen Schule ab und auch davon, wie sehr die Schule darauf bedacht ist, ohne Rücksicht auf die gesellschaftlichen Strömungen an dieser Grundlage festzuhalten.

Die Lehrkräfte

Die Lehrer an einer Volkshochschule brauchen keine formelle Ausbildung nachzuweisen. Prinzipiell kann eine Volkshochschule jede Person, die nach Meinung der Schule qualifiziert ist, einstellen – und das Gehalt weitgehend durch staatliche Zuschüsse abdecken. Daher ist der Hintergrund der Lehrkräfte sehr unterschiedlich. Viele sind Volksschullehrer. Es hat jedoch immer sehr viele Lehrer mit akademischer Ausbildung gegeben: Geistes-, Wirtschafts-, Naturwissenschaftler und Theologen. Besonders unter jungen Theologen mit grundtvigianischer Lebenshaltung wurde früher die Arbeit als Volkshochschullehrer als eine gute Vorbereitung auf das Pfarramt angesehen. In den letzten 20 – 30 Jahren haben die Schulen viele Personen mit künstlerischem oder handwerklichem Hintergrund eingestellt, die den musisch-kreativen Teil des Unterrichts wahrnehmen.

Als die Volkshochschulen noch private Institutionen waren und der Vorsteher gleichzeitig die Rolle des Eigentümers oder Verwalters einnahm, unterlagen Einstellung und Arbeitsbedingungen der Lehrkräfte ausschließlich seinem Ermessen. Und da die behördliche Genehmigung der Schule an die Person des Vorstehers gebunden war, verloren die Lehrer im Falle des Rücktritts oder des Todes des Vorstehers ihre Arbeit. Der neue Vorsteher konnte dann frei entscheiden, wen er wieder einstellen wollte. Nachdem die Schulen aus Privatbesitz in rechtsfähige Stiftungen übergingen, änderte sich auch dies. Oberstes verantwortliches Organ wurde der Vorstand, der über Einstellung oder Entlassung des Vorstehers entscheidet. In den Satzungen einiger Schulen steht jedoch immer noch, daß der Vorsteher befugt ist, Lehrer einzustellen oder zu entlassen. In anderen Fällen ist in der Satzung festgelegt, daß dies in irgendeiner Form der Zusammenarbeit mit dem Vorstand zu geschehen hat. Es ist bemerkenswert, daß im Gesetz hierzu nicht Stellung genommen wird. Das Gesetz bestimmt lediglich, daß ein Lehrer durch schriftlichen Vertrag einzustellen ist und daß eine Lehrkraft Mitglied einer staatlich anerkannten Rentenversicherung sein muß. Das Gesetz legt außerdem fest, daß Lehrer und Vorsteher einen Lehrerrat bilden, sagt aber nichts über die Befugnisse desselben aus.

Um einen allgemeinen Rahmen für die Anstellungs- und Arbeitsverhältnisse der Lehrer zu schaffen, gab der Verein der Volkshochschulen Dänemarks (Foreningen for Folkehøjskoler i Danmark) 1959 eine Schrift mit dem Titel „Die Stellung des Volkshochschullehrers" heraus. Es handelt sich um eine Empfehlung, also nicht um eine gesetzesähnliche Vorschrift. So gut wie alle Volkshochschulen betrachten jedoch diese Publikation als Richtschnur bei der Anstellung von Lehrkräften. Damit gehört die patriarchalische Stellung des Vorstehers im Prinzip der Vergangenheit an. Alle Fragen, die die Schule betreffen, werden heute im Lehrerrat behandelt. Auch sind die Lehrer bei der Einstellung und Entlassung von Vorstehern und Lehrern anzuhören, sowie bei Satzungsänderungen, größeren Neubauten und anderen umfassenden Investitionen. Auch nimmt „Die Stellung des Volkshochschullehrers" Stellung zu Verfahrensweise und Richtlinien bei der Entlassung von Lehrern und auch zum Umfang der Verpflichtungen eines Lehrers, die über den eigentlichen Unterricht hinausgehen. Außerdem hat der Verein der Volkshochschulen einen Ausschuß von drei Mitgliedern eingerichtet, den Lehrer und Schulleiter als Schlichtungsgruppe bei Konflikten anrufen können. Es muß jedoch betont werden, daß in der Praxis der Einfluß von Lehrern und anderen Angestellten an den einzelnen Schulen von sehr unterschiedlichem Ausmaß ist.

Ein Volkshochschullehrer mit Vollzeitjob ist verpflichtet, pro Jahr 587 Stunden, verteilt auf 32 Wochen, zu unterrichten. Dazu kommen jedoch Verpflichtungen, die sich aus dem Internatsstatus der Volkshochschulen ergeben. Es ist Pflicht des Lehrers, in einem nicht näher festgelegten Umfang am Schulleben teilzunehmen – auch hier sieht man von Schule zu Schule große Unterschiede. Außerdem wird erwartet, daß der Lehrer den Schülern auch außerhalb der eigentlichen Unterrichtszeit zur Verfügung steht, zum Beispiel indem er Ausflüge und Feste arrangiert und an diesen teilnimmt. Es finden jede Woche Abendveranstaltungen statt, die der Lehrer ebenfalls besucht. Der überwiegende Teil der Schulen ist so organisiert, daß die Lehrkräfte abwechselnd z.B. eine Woche lang ständig zugegen sind, damit die Schüler immer eine Kontaktperson haben, an die sie sich wenden können.

Manche Schulen teilen ihre Schüler in Gruppen von 5 – 10 ein, für die jeweils ein Lehrer zuständig ist. Diese Gruppen treffen sich regelmäßig, um Aufgaben wie Putzen und Spülen zu erledigen oder zusammen einen Beitrag zur Abendunterhaltung zu gestalten. Der eigentliche Sinn und Zweck ist jedoch, daß sich die Schüler und ihr Lehrer so gut kennenlernen, daß der einzelne auch persönliche Dinge in der Gruppe besprechen kann. An den meisten Schulen nehmen die Lehrer mindestens eine der täglichen Mahlzeiten im gemeinsamen Speisesaal der Schule ein, und alle Schulen haben Lehrerwohnungen in unmittelbarer Nähe der Schule. Die Arbeit als Lehrer an einer Volkshochschule ist mit dem Wort „Arbeit" nur unzureichend beschrieben – es ist im Grunde ein Lebensstil, und einer, den die Familie des Lehrers akzeptieren und schätzen muß, denn sonst wird sie es auf Dauer kaum aushalten.

Fachliche und pädagogische Kompetenz allein genügen nicht, um als Lehrer an einer Volkshochschule zu wirken. Man muß Menschen mögen, oft sehr unterschiedliche Menschen, und man muß Verständnis dafür aufbringen, daß viele Menschen heute das Bedürfnis haben, sowohl existentielle Probleme wie auch kleine, jedoch für den einzelnen oft sehr wesentliche, private Probleme zu diskutieren.

Eben weil die Aufgabe eines Lehrers an einer Volkshochschule eher Lebensstil als Arbeit ist, zeigt es sich, daß Lehrer, die sich erst einmal an diese Form gewöhnt haben, nur schwer wieder davon loskommen. Dies gilt jedoch nur für die Lehrer. In den letzten 20 Jahren haben wir einen ständig zunehmenden Wechsel in den Reihen der Vorsteher erlebt. Durchschnittlich blieben die Vorsteher fünf bis sieben Jahre im Amt. Dies ist bedauerlich, denn der Vorsteher hat ja zur Aufgabe, für die Kontinuität im Leben der Volkshochschule zu sorgen. Nachdem der Vorsteher nicht mehr die Rolle eines Patriarchen inne hat, ist er stattdessen zum „Mädchen für alles" geworden: Der Vorsteher trägt die pädagogische Verantwortung, die Verantwortung für die Erledigung der täglichen Verwaltungsarbeiten und die Finanzen. Er hat dafür zu sorgen, daß die Zusammenarbeit zwischen allen Angestellten funktioniert, und er ist für die Schüler verantwortlich. Natürlich vertritt er auch die Schule nach außen und wirkt als Inspiration und treibende Kraft nach innen. Nur ein „Tausendkünstler" kann so viele und so verschiedene Aufgaben erfüllen. Daher fühlen sich viele – allzu viele – Vorsteher nach verhältnismäßig kurzer Zeit „ausgebrannt".

Als bezeichnenden Ausdruck für das Verhältnis der Lehrer zu ihrer Arbeit möchte ich abschließend erwähnen, daß die Gruppe der Volkshochschullehrer meines Wissens diejenige Lehrergruppe in Dänemark ist, die in puncto Krankheitstage ganz unten liegt.

Arne Andresén

Die Wirklichkeit der dänischen Volkshochschule – Teilnehmer, das Sekretariat der Volkshochschulen, kurze und lange Kurse

Zu welchem Zeitpunkt beginnt für die dänische Volkshochschule die Wirklichkeit?

Sie ist eine Schulform, die seit mehr als 140 Jahren in ständiger Entwicklung begriffen war, und – heute wie damals – setzt die Wirklichkeit der Volkshochschule in dem Moment ein, da die Schüler eintreffen. Es waren die Gedanken und Ideen Grundtvigs, die andere Menschen zur Gründung einer Volkshochschule anregten, welche dann Gebäude kauften oder bauten. Im folgenden wird es teils um Schüler, teils um Teilnehmerkurse, aber vor allem um das Sekretariat der Volkshochschulen gehen. Andere Beiträge befassen sich eingehender mit der Geschichte der Volkshochschule, den Organisationsformen, Zielen und Lehrern.

Anläßlich des hundertsten Jubiläums der Volkshochschule im Jahre 1944 erschien eine Fülle von Literatur, die ein Bild vom Ursprung und der Entwicklung der dänischen Volkshochschule zeichnete. Eines dieser Bücher enthält Berichte ehemaliger Schüler darüber, was die Volkshochschule für sie persönlich bedeutet hat. Eine Gemeinsamkeit ist, daß fast alle Schüler der gleichen Bevölkerungsgruppe, und zwar der Landjugend, angehörten – daß sie der Aufforderung ihrer Eltern, die Volkshochschule zu besuchen, Folge leisteten und weiter noch, daß sie aussagen, sie hätten im Hinblick auf Kenntnisse und Wissen sehr wenig profitiert oder sie könnten sich nicht darauf entsinnen, ob der Aufenthalt überhaupt für sie von Bedeutung war. Hingegen aber behielten sie die Volkshochschule in Erinnerung als ein großes Erlebnis, das ihnen geistige Nahrung gab und dazu beigetragen hätte, Initiative zu ergreifen.

Während der ersten 100 – 110 Jahre der Geschichte der Volkshochschule handelte es sich um eine Schulform, die im großen und ganzen junge Burschen und Mädchen vom Lande ansprach. Daß sich die Volkshochschule daher damit abfinden mußte – namentlich seitens der Städter – als „Bauern-Volkshochschule" charakterisiert zu werden, ist nicht verwunderlich. Das bäuerliche Dänemark und die Volkshochschule waren ein Jahrhundert hindurch sozusagen zwei Seiten einer Kultur. Für die jungen Burschen und Mädchen war die Volkshochschule nicht etwa ein fremdes Land oder eine ferne Insel, wo man hinzog, „um das eigene Ich zu finden". Dieses Verhältnis zur Volkshochschule wurde erst dann charakteristisch, als sich ihre Nachfolger, das heißt die Stadtjugend, einfanden. Für die Landjugend bedeutete die Volkshochschule viel eher eine Ausdehnung der altbekannten Umwelt: Die Schulen waren auf dem Lande gelegen (und sind es heute noch), und die Schüler waren aus dem Versammlungshaus zu Hause mit Vortrag und Gymnastik bereits vertraut.

Was hingegen diesen jungen Menschen – auch im Gegensatz zu ihren Nachfolgern aus der Stadt – neu und ungewohnt war, war, daß sie rund fünf bis sechs Monate nicht zu arbeiten brauchten. Allein dieser Umstand machte den Aufenthalt auf einer Volkshochschule zu etwas ganz Besonderem. Hören wir uns einmal diesen Schüler an:

„Einen Winter auf der Volkshochschule – nach Jahren eintöniger, abstumpfender und schmutziger körperlicher Arbeit und lähmender Müdigkeit am Abend. Einen ganzen Winter in Feiertagskleidung, sauber, bei guter Beleuchtung und dazu in netter Geselligkeit, alles dies war in sich ein wunderbares und befreiendes Erlebnis."[1]

Die „alte" Volkshochschule, so darf man wohl sagen, war privilegiert; vor dem Hintergrund der Arbeitssituation dieser Schüler war der Schulaufenthalt an sich schon sinnvoll. Die heutige Situation sieht so aus, daß viele unserer Schüler keine Arbeit und deshalb auch kein spezielles Verhältnis dazu haben. Sie wissen auch nicht, was sie nach dem Aufenthalt erwartet. Die Frage also: „Volkshochschule – und was danach?" ist eine aktuelle Frage, welche die damaligen Burschen und Mädchen sich nie gestellt haben. Darin liegt die radikale Veränderung der Wirklichkeit der dänischen Volkshochschule.

Diese neue Einstellung, die sich um 1950 bis 1960 vollzog, ist als die markanteste Veränderung, die in der Geschichte der Volkshochschule eingetreten ist, zu bezeichnen.

Dieser Umschwung erfolgt vor einem Gesellschaftshintergrund und einer Zeitperspektive, denen längst ihr bestimmendes Etikett aufgeklebt wurde: Industrialisierung und Urbanisierung. In großen Zügen verschwanden die jungen Burschen und Mädchen vom Lande als kulturhistorische Gestalten im Laufe eines Jahrzehnts, der 60er Jahre – wahrhaft überflüssig und auf der Wanderung, um innerhalb des expandierenden Stadtsektors Mitarbeiter zu werden. Und im Lichte dieser rückläufigen Schülergrundlage leitete das Sekretariat der Volkshochschule entsprechende Maßnahmen ein. Von der „Eroberung der Städte" hatte die „alte" Hochschule schon seit einem Jahrhundert gesprochen. Jetzt mußten den Worten Taten folgen. Die Volkshochschule, so würden wir heute sagen, mußte in den Städten „vermarktet" werden. Und zur Betreuung dieser Aufgabe wurde im Jahre 1950 das Sekretariat der Volkshochschulen gegründet. Hierauf werde ich später zurückkommen. Vorerst aber zu den Maßnahmen, die eingeleitet wurden, um neue Schülergruppen für die Idee der Volkshochschule zu gewinnen:

Hintergrund

Grundtvig war die geistige Ideen-Quelle, denn seine Gedanken waren es, die andere zur Gründung von Volkshochschulen angeregt hatten. Aber es war die Art und Weise, in der Christen Kold die Idee in die Praxis umsetzte, die allgemeine Anerkennung fand. „Beleben und aufklären; aber vor allem beleben" war die pädagogische Methode, die er – würden wir heute sagen – entwickelte. Und als die ersten Volkshochschulen der Inneren Mission Ende der 1880er Jahre entstanden und die erste Arbeiter-Volkshochschule 1910 hinzukam, gingen auch sie im Unterricht nach dieser Methode vor.

Es wurden auch Bestrebungen eingeleitet, um die Kopenhagener Jugend für die Idee der Volkshochschule „anzufachen". Der Volkshochschulmann F. Falkenstjerne hatte am Ende des vorigen Jahrhunderts versucht, eine Volkshochschule zu gründen, aber es klappte nicht. Auch die Bemühungen anderer blieben mehr oder weniger erfolglos. Der einzige, dem es gelang, in Kopenhagen Fuß zu fassen, war Johan Borup. Er warb nicht mit „Volkshochschule", sondern mit einer Schule „mit fortbildendem Unterricht in allgemeinen Schulfächern für nicht-studierte Damen und Herren". Es war eine Tagesschule, das heißt, daß die Schüler zu Hause wohnten. Als einziger gelang es dieser Schule in Kopenhagen, Zuspruch zu finden. Sie besteht bis heute erfolgreich weiter.

Und nun zu dem anderen Aspekt – zur Aufklärung –, die für den Unterricht in der Volkshochschule einen wichtigen Bestandteil ausmacht. Einige der Volkshochschulen, die landwirtschaftlichen Unterricht anboten, zählten zu den ersten, die sich von der Volkshochschule fort-spezialisierten, indem sie selbständige Landwirtschaftsschulen

---

1   Anders Christensen: Ein Mann und sein Nächster, Kopenhagen 1962

wurden. Andere Volkshochschulen begannen, besonderen Fächergruppen einen breiteren Raum in ihrem Unterrichtsangebot einzuräumen. Gymnastik-Volkshochschulen (mit Gymnastikleiter-Ausbildung, nach der die Schüler nach ihrer Heimkehr freiwillige Leiter ihres lokalen Gymnastikvereins wurden); Volkshochschulen für Krankenpflege (wo die Schüler – die Mädchen – auf den Beruf der Krankenpflegerin vorbereitet wurden); die Fischerei-Volkshochschule (die besonders die Fischer ansprach); die Volkshochschule „Kaufmannsruhe" (die besonders die Jugend aus dem Kaufmannsstand ansprach, um ihr einen Volkshochschul-Besuch zu ermöglichen, wobei der Unterricht dann mehr auf ihren gewerblichen Hintergrund abzielte – jedenfalls in der Theorie).

Alle diese neuen Initiativen verschiedener Gruppen führten dazu, daß Jugendliche aus ganz anderen Kreisen als aus der Landwirtschaft hinzukamen. Um dies in Zahlen zu fassen: 1954/55 kamen 76% der Schüler aus der Landwirtschaft und „nur" 22% waren Städter.[2] Aber obwohl es sich immer noch um eine bescheidene Anzahl von Schülern aus der Stadt handelte, war deutlich erkennbar, daß die Städter – obschon noch langsam – den Weg zur Volkshochschule betraten. Daß aber die Volkshochschule tatsächlich unter der Stadtjugend Fuß gefaßt hatte, konnte man natürlich noch nicht behaupten. Die schülermäßige Grundlage der Schulen bildete im Jahre 1950 immer noch die Jugend vom Lande.

Der Zuspruch, den die Schulen unmittelbar nach dem Zweiten Weltkrieg erlebten, ließ sich gut an. 1946-47 lag die Schülerzahl bei 7.300. Um entsprechend hohe Zahlen zu finden, muß man weit in die 1920er Jahre zurückgreifen. Der zahlenmäßige Erfolg aber war nur von kurzer Dauer. Die Schülerzahlen begannen drastisch zu sinken, so daß sie in den Jahren 1953-54 einen Tiefstand von 5.800 erreichten, also ein rückläufiger Trend um 1500 Schüler.

Im gleichen Zeitabschnitt waren zwei neue Volkshochschulen gegründet worden, so daß die Gesamtzahl 57 betrug. So mußte eine größere Anzahl von Volkshochschulen nun eine niedrigere Schülerzahl unter sich aufteilen.

Dieser deutliche Rückschlag über sieben Jahre hin verunsicherte viele Volkshochschul-Leute. Dieses Problem wurde im Volkshochschul-Blatt debattiert und in den Jahresschriften der Schulen erwähnt, insbesondere unter dem Eindruck der Abwanderung aus der Landwirtschaft. Allein während der Zeit zwischen 1945 und 1950 wanderten nahezu 100.000 Gehilfen ab. Und bei wohlbegründeter Befürchtung, daß sich diese Abwanderung in etwa dem gleichen Tempo fortsetzen würde, sah manch ein Schulvorsteher schon im Geiste voraus, daß sich seine Schul-Tätigkeit erübrigen würde.

Das Sekretariat der Volkshochschulen

Vor diesem Hintergrund hat der Verein für Volkshochschulen und Landwirtschaftsschulen im Frühjahr 1949 alle Volkshochschulen im Lande zu einer Konferenz eingeladen, um den besorgniserregenden Stand der Dinge zu besprechen.

Zusätzlich zu der rückläufigen Schülerzahl war festzustellen:

1) daß die Jugend buchstäblich in Scharen aus der Landwirtschaft abwanderte und daß sich die geburtsschwachen Jahrgänge der 1920er Jahre bemerkbar machten.
2) In der Öffentlichkeit war die Auffassung über die Volkshochschule, daß sie eine sozusagen „festgefahrene Welt" sei, verbreitet. Und das nicht zu Unrecht.

---
2 Laut der statistischen Unterlagen „Volkshochschul-Schüler 1955"

3) Es war auffällig, daß die Abendschulen, Abend-Volkshochschulen und die Fortbildungs-Schulen einen bedeutenden Zuwachs verzeichnen konnten. Der Fortschritt der angrenzenden Bereiche beeindruckte die Hochschulleute umso stärker angesichts des eigenen Rückschlags.

Als Ergebnis der Konferenz wurde ein Ausschuß eingesetzt, dessen Aufgabe es war, Möglichkeiten der Verbesserung der Werbung jugendlicher Kreise zu erarbeiten. Es wurde vorgeschlagen, Broschüren, Filme und Rundfunksendungen über die Volkshochschule herzustellen, die Presse anzuschreiben, Vorträge zu halten und einen Landes-Schülerverein sowie ein Sekretariat zu gründen. Damals hatte jede Volkshochschule einen eigenen Verein der ehemaligen Schüler, der dazu gedacht war, daß ehemalige Schüler für ihre alte Schule neue Schüler werben. Diese Funktion haben alle Schülervereine, und das bildete die Grundlage für die Gründung des Landesvereins der Volkshochschüler (LaH). Die einzelnen Schülervereine sollten einfach die Mitgliedergrundlage für einen großen, überregionalen Schülerverein bilden. Die Gründung dieses überregionalen Vereins erfolgte auf Anregung des Vorsitzenden des Vereins für Volkshochschulen und Landwirtschaftsschulen (FHL). Die Idee hierzu war ihm gekommen, als er am fünfzigsten Jubiläum der finnischen Volkshochschule teilnahm, wo ein solcher Verein anläßlich dieses Jubiläums ins Leben gerufen wurde.

Da die dänische Volkshochschule gerne einen gleichartigen Schülerverein anläßlich des hundertsten Jubiläums im Jahre 1944 gründen wollte, wurde die Idee besprochen. Die Pläne mußten aber wegen des Krieges zurückgestellt werden.

Der oben erwähnte Rückschlag, der gegen Ende der 40er Jahre zu verzeichnen war, ließ indessen den Gedanken wieder von neuem reifen. Denn der rückläufige Trend machte deutlich: Sollte die Volkshochschule dem Industrialismus gegenüber bestehen, so mußte sie dringend neue Kreise ansprechen. Und waren die Schüler aus den Städten zu holen – und von dort mußten sie geholt werden – dann mußte für die Volkshochschule auch in den Großstädten geworben werden. Zur Lösung dieser Aufgabe bildete der Verein für Volkshochschulen und Landwirtschaftsschulen den Landesverein der Volkshochschul-Schüler. Die Mitgliedergrundlage bildeten, wie erwähnt, die einzelnen Schülervereine, wodurch sich der Landesverein von Anbeginn an mit 50.000 Mitgliedern vorstellen konnte – obwohl die Mitgliedschaft des einzelnen Schülers indirekt war. Nach außen hin aber klang es imposant, was natürlich auch beabsichtigt war, denn man hoffte darauf, sich „in der Stadt Gehör zu verschaffen". Fünfzigtausend ehemalige Volkshochschüler standen bereit, die Volkshochschule zu empfehlen!

Nach innen lief diese Organisationsgründung aber nicht problemlos ab. Mehrere Schulvorsteher nahmen sofort von dieser Initiative Abstand. Als es sich jedoch erwies, daß der Landesschülerverein, dessen Fäden beim Sekretariat zusammenliefen, tatsächlich Schüler gewinnen konnte, fiel auch der letzte Widerstand gegenüber diesem „Organisations-Unwesen". Oder besser gesagt: Das Sekretariat der Volkshochschulen wurde langsam aber sicher zur unentbehrlichen Institution zur Mobilisierung der „Bauern-Volkshochschule" in Richtung auf die neue Wirklichkeit, welche Großstadt heißt.

Dadurch, daß der Landesverein und das Sekretariat „für das Marketing verantwortlich zeichneten", wurde für die alte „Bauern-Volkshochschule" ein Problem gelöst. Man könnte sagen, die Schüler wurden vor die „Marketing-Kutsche gespannt", „Kutscher" auf dem Wagen aber war der Verein für Volkshochschulen und Landwirtschaftsschulen.

Das Sekretariat ergriff unverzüglich viele seitens des Ausschusses vorgeschlagene Initiativen, und außer der Verteilung von Broschüren und Aufklebern wurden Werk-Volkshochschulen, Abend-Volkshochschulen im Vartov in Kopenhagen sowie die Reisende Volkshochschule gegründet. Es wurden auch gemeinsame Anzeigenkampagnen gestartet, aber hier ergaben sich Schwierigkeiten. Es gelang jedoch, Plakate über Kurzzeitkurse gemeinsam herzustellen, die in den Straßenbahnen geklebt wurden. In Volkshochschul-Kreisen erregte dies großes Aufsehen; man war der Ansicht, das Sekretariat überschreite jetzt die Grenzen. Eine derartige „Werbetrommel" war zu laut – obwohl man sich gerne Schüler sichern wollte. Wie schon häufig in der Geschichte der Volkshochschule, so zogen auch hier die Ideale und die wirtschaftlichen Notwendigkeiten nicht am gleich Strang. Ein Volkshochschullehrer (und späterer Kultusminister) gab mit der folgenden Geschichte eine humorvolle Charakteristik der Lage:

„Manche Hochschulleute blickten verlegen auf diese Aufkleber in der Straßenbahn. Setzten sich dann so, daß sie ihnen den Rücken kehrten mit einer Miene, die sagte: Es ist furchtbar, aber hoffentlich sichert mir der Unfug weitere Schüler."

Diese ambivalente Haltung zur Vermarktung der Hochschule ist auch heute noch – zumindest ein wenig – spürbar. Anders ausgedrückt: Das Interesse für die seitens des Sekretariats ausgeführte Tätigkeit verhält sich etwa umgekehrt proportional zur Schülerzahl auf der jeweiligen Volkshochschule.

Kurzzeitkurse

Manche der Aktivitäten, die das Sekretariat während der ersten Jahre in die Wege leitete, bezogen sich auf indirektes Marketing. Das lenkte die Aufmerksamkeit auf die Volkshochschule hin. Ein Beispiel für eine mehr direkte Vermarktung der Volkshochschule war die Einführung der Kurzzeitkurse während des Sommers, die in den Anzeigen „Ferienkurse" genannt wurden. Allerdings war diese Idee keine Neuheit. Schon 1911 hatte der Kopenhagener Volkshochschulverein – mit der Volkshochschule Frederiksborg gemeinsam – begonnen, seinen Mitgliedern „8 Tage Volkshochschule" anzubieten.
    1951 begann das Sekretariat, sich auf Kurse von zwei Wochen Dauer zu konzentrieren. 1953 fand auf der Volkshochschule Askov der erste Familienkurs statt, an dem sich ganze Familien beteiligen konnten, und es gab Beschäftigungen für die Kinder, während die Eltern zum Unterricht gingen. 1958 veranstaltete die Volkshochschule Brandbjerg den ersten Kurs, der besonders die ältere Generation ansprach. Die Zahl der Kurzzeitkurse nahm zu, und heute können insgesamt 800 solcher Kurse angeboten werden. Seit 1911 haben 613.000 Personen die kurzen Kurse der Volkshochschulen besucht. Von diesen kamen wiederum etwa 30.000 Personen von der „8 Tage Volkshochschule" des Kopenhagener Volkshochschulvereins. In den letzten Jahren wurden diese Kurse von ca. 40 - 45.000 Personen besucht.

Langzeitkurse

Während der ersten 15-20 Jahre der Geschichte der Volkshochschule kamen ausschließlich junge Männer vom Lande als Schüler. Sie trafen am 1. November ein und zogen nach fünf bis sechs Monaten wieder fort. Die Landjugend hatte am 1. November und am 1. Mai ihren „Umzugstag", so daß diese beiden Tage der natürliche Beginn der Langzeitkurse waren.
    Christen Kold von der Volkshochschule Ryslinge war der erste, der Mädchen zu einem Drei-Monats-Kurs einlud. Das geschah schon 1863, damit die Mädchen, wie er sagte, etwas hätten, „worüber sie sich mit den Mannsleuten unterhalten könnten, wenn

sie heirateten". Dieses Muster – junge Burschen im Winter und Mädchen im Sommer – dauerte bis Ende der 1940er Jahre fort. Mit der Eröffnung der Volkshochschule Krogerup 1946 änderte sich dieses alte Muster. Nach Krogerup kamen die Schüler am 1. September und 1. Januar, und allmählich folgten andere Schulen, insbesondere die neuen, diesem Beispiel. Heute beginnen die Kurse zwischen dem 1. August und dem 1. Juni an unterschiedlichen Tagen.

Bis Ende der 1890er Jahre kamen vor allem die jungen Burschen, aber bis in die 1940er Jahre herrschte zwischen den Geschlechtern Gleichgewicht. Heute werden die Langzeitkurse in der Mehrzahl von Mädchen besucht, und zwar stehen 6-7 Mädchen 3-4 Jungen gegenüber.

Im Laufe der ersten 100 Jahre der Volkshochschule wurde sie von 409.000 Personen besucht. 1944 gab es insgesamt 54 Volkshochschulen, heute sind es 103. Dieser Zuwachs ist nicht in einer gradlinigen Kurve verlaufen. Zum Beispiel wurden von 1970 bis 1986 ganze 58 Schulen gegründet, und 24 mußten schließen. Die Schülerzahl seit 1944 beträgt ca. 383.000 Personen. In den letzten 5-6 Jahren nahmen jährlich ca. 11.000 bis 12.000 junge Leute an den Langzeitkursen teil.

Finanzierung

Im vorigen Jahrhundert gab es für die Landjugend nicht viele Möglichkeiten für theoretische Bildung und Bücherwissen, und somit war die Volkshochschule für sie von größter Bedeutung. Sie zahlten viel für das Erlebnis, das ein Volkshochschul-Besuch für sie bedeutete. 1892 machte das Schulgeld 75% des Jahreslohns eines Knechtes aus gegenüber nur 25% im Jahre 1949. Da heute so wenige Landwirte die Volkshochschule besuchen, wäre der nächstliegendste Vergleichsmaßstab der Lohn eines Industriearbeiters. Die Volkshochschul-Aufenthalte sind billiger geworden insofern, als der Beitrag in unserem Jahrzehnt nur 10 bis 12% des Jahreslohns eines Industriearbeiters beträgt. Diese Zahlen berücksichtigen noch nicht die eventuelle Unterstützung seitens des Staates oder der Gemeinde.

Die Arbeitslosen und die Volkshochschule

Während der 30er Jahre herrschte große Arbeitslosigkeit, insbesondere unter den Industriearbeitern in den Städten. Viele der neuen Arbeitslosen wurden auf die Volkshochschule geschickt, damit sie nicht untätig waren und auf Arbeit warteten, die es nicht gab. Es war in manchen Fällen eine unfreiwillige Begegnung, wodurch aber Land- und Stadtjugend die Lebensbedingungen des anderen kennenlernten – leider nicht immer zur beiderseitigen Ersprießlichkeit. Die Arbeitslosigkeit nahm in den 40er Jahren ab und Mitte der 1960er Jahre gab es wieder Vollbeschäftigung. Dieses optimistische Jahrzehnt endete mit der Jugendprotest-Bewegung, wodurch die Volkshochschule mit ihren freien Verhältnissen zuerst und am stärksten Zeuge dieses Aufruhrs gegen die Autoritäten wurde. Man kann sagen, daß mit der Protestbewegung die Volkshochschule endgültig Abschied vom Bauernstand nahm, der bisher Träger der Volkshochschule war, und in dessen Selbstverständnis und Selbstgefühl die Schule ein wichtiger Bestandteil gewesen war.

Mitte der 70er Jahre wurde die dänische Gesellschaft wiederum von Arbeitslosigkeit betroffen, und genau wie in den 30er Jahren hatte die Jugend besonders schwer darunter zu leiden. Zur Abwehr einiger negativer Konsequenzen der Jugend-Arbeitslosigkeit wurde es wiederum möglich, während der Zeit der Arbeitslosigkeit auf die Volkshochschule zu gehen, bei Beibehaltung der Tagegelder. Arbeitslose, die nicht Gewerkschafts-Mitglieder sind, erhalten über die Sozialversicherung Sozialhilfe, und diejenigen, die Tagegelder als Sozialhilfe beziehen, haben während ihres Schulaufenthaltes ein Anrecht auf diese Unterstützung, solange sie dem Arbeitsmarkt zur Verfügung stehen.

1986 wurde für ca. 54% der Schüler der Volkshochschulaufenthalt ganz oder teilweise finanziert, entweder durch Tagegelder oder Unterstützungen verschiedener Art. Dadurch entsteht eine kleine Grenzscheide zwischen dieser Gruppe und der selbstzahlenden Gruppe. Mit diesem Problem hatte man auch in den 30er Jahren zu kämpfen.

Wenn die Volkshochschule eine große Zahl Arbeitsloser oder Sozialhilfe-Empfänger aufnimmt, so wird das leider oftmals dahingehend ausgelegt, daß es sich um eine große Anzahl von Menschen der dänischen Gesellschaft mit geistigen oder sozialen Problemen handele. Diese beiden Gruppen vermag die Öffentlichkeit nicht immer ganz klar zu trennen. Daher schließen sich manche zu leicht dem Vorurteil an, daß die Volkshochschulen im Begriff stünden, Bestandteil des Sozialhilfesystems zu werden. Dieses Vorurteil trägt dazu bei, der Volkshochschule ein schlechtes Image zu geben, so daß die übrige Jugend manchmal von einem Aufenthalt an einer Volkshochschule Abstand nimmt.

Das ist ein Beispiel für ein Vorurteil, dem dänische Volkshochschulen entgegentreten, bei gleichzeitiger Anerkennung ihrer Verpflichtung, sich für diese arbeitsmäßig häufig belastete Gruppe junger Menschen einzusetzen.

Die Zukunft

Aber über die althergebrachte Volkshochschule ziehen noch andere dunkle Wolken dahin, weil die Zahl der 18- bis 24jährigen rückläufig ist. Setzt man die Zahl für 1985 auf 100 an (563.000). so wird sie im Jahr 2010 auf 71 (399.000) zurückgegangen sein, sagt die Prognose. Das wäre ein Rückgang um 30% desjenigen Jahrganges der Jugend, aus dem traditionell die Schüler kommen. Daher wird in der Volkshochschule augenblicklich diskutiert, wie man sich die Menschen, die ihre Ausbildung schon abgeschlossen haben, als Schüler sichert; etwa die gleiche Problematik wie in den 50er Jahren, als debattiert wurde, wie man die Stadtjugend dazu anregen könnte, die Volkshochschule zu besuchen. Kann man die 30- bis 40jährigen noch weiter motivieren, als das schon geschieht? Es gibt einen Trend in Richtung der älteren Jahrgänge, denn das Durchschnittsalter für Volkshochschul-Schüler ist gestiegen und liegt heute bei 24 Jahren.

Seitens der Arbeiterbewegung kam der Vorschlag einer „Bezahlten Freistellung zur Ausbildung", eine Möglichkeit, die man in diesen Jahren durch laufende Projekte erproben wird. Zu diesem Thema fanden schon mehrere Konferenzen statt.

Die Informationsgesellschaft steht vor der Tür und wird in die Zukunft der Menschen mindestens ebenso eingreifen, wie es die Industrialisierung im vorigen Jahrhundert tat. Unter den Lehrern der Volkshochschule schauen einige mit Besorgnis auf diese Entwicklung, weil sie befürchten, sie würde die Welt der Volkshochschule umwerfen. Das gleiche befürchtete man, als die Bauern-Volkshochschule mit der Landjugend von der Bildfläche verschwand. Und damals wie heute dachte man auch, daß die Geschwindigkeit, mit der sich die eigene Zeit verändert, als etwas Einzigartiges dastehen würde. Es sollte sich indessen herausstellen, daß sich die alte Volkshochschule dem strömenden Fluß der Entwicklung anpassen konnte, und ihr Kernanliegen nicht durch die Entwicklung der Gesellschaft überflüssig wurde – im Gegenteil! Daher glaube ich, daß die Volkshochschule der künftigen Informationsgesellschaft gegenüber bestehen wird.

Ich möchte mit einem Zitat aus „Darstellung über Entwicklung und Bedingungen der Volkshochschule 1970 bis 1987" von Niels Højlund schließen:

„Aber nicht allein muß aus Informationen angeeignetes Wissen werden, und das angeeignete Wissen in die persönliche Erkenntnis mit einbezogen werden, bevor es für den einzelnen von Wert sein kann, es muß auch als Bestandteil des Gesprächs zwischen Menschen eingefaßt werden, wenn das Wissen in der Gesellschaft nutzbringend werden und Früchte tragen soll."

Und damit sind wir wieder zur alten Aufgabe der Volkshochschule zurückgekehrt – die Schaffung der Möglichkeit des Gesprächs, das für eine früchtebringende Wechselwirkung zwischen Menschen notwendig ist.

Bei der Lösung dieser Aufgabe – glaube ich – wird die Volkshochschule kaum arbeitslos werden.

Norbert Vogel
Gesprächsbericht

Mit dem Thema „Die Wirklichkeit der dänischen Volkshochschule" waren zwei Referenten aus unterschiedlichen, einander ergänzenden Tätigkeitsfeldern in der dänischen Erwachsenenbildung betraut.

Jakob Krøgholt – Erwachsenenbildungsreferent im dänischen Kulturministerium – konzentrierte sich in seiner Darstellung auf die bildungspolitischen und -organisatorischen Rahmenbedingungen und die Arbeitssituation der dänischen (Heim-)Volkshochschulmitarbeiter. Arne Andresén berichtete aus der Sicht des Sekretariats der (Heim-)Volkshochschulen, also der zentralen Kontaktstelle für interessierte Kursteilnehmer/innen, über die Entwicklungen der Teilnehmerströme nach 1945.

Die sich an die beiden Referate anschließende Diskussion offenbarte das große Interesse der überwiegend deutschen Teilnehmer an detaillierten Informationen über die dänische (Heim-) Volkshochschule. Die Fragen bezogen sich dabei insbesondere auf die Bedingungen für Zielgruppenarbeit (Behinderte, Emigranten, Familien), auf Probleme der internationalen Begegnung in dänischen Volkshochschulen und Erfahrungen mit der Mitarbeiterfortbildung.

Besonders erwähnenswert scheint mir hier die Förderung der Bildungsarbeit mit Behinderten. In diesem Zusammenhang wurde zunächst auf eine eigens auf die besonderen Belange und Bedürfnisse von Behinderten zugeschnittene (Heim-)Volkshochschule hingewiesen, zugleich aber auch unterstrichen, daß man generell bemüht ist, behinderte Menschen soweit wie möglich in die allgemeine Volkshochschularbeit zu integrieren.

Interesse bei den Teilnehmern der Arbeitsgruppe fand auch die Arbeit anderer (nicht internatsbezogener) öffentlich geförderter Erwachsenenbildungseinrichtungen in Dänemark. Dabei wurde deutlich, daß neben der intensiven Bildungsarbeit in langen – mindestens dreimonatigen – (Heim-)Volkshochschulkursen auch das breite Angebot der verschiedenen freien und öffentlichen Träger zu berücksichtigen ist, das sehr gut genutzt wird und in seinem Umfang die Teilnehmerzahlen der (Heim-)Volkshochschulen um ein Vielfaches übertrifft.

Unmittelbar an das Tagungsthema knüpfte die Frage an, inwieweit die von Grundtvig formulierten Ziele der Erwachsenenbildung auch außerhalb der (Heim-)Volkshochschulen auf Resonanz gestoßen sind. Hier wurde allgemein auf die Tradition der „folkehøjskole" verwiesen, die auch in andere schulische wie außerschulische Bereiche des dänischen Bildungswesens hineingewirkt hat. Als ein weitgehend eigenständiger Traditionsstrang der dänischen Erwachsenenbildung wurde die Bildungsarbeit der Arbeiterbewegung genannt.

In diesem Zusammenhang kam man auf das Problem zu sprechen, daß jüngere Erwachsenenbildner auch an den (Heim-)Volkshochschulen häufig nur wenig Kenntnis von Grundtvig haben, und eine Reihe von Volkshochschulen außerhalb der grundtvigschen Volkshochschultradition stehen.

An diesem Punkt der Diskussion angelangt, wäre es sicher reizvoll gewesen, weiter auszuloten, welche Rolle die grundtvigsche Volkshochschulidee in der sich immer wieder neu entzündenden Selbstverständnis-Diskussion der dänischen Volkshochschule spielt bzw. welchen Beitrag sie hierzu – sozusagen als Indikator für die Aktualität des grundtvigschen Denkens – leistet. Das aus Zeitgründen abgebrochene Gespräch sollte jedenfalls an anderer Stelle weitergeführt werden.

Hans Henningsen

Identitätsprobleme der heutigen Volkshochschule zwischen Grundtvigs Idee und den Anforderungen der modernen Welt

Daß in Dänemark in der letzten Hälfte des vorigen Jahrhunderts eine politisch radikale Bauernschaft entstand als Träger der heranwachsenden Demokratie, ist im Vergleich zu anderen Ländern eigenartig und, jedenfalls zum Teil, der Volkshochschulbewegung zu verdanken. Die Volkshochschulen wurden wichtige Instrumente für die Emanzipation der Bauern.

Die ersten Volkshochschulen und die ganze Volkshochschulbewegung, wie sie historisch entstanden und weiterentwickelt wurden, waren aber nicht einfach die Verwirklichung der Ideen von Grundtvig. Die große volkliche Hochschule für das ganze Volk, die Grundtvig sich vorgestellt hatte, blieb vorläufig eine Utopie. Eine wirksame Utopie allerdings bei den echten grundtvigianischen Volkshochschulen, im Gegensatz zu einigen wenigen reinen Bauernschulen, die es eine Zeitlang auch gab.

Zwar wurden die Volkshochschulen wie die Bauernhöfe bis in dieses Jahrhundert hinein meistens ziemlich patriarchalisch geleitet. Dem widerspricht aber keineswegs, daß sie im größeren Zusammenhang gesehen doch entscheidende politische Wirkungen gehabt haben können. Bei Grundtvig war ja die Idee der Freiheit immer mit sozialer Verantwortlichkeit verbunden. Alleine, für sich, so hat er immer betont, könne kein Mensch frei werden und auch keine Klasse der Gesellschaft. Freiheit muß immer Gegenseitigkeit einschließen – und Wechselwirkung durch das lebendige Wort.

Grundtvig konnte einfach nicht individualistisch denken, sondern nur auf die Gemeinschaft bezogen. Gemeinschaftlich und freiheitlich zu gleicher Zeit, gerade darin besteht der große Unterschied zwischen Grundtvigs Konzeption der Freiheit und dem, was gewöhnlich als Emanzipation bezeichnet wird.[1]

Was Volksbildung ist, so Grundtvig, könne man sich am besten vorstellen, wenn man sich fragt, was die Mitglieder des volklichen Staatsrats nötig haben, um ihrem Amt gewachsen zu sein.[2] Sie müssen dem Volk gleich sein, auf Dänisch „folke-lig", d.h. das Volk kennen, seine Natur und Denkweise, Geschichte, Poesie und Sprache, also sich um mehr als nur den eigenen Vorteil kümmern.[3] Genau dasselbe, so fährt Grundtvig fort, müßte man von den Beamten verlangen können. Durch die Wechselwirkung in der volklichen Hochschule würden sie viel Wichtiges lernen, das in keinem Buch steht.[4]

Volksbildung ist, wenn man wie Grundtvig denkt, keine von der akademischen Bildung abhängige, abgeleitete Art der Bildung, also Populärwissenschaft, sondern sie besitzt ihre volle Selbständigkeit. Das Verhältnis zwischen den beiden Formen der Bildung ist als Wechselwirkung zu verstehen. Die Volkshochschule geht also nicht nur die Ungebildeten an. Im Gegenteil! Vor die Volksbildung muß jeder sich stellen, besonders diejenigen, die irgendwie Verantwortung tragen wollen als Politiker, Beamte

---

1 Vgl. z.B. Grundtvigs Ausführungen über die französische Revolution in „Mands Minde", 1838
2 „Skolen for Livet og Academiet i Soer", in: „Grundtvigs skoleverden i tekster og udkast" II, K.E. Bugge (Hg.), Kopenhagen 1968, S. 116
3 Vgl. u. a. „Bøn og Begreb om en dansk Højskole i Soer", Grundtvigs skoleverden..." II, S. 184
4 ebd., S. 95

oder Experten.[5] Die ganze moderne Entwicklung der Gesellschaft, einschließlich der Verbreitung von Bildung, würde das Bedürfnis einer Volkshochschule nur deutlicher machen.

Die volkliche Hochschule, so schreibt Grundtvig, sollte mitten im Volke stehen[6], in voller Öffentlichkeit, als eine volkliche Stätte der Begegnung, wo Junge und Ältere miteinander in Wechselwirkung kommen können, wie auch Lehrer und Studenten, Sachverständige und Laien sowie die verschiedenen Berufe.[7] Mit diesen Gedanken war Grundtvig in Wirklichkeit seiner Zeit weit voraus, denn die damalige Gesellschaft bestand ja zu fünfundachzig Prozent aus Bauern.

Die Idee der Wechselwirkung ist in der heutigen pluralistischen Expertengesellschaft notwendiger denn je.

Allerdings steht die Frage der Emanzipation noch auf der Tagesordnung. Noch gibt es politische und soziale Mißstände in der Gesellschaft, und neue Formen der Unterprivilegierung entstehen unvermeidlich in einer Gesellschaft der Veränderung. In der Bildungsgesellschaft werden immer Gruppen einen Nachholbedarf haben, und hier liegt natürlich heute noch eine Aufgabe der Volksbildung und Volkshochschulen.

Andere aber, die in Schlüsselpositionen kommen, werden, gerade in der Bildungsgesellschaft, oft zu leicht und zu reibungslos durch das System aufgestiegen sein, ohne das eigene Volk wirklich zu kennen und die Fähigkeit zu haben, selbst schwierige Zusammenhänge in der Alltagssprache (Muttersprache) zu erläutern, was in einer volklichen Gesellschaft – d.h. einer wahren demokratischen Gesellschaft – von jedem Politiker und Technokraten verlangt werden muß.

Also sollte man gerade heute den Gedanken der Wechselwirkung, der in der ursprünglichen grundtvigschen Utopie enthalten ist, stärker hervorheben. „Was volklich ist, kommt von unten", so sagt man oft heutzutage. Das ist aber nicht immer so. Es gibt Strömungen, die von unten kommen und deshalb doch keineswegs volklich sind im grundtvigschen Sinne. Das Volkliche kann auch von oben her kommen, wie die Verfassung, die vom König gegeben wurde. Etwas kommt von unten, anderes von oben, und beides kann gut oder schlecht sein. Entscheidend ist, was die Wechselwirkung fördert und die Probe der Wechselwirkung bestehen kann. Die Wechselwirkung ist immer die Hauptsache, wenn Grundtvig von Aufklärung spricht. In Wirklichkeit hatte er eine gewisse Angst vor Volksbewegungen, weil solche Bewegungen seiner Ansicht nach häufig sektiererische und separatistische Ziele verfolgten auf Kosten der Gemeinschaft und der unentbehrlichen Wechselwirkung unter allen Gruppierungen und Schichten der Gesellschaft.

Die Wirkungen der Ideen Grundtvigs waren in Dänemark so stark, auch außerhalb der Volkshochschulen und der grundtvigianischen Bewegung überhaupt, daß es heute noch unmöglich ist, von Aufklärung zu sprechen, ohne in seiner Richtung zu denken. Aufklärung ist auf Dänisch gleichbedeutend mit „Lebenserhellung", Licht über das Menschen- und Volksleben zu bringen, kurz: mit „højskole". „Aufklärung" ist dagegen im Dänischen kein Begriff zur Bezeichnung einer Tradition, wie es z.B. im Deutschen der Fall ist. Die europäische Aufklärungstradition wurde durch den grundtvigschen Einfluß in den Hintergrund gedrängt, und der Begriff „Hochschule" wurde der volklichen Tradition reserviert, an sich ein deutliches Zeichen der Stärke der Volkshochschultradition in der dänischen Kultur.

„Aufklärung" und „højskole" bezeichnen also zwei verschiedene Kulturtraditionen.

---

5 Vgl. „Grundtvigs skoleverden...", a.a.o., S. 191 und den überall hervorgehobenen Zusammenhang zwischen Volkshochschule und demokratischer Politik und Verwaltung
6 ebd., S. 192
7 Zum Begriff „Wechselwirkung" vgl. K.E. Bugge: „Skolen for livet", Kopenhagen 1965, S. 293ff.

In Dänemark existieren seit Grundtvig beide Traditionen nebeneinander. Wer das nicht versteht, begreift manches in der dänischen Gesellschaft nicht. Das Zusammenleben dieser beiden Aufklärungstraditionen hat sich, je nach den Umständen, mehr oder weniger friedlich entfaltet, mitunter auch in fruchtbarer Wechselwirkung.

Der gesamteuropäischen Aufklärungstradition sind u.a. die großen Landwirtschaftsreformen von 1788 zu verdanken sowie die Einführung der öffentlichen Volksschule 1814, der „højskole" dagegen die Genossenschaftsbewegung, die freiheitliche Ordnung von Kirche und Schule und manches im Bildungssystem überhaupt. Diese hat weitgehend die Sprache und Denkweise geprägt, jene die Entwicklung der Gesellschaft, besonders nach dem Zweiten Weltkrieg.

Die Entwicklung einer volklichen Kultur, die in Dänemark bis um den Ersten Weltkrieg tatsächlich im Gange war und nicht nur die Volkshochschulen und die Grundtvigianer umfaßte, sondern weithin auch die Arbeiterbewegung und Arbeiterbildung, wurde allmählich abgeschwächt. Ja, die Entwicklung wurde im Grunde rückgängig gemacht. Aus einem Volk begann sich wieder eine „almue" zu bilden. Das Wort „almue" bezeichnet ein Volk, das nur die Rolle eines Zuschauers hat und sich nicht für die Gesellschaft verantwortlich fühlt.

Ein Erdrutsch folgte als Wirkung der explosiven techno-ökonomischen Expansion nach dem Zweiten Weltkrieg. Mit revolutionärer Kraft und Geschwindigkeit setzte sich die Industrialisierung durch und wandelte fast über Nacht die frühere Agrargesellschaft bis zur Unkenntlichkeit. Das ländliche Milieu, das bisher die Volklichkeit getragen hatte, gab es plötzlich nicht mehr und die Jugend auch nicht, die die Volkshochschulen traditionell besucht hatte.

Das ganze Klima in der Gesellschaft war verändert. Die Wissenschaften bekamen eine viel stärkere Position als vorher. Neue Universitäten wurden gegründet und alle Ausbildungen so weit wie möglich „akademisiert". Aber, was noch verhängnisvoller war, die Verbreitung von Wissenschaft war nicht von einem unkontrollierten Wachstum der Technologie zu unterscheiden. Rationalisierung, Effektivierung und größere Einheiten waren die Kennzeichen dessen, was überall als Reformen bezeichnet wurde, auch in der Kooperation – auf Kosten der Kooperation, wie die Kritiker meinten. Die dänische Gesellschaft wurde allen anderen mehr und mehr ähnlich. Harmonisierung braucht man nicht anzustreben, sie folgt von selbst, wenn man sich der Entwicklung preisgibt, d.h. wenn das Volkliche nicht stark genug ist, den Lauf der Dinge zu beeinflussen.

Die Volkshochschulen erlebten in den 60er Jahren eine Hochkonjunktur. Kritisch gesehen war es jedoch die Frage, ob nun im Grunde die „højskole" nicht endgültig besiegt war – durch die Aufklärung in deren technokratischer Ausgabe. Zwar setzte auch die Technologie- und Technokratiekritik ein, aber in erster Linie war das eine Kritik der Aufklärung durch die Aufklärung, wie sie vor allem von der Frankfurter Schule vertreten wurde. Besonders Habermas war an dänischen Universitäten und anderen Ausbildungsinstitutionen eine Zeitlang sehr geschätzt – ob gelesen oder nicht. Das Ergebnis war – jedenfalls vorübergehend – eine Stärkung der bis dahin nicht gesellschaftstragenden kulturradikalen Traditionen auf Kosten der volklichen.

Die Tradition der Aufklärung hat als oberstes Ziel die Emanzipation des Menschen. Emanzipation innerhalb der Gesellschaft und der Natur ist aber das eine, etwas ganz anderes, sich über die Natur und über die Geschichte hinaus emanzipieren zu wollen. Den Unterschied hat aber die Tradition der Aufklärung nicht immer klar erkannt.

Das Ergebnis liegt heute vor, u.a. in Form einer ökologischen Krise und eines weit verbreiteten Gefühls der Ohnmacht und Desillusionierung in ganz Europa, womit ein volkliches und demokratisches Vakuum entstand, also der Gegensatz von Aufklärung. Der freie Mensch, der die Entwicklung unter Kontrolle bringt, ist längst eine Illusion geworden. Daran glauben höchstens noch die Bürokraten und Politiker, die breite Masse kaum mehr. Und viele von denen, die vor zwanzig Jahren auf die Barrikaden gingen, sind heute bereit, schamlose Kompromisse mit der Entwicklung einzugehen.

Was bleibt dann übrig, als seine Ohnmacht einzusehen, das Glück in den kleinen Dingen zu suchen und sich dem Schicksal und den Sternen preiszugeben? Höchste Mode ist ja auch, die Möglichkeiten der Aufklärung überhaupt anzuzweifeln. Die Epoche der großen Erklärungen sei vorbei, behaupten die Postmodernen. Begriffe wie Geschichte und Menschheit seien überholt, ja eigentlich auch Politik, Diskussion und Wahrheit. Von dieser Kritik sind beide Aufklärungstraditionen herausgefordert und zum Teil auch betroffen, die „højskole" meines Erachtens jedoch weniger als „die Aufklärung".

Vieles von dem, was die Kritiker jetzt sagen, hat schon Grundtvig der Aufklärungstradition vorgeworfen: Verehrung des Subjekts vor allem, abstrakten Intellektualismus und Mangel an Verständnis für die Mannigfaltigkeit des Lebens. Die Alternative war aber bei Grundtvig nicht die Aufhebung aller Begriffe wie Menschheit, Wahrheit, Fortschritt und Geschichte. Im Gegenteil. Und gerade das macht Grundtvig in der heutigen Kulturdebatte interessant, nämlich als Vertreter einer dritten Position zwischen den mehr relativistischen oder irrationalistischen Strömungen einerseits und Habermas' Versuch, die rationalistische Tradition der Aufklärung sprachphilosophisch zu verteidigen und weiterzuführen.[8]

Die Wendung zur Sprache, die Habermas vollzieht, durch angelsächsische Philosophie inspiriert, als eine Art Rettungsaktion für die Frankfurter Schule, deren ältere Vertreter doch im Grunde schon längst die Niederlage der Aufklärung zur Kenntnis genommen hatten, schlägt eine Brücke zu den Gedanken Grundtvigs, und „die Aufklärung" ist zweifellos damit der „højskole" näher gekommen.

Auch bei Grundtvig ist die Sprache das Fundament. Der Mensch ist durch die Sprache definiert. Grundtvig verwendet aber vornehmlich den Ausdruck „Wort", der an die Bibel erinnert und erkennen läßt, daß hier mehr als nur Kommunikation und kommunikative Ethik auf dem Spiel stehen: Entscheidend ist, was in der Sprache tatsächlich zum Ausdruck kommt. In der Sprache spiegeln sich die fundamentalsten humanen Erfahrungen wider und alles, was dem Menschen zu Herzen gegangen ist von der Geschichte und der Natur. Das alles ist in der Alltagssprache – oder Muttersprache – aufbewahrt. Deshalb ist die Sprache – nicht formal, sondern eben inhaltlich – die Quelle der Ethik und aller gesellschaftlichen Verantwortlichkeit.

Jede echte Aufklärung vollzieht sich nach Grundtvigs Auffassung innerhalb eines Universums der Liebe. „Jede wahre Aufklärung ist milde und sanft", heißt es in einem der bekanntesten Grundtviglieder, „damit sie (die Aufklärung) unserem Herzen wohl gefällt." Die kalte Wissenschaft wird nie das Menschenleben erklären können, denn die Erklärung, um die es bei Grundtvig geht, ist anderer Art und hängt mit der Frage zusammen, ob das göttliche Experiment Mensch gelingen wird. Das ist aber eine Frage des Lebens und der Geschichte. Durch den Lebenslauf des Menschen erklärt sich das Leben. Von unserem Standpunkt aus, die wir in der Geschichte stehen, ist das Leben ein Rätsel. Doch Grundtvig ahnt, daß der Schlüssel zur Klärung dieses Rätsels die Liebe ist.

Kann das aber nicht reine Sentimentalität werden? Gewiß! Derartiges ist öfters den Grundtvigianern und den Volkshochschulen vorgeworfen worden – und zum Teil mit Recht. Doch gibt es wohl kaum andere Quellen eben der ethischen Verantwortlichkeit, die unsere Gesellschaft heute so dringend braucht, als gerade jene Grunderfahrung, die Grundtvig zufolge die Muttersprachen enthalten.

---
8 Vgl. Jürgen Habermas: „Der philosophische Diskurs der Moderne", Frankfurt 1985

Wo finden wir unsere Maßstäbe, ethisch und moralisch? So wird heute gefragt, nicht nur bei uns in Dänemark, sondern überall auf der Welt. Sachverständige gibt es natürlich auch auf diesem Gebiet, Ethiker, Philosophen und Theologen, die alle viel erklären können über Begründungen und Gültigkeit von ethischen Prinzipien. Die Entscheidungen aber, die wir zu treffen haben, werden in vielen Fällen, vielleicht den meisten, überhaupt nicht von ethischen Prinzipien deduzierbar sein. Ethische Entscheidungen müssen sich meistens aus der Situation selbst ergeben, wenn es sie überhaupt geben soll. Das setzt aber voraus, daß die Situation schon eine qualitative ist. Gerade dafür sorgt die Sprache, die Alltags- oder Muttersprache, die einzige Sprache, die – im Gegensatz zu den meisten Fach- und Spezialistensprachen – noch Denken und Fühlen verbindet.

Deshalb ist es nach Grundtvigs Anschauung von größter Wichtigkeit, daß die Wechselwirkung in der volklichen Hochschule auf der Basis der Muttersprache geschehen muß – unter Einbeziehung der Dichtung und der Poesie.[9]

Könnte man sich eine Gesellschaft vorstellen, wo die Abgeordneten der verschiedenen Volksversammlungen sich mindestens einen Tag pro Woche mit Literatur, Geschichte, Philosophie oder Poesie beschäftigen? Jedenfalls ist etwas Ähnliches auch ein Teil der Utopie Grundtvigs, wenn er von Aufklärung spricht.

Heute aber vergrößert sich eher der Abstand zwischen Kunst und Politik, wie zwischen Volksbildung und Politik. Diese verhängnisvolle Entwicklung umzukehren ist Aufgabe der Volkshochschule. Und gerade Grundtvigs Konzeption der Aufklärung scheint dafür besonders geeignet.

Wenn es sie nicht gäbe, müßte sie heute erfunden werden.

---

9 Vgl. seine Gedanken über die Einrichtung der volklichen Hochschule in Sorø, „Grundtvigs skoleverden...", a.a.o., S. 202ff.

Egon Schütz
Gesprächsbericht

Einleitend entwickelte der Berichterstatter eine knappe Problemskizze zur vorgegebenen Thematik. Die Frage war: Kann man überhaupt von einer „Identität" im Sinne einer gelebten und lebendigen Einheit im Zusammenhang mit Volkshochschulen unserer Zeit sprechen? Oder hat nicht der Gedanke an eine solche – im Begriff des Volkes vorgedachte – „Identität" längst vor einer organisatorischen Pragmatik kapitulieren müssen, die mit flexiblen Lernangeboten (im Stil der Weiterbildung) auf Nachfragen zu reagieren hat? Indikatoren für die Verflüssigung der Identitätsthematik seien in nur wenigen Stich- und Reizworten angedeutet: Die „Professionalisierung" der Erwachsenenbildung, die „Funktionalisierung" und „Technologisierung" der Lebenswelt, auf die sie antworten müsse, die „Qualifikationserwartungen", die von Teilnehmern ebenso wie von Bildungspolitikern an sie gestellt würden. Der „Lerner", der an objektiven Lernergebnissen interessiert sei, müsse, wenn nicht ausschließlich, so doch wesentlich als profilbildend für das Selbstverständnis der Erwachsenenbildung betrachtet werden und weniger derjenige, dem es in freier Bildung um sich selbst gehe. In massiver Formulierung stelle sich – angesichts der Entwicklung der Volkshochschulen zu Weiterbildungsanstalten moderner Industrienationen – die Frage, ob die Erinnerung an Grundtvigs Volkshochschulgedanken (mit seiner Akzentuierung von Geschichte, Sprache, Mythos, Volk) etwas anderes sein könne als „Romantik" – nämlich (kritisches) Programm.

Der Referent betonte nachdrücklich den programmatischen und den kritischen Charakter der Volkshochschulidee Grundtvigs, den sie gerade angesichts der skizzierten Zeittendenzen heute noch (und wieder) habe. Er argumentierte: Als romantische „Sentimentalität" könne Grundtvigs Volkshochschulkonzept nur dann erscheinen, wenn ihm durch Außendruck das Schicksal eines subkulturellen Programms bereitet werde. Diese Tendenz sei wohl nicht zu übersehen – aber es gäbe auch aufweisbare Gegentendenzen, die auf eine zunehmend höhere Bewertung dessen hinausliefen, was Grundtvig als lebendige Aufklärung durch das lebendige Wort verstand. Das sei eine Aufklärung „von unten her", die nicht im Zeichen der diskursiven Vernunft wissenschaftlicher Rationalität stehe (wenn sie diese auch nicht irrational attackiere), sondern im Zeichen einer mitmenschlich vernehmenden Vernunft, einer „Vernunft der Liebe". Hier gehe es um die Aktivierung der Lebensklugheit, der Lebenserfahrung, gehe es um Priorität der Lebenssituationen, in denen und aus denen gelernt werde. Im Kontext solcher Aufklärung „von unten" – einer „volklichen" Aufklärung – erscheine Freiheit nicht individualistisch oder emanzipatorisch, sondern als Vollzug sich verständigender Gemeinschaftlichkeit. Nur in solch lebensnahem Vollzug, das sei Grundtvigs Überzeugung gewesen, könne das Volk aus seiner ideellen und materiellen Verarmung herausgeführt werden.

Der Referent räumt ein, daß die „folkelige" Aufklärung „von unten" durch den Fortschritt in Industrie, Wissenschaft, Technik und Verwaltung sowie durch die Dominanz der (akademischen) Aufklärung als „kritische Vernunft" und „Ideologiekritik" fast beendet wurde. Die Lage habe sich indes gegenwärtig wesentlich geändert. Im Sinne solcher Änderungstendenzen wurde konstatiert: Die Zweifel am rationalistischen Typus der Aufklärung und seiner gesellschaftlichen Kommunikationstheorien seien – unbeschadet ihrer Ausprägungen und Intentionen im einzelnen – als Indiz für ein wachsendes Unbehagen an der Auflösung des Sprechens in einer abstrakten Welt definitiver Zeichen zu werten. Man rekurriere wieder auf den Sinn der Sprache und des Sprechens, auf ihre zwischenmenschliche Bedeutung – durchaus im Sinne des Liebesverständnisses von Grundtvig. Es wachse die Bereitschaft, die Rätselhaftigkeit des Lebens, von der Grundtvig ausgegangen sei, nicht nur zu sehen, sondern sie als Hintergrund einer lebensnahen Aufklärung zu respektieren. Schließlich sei auch die Skepsis gegenüber den „großen Erzählungen" als eine Rückbesinnung auf Identitäten zu bewerten, die sich diskursiver Vernunft und ihrem immanenten Universalismus entzögen. Alle diese Tendenzen, Indizien und Motive ließen die Aktualität des Volkshochschulkonzepts von Grundtvig unwiderleglich hervortreten. Sein Volkshochschulgedanke sei offensichtlich immer noch – oder erneut – programmatisch. Mit anderen Worten: Das Identitätsproblem der Volkshochschule stellt sich durchaus wieder, und Grundtvig könne Wegweiser zu einer Bildungslösung sein.

Nur sehr knapp konnten im Gespräch die Grundthesen des Referenten zur Aktualität Grundtvigs erörtert werden.

Das besondere Interesse galt verständlicherweise der Praktikabilität eines Konzepts, das gemeinschaftliche Selbstbildung außerhalb des systematisierten und honorierten Lernens ansiedelt und gerade dadurch ebenso attraktiv wie menschlich erfolgreich sein soll.

Die Meinungen über die Realisierbarkeit gingen hier auseinander. Allgemein aber wurde begrüßt, daß der Grundtvig-Kongreß insgesamt und der Gesprächskreis im besonderen dazu einluden, sich – und sei es auch unter Perspektiven der Skepsis – über die Lage der gegenwärtigen Erwachsenenbildung aus der Sicht Grundtvigs zu verständigen.

Martha Friedenthal-Haase

Grundtvig im Spiegel der deutschen Literatur zur Erwachsenenbildung um 1933

Drei Leitbegriffe bestimmen unsere Beschäftigung mit Grundtvig hier in diesem Kreis: „Erbe, Rezeption, Spiegel". Sie bezeichnen eine Beziehung, in der dem Erben, dem Rezipienten, dem Betrachter eine aktive, ja eine buchstäblich entscheidende Bedeutung zukommt. Nicht der Klassiker an sich, der gültige Text oder die kanonisierte Überlieferung entscheiden über die Vorstellungen, die die deutsche Fachwelt von dem dänischen Pädagogen Grundtvig gewinnt. Erst die Perspektive des Betrachters, die Art der Auseinandersetzung – in Zustimmung und Ablehnung –, seine aktive und selektive Aneignung formen ein Bild von Grundtvig in Deutschland in einer bestimmten Epoche. Die allgemeine epochenspezifische Stimmungslage, die kulturellen, wirtschaftlichen und politischen Verhältnisse werden dabei ebenso zu beachten sein wie die besonderen subjektiven Erfahrungen, Interessen und Vorstellungen des einzelnen Rezipienten und ‚Erben'.[1] Vermittelnd zwischen diesen mehr objektiven und mehr subjektiven Bestimmungsgrößen der Rezeption wird die Fachkultur, die Fachöffentlichkeit als Filter und Resonanz wirksam werden.[2] Unsere Aufgabe hier – die meines Kollegen Norbert Vogel und meine – sehen wir darin, die verschiedenen Zeugnisse für literarische Rezeption Grundtvigs aufzunehmen und, soweit möglich, zu einem Bild zusammenzufügen. Wir haben uns entschieden, diese Rezeptionsvorgänge und -ergebnisse historisch, jedoch nicht im Längsschnitt, sondern auf zwei verschiedenen Stufen querschnittmäßig zu beleuchten – der Weimarer Republik einerseits[3], dem Kaiserreich andererseits. Die Betrachtung und Darstellung wird dabei durch den Rückblick bestimmt werden, von dem historisch jüngeren Datum rückfragend zum historisch älteren, also von Weimar ausgehend zurück zu den Anfängen der Grundtvig-Rezeption in der Zeit vor dem Ersten Weltkrieg.

Im folgenden soll versucht werden, dem vielleicht bekannten, allerdings ergänzten Material dadurch Neues abzugewinnen, daß ein neuer Standort bezogen wird: Die

---

1 Vgl. dazu Hans Georg Gadamer, Wirkungsgeschichte und Applikation. (Zuerst in ders., Wahrheit und Methode – Grundzüge einer philosophischen Hermeneutik, 3. erw. Aufl., Tübingen 1972, S. 284-295.) Abgedr. in: Rainer Warning (Hrsg.), Rezeptionsästhetik. Theorie und Praxis. München 1975, S. 113-125, und Wolfgang J. Mommsen, Wandlungen im Bedeutungsgehalt der Kategorie des „Verstehens". In: Christian Meier, Jörn Rüsen (Hrsg.), Historische Methode. (Theorie der Geschichte.5.) München 1988, S. 200-226.

2 Zur Konstituierung der Fachöffentlichkeit siehe auch meine Untersuchung „Erwachsenenbildung im Prozeß der Akademisierung. Der staats- und sozialwissenschaftliche Beitrag zur Entstehung eines Fachgebiets an den Universitäten der Weimarer Republik – unter besonderer Berücksichtigung des Beispiels Köln". Frankfurt a.M. 1991 (Studien zur Bildungsreform 18).

3 Siehe M. Friedenthal, Die Bedeutung Grundtvigs für die Heimvolkshochschule in Deutschland – ein rezeptionsgeschichtlicher Beitrag zur Erwachsenenbildung in der Weimarer Republik. In: N. Vogel, H. Scheile (Hrsg.), Lernort Heimvolkshochschule. Eine deutsch-dänische Positionsbestimmung der Heimvolkshochschule mit ergänzenden Beiträgen aus den Niederlanden, Österreich und der Schweiz. Paderborn 1983, S. 69-125, und M. Friedenthal-Haase, N.F.S. Grundtvig and German Adult Education: some observations on the intercultural reception of theory. In: Studies in the Education of Adults. Vol. 19, No. 1, 1987, S. 13-25.

Grundtvig-Rezeption der Weimarer Republik nicht in ihrer Entfaltung, sondern im Rückblick vom Zeitpunkt des Scheiterns der Republik aus betrachtet – das Jahr 1933 gleichsam als Brennspiegel für Möglichkeiten und Paradoxien der deutschen Grundtvig-Rezeption!

Ein Wort vorab zu Auswahl und Vorgehen: Quellen sind die in deutscher Sprache und in Deutschland veröffentlichten Zeugnisse expliziter Grundtvig-Rezeption, wie sie die Bibliographie von Eberhard Harbsmeier verzeichnet,[4] ergänzt um einige Texte, in denen mehr am Rande zu Grundtvig Stellung bezogen wird. Die Zeugnisse aus der gesamten Zeit der Weimarer Republik sollen hier speziell für das Krisen- und Umsturzjahr 1933 ausgewertet werden (wobei das zeitliche Umfeld – die Erscheinungsjahre 1932 und 1934 – mit einbezogen wird).[5] Warum dem Jahr 1933 eine so markante und bleibende Bedeutung für die deutsche Entwicklung, auch im Sinne einer kritischen Überprüfung unserer Fachtradition, zukommt, die eine Heraushebung rechtfertigt, wird sich von selbst verstehen.[6] Für die Grundtvig-Rezeption als ein interkulturelles – deutsch-dänisches – Phänomen bietet dieses Jahr jedoch zusätzliche Gesichtspunkte. So wird sich beispielsweise die Frage stellen, ob deutsche Pädagogen im Jahr der „nationalen Revolution" den dänischen Volkspädagogen und ‚Propheten des Nordens' politisch in bestimmtem Sinne zu aktualisieren versuchten. Neben der Frage spezifischer thematisch-begrifflicher Anknüpfungs- und Projektionsmöglichkeiten gibt es aber noch einen historischen Anlaß für die publizistische Intensivierung der interkulturellen Wahrnehmung und Würdigung – das ist der 150. Geburtstag Grundtvigs 1933, zugleich das 450. Geburtsjahr des deutschen Reformators Martin Luther –, ein Jahr also nicht nur des politischen Umbruchs, sondern zugleich auch feierlicher Selbst- und Rückbesinnung der deutschen Protestanten.[7] Ausgewertet wurden aus dieser Zeit 14 Zeugnisse unterschiedlichen Umfangs, die im engeren Sinne theologischen nicht eingeschlossen.[8] Manche Verfasser kennt heute auch der Fachhistoriker kaum noch; andere, wie Martin Buber, Adolf Reichwein, Anton Heinen, Eduard Weitsch, Fritz Laack und Reinhard Buchwald sind auch heute noch als Repräsentanten unterschiedlicher weltanschaulicher oder politischer Positionen innerhalb der sogenannten Neuen Richtung im Fach und zum Teil darüber

---

4 Eberhard Harbsmeier, Bibliographie über Grundtvig-Literatur in nichtskandinavischen Sprachen. In: Grundtvig Studier 1976. Kobenhavn 1977, S. 52-64. Folgende dort verzeichnete Zeugnisse wurden ausgewertet: Buchwald 1932, ders. 1934, Kautz 1932, Kosmehl 1933, Lorentzen 1933, Meyersahm 1934, Naumann 1933, Reichwein (u.d. Pseudonym Rosbach) 1933.

5 Martin Buber, Grundlegung. In: Mittelstelle für jüdische Erwachsenenbildung bei der Reichsvertretung der deutschen Juden. Frankfurt a.M. 1934.(Rundbrief) Blatt 2; Fritz Laack, Illusion und Wirklichkeit der Volksbildung. In: Freie Volksbildung. 8. Jg., Heft 5/6, 1933, S. 261-276; Fritz Laack, Eduard Weitsch, Die Lage der Volksbildung nach der nationalen Revolution. In: Freie Volksbildung. 8. Jg., 1933. H. 4, S. 121-125; Adolf Reichwein, Bemerkungen zu einer Selbstdarstellung (10.6.1933). Abgedr. in: „Schafft eine lebendige Schule – Adolf Reichwein 1898-1944". Dokumentation und Materialien... Hrsg.: Max-Traeger-Stiftung, Frankfurt. Heidelberg 1985, S. 118-125; Karin und Johannes Schauff, Volk und Volksbildung in Dänemark. Mit einem Vorwort von Anton Heinen. Düsseldorf 1932 (Schriften des Vereins zur Förderung der Bauernbildung. Heft 1).

6 Anregungen zur Beleuchtung der deutschen Grundtvig-Rezeption vom Jahr 1933 ausgehend verdanke ich u.a. dem von Wolfgang Keim herausgegebenen Band „Pädagogen und Pädagogik im Nationalsozialismus – Ein unerledigtes Problem der Erziehungswissenschaft." Frankfurt a.M., Bern, New York, Paris 1988 (Studien zur Bildungsreform. 16).

7 Vgl. z.B. Erich Seeberg, Martin Luther. Gedächtnisrede zu seinem 450. Geburtstag. Berlin 1933; Karl Heussi, Luthers deutsche Sendung. Jena 1934; Johannes Witte, Doktor Martin Luther als rechter Christ und echter Deutscher. Berlin 1934.

8 D.h. die in Anm. 4 und 5 aufgeführten Zeugnisse zusammen.

hinaus bekannt. Dabei fällt auf, daß in diesem Kreis die Namen der bereits etablierten Hochschullehrer – wie z.B. Eduard Spranger, Theodor Litt, Hermann Nohl, Peter Petersen und Wilhelm Flitner – als Grundtvigrezipienten zu diesem Zeitpunkt fehlen. Es nehmen nun um 1933 verschiedene Pädagogen – rückblickend auf die Jahre seit dem Ersten Weltkrieg – Stellung zu Grundtvig. Ein sehr persönliches Zeugnis ist die Selbstdarstellung Adolf Reichweins vom 10.Juni 1933 nach seiner Entlassung durch die Nationalsozialisten:

„Außer dem, was jeder Frontsoldat, der mit offenem inneren und äußeren Blick den Krieg erlebt hat, an Erfahrung gewann, brachte mir die Kriegszeit noch eine persönliche und ganz wichtige Begegnung: mit Grundtvig und seinem Werk, der dänischen Volkshochschule. In der Champagne kam mir 1917 Hollmanns ausgezeichnetes Buch über die dänische Volkshochschule in die Hände, durch das ich zugleich die Persönlichkeit Grundtvigs kennenlernte. Das Buch bedeutete eine Wendung für mich. Ich entschloß mich, den mir sehr teuer gewordenen Plan meiner Jugend, Architektur zu studieren, aufzugeben und nach dem Kriege mich der volkstümlichen Bildung zu widmen."[9]

Die Begegnung mit Grundtvig wird hier als Markierungspunkt einer Lebenswende geschildert – rückblickend in einer Situation, in der der Schreiber sich nach einem Berufsverbot mit Hilfe dieser Selbstdarstellung eine pädagogische Arbeitsmöglichkeit im nationalsozialistischen Deutschland erschließen wollte.[10] Die auch durch einen größeren Aufsatz andernorts bezeugte persönliche Bedeutung Grundtvigs für Reichwein ist nicht zu bezweifeln oder zu relativieren.[11] Beachtenswert ist aber, daß eine so nachdrückliche Berufung auf Grundtvig im Sommer 1933 für einen politisch bereits ausgegrenzten Pädagogen zumindest unverfänglich, wenn nicht sogar empfehlend wirkte. Das Zitat aus diesem politisch-psychologisch wichtigen Dokument belegt zudem einen spezifischen Aspekt des interkulturellen Ideentransfers: Die Wirksamkeit der Vermittlung von Idee und Werk des dänischen Volkspädagogen durch die Schriften deutscher Pädagogen und Sachkenner, wie im Falle Reichweins durch das bekannte, mehrfach aufgelegte Buch von Anton Hollmann über die dänische Volkshochschule, das zuerst bereits 1909 erschien und dann 1919 und 1928, leicht verändert, neu aufgelegt wurde.[12]

In der herangezogenen Literatur wird allgemein nicht nur Grundtvig rezipiert, sondern teilweise auch bereits gewissermaßen die Grundtvig-Rezeption selbst bis hin zu den dreißiger Jahren nach zeitlichem Verlauf, Intensität und Qualität reflektiert. Ein erster Höhepunkt der Grundtvig-Rezeption wird in der Zeit unmittelbar nach dem Ersten Weltkrieg gesehen, als in der lebhaften Diskussion über Erwachsenenbildung und Volkshochschulfragen, wie Heinrich Kautz 1932 in der katholischen Monatsschrift Pharus schreibt, „Grundtvig als Vorbild bester Volkshochschulbestre-

---

9 A.Reichwein, Bemerkungen zu einer Selbstdarstellung (vom 10.Juni 1933), S. 119, siehe Anm. 5.
10 Vgl. Roland Reichwein. Zur Aktualität Adolf Reichweins. In: Adolf Reichwein. Reformpädagoge und Widerstandskämpfer 1898-1944. Beiträge und Dokumente zum 40. Todestag herausgegeben von R. Reichwein im Auftrag der Gewerkschaft Erziehung und Wissenschaft, Heidelberg 1984. Dort insbesondere der Abschnitt „Sein Verhalten nach dem ‚Berufsverbot' von 1933", S. 15f.
11 Vgl. A. Reichwein (unter dem Pseudonym Peter Rosbach), Grundtvig. Aus Anlaß der 150. Wiederkehr seines Geburtstages am 8. September 1933. In: Pädagogisches Zentralblatt. XIII, 1933, S. 342-364. Zu Reichweins Verhältnis zu Grundtvig siehe auch Fritz Borinski, Adolf Reichwein – sein Beitrag zur Arbeiterbildung und Erwachsenenbildung. In: Wilfried Huber, Albert Krebs (Hrsg), Adolf Reichwein 1898-1944. Paderborn, München, Wien, Zürich 1981, S. 63, S. 84ff.
12 Vgl. Martha Friedenthal-Haase, Anton Heinrich Hollmann. In: G. Wolgast, J.H. Knoll (Hrsg.), Biographisches Handwörterbuch der Erwachsenenbildung. Sachsenheim, Stuttgart, Bonn 1986, S. 172f.

bungen in das Gesichtsfeld der deutschen Pädagogik getreten" ist.[13] Als wichtige Mittler hebt Reinhard Buchwald 1932 in der Zeitschrift „Die Christliche Welt" den Schweizer Fritz Wartenweiler-Haffter und den bereits genannten Hollmann hervor, nachdem kürzere Hinweise schon durch Rein, Lembke u.a. gegeben worden seien.[14] Als Interpreten nennt Buchwald Georg Koch[15] und weist auch auf dänische, in deutscher Sprache erschienene Literatur hin.[16] Für Kautz war die Grundtvig-Rezeption von der Ausdehnung und Dynamik der Volkshochschulbewegung abhängig: „Als dann die Volkshochschulbewegung nach kurzen Jahren wieder verebbte, geriet ebenfalls Grundtvigs Führergestalt aufs neue außer Sicht, so daß von einer nennenswerten Beeinflussung unseres pädagogischen Lebens durch den nordischen Pestalozzi bislang nicht die Rede sein kann."[17]

Zu einem ähnlichen Urteil kommt Buchwald hinsichtlich der Wirkung der 1927 im Eugen Diederichs Verlag in Jena erschienen zweibändigen Ausgabe von Grundtvigs Schriften in deutscher Übersetzung. Wie der erfahrene Verlagsmann Buchwald zu berichten weiß, war diese Werkausgabe verlegerisch ein Mißerfolg. Fachlich-wissenschaftlich habe sie bislang nur Erich Weniger systematisch ausgewertet, im übrigen sei „fast kein Widerhall zu spüren".[18] Nun gilt diese Aussage nicht etwa der gesamten Grundtvig-Rezeption (d.h. Grundtvig als wirkender Persönlichkeit und Inspirator der Institution Volkshochschule), sondern allein der des theoretischen Pädagogen und Schriftstellers. Grundtvig-Rezeption ist auch unabhängig von der Werkausgabe vielfältig belegt, nicht nur durch die bereits erwähnten interkulturellen Mittler, sondern noch durch verschiedene weitere Übermittlungswege wie z.B. Kulturkontakt im Grenzgebiet, Skandinavienreisen von Reformpädagogen, interkulturellen Austausch zwischen deutschen und nordischen Protestanten, Bauern, Lebensreformern und Künstlern. Wahrscheinlich werden diese Einflüsse dann, wenn die deutschen Rezipienten die dänische Sprache nicht beherrschen, zu erfahrungsmäßig begründeter Zustimmung oder Ablehnung eines lebendigen Modells und daher eher zu identifikatorischer als zu kritisch-systematischer Rezeption führen, die nun einmal ohne historisch-kritische Analyse zusammenhängender Texte nicht auskommt. Die deutsche Werkausgabe bietet somit für die kritische Aneignung im Deutschen Sprachgebiet fachgeschichtlich eine wesentliche Voraussetzung. Da sie jedoch unvollständig blieb – die geplanten Bände mit politischen und religiösen Schriften sind, wie später einige Rezipienten beklagten, nicht mehr erschienen –, vermochte sie nicht, ein hinreichendes Bild von Grundtvigs vielseitigem Schaffen zu vermitteln. Die Auswahl und Präsentation der Texte und die Qualität der Übersetzung werden für die Art der

---

13 H. Kautz, Nicolai Frederic Severin Grundtvig und die deutsche Pädagogik. In: Pharus. Katholische Monatsschrift für Orientierung in der gesamten Pädagogik. 23. Jg., 1932, S. 456.
14 R. Buchwald, Grundtvig und die dänische Volkshochschule. In: Die Christliche Welt, 1932, Nr. 2, S.59; Fritz Wartenweiler-Haffter, Ein nordischer Volkserzieher. Die Entwicklung N.F.S. Grundtvigs zum Vater der Volkshochschule. Bern, Wyß 1913; und Anton Heinrich Hollmann, Die dänische Volkshochschule und ihre Bedeutung für die Entwicklung einer völkischen Kultur in Dänemark. Berlin 1909, Berlin 1919 als 2., neu bearb. Aufl. unter dem Titel „Die Volkshochschule und die geistigen Grundlagen der Demokratie" und 1928 als 3. neubearb. Aufl. unter dem Titel „Die Volkshochschule".
15 Vgl. R. Buchwald, a.a.O., der sich auf Georg Koch, Der Volkshochschulgedanke. 1928; Menschenbildung. 1929 bezieht (Beides im Bärenreiter-Verlag, Kassel).
16 R. Buchwald a.a.O., S. 59 nennt z.B. die Sammlung: Die dänische Volkshochschule. (Kopenhagen, Schönberg o.J.), die der Verein für Volkshochschulen und Landvolkshochschulen in Dänemark herausgegeben hat.
17 H. Kautz, a.a.O., S. 456 (unten).
18 R. Buchwald, a.a.O., S. 60 (oben).

Aufnahme ebenso von Bedeutung sein wie in fachlichen Leserkreisen etwa schon vorgeprägte Deutungsmuster, so die schon vor Erscheinen der Texte verfestigte „Grundtvig-Legende", wie Buchwald sie nennt.[19] Auswahl und Übersetzung sind von deutschen Rezensenten anerkannt, ja gelobt worden. Den Rezensionen (von 1927 bis 1930) zufolge traf die Übersetzung einen stilistischen Konsens in der pädagogischen Bewegung von Weimar, in den Worten Erich Wenigers: „Gewiß übersetzt Tiedje in die ihm und uns eigene Sprache und in die Begriffe der deutschen Volksbildungsbewegung und der pädagogischen Bewegung überhaupt, aber alles spricht dafür, daß damit die Absichten Grundtvigs getroffen sind, und daß die überraschende Gleichheit der Kategorien kein Zufall, sondern lebendige Verbundenheit ist."[20] Kritik übten mehrere deutsche Rezensenten, so z.B. Axel Henningsen,[21] an der Einleitung des Herausgebers und Übersetzers Johannes Tiedje, eines völkischen Protestanten,[22] der, Grundtvig in innerdeutsche aktuelle nationalistische, ja rassistische Kampfesfronten der Weimarer Republik einreihend, erklärt, seine Übersetzung sollte dazu dienen, „abzuschütteln was nicht christlich und nicht volkheitlich verwurzelt ist".[23] Von dieser weltanschaulich-politischen Vereinnahmung distanzierten sich mehrere Rezensenten ausdrücklich. Immerhin mag diese völkische Einrahmung dazu beigetragen haben, daß einerseits zum Teil die falschen Leute meinten, sich auf Grundtvig berufen zu können,[24] und andererseits bei der internationalistischen Linken und den Liberalen eine Auseinandersetzung mit der Grundtvig-Ausgabe nicht stattfand.

Nun zu einigen Zügen des Grundtvig-Bildes von 1933:

Ein erster Eindruck läßt sich durch einen Blick auf die häufig verwendeten Bezeichnungen für Grundtvig gewinnen. Drei Begriffe kommen in allen möglichen Wortverbindungen zur Charakterisierung Grundtvigs immer wieder vor, und zwar ‚Volk', ‚Führer', ‚Erneuerer'. Wenige Beispiele mögen hier genügen, wie „Volks- und Kirchenführer",[25] „geistiger Führer seines Volks",[26] „nationaler Volksführer",[27] „Volksmann",[28] „Volks-

---

19 R. Buchwald spricht 1928 von einer „uns geradezu unerträglich gewordene(n) Grundtviglegende", die nun durch Lektüre der Schriften überprüft werden müsse (ders., Eine deutsche Grundtvig-Ausgabe, in: Der Diederichs-Löwe, II, 1928, S. 48). Vgl. auch J. Tiedje, Vorwort zu N.F.S. Grundtvig, Die Volkshochschule. Jena 1927, S. IIf., der den „Mißbrauch" kritisiert, der in Deutschland mit Grundtvigs Namen getrieben werde.
20 E. Weniger, Grundtvig und der Begriff der historischen Aufklärung (Antrittsvorlesung an der Christian-Albrecht-Universität Kiel, gehalten am 29.11.1929), in: Ders., Die Eigenständigkeit der Erziehung in Theorie und Praxis. Weinheim 1952, S. 172-215 und S. 544-547, hier S. 173.
21 A. Henningsen, Grundtvig. In: Deutsches Volkstum. Monatsschrift für das deutsche Geistesleben. Bd. 1. Hamburg 1928: „Grundtvig darf nicht benutzt werden, um anders eingestellte Arbeit abzuschütteln" (S. 199).
22 Vgl. N. Vogel, Johannes Tiedje. in: G. Wolgast, J.H. Knoll (Hrsg.), Biographisches Handwörterbuch der Erwachsenenbildung. Sachsenheim, Stuttgart, Bonn 1986, S. 402f.
23 J. Tiedje, Vorwort zu N.F.S. Grundtvig, Die Volkshochschule. Jena 1927, S. IV.
24 Vgl. R. Buchwald, Grundtvig und die dänische Volkshochschule, a.a.O., S. 62: „Er (d.i. Grundtvig, M.F.-H.) war alles andere als romantischer Nationalist (wenn sich auch Menschen dieser Art gern auf ihn berufen)." Bereits 1928 hatte Buchwald auf diese und andere Probleme der Rezeption in Deutschland hingewiesen: „Und auf Grundtvig berufen sich sehr viele, um damit letzten Endes kirchliche und nationalistische Tendenzen zu verdecken. Es ist höchste Zeit, daß wir von dem mißverstandenen an den wirklichen Grundtvig appellieren können" (Eine deutsche Grundtvig-Ausgabe. Der Diederichs-Löwe. II. 1928, S. 50).
25 Z.B. bei H. Kautz 1932, S. 457.
26 K. und J. Schauff 1932 (wie Anm. 5), S. 8.
27 K. und J. Schauff 1932, S. 7.
28 P. Naumann, Ein nordischer Volkserwecker, In: Allgemeine Deutsche Lehrerzeitung. 62. Jg, Nr. 30, 1933, S. 645.

persönlichkeit",[29] „Volkserwecker",[30] „Volkserneuerer",[31] „Bildungserneuerer".[32] Rein im Wortgebrauch deutet sich hier ein Grundtvigbild an, in dem das Agogische und Gestaltende in den Vordergrund, das Analytische und Erforschende in den Hintergrund treten. Einen ähnlichen Eindruck kann man bei Betrachtung der Bezugs- und Vergleichsgrößen haben, mittels derer Grundtvig sozusagen in das Spektrum des deutschen Geisteslebens „transponiert" werden soll. Am häufigsten ist der Vergleich mit Fichte, wobei zumeist weniger an den Philosophen im strengen Sinne als an den öffentlich wirkenden Verfasser der „Reden an die deutsche Nation" gedacht ist.[33] Nächst Fichte ist es Pestalozzi, mit dem Grundtvig immer wieder in Beziehung gesetzt wird. In einer Verbindung von National- und Wohnstubenerziehung zeichnet Buchwald dem deutschen Leser ein Bild aus beiden Größen: „Denken wir uns, daß Fichte zugleich Pestalozzi gewesen wäre...so können wir die Eigentümlichkeit Grundtvigs einigermaßen verstehen..."[34] Andere in der Literatur gelegentlich erwähnte Analogien, wie zum Beispiel zu dem Germanisten Rudolf Hildebrand,[35] dem Kulturhistoriker Wilhelm Heinrich Riehl[36] oder dem Soziologen Max Weber,[37] müssen als Einzelfälle übergangen werden. Daß von Randfiguren auch einmal der dänische ‚Volksführer' mit dem zeitgenössischen deutschen Führer in Beziehung gesetzt wird, sei mehr als Kuriosität zumindest angemerkt.[38]

Tiefere Schichten des Grundtvigbildes werden sichtbar, wenn man aus den Texten Leitbegriffe der Rezeption – z.B. Volk, Wissenschaft, Bildung u.a. – heraushebt. Unter den verschiedenen aussagekräftigen Topoi sollen nur zwei aktuell beziehungsvolle ausgewählt werden, und zwar ‚Krise' und ‚Freiheit'. Grundtvig stand der deutschen Volksbildung in Leben und Werk als eine Gestalt der Krise vor Augen und war als solche auch über die Volksbildungskreise hinaus in irgendeinem Sinne bekannt. So hat z.B. der Existentialphilosoph Karl Jaspers in seiner das kritische epochale Bewußtsein treffenden Erfolgsschrift „Die geistige Situation der Zeit" (zuerst 1931) als Stimme des krisenhaften Zeitgefühls unter anderen Grundtvig mit dem Satz zitiert: „Unser Zeitalter steht an einem Wendepunkt, vielleicht an dem größten, welchen die Geschichte kennt..."[39] Der katholische Volksbildner Anton Heinen sah Grundtvig im Zusammen-

---

29 H. Kautz 1932, S. 457.
30 Vgl. z.B. P. Naumann 1933, S. 644.
31 F. Laack u. E. Weitsch 1933 (wie Anm. 5), S.125.
32 F. Laack 1933 (wie Anm. 5), S. 264.
33 Vgl. z.B. F. Laack 1933, S. 265; A. Reichwein (u.d. Pseudonym P. Rosbach) 1933, S. 357; R. Buchwald 1932, S. 60f., ders. 1934, S. 400, 404, Kautz 1932, S. 457 u.a.m. Es ist im Zusammenhang der hier gewählten Perspektive daran zu erinnern, daß Fichtes ‚Reden an die deutsche Nation' 1933 mit einer Einleitung von Hans Freyer, einem den Fichte-Hochschulen und der konservativ-revolutionären Strömung zugehörigen, der Volksbildung verbundenen Soziologen, neu aufgelegt wurden. (Leipzig: Reclam 1933.)
34 Vgl. R. Buchwald 1932, S. 61.
35 R. Buchwald 1934, S. 401.
36 A. Reichwein (u.d. Pseudonym P. Rosbach) 1933, S. 348f.
37 Vgl. A. Reichwein (u.d. Pseudonym P.Rosbach) 1933, S. 351 f. Zu Max Webers Bedeutung für das volksbildnerische Denken dieser Epoche vgl. M. Friedenthal-Haase, Observations on the Importance of Max Weber for German Adult Education in the Weimar Republic. International Journal of University Adult Education. Vol. XXV, No. 2, 1986, S. 26-52.
38 Vgl. z.B. P. Naumann, Ein nordischer Volkserwecker. In: Allgemeine Deutsche Lehrerzeitung, 62. Jg., Nr. 38, 1933, S. 644: K. Kosmehl, N.F.S. Grundtvig, sein Leben und seine Bedeutung! Rede anläßlich der Eröffnungsfeier des Lehrgangs 1933/34 der Volkshochschule Groß-Berlin im Marmorsaal des Zoo am 14. Gilbhart (sic) 1933. In: Die völkische Schule. Berlin 1933, S. 308-315, hier 308. Siehe auch Hitler-Zitat auf Titelblatt von J. Lorentzen 1933.
39 K. Jaspers, Die geistige Situation der Zeit. 8. Abdr. der im Sommer 1932 bearb. 5. Aufl., Berlin, New York 1979, S. 15.

hang mit der Kulturkrisis des Bauerntums, ja der Kulturkrisis überhaupt.[40] Eben darin erblickte auch der jüngere Hohenrodter Fritz Laack die Parallele zur Lage der Gegenwart: „In einem ist er unserer Zeit auf das tiefste verbunden: seine Einsatzmöglichkeit leitete er von der großen Not seines Landes her..."[41] Je nach Standort des Beobachters wird die Krise als eine nationalpolitische, ökonomische, ideologische, weltanschauliche oder existentielle aufgefaßt. Entsprechend disparat sind die Möglichkeiten politischer Deutung und Erklärung – gemeinsam scheint nur, daß ‚Volk' als Idee einer höheren geistigen und sozialen Einheit zentrale und unabdingbare Kategorie des Bildungsverständnisses ist. So ergibt sich die paradoxe Situation, daß Grundtvig als Kraft in der Krise sowohl von Völkischen und Nationalsozialisten als auch von Demokraten aus der inneren Emigration angerufen wurde und gleichzeitig sogar der jüdischen Selbstfindung in der Zeit der Unterdrückung und Ausgrenzung als Beispiel gelten konnte. Martin Buber, damals Leiter der Mittelstelle für jüdische Erwachsenenbildung in Frankfurt, für den Krise und Erwachsenenbildung sowohl für den Einzelmenschen als auch für die Gemeinschaft prinzipiell und historisch miteinander verknüpft waren, wies 1934 auf Grundtvig hin, dem es in der Krise des dänischen Volkes darum gegangen sei, „den dänischen Menschen zu erziehen, die Gemeinschaft zu bilden, die die Krise überwindet, indem das in ihr angelegte Gebilde zu einem von außen nicht zu erschütternden Lebensgrund wird".[42]

Erschütterung – Krisis – Bindung im Volk, diese eine durchgängige Linie im Grundtvig-Bild der Zeit berührt sich mit einer anderen, die Bindung und Freiheit miteinander in Beziehung setzt. Zugespitzt läßt sich sagen, daß Grundtvigs Freiheitsverständnis der deutschen Erwachsenenbildung mehr Schwierigkeiten bereitete als seine volkstümliche und christliche Gebundenheit, galt es doch nun, die grundtvigianische, die dänische Freiheit abzugrenzen gegen das, was damals als ‚liberalistisch' gescholten wurde. Liberalismus (häufig mit dem Beiwort ‚platt' oder ‚seicht'), bereits von Lagarde als Moment der Kulturkrise kritisiert,[43] wurde in Verbindung mit Individualismus, Rationalismus, Kapitalismus und Pluralismus als der ‚Volkbildung' feindlich bewertet.[44] Dagegen nun versuchten die Interpreten, die Eigenart von Grundtvigs Freiheitsdenken abzuheben als nicht-individualistisch, nicht-naturrechtlich und nicht-liberalistisch.[45] Es entspringe, wie Reichwein es ausdrückte, einer „unternehmensfrohe(n) konservative(n) Art, die locker läßt...um dem Volk verbundene Kraft zum frei gewählten und darum edelsten Einsatz zu bringen".[46]

---

40 Vgl. A. Heinen im Vorwort zu K. u. J. Schauff 1932 (wie Anm. 5), S. 4.
41 F. Laack 1933 (wie Anm. 5), S. 265.
42 M. Buber, Grundlegung. 1934 (wie Anm.5). Vgl. auch M. Friedenthal-Haase, Erwachsenenbildung und Krise im Denken Martin Bubers. Pädagogische Rundschau. 44 (1990) S. 655-673.
43 Der als Anreger der kulturkritischen Impulse der Volksbildungsbewegung oft genannte Paul de Lagarde war erklärter Antiliberaler und Antisemit, was in der Fachöffentlichkeit der Volksbildung ohne Zweifel bekannt gewesen sein muß. Vgl. seine in diesem Sinne zugespitzte Position in dem Aufsatz „Die graue Internationale" in den vielfach aufgelegten Deutschen Schriften (1878-1881). Vgl. auch H.-D. Raapke, Erwachsenenbildung als Volksbildung. In: I. Dahmer, W. Klafki (Hrsg.) Geisteswissenschaftliche Pädagogik am Ausgang ihrer Epoche – Erich Weniger, Weinheim, Berlin, 1968, S. 274.
44 Vgl. F. Laack, Illusion und Wirklichkeit der Volksbildung (1933, wie Anm. 5), S. 261: „Die Geißel der Zeit war der Pluralismus...Das Erbe des geistigen Liberalismus ... hat verhindert, daß nach dem Ewigkeitswert jeder Bewegung und nach ihrer entscheidenden Bedeutung für die Gesamtheit...gefragt wurde." S. 273: „Von diesen Gesichtspunkten her ist die Epoche des Liberalismus als volkszerstörend anzusehen..."
45 Z.B. F. Laack 1933 (wie Anm. 5). Er hebt Grundtvigs Kritik des Individualismus (S. 263) und (S. 264) seine „wahre Freiheit" in Bindung an die christliche Heilslehre hervor.
46 A. Reichwein (u.d. Pseudonym P. Rosbach), Grundtvig. Pädagogisches Zentralblatt 13. 1933, H. 1, S. 363.

Grundtvig wurde als Konservativer, der spannungsvolle Gegenpole in seinem Denken zu verbinden sucht, und von Lorentzen ausdrücklich als „konservativ-revolutionär" verstanden.[47] ‚Konservativ-revolutionär' – diese widerspruchsvolle politische Kennzeichnung[48] konnte offenbar damals als charakteristisch einerseits für Grundtvig und andererseits für den politischen Geist einer Hauptströmung in der Weimarer Volksbildungsbewegung gelten. Auffallend stimmt diese politische Zuordnung Grundtvigs überein mit einer herausgehobenen zeitgenössischen Interpretation über die Weimarer Volksbildungsbewegung. Als Wilhelm Flitner in Antwort auf Hans Freyer 1934, rückblickend auf „vierzehn Jahre der Unstaatlichkeit", den politisch unabhängigen Standort der Neuen Richtung innerhalb der Weimarer Volksbildung zu bestimmen und zu bewerten suchte, betonte er als wesentlich die „konservativ-revolutionäre Inhaltlichkeit", durch die sich diese Volksbildung „von den hohlen Machthabern der Gegenwart", d.h. der Weimarer Republik, als „ungebunden" erwiesen habe.[49] Ähnlich sollte beispielsweise auch Werner Picht urteilen, der 1936 in einer Würdigung den maßgeblich kulturpolitischen Repräsentanten und Mitbegründer der Neuen Richtung der Volksbildung, Robert von Erdberg (1866-1929), als „seinem Wesen nach konservativer Revolutionär" bezeichnete, um dann fortzufahren: „und das Gegenteil eines Weimarer Demokraten"[50]. In der Einordnung Grundtvigs als konservativ-revolutionär durch Lorentzen u.a. deutet sich, wie bereits bei der Bewertung der Übersetzung durch die Zeitgenossen, eine stilistische und wertmäßige Übereinstimmung von Grundtvig-Verständnis und Selbstverständnis führender Weimarer Erwachsenenbildner an. Zugleich wird das Bestreben, Grundtvig gegen egalitäre und individualistische Freiheitraditionen abzugrenzen, verständlich – um so gewichtiger daher in diesem Wirkungsraum die bereits erwähnte differenzierte Untersuchung von Erich Weniger über Grundtvigs Verhältnis zur Aufklärung, auf deren Bedeutung für Wenigers Erwachsenenbildungsdenken Hans Dietrich Raapke aufmerksam gemacht hat.[51]

Abschließend noch einige wenige Beobachtungen zur Frage der Aktualisierung Grundtvigs im Deutschland von 1933. Dabei entsteht kein einheitliches, sondern ein

---

47 J. Lorentzen, Diesseits und jenseits der Grenze. Nicolai Frederik Severin Grundtvig und Claus Harms. Gegenwartsfragen der Vergangenheit. Neumünster 1933, S. 55.
48 Hinsichtlich Bedeutung, Selbstverständnis und Funktion des revolutionären Konservatismus vgl. A. Mohler, Die konservative Revolution in Deutschland 1918-1932. Grundriß ihrer Weltanschauungen. Stuttgart 1950, in 2. völlig neu bearb. Fassung Darmstadt 1972; als interessantes Zeugnis zeitgenössischer kritischer Beobachtung der politischen Haltung der konservativen Revolution vgl. Theodor Heuss, Gleichschaltung des Geistes. In: Die Hilfe, 39. Jg., Nr. 10, 20.5.1933, S. 265f.; M. Greiffenhagen. Das Dilemma des Konservatismus in Deutschland. München 1971, insbes. S. 241ff.; Jeffrey Herf, Reactionary Modernism: Technology, Culture and Politics in Weimar and the Third Reich. Cambridge Univ. Press 1984. Mit Blick auf den deutschen Verleger Grundtvigs, Eugen Diederichs, von bes. Interesse: Gary D. Stark, Entrepreneurs of Ideology. Neoconservative Publishers in Germany 1890-1933. Chapel Hill: Univ. of North Carolina Press 1981.
49 Vgl. W. Flitner, Rückblick und Vorblick auf die Volksbildungsarbeit. Nachschrift zu Hans Freyers Aufsatz. In: Die Erziehung, 1934, Jg. 9, S. 108.
 Rückblickend zu den Stimmungen und Fehleinschätzungen jener Zeit, in der „Vernunft und Gefühl in Verwirrung gerieten", W. Flitner, Erinnerungen 1889-1945, Paderborn, München, Wien, Zürich 1986, S. 355-361, bes. S. 358ff. (Gesammelte Schriften, Bd.11).
50 W. Picht, Robert von Erdberg. In: Ders., Das Schicksal der Volksbildung in Deutschland, Berlin 1936, S. 210. Zur Forderung einer „Demokratie-eigene(n) Haltung" aus zeitgenössischer und späterer Perspektive vgl. W. Flitner, Die Erwachsenenbildung der Weimarer Zeit (1979). In: Ders., Erwachsenenbildung, Paderborn, München, Wien, Zürich 1982, 321-338, bes. S. 333 u. 335ff. Zur Erörterung des Sach- und Begriffsproblems neuerdings H.-H. Schepp u.a., Zum Demokratieverständnis der „Neuen Richtung", Frankfurt a.M. 1988 (Pädagogische Arbeitsstelle des Deutschen Volkshochschulverbandes e.V.).
51 Vgl. E. Weniger, (1929) (wie Anm. 20) und H.-D. Raapke, 1968 (wie Anm. 43, z.B. S. 279ff.).

recht heterogenes Bild, dessen unterschiedliche Züge hier nur angedeutet werden können. Natürlich fehlt darunter eine umstandslose Beanspruchung Grundtvigs für den neuen nationalsozialistischen Geist der Zeit nicht. So liest man von einem übrigens nicht weiter hervorgetretenen Verfasser, daß „heute zum erstenmal wieder Politik und Bildungsbestrebungen in einer Richtung marschieren" – eine Richtung vermeintlich ganz im Sinne des ‚nordischen Volkserweckers'.[52] Jedoch ist dies nicht typisch, und abwägende Bemerkungen zur Möglichkeit aktueller Übertragung, auch unter Berücksichtigung historisch-politischer und sozialstruktureller Unterschiede zwischen Dänemark und Deutschland, herrschen vor. Es findet sich auch der Gedanke vom unterschiedlichen aktuellen Wert der verschiedenen Seiten Grundtvigs: Kautz z.B. lobt Grundtvigs zeitlich überdauernde Wirkung als inspirierende Persönlichkeit, relativiert die aktuelle Geltung seiner sozialpädagogischen Theorien, empfiehlt aber berufliche Anregung und Stärkung durch die Persönlichkeitswerte des großen Pädagogen.[53] Die Erkenntnis einer Differenz zwischen Grundtvigs geistiger Welt und der des Nationalsozialismus ist bei mehreren Autoren vorsichtig angedeutet oder impliziert. Da aber der ‚nordische Volksmann' politisch hinreichend präsentabel scheint, bietet sich die Gelegenheit, mit ihm oder durch seine Worte den herrschenden Mächten des Tages sehr verhalten die Hoffnung auf Mäßigung, Beschränkung und Achtung sittlicher Grundwerte vorzutragen. Das kann, wie bei Laack, die Form annehmen, die Entwicklung der eigenen volksbildnerischen Richtung der vergangenen 14 Jahre zu rechtfertigen, einen Freiraum zur Fortführung zu fordern und gewissermaßen als ‚Gegenleistung' die übergeordneten Bildungsziele des neuen Staates anzuerkennen,[54] oder es kann, wie bei Reichwein in seinem unter Pseudonym erschienenen Aufsatz über Grundtvig in ein aktuell deutbares Grundtvig-Bekenntnis münden: „Bündiger kann man es nicht sagen" – so schließt Reichwein mit einem Grundtvig-Zitat – „Freiheit ist das Element des Geistes".[55] Die Appellstruktur dieses pointiert formulierten Satzes ist offensichtlich. Zurückhaltend im Sinne nüchterner historischer Wissenschaft mutet dagegen Buchwalds Forderung von 1934 an, durch weitere Studien zu klären, worin der wesentliche Unterschied zwischen Grundtvig und den verschiedenen Vertretern der deutschen Bewegung von Fichte bis Langbehn bestehe,[56] dies ein Ziel kritisch reflektierender Rezeptionsforschung, das – wie mir scheint – auch heute noch seinen Sinn hat. Vielleicht würde diese Forschung, die sich auch den Anfängen der Begegnung mit Grundtvigs Werk zuwenden wird, dann für unser Fachgebiet klären helfen, welche seiner Traditionslinien aus der Kulturkritik der Moderne fortzuführen und welche der Traditionsbestände aus den verschiedenen Gegenbewegungen zur Aufklärung besser preiszugeben sind.

---

52 Vgl. P. Naumann 1933, S. 644(wie Anm. 38).
53 Vgl. H. Kautz 1932, S. 458. „Gesehen auf die heutige deutsche Pädagogik, ist dementsprechend festzustellen, daß es uns wahrhaftig nicht an manchen und sogar sachlich-ideelich besseren sozialpädagogischen Theorien mangelt, jedoch die praktische Realisierung einer deutschen Volks- und Staatspädagogik in der Gesamtheit unseres Schul- und Bildungswesens in der gleichen Einheit, Kraft und Gemütsgröße wie bei Grundtvig fehlt uns in bedenklichem Maße. Der große Däne kann uns hier Mahner und Weiser werden."
54 Vgl. F. Laack 1933 (wie Anm. 5), S. 275f.
55 A. Reichwein (u.d. Pseudonym P. Rosbach), a.a.O., S. 364.
56 Vgl. R. Buchwald, a.a.O. (1934), S. 405.

Norbert Vogel

Die Anfänge der Grundtvig-Rezeption in der deutschen Volksbildung / Erwachsenenbildung

Die dänische (Heim-)Volkshochschule und mit ihr N.F.S.Grundtvig als ihrem Vordenker und geistigem Wegbereiter gilt neben der englischen „University Extension" als die wichtigste Inspirationsquelle für die Erwachsenenbildung in Deutschland, insbesondere für die deutsche Volkshochschul-Bewegung. Abgesehen von der Zeit der Weimarer Republik (vgl. Friedenthal 1983) steht jedoch die wissenschaftliche Erforschung der vermuteten Wirkungen und Einflüsse auf die deutsche Erwachsenenbildung aus heutiger Sicht noch aus. An diesem Desiderat setzt eine laufende Untersuchung an,[1] aus deren Arbeitszusammenhang hier die Anfänge der Grundtvig-Rezeption[2] in ihrer Relevanz für die deutsche Erwachsenenbildung vorgestellt werden sollen[3] (zu weiteren Ergebnissen dieser Forschungsarbeit vgl. Vogel 1990a u. 1990b). Die dafür maßgebliche Rezeptionsperiode – etwa von Anfang der 1860er Jahre bis Ende der ersten Dekade unseres Jahrhunderts – läßt sich als schrittweise Annäherung an den Pädagogen und Volksbildner Grundtvig kennzeichnen und ist von einem wachsenden Interesse an einer eingehenderen Auseinandersetzung mit Grundtvig selbst und dessen Volkshochschul-Idee bestimmt.[4]

Es kann gezeigt werden, daß die Begegnung mit Grundtvig auch, aber nicht mehr allein deswegen gesucht wird, um die dänische Volkshochschule, wie sie geworden ist, besser zu verstehen, sondern auch um die vorgängigen Volkshochschul-Gedanken Grundtvigs kennenzulernen und sozusagen von den Quellen aus zu einem vertieften Verständnis von Idee und Wirklichkeit der Volkshochschule vorzudringen. Angesichts der Tatsache, daß ein direkter Zugang zu Grundtvig-Schriften in dieser Zeit nur dem Leser mit dänischen Sprachkenntnissen vorbehalten war (eine deutsche, von J. Tiedje

---

1 Diese breit angelegt Untersuchung soll den Rezeptionszeitraum von Anfang der 1860er Jahre bis zur Gegenwart erschließen.
2 Wenn hier von „Einflüssen" und „Wirkungen" die Rede ist, so bedarf dies der näheren Erläuterung: Im Zusammenhang mit historischen Untersuchungen zur Aufnahme eines literarischen Werks hat sich zunächst der Begriff Wirkungsgeschichte herausgebildet, wobei man hierbei von der Prämisse ausging, daß es vorrangig das Werk selbst ist, das die Art der Aufnahme prägt. In der neueren Diskussion gilt die Aufmerksamkeit nicht mehr dem Werk und seinen zugeschriebenen Wirkungen allein, sondern dem Kommunikationsprozeß als ganzem, der sich zwischen Werk und Leser ereignet. Man kann geradezu von einer Akzentverschiebung des Untersuchungsinteresses auf die Rolle des Lesers oder des „Rezipienten" sprechen (vgl. Stückrath 1979, S.11f.). Ich folge dem umfassenderen Verständnis, wobei es mir nicht nur um die Erfassung und Einordnung der bedeutsamen rezeptiven Akte und ihrer Modalitäten geht, sondern auch um die Analyse ihrer Relevanz für die jeweils nachfolgende Rezeption.
3 Präzisierend sei angemerkt, daß mein Interesse zwar primär der Grundtvig-Rezeption von seiten der Volksbildung/Erwachsenenbildung in Deutschland gilt, aber auch die pädagogisch relevante Grundtvig-Rezeption auf anderen Gebieten einschließt, soweit dort der Zusammenhang zu der Volkshochschul-Idee Grundtvigs explizit hergestellt wird.
4 Ich beziehe mich hier auf die Rezeption der Volksbildungsideen Grundtvigs, wie sie vor allem in seinen Volkshochschul-Schriften, aber auch in anderen dafür relevanten Veröffentlichungen formuliert sind.

herausgegebene Grundtvig-Ausgabe erschien erst 1927 – vgl. dazu Vogel 1986), ist zu berücksichtigen, daß der Rezeptionsradius beschränkt bleiben mußte, und Informationen über das Schrifttum Grundtvigs häufig nur aus zweiter Hand erfolgten. Erste Ansätze einer explizit Grundtvig geltenden Rezeption lassen sich zwar bereits um die Jahrhundertwende feststellen (vgl. Friberg 1897 und Rønberg Madsen 1905), ihren vorläufigen Höhepunkt fand diese allerdings erst mit der Arbeit von Hollmann (1909). Von hier aus konnte sich eine von der dänischen „Folkehøjskole" zwar nicht gänzlich losgelöste, insgesamt aber doch eigenständigere Grundtvig-Rezeption herausbilden, die sich dann in der Weimarer Zeit weiter entfalten und differenzieren konnte.

Aus dem für den genannten Zeitraum vorliegenden Material kristallisieren sich vier (sich überlappende) Phasen heraus, die ich hier kurz benennen und anschließend im einzelnen darstellen möchte:

1. Vorwiegend theologische Grundtvig-Rezeption – erleichtert durch die Übersetzung einzelner theologischer Grundtvig-Schriften ins Deutsche (seit 1811),[5]
2. Theologische Grundtvig-Rezeption mit pädagogischen Implikationen (ab Anfang der 1860er Jahre),
3. Pädagogische[6] Grundtvig-Rezeption über die Volkshochschule als Institution (etwa ab Ende der 1880er Jahre),
4. Eigenständige pädagogische Grundtvig-Rezeption (ca. seit Anfang des 20. Jahrhunderts).

Zur theologischen Grundtvig-Rezeption

In diesem Abschnitt fasse ich die erste und zweite Phase zusammen, also den Zeitraum ab 1811 bis Mitte der 1860er Jahre. Die zumindest kursorische Behandlung der theologischen Grundtvig-Rezeption in dieser Zeit ist insoweit von Belang, als sie sowohl Grundtvig als Person als auch Ausschnitte seines Werks in Deutschland bekannt machte und somit für die spätere pädagogische Grundtvig-Rezeption den Boden bereitete.

Die theologische Rezeption ist noch in anderer Hinsicht von Relevanz: Zum einen wurden Anfang der 1860er Jahre die pädagogischen Implikationen des Grundtvigschen Denkens wenigstens ansatzweise formuliert, zum anderen waren es ja auch Theologen, die später (zunächst in der Dorfkirchenbewegung, dann in der Weimarer Zeit und darüber hinaus) die theologischen und pädagogischen Stränge des Grundtvigschen Denkens verknüpften und ihrem Verständnis von Volkshochschule zugrunde legten.

In der historischen Forschung zur deutschen Erwachsenenbildung geht man gemeinhin von den 70er Jahren des 19.Jahrhunderts als Beginn der pädagogischen Rezeption aus (vgl. etwa Behrend/Lochner 1966, S. 226; Mattmüller 1975, S. 78; Veraguth 1976, S. 57). Tatsächlich finden sich schon in den 1860er Jahren Beispiele für die Beachtung der Grundtvigschen Volksbildungs-Idee. Daß hierbei insbesondere (protestantische)[7] Theologen die Feder führten, läßt sich am ehesten mit der recht frühen Übersetzung vereinzelter theologischer Schriften Grundtvigs ins Deutsche erklären. So erschien

---

5 Neben theologischen Beiträgen wurden auch einige politische, historische und poetische Schriften Grundtvigs übersetzt (vgl. dazu die Bibliographie von Harbsmeier 1983, S. 456ff.). Auf die in diesem Zusammenhang erfolgte Rezeption kann hier nicht eingegangen werden.
6 Ich verwende „pädagogisch" hier als Kurzformel für die Grundtvig-Rezeption in der Volksbildung/Erwachsenenbildung – wohl wissend, daß diese zwar den Hauptstrang der pädagogischen Rezeption insgesamt ausmacht, sich aber nicht darin erschöpft.
7 In der katholischen Theologie wurde von Grundtvig weit weniger Notiz genommen.

Grundtvigs spektakuläre Probepredigt bereits ein Jahr nach ihrer Veröffentlichung auch in Deutschland, nämlich 1811.[8] Bis Anfang der 1860er Jahre folgten rund 15 weitere Schriften zumeist kleineren Umfangs (vgl. dazu auch die Grundtvig-Bibliographien von Johansen 1948ff. oder Harbsmeier 1983). Interessierte Theologen hatten mithin bereits in der ersten Hälfte des 19. Jahrhunderts Zugang zu Grundtvig.

Sehr frühe, wenn auch spärliche Hinweise finden sich auch auf den Dichter sowie Verfasser historischer Schriften, so etwa 1812 bei Schlegel, der einige kurze Passagen aus Grundtvigs „Nordens Mytologi" (1808; vgl. Johansen 1948, S. 39) übersetzte. Erste Informationen über das dichterische und historische Schaffen Grundtvigs bot ebenso ein Aufsatz Rudelbachs in der „Allgemeinen Encyklopädie der Wissenschaften und Kuenste" aus dem Jahre 1837 (Rudelbach 1837).

Die ersten ernsthaften Auseinandersetzungen mit Grundtvig, die auch den Pädagogen und mit ihm die dänische Volkshochschule würdigen, beginnen mit den Monographien von Hansen (1863) und Lüttke (1864). Diese Schriften erschienen über 10 Jahre früher als J. Kaftans häufig zitierte Schrift „Grundtvig der Prophet des Nordens" (1876) und wiesen bereits auf einen engen Zusammenhang zwischen Grundtvigs theologisch-kirchlichen Auffassungen, seinen volkskirchlichen Ideen und seinen Volkshochschulgedanken hin. Damit findet sich bereits die Triade Volk, christlicher Glaube und Volkshochschule benannt, die – gut 50 Jahre später – die Grundtvig-Interpretation der Dorfkirchenbewegung um Georg Koch (vgl. Koch 1916/17) prägen sollte.

Nicht weniger bedeutsam im Hinblick auf spätere Rezeptionsperioden scheinen mir auch die deutlichen Vorbehalte Hansens und Lüttkes gegenüber den freiheitlichen Elementen des Grundtvigschen Denkens in allen Bereichen des politischen, kirchlichen und kulturellen Lebens zu sein (vgl. Hansen, S. 59; Lüttke, S. 24ff.). Die hier zum Ausdruck kommenden Probleme mit Grundtvigs umfassendem Freiheitsverständnis kehren auch in nachfolgenden Rezeptionsperioden wieder – etwa in der Weimarer Zeit, vor allem aber während des Nationalsozialismus.

Pädagogische Grundtvig-Rezeption über die Volkshochschule als Institution

Wenn man bedenkt, daß der Dichter, Historiker und Theologe Grundtvig dem interessierten deutschen Publikum bereits seit Anfang des 19. Jahrhunderts, auf jeden Fall aber seit den 1860er Jahren bekannt sein konnte, mag es auf den ersten Blick überraschen, daß der Pädagoge und Volksbildner Grundtvig erst Mitte der 1890er Jahre in Deutschland auf breiterer Ebene rezipiert wurde. Dabei muß jedoch folgender Zusammenhang bedacht werden: Grundtvigs Volkshochschul-Schriften wurden etwa ab Mitte der 1830er Jahre bis Anfang der 1840er Jahre veröffentlicht und auch in Dänemark zunächst zögerlich aufgenommen. Hinzu kommt, daß Volkshochschulen dort vermehrt erst in den 1850er Jahren gegründet wurden und sich erst nach 1864, also der für Dänemark schicksalsschweren Niederlage gegen Preußen und rund 20 Jahre nach der ersten dänischen Volkshochschulgründung in Rødding mit einer Welle von Neugründungen dauerhaft etablieren konnten.

Somit stand ab Ende der 1860er Jahre einer pädagogischen Grundtvig-Rezeption nichts mehr im Wege. In dieses Bild passen insofern auch die oben angeführten Hinweise von Theologen auf Grundtvigs Volksbildungs-Gedanken und die bestehenden Volkshochschulen. Da jedoch die Gründung von Volkshochschulen in Dänemark

---

8 Die Predigt („Hvi er Herrens Ord forsvundet af hans Hus?" København 1810) erschien in Deutschland (Nürnberg 1911) unter dem Titel „Warum ist des Herrn Wort aus dessen Hause verschwunden?" (vgl. die Grundtvig-Bibliographie von Johansen 1948, S. 51).

in Teilen der deutschen Öffentlichkeit als Mittel zur Abwehr gegen den deutschen Kulturdruck oder als anti-deutsche Agitation gewertet wurde,[9] waren die Bedingungen für einen ungehinderten interkulturellen Austausch denkbar ungünstig.

Abgesehen vor allem von den in Schleswig im Zusammenhang mit dem deutsch-dänischen Grenzstreit nach der Jahrhundertwende vorgetragenen Vorbehalten gegenüber der „deutschfeindlichen" Grundtvigschen Volkshochschule (vgl. Vogel 1990b) fand sich in der anschließenden Wilhelminischen Ära, die generell von einem regelrechten Boom skandinavischer Literatur gekennzeichnet war, ein insgesamt positiveres Klima für die Grundtvig-Rezeption. Hierbei machten sich verschiedene Motive geltend:

Wie Forschungen zur Rezeption skandinavischer Literatur in Deutschland allgemein ergeben haben (vgl. Gentikow 1978, S. 246ff.), wendet sich das Bürgertum der Gründerzeit mit Vorliebe dem aristokratischen Bauern in Skandinavien zu, der sein Leben als freier und selbstbewußter Mensch gestalten kann. Diesen Kontext gilt es auch bei der Rezeption der Grundtvigschen Volkshochschule zu beachten – vor allem, wenn man die zeitgenössischen Stimmen in Betracht zieht, die der „folkehøjskole" hinsichtlich des Emanzipationsprozesses der Bauernschaft eine unterstützende und fördernde Funktion zuschreiben (vgl. Marholm 1888). Die hier als Zug zur Idyllisierung der noch als intakt empfundenen sozialen und ökologischen Verhältnisse in Skandinavien beschriebene Rezeption muß auf dem Hintergrund der sich durch die rapide Industrialisierung in Deutschland verschärfenden sozialen Konfliktherde gesehen werden, wobei in diesem Zusammenhang auch die Bemühungen sozial engagierter Persönlichkeiten einzuordnen sind, die dänische Volkshochschule als Mittel zur Lösung sozialer Probleme heranzuziehen (vgl. Fischer 1895).

Unübersehbar sind auch die Bestrebungen, für eine breitere allgemeine und staatsbürgerlich-nationale Bildung des Volkes zu werben und zu diesem Zweck die dänische Volkshochschule als bewährtes Erfahrungsfeld bzw. Grundtvig als berufenen Gewährsmann zu bemühen (vgl. Rein 1896b).

Kommen in dieser Periode der Rezeption der Grundtvigschen Volkshochschule damit bildungs- und sozialreformerische Motive zum Tragen, in deren Kontext im übrigen auch die Frauenfrage einbezogen wird (vgl. etwa Marholm 1888 oder Friberg 1895), so zeichnet sich daneben ein weiteres durchgängiges Rezeptionsmotiv ab, das eine eher ökonomische Akzentsetzung verrät und in der Herausstellung des Beitrags der Volkshochschule zur Hebung des Bildungsstands der bäuerlichen Bevölkerung und der damit einhergehenden überlegenen Stellung der dänischen Landwirtschaft seinen Ausdruck findet. Es gibt kaum eine Veröffentlichung um die Jahrhundertwende über die dänische Volkshochschule, die nicht auf den Vorbildcharakter der „folkehøjskole" in dieser Hinsicht hinweist.[10]

Aus den obigen Ausführungen dürfte hinreichend deutlich geworden sein, daß die pädagogische Grundtvig-Rezeption in ihren Anfängen nahezu ausschließlich im Zusammenhang mit der Rezeption der Volkshochschule erfolgte. Für den Zeitraum von

---

9 Ein treffender Beleg hierfür findet sich immerhin in einem Handbuchartikel aus dem Jahre 1876. So heißt es in der „Encyklopädie des gesamten Erziehungs- und Unterrichtswesens" wörtlich: „Von deutschem Gesichtspuncte aus betrachtet, dürfte freilich anzumerken sein, daß, wenigstens in Dänemark, in diesen sogenannten Hochschulen neben der Kenntnis und Liebe zur vaterländischen Geschichte u.s.w. zugleich der politische Skandinavismus, welcher dem Deutschenthum feindselig ist, gefördert wird" (Frisch 1876, S. 1040).

10 Vgl. dazu die häufig zitierte Schrift von Stutzer/Gisevius, die – beide Landwirtschaftsexperten an den Universitäten Königsberg bzw. Giessen – als Ergebnis ihrer Studienreise nach Dänemark und Schweden zu folgendem Urteil gelangten:„Ein mächtiger Hebel für Wohlfahrt des ganzen Landes und besonders der ländlichen Bevölkerung liegt in Dänemark und in Südschweden in den Volkshochschulen"(Stutzer/Gisevius 1904, S. 83).

Ende der 1880er Jahre bis ca. zum Jahre 1910 können mindestens 25 Beiträge angeführt werden, in denen die dänische Volkshochschule mehr oder weniger thematisiert wird.[11] Läßt sich daran durchaus ein lebhaftes Interesse an dem Modell erfolgreicher Erwachsenenbildung ablesen, so gilt dies im Hinblick auf Grundtvig nicht in gleicher Weise. Zu erwähnen wäre hier der Jenaer Pädagogik-Professor Wilhelm Rein, der um die Jahrhundertwende – wie andere Mitglieder der um die Förderung von Volksbildung bemühten Comenius-Gesellschaft – dem dänischen Volkshochschul-Gedanken sehr viel Sympathie entgegenbrachte[12] und auch noch später, u.a. durch die Herausgabe der ab 1919 erschienenen Reihe „Die deutsche Volkshochschule"[13], förderte. In diesem Zusammenhang erwähnte er jedoch Grundtvig nur am Rande.

In ähnlicher Weise lassen sich auch die Veröffentlichungen Friedrich Lembkes im Zusammenhang mit der Entstehung der ersten deutschen (Heim-)Volkshochschulen[14] in Schleswig-Holstein wenige Jahre nach der Jahrhundertwende einordnen. Lembke leitete mit einer Reihe von Schriften[15] die Volkshochschul-Diskussion in Schleswig-Holstein ein und gestaltete als späterer Direktor der 1906 gegründeten (Heim)Volkshochschule Albersdorf die praktische Entwicklung der (Heim)Volkshochschulen maßgeblich mit.[16]

Ohne an dieser Stelle der Frage nachgehen zu können, inwieweit Grundtvigs Ideen immanent die spätere Praxis der Albersdorfer Volkshochschule prägten, kann hier festgestellt werden, daß Lembke von sich aus eine Selbstzuordnung zu Grundtvig vermied. Obwohl er zu den wenigen gehörte, die auf Grund dänischer Sprachkenntnisse direkten Zugang zu Grundtvigs Schriften hatten,[17] widmete er Grundtvig verhältnismäßig wenig Raum, wobei eine wohlwollende Haltung Grundtvig gegenüber durchaus zu konstatieren ist. Es ist unverkennbar, daß Lembke, angeregt durch eigene Besuchsreisen an dänische Volkshochschulen, diese als Vorbild für ähnliche, der Situation in Schleswig-Holstein angepaßte, Einrichtungen vorschwebten. Die Vorbildfunktion erwuchs für Lembke jedoch vornehmlich aus der Leistung der Volkshochschulen für ihr Land, was er an mehreren Stellen herausstrich. Weit weniger wurde sein Interesse erkennbar, diese als Manifestation der Volkshochschul-Gedanken Grundtvigs darzustellen – möglicherweise schien ihm eine zu starke Akzentuierung des Grundtvigschen Anteils für eine Übertragung auf deutsche Verhältnisse eher hinderlich.[18] Es ist bezeich-

---

11 Es handelt sich um folgende Schriften: Marholm 1888, Petong o.J. (1892), Keller 1893, Friberg 1895, Fischer 1895, Rein 1896b, Haudorff <wahrscheinlich Hamdorff> 1896, Hartmann 1896, Schultze 1896, Bergemann 1896, Steenberg 1896, Schultze 1897a, Schultze 1897b, Hamdorff 1899, Hirsch 1901, Pudor 1900/01, Wetekamp 1901, Lembke 1902/03, Wilkens 1903, Lembke 1904, Zepler 1905, Steenberg 1907, Erbstein 1909, Rein 1909, Schiel 1910.

12 Vgl. dazu insbesondere Reins Vortrag auf der Hauptversammlung der Comenius-Gesellschaft im Mai 1896 (Rein 1896b, S. 116-129) und seine zum selben Anlaß verfaßten „Leitsätze über ‚Volksbildung mit Beziehung auf die dänischen Volkshochschulen'" (Rein 1896a, S.91-93).

13 In dieser Reihe erschienen mehrere Schriften, die die dänische Volkshochschule direkt zum Inhalt haben. Rein eröffnete die Reihe mit der eigenen Schrift „Die ‚Dänische' Volkshochschule" (Langensalza 1919).

14 Den Sonderfall der 1842 gegründeten „Höheren Volksschule" in Rendsburg lasse ich hier unberücksichtigt.

15 Ich meine damit folgende Schriften: Lembke 1902/03, Lembke 1904, Lembke 1905, Lembke o.J. (um 1905), Lembke 1908.

16 Ich beziehe mich hier nur auf den Beitrag Lembkes zur schleswig-holsteinischen Volkshochschule. Für die übrigen (Heim)Volkshochschulen (Tingleff, Mohrkirch-Osterholz, Norburg) wäre eine gesonderte Betrachtung anzustellen.

17 Lembke scheint sich durchaus näher mit Grundtvig beschäftigt zu haben. Zumindest führte er einige Grundtvig-Schriften an (vgl. Lembke 1904, S. 54).

18 In diese Richtung weist m.E., wenn Lembke gleich im zweiten Satz in seiner Schrift „Die dänische Volkshochschule" (1904) darauf Wert legt, auch Allgemeingültiges in Grundtvigs Volksbildungs-

nend, daß Lembke in seinem Vorbericht für den 3. Deutschen Volkshochschultag in Dresden (1908) über „Bauernhochschulen", in dem er auch auf die dänische Volkshochschule einging, Grundtvig nur wenige Zeilen widmete,[19] dann in seinem Hauptbericht zum selben Thema Grundtvig überhaupt nicht mehr erwähnte,[20] es aber nicht versäumte, auf die segensreiche Wirkung der dänischen Volkshochschule auf die Entwicklung der dänischen Landwirtschaft hinzuweisen.[21] Im übrigen fällt generell bei der Durchsicht der einzelnen Diskussionsbeiträge auf dem Volkshochschultag auf, daß Grundtvig noch kein zu vertiefendes Thema darstellte.[22]

Insgesamt gesehen läßt sich die Anfangsphase der pädagogischen Grundtvig-Rezeption dadurch charakterisieren, daß das Hauptaugenmerk zweifellos der Institution Volkshochschule galt. Grundtvig wurde zwar zumeist erwähnt und damit ein bestimmter Zusammenhang zwischen seiner Person bzw. seinem Werk und der Volkshochschule gesehen, doch wurden diese Verbindungslinien noch keiner genauen Betrachtung unterzogen. Die mitgeteilten Informationen sind überwiegend recht oberflächlich,[23] zum Teil geradezu irreführend oder falsch.[24] Generell fällt auf, daß kritische Töne Grundtvig gegenüber nur im Ausnahmefall anklingen.[25] Die Betrachtung Grundtvigs verbleibt vorwiegend affirmativ.

Eigenständige pädagogische Grundtvig-Rezeption

Die erste Arbeit, die sich nuanciert mit Grundtvigs Volkshochschul-Idee auseinandersetzte, war die der finnischen Lehrerin Maikki Friberg, die 1897 nach Studien in Berlin und Zürich eine Dissertation über „Entstehung und Entwicklung der Volkshochschulen in den nordischen Ländern" veröffentlichte (Bern 1897). Friberg hatte bereits zwei Jahre früher einen Vortrag über „Die Volkshochschulen im Norden"[26] publiziert (Berlin 1895) und war in diesem Zusammenhang in knapper Form auf die Überlegungen Grundtvigs zur Volkshochschule eingegangen, die sie dann in ihrer Dissertation weiter entfaltete. Die Arbeit Fribergs stellt nicht nur die erste umfassendere deutschsprachige wissenschaftliche Untersuchung über die dänische Volkshochschule[27] überhaupt dar, sondern war auch die erste, die dem deutschen Leser einen breiten Zugang zu Grundt-

---

    ideen herauszustellen. So stellt er fest, „daß Grundtvig, der Vater der Volkshochschulen, trotz aller nationalen und religiösen Ziele, die er mit diesen verfolgte, doch auch durch diese Schulen die praktische wirtschaftliche Tüchtigkeit des Volkes heben wollte" (Lembke 1904, S. 5).
19 Vgl. Bericht über die Verhandlungen des III.Deutschen Volkshochschultages ...(1908), S. 1.
20 Vgl. Bericht ... (1908), S. 34ff.
21 Wörtlich führt Lembke aus: „Wir haben die Probe aufs Exempel an Dänemark. Der dortige Aufschwung der Landwirtschaft wird nicht zuerst auf die Landwirtschaftsschulen zurückgeführt, sondern auf die weitverbreiteten allgemeinen Volkshochschulen" (ebd., S. 38).
22 Vgl. dazu das Protokoll der nachfolgenden Diskussion in: Bericht... (1908), S. 49ff.
23 Siehe etwa Schultze 1896, S. 678; Erbstein 1909, S. 108f.; Schiel 1910, S. 502.
24 Siehe vor allem Fischer 1895, Pudor 1895, Haudorf.
    <vermutlich Hamdorff> 1896.
25 Vgl. dazu etwa Hartmann, der nach einer positiven Würdigung Grundtvigs auch auf dessen „Schattenseiten" hinweist (Hartmann 1896, S. 11).
26 Zu dem Vortrag, den Friberg zuerst in Berlin, dann in Dresden und Wien gehalten hat, gibt es verschiedene Stellungnahmen. Vgl. insbesondere den Bericht von R.D. in der Zeitschrift „Die Versöhnung" (1895) sowie aus der Sicht des nordschleswigschen Zeitungsredakteurs H.P.H. <= Hansen-Nørremølle> (1895). Am ausführlichsten setzte sich K. Jørgensen in der dänischen Volkshochschulzeitschrift „Højskolebladet" (1897) mit Friberg auseinander.
27 Trotz der im Titel verwendeten Formel „nordisch" befaßt sich die Arbeit vorwiegend mit der dänischen Volkshochschule.

vigs Volkshochschulschriften[28] erschloß. Sicherlich konnte die Arbeit noch kein umfassendes Bild des Grundtvigschen Denkens bieten. Dennoch schuf sie die Möglichkeit, die wesentlichen biographischen Hintergründe, ideenmäßigen Grundlagen und Elemente der Grundtvigschen Volkshochschul-Idee zumindest in ihren Umrissen kennenzulernen. Der Verbreitungsgrad der Untersuchung Fribergs dürfte allerdings eher gering einzustufen sein.[29]

Rund 70 Jahre nach der Veröffentlichung der ersten selbständigen Schulschrift Grundtvigs[30] legte Georg Rønberg Madsen 1905 die erste Dissertation vor, die vornehmlich dem Pädagogen Grundtvig galt, wenngleich der Zusammenhang zur Volkshochschule bereits im Titel signalisiert wurde.[31] Wenn Bugge (1965) Rønberg Madsens Untersuchung in wissenschaftlicher Hinsicht als nur „von begrenztem Wert" (Bugge 1965, S. 14) einstuft, so ist ihm aus heutiger Sicht sicherlich zuzustimmen. Im damaligen Zeitkontext leistete sie m.E. jedoch als erster Versuch (nicht nur in Deutschland, sondern auch in Dänemark) der Annäherung an den Pädagogen Grundtvig durchaus Beachtliches. Erwähnenswert scheint mir auch sein Hinweis auf die interkulturelle Wechselbeziehung zwischen Deutschland und Dänemark, in deren Denktradition auch Grundtvig stand. Rønberg Madsen bezog sich hierbei vor allem auf Fichte, dessen Einflüsse auf Grundtvig er im Ansatz darlegte.[32] Für die weitere praxisbezogene, aber auch wissenschaftliche Grundtvig-Rezeption dürfte die Arbeit Rønberg Madsens nur von geringer Bedeutung gewesen sein.[33]

Der entscheidende Durchbruch in der pädagogischen Grundtvig-Rezeption erfolgte zweifelsohne erst mit dem 1909 erschienenen Buch von A.H. Hollmann über „Die Dänische Volkshochschule und ihre Bedeutung für die Entwicklung einer völkischen Kultur in Dänemark". Das beinahe als legendär zu bezeichnende Buch, das mehrere Auflagen erlebte (1909, 1919, 1928), bereits 1910 ins Dänische,[34] danach ins Englische, Holländische, Russische, Finnische, Polnische, Serbo-Kroatische und Japanische übersetzt wurde, war sicherlich das erste, das ein breites Leserpublikum erreicht hat.[35]

Daß Hollmann mit seiner Schrift nicht nur wesentlich zur Verbreitung der Kenntnis der dänischen Volkshochschule in Deutschland, sondern auch der Grundtvigschen

---

28 Vgl. N.F.S. Grundtvig: Smaaskrifter om den historiske Højskole. København 1872.
29 Ein Indiz hierfür ist, daß die Arbeit in einschlägigen Schriften schon wenige Jahre nach der Jahrhundertwende nicht mehr aufgeführt ist. So erscheint sie in dem von Rein herausgegebenen „Encyclopädischen Handbuch der Pädagogik" weder im Literaturverzeichnis des Beitrages von Wilkens über „Dänisches Schulwesen" (Wilkens 1903, S. 979) noch in dem von Rein verfaßten Artikel über die „Volkshochschule" (Rein 1909, S. 702ff.).
30 Vgl. N.F.S. Grundtvig: Det danske Fiir-Kløver eller Danskheden, partisk betragtet. Kjøbenhavn 1836.
31 Die Dissertation erschien zunächst unter dem Titel „Bischof N.F.S. Grundtvig und seine Bedeutung als Pädagog" (Langensalza 1905), dann im gleichen Jahr mit gleichem Inhalt unter dem neuen (und wohl eher im Zeittrend liegenden!) Titel: „Grundtvig und die dänischen Volkshochschulen" (Langensalza 1905) in dem von Friedrich Mann herausgegebenen „Pädagogischen Magazin" (Heft 253).
32 Vgl. dazu auch die Kritik Bugges (Bugge 1965, S. 14).
33 So ist Rønberg Madsens Arbeit weder in Reins Artikel „Volkshochschule" (Rein 1909, S. 702ff.) genannt noch in der Dissertation von Wartenweiler-Haffter (1913), der seine Untersuchung über die Volksbildungsideen Grundtvigs für die erste dieser Art ansah (Wartenweiler-Haffter 1913, S.8). Reuschel (1919) urteilt aus späterer Sicht: „Aber diese Schrift (Rønberg Madsens, N.V.) war nur wenig beachtet worden" (Reuschel 1919, S. 251).
34 Das Buch erschien (wörtlich übersetzt) unter dem Titel: „Den danske Folkehøjskole og dens Betydning for Udviklingen af en folkelig Kultur i Danmark" (København og Kristiania 1910) und war mit einem Vorwort des angesehenen dänischen Volkshochschulleiters T. Bredsdorff versehen.
35 Zu Hollmanns Biographie vgl. Friedenthal-Haase 1986, S. 172-173.

Volkshochschul-*Idee* beigetragen hat und damit ebenso als bedeutender Grundtvig-Rezipient angesehen werden muß, liegt in der Art der Darstellungsweise seiner Arbeit begründet. So rekonstruiert Hollmann Grundtvigs Volkshochschul-Idee keineswegs aus der realen Volkshochschule, wie er sie auch aufgrund eigener Beobachtung vorfindet, sondern verfährt gerade umgekehrt:[36] Er konfrontiert die bestehende Praxis der Volkshochschulen mit der vorgängigen Volkshochschul-Idee Grundtvigs, die damit dem Leser quasi als roter Faden die Arbeit insgesamt erschließen hilft. Auf diese Weise wird es möglich, die Volkshochschule in ihrem Prozeßcharakter, in historischer Perspektive, zu begreifen. Für Hollmann ist die Volkshochschule erst auf dem Weg, eine Volkshochschule im Grundtvigschen Sinne zu werden.[37]

Daß Hollmanns Buch über „Die dänische Volkshochschule" auch vom Leser als ein Buch über Grundtvig gewertet wurde, belegen recht eindrucksvoll die zahlreichen Rezensionen zu Hollmanns Arbeit,[38] die sich eingehend mit Hollmanns Grundtvig-Darstellung befassen, z.T. Grundtvig sogar zum eigentlichen Thema ihrer Betrachtung machen.[39]

Mit der Schrift Hollmanns war eine wichtige Grundlage für die weitere Entwicklung der Grundtvig-Rezeption in der deutschen Erwachsenenbildung in den nächsten Jahren, aber auch später gegeben. Wartenweiler-Haffter konnte mit seiner 1913 erschienenen Arbeit über die Volksbildungsidee Grundtvigs, der zweiten Dissertation zu diesem Thema, darauf ebenso aufbauen,[40] wie sie Otto Wilhelm[41] und Paul Stürner[42] – beide Verfechter des dänischen Volkshochschulgedankens in Württemberg – Georg Koch[43] als maßgeblichen Repräsentanten der Dorfkirchenbewegung[44] oder Robert von Erdberg[45] als einen der führenden Erwachsenenbildner der Weimarer Zeit an Grundtvig heranführte (s. dazu auch Röhrig 1990).

---

36 Wenn v. Erdberg 1921 feststellt, daß „(man) im allgemeinen sich das, was Grundtvig beabsichtigt hatte, zurück aus der dänischen Volkshochschule, wie man sie heute kennt, (konstruiert)" (v. Erdberg 1921, S. 341), so mag dies den gängigen Rezeptionsmustern seiner Zeitgenossen durchaus entsprochen haben. Auf Hollmanns Arbeit trifft diese Feststellung jedoch in keiner Weise zu.

37 Hollmann formuliert dies so: „Die dänische Volkshochschule ist eine reine Verkörperung von *Grundtvigs* Volkserziehungsideen, womit freilich nicht gesagt ist, daß alle heutigen Volkshochschulen sie gleich rein verkörpern" (Hollmann 1909, S. 18; Hervorhebung im Original).

38 In allen 10 von mir gegenwärtig aufgefundenen Rezensionen wird mehr oder weniger auf Grundtvig eingegangen. Folgende Rezensionen wurden ausgewertet: v.E.<vermutlich v. Erdberg> 1909, v.Erdberg 1909/10, Köllmann 1910, Röthig 1910, Schlaijker 1911, v. Seelhorst 1909, Vogel 1910/11, W. <vermutlich Otto Wilhelm> 1917, Wilhelm 1910.

39 Siehe etwa Köllmann (1910, S. 60ff.). Meine Darstellung wird aus späterer Sicht (1919) auch von Reuschel gestützt, wenn er schreibt: „Als das Buch zum ersten Male vor einem Jahrzehnt herauskam, wurde es mit größter und vollberechtigter Teilnahme aufgenommen. Unterrichtete es doch von hoher Warte aus über die Schöpfung Grundtvigs" (Reuschel 1919, S. 250f.).

40 Vgl. Wartenweiler-Haffter 1913. Wartenweiler kannte die Arbeit Hollmanns und wies an zwei Stellen auf sie als wichtige Quelle hin (S. 7 u. S. 186).

41 Vgl. dazu die Rezension Wilhelms über die Schrift Hollmanns, die Wilhelm mit der Überschrift versah „Die dänische Volkshochschule. Eine Veranlassung zur Prüfung unserer Volksbildungsarbeit" (Wilhelm 1910, S. 25).

42 Vgl. Stürner in Planck/Stürner (1918, S. 30ff.). Stürner wurde 1913 durch Hollmanns Buch zum Besuch dänischer Volkshochschulen angeregt und eröffnete im Januar 1914 in Weissach eine Halbtagsschule in Orientierung an das dänische Vorbild. Vgl. dazu auch Koch 1926, S. 5.

43 Vgl. Koch 1916/17, S. 7; Koch 1926, S. 6.

44 Koch war auch maßgeblich an der Gestaltung des Marburger Dorfkirchentags vom 26.-27. Juni 1916 beteiligt, in dessen Mittelpunkt die Erörterung der Grundtvigschen Volkshochschule stand. Koch hielt dazu den Einleitungsvortrag mit dem Titel „Wir Dorfpfarrer und Grundtvigs Volkshochschule" (Koch 1916/17, S. 4ff.).

45 Vgl. v. Erdberg 1913, S. 431.

Hollmanns Buch erschien 1919 in zweiter Auflage unter dem programmatischen Titel „Die Volkshochschule und die geistigen Grundlagen der Demokratie" und hätte ein wahres Fanal für eine freiheitlich und demokratisch konturierte Rezeption der Grundtvigschen Volkshochschule in der Weimarer Republik abgeben können. Die faktische Rezeption erwies sich allerdings – wie auch Martha Friedenthal-Haase in ihrem Beitrag zeigt – als wesentlich diffuser und zurückhaltender. Gleichzeitig war damit der Boden bereitet für eine zwar nicht vollständige und ungebrochene, aber dennoch partielle Vereinnahmung Grundtvigs im Sinne eines völkisch-nationalen bzw. nationalistischen bis nationalsozialistischen Denkens im Hitler-Deutschland (vgl. Vogel 1990a).

Schlußbetrachtung

Wie die vorliegende Untersuchung zeigt, können die Anfänge der Grundtvig-Rezeption in der deutschen Erwachsenenbildung (bzw. im Hinblick auf diese) als schrittweise und in einem ersten Höhepunkt kulminierende Annäherung an den Pädagogen und Volksbildner Grundtvig begriffen werden. Auf der Suche nach Gründen für die zunächst nur zögerliche, zum Teil dann auch distanzierte Grundtvig-Rezeption wurde zum einen allgemein auf die angespannten politischen Wechselbeziehungen zwischen Deutschland und Dänemark vor allem im Zusammenhang mit den kriegerischen Auseinandersetzungen von 1848 und 1864 verwiesen, wodurch ein ungestörter interkultureller Austausch zwischen beiden Ländern nicht möglich war. Zum anderen sind Hintergründe zu nennen, die in der Persönlichkeit und im Werk Grundtvigs selbst wurzeln, womit auch Grundtvigs entschiedene und häufig auch barsch vorgetragene Abwehrhaltung gegenüber dem von ihm in weiten Bereichen des politischen, kulturellen und wissenschaftlichen Lebens empfundenen Drucks von seiten des stärkeren Nachbarstaates im Süden angesprochen wird.

Hinzu kommt ein weiteres, das hier zumindest angedeutet werden soll: Die Anfänge der Rezeption der dänischen Volkshochschule bzw. – in deren Gefolge – der Grundtvigschen Volksbildungsideen im Ausgang des 19. und zu Beginn des 20. Jahrhunderts fielen in eine Zeit, in der die deutsche Volksbildung von einem eher extensiven Bildungsverständnis geprägt war und insofern einer intensiven Organisationsform der Erwachsenenbildung in Gestalt der dänischen Volkshochschule noch wenig Verständnis entgegengebracht wurde. Es ist sicher kein Zufall, daß durch die stärkere Auseinandersetzung mit den Prinzipien der Neuen Richtung auch eine Intensivierung der Grundtvig-Rezeption einherging, die sich an der Behandlung Grundtvigs in den verschiedenen Schriften zur Volkshochschule vor allem in den Anfangsjahren der Weimarer Republik sehr gut ablesen läßt und bis hin zur Erörterung Grundtvigs auf der zweiten Akademie des Hohenrodter Bundes im Jahre 1928 reicht, die für Laack „gewissermaßen die Geburtsstätte einer neuen wissenschaftlichen Grundtvig-Exegese (war)" (Laack 1984, S. 567).

Für die Zeit um die Jahrhundertwende gilt es auch zu bedenken, daß mit der englischen „University Extension" ein anderes ausländisches Modell der Erwachsenenbildung zunehmend Aufmerksamkeit auf sich zog, das im Hinblick auf die dort anvisierte Zielgruppe, nämlich Arbeiter, der deutschen Wirtschaftsstruktur zudem eher zu entsprechen schien (vgl. etwa Bergemann 1896, S. 11f.). Die Rezeption der dänischen Volkshochschule – und mit ihr Grundtvigs – stand somit gewissermaßen in Konkurrenz zur Rezeption der englischen „University Extension". Recht gut markiert wird diese Wettbewerbssituation m.E. durch den Beschluß der Comenius-Gesellschaft im Jahre 1896, die zunächst beabsichtigte Förderung von „Volkshochschulen im

125

dänischen Sinne" zurückzustellen und stattdessen die „Veranstaltung von Vortrags-Kursen im Sinne der University Extension zu erstreben" (vgl. <Protokoll der> Sitzung des Gesamtvorstandes ...1896, S. 134).

Gleichwohl zeugen vermehrte Berichte dänischer Experten oder deutscher Besucher in Dänemark vom wachsenden Interesse an der dänischen Volkshochschule. Daß ihrem Vordenker und geistigen Wegbereiter Grundtvig nicht zuletzt unter dem Eindruck einer tiefgehenden gesellschaftlichen Krise im Vorfeld und im Verlauf des Ersten Weltkriegs mehr Aufmerksamkeit zugewandt wurde, verweist bereits auf ein immer wieder durchscheinendes Motiv für die Rezeption Grundtvigs, nämlich Grundtvig als „Krisenmeister" und Hoffnungsträger in Anspruch zu nehmen (vgl. auch Friedenthal 1983, S. 116f.). Die Werkrezeption selbst geriet dabei nicht selten in den Hintergrund. Daß man somit einer Mystifizierung Grundtvigs Vorschub leistete und auf Grund fehlender rationaler Analysen der besonderen zeitgeschichtlichen Bedingungen in Deutschland auch die Möglichkeiten der Volkshochschule, tiefgreifend zur gesellschaftlichen Veränderung beizutragen, überschätzte (vgl. dazu auch Dikau 1975, S.111), sollte Anlaß genug sein, Rezeption und Wirkungen Grundtvigs bzw. seines Werkes weiterer Forschung zu unterziehen.

Literatur

Andersen <ohne Vornamen>: Grundtvig, nach seiner theologischen und kirchlichen Bedeutung. In: Schleswig-Holstein-Lauenburgisches Kirchen- und Schulblatt, Nr. 46(1887), S. 181-184
Behrend, H. u. N. Lochner: Geschichte und Gegenwart der Heimvolkshochschulen in Dänemark. Osnabrück 1968
Bergemann, P.: Über Volkshochschulen. In: Neue Bahnen, 7 (1896), S. 393-414
Bericht über die Verhandlungen des III. Deutschen Volkshochschultages am 27.April 1908 in Dresden in der Technischen Hochschule. Leipzig 1908
Bugge, K.E.: Skolen for livet. København 1965
Dikau, J.: Geschichte der Volkshochschule. In: Geschichte der Erwachsenenbildung, Hrsg. F. Pöggeler. Stuttgart 1975, S. 107-132
Erbstein, A.: Bauernschulen in Dänemark. In: Zentralblatt für Volksbildungswesen, 9 (1909), S. 103-111
Erdberg, R.v. : Die deutschen Volkshochschulen. In: Concordia, 20(1913), S. 413-424
Erdberg, R.v.: <Einleitung zu:> Grundtvig über seine Volkshochschule. In: Volksbildungsarchiv, 8(1921), S. 341
Erdberg, R.v. (Rez): „A.H. Hollmann: Die dänische Volkshochschule..." In: Volksbildungsarchiv, 1(1909/10), S. 146-148
v.E. (Rez.): „A.H. Hollmann: Die dänische Volkshochschule..." In: Concordia, 16(1909), S. 372-373
Fischer,M.: Volkshochschulen. Leipzig 1895
Friberg, M.: Die Volkshochschulen im Norden. Berlin 1895. Vortrag, gehalten im Verein „Frauenwohl", „v. Egidy-Vereinigung" und „Berliner Frauenverein". Berlin 1895
Friberg, M.: Entstehung und Entwicklung der Volkshochschulen in den nordischen Ländern. Bern 1897
Friedenthal-Haase, M.: Anton Heinrich Hollmann. In: Biographisches Handwörterbuch der Erwachsenenbildung. Hrsg. G. Wolgast und J.H. Knoll. Stuttgart/Bonn 1986, S. 172-173
Friedenthal-Haase, M.: Die Bedeutung Grundtvigs für die Heimvolkshochschulen in Deutschland – ein rezeptionsgeschichtlicher Beitrag zur Erwachsenenbildung in der Weimarer Republik. In: Lernort Heimvolkshochschule. Eine deutsch-dänische Untersuchung zur Positionsbestimmung der Heimvolkshochschulen mit ergänzenden Beiträgen aus den Niederlanden, Österreich und der Schweiz. Hrsg. N. Vogel u. H. Scheile. Paderborn u.a. 1983, S. 69-125
Frisch <ohne Vornamen, überarb. u. ergänzt v. A. Michelsen>:Dänemark (Danmark). Unterrichts- und Erziehungswesen. In: Encyklopädie des gesammten Erziehungs- und Unterrichtswesens. Hrsg. K.A. Schmid. Bd. 1. 2. verbesserte Aufl. Gotha 1876, S. 1026-1079

Gentikow, B.: Skandinavien als präkapitalistische Idylle. Rezeption gesellschaftskritischer Literatur in deutschen Schriften 1870 bis 1914. Neumünster 1978 (Skandinavistische Studien, Bd. 9)
H.P.H. <H.P. Hansen-Nørremølle>: Foredrag i Berlin om Folkehøjskolen. In: Højskolebladet, 20(1895), Sp. 343-346
Hamdorff, G.: Eine dänische Musterschule für die Fortbildung des Landvolkes. In: Das Land, 7(1899), S. 241-243
Hansen, C.: Wesen und Bedeutung des Grundtvigianismus in der dänischen Kirche. Hrsg. K. Wieseler. Kiel 1863
Harbsmeier, E.: Bibliographie über Grundtvig-Literatur in nicht-skandinavischen Sprachen. In: N.F.S. Grundtvig- Tradition und Erneuerung. Grundtvigs Vision von Mensch, Volk, Erziehung und Kirche, und ihre Bedeutung für die Gegenwart. Hrsg. C. Thodberg u. A. Pontoppidan Thyssen. Kopenhagen 1983, S. 452-473
Hartmann, M.: Die Volkshochschulen Dänemarks. In: Comenius-Blätter für Volkserziehung, 4(1896), S. 10-18
Haudorff <vermutlich Hamdorff>, G.: Bauernhochschulen. In: Das Land 4(1896), S. 277-279
Henningsen, B.: Grundtvig und die deutsche Philosophie. Eine Übersicht. In: Lernort Heimvolkshochschule. Eine deutsch-dänische Untersuchung zur Positionsbestimmung der Heimvolkshochschulen mit ergänzenden Beiträgen aus den Niederlanden, Österreich und der Schweiz. Hrsg. N. Vogel u. H. Scheile. Paderborn 1983, S. 56-68
Hirsch, M.: Volkshochschulen. Ihre Ziele, Organisation, Entwicklung, Propaganda. Berlin 1901
Hollmann, A.H.: Die dänische Volkshochschule und ihre Bedeutung für die Entwicklung einer völkischen Kultur in Dänemark. Berlin 1909; Die Volkshochschule und die geistigen Grundlagen der Demokratie. 2. überarb. Aufl. Berlin 1919; Die Volkshochschule. 3. neubearb. Aufl. Berlin 1928
Jørgensen, K.: Maikki Friberg og hendes Virksomhed for Folkehøjskolesagen i Udlandet. In: Højskolebladet, 22(1897), Sp. 913-926
Johansen, S.: Bibliografi over N.F.S. Grundtvigs Skrifter. I-IV. København 1948ff.
Kaftan, J.: Grundtvig der Prophet des Nordens. Zwei Vorträge. Basel 1876
Keller, L.: Volkshochschulen. In: Mitteilungen der Comenius-Gesellschaft, 1(1893), S. 78-85
Koch, G.: Die Dorfkirchenbewegung. In: Die Erziehung, 4(1929), S. 102-118
Koch, G.: Die künftige deutsche Volkshochschule. Berlin 1918
Koch, G.: Ursprünge des deutschen Volkshochschul-Heim-Gedankens. In: Neue Saat, 1(1926), S. 5-13
Koch, G.: Wir Dorfpfarrer und Grundtvigs Volkshochschule. In: Die Dorfkirche, 10(1916/17), S. 4-13
Köllmann, A. (Rez.): „A.H. Hollmann: Die dänische Volkshochschule...". In: Literarische Beilage zu „Blätter für höheres Schulwesen", 27(1910), S. 59-61
Laack, F.: Das Zwischenspiel freier Erwachsenenbildung. Bad Heilbrunn 1984
Lembke, F.: Bauernhochschulen (Vorbericht). In: Bericht über die Verhandlungen des III. Volkshochschultages...(1908), S. 1-32
Lembke, F.: Bauernhochschulen. In: Bericht über die Verhandlungen des III. Deutschen Volkshochschultages...(1908), S. 34-40
Lembke, F.: Die dänische Volkshochschule nebst Plan einer deutschen ländlichen Volkshochschule. Kiel und Leipzig 1904
Lembke, F.: Die Ländliche Fortbildungsschule und die Ländliche Volkshochschule. Unter besonderer Berücksichtigung der Provinz Schleswig-Holstein. Kiel und Leipzig 1905
Lembke, F.: Ländliche Volkshochschule und Ländliche Fortbildungsschule. Albersdorf o.J.
Lembke, F.: Die schleswig-holsteinische ländliche Volkshochschule. Heide i.H. o.J. (um 1905)
Lembke, F.: Volkshochschulen auf dem Lande. In: Das Land, 11(1902/03), S. 364-367
Lüttke, M.: Kirchliche Zustände in den skandinavischen Ländern Dänemark, Norwegen, Schweden. Mitteilungen aus der Gegenwart. Elberfeld 1864
Marholm, L.: Volkshochschulen in Dänemark. In: Unsere Zeit. Deutsche Revue der Gegenwart, Bd. 1(1888), S. 14-25
Mattmüller, H.: Der Begriff der geistigen Krise in der Erwachsenenbildung. Stuttgart 1975
Petong, R.: Ueber Volkswohlfahrtseinrichtungen in fremden Staaten, insbesondere in Dänemark. Nach gesammelten Beiträgen. Berlin o.J. (1892)
Planck, O. u. P. Stürner <mit einem Beitrag v. R. Schmid>: Volkshochschul-Arbeit. Grundsätzliches und Praktisches. Stuttgart 1918
Pudor, H.: Die nordischen Volkshochschulen. In: Zentralblatt für Volksbildungswesen, 1(1900/01), S. 94-97 u. 105-116

Pudor, H.: Volkshochschulen. In: Die Antikritik, H. 1(1895), S. 11-12
R.D.: Volks-Hochschulen im Norden. In: Die Versöhnung, 2(1895), S. 100-101
Rein, W.: Leitsätze über „Volksbildung mit Beziehung auf die dänischen Volkshochschulen". In: Comenius-Blätter für Volkserziehung, 4(1896a), S. 91-93
Rein, W.: Über Volksbildung mit Beziehung auf die dänischen Volkshochschulen (Vortrag, gehalten in der Hauptversammlung der C.G. am 26.Mai 1896 zu Berlin). In: Comenius-Blätter für Volkserziehung, 4(1896b), S. 116-129
Rein, W.: Volkshochschule. In: Encyklopädisches Handbuch der Pädagogik. Hrsg. W. Rein. Bd. 9. 2. Aufl. Langensalza 1909, S. 702-718
Reuschel, K.(Rez.): „A.H. Hollmann: Die Volkshochschule und die geistigen Grundlagen der Demokratie (Berlin 1919)". In: Volkshochschulblätter, 1(1919), S. 250-251
Röhrig, P.: Grundtvigs Bedeutung für die deutsche Erwachsenenbildung. In: Ders.: Lebendige Erwachsenenbildung – Reflexionen über die Aktualität von N.F.S. Grundtvig. Bederkesa 1990, S. 47-57 (Dialog, 10). In dänischer Sprache unter dem Titel „Grundtvigs betydning for den tyske voksenuddannelse" in: Dank Udsyn, 69 (1989), H. 1, S. 45-59.
Rönberg Madsen, G.: Bischof N.F.S. Grundtvig und seine Bedeutung als Pädagog. Langensalza 1905; <auch erschienen unter dem Titel:> Grundtvig und die dänischen Volkshochschulen. Langensalza 1905
Röthig, P. (Rez.): „H. Hollmann: Die dänische Volkshochschule..." In: Der Arbeiterfreund, H. 4(1910), S. 195-198
Rudelbach, A.G.: Dänische Literatur und Sprache. In: Allgemeine Encyklopädie der Wissenschaften und Kuenste. Hrsg. J.S. Ersch u. J.G. Gruber. Erste Sektion, 29. Theil. Leipzig 1837, S. 44-101
S. (Rez.): „A.H. Hollmann: Die dänische Volkshochschule..." In: Zeitschrift für das gesamte Fortbildungswesen in Preußen, 7(1910), S. 547-548
Schiel <ohne Vornamen:> Volkshochschulen. In: Zeitschrift für christliche Erziehungswissenschaft, 3(1910), S. 501-506
Schlaijker, E.: Die Bauernhochschulen in Dänemark, I. In: Die Hilfe, 17(1911), S. 134-135; Die Bauernhochschule in Dänemark, II. In: Die Hilfe, 17(1911), S. 150-151
Schultze, E.: Ein neues Buch über die nordischen Volkshochschulen. In: Comenius-Blätter für Volkserziehung, 5(1897a), S. 95-100
Schultze, E.: Volkshochschulen und Universitäts-Ausdehnungs-Bewegung. Leipzig 1897b
Schultze, E.: Volkshochschulen. In: Die Nation, 13(1896), S. 687-689
Seelhorst, v. <ohne Vornamen> (Rez.): „A.H. Hollmann: Die dänische Volkshochschule..." In: Journal für Landwirtschaft, 57(1909), S. 391-392
Sitzung des Gesamtvorstandes der C.G. am Dienstag den 26.Mai 1896. In: Comenius-Blätter für Volkserziehung, 4(1896), S. 132-135
Steenberg, A.: Fortbildungsschulen und Volkshochschulen in Dänemark. In: Handbuch des Volksbildungswesens. Hrsg. E. Reyer, Stuttgart 1896, S. 13-25
Steenberg, A.S.: Das Volksbildungswesen in Dänemark. In: Archiv für das Bildungswesen aller Kulturvölker. Hrsg. E. Schultze u. G. Hamdorff. Bd. 1. Hamburg 1907, S. 31-53
Strodtmann, A.: Das geistige Leben in Dänemark. Streifzüge auf den Gebieten der Kunst, Literatur, Politik und Journalistik des skandinavischen Nordens. Berlin 1873
Stückrath, J.: Historische Rezeptionsforschung. Ein kritischer Versuch zu ihrer Geschichte und Theorie. Stuttgart 1979
Stutzer A. u. P. Gisevius: Der Wettbewerb der dänischen und der schwedischen Landwirte mit Deutschland. Stuttgart 1904
Veraguth, H.P.: Erwachsenenbildung zwischen Religion und Politik. Die protestantische Erwachsenenbildungsarbeit in und außerhalb der freien Volksbildung in Deutschland von 1919-1948. Stuttgart 1976
Vogel, K. (Rez.): „A.H. Hollmann: Die dänische Volkshochschule..." In: Stimmen aus Nordschleswig, H. 3(1910/11), S. 30-39
Vogel, N.: Die gemeinsamen Anfänge von Volks- und Heimvolkshochschule. Die Grundtvigsche Volkshochschul-Idee und ihre Auswirkungen auf die deutsche Volksbildung/Erwachsenenbildung. In: Hessische Blätter für Volksbildung, 40 (1990a) H. 3, S. 7-15.
Vogel, N.: Grundtvigs Schulgedanken aus deutscher Sicht. Zur Rezeption der Grundtvigschen Volkshochschule in der deutschen Volksbildung/Erwachsenenbildung. In: Grundtvig Studier 1989-1990. Kopenhagen 1990b S. 157-186

Vogel, N.: Johannes Tiedje. In: Biographisches Handwörterbuch der Erwachsenenbildung. Hrsg. G. Wolgast und J.H. Knoll. Stuttgart/Bonn 1986, S. 402-403

W. (Rez.): „A.H. Hollmann: Die dänische Volkshochschule..." In: Schwäbische Heimat, 12(1917), S. 15

Wartenweiler-Haffter, F.: Ein nordischer Volkserzieher. Die Entwicklung N.F.S. Grundtvigs zum Vater der Volkshochschule. Bern 1913

Wetekamp, W.: Volksbildungsarbeit in Dänemark. In: Der Bildungsverein, 31(1901), S. 4-7, 27-30, 50-53, 78-80

Wilhelm, O.: Die dänische Volkshochschule. Eine Veranlassung zur Prüfung unserer Volksbildungsarbeit. In: Schwäbische Heimat, 5(1910), S. 24-27

Wilhelm, O.: Von Volkshochschulen. In: Christliche Welt, 31(1917), S. 359-364

Wilkens, C.: Dänisches Schulwesen. In: Encyklopädisches Handbuch der Pädagogik. Hrsg. W. Rein. Bd.1. 2. Aufl. Langensalza 1903, S. 931-979

Zepler, M.N.: Volkshochschulen. Leipzig 1905

Eberhard Harbsmeier
Gesprächsbericht

Die Referate von Martha Friedenthal-Haase und Norbert Vogel beschäftigten sich mit der Grundtvig-Rezeption in den Anfängen (um die Jahrhundertwende) bzw. in den 1930er Jahren, der Zeit des aufkommenden Nationalsozialismus.

Die Diskussion dieser sehr instruktiven und materialreichen Referate konzentrierte sich besonders auf zwei Schwerpunkte. Einmal die Frage einer eigenständigen deutschen Rezeption Grundtvigs im Rahmen der deutschen zeitgeschichtlichen Situation, zum anderen die besondere Rolle der Gedanken Grundtvigs über Volk und Volkstum im Rahmen des aufkommenden Nationalsozialismus im Jahre 1933.

Die deutsche und die dänische Situation sind und waren unterschiedlich, und es ist die Frage, wie man die Gedanken Grundtvigs in den deutschen Kontext einbringt, ohne ihnen ihre „revolutionäre" Spitze zu nehmen. Dabei geht es ebenso um eine Neuinterpretation auch des dänischen Umfelds und der Rolle Grundtvigs hier. Außerdem ist zu fragen, wie weit die Analogie zwischen der dänischen Lage nach 1864 und der deutschen Situation 1919 eine Rolle in der Grundtvigrezeption gespielt hat. In beiden Fällen handelt es sich um den Neuanfang nach einem verlorenen Krieg. Vor vorschnellen Analogieschlüssen wurde hier gewarnt.

Der andere Schwerpunkt der Diskussion behandelte das Jahr 1933 und die Rolle, die Grundtvigs Gedanken hier spielten. Es bestand die Gefahr einer populistischen Verwendung der grundtvigschen Ideen von Volk und Volkstum, einer Verfälschung seiner Gedanken. Hier wurde aber auch darauf aufmerksam gemacht, daß man in der Beurteilung dieser Phase nicht nur theoretische Äußerungen, sondern auch die praktische Arbeit der Heimvolkshochschulen mit berücksichtigen muß. Es ging darum, unter Berufung auf Grundtvig als unverdächtigem Zeugen, die Idee der Volksgemeinschaft zu erhalten gegen die nationalsozialistischen Bestrebungen, die Heimvolkshochschulen in Bauernschulen zu verwandeln. Gerade die praktische Arbeit zeigt – trotz vieler politischer Blindheit – auch die positiven Ansätze in dieser Zeit, Ansätze, die man u.a. mit Hilfe Grundtvigs in der praktischen Arbeit zu retten versuchte. Gerade auch an diesem Beispiel wird deutlich, wie wichtig der zeitgeschichtliche Kontext für das Verständnis der Grundtvigrezeption in Deutschland – wie übrigens auch in Dänemark – ist, und daß die Einbeziehung der Überlieferung grundtvigscher Gedanken ein mehr differenziertes Bild ergibt als die ausschließliche Berücksichtigung theoretischer Äußerungen.

Hermann Scheile
Grundtvig und die deutschen Heimvolkshochschulen

Grundtvig war die Legitimationsfigur und Projektionsfläche für die deutschen Heimvolkshochschulen, besonders in der Weimarer Zeit. Wie Grundtvig von den einzelnen Trägergruppen für ihre je spezifischen Interessen benutzt worden ist, kann ich hier nur in den Haupttendenzen skizzieren. Ich will aufzeigen, was vom grundtvigschen Gedankengut übernommen wurde und was nicht. Dabei sind Grundtvigs eigene Vorstellungen das Kriterium und nicht die interpretativen Niederschläge in dänischen Heimvolkshochschulen.

Die Originalschriften von Grundtvig waren bis 1921 bzw. 1927 den deutschen Heimvolkshochschulen nicht bekannt. Persönliche Ausnahmen müssen zugestanden werden. 1921 schreibt von Erdberg in einer Vorbemerkung zu einer Vorabveröffentlichung von Tiedjes Grundtvig-Übersetzung: „Kein Name ist im Zusammenhang mit der deutschen Volkshochschule soviel genannt worden, wie der Grundtvigs. Wenn man daraus schließen wollte, daß die Schriften Grundtvigs, im besonderen die, in denen er seinen Plan einer Volkshochschule entwickelt, in Deutschland bekannt seien, dann würde das eine arge Täuschung bedeuten. Man kennt Grundtvig nicht aus erster Hand, sondern aus den Büchern von Hollmann und Wartenweiler-Haffter."[1]

Tiedje übersetzte 1921 den „Brief Grundtvigs an einen Freund über seine Hochschule" sowie „Die Einrichtung einer volkstümlichen Hochschule auf der Akademie von Sorö".

1927 erschienen dann in deutscher Übersetzung die beiden Grundtvig-Bände „Schriften zur Volkserziehung und Volkheit" in Jena.

Berührung mit dem grundtvigschen Gedankengut zur Heimvolkshochschularbeit fanden Vertreter deutscher Heimvolkshochschulen vorrangig durch persönliche Kontakte zu dänischen Heimvolkshochschulen. Hier konnten die deutschen Besucher direkt sehen, hören und erleben, wie einerseits die typischen Strukturmerkmale einer dänischen Heimvolkshochschule aussahen und wie andererseits die dänischen Heimvolkshochschulen ihre je eigene Grundtvig-Interpretation lebten.

Noch einmal von Erdberg 1921: „Im allgemeinen konstruiert man sich das, was Grundtvig beabsichtigt hatte, zurück aus der dänischen Volkshochschule, wie man sie heute kennt."[2]

Die Strukturmerkmale dänischer Heimvolkshochschulen waren:

— Junge Erwachsene ab achtzehn Jahren als Teilnehmer.
— Bäuerliche und ländliche Bevölkerung als Zielgruppen.
— Allgemeinbildung und keine Fachwissenvermittlung.
— Leben und Lernen in der Gemeinschaft von Lehrern/Lehrerinnen und Teilnehmern.
— Keine Prüfungen und Abschlußzertifikate. Keine Berechtigungsscheine.

---

1 Robert von Erdberg: Grundtvig über seine Volkshochschule, in: Volksbildungsarchiv, Bd. VIII, Berlin 1921
2 ebd.

- Vorherrschaft der mündlichen Rede, ob als Vortrag, Gespräch, Diskussion oder Dialog.
- Freie Trägerschaft. Die Leiter der Heimvolkshochschulen waren häufig auch die Eigentümer.
- Freiwilligkeit der Teilnahme.

Bis auf den Aspekt der Trägerschaft wurden diese Strukturmerkmale in der Regel von den deutschen Heimvolkshochschulen übernommen.

Wesentliche Anliegen von Grundtvig für die Arbeit in einer Heimvolkshochschule wurden von den Deutschen nicht übernommen:

- Die anthropologische Position Grundtvigs
- Grundtvigs Verständnis von Aufklärung
- Die geistige Freiheit.

Hier lassen sich m.E. die sozialhistorischen, philosophischen und kulturgeschichtlichen Hürden eines „Importes" festmachen, die bei allen Bemühungen von deutscher Seite nicht so einfach zu überspringen sind.

Ich möchte verdeutlichen, was in der deutschen Heimvolkshochschularbeit stringent grundtvigsches Gedankengut ist und was nicht. Dabei sollte völlig klar sein, daß jede Heimvolkshochschule das Recht hat, ihre pädagogischen und institutionellen Wirklichkeiten selbst zu gestalten. Was ich nicht für zulässig halte, ist eine Inanspruchnahme von Grundtvig für die eigene trägergruppenspezifische Formung der Heimvolkshochschularbeit, gerade angesichts der Tatsache, daß die deutschen Heimvolkshochschulen eine ganz eigenständige Tradition neben Grundtvig haben.[3]

Grundtvig hat keinen systematischen Entwurf zur Bildungsarbeit an einer Heimvolkshochschule gemacht. Durchzieht diese Unsystematik sein schriftliches Vermächtnis, so ist aber die Unsystematik seiner Heimvolkshochschul-Ideen wesentlich in seiner anthropologischen Position begründet. Grundtvig hat kein Curriculum „Leben" entworfen, weder für die Gesellschaft noch für den einzelnen, sondern auf den in Freiheit ständig zu führenden Dialog hingewiesen.[4]

Freiheit als konstitutive Bedingung für gesellschaftliches Leben und alles Lebendige war seine Forderung. Wo Leben fehlt, erübrigt sich auch alle Aufklärung, „...denn wenn das Leben gering geschätzt und nicht geachtet wird, muß alle andere Aufklärung, schon an und für sich unfruchtbar, für das Volk tödlich und das Reich schädlich werden."[5]

Ein Aspekt des grundtvigschen Aufklärungsverständnisses besagt, daß die Aufklärung in einer Heimvolkshochschule an das Einverständnis der Teilnehmer gebunden ist. Aufklärung, die dem Leben dient und in einer „Schule für das Leben" vollzogen werden soll, ist „ohne allen Zwang" zu denken.[6] Grundtvig warf den Pastoren und Lehrern vor, daß sie jahrhundertelang das Volk nach ihren Köpfen und Herzen „zurechtgestutzt" und damit dem Volk übel gedient hätten. Aufklärung der „Volksstimme" sei

---

3 Vgl. Hermann Scheile: Geschichtliche Entwicklung und gegenwärtige Situation der deutschen Heimvolkshochschulen, in: Vogel,N./Scheile,H. (Hrsg.): Lernort Heimvolkshochschule, Paderborn 1983
4 Vgl. Hermann Scheile: N.F.S. Grundtvigs Aussagen zur Erwachsenenbildung in Heimvolkshochschulen – Bedeutungen in Geschichte und Gegenwart, in: Die Ländliche Heimvolkshochschule. Folge 6. Hermannsburg 1984
5 N.F.S. Grundtvig: Die Schule für das Leben und die Akademie in Sorö, in: Schriften zur Volkserziehung und Volkheit. Band I u. II. Ausgewählt, übersetzt und eingeleitet von J. Tiedje, Jena 1927, S. 66
6 N.F.S: Grundtvig: Der Dänische Vierklee, a.a.O., S. 27

auch darum notwendig, damit sich das Volk gegen solche Bevormundung wehren könne. Das Volk gegen seinen Willen fromm und aufgeklärt zu machen, ist nach Grundtvig Unterjochung.[7] „Gottesfurcht und Vaterlandsliebe" lassen sich nicht durch eine Heimvolkshochschule „einpauken oder einlöffeln".[8]

Grundtvig ist nicht als ein Vertreter einer sogenannten neutralen Bildungsarbeit mißzuverstehen. Die Heimvolkshochschule soll ihre Teilnehmer zu etwas befreien: nämlich ihre Stimmen selbst zu benutzen, um sich selbst vertreten zu können. Die Teilnehmer sind keinesfalls zu füllende Container. Dies ist von Grundtvig eine klare Absage an jegliches mechanistische Erziehungs- und Bildungsverständnis.

Die Institution und der Geist einer Heimvolkshochschule müssen nach Grundtvig absolut frei sein. Grundtvig lehnt jegliche Vorschriften und Auflagen für eine Heimvolkshochschule ab. Auf und in der Heimvolkshochschule darf keinerlei Zwang ausgeübt werden. Auch nicht vom Staat oder den Kirchen.[9]

Grundtvigs zentrales Bildungsanliegen, nämlich das menschliche Leben eben nicht in irgendwelche Ideen oder Überzeugungen zu pressen, wird von der Erziehungs- und Bildungspraxis in aller Welt, und auch von der deutschen, gerne ins Gegenteil verkehrt.

Gerade die von Grundtvig so genannte „hochdeutsche Einbildung", alles nach dem eigenen Kopf formen und bestimmen zu wollen, wurde und wird auch in vielen Heimvolkshochschulen praktiziert. Grundtvigs Anthropologie fand in Deutschland, wie auch in den meisten anderen Ländern, keinen günstigen Nährboden vor, weil sie dem seit Jahrhunderten vorherrschenden Verständnis von Erziehung und Bildung junger Menschen zuwiderläuft.

Trotz großartiger anderer Entwürfe im Neuhumanismus, in der Romantik und Reformpädagogik, war die pädagogische Praxis in Deutschland seit Jahrhunderten stark geprägt von der Vorstellung des handwerklichen Hervorbringens. Wie ein Handwerker nach einem vorgefaßten Plan das vorgefundene Material mit dem geeigneten Handwerkszeug formt, so wird der junge Mensch nach den Erziehungs- und Bildungszielen des Erwachsenen mit den dafür notwendig erachteten Erziehungsmethoden geformt. Pädagogik erscheint als ein Machen. Ganz offensichtlich erscheint das Prinzip des Machens in dem, was man jetzt „Schwarze Pädagogik" genannt hat und wo Fleiß, Ordnung, Gehorsam und Gottesfurcht „gemacht" werden sollten; aber auch in der heutigen, modernen Pädagogik besteht die Gefahr, daß man mit subtilen Curriculum- und Lernzielkatalogen demokratische, sozialintegrierte, selbständige, emanzipierte, kreative Menschen „machen" will. Die Erziehungsziele stehen schon verpackt bereit, bevor die Kinder geboren werden. Da die ganze Gesellschaft scheinbar effektiv arbeitet, wollen Pädagoginnen/Pädagogen nicht zurückstehen. Von Grundtvig hätte man aber schon immer lernen können, daß es ein Widerspruch ist, wenn man einer lebendigen Schule oder freien Menschen den Lebenslauf im voraus bestimmen will, daß sich „Leben" hier in Wirklichkeit nur in einem freien Wechselspiel entfalten kann.

In der deutschen Erziehungstradition ist der junge Mensch zu sehr Objekt. Bei Grundtvig wird der junge Mensch als Subjekt gedacht, als ein *Ich* oder *Jemand*, der eigenständig im Erziehungsprozeß steht und mitgestaltet. Große Teile der Heimvolkshochschul-Literatur – vor und nach dem Zweiten Weltkrieg – belegen eindrucksvoll, was die Erwachsenen in den Heimvolkshochschulen alles mit den jungen Menschen vorhatten.

---

7 Vgl. N.F.S. Grundtvig, Der Dänische Vierklee, a.a.O., S. 25.
8 N.F.S. Grundtvig: Brief an einen Freund über seine Hochschule, a.a.O., S. 216.
9 Vgl. N.F.S. Grundtvig: Die Einrichtung einer volkstümlichen Hochschule auf der Akademie von Sorö, a.a.O., S. 134.

Meines Erachtens ist Eduard Weitsch in den zwanziger Jahren mit seiner Heimvolkshochschule in Dreißigacker sowohl organisatorisch-institutionell als auch von der pädagogisch-anthropologischen Grundhaltung her den grundtvigschen Positionen am nächsten gekommen.[10]

Aus dem oben beschriebenen mechanistischen Erziehungsverständnis heraus ist es in Deutschland – verständlicherweise – schwer zu schlucken, daß eine Bildungseinrichtung geistig frei sein soll und will. Dieses Grundtvig-Merkmal sorgte daher schon zu Beginn dieses Jahrhunderts bei deutschen Heimvolkshochschulleitern für Irritation. Fr. Lembke, Leiter der Heimvolkshochschule Albersdorf, sagt über seine Besuche in dänischen Heimvolkshochschulen: „Ich fand in diesen Anstalten etwas, was unserem deutschen Volksleben auch heute noch fast unverständlich ist.(...) Diese Art und Weise, Schulen in vollständiger Unabhängigkeit von den regierenden Gewalten zu gründen und durchzuhalten, sie nur zu gründen auf die Zustimmung der Bevölkerung, ist etwas, was uns auch heute noch recht fremd erscheint."[11]

Die deutschen Heimvolkshochschulen beanspruchten für sich, frei von Parteipolitik und staatlicher Einwirkung arbeiten zu können. Paul Steinmetz beschreibt 1929 sehr anschaulich, wie die Wirklichkeit aussah. „Die staatlichen Mittel, die zur Unterstützung der Heimvolkshochschulen von den einzelnen Ländern aufgewendet werden, werden nicht schematisch auf die einzelnen Heime verteilt, sondern fließen ihnen nach Prüfung ihrer politischen Ausrichtung und ihrer pädagogischen Würdigkeit in verschiedenem Maße zu. (...) Am schwierigsten erscheint die Mittelbeschaffung für die Heime ‚neutraler Richtung'. (...) Leichter haben es die politisch, weltanschaulich oder religiös festgelegten Heime. Sie erfahren leichter die Förderung interessierter Verbände (...) meist mit der Verpflichtung verbunden, den volkswirtschaftlichen Unterricht am Heime im Sinne des Verbandes zu geben."[12] Mit Grundtvig hat dies wenig zu tun.

Sowohl die Trägerstruktur in der Weimarer Zeit als auch die nach 1945 macht die trägergruppenspezifische ideologische Ausrichtung der deutschen Heimvolkshochschulen deutlich.

Die Trägerstruktur gegen Ende der zwanziger Jahre sah wie folgt aus:

1. Konfessionelle Träger
   – Evangelische
   – Katholische
2. Bäuerliche Träger
   – Völkisch orientiert
   – Berufsständisch orientiert
3. Deutsch-nationale Träger
4. Sozialistische Träger
5. „Freie" bzw. „Neutrale" Träger

Nach 1945 bis heute gibt es katholische, evangelische, freie und berufsständische Heimvolkshochschulen in der Bundesrepublik.[13]

Die trägerspezifische Ausrichtung einer Heimvolkshochschule führt zu weitreichenden strukturellen Festlegungen qua Institution mit entsprechenden Konsequenzen für

---

10 Vgl. Eduard Weitsch: Dreißigacker. Die Schule ohne Katheder. Hamburg 1954.
11 Lembke, Fr.: Ländliche Volkshochschulen, in: Dürer Bund, 42. Flugschrift zur Ausdruckskultur, o.J. (ca. 1919/20 H.S.).
12 Steinmetz, P.: Die deutsche Volkshochschulbewegung. Karlsruhe 1929, S. 87f.
13 Vgl. Scheile, 1983 a.a.O.

die Teilnehmer. Diese strukturelle Festlegung steht häufig im Widerspruch zum verkündeten pädagogisch-konzeptionellen Selbstverständnis einer Heimvolkshochschule.

1. Es findet unter Ausschluß der Teilnehmer eine einseitige Auswahl von Lehr- bzw. Lerninhalten, von Lehrpersonen und Lernmethoden statt. Der ideologische Filter entscheidet vorweg, was und wer in die Heimvolkshochschule kommt. Es ist bekannt, daß jedes System Denkverbote hat. Die Freiheit der Teilnehmer ist eine systemimmanente.
2. Es wird – ob gewollt oder nicht – eine Institutionssperre errichtet. Die jeweils anders Denkenden, Glaubenden usw. werden in der Praxis so gut wie nicht erreicht. Viele Heimvolkshochschulen haben somit nur eine eingegrenzte Zielgruppenansprache. Ideologisch, religiös usw. bleibt man unter sich.
3. Die Dialogmöglichkeit besteht vorrangig systemimmanent, nicht aber systemübergreifend. Was Grundtvig „Wechselwirkung" nannte, ist eine pädagogisch-psychologische Verhaltensanforderung an jeden Lehrer, die für Teilnehmer nur in der konkreten Situation erfahrbar ist. Die Freiheit des Teilnehmers, das lebendige Lernen, die Wechselwirkungen, können nur in der didaktischen Situation erkannt werden; wenn sie da nicht gelten, taugen sie auch nichts. Denn der Umgang mit der Freiheit der Teilnehmer ist frei, d.h. ungesichert.
Grundtvig stellt damit auch die traditionelle und vorherrschende Didaktiktheorie und Praxis in Deutschland in Frage. Traditionelle deutsche Schul- und Erwachsenenbildungsdidaktik ist in der Regel vorwegnehmende Unterrichtsgestaltung. Grundtvigsche „Wechselwirkungen" können aber unter Subjekten nur entstehen, wenn sie sich aufeinander einlassen. Eine Ordnung entsteht dabei erst im Interaktionsprozeß und nicht im Unterrichtsplan und wird in ihm fortentwickelt. Bei Grundtvig liest sich das so: „...wie sollte man denn solch Lebenerwecken, Licht verbreiten, solche Gemütswirkung mathematisch ausrechnen oder schematisch vorschreiben wollen?"[14]
4. Die jeweilige religiöse, weltanschauliche oder politische Position einer Heimvolkshochschule wird ferner in entsprechenden Hausordnungen, Verfahrensweisen und Gremienordnungen festgelegt. Teilnehmer können diese „Selbstverständlichkeiten" nur akzeptieren oder fortbleiben. Dies ist auch ein Ausgrenzungsmechanismus.
5. Es ist in deutschen Heimvolkshochschulkreisen bekannt, daß die Leiter sehr oft „prägende" Persönlichkeiten waren oder sind. Ein Prägevorgang bewirkt nun aber immer zweierlei: er läßt etwas Sichtbares zurück, zerdrückt aber auch etwas. Die Geschichte der einzelnen Heimvolkshochschulen – meist in Jubiläumsschriften – zeigt verständlicherweise das Sichtbargewordene einer Prägung. Das Zerdrückte wird nicht schriftlich dokumentiert, läßt sich aber auch bei Mitarbeitern und Teilnehmern finden.
6. Dennoch, auch angesichts der trägerspezifischen und ideologischen Einengungen haben viele Teilnehmer der langen traditionellen Winter- und Sommerkurse ihren Heimvolkshochschulaufenthalt als persönliche Befreiung aus vielen Erziehungs- und Sozialisationszwängen erlebt. Die Heimvolkshochschulen waren mit ihren langen zertifikatsfreien Kursen strukturell Stätten der Begegnung mit anderen Menschen, neuen Ideen und Sichtweisen. Bei vielen Teilnehmern ist so etwas wie der „aufrechte Gang" aufgekommen und es sind Verantwortungen entstanden.

Die deutschen Heimvolkshochschulen – besonders in der Weimarer Zeit – haben es sich mit Grundtvig insofern sehr einfach gemacht, daß sie ihn erstens nicht gelesen

---
14 N.F.S. Grundtvig: Die Schule für das Leben und die Akademie in Sorö, a.a.O., S. 91.

haben und zweitens das Charismatische und Visionäre als Ersatz für eine pädagogische und philosophische Auseinandersetzung genommen haben. Aber auch in Weimar gab es schon warnende Stimmen vor einem Mißbrauch.[15]

Der Mißbrauch Grundtvigs bestand darin, daß aus Grundtvigs Anschauungen zum Leben, zur Geschichte, zum Volk, zum Christentum, zur Kirche und zur Heimvolkshochschule jeweils nur die Bruchstücke benutzt wurden, die den eigenen Legitimationsstrategien von Nutzen waren. Diese Sinnentstellungen führten dann ihrerseits wieder zu Unterstellungen von Aussagen, die bei Grundtvig nicht zu finden sind.[16] Grundtvig wurde regelrecht vergewaltigt, wenn z.B. zum Wesen und Ziel der deutschen Heimvolkshochschule Aussagen stehen wie „...in der Zeit, da wir kein Militär mehr haben, soll die Heimvolkshochschule für den jungen Menschen ein idealer Ersatz sein für die Kaserne". Oder „Um die Mitte des vergangenen Jahrhunderts ist es zu Dänemark einem Pastor Grundtvig gelungen, mit seinen ländlichen Volkshochschulen eine neue Führergeneration heranzuschulen."[17]

Der Gipfel des Mißverständnisses und auch des Mißbrauchs Grundtvigs bestand in der Verbreitung rassistischen und antisemitischen Gedankenguts in einigen „völkischen" Heimvolkshochschulen, für die Bruno Tanzmanns Bauernhochschule das extremste und abstoßendste Beispiel darstellt.[18]

Nach 1945 ist Grundtvig in den deutschen Heimvolkshochschulen kaum wieder erinnert worden.

1. Das persönliche Involviertsein mancher Heimvolkshochschulleiter und -mitarbeiter in den Nationalsozialismus verhinderte nach 1945 eine direkte Auseinandersetzung mit Grundtvig und dem deutschen Mißbrauch.
2. Von 1945 bis Mitte der sechziger Jahre war Bildung oder Bildungspolitik ein eher restauratives Thema in der Bundesrepublik. Die gesamte Erwachsenenbildung und auch die Heimvolkshochschulen führten ein Schattendasein, d.h. waren von geringem öffentlichem Interesse.
3. Als Mitte der sechziger Jahre, besonders ab 1968/69, Bildung, Erziehung und auch Erwachsenenbildung zu zentralen Themen der politischen und fachwissenschaftlichen Auseinandersetzung wurden, steckten viele Heimvolkshochschulen in einer tiefen strukturellen Krise. Ende der sechziger Jahre mußten viele Heimvolkshochschulen schließen, da keine Teilnehmer für die langen traditionellen Kurse kamen. Heimvolkshochschulen, die überlebten, stiegen auf kurze Seminare und Tagungen mit festen Zielgruppen um. Viele Heimvolkshochschulen retteten sich mit Zertifikatskursen zur Hochschulreife, die bei bestem Willen weder etwas mit Grundtvig noch mit der eigenen deutschen Heimvolkshochschultradition zu tun hatten bzw. haben. Grundtvig spielt in der deutschen Erwachsenenbildungslandschaft überhaupt keine Rolle.

Das Aufblühen der Erwachsenenbildung bzw. Weiterbildung seit den siebziger Jahren beinhaltete eine enorme Schubkraft für die Institution Abend-Volkshochschule, nicht jedoch für die Heimvolkshochschulen und ihr pädagogisches Anliegen. Die gewonnene

---

15 Hollmann, A.H.: Die Volkshochschule und die geistigen Grundlagen der Demokratie. 2. Auflage. Berlin 1919; Henningsen, A.: Grundtvig, in: Deutsches Volkstum. Bd. I, Hamburg 1928.
16 Vgl. ausführlich Scheile 1984, a.a.O.
17 Bärtle, J.: Wesen und Ziel der Heimvolkshochschule. Marienbuchen 1930.
18 Vgl. Friedenthal, M.: Die Bedeutung Grundtvigs für die Heimvolkshochschule in Deutschland, in: Vogel/Scheile 1983, S. 94 ff.

finanzielle Absicherung muß von den Heimvolkshochschulen teuer mit hohen Belegungszahlen „bezahlt" werden.

Grundtvig lag und liegt heute immer noch völlig quer zur deutschen Bildungspraxis. Grundtvigs anthropologischer Denkansatz stellt das vorherrschende pädagogische und bildungspolitische Denken in der Bundesrepublik auf den Kopf. Bemüht man sich doch gerade seit Ende der sechziger Jahre darum, das Endverhalten, die Lehr- und Lernschritte festzulegen, bevor Kinder und Lehrer auf der Welt sind. Vor allem muß Bildung in der Bundesrepublik mit einem Null-Risiko für politisch und institutionell Verantwortliche verbunden sein. Alles muß kalkulierbar sein. Die Freiheit darf alles sein, bloß nicht frei.

Leben ist für Grundtvig Risiko. Das Subjekt „junger Mensch" und seine Freiheiten ergeben sich auch in einer Demokratie nicht von selbst, sie müssen gewollt, beschlossen und gestaltet werden.

„Der hochdeutschen Einbildung, daß das Leben, ehe es gelebt wird, sich erklären und nach dem Kopfe der Gelehrten umschaffen lassen kann und soll, – dieser Einbildung, die alle aus ihr entstammenden Schulen zu Werkstätten der Auflösung und des Todes machen muß, in welcher die Würmer flott auf Kosten des Lebens leben, dieser Einbildung habe ich von Grund auf abgeschworen..."[19]

Grundtvig hat seine Anthropologie persönlich gelebt und bezahlen müssen. Er hat sich von niemandem einkaufen lassen. Weder als Kirchenmann noch als aktiver Politiker. Er hatte Predigtverbot und stand zeitweise unter Zensur, war lange arbeitslos und wußte nicht, wie er mit Frau und Kindern materiell überleben sollte.

Der Mann hat volles Risiko gelebt.

---

19 N.F.S. Grundtvig: Die Schule für das Leben und die Akademie in Sorö, a.a.O., S. 65f.

Hans Wilhelm Tölke
Gesprächsbericht

Die Ausführungen des Referenten wurden lebhaft und teilweise kontrovers diskutiert. Dabei wurden nachstehend aufgeführte Fragen gestellt, Meinungen geäußert und Stellungnahmen eingebracht.

- Heimvolkshochschulen in der Bundesrepublik Deutschland neigen dazu, sich auf die historische Autorität Grundtvigs zu berufen, auch wenn sie in ihrer eigenen Arbeit nur wenige Berührungspunkte zu ihm haben. Das entspricht ihrem verständlichen Bedürfnis nach einer geistigen und pädagogischen Leitfigur.
- Bei der Zustandsbeschreibung deutscher Heimvolkshochschulen durch den Referenten handelt es sich um die Zusammenstellung eines Negativkataloges, dessen Bestandteile in einzelnen Fällen der Wirklichkeit entsprechen mögen, der jedoch in seiner additiven Form an Aussagekraft verliert.
- Kann eine Heimvolkshochschule ohne einen Minimalkonsens an Verbindlichkeiten existieren und schließt die mit den Teilnehmern vereinbarte Hausordnung tatsächlich eine freie Willensbildung aus?
- Konfessionelle Heimvolkshochschulen sind auch für Teilnehmer offen, die einem anderen oder keinem religiösen Bekenntnis angehören. Die religiöse, ideologische oder politische Bindung einer Heimvolkshochschule steht nicht im Widerspruch zu freiheitlicher Bildung, wenn auch konkurrierende Standpunkte vorurteilsfrei dargestellt werden.
- Eine Heimvolkshochschule ist kein Ort geistiger Beliebigkeit. Die Teilnehmer können erwarten, daß ihnen vor ihrem Eintritt in die Bildungsveranstaltungen der geistige Standort der jeweiligen Bildungsstätte bekanntgegeben worden ist.
- Die Rolle der Persönlichkeit des Erwachsenenbildners soll nicht verschleiert werden. Er muß mehr sein als der Koordinator einer pädagogischen Dramaturgie.
- Für die Generationen nach beiden Weltkriegen sind Heimvolkshochschulen Orte der Besinnung und Orientierung und damit geistige Heimat gewesen.
- Die pädagogische Konzeption Grundtvigs, nach der Bildung auf einer Phase allgemeiner und beruflicher Lebenserfahrung aufbauen sollte, verdient heute besondere Beachtung. Durch die Aufeinanderfolge von Erfahrung und Reflexion wird bei Grundtvig die Idee vom lebenslangen Lernen vorweggenommen, die für die zukünftige Arbeit von Heimvolkshochschulen von besonderer Bedeutung sein kann.
- Einer eventuellen Reglementierung durch die Heimvolkshochschulen stünde die zunehmende Neigung junger Menschen entgegen, sich gegenüber Fremdeinflüssen kritisch und skeptisch zu verhalten.
- Heimvolkshochschulen in der Bundesrepublik Deutschland sind keine Abbilder der dänischen Heimvolkshochschulen nach dem Muster Grundtvigs. Dennoch sind Elemente der Konzeption Grundtvigs, wie die Einheit von Leben und Lernen, die Distanz zum Alltag, die Partnerschaft zwischen Lehrern und Lernern, der Vorrang des Dialogs, in nahezu allen Heimvolkshochschulen anzutreffen.

Paul Röhrig

Eine schwierige Annäherung – Versuch, den Dialog zwischen dänischer und deutscher Erwachsenenbildung neu zu begründen

1. Bilder vom deutschen Geist

Der dänische Theologe Hans Martensen hat in seinen Lebenserinnerungen die hochinteressante Begegnung des damals sehr bekannten Berliner Theologen Philipp Konrad Marheineke mit N.F.S. Grundtvig geschildert, die 1836 auf Wunsch Marheinekes und durch die Vermittlung Martensens zustandegekommen war.[1]

Nach einer zunächst ziemlich unbedeutenden Unterhaltung, heißt es bei Martensen,

„kam aber die Rede auf die spekulative Theologie, welche Marheineke als das, wessen die Zeit bedürfe, sehr empfahl. Hierauf wollte nun Grundtvig sich nicht einlassen und äußerte: er fürchte sich sehr, darauf einzugehen. ‚Warum fürchten Sie sich?' fragte Marheineke. ‚Ich fürchte mich vor mir selbst. Für mich ist einmal der Hauptgegensatz der zwischen *Leben* und *Tod*.' Er wollte also zu erkennen geben, daß durch die Hingabe an die Spekulation, welche er als Hirngespinst zu bezeichnen pflegte, das Leben verlorengehen oder Schaden nehmen könne."

Auf einen etwas unernsten Einwand Marheinekes habe Grundtvig dann geantwortet: „Ihr großen Philosophen vergeßt das Leben über der Aufführung eurer Denkgebäude." Martensen kommentiert dann noch, Grundtvig habe sagen wollen, daß die für uns wichtigsten Gegensätze, durch welche die Aufgabe und zugleich das Rätsel unseres Lebens bestimmt werde, weit mehr bedeuten, als bloß etwas Logisches oder Gedachtes, vielmehr das seien, was man auch existentielle Gegensätze genannt habe. Marheineke habe auf dem Heimwege die Bemerkung nicht zurückhalten können, daß Naturen wie Grundtvig immer auf das Leben zurückkämen, anstatt sich an die Gedankengegensätze zu halten.

Man kann mit Sicherheit sagen, daß Grundtvig sich durch die Begegnung mit Marheineke in seinem Urteil über die Deutschen bestätigt sah. Für deren behaupteten Hang zum spekulativen Denken hatte er schon 1817 das Symbol des Adlers verwandt. Dahinter stecke wohl folgender Gedanke, meint Sigurd Aa. Aarnes:

„Wie sich der Adler mit seiner Beute in den endlosen Raum erhebt, so konstruiert die deutsche idealistische Philosophie einen ‚luftigen' Wahrheitsbegriff, der nichts mit der geschichtlichen Wirklichkeit zu tun hat."[2]

In jungen Jahren hatte sich Grundtvig für eine kurze Zeit der deutschen idealistischen und romantischen Spekulation begeistert in die Arme geworfen, war dann aber mehr und mehr auf Distanz gegangen und äußerte nun Marheineke gegenüber, ihm sei bange

---

1 Martensen, Hans: Aus meinem Leben. 2.Abteilung 1837- 1854. A.d.Dänischen v. A.Michelsen. Karlsruhe und Leipzig: Reuther 1884. Die f.f. Zitate S. 56-58.
2 Aarnes, Sigurd Aa.: Grundtvig als Historiker. In: Chr. Thodberg, A. Pontoppidan Thyssen(Hrsg.): N.F.S.Grundtvig – Tradition und Erneuerung. Kopenhagen: Det danske Selskab 1983, S. 57-77, Zit. S. 62.

angesichts dieser Art von Denken, und zwar fürchte er um das Leben, das die Philosophen über ihren Gedankengebäuden vergäßen. Hätte Grundtvig damals in dem soeben erschienenen Buch eines großen deutschen Dichters, in Heinrich Heines zweitem Band des „Salon", gelesen, so wäre seine Angst noch verstärkt worden.

„Mich dünkt", schrieb Heine 1834, „ein methodisches Volk wie wir mußte mit der Reformation beginnen, konnte erst hierauf sich mit der Philosophie beschäftigen und durfte nur nach deren Vollendung zur politischen Revolution übergehen.(...)Laßt Euch aber nicht bange sein, ihr deutschen Republikaner; die deutsche Revolution wird darum nicht milder und sanfter ausfallen, weil ihr die Kantsche Kritik, der Fichtesche Transzendentalidealismus und gar die Naturphilosophie vorausging.(...)Es werden Kantianer zum Vorschein kommen, die auch in der Erscheinungswelt von keiner Pietät etwas wissen wollen und erbarmungslos mit Schwert und Beil den Boden unseres europäischen Leben durchwühlen, um auch die letzten Wurzeln der Vergangenheit auszurotten. Es werden bewaffnete Fichteaner auf den Schauplatz treten, die in ihrem Willensfanatismus weder durch Furcht noch durch Eigennutz zu bändigen sind, denn sie leben im Geist, sie trotzen der Materie."[3]

Heines anschließende prophetische Warnung:„Hütet Euch, ihr Nachbarskinder, ihr Franzosen" hätte erst recht einen Dänen erschrecken können.

Knapp hundert Jahre später, 1928, nahm der dänische Arbeiterdichter Martin Andersen Nexø an der Jahrestagung des Hohenrodter Bundes teil, wo sich die besten Köpfe der deutschen Erwachsenenbildung versammelten. Bei einer Abendveranstaltung trug Nexø etwas vor, dem er den Titel gab: „Der tragische Jongleur – Ein Traum, geträumt und vorgetragen bei einem Meisterturnier deutscher Philosophen im Sommer 1928".[4] Nexø träumt den Auszug aus dem Paradies der Kindheit, der ihn in eine Jongleurschule führt, die er mit Grundtvigs berühmtem Ausdruck „die schwarze Schule" nennt. Hier lernen sie nun, mit allem und jedem zu jonglieren und nach Möglichkeit nichts mehr auf die Erde zurückkommen zu lassen, sondern es ständig in der Schwebe zu halten. Daß etwas ganz hoch flog und spurlos verschwand, war das höchste, das erreicht werden konnte. Allmählich entdeckte der Schüler den erhabenen Sinn der Übungen: „Sie waren einfach ein Protest gegen die Erde und ihr Gesetz der Schwerkraft", und weil er immer noch hinter den anderen zurückblieb, sagten ihm die Lehrer, er nehme alles zu ernst, es klebe noch zuviel Scholle an ihm, zuviel Schwere.

Schließlich findet sich der Schüler Nexø auf einer riesigen Bühne, wo er mit zerbrechlichen Glaskugeln, die ihm der Direktor der schwarzen Schule zuwirft, jonglieren muß, bis sich der Direktor schließlich als Teufel, diabolus disputax, als Meister der schwarzen Kunst, der Täuschung, entpuppt, der nun alles verhext, ihn antreibt, nicht aufhören läßt, bis schließlich aus dem Zirkusspiel ein blutiges Spiel wird: Es werden ihm lebende Herzen und Menschenköpfe in die Hände gespielt, die er nun werfen muß, auch das seiner Mutter. Er wird hemmungslos, verzweifelt, reißt sich sein Herz aus dem Leib und will noch verhindern, daß Blutstropfen daraus auf die Erde fallen. Es kommen aber doch einige auf den Boden, und sofort sprießen dort rote Rosen hervor – eben aus derselben Erde, die überwunden werden sollte. Verzweiflung und Schuldgefühl treiben den Jongleur nun einem tragischen Ende entgegen, wovor ihn jedoch das Aufwachen im rechten Moment bewahrte.

Es ist nicht schwer, im Jonglieren das Symbol für geistige Akrobatik, die den Boden unter den Füßen verloren hat, zu erkennen, das, was Grundtvig im Symbol des Adlers zu sehen vermeinte, und was Heine den Transzendentalidealisten nachsagte, die keine Wirklichkeit mehr anerkennen wollten. Jedesmal sind Züge der deutschen Philosophie und damit auch gewisse Züge der deutschen Mentalität gemeint, und jedesmal ist

---
3 Zit.nach: Heinrich Heines sämtl. Werke, 4.Band, Leipzig: Bibliograph. Institut o.J. S. 293f.
4 Volkshochschul-Blätter für Thüringen 10(1928), H.8, S.6-12.

Schlimmes angekündigt. Heines Passagen über die deutsche Philosophie sind voller Witz, und doch ist es ernst wenn er sagt: Lächelt nicht über meinen Rat, den Rat eines Träumers, der Euch vor Kantianern, Fichteanern und Naturphilosophen warnt.

Als 1946 die Volkshochschule mitten in den Trümmern Kölns feierlich eröffnet wurde, ließ der Leiter, der immer ein Antinazi und Frankophiler gewesen war, die entsprechenden Passagen Heines rezitieren, und sie kamen uns allen wie eine eingetroffene Prophetie vor. Nexøs Traum enthält – für einen Marxisten merkwürdig genug – eine große Huldigung an die Mutter Erde und eine Warnung vor einem akrobatischen Gedanken- und Begriffspiel mit der Wirklichkeit. Und wer hört da nicht Grundtvigs schneidenden Satz: „Mein Gegensatz ist der zwischen Leben und Tod"? Paul Zech gab seinem Roman über die ersten Jahre der Naziherrschaft den Titel: „Deutschland, Dein Tänzer ist der Tod",[5] und Paul Celan schrieb in seiner „Todesfuge" den furchtbaren Satz: Der Tod ist ein Meister aus Deutschland.

2. Gegenentwürfe aus der deutschen Erwachsenenbildung

Unser größtes Genie der Volksbildung, Eugen Rosenstock-Hussey, schrieb 1920 in seinem Essay „Das Dreigestirn der Bildung":

„Wenn wir ein geistiges Problem zur Klarheit bringen wollen,... so hat uns die Schule bisher zwei Wege gewiesen, auf denen sich eine Lösung finden lasse, den philosophischen und den historischen.... Schon seit geraumer Zeit ist der eine dieser beiden Wege, der philosophische, für eine Betrachtung, die allgemein mitteilbar bleiben möchte, verschlossen."[6]

Grundtvig hätte dem sicher zugestimmt und etwa gesagt, daß wir Deutsche Recht daran täten, die Geschichte zu befragen und nicht alles vom spekulativen Denken zu erwarten.

Das Thema, das Rosenstock dann historisch behandelt, ist das Verhältnis von Bildung und Volk. Der geschichtliche Angelpunkt ist die Renaissance, mit der die bis dahin herrschende geistliche Bildung von der neuen geistigen und akademischen Bildung zurückgedrängt wurde. Das Neue und Problematische war, daß diese Bildung zwar an der Seite und mit Hilfe des Staats Herrschaft über das Volk ausübte, sich aber nicht dem Volke vermitteln und verständlich machen mußte. Die alte Bildung der Geistlichen war immer auf eine Gemeinde bezogen gewesen, für die das Wort Gottes und die Lehre der Kirche bestimmt waren. Der humanistisch Gebildete war nur gebildet für sich selbst, hatte keine Gemeinde als Gegenüber – das hat Georg Koch damals vor allem herausgearbeitet.

Die eigene Zeit wurde nun als eine Krise interpretiert, in der die akademische Bildung ihre bis dahin beanspruchte Gültigkeit und Führungsrolle verloren habe.

„Heut hat eben dieser Geist, der damals (in der Renaissance,P.R.) hatte siegen dürfen, als Mörder des leiblichen Lebens wahre Orgien gefeiert.... Was zu einem solchen Ausgang hat führen können, muß falsch angelegt gewesen sein."[7]

Der Schluß, den man daraus zieht, ist, daß es eine neue Bildung geben muß. Neben die Kirche und die Universität muß jetzt die Volkshochschule treten.

---

5 Frankfurt: Fischer Taschenbuchverlag 1984.
6 Picht,Werner und Rosenstock, Eugen: Im Kampf um die Erwachsenen-Bildung 1912-1926. Leipzig: Quelle & Meyer 1926, S.20.
7 Ebd. S. 31.

Zwei Wesensmerkmale kennzeichnen diese Neue Bildung: sie ist Lebensbildung und Volk-Bildung. Rosenstock schrieb damals:

„Am Tode einer ganzen Welt hat die neue Lebensbildung den Maßstab gewonnen für das Lebendige, das immer Wiederkehrende, das Unzerstörbare. Sie kann Lebensbildung werden, weil sie festzustellen vermag, was tötet und was lebendig macht. Krieg und Frieden, Vertrauen und Mißtrauen, Militär- und Zivilgeist, Reichtum und Mangel, Freiwilligkeit und Organisation, sind ihr in den schärfsten, eindringlichsten Gestalten als sicherer Maßstab für Leben und Tod in die Hand gedrückt worden."[8]

Wieder hört man hier Grundtvig sagen: Mein Gegensatz ist Leben und Tod! Und wie beruhigt könnte Grundtvig sein, wenn er Rosenstock sagen hörte, die neue Bildung habe auch eine neue Verantwortung zu übernehmen, „die Verantwortung nicht für den Geist, sondern für das Leben, nicht für etwas starr Ewiges, sondern für etwas täglich neu zu Gestaltendes: für das nackte Dasein und die Fortpflanzung der Gesellschaft und der einfachsten und obersten menschlichen Beziehungen in ihr."[9]

Es ist merkwürdig und für mich nicht erklärbar, daß derjenige unter den Erwachsenenbildnern, der Grundtvig geistig am nächsten stand, ihn – soweit ich sehe – niemals erwähnt. Wie weit ist doch sein Begriff der Lebensbildung mit Grundtvigs „Skolen for Livet" identisch, und wie tief hat er die Bedeutung des lebendigen Wortes verstanden. In seinem Vortrag: „Die Ausbildung des Volksbildners" sagte er 1920 beispielsweise:

„Als Luther dem Volke aufs Maul sah, da sprach dies Volk wie ihm der Schnabel gewachsen war, hingegen stelzten die Gebildeten lateinisch einher. Die Sprichwörter und Spruchbänder der Sprache – so als Bänder werden sie ja auf alten Büchern abgebildet – gingen geflügelt von Mund zu Mund, ohne daß sie in einzelnen Sprechern festgehalten und begrifflich präpariert wurden. Volk im geistigen Sinn ist immer dort vorhanden, wo das Sprechen mächtiger ist als das Denken."[10]

Aber Rosenstock und die Erwachsenenbildner der Neuen Richtung gingen davon aus, daß es „Volk" in diesem Sinne nicht mehr gab und daß eine Rückführung der modernen Massengesellschaft auf vorindustrielle Verhältnisse weder möglich noch wünschenswert sei. „Es gibt nur ein Vorwärts hindurch durch die vereinzelnde, individualisierende Bildung der modernen Welt zu einer neuen geistigen Gemeinschaft oder Volksbegründung."[11] Weil die akademische Bildung ihre fraglose universale Geltung eingebüßt hatte, konnte eine neue geistige Gemeinschaft nicht mehr auf die Art und Weise gesucht werden, daß man dem ungebildeten Volk auch etwas von der akademischen Bildung mitteilte.

„Es gibt noch einen zweiten Weg. Was der Hörer nicht mehr besitzt, kann der Lehrende erwerben. Fehlt der Masse das Volkstum, so muß der Lehrer ihr vorangehen auf dem Wege zur Volkwerdung. Statt Bildung für das Volk könnte er dann vielleicht Bildung zum Volke hin vermitteln, Bildung, die zum Volkwerden führt?"[12]
„Der Volksbildner muß zu seiner Bildung, die unerläßliche Vorbedingung seines Wirkens bleibt, hinzugewinnen die Eigenschaft, selbst Volk zu sein, selbst Volk zu werden."[13]

Wenn Rosenstock Grundtvigs Begriff von Folkelighed nicht gekannt hat, dann ist die Parallelität umso erstaunlicher.

---

8 Ebd. S. 37.
9 Ebd. S. 33.
10 Ebd. S. 156.
11 Ebd. S. 158f.
12 Ebd. S. 158.
13 Ebd. S. 159.

Ein Geistesverwandter und Weggefährte Rosenstocks, Adolf Reichwein, bezeugt seine Abhängigkeit von Grundtvig ohne Umschweife. Die Kriegszeit habe ihm außer den schweren Erfahrungen an der Front noch eine persönliche und ganz wichtige geistige Begegnung gebracht:

"...mit Grundtvig und seinem Werk, der dänischen Volkshochschule. In der Champagne kam mir 1917 Hollmanns ausgezeichnetes Buch über die dänische Volkshochschule in die Hände, durch das ich zugleich die Persönlichkeit Grundtvigs kennenlernte. Das Buch bedeutete eine Wendung für mich. Ich entschloß mich, den mir sehr teuer gewordenen Plan meiner Jugend, Architektur zu studieren, aufzugeben und nach dem Kriege mich der volkstümlichen Bildung zu widmen.... Die Verwirklichung der Volksgemeinschaft durch volkstümliche Erziehung, so wie Grundtvig sie bezeugt hatte, schien mir auch der Weg des künftigen Deutschland."[14]

Zum 150. Geburtstag Grundtvigs, 1933, schrieb Reichwein noch einen Aufsatz, in dem er besonders Grundtvigs Freiheitsbewußtsein hervorhob; jedoch konnte er diesen nur noch unter einem Pseudonym veröffentlichen, da er schon sein Amt an der Pädagogischen Akademie verloren hatte. Es folgte innere Emigration, aktiver Widerstand im Kreisauer Kreis. Er sollte die Verbindung zu einer kommunistischen Widerstandsgruppe herstellen. In diese aber hatte sich ein Spitzel eingeschlichen, der alle verriet. Als den Vater oder Erzvater des Kreisauer Kreises hat man oft Eugen Rosenstock bezeichnet. Er hatte in seinen schlesischen Arbeitslagern von Arbeitern, Bauern und Studenten eine Idee von Volk und Gemeinschaft zum Tragen gebracht, die manch einen hellsichtig machte für die volkszerstörende Wirkung der Naziherrschaft.

Die wesentlichen Kräfte der Erwachsenenbildung in der Weimarer Zeit haben in allem Ernst und mit großem persönlichem Einsatz den Versuch gemacht, Verantwortung für das Leben, vor allem das Leben des Volkes, zu tragen. Zwei Namen sollten hier stellvertretend für viele genannt sein, der eine, dem man im Namen des Volkes sein Leben nahm, der andere, den man aus seinem Volk ausstieß und der die Emigration nicht mehr verlassen hat.

3. Alte und neue Brücken

Ob der deutsche Geist wirklich wie ein Adler in schwindelnde Höhen steigt, ob sein Jonglieren mit Begriffen und Gedanken auch ein Spiel mit blutenden Köpfen und Herzen werden kann, und ob es wirklich bewaffnete Kantianer und Fichteaner waren, die schließlich Europa verwüsteten, das alles sei dahingestellt. Es wird viel komplizierter sein, aber unbeteiligt an den deutschen Verbrechen, von denen auch Dänemark einiges zu spüren bekam, ist der deutsche Geist sicherlich nicht. Aber auch der Marxismus war ein Zweig der deutschen Philosophie, und aus dem deutschen Idealismus und dem Einsatz des marxistischen und religiösen Sozialismus entstanden Gegenströmungen gegen ein Denken, das die Wirklichkeit gering schätzt und gleichgültig ist gegen Leben und Tod. Gerade die Erwachsenenbildung der Neuen Richtung ist Exponent einer solchen Gegenbewegung gewesen, die auch existenzphilosophische und christliche Anstöße aufgenommen hat.

Damals wirkten auch einige Botschafter der Volksbildungsidee Grundtvigs in die deutsche Erwachsenenbildung hinein wie etwa A.H. Hollmann, Fritz Wartenweiler, Georg Koch und Alfred Povlsen. Schon 1919 waren Walther Koch und Karl August Wittfogel (der sich daraufhin entschloß, an die Arbeiterheimvolkshochschule Tinz zu

---

14 Bemerkungen zu einer Selbstdarstellung.1933. In: Adolf Reichwein. Ein Lebensbild auf Briefen und Dokumenten. Ausgew. v. Rosemarie Reichwein, München: Müller 1974, S. 255.

gehen) zur Volkshochschule Ryslinge eingeladen, 1920 aber weilten führende deutsche Volkshochschulleute über sechs Wochen bei 13 verschiedenen dänischen Volkshochschulen und berichteten darüber auf ca. 50 Seiten im „Volksbildungsarchiv" (7.Bd., 1920). Mit dem Gedankengut, das man so aufnahm, kamen Termini in die deutsche Erwachsenenbildung wie etwa Volkheit, Volkschaft, Volkserneuerung oder Volksgemeinschaft, die nach der Hitlerzeit ganz anders klangen als vorher. Man brauchte sozusagen nur die Terminologie vorzuführen, um die Inhalte zu desavouieren.

Ich glaube nicht, daß die Verwechslung von entweder unpolitisch oder aber demokratisch gemeinten Ausdrücken der Volksbildungstheorie der Weimarer Zeit mit Inhalten der Naziideologie eine große Rolle in der Nachkriegszeit gespielt hat. Dort, wo es wirklich zu solchen Identifizierungen gekommen war, waren es Verbohrte wie Bruno Tanzmann oder geistig unbedeutende Leute, die dahin drängten, oder aber kurzfristige Fehleinschätzungen um 1933. Hätte man die Anklänge, die es in der Sprache tatsächlich gibt, später ernst genommen, dann wären genaue Untersuchungen und Interpretationen am Platze gewesen. Es scheint aber so, daß man schon sehr früh nach dem letzten Kriege auf eine mehr pragmatische Entwicklung der Erwachsenenbildung zustrebte, wie sie dann um 1960 in der sog. realistischen Wende deutlich zutage trat, und aus diesem Grunde die unter dänischem Einfluß entstandene Volksbildungsidee nicht länger gebrauchen konnte. So bot sich an, sie schlankweg unter Ideologie- und Faschismusverdacht zu stellen.

Wenn es Barrieren zwischen der deutschen und dänischen Erwachsenenbildung gibt, dann sollten es auf keinen Fall die primitiven Gleichsetzungen von Grundtvigs und Hitlers Zielen sein, wie sie hin und wieder versucht worden sind, denn das ist schnell ausgeräumt. Wissen wir aber, ob nicht etwas Gravierendes, Bedeutsames zwischen uns steht, und was ist es dann und wie sollen wir damit umgehen? Kennen wir überhaupt einander, und kennen wir uns selbst?

Eine erste Stufe der Annäherung müßte sicher darin bestehen, die Informationslücken zu schließen. Wir sollten voneinander mehr wissen.

Sooft ich in meiner etwa 20jährigen Lehrtätigkeit an Hochschulen versuchte, den Studenten eine Vorstellung von den dänischen Heimvolkshochschulen zu vermitteln, kam bald die Gretchenfrage, was denn die Leute eigentlich vom Besuch dieser Schulen hätten. Und wenn ich dann antwortete, im Sinne der gestellten Frage hätten sie meistens nichts davon, kam mit Sicherheit die zweite Frage, warum man denn überhaupt dorthin gehe. Im Land der Dichter und Denker und der Bildungsideen Wilhelm von Humboldts ist das anscheinend nicht anders als in Nordamerika, wo – wie ich jetzt im „Højskolebladet" gelesen habe – es auch nicht leicht sei, jemand zu bewegen, etwas für eine Ausbildung oder Bildung zu bezahlen, für die es keine Noten oder Punkte gebe.[15]

Wenn ich aber mit meinen Studenten in den Pfingstferien eine achttägige Studienreise zu dänischen Volkshochschulen mache, ist alles anders: Sie sind interessiert, nicht unkritisch, aber am Ende vollauf begeistert, verstehen jetzt Grundtvig eher und verteidigen die Volkshochschulidee.

Warum weiß man, von wenigen Ausnahmen abgesehen, in Deutschland so unsäglich wenig darüber, was die dänische Volkshochschule in ihrem Wesen und ihrer Wirklichkeit eigentlich ist? Wahrscheinlich hängt es damit zusammen, daß die dänische Volkshochschule immer noch viel von dem an sich hat, das Grundtvig ihr sozusagen als das Wesensmerkmal zuschrieb, daß sie lebendig sein müsse und dem Leben zu dienen habe. Wenn man aber nur die schwarze Schule kenne, sagte Grundtvig, dann lege man an die Schule für das Leben gleich die falschen Maßstäbe an. Man wolle sie als etwas starr Festgelegtes, Vorausberechenbares erfassen, während man bei etwas Lebendigem ja

---

15 Karl Svansø Iversen: Højskole i USA. In: Højskolebladet 113 (1988), H. 27.

seinen Lebenslauf nie voraussagen könne. Das trifft gewiß in geringem Maße auf alle pädagogischen Institutionen zu, wie viel mehr aber auf eine solche, die das Eingehen auf die jeweiligen Lebensprobleme und die wechselseitige Einwirkung aller Beteiligten auf die Schule zur Hauptsache macht und dazu noch eine wirkliche Lebensgemeinschaft auf Zeit ist. So wichtig auch für das Bescheidwissen über diese Schulen, die Kenntnis der Rahmenbedingungen, Statistiken oder Stundenpläne ist, so wird man sie erst einigermaßen verstehen, wenn man von dem Lebendigen dort etwas miterlebt hat, wenn der Geist der Schule einem in Gesprächen und Situationen entgegengetreten ist, wenn man vielleicht bei Unterricht, Gesang und Tanz mitgemacht hat. Und wer hat das schon?

Kehrt man die Frage um, ob denn die dänischen Volkshochschulleute etwas über unsere Heim- und Abendvolkshochschulen, über unsere Arbeiterbildung etc. wissen, so wird die Antwort kaum positiver sein. Ich lese seit etwa zehn Jahren regelmäßig das Højskolebladet und kann mich nicht an einen bemerkenswerten Beitrag zur deutschen Erwachsenenbildung erinnern. Jedenfalls kann von gegenseitigen Anregungen oder einem Erfahrungsaustausch schon kaum die Rede sein, geschweige denn von einem gemeinsamen Diskurs über den richtigen Weg der Erwachsenenbildung.

Meine Erfahrung also, daß es nicht reicht, wenn man aus Büchern und Vorträgen über die Erwachsenenbildung des anderen Landes etwas erfährt – so wichtig das sein mag –, sondern diese Wirklichkeit auch im wörtlichen Sinne er-fahren müßte, ist aber nur die eine Seite. Die andere ist, daß wir ja selbst nicht recht wissen, wo wir stehen, wer wir sind. Bei uns hat die Erwachsenenbildung offiziell den Namen Weiterbildung bekommen, aber allmählich wurde dieser Begriff besetzt von den Bildungsinstitutionen und -maßnahmen des Arbeitsmarktes. Vokabeln wie Qualifizierungsoffensive, Zukunftsinvestition Weiterbildung u.ä. beherrschen das Feld. Nun hört man viele Volkshochschulleute oder Theoretiker der Erwachsenenbildung sagen, daß die seinerzeit eingeleitete Entwicklung so nicht gedacht gewesen sei und man sich nun wieder auf die allgemeinen Aufgaben der Erwachsenenbildung besinnen müsse. Aber welche sind das? In Dänemark gibt es zur Zeit auch eine recht grundsätzliche Diskussion darüber, ob und wie weit sich die Volkshochschulen neuen Anforderungen des Arbeitsmarktes stellen sollen; und ob sie in einer Krise stecken, weil sie ihre eigentliche Identität aufgegeben haben oder weil sie zu unbeweglich auf neue Aufgaben der Gesellschaft reagieren. Und immer wieder die Frage, ob sie noch grundtvigianisch sind und was das heute in dieser Welt bedeuten kann.

Wenn man bloß einlinig, wissenschaftlich und d.h. monologisch denkt, dann müßte man postulieren, jede Seite der Erwachsenenbildung solle sich möglichst deutliche Klarheit über sich selbst verschaffen, und dann könnte man sich austauschen und sehen, ob man etwas voneinander lernen könne. Bis zu einem gewissen Grade hat dieser Gedanke auch sein Recht. Wieweit kommt man aber in der Selbstbesinnung und Selbstaufklärung? Ist das nicht der philosophische Weg des Descartes, auf dem der Denkende Klarheit gewinnt durch den Rückgang auf sich selbst als das denkende Ich und dann fortschreitet durch Planung und Kontrolle jedes weiteren Denkschritts? Das Vertrauen in diesen Weg, der zur gewaltigen Entfaltung der wissenschaftlichen, technischen und kaufmännischen Rationalität geführt hat, ist heute weitgehend erschüttert.

Grundtvig und die deutschen Erwachsenenbildner der Weimarer Zeit, für die ich Rosenstock stellvertretend nannte, lebten stark im Bewußtsein einer Weltkrise, aus der nur ein neuer Weg des Denkens und Handelns führen könne. Das entscheidend Neue, das man fand, könnte man wohl am treffendsten mit einem Wort Bubers bezeichnen: das dialogische Prinzip. Grundtvig entdeckte das lebendige Wort und das Prinzip der lebendigen Wechselwirkung, die Erwachsenenbildner der Neuen Richtung stellten ganz vom Vortrag auf die sog. Arbeitsgemeinschaft um, stellten, unabhängig von Grundtvig, aber doch in geheimer Übereinstimmung mit ihm, Betrachtungen über Sprache, Gespräch, Kommunikationsgemeinschaft etc. an, die teils der etablierten Sprachphilosophie weit voraus waren. Nicht was Sätze und Worte aussagen, steht im Mittelpunkt, sondern Sprechen als ein Handeln, als etwas, das den Sprechenden verändert, ferner die Bedeutung des Hörenden, des Schweigens, des Fragenden, das Sprechen, das nicht nur etwas benennt, sondern auch hervorbringt wie das Verzeihen, das Versprechen, das Bezeugen, das Liebeswort. Die Hoffnungen, die man auf eine Erneuerung des Lebens durch dialogisches Sprechen und Handeln setzte, wurden schon in der Weimarer Zeit enttäuscht, vom Nazismus dann ganz begraben. Aber immer wieder haben Leute, wie etwa Paulo Freire, den Gedanken eines dialogischen Lebens und einer Pädagogik des Dialogs aufleben lassen.

Die gewaltige Übermacht der Zweckrationalität ist zwar ungebrochen, aber ihre Legitimation will nicht mehr so recht gelingen. All die globalen Bedrohungen unseres Lebens sind Ergebnisse von Entwicklungslinien, die von höchster Zweckrationalität bestimmt sind. Und nun vollziehen sich, zunächst im Denken, merkwürdige Umkehrungen von alten Argumentationsketten. Die Liebe der Deutschen zu ihrem Wald –
„Wer hat dich, du schöner Wald, aufgebaut so hoch da droben"-,
hat man jahrzehntelang verspottet – und nun sehen die Franzosen, so hört man, die Rede von „Le Waldsterben" im gleichen Sinne als eine deutsche Verrücktheit an. Ähnlich ordnen die Nachkommen Voltaires wohl auch die deutsche Friedensbewegung, die Angst vor Atomkraftwerken, die deutsche Ökologiebewegung ein. Die deutsche Erwachsenenbildung hat, zumindest in ihrer ideologischen Spitze, seit Jahrzehnten die Bekämpfung des deutschen Irrationalismus gefordert und betrieben – was vielleicht weltgeschichtlich längst überholt war. Die Rationalität der Technik, des Marktes, der Rentabilität, der Machterhaltung beherrscht uns sowieso längst auf allen Gebieten.

Der Gegensatz von Leben und Tod ist heute so konkret in die Erscheinung getreten, wie es Grundtvig sich noch nicht hätte vorstellen können. Quer zur eindimensionalen Bewegung auf den Tod zu liegen die Heilmittel, die Grundtvig schon gefunden hatte: das lebendige Wort, der Dialog, das Folkelige. Und dies sind auch seit Grundtvig die wesentlichen Elemente der Volksbildung gewesen, in Dänemark immer noch erstaunlich lebendig anzutreffen, bei uns zeitweise von einem Anpassungsprozeß an zweckrationale Bedürfnisse der Gesellschaft zurückgedrängt und überdeckt, aber durchaus noch vorhanden. Wenn sich in dieser unserer Weltsituation die dänische und deutsche Erwachsenenbildung nicht viel zu sagen hätten, wäre es ein Anzeichen dafür, daß sie selbst in ihren eigenen Strukturen und Institutionen zu erstarren drohen.

Aus den tiefsinnigen Gedanken zum dialogischen Leben seit Grundtvig müssen wir festhalten, daß Dialog nicht einen „Austausch" von Informationen und Erfahrungen meint, sondern das wirkliche Eingehen auf die Fragen des jeweiligen anderen, das offene Besprechen der gemeinsamen Probleme, das wahrhaftige Suchen nach dem richtigen Weg in die Zukunft. Im lebendigen Wort kann der Mensch immer wieder neu geistiges Leben erwecken – Lebendiges dem zum Tode Erstarrten entgegensetzen. So müßte sich Erwachsenenbildung darin bewähren, daß sie auch ihre eigenen Grenzen überschreitet – „Denken heißt überschreiten" hat Ernst Bloch formuliert – und mit anderen Erwachsenenbildungstraditionen und Bewegungen in einen Dialog tritt. Im Dialog ist aber der Fragende genauso wichtig wie der Antwortende, der Hörende so wichtig wie der Sprechende.

Wir haben sicher unsere Probleme mit der Geschichte und Wirkung des deutschen Geistes, auch in bezug auf unsere Erwachsenenbildung. Um damit leben zu können, brauchen wir den Dialogpartner, der uns fragt, aber auch zuhören und verstehen will. Unsere Erwachsenenbildung hat eine gedankenreiche Tradition, die teilweise verschüttet ist und erst wieder lebendig werden kann, wenn wir danach gefragt werden und man von uns als Erwachsenenbildnern erwartet, daß wir im Wechselgespräch zeigen, wer wir sind.

Das gilt nun alles auch umgekehrt. Ich hatte gedacht, es bestünde mehr Lust und Bedürfnis in dänischen Grundtvig nahestehenden Kreisen, aus der internen Diskussion einmal herauszutreten und sich auf fremdem Territorium mitzuteilen und auch in Frage stellen zu lassen. Vielleicht war meine Idee für manche noch etwas zu kühn und ungewohnt, aber schließlich wurde sie doch von vielen verstanden und in die Tat umgesetzt.

Unsere beiden Erwachsenenbildungsbewegungen haben nicht nur tiefe gemeinsame Wurzeln; die neue Bedrohung unserer Zukunft stellt uns auch unter ein gemeinsames Schicksal. Im Gespräch über die Rettungsmittel, die wir aus unseren beiden Traditionslinien beleben können, wird sicher auch ein Funke Hoffnung aufscheinen. Oder war der utopische Traum Hölderlins von der großen, Himmel und Erde versöhnenden „Friedensfeier" auch nur ein Hirngespinst?

„Viel hat von Morgen an,
Seit ein Gespräch wir sind und hören voneinander,
Erfahren der Mensch; bald sind wir aber Gesang."

Werden dänische und deutsche Erwachsenenbildner eines Tages sogar wieder miteinander singen können?

Auf dem Grundtvig-Kongreß gelang es immerhin, zusammen Grundtvigs Lied „Den signede dag" zu singen.

Erik Overgaard
Gesprächsbericht

Nach einem hervorragenden Vortrag spürten die Teilnehmer und Zuhörer sofort das Hauptproblem den Dialog zwischen dänischer und deutscher Erwachsenenbildung betreffend.

Professor Röhrig hatte gefragt, ob wir uns eigentlich kennen, ob wir uns selbst kennen, ob wir voreingenommen sind, und es war sehr deutlich ,daß wir in Dänemark und Deutschland sehr unterschiedliche Voraussetzungen haben, wenn wir über Heimvolkshochschule und Erwachsenenbildung sprechen. Wir wissen auch viel zu wenig über unsere beiden Länder bezüglich der historischen Voraussetzungen der letzten 150 Jahre : im Deutschland des vorigen und zu Beginn diesen Jahrhunderts die Kaiserzeit und die Hitlerzeit 1933-45; die Ereignisse dieser Periode bilden den Hintergrund zum Verständnis des allgemeinen Vertrauens in die Autoritäten, wie man es in Familie, Schule und Politik erlebt.

Wenn man nur die „schwarze Schule" erlebt hat, ist es sehr schwirig, die dänische Heimvolkshochschule und den Dialog zum Leben, der für Grundtvig eine Voraussetzung für alles Reden von Erwachsenenbildung war, zu verstehen.

Den Hintergrund der dänischen Heimvolkshochschule Grundtvigs bildet eine 140jährige Demokratie (Folkestyre). Deshalb schon muß es sich in Dänemark anders verhalten; man achtet die Autoritäten nicht so gern, ja, oft versteht man sie nicht, man zuckt mit den Schultern darüber. Das bedeutet, daß wir a l l e Autoritäten sind, und deshalb ist eine autoritäre Gesellschaft nicht möglich – „über die Ganzheit sind wir alle Experten" (Løgstrup).

Ein Teilnehmer merkte an, daß die dänische Heimvolkshochschulbewegung selbstzufrieden sei, darauf müsse man immer achten. Doch die Heimvolkshochschule, von der wir hier sprechen, ist im Kern so dänisch, daß die Dänen vielleicht vergessen, daß man im deutschen Zusammenhang eine ganz andere Rezeption von „Volk", „Volkstum" und „Folkelighed" angesichts der Hitlerzeit haben muß.

Doch die deutsche und die dänische Heimvolkshochschule werden sich gewiß verstehen und voneinander lernen, vorausgesetzt, daß sie beide wissen, daß nicht die deutsche oder dänische „Sache" das Hauptproblem ist, sondern vielmehr der Gegensatz zwischen *Leben* und *Tod* – in Deutschland wie in Dänemark.

Knud Arnfred
*Leben und Erziehung
in einem grundtvigianischen Haus*

Es ist für mich nicht ganz einfach, über Leben und Erziehung in einem grundtvigianischen Haus zu berichten, da ich selber nicht in einem bürgerlichen Haus, sondern auf einer Volkshochschule, Askov højskole, aufgewachsen bin. Ich hoffe, Ihnen ein bißchen von der Schlichtheit und doch auch Vielfalt dieser Zeit vermitteln zu können.

Zunächst möchte ich kurz meine Eltern vorstellen. Mein Vater wurde 1882 auf einem kleinen Bauernhof in Westjütland geboren. Die Familie lebte in einfachen Verhältnissen und im ständigen Kontakt zu den Nachbarn. Wurde zum Beispiel in einem Haus Brot gebacken, so hatten gleich auch die zwei Nachbarfamilien frisches Brot.

Mein Großvater war unter anderem politisch aktiv als Vorsitzender der Konsumgenossenschaft. Die Mutter meines Vaters war eine redliche, fromme Frau. Als ihr einziger Sohn war mein Vater dazu bestimmt, die Landwirtschaft zu übernehmen. Mit Unterstützung seitens des Pfarrers und des Küsters durfte er aber weiter lernen. Seine erste Berührung mit der Volkshochschule Askov hatte er, als er mehrere Monate quasi als Lehrling des berühmten Lehrers und Physikers in Askov, Poul la Cour, arbeitete.

Im Jahr 1910 kehrte mein Vater als ausgebildeter Schwachstromingenieur nach Askov zurück, zunächst, um es seinem gerade verstorbenen Vorbild la Cour gleichzutun. Seine Träume gingen aber weit darüber hinaus, so hoffte er, in die große Welt zu reisen und dort als Ingenieur zu arbeiten. Dann kam der Erste Weltkrieg dazwischen, und in dieser Zeit band er sich selbst enger an die Volkshochschule. Nach 18jähriger Tätigkeit als Lehrer wurde er 1928 zum Vorsteher gewählt und bezog die Vorsteherwohnung der Schule.

Im darauffolgenden Sommer wurde ich geboren, das letzte von sieben Kindern.

Karen Helweg, meine Mutter, war die Tochter eines Pfarrers und ebenfalls an der Nordsee aufgewachsen. In ihrer Familie waren fast alle Männer Pfarrer oder Ärzte geworden. Ihr Vater wurde im Jahr 1900 zum Pfarrer in die eben entstandene freie Gemeinde nach Askov berufen. Er war ein musikalischer, „feiner", innerlicher Mensch im ursprünglichen Sinne des Wortes, der öfters von Selbstzweifeln geplagt wurde. Er und mein Vater unternahmen häufig ausgedehnte Spaziergänge, um die Wege der Verkündigung zu diskutieren.

Die Mutter meiner Mutter war eine weltoffene, fröhliche und praktisch veranlagte Persönlichkeit. Beide waren sie in der zweiten Generation Grundtvigianer.

Wie die meisten Mädchen zu dieser Zeit, erhielt auch meine Mutter keine abgeschlossene Berufsausbildung, jedoch führte sie je ein Studienaufenthalt nach Kopenhagen und Oxford.

Meine Mutter war es dann auch, die sich zuerst in meinen Vater verliebte und alles daransetzte, ihr Leben mit ihm zu teilen. Zwei Jahre später wurden sie getraut. Meine Mutter sah ihre besondere Berufung darin, die vielen Fähigkeiten meines Vaters zu entfalten und ihn bei seinen vielfältigen Aufgaben zu unterstützen. Er seinerseits mußte ihre Zweifel oftmals in langen nächtlichen Gesprächen ausräumen. Nach außen hin traten sie immer als eine Einheit auf.

In der Familie wird erzählt, daß das junge Paar eines sonnigen Nachmittags in den

Wald gehen wollte, um die spärlich bemessene Freizeit miteinander zu verbringen. Als sie ein ruhiges Plätzchen gefunden hatten, zog meine Mutter ein Bändchen mit Shakespeare-Sonetten heraus und las sie eins nach dem anderen ihrem Ehemann vor, der so gut wie kein Englisch konnte. Noch heute löst die Erinnerung hieran Gelächter aus.

Wie schon gesagt, bekamen meine Eltern sieben Kinder, sechs Jungen und ein Mädchen.

Als Lehrerehepaar brachten sie auch noch etwa 10 Schülerinnen der Hochschule in ihrem Haushalt unter.

Meine Mutter war sozusagen die Seele der Großfamilie. Von dem Arbeitsplatz, oder besser: den diversen Arbeitsplätzen meines Vaters, bekamen meine Geschwister nicht viel mit, denn er war an so vielen Stellen des Gemeindelebens aktiv, im Kosumverein, der Sparkasse usw.

Wie in den meisten grundtvigianischen Häusern begann auch bei uns der Tag nach dem Frühstück mit einem Morgengesang. Wir sangen ein Morgenlied oder ein geistliches Lied; das Vaterunser, ein kurzes persönliches Gebet und ein weiteres Lied schlossen sich an. Dann ging jeder an seine Tagesaufgaben, z.B. an den Schulunterricht. Oft fand eine weitere Zusammenkunft vor dem Abendessen statt. Z.B. spielten wir zusammen, oder es wurde vorgelesen, und schließlich wurden wir mit einem Vers am Bett in den Schlaf gesungen.

Alle Kinder gingen bis ins Alter von 15-16 Jahren zu Hause zur Schule.

Es gab und gibt, dank Grundtvig, in Dänemark keine Schul-, sondern lediglich eine Unterrichtspflicht. In grundtvigianischen Kreisen wurde diese Möglichkeit häufig genutzt, und sowohl die Verantwortung als auch die Arbeit damit lagen bei meiner Mutter, wobei sie abwechselnd von Mitarbeitern meines Vaters hierin unterstützt wurde.

Als Pädagogin war meine Mutter wohl so etwas wie ein Pionier. Sie hatte sich – unter anderem – von der Pädagogik Maria Montessoris inspirieren lassen, sowohl was die Wahl des Spielzeugs als auch die Atmosphäre, in der Spiele und Unterricht sich abspielten, anging. Daß sie mehr auf das Erzählen als auf Auswendiglernerei vertraute, war selbstverständlich in der dritten grundtvigianischen Generation, und auch, daß Kinder unterschiedlichen Alters gemeinsam unterrichtet wurden.

Als meine Eltern in die Hochschule einzogen, änderte sich ihr Leben auch insofern, als mehrere der Kinder von Freunden und Kollegen in diesen Unterricht mit einbezogen wurden.

Als meine Mutter krank wurde, kam eine „Ersatzmutter" zu uns, die eine kurze Lehrerausbildung genossen hatte. Unser Elternhaus fungierte dann eine Zeitlang als freie Schule.

Der Unterricht war bestimmt durch geschichtliches Erzählen, vor allem der Sagen, dann Lesen, Schreiben, Rechnen, Naturbeobachtungen, Zeichnen, Malen, Nähen sowie durch den Wandel der Jahreszeiten und wechselnde Feste, wie z.B. anstehende Feiertage. Sobald die erste Lerche oder der erste Star im Frühling zu sehen war, unternahmen wir einen langen Ausflug zu Fuß. Heim und Schule, Spiel und Arbeit gehörten bei uns immer zusammen, die Erziehung fand innerhalb und außerhalb des Hauses statt.

Das überschaubare Dorf, das um die Schule herum gewachsen war (Askov hatte damals etwa 500 Einwohner), bildete so etwas wie die Rousseausche Dimension. Alles lag in unmittelbarer Nähe. Am Marktplatz, in der Mitte des Dorfes, lag die Konsumgenossenschaft, die Bank, die Bäckerei und die Schmiedewerkstatt, deren Klang der Hammerschläge wie ein Grundton über dem Ort lag. Auch die Versuchswindmühle mit ihrer schwindelerregenden Außentreppe und eine gut ausgestattete Metallwerkstatt standen uns jederzeit offen. Daß wir dort arbeiten konnten, ist aus heutiger Sicht fast unbegreiflich. Jeden Samstagnachmittag besuchten wir über Jahre hin die Nachschule für Werken. Unser Lehrer war der alte Vorsteher. Hier lernten wir, Respekt vor Material und Werkzeug zu haben. Auch bei dem alten Buchbinder wurden wir oft vorbeigeschickt, um die Grundlagen seines Handwerks zu lernen. Turnunterricht wurde ebenfalls angeboten, und Klavierspielen war ein beinahe freiwilliges Angebot.

Hinter dem großen Park der Hochschule lag eine Gärtnerei, die zur Schulküche gehörte. Hier gab es immer etwas zu helfen; auch spielten wir dort Nachlaufen oder hielten ein Schwätzchen mit dem Gärtner. Einige Kilometer weiter lag noch eine Landwirtschaft meines Vaters, auf der wir mehr oder weniger freiwillig arbeiteten, wenn Hilfe benötigt wurde. Die vielen oft alten Gebäude der Schule waren bei schlechtem Wetter ideale Spielplätze. Der Turnsaal, die physikalische und naturwissenschaftliche Sammlung, die ungeheuren Dachräume mit den ausrangierten Matratzen, und so manch anderer fast vergessener Raum voller Insekten und aufregender Düfte – welche Phantasiereisen unternahmen wir von hier aus.

Es war der Wille unserer Eltern, daß wir nach der heimischen Grundschule mindestens ein Jahr im Ausland verbringen sollten. Wir sollten dieses freie Jahr nutzen, bevor wir zur Vorbereitung auf das Abitur ein oder zwei Jahre nach Kopenhagen gingen. Diese Tradition wurde damals in vielen grundtvigianischen Häusern gepflegt und ist erst in der heutigen Zeit auch in anderen Familien üblich geworden.

Obwohl viele Grundtvigianer etwas verächtlich auf jegliche Examina herabsehen, teilten meine Eltern diese Ansicht nicht. Aus ihren eigenen, oben angedeuteten Lebensläufen wird dies verständlich. Mein Vater hat über viele Jahre hindurch Lehrer in Askov angestellt, die ihre Studien aus den unterschiedlichsten Gründen nie abgeschlossen haben. So einfach war das!

Ein prägender Eindruck aus meiner Erziehung war, daß ich meine Eltern nie in herabwürdigender Weise über Kollegen oder Angestellte habe sprechen hören. Auch wenn ich den Eindruck hatte, daß jemand aus unserem großen Haushalt irgendwie unterdrückt wurde, so konnte ich dies zu Hause frei ansprechen. Nur bei ganz persönlichen Gesprächen wurde die Türe vor mir verschlossen. Wir Kinder konnten an fast allem, was in unserer Stube geschah, teilhaben. Da gab es z.B. die Sitzungen mit den Lehrern, die gewöhnlich jeden Samstag stattfanden. Hier saß ich oft mucksmäuschenstill an der Wand. Das tat ich gerne, auch wenn ich mich heute frage, ob es gesund ist, daß ein Kind stundenlang schweigend dasitzt. Mag sein, daß ich mich damals ans Lauschen gewöhnt habe, aber dazu, mich selber auszudrücken, bekam ich später reichlich Gelegenheit.

Was bedeutet verstehen? Wenn ich als kleines Kind z.B. während des Morgengesangs mitgesungen habe ohne lesen zu können, habe ich für mich aus den Wörtern und Stimmungen der Lieder Bilder geformt. Langsam oder plötzlich gingen mir dabei Dinge auf; ganz ohne Pädagogik oder gar wissenschaftliche Analyse wurden die Bilder des Dichters so zu meinen eigenen. Dieser Prozeß des Verstehens setzt sich so das ganze Leben lang fort.

Dasselbe geschah bei den Vorträgen, die ich in meiner Kindheit hörte. Selbstverständlich ging vieles davon über meinen Kopf hinweg. Aber die Konzentration und das Gemeinschaftsgefühl, die ich in diesen Räumen spürte, ließen mich langsam zu einem aufmerksamen und offenen Zuhörer werden. Ebenso war es in der Kirche. Ich kenne viele geistliche Lieder auswendig und habe doch nie auch nur eine Strophe „auswendiggebüffelt".

Meine Eltern gingen jeden Sonntag zur Kirche. Wenn mein Vater während des Segens ruhig und fast unmerklich meine Hand ergriff, dann wußte ich, warum ich mitgegangen war.

Daß ich zum Konfirmandenunterricht ging, obwohl ich nicht mit den anderen konfirmiert wurde, konnte ich rein logisch nachvollziehen – schließlich war ich ja auch schon mehrmals zum Abendmahl gegangen. Aber es war doch schwer, so oft von den Kameraden ausgeschlossen zu sein. Da wir nicht mit konfirmiert wurden, wurde für uns drei Jüngsten ein eigenes Fest gegeben, bei dem beinahe alle Menschen zusammenkamen, die für uns Kinder eine besondere Bedeutung hatten. Damals erhielt ich sogar ein Konfirmationstelegramm von unserem Volksschulleiter, der die Zusammenhänge offensichtlich nicht kannte – aber wie glücklich war ich gerade darüber.

Zu Hause hatten wir nur wenig Platz. Da mein Vater immer sehr beschäftigt war, sahen wir ihn nur zu den regelmäßigen Mahlzeiten, während er an den ohnehin spärlichen Freizeitaktivitäten der Familie fast nie teilnahm. Vielleicht hatten wir doch noch zu viel Platz? Wenn wir z.B. bei unserer Mutter im gemütlichsten Winkel der Stube saßen und er kam kurz vorbei, fragte sie ihn oft, ob er sich nicht dazusetzen wolle. Seine Antwort war immer gleich: Ich habe leider keine Zeit. Allerdings gewöhnte ich mich daran und war nicht mehr enttäuscht, denn wenn beide Eltern da waren, wurde es schnell zu eng, das Gespräch manchmal zu ernst, zu konkret.

Wenn ich mit ihm zusammensein wollte, mußte ich ihm förmlich hinterherlaufen, z.B. zu ihm ins Auto springen, wenn er sich auf eine kurze Vortragsreise begab. Auch in unserem Sommerhaus tauchte dieses Problem der Nähe wieder auf. Gewiß, das waren herrliche Momente für uns, aber am allerschönsten waren doch die kurzen Ferien um die Feiertage, die wir zu Hause verbrachten.

Meinen Vater erlebte ich vor allem durch seine Arbeit, durch die ganze Atmosphäre der Schule und durch die Menschen, denen er etwas bedeutete. Oft machte er sich darüber lustig, daß er sich um die Kinder anderer Leute kümmerte, während meine Mutter seine erzog. Aber, meinte er, so sei es wohl am besten. War dies eine Art Flucht? Das kann ich nicht völlig abstreiten. Aber doch war er immer genau dann, wenn ich ihm eine wichtige Frage gestellt hatte, nie länger weg, so daß ich immer eine Antwort von ihm bekam. Hierzu möchte ich ein kleines Beispiel erzählen: Ich besaß ein kleines Luftgewehr und wünschte mir nun ein neues und besseres. Was aber würde mein Vater dazu sagen? Eines Tages dann endlich, als ich ihn zum Bahnhof begleitet hatte, faßte ich mir ein Herz. Der Zug war schon in der Ferne zu sehen, als ich ansetzte: „Vater, ich wünsche mir so sehr ..." Mein Vater zögerte eine Weile, sah mich dann an und sagte, ein wenig zu leise: „Das darfst du wohl." Um Gottes Willen, hätte ich ihn doch nie gefragt! Ich wollte doch, daß mein Vater die Verantwortung übernähme, aber er gab sie an mich zurück. Mir war ganz flau und ich habe, obwohl ich das Geld besaß, das neue Gewehr nie gekauft.

Wenn ich das Wort „Gewäsch" benutzte, dann wurde meine Mutter böse. Sie sagte, daß es Gewäsch nicht gibt, aber man zu jedem Ding, ob groß oder klein, eine Meinung haben könne, und um die großen müsse man um Hilfe bitten im Gebet. Mutter war unerbittlich in den Forderungen und Erwartungen an uns aus lauter Liebe. So konnten bei mir wohl heftige Reaktionen vorkommen, aber ein eigentlicher Aufruhr gegen die Eltern nicht. Mein Vater wurde mit zunehmendem Alter quasi immer jünger, und er wurde mir zum selbsterwählten kundigsten Berater, bis er im hohen Alter von 94 Jahren starb.

Meine Eltern versuchten früh, uns an die Arbeit und Pflichten zu gewöhnen. Früh brachte ich z.B. meiner Großmutter die Lokalzeitung, später brachte ich alten Leuten Essen. Auch das Reinigen unserer eigenen Zimmer, die Pflege des Hundes usw. mußten wir früh selbst übernehmen.

Ich weiß nicht, ob wir dadurch, daß wir so viel Freiheit hatten, ein bißchen vernachlässigt worden sind. Aber wir wußten immer, wohin wir gehörten. So bekam ich z.B. eines Tages etwas erzählt über Grenzen. Mein Vater erklärte mir, daß es notwendig sei, daß ich nie etwas Ungesetzliches täte. Das könne nämlich schnell dazu führen, daß er als Vorsteher zurücktreten müsse und dann müßten wir fort von Askov. Das verstand ich und nahm die Verantwortung sehr ernst. Wir gehörten ja schließlich alle zusammen.

Eine Grundüberzeugung meiner Mutter in der Erziehung ihrer Kinder war (mit Grundtvig), daß die Kindheit nicht nur eine der selbständigsten, sondern auch eine der reichsten Phasen im Leben des Menschen ist. Kinder sollen Kinder bleiben dürfen, so lange sie dies brauchen.

Wir waren auch nicht wie unsere Kameraden gekleidet. Alles war von Hand genäht, Don-Juan-Hemden, große Kragen, kurze Hosen. Ich war bereits 12 Jahre alt, als ich meine erste lange Winterhose bekam. Aber hieran, bitteschön, ist nicht Grundtvig schuld! Auch unsere Frisuren waren nicht gerade modisch. Mutter schnitt uns die Haare ähnlich den Frisuren, die die Beatles trugen. Ein Zufall?

Aber die bewußte Verlängerung der Kindheit von mir und meinen Geschwister hatte auch ihren Preis. Wir wurden nur langsam und spät erwachsen, und dieser Prozeß konnte recht schmerzhaft verlaufen. Dazu kam ein ausgeprägtes Geschlechtsrollenbewußtsein seitens meiner Mutter, das sie weitergab. Dieses Erbe empfand ich von Anfang an als stärkend, aber in der weiteren Identitätsbildung auch als hemmend. So ist das nun einmal – „Pfarrers-Kinder" erkennen dieses Problem sicherlich wieder.

Zum Schluß möchte ich noch erzählen, daß meine Eltern es verstanden, Feste zu feiern. Bei diesen Festen waren immer besonders viele Menschen um den Tisch versammelt, so z.B. am 19. Dezember, dem Geburtstag meines Vaters. Anläßlich dieser Feste, zu denen Kollegen und Freunde eingeladen wurden, verfaßte meine Mutter immer eine Rede in Gedichtform auf meinen Vater, in das sie Wünsche und Hoffnungen für seine Zukunft hineinlegte. Es folgten dann noch eine Reihe weiterer Reden. Einmal saß mein fünf Jahre älterer Bruder an der Seite unserer Pflegemutter, während diese feierlichen und wortgewaltigen Reden gehalten wurden. Als er sah, daß sie sich die Tränen aus den Augen wischte, versuchte er sie zu trösten: „Du sollst nicht leiden – das sind doch bloß Worte". Zum Abschluß dieser Geburtstagsfeiern zogen wir immer in einem großen Umzug in den Tanzsaal. Dort wurde bis spät in die Nacht hinein getanzt. Nach einer Kaffeepause gingen die Gäste wieder nach Hause, um gemeinsam ein Weihnachtslied zu singen und danach das Fest vorzubereiten. Diese Feiern waren immer ein Ausdruck davon, daß meine Eltern um ein harmonisches Zusammenleben des großen Kreises um die Schule herum bemüht waren. Die Feiertage waren bei uns immer *Hochzeiten*.

Vor einigen Jahren habe ich einmal versucht, das in knappen Worten zusammenzufassen, was wir dank unserer Eltern als Kinder an Weihnachten, Ostern und Pfingsten erlebten. Vielleicht ist es aber auch unübersetzbar – nicht nur wegen der Sprache:

Weihnachten.

Die Zeit ist da. Die sauberen Kleider liegen bereit und wir sollen vor der Kirche noch baden.

Die Abenddämmerung senkt sich auf die Dächer der Häuser, auf die Felder und Wälder.

Nicht warten, die Dinge geschehen. Alle die vielen Menschen im Haus sind von demselben erfüllt, die Zeichen werden verstanden. Im Hausflur, von dem aus wir uns nach dem Kirchgang wieder im Haus verteilen, sind die Leuchter angezündet. Die einzelne Stearinkerze in unserem Zimmer dämpft die Stimmen zwischen den Betten, vor dem Weihnachtsessen.

Der leuchtende Baum, schmelzende Süße und die Unruhe des Körpers während der laut gesungenen Lieder – bis auf die Ruhe, die die Hände meines Vaters ausstrahlen. Die Zeit der Erfüllung.

Ostern.

Die Sonne steht gelb und niedrig in den Prismen des Kronleuchters, durch die Stämme des Westzauns und wirft Regenbogensprenkel umher an die Wände der Wohnstube. Die Stimmen sind leise, die Bewegungen langsam. Jeder ist für sich selbst. Der Feiertag liegt unter der Haut wie ein langer und später Frühling. Die schwere Ostersuppe mit Sherry und Zwetschen, gelber, brauner Himmel und nackte Erde.

Glaube ist eine komplizierte Angelegenheit der Erwachsenen.

Die goldbedruckte Bibel aus dem Regal in der Ecke mit den beschützenden, unklaren, von gelbgewordenen, eingelegten Blättern enthält grausig ferne Bilder aus Golgata und drappierten Totenkleidern.

Näher sind da die Bilder und die Stimme meines Vaters, während ich auf dem Lammteppich unter dem kleinen Schreibtisch meiner Mutter liege – in der angefüllten, schweren Stube mit dem Schlaf kämpfe. Tacitus, der Hauptmann, der Pharisäer. „Bauernblume, einen Tropfen davon habe ich aus deinem gelben Kelch getrunken."

Draußen ist alles heilig. Die Osterlilien stehen in jedem noch so vernachlässigten Garten der umliegenden Höfe und Häuser, an der Wand oder entlang auf dem Rasen.

Pfingsten.
Das Licht steht grün und klar entlang den abgetretenen Dielenbrettern des Speisesaales. Strömt durch die weitgeöffnete Doppeltür in Richtung des Teiches, der Kirche.

Das Weiß in den bereitgelegten Strümpfen, die Bluse, die Tischtücher, das helle Hemd meiner Mutter sind ein Gruß an den Pfingstmorgen – die glitzernde Sonne durch die weichen, gezackten Blätter der Kastanie – strömt weiter fort.

Ich weiß, daß es so ist und verstehe.

Nach dem Frühstück und dem Gesang aus dem Liederbuch mit der schamlosen Lerche auf dem Umschlag bin ich draußen bei den Kastanien. Fülle den Raum mit Licht, Schwalben, Pfingstlauf. Die Streifen Sonne auf meinem nackten Knie sind zart. Die Kühle im Schatten gibt dem Feiertag Tiefe und Erwartungen – dieselbe Kühle in der Kirche, in den Stuben.

Wohin soll man gehen?

Die tiefen Töne des Wohlbehagens strömen in die Haut und weit über die Sinne hinaus.

Thea Sprey-Wessing
Gesprächsbericht

I.

Die Mutter und Freunde der Eltern als „Lehrer" im Kreis mit vertrauten Kindern verschiedenen Alters und in der häuslichen Umgebung zu erleben...,
  am musisch durchwirkten Alltag einer großen Familie im Jahresablauf und im christlich geprägten Jahresfestkreis mit allen glückhaften Symbolen fraglos beteiligt zu sein...,
  die Integration der „offenen Familie" in die Gemeinde in zahlreichen Alltagssituationen mitzuvollziehen...,
  immer eine „Reservemutter" hilf- und trostreich in der Nähe zu haben...,
  ernsthaft (weil der Platz des Kindes und seine kleinen, aber immer wachsenden Aufgaben in ihrer Bedeutung eingesehen werden konnten) am Leben der Erwachsenen beteiligt zu sein...,
  die religiösen Elemente der Familienkultur als sinnstiftend sich aneignen zu können...,
  die Eltern in ihrer Unterschiedlichkeit, aber doch auch in ihrer gemeinsamen Wirkung nach „innen" (in die Familie hinein) und nach „außen" (in die Gemeinde hinein) als Mitdenkende und verantwortlich Mithandelnde zu erleben...,
  durch musikalisch-künstlerische Förderung, durch eine erste Handwerkerausbildung u.a. hineinzuwachsen in die vielen Facetten der Gemeindetätigkeit...,
  in einer langen und intensiv erlebten Kinder- und Jugendzeit Zugehörigkeit zu erleben, schrittweise die sozialen Strukturen zu erkennen, in die man mit wachsenden Aufgaben integriert wird...
Sind das Elemente einer idealen Lebens- und Lerngeschichte in Kindheit und Jugendalter oder Wunschvorstellungen eines Aufwachsens in einer „erweiterten Familie", die als oikos – als ganzes Haus mit der Vielfalt der Innen- und Außenbezüge – den gleichzeitig sichernden wie Selbständigkeit vorbereitenden Raum für ein Erwachsenwerden „ohne Brüche" bietet?
Mit seinem inhaltlich so differenzierten wie sprachlich sensiblen Vortrag gelang es Knud Arnfred, an eigenen Kindheits- und Jugenderfahrungen exemplarisch aufzuzeigen, wie grundtvigianisch geprägte Lebensformen bereitstanden, in die „beginnendes Leben" aufgenommen werden konnte, abgesichert durch einen Wertehorizont, dem man sich – in der Elterngeneration – verbindlich unterstellte, und dem man sich in der folgenden Generation – wenn auch nicht ohne Brüche und Schwierigkeiten – so doch schrittweise verpflichtete.

II.

Nachdenklichkeit war angezeigt; lebensgeschichtlich wichtige Erfahrungen von Teilnehmern, die in Umbruchsituationen die Begegnung mit grundtvigianisch geprägten Menschen haben konnten, ergänzten – in durchaus positiver Einschätzung – den Vortrag. Betroffenheit wurde deutlich bei denen, die – durch gewaltbesetzte Auswirkungen von politischen Ereignissen auf den eigenen frühen Lebenslauf – eher den „gestörten Dialog" zwischen den Generationen erlebten und dessen Auswirkungen im nachhinein erkannten.

Eine Reihe von Überlegungen stellt sich ein, die in gebotener Kürze gebündelt werden sollen:

- Die umsichtige, alltäglich erlebte Begleitung durch Erwachsene, nicht nur durch die Eltern, die in erzieherisch gemeinten Umgang umschlagen kann, ist Unterstützung bei der Aneignung der materiellen (ästhetisch bedeutsamen und gemeinschaftsstiftenden) und symbolischen Kultur (Qualität der Umgangssprache, symbolträchtige Zeichen, die in den Jahreszyklus und seine christliche Deutung eingebettet sind, Naturbeobachtungen und -erlebnisse im Jahreszyklus; z.B. Weihnachten als „Zeit der Erfüllung...").
- Der indirekten Wirkung des elterlichen Verhaltens und dessen Wertschätzung im Kontext der Gemeinde – mit erlebbarer Entschiedenheit im Wertehorizont – scheint ein hoher Stellenwert zuzukommen, ebenso wie den in der offenen und erweiterten Familie immer wahrnehmbaren und zuverlässigen „Nebeneltern" und „Reservemüttern", u.a. in der Perspektive von relativer Angstfreiheit und Unterstützung einer positiven Selbsteinschätzung bei den Heranwachsenden.
- Der Dialog zwischen den Generationen („Mutter als freundliche Lehrerin", „Vater als Berater", Freunde und erwachsene Gemeindemitglieder als Vertraute) – nicht als „veranstalteter Diskurs", sondern realisiert in der gemeinsamen Beteiligung an verbindlichen Aufgaben, deren Stellenwert von Kindern zunehmend eingesehen werden kann – zeichnet sich in der Reflexion der eigenen Biographie als bedeutungsvoll ab.
- Wenn „Leben um die Schule zur Schule des Lebens" wird, wenn dem bewußten Zeit-Teilen mit Kindern regelhafte Selbstverständlichkeit zugewiesen wird, wenn die Vereinzelung von Familien im Gemeindezusammenhang aufgehoben ist, wenn die identitätsstiftenden Elemente im alltäglichen, freundlich erlebten Umfeld vielfältig und jederzeit konkret sind, wird dann der Ablösungsprozeß von Jugendlichen weniger „schmerzlich", wird im nachhinein dann „Kindheit mit Grundtvig" als (bewußt) verlängerte (glückliche) Kindheit bewertet?
Wird sie als Basis für den schöpferischen Umgang mit den Möglichkeiten des eigenen Lebens gewertet, in dem Angst kaum die Wahrnehmung der Wirklichkeit verzerrt, in dem Fürsorge für die nachwachsende Generation und relative Gelassenheit im Umgang mit sich selbst befriedigend entwickelt werden können?
- Die notwendige Trennung der Generationen (Vater bleibt jedoch Berater, auch in den mittleren und späteren Lebensjahren...) scheint besser zu gelingen, wenn Ängste vor dem Wiedererleben oder Nacherleben einer auch die Eltern belastenden Vergangenheit nicht gefürchtet werden müssen, wenn – für die Sicherheit der eigenen Identität – hinreichend lange und intensiv an Erwachsenen erlebt werden kann, daß sie die Verantwortung für positive Erinnerungen der nächsten Generation übernommen haben.

III.

Aus den zahlreichen Vergleichsfragen (u.a. Vergleich zwischen Erfahrungen im Kontext eines „grundtvigianischen Hauses gestern" mit gegenwärtigen Lebensbedingungen, Vergleich zwischen benachbarten, gleichwohl durch Kultur und politische Geschichte getrennten Ländern), die angemerkt aber nicht ausdiskutiert werden konnten, bleibt festzuhalten:

- Wir haben gelernt, nach den Auswirkungen des sozialen Umfeldes auf die „häusliche Erziehung" zu fragen, nach den Auswirkungen der politisch-gesellschaftlichen Rahmenbedingungen auf die Entwicklungs- und Lernprozesse von Kindern und Eltern; die Frage nach der Übertragbarkeit von Elementen des „grundtvigianischen

Hauses" und der damit verbundenen Erziehungs- und Bildungsmuster ist Aufforderung zur kritischen Überprüfung von gegenwärtigen Lern- und Lebensbedingungen von Kindern.
- Wir haben gelernt, die Probleme von Eltern und Kindern in relativ isolierter Kleinfamiliensituation einzusehen; welche Möglichkeiten, das „Eltern-Sein" zu lernen, bietet sich dagegen im grundtvigianisch geprägten Haus- und Familienverband? Möglichkeiten der Übertragbarkeit im Blick auf zukünftige Praxis einer „Familie von Familien" (vgl. den Ansatz solcher Initiativen wie „Familien helfen Familien") konnten in den Blick genommen werden.
- Wir haben die Bedeutung der Beziehungsmuster zwischen den Eltern und zwischen Eltern und Kindern – in der geschichtlichen Entwicklung von einer Elternorientierung der Kinder zu einer Kinderorientierung der Eltern gegenwartsbezogen zu interpretieren gelernt; welcher Stellenwert kommt nach grundtvigianischem Muster der Erlebbarkeit der Eltern zu, besonders auch dem zeitlich nicht zu eingegrenzten Erleben des Vaters?
- Welche Unterschiede zeigen sich (im Ländervergleich) in der Einschätzung der Elterngeneration ab? Ist es für die Erwachsenen/Eltern in unserem Land schwerer, die eigenen Eltern (als Mithandelnde, als Sympathisanten, als „Mitläufer", als Verfolgte und Verleumdete einer politisch belasteten Vergangenheit) so zu sehen, wie sie wirklich waren und nicht so, wie man sie in der idealisierenden Rückschau gerne hätte/gehabt hätte? Sind die relative Geschlossenheit des „grundtvigianischen Hauses" und seine erziehungsbedeutsamen Elemente nicht erreichbar unter den Belastungen eines durch politische Umbrüche gestörten Dialogs zwischen den Generationen? Produziert die Angst vor dem Wieder- oder Nacherleben der Vergangenheit, was immer noch schwer ausgehalten wird, die Unfähigkeit, sich auf die Realität wirklich einzulassen?

Die Fragen nach der Übertragbarkeit einzelner Elemente und die Fragen nach der Bedeutung existentiell wichtiger Lebensformen im grundtvigianischen Konzept – Beteiligung von Kindern an dem, was sowieso geschieht, Erleben einer regelhaften Alltagskultur, ausgewogene Zeitstrukturen für die gemeinsamen Tätigkeiten von Erwachsenen und Kindern ... – sollten es wert sein, bei gegenwartsnotwendiger Revision von Erziehungspraxis und -zielen in Familien mit familienzyklus-begleitenden Stützsystemen beachtet zu werden.

Eckhard Bodenstein

Die ersten Alternativschulen – Idee und Aktualität der grundtvig-koldschen Freischulen

Deutsche Besucher sind immer wieder erstaunt über die Größe und Vielfalt des dänischen Privatschulwesens. Dieses umfaßt drei Hauptbereiche:

– 278 Grund- und Hauptschulen („friskoler")
– 192 Nachschulen („efterskoler")
– 107 Heimvolkshochschulen („højskoler").

Hinzu kommen 14 private Gymnasien und 102 „realskoler" sowie private Lehrerseminare und die in Deutschland bekannten Tvind-Schulen. Alles in allem stellt dies ein imponierendes alternatives Schulsystem dar, das es ermöglicht, sich dem staatlichen Bildungsanspruch zu entziehen.

Die „friskoler" decken ganz oder teilweise den Bereich der staatlichen „folkeskole" ab, die etwa unserer integrierten Gesamtschule (ohne gymnasiale Oberstufe) entspricht. An den Internatsschulen der „efterskoler" verbringen Jugendliche meist das obligatorische 9. und/oder das freiwillige 10. Schuljahr und legen dort auch die Abschlußprüfungen der „folkeskole" ab. Schließlich gibt es die auch außerhalb Dänemarks bekannten „højskoler", an denen sich Erwachsene jeden Alters in kurzen (z.B. 14tägigen) oder auch langen (bis zu 8 Monate dauernden) Kursen weiterbilden – allerdings meist nicht fach- und berufsbezogen, sondern allgemeinbildend und ohne Prüfungen oder Qualifikationen. Im folgenden soll auf die „friskoler" im engeren Sinne eingegangen werden, deren größte Gruppe die „grundtvig-koldske friskoler" mit 170 Schulen darstellen.

Die geltende dänische Verfassung vom 5. Juni 1953 besagt in ihrem § 76: „Alle Kinder im unterrichtspflichtigen Alter haben Anspruch auf kostenlosen Unterricht in der Volksschule („folkeskolen"). Eltern und Erziehungsberechtigte, die selbst dafür sorgen, daß ihre Kinder einen Unterricht erhalten, der (in seinen Ergebnissen) dem der Volksschule entspricht, sind nicht verpflichtet, ihre Kinder die Volksschule besuchen zu lassen." (Das heißt: Dänemark kennt nur eine *Unterrichtspflicht* – im Gegensatz zur *Schulpflicht* in fast allen anderen Staaten.) Was bedeutet nun Unterrichtspflicht statt Schulpflicht? Ein solches Verfassungsprinzip bedarf gesetzlicher Ausführungsbestimmungen, die es konkretisieren. Das wichtigste Gesetz in diesem Zusammenhang ist das Freischulgesetz („friskolelov") vom 8. Juni 1977, dessen § 19 den sog. *Hausunterricht* („hjemmeundervisning") regelt: „Bevor der Hausunterricht für unterrichtspflichtige Kinder aufgenommen wird, erklären die Erziehungsberechtigten gegenüber der Schulbehörde..., daß sie ihre Kinder selber unterrichten wollen." Die Eltern brauchen in einem einseitigen Willensakt also lediglich zu erklären, daß sie die Unterweisung ihrer Kinder übernehmen. Es ist kein zu genehmigender Antrag erforderlich, sondern es besteht vielmehr ein Rechtsanspruch. Besondere Qualifikationen für die „hjemmeundervisning" werden nicht verlangt, und die staatlichen Behörden prüfen erst im nachhinein (frühestens nach einem Jahr), ob in den zentralen Fächern wie Dänisch, Mathematik und später Englisch die Fertigkeiten erreicht wurden, die das Kind vermutlich in einer durchschnittlichen „folkeskole"- Klasse erzielt hätte. Da bei der „hjemmeundervisning" die Elternmotivation weit über dem Durchschnitt liegt, ist das Erreichen dieses Standards in der Regel kein Problem. Entscheidend ist, daß der Staat sich weder in die weltanschauliche (d.h. nationale, politische oder religiöse) Grundlage, noch in die Inhalte und pädagogische Vermittlung des Unterrichts einmischt, sondern sich auf eine Überprüfung der eigentlichen Fertigkeiten (Lesen, Schreiben, Rechnen usw.) beschränkt. Dieses in der „hjemmeundervisning" am klarsten zutagetretende Prinzip nennt man *Schulfreiheit* („skolefrihed").

Nun ist die eigentliche „hjemmeundervisning" mehr von historisch-prinzipieller als praktischer Bedeutung, denn die Eltern von nur etwa 100 unterrichtspflichtigen Kindern in Dänemark machen von der Möglichkeit Gebrauch, ihr Kind jeder Art von Schule zu entziehen und ihnen, meist mit ausgezeichnetem Erfolg, die geforderten Grundfertigkeiten und vieles mehr zu Hause zu vermitteln. Viel wichtiger als die „hjemmeundervisning" im engeren Sinne ist indessen deren organisierte Form, nämlich die „friskole". Die „friskole" ist eine Elternschule, der „verlängerte Arm des Elternhauses", wie Christen Kold, einer ihrer Väter, es ausdrückte. Es sind die Eltern, die zu einer gemeinsamen weltanschaulichen und/oder pädagogischen Basis für die private Unterweisung ihrer Kinder finden. Sie haben das erste und letzte Wort bei der Einstellung oder Entlassung von Lehrkräften einschließlich des Schulleiters. Sie bestimmen zusammen mit den Lehrern (und evtl. Schülern) die äußere und innere Organisation der Schule (z.B. Ferienordnung, Kinderbeaufsichtigung vor und nach der Schulzeit, Gestaltung des Schulgebäudes und seiner Umgebung usw.). Im wesentlichen beschränkt sich die Rolle des Staates darauf, 85% der tatsächlichen „Betriebskosten" der „friskole" zu übernehmen und einmal jährlich durch einen von den Eltern selbst gewählten, vom Staat aber anerkannten „Aufsichtsführenden" („tilsynsførende") darauf zu achten, daß die Grundfertigkeiten in den drei genannten Kernfächern dem Durchschnitt der „friskole" entsprechen, was praktisch nie zu Beanstandungen führt, da das einer „friskole" zugrunde liegende hohe Elternengagement für „ihre" Schule Einwände ausschließt, die sich auf mangelhafte Schülerleistungen beziehen. Die wie auch immer geartete weltanschaulich-ideologische Grundlage sowie die pädagogische Praxis der „friskole" darf den Staat nicht interessieren, so daß die Frage nach dem Mißbrauch der „skolefrihed" offiziell nicht gestellt werden kann. Für die „friskole" im Umgang mit den Behörden ist es ein viel schwerwiegenderes Problem, wenn z.B. der Feuerlöscher am falschen Platz hängt, als wenn etwa Marx oder Grundtvig die Wände zieren.

Die größte Schwierigkeit bei der Errichtung einer neuen „friskole" liegt in der Einhaltung unendlich vieler Verwaltungsvorschriften, die das Schulgebäude, die sanitären Einrichtungen, die Brandsicherung etc. betreffen. Laut § 13 des „friskolelov" genügen dagegen 12 Schüler (Klasse 1-7) im ersten Jahr nach Gründung der Schule; im zweiten Jahr muß die „friskole" mindestens 20 und im dritten mindestens 28 Schüler haben. Auch in Dänemark gibt es Stimmen, die meinen, es sei zu leicht, eine „friskole" zu errichten. Die „skolefrihed" selbst beruht allerdings auf einem von allen Parteien getragenen politischen Konsens. Der Eigenbetrag der Eltern beträgt pro Kind 100 bis 150 DM pro Monat. Dabei bestimmt das „friskolelov", daß der Elternbetrag nicht unangemessen hoch sein darf, denn es soll verhindert werden, daß wohlhabende Gruppen der Gesellschaft sich aus elitären Gründen isolieren, indem sie über hohe Schulgeldforderungen andere ausschließen. Aus diesem Grund wird Geschwisterrabatt gewährt, und für Sozialschwache sind in der Regel 10 % Freiplätze reserviert.

Das konkrete Ergebnis der „skolefrihed" ist, daß es z.Z. in Dänemark etwa 380 „friskoler" mit über 70.000 Schülern im unterrichtspflichtigen Alter gibt, was knapp 11 % eines Schülerjahrgangs entspricht. Dabei ist die Tendenz – nach deutlichem Rückgang zwischen 1890 und 1960 – seit 1972 kontinuierlich steigend. Die größte Gruppe innerhalb der „friskoler" stellen die 170 „grundtvig-koldske friskoler" dar. Es folgen die weltanschaulich neutralen, pädagogisch aber konservativen 102 „realskoler", die sich als Gegenstück zur „sozialistischen" öffentlichen „folkeskole" empfinden. Die 38 „lilleskoler" sind meist eindeutig sozialistischer Observanz, weil ihnen die „friskole" zu pluralistisch erscheint. Es folgen die 26 christlich-pietistischen „kristne friskoler" und die 16 Privatschulen der deutschen Minderheit im südlichen Dänemark (Nordschleswig). Aber auch anthroposophische, katholische, apostolische, jüdische oder islamische Privatschulen gedeihen unter dem Schutz des liberalen „friskolelov" von 1977.

Wie fing es an?

Hier ist zunächst N.F.S. Grundtvig zu erwähnen. Er artikulierte die tragende Ideologie der „højskole" und damit auch der späteren „friskole", obwohl er selbst der reinen „hjemmeundervisning" gegenüber einer „friskole" oder gar der staatlichen Schule den Vorzug gab. Die „friskole" entsteht dann unter der Hand des Grundtvigianers und Schulpraktikers Christen Kold (1816-1870).

Wichtig erscheint, sich einmal die Dimensionen des Grundtvigianismus zu verdeutlichen, ohne dessen Kenntnis das dänische Selbstverständnis im allgemeinen und die „skolefrihed" im besonderen nicht zu verstehen sind:

- Die *religiöse* Dimension: Erneuerung des christlichen Glaubens; lebensbejahendes, im Diesseits sich bewährendes Christentum;
- die *nationale* Dimension: Schaffung bzw. Stärkung einer nationalen dänischen Identität im Verband der nordischen Völker unter gleichzeitiger scharfer Abgrenzung gegenüber allem, was deutsch ist;
- die *soziale* Dimension: Unterstützung der ländlichen Bevölkerungsmehrheit auf ihrem Weg zur politischen Mündigkeit; Förderung des anti-elitären Denkens und dadurch Entstehung des dänischen Antiintellektualismus;
- die *politische* Dimension: Kampf gegen die Reste des Absolutismus; Gründung der Partei „Venstre"; Prinzip der aktiven Toleranz („frisind");
- die *ökonomische* Dimension: über die „højskole" Popularisierung des Genossenschaftsgedankens auf dem Lande;
- die *pädagogische* Dimension:
  a) *inhaltlich:*
    - Betonung der Muttersprache;
    - gegen „tote" Sprachen und „totes" Buchwissen (Antiintellektualismus);
    - gegen Religion als Schulfach;
    - für religiöse Durchdringung des Lebens und damit auch der Schule (Immanenzprinzip);
    - für national und historisch ausgerichteten Unterricht mit der Tendenz zur nationalen Selbstbeschränkung;
  b) *methodisch:*
    - gegen das Auswendiglernen und die Pauk- und Prügelschule;
    - für einen kindgemäßen, phantasiebildenden Unterricht;
    - Betonung des Mündlichen gegenüber dem Schriftlichen; große Bedeutung des gesprochenen Wortes in Form von Erzählung, Märchen, Gespräch und Gesang;
    - Erkenntnis der Bedeutung der Motivation beim Lernvorgang;
    - Förderung der Selbsttätigkeit und des Selbstvertrauens des Schülers.

Aus heutiger Sicht scheinen diese pädagogischen Prinzipien der „friskole" eine inhaltlich konservative, aber methodisch erstaunlich moderne Schulform zu begründen, die in Teilen ihrer praktischen Pädagogik der staatlichen Schule um Jahrzehnte voraus ist. Dabei darf nicht übersehen werden, daß für die Grundtvigianer die Pädagogik ein Mittel, die religiöse und nationale Erweckung jedoch der Zweck aller Unterweisung ist.

Nun vermag die grundtvigianische Ideologie wenig auszurichten, wenn nicht der Vorrang des Elternrechts in der Erziehung vor dem Recht des Staates und der Gesellschaft auf diesem Gebiet juristisch einwandfrei abgesichert ist und einen Rechtsanspruch begründet. Die „skolefrihed" existiert nur in dem Umfang, in dem sie in der Verfassung sowie in deren Ausführungsbestimmungen verankert ist. Mit dem Schulgesetz von 1814 führte Dänemark die siebenjährige Schulpflicht ein. Im § 18 wurde den Eltern das Recht eingeräumt, selbst für die Unterweisung ihrer Kinder (z.B. durch einen Hauslehrer) Sorge zu tragen. Allerdings wurde eine derartige Befreiung von der Schulpflicht an eine *vorherige* Genehmigung durch die zuständige Behörde geknüpft, die in der Praxis diese Freiheit nur dort zugestand, wo sich die Oberschicht der „bedrohlich demokratischen" Schulpflicht zu entziehen suchte.

In der ersten Hälfte des 19. Jahrhunderts stieß die Schulpflicht auf ständig wachsenden Widerstand bei der Landbevölkerung, die mit 80% die überwältigende Mehrheit darstellte, da die Schulpflicht in das ländliche, familiäre Produktionskollektiv eingriff: Auch Kinder und Jugendliche mußten sehr früh leichtere Aufgaben wie z.B. das Viehhüten übernehmen, und die Schule mit ihrem Stundenplan störte diese Produktionsgemeinschaft, indem sie die Verfügungsgewalt der Eltern über ihre Kinder einschränkte. Da die angestrebte Schulbildung in einer statischen Agrargesellschaft ohnedies nur in sehr seltenen Ausnahmefällen zu sozialem Aufstieg führte und der Staat gleichzeitig mit Geldbußen oder gar Gefängnisstrafen die Schulpflicht durchzusetzen suchte, war es naheliegend, daß sich diese ökonomischen Interessen mit der grundtvigianischen Freiheits-Ideologie verbanden. Diese gewann unter der Landbevölkerung Gehör und ihren dauerhaften Rückhalt, weil sie die Interessen dieser Bevölkerungsgruppe ideologisch überhöhte und wortgewandt legitimierte. Am stärksten wurde diese Bewegung auf Fünen und in Westjütland, wo religiöse Erweckungsbewegungen in ihrem Kampf gegen die Staatskirche und das etablierte Luthertum ohnehin in eine immer größere Distanz zum Staat gerieten. Auf schulischem Gebiet lautete nun die Devise: Erziehung und Unterricht sind alleinige Sache der Eltern und somit keine Staatsaufgabe.

Die vom Geist des Liberalismus durchdrungene erste dänische Verfassung von 1849 regelte in ihrem § 90 das Verhältnis zwischen Individuum und Staat im schulischen Bereich so: „Die Kinder, deren Eltern nicht in der Lage sind, für die Unterweisung zu sorgen, haben Anspruch auf Unterricht in der öffentlichen Schule." Damit ist das *Subsidiaritätsprinzip* zu einem Verfassungsgrundsatz erhoben: die Unterweisung der Kinder ist Sache ihrer Eltern, und der Staat tritt subsidiär auf den Plan, wenn die Eltern diese Aufgabe nicht wahrnehmen können oder wollen.

Verwirklicht wurde dieses Verfassungsprinzip jedoch erst mit dem Gesetz vom 2. Mai 1855, in dem ausdrücklich die Kinder von der Schulpflicht entbunden werden, deren Eltern durch eine einfache Willenserklärung gegenüber der Behörde die Unterweisung ihrer Kinder außerhalb der öffentlichen Schule mitteilen; bei der jährlichen, im nachhinein zu erfolgenden Überprüfung der Grundfertigkeiten und -erkenntnisse der Schüler sollte bereits damals – wie noch heute im geltenden „friskolelov" – der Durchschnitt der öffentlichen Schulen zugrundegelegt werden. Damit war die Schulpflicht durch die Unterrichtspflicht abgelöst worden. Es ist interessant anzumerken, daß das Verdienst für diese einschneidende, vielleicht wichtigste schulpolitische Weichenstellung in Dänemark nur bedingt den Grundtvigianern zukommt, da ihre Führer sich im parlamentarischen Raum zumindest in dieser Angelegenheit als unfähig erwiesen. Vielmehr haben weitsichtige Mitglieder der Oberschicht wie die Minister J.N. Madvig (1804 – 1886) und C.C. Hall (1812 – 1888) der Schulfreiheit zum Durchbruch verholfen.

Dann erst entdeckten die Grundtvigianer die großen Möglichkeiten zur Einrichtung von „friskoler", die nun neben den „højskoler" zu ihrer ureigensten Domäne auf schulischem Gebiet wurden. Diese grundtvigianische Freischulbewegung kulminierte um 1880 mit etwa 170 „grundtvig-koldske friskoler" mit 7.000 Kindern im unterrichtspflichtigen Alter. Und doch darf man die quantitative Bedeutung dieser Bewegung nicht überschätzen, da sie nie mehr als 4% aller unterrichtspflichtigen Kinder auf dem Lande erfaßte. (In den Städten blieben die „friskoler" zunächst ohne Bedeutung, da hier der religiöse Grundtvigianismus nicht Fuß zu fassen vermochte.) Andererseits wirkte der monolithische Block der „friskoler" als heilsame Provokation auf das staatliche Schulwesen – allerdings mehr durch eine modern anmutende, kindgemäße Methodik als durch die eher konservativen und nationalistischen Inhalte.

Beginnende Vielfalt im 20. Jahrhundert

Hatten die Grundtvigianer den uneingeschränkten Elternwillen zum Maßstab aller Erziehung gemacht, so rückte mit Beginn des 20. Jahrhunderts das Kind selbst mit seinen Bedürfnissen und Fähigkeiten in das Zentrum des pädagogischen Interesses. Die größte praktische Bedeutung gewann diese „Pädagogik vom Kinde aus" im Deutschland der Weimarer Republik. Ein wichtiger Vermittler dieser neuen Richtung in Dänemark war der deutsche Pädagoge Peter Petersen (1884 – 1952), der als Professor in Jena bedeutende reformerische Impulse auslöste. Auf Einladung von „Det pædagogiske Selskab" und „Danmarks Lærerforening" hielt Peter Petersen, der übrigens fließend dänisch sprach, zahlreiche Vorträge, und es zeigte sich, daß es eine ganze Reihe von Gemeinsamkeiten zwischen der nun schon traditionsreichen „grundtvig-koldsk friskole" und der deutschen Reformpädagogik gab:

– keine Vermittlung von sterilem Buchwissen;
– keine körperliche Züchtigung;
– kein Pauken und Auswendiglernen;
– keine schematische Stundeneinteilung mit festen Fachabgrenzungen;
– Förderung des kindlichen Tätigkeitsdrangs;
– Förderung eines phantasiebildenden Unterrichts;
– Förderung des „lebendigen Wortes" in Form von Erzählung, Gespräch und Gesang;
– Praktizieren eines entscheidenden Elterneinflusses;
– Betrachtung des Lehrerberufes im Sinne von Berufung und nicht im Sinne eines Jobs;
– Errichtung von kleinen, baulich und menschlich überschaubaren Schuleinheiten;
– Pflege eines familiären und freundlichen Umgangstones zwischen Lehrern und Schülern, u.a.m.

Wie reagierte nun die „grundtvig-koldsk friskole" auf diese neue, säkularisierte Pädagogik? Sollte man sich dieser neuen Bewegung gegenüber öffnen und letztlich mit ihr verschmelzen (Astrid und Svend Emborgs Auffassung) oder sollte man aus ideologischen Gründen diese neuen Ideen aus dem Süden zurückweisen oder gar bekämpfen?

Trotz der erwähnten Gemeinsamkeiten in der praktischen Pädagogik war das letztere der Fall, denn die ideologischen Gegensätze erschienen unüberwindlich:

die Reformpädagogik	*die „grundtvig-koldsk friskole"*
eine städtische, von Intellektuellen getragene Bewegung	eine ländliche, im relativ wohlhabenden Bauerntum wurzelnde Bewegung
internationalistisch	national und teilweise nationalistisch
pazifistisch und entschieden demokratisch	nicht „kriegerisch", aber geprägt von historisch-mythisch verklärter Heldenanbetung
Kampf für die Selbstbestimmung des Kindes gegenüber Staat und Eltern	Kampf für die Selbstbestimmung der Eltern gegenüber dem Staat
Kampf für eine reformierte Staatsschule	Eintreten für die Abschaffung der Staatsschule
Pädagogik als Selbstzweck: Emanzipation und Entwicklung des Individuums aus seinen Anlagen heraus	Pädagogik als Mittel zum Zweck: religiöse und nationale Erweckung und Erneuerung

Warum kam es in Dänemark in den 1920er und 1930er Jahren nicht zur Gründung von reformpädagogischen Privatschulen *neben* den „grundtvig-koldske friskoler"? Die gesetzlichen Bestimmungen hätten ihnen die gleichen Möglichkeiten der Schulfreiheit und der staatlichen Bezuschussung garantiert. Verschiedene Umstände erklären den Sachverhalt, daß auch noch zwischen den beiden Weltkriegen die Schulfreiheit eigentlich nur von den Grundtvigianern genutzt wurde. Die reformpädagogische Bewegung strebte eine Reform der *öffentlichen* Schule an, und schon deshalb mußte ihr die Gründung einer „friskole" als Privatismus erscheinen, und in der Tat waren es *staatliche* Einrichtungen (z.B. der Stadt Kopenhagen), die in den 1920er Jahren reformpädagogische Versuche an öffentlichen Schulen initiierten oder doch tolerierten. Außerdem bewirkten die sozialdemokratisch inspirierten Schulreformen von 1933 und 1937 mit ihrer Ausweitung des Elterneinflusses und einer weitgehenden Säkularisierung der öffentlichen Schule, daß die reformpädagogischen Gedanken in ihrer reinen Form an Durchschlagskraft verloren. Schließlich war mit der Machtergreifung der Nationalsozialisten 1933 die Inspirationsquelle aus dem Süden versiegt. Die langsam schrumpfende grundtvigianische „friskole"-Bewegung verfiel in Dänemark durch ihre Abgrenzung von der Reformpädagogik und der öffentlichen Schule in einen jahrzehntelangen Dornröschenschlaf, der durch Stagnation und nationale Abkapselung gekennzeichnet war. Die Zeit der deutschen Besatzung 1940-45 verstärkte diese Tendenz.

Dennoch liegt im Zusammentreffen der Reformpädagogik mit der grundtvigianischen „friskole" der Schlüssel zum Verständnis der heutigen Vielfalt des dänischen Privatschulwesens. Reformpädagogisches Gedankengut überdauerte die Zeit des Nationalismus, Nazismus und des Krieges: Alexander Neill ist nun einer der Inspiratoren. Der Durchbruch in Dänemark kommt aber ganz unerwartet nach dem Schulgesetz von 1958, welches zur Schließung vieler Dorfschulen und zum Bau von großen Zentralschulen auch auf dem Lande führt. Als die negativen pädagogischen und menschlichen Folgen dieses meist von sozialdemokratischen Bildungspolitikern verfochtenen Denkens in großen Einheiten (man denke nur einmal an deutsche Gesamtschulen) immer mehr Menschen klar werden, läßt die Reaktion in Dänemark nicht auf sich warten, indem die „lilleskole" – eine „friskole" auf zunächst rein reformpädagogischer Grundlage – entsteht. Die heutige „friskole"-Bewegung befindet sich zwischen diesen zwei Polen: zwischen einer rein pädagogischen und einer rein ideologischen Position, zwischen einer „Pädagogik vom Kinde aus" und einer uneingeschränkten Erziehungsgewalt der Eltern über ihre Kinder.

Die heutige Situation

Die meisten „friskoler", die seit den 1960er Jahren gegründet wurden, haben eine pädagogische Zielsetzung: Die Schule soll klein und überschaubar sein und sich weltanschaulich neutral verhalten. Seit den 1970er Jahren tendieren einige dieser Schulneugründungen (vor allem die „lilleskoler") in eine sozialistische Richtung. Der überwiegende Elternimpuls bleibt aber ein pädagogischer, so daß diese Schulen mit Recht in Verlängerung der Reformpädagogik zu sehen sind.

Diese Schulinitiativen müssen immer vor dem Hintergrund des aktuellen Zustands der öffentlichen „folkeskole" gesehen werden, auf deren Inhalte und auf deren Pädagogik – oder Mangel an Pädagogik – die „friskole"-Bewegung wie ein Seismograph reagiert: Blüht die „friskole" mit zahlreichen Neugründungen und langen Wartelisten, so liegt darin eine Kritik an der öffentlichen Schule; stagniert oder schrumpft die „friskole", so liegt dem auch eine breitere Zustimmung zur „folkeskole" zugrunde, wie es in den 1920er, 1930er und 1940er Jahren der Fall war. Die Selbstdarstellung einer „friskole"-Neugründung der 1980er Jahre sieht meist so aus:

„folkeskolen"	*„friskolen"*
– Einteilung in Jahrgangsklassen	– altersübergreifende Lerngruppen
– Fächeraufteilung in starre 40-Min. Einheiten	– zusammenhängender Unterricht in Projektarbeit
– eine wöchentliche Verfügungsstunde für die Klasse	– eine tägliche Verfügungsstunde für die Klasse
– überwiegend theoretisches und sitzplatzgebundenes Lernen	– ständiges Wechseln zwischen praktischem und theoretischem Arbeiten
– drei Kinder haben Pflichten; zwei holen Milch, einer putzt die Tafel	– alle Kinder haben tägliche Pflichten: Aufräumen, Saubermachen, Einkaufen
– Elternversammlungen 1 bis 2 mal pro Jahr	– Elternversammlungen einmal pro Monat
– nur wenige Wochenstunden in den musischen und kreativen Fächern	– die musischen und kreativen Fächer stehen gleichberechtigt neben den intellektuellen Fächern
– fast der gesamte Unterricht vollzieht sich im Klassenraum	– ein großer Teil des Unterrichts vollzieht sich außerhalb der Schule
– der Lernstoff wird „von oben" festgelegt; Lernen geschieht mit Hilfe von Lehrbüchern	– der Lernstoff entspringt den Wünschen der Kinder; das Lernen geschieht durch Fachbücher, Experimentieren, Beobachten usw., eigentliche Schulbücher werden nur in geringem Umfang verwendet

– die tägliche Schulzeit des Kindes ist in einem Stundenplan festgelegt	– das Kind und seine Eltern können jeden Tag auch außerhalb der Schulzeit in der Schule sein
– Spielmöglichkeiten: asphaltierter Schulhof	– Spielmöglichkeiten: Naturgrundstück mit Platz für Abenteuerspielplatz, Tierhaltung, Gemüsegarten usw.
– das Kind kennt meist nur seine Klassenkameraden und einige Lehrer	– das Kind kennt alle anderen Kinder und Lehrer

Hinzuzufügen bleibt, daß die neuen „friskoler" nicht nur die kleine und überschaubare, sondern auch die „nahe Schule" sein wollen. Die Zentralisierung hat überall zu weiten Schulwegen mit dem Schulbus und zu neuen, meist sterilen und immer viel zu großen Schulbunkern aus Beton (sogar mit Klassenräumen ohne Fenster) geführt. Vereinsamung, Vandalismus und Entfremdung als Reaktion auf die Zentralisierung sind dagegen an den meisten „friskoler" unbekannt, da hier eine persönliche Bindung an die Schule und ein hohes Maß an Identifikation mit einer solchen kleinen Einheit eintritt.

Auch die „grundtvig-koldsk-friskole" hat zu spüren bekommen, daß eine neue Klientel ihre Kinder primär aus pädagogischen Überlegungen heraus und nicht mehr aus nationalem oder religiösem Antrieb die „folkeskole" verlassen und die „friskole" aufsuchen läßt. So nimmt es nicht wunder, daß sich der Alltag vieler neuer „grundtvig-koldske friskoler" nicht von dem der „pädagogischen" Privatschulen unterscheidet: An der schulischen Basis, bei Lehrern, Eltern und Schülern, praktiziert man trotz der formalen Mitgliedschaft in grundtvigianischen „Dansk Friskoleforening" eine größtmögliche „Pädagogik vom Kinde aus", während der nationalistisch-konservative Teil der grundtvigianischen Ideologie in aller Stille in den Hintergrund tritt.

Es ist klar, daß dieser Wandel in der Schülerklientel für die „grundtvig-koldske friskole" Identitätsprobleme geschaffen hat. Auf der Funktionärsebene ist deshalb eine gewisse Unruhe zu verspüren. Unverkennbar sind die Anzeichen für eine stärkere Hervorhebung von Grundtvig und Kold bei gleichzeitiger Abgrenzung von anderen Privatschulen. Innerhalb der „grundtvig-koldske friskoler" kommt diese Re-Ideologisierung „von oben", während die Pädagogisierung „von unten" kommt.

Eine Re-Ideologisierung hat sich auch außerhalb des Grundtvigianismus bemerkbar gemacht. Dies gilt für das Verhältnis zur öffentlichen „folkeskole", die im Namen der Demokratie und des Pluralismus gehalten ist, sich in politischer, weltanschaulicher und religiöser Hinsicht neutral zu verhalten und die Schüler nicht zu indoktrinieren. Die „folkeskole" soll heute also eine säkularisierte, weitgehend wertneutrale Schule sein, während sie früher auf einem nationalen und religiösen Konsens sowie einer allgemein akzeptierten Wertehierarchie beruhte. Daß sie in konservativen Kreisen Dänemarks häufig als „pädagogisch schlapp" und „zu weit links" aufgefaßt wird, trug dazu bei, daß in den letzten Jahren die konservativen Privatschulen („realskoler") großen Zulauf erhielten. Außerdem entstanden innerhalb eines Jahrzehnts 26 „kristne friskoler", die gerade nicht neutral sein wollen, sondern die ihnen anvertrauten Schüler religiös-pietistisch zu beeinflussen suchen.

Schlußbetrachtung

Die Schule in Dänemark ist in Bewegung geraten. Während in der Bundesrepublik Deutschland die öffentliche Schule vielfach immer noch ohne Alternative – und damit ohne Korrektiv – bleibt, wird die Kritik an der dänischen „folkeskole" konkret sichtbar in Form von „friskoler" der unterschiedlichsten Observanz, da es in Dänemark leicht ist, eine Privatschule zu gründen und zu betreiben.

Jede Gesellschaft steht vor der prinzipiellen Frage, wie – oder ob – sie die Erziehung und Ausbildung der nächsten Generation regeln soll, denn staatlich verordnete Ausbildung bedeutet immer einen Eingriff in die ureigensten Rechte der Individuen und der Familie. In einem pluralistisch-demokratischen Gemeinwesen lassen sich die Bildungsziele nicht objektiv definieren, sondern sind letztlich das Ergebnis von Mehrheitsentscheidungen. So entsteht die Frage, ob der Staat diese mehrheitlich festgelegten Bildungsziele bis ins Detail durchsetzen darf – auch gegen den Willen von Minderheiten.

Während die Grundtvigianer noch bis in die 1940er Jahre die öffentliche Schule für überflüssig, ja für schädlich hielten und die uneingeschränkte elterliche Autonomie im Bildungswesen propagierten, hat Dänemark heute den schwierigen Balanceakt zwischen Elternwille und Staatsgebot, zwischen Minderheit und Mehrheit vorbildlich gemeistert, indem sich die Minderheiten jeder Art der öffentlichen Schule entziehen können, um ihren eigenen Wertvorstellungen gemäß zu unterrichten. Dabei übernimmt der Staat mit 85% den Löwenanteil der Kosten – zum einen um zu verhindern, daß sich über hohe Elternbeiträge sozial nicht zu verantwortende Bildungsghettos wie z.B. an englischen Privatschulen bilden, zum anderen aber auch um die Vielfalt, die Aktivität, das Engagement und die pädagogische Innovationskraft dieses Teils der Bevölkerung zu fördern und zu ermutigen. Der Staat finanziert die Konkurrenten seiner eigenen staatlichen „folkeskole" und beschränkt sich auf eine Kontrolle der Grundfertigkeiten der Kinder. Die Schließung kleinerer Schulen, lange Schulwege, große Zentralschulen, aber auch die angebliche Disziplinkrise der „folkeskole" oder die Einführung des obligatorischen Sexualkundeunterrichts können auslösendes Moment für die Gründung einer „friskole" sein, die dann ihren weltanschaulichen, politischen, religiösen und pädagogischen Standort bestimmen muß und nach diesen Kriterien den Schulleiter und die Lehrer anstellt. Durch die hohe Identifikation der Eltern mit „ihrer" Schule und durch die relative Homogenität des Lehrerkollegiums werden Kräfte freigesetzt, wie man sie an öffentlichen Schulen nur ausnahmsweise antrifft.

Die Schulfreiheit in Dänemark ist ein Erbe des Liberalismus und Grundtvigianismus. Allerdings erst durch die heutige Vielfalt ist aus dem „Leitfossil des 19. Jahrhunderts" eine vorbildliche Symbiose von öffentlicher und privater Schule geworden. In den 1920er Jahren reisten viele dänische Pädagogen nach Deutschland, um sich mit der Reformpädagogik vertraut zu machen. Heute reisen deutsche Pädagogikstudenten, Professoren und andere Interessierte nach Dänemark, um die Probleme, die Vielfalt und nicht zuletzt die Liberalität des dänischen Schulwesens zu studieren und sich davon für die eigene Arbeit anregen zu lassen.

Literatur

Den danske Skolehaandbog, Kopenhagen 1982 ff.
Friskolebladet 1970 ff.
Gunhild Nissen: Bønder, skole og demokrati, Kopenhagen 1973.
Ellen Nørgaard: Lille barn – hvis er du? Kopenhagen 1977.
Eckhard Bodenstein: Skolefrihed in Dänemark. Studien zur Entstehung eines schulpolitischen Prinzips, Tønder 1982.
Ders.: Die dänische Schule im Wandel, in: Pädagogisches Handeln in Theorie und Praxis, Flensburg 1986, S. 33-59.
Ders.: Peter Petersen und die reformpädagogische Bewegung in Dänemark, in: Ingeborg Maschmann und Jürgen Oelkers (Hrsg.): Peter Petersen. Beiträge zur Schulpädagogik und Erziehungsphilosophie, Heinsberg 1985, S. 169-183.
Ders. zus. mit Gerhard Kochansky: Bildungseinrichtungen nördlich und südlich der Grenze. Institut für Regionale Forschung und Information, Flensburg 1988.

Barbara Gaebe
Gesprächsbericht

In der Diskussion wurden folgende Punkte besprochen:

- Die unterschiedlichen Traditionen der privaten Schulen in Dänemark und Deutschland prägen auch das Gegenwartsverständnis. In Deutschland erfolgte der Ausbau des Volksschulwesens und die Durchsetzung der Schulpflicht im 19. Jahrhundert in staatlicher Regie unter kirchlicher Aufsicht, in Dänemark stützten freiheitlich-demokratische, an die Bildungsbedürfnisse des Volkes anknüpfende Bestrebungen (Grundtvig) früh den Selbstbestimmungswillen der Eltern gegenüber dem Staat. Während in Deutschland der Abbau kirchlicher Schulaufsicht und privater Schulträgerschaft im Pflichtschulbereich als Erfolg im Kampf um mehr Bildungsgerechtigkeit galt und private Schulinitiativen eher als pädagogisch-didaktische Experimentierfelder angesehen werden, deren Erfahrungen sich für die Verbesserung der Staatsschule nutzen lassen, sind in Dänemark staatliche Volksschulen und Freischulen gleichberechtigte Möglichkeiten, der gesetzlichen Unterrichtspflicht zu genügen.
- Fragen deutscher Teilnehmer nach Zulassungsbedingungen für Gymnasien und Berufsausbildungsgänge in Dänemark zielten auf das grundlegende Problem der Chancengerechtigkeit für Schüler in Schulen verschiedener Konzeption und Trägerschaft. Dieses Problem scheint in Dänemark dadurch entschärft, daß die Übergänge zu weiterführenden Ausbildungseinrichtungen nicht durch Zensuren und Examensergebnisse gesteuert werden als vielmehr durch Empfehlungen der Lehrer. Strenger ergebnisbezogen selektiert wird erstmals beim Abitur.
- Alle dänischen Privatschulen stehen insofern in der grundtvigschen Tradition, als sie den Selbstbestimmungswillen der Eltern über die Schulangelegenheiten ihrer Kinder gegenüber dem Staat ausdrücken. Das Spektrum der pädagogischen Ziele reicht von konfessionellen über anthroposophische bis zu marxistischen Ausrichtungen. Wie groß der Anteil der Freischulen ist, die sich im engeren Sinne der grundtvig-koldschen Tradition verbunden fühlen und welche Gestaltungsmerkmale solche Schulen aufweisen, ließ sich in der Diskussion nicht klären.

Jakob Andersen
Eine Schule für das Leben im Geiste Grundtvigs –
Die dänische Efterskole

In Dänemark sind die Schulgesetze so frei, daß jedermann eine Schule gründen kann; eine Schule für Kinder, eine Efterskole oder eine Volkshochschule. Der Staat trägt die Kosten oder zumindest 85% davon.
Die Voraussetzungen für eine Schulgründung sind:
1. daß man geeignete Gebäude hat,
2. daß die Schule als rechtsfähige Stiftung organisiert ist und
3. daß der Schulleiter vom Ministerium anerkannt wird, was meistens der Fall ist.

Es gibt eine gemeinsame Gesetzgebung für die vier Formen der Internatsschulen: Volkshochschulen, Landwirtschaftsschulen, Haushaltungsschulen und Efterskoler. Die Bestimmungen hierüber sind im Gesetz vom 4. Juni 1970 festgehalten.

Die älteste Efterskole wurde 1879 gegründet (Galtrup, Mors) und heute gibt es in Dänemark 192 Efterskoler mit insgesamt 14.000 Schülern im Alter zwischen 14 und 18 Jahren.

Zwei Persönlichkeiten des vorigen Jahrhunderts, Grundtvig und Kold, haben die Grundlage für all dies geschaffen. Grundtvig hat immer Freiheit gefordert. Freiheit für Erwachsene, für junge Menschen, für Kinder, für Lehrer, für Schüler – ja, sogar auch für das Gute und das Schlechte.

Wir haben im Norden zwei Götter: den bösen Loke und den guten Thor, und Grundtvig forderte uneingeschränkte Freiheit mit den folgenden Worten: Freiheit sowohl für Loke als auch für Thor. Diesen Satz kennen fast alle Dänen. Die Gesetze sind frei, und daher sind auch die Schulen so verschieden. Die Bestimmungen besagen lediglich, daß die Schule allgemeinbildenden Unterricht zu erteilen hat, aber eine politische oder religiöse Überwachung ist nicht vorgesehen. Allerdings gibt es keine nähere Beschreibung des Begriffes „Allgemeinbildender Unterricht", daher sind die Schulen sehr frei in der Gestaltung des Unterrichts, der als allgemeinbildend bezeichnet werden kann. Deshalb sind die Schulen auch so verschieden und spiegeln die dänische Gesellschaft wider. Die grundtvigianischen Efterskoler sind der größte und älteste Teil der Efterskoler. Daß sie grundtvigianisch sind heißt, daß das wichtigste das *Erleben* ist. Was man den Schülern an nützlichen Fertigkeiten vermitteln kann, nimmt man mit, aber das Erleben und das Verständnis des Lebens ist das Wichtigste.

Alle christlichen Richtungen innerhalb und außerhalb der dänischen Volkskirche haben ihre eigenen Schulen, ebenso alle politischen und pädagogischen Anschauungen. Einige haben ihren Ausgangspunkt in praktischen Problemstellungen oder bemühen sich um eine Kombination aus Theorie und Praxis. Andere nutzen die Möglichkeit, einzelne Fächer oder Fächergruppen besonders hervorzuheben: Sport, Biologie, Musik, Schach usw. Aber alle sind sie „Kinder Grundtvigs", denn er ist der Ursprung all dessen.

Nun will ich ganz unbescheiden etwas von mir selbst erzählen. Ich bin in einem grundtvigianischen Pfarrershaus aufgewachsen, zu dem ein kleiner Bauernhof gehörte. Wir waren sieben Kinder, meine Eltern, zwei Knechte und zwei Dienstmädchen, so daß wir jeden Tag 13 Personen bei Tisch waren. Beim Mittagessen wurden alle Absprachen getroffen über die Arbeit, die Freizeit, kurz: über alles, was uns alle anging. Jeder konnte sich äußern – und jeder äußerte sich. Alles machten wir gemeinsam – alle halfen mit.

Im Sommer spielten wir abends im Garten, oder wir gingen spazieren – alle 13. Danach gab es rote Grütze, und wir sangen zwei oder drei Lieder oder Psalmen aus dem Liederbuch der Volkshochschule. Im Winter las mein Vater uns allen dreimal in der Woche aus einem Buch vor, dazu gab es Äpfel und Kaffee. Um halb neun morgens hatten wir eine kleine Andacht. Im Winter hielt mein Vater zweimal im Monat Versammlungen ab, die eine für junge Leute, die andere für ältere. Wir waren immer alle da, und am Sonntag gingen wir natürlich mit unserem Vater zur Kirche. Zweimal im Monat geschah etwas Besonderes: die Familienangehörigen versammelten sich in einem Familienrat zur Beratung. Dort wurde besprochen, was wir in den nächsten 14 Tagen gemeinsam unternehmen wollten und was eingekauft werden mußte.

Ich weiß nicht, woher sie kamen, aber wir hatten zwei Regeln für diese Beratung: 1. derjenige, der spricht, darf nicht unterbrochen werden, und 2. darf niemand etwas für sich selbst erbitten. Jeder sollte herausfinden, was für die anderen nötig ist. Alle Wünsche, die ausgesprochen wurden, wurden auf eine Liste geschrieben. Eine solche Liste sah dann beispielsweise so aus:

Ein Ausflug mit allen
Ein Theater- oder Kinobesuch
Ein neuer Hut für meine Mutter
Neue Stiefel für meinen Vater
Neue Hosen, Strümpfe, Holzpantoffeln usw.

Wenn die Liste fertig war, geschah wieder etwas Besonderes: Mein Vater gab meiner kleinen Schwester seinen Geldbeutel. Als Nächstjüngster bekam ich die Brieftasche und wir zählten das Geld, das wir alle zusammen hatten. Wenn wir z.B. 50 Kronen hatten, fragte ich, wieviel Geld wir ausgeben sollten, bis wir wieder neues bekamen. Meine Eltern sagten uns dann, was die einzelnen Dinge kosten würden, und wir einigten uns, 30 Kronen auszugeben und 20 Kronen zurückzubehalten. Kein Ausflug, kein Theaterbesuch, kein Hut für meine Mutter, keine Stiefel für meinen Vater, nur neue Holzpantoffeln für meinen Bruder und neue Strümpfe für meine vier Schwestern! Die Beratung war zu Ende, und wir gingen zufrieden auseinander, denn wir waren ja alle mitverantwortlich gewesen. Ich erinnere mich, daß wir immer fröhlich waren, wenn wir davongingen. Ich glaube, daß dieser modus vivendi in meinem grundtvigianischen Elternhaus immer den Hintergrund meines Lebens bildete. Ich habe auch Grundtvig gelesen, so wie mein Vater. Aber es waren wohl eher meine grundtvigianischen Erlebnisse zu Hause, die meinem Leben eine Richtung gaben.

Grundtvig hat uns gelehrt, daß jede Zeit ihre eigenen Bedingungen hat. Orthodoxie liegt ihm ferne, lieber fragte er: War das jetzt nötig? Ein rechter Grundtvigianer ist deshalb eine Contradictio in adjecto.

Ich selbst wurde Theologe und danach Lehrer. 1951-56 war ich als Lehrer an einer Freien Lehrerschule in Ollerup tätig. Diese Lehrerschule wurde von grundtvigianischen Freischulen, Efterskoler und Volkshochschulen gegründet, um Lehrer eben für diese Schulen auszubilden. Die Hälfte der Studenten wollte Lehrer für Kinder werden, die andere Hälfte bereitete sich darauf vor, Lehrer in einer Volkshochschule zu werden. Für diese zweite Hälfte wurde eine Jugendlehrerausbildung errichtet, die erste in Dänemark überhaupt. Mit den Studenten diskutierte ich darüber, wie wir diesen Unterricht angehen sollten. Wir konnten zwischen zwei Herangehensweisen wählen: 1. Wir konnten die Nach- und Volkshochschulen mit ihren spezifischen Bedingungen sowie ihren besonderen Anforderungen zu Grunde legen, oder 2. die Schüler selbst zum Ausgangspunkt nehmen. Wir wählten den zweiten Weg, und unsere Hauptfrage lautete: Was ist für die Schüler sinnvoll? Was sollen sie gelernt haben, wenn sie um das Jahr 2000 erwachsenen Bürger sind?

Aus diesen zwei Hauptfragen entwickelten sich zwei Nebenfragen: 1. Was kann man über die Zukunft sagen und 2. was bedeutet es, etwas gelernt zu haben?

Nach Auseinandersetzungen mit der Zukunft zogen wir den Schluß, daß das Merkwürdigste an unseren Zukunftsperspektiven die Hast ist, mit der uns Veränderungen treffen. Die Lawine neuen Wissens ändert unsere Bedingungen, unsere Umgebung, unsere Verhältnisse! Bedeutsam war die Erkenntnis, daß unser Wissen veraltet. Was wir als junge Menschen gelernt haben, hat nicht mehr dieselbe Gültigkeit, ist unvollständig oder einfach falsch. Die Veränderungen der Lebenssituationen bringen es mit sich, daß das, was wir über wahr und falsch, gut und böse gelernt haben, nicht mehr unverändert Gültigkeit haben wird.

Somit hat sich auch die Situation des Lehrers grundlegend verändert, denn Ausbildung und Erziehung haben bisher immer das Ziel gehabt, die nächste Generation an eine vorhandene Gesellschaft anzupassen. Früher kannte der Lehrer die Gesellschaft, die als statisch aufgefaßt wurde, er war der Erfahrene. Jetzt ist er unerfahren, weil alles sich so schnell wandelt, und doch soll er die anderen Unerfahrenen beraten. Gleichzeitig ist seine Aufgabe aber auch wichtiger geworden. Ursprünglich lernte die neue Generation das meiste in der Umgebung des Elternhauses. Dann kam die Schule als Ergänzung dazu (in Dänemark 1814). Die neuen Bürger sollten lesen, schreiben und rechnen lernen, aber das Wichtigste lernte man stets zu Hause und im Dorf. Jetzt sind die Arbeitsplätze getrennt, die Eltern arbeiten an verschiedenen Orten, und die Kinder arbeiten in der Schule. Wo lernen also Kinder und junge Leute heute all das, was sie früher nicht lernten aber erfuhren, und was bedeutet es, etwas gelernt zu haben?

Die Engländer haben nur ein Wort für Erziehung und Ausbildung, das Wort education. Dadurch verdeutlichen sie, daß diese zwei Begriffe sich nicht trennen lassen. Wissensstoff und Arbeitsmethode sind zwei Seiten derselben Sache, sie ergänzen einander und bilden eine Einheit. Man kann Wissen in der Schule nicht „rein" vermitteln, in der Unterrichtsform liegt immer auch eine Wertnorm verborgen.

Ein kurzes Beispiel soll dies verdeutlichen: Im Schulunterricht z.B. entsteht eine Situation, in der die Schüler dem Lehrer nachfolgen müssen (die Situation vermittelt: Es ist gut, dem Erwachsenen zu folgen); eine Situation, in der die meisten Schüler hauptsächlich schweigen (also: es ist gut zu schweigen); eine Situation, in der es gewöhnlich verboten ist, einander zu helfen (also: kümmere dich nicht um die anderen); eine Situation, in der die Initiative vom Pult ausgeht (also: laß andere die Initiative ergreifen); eine Situation, in der alle Schüler – so verschieden sie auch sind, gleich behandelt werden. Das nennt man „Gerechtigkeit". Hinterher mißt man in der Prüfung, wie viel oder wie wenig der einzelne gelernt hat. Derjenige, der gehorsam und am besten den engen Normen gefolgt ist, erreicht das beste Resultat. Das Übrige, das er auch gelernt hat, nämlich, daß man seinem Freund nicht helfen darf, daß man am besten schweigen soll, daß man keine Initiative zeigt u.s.w. wird nicht gemessen und bewertet.

Unsere Frage war ernst gemeint: Womit ist den Schülern gut gedient? Was sollen sie gelernt haben, wenn sie erwachsene Bürger Dänemarks um das Jahr 2000 werden sollen?

Unsere Antwort lautete: Wir wollen versuchen, den Unterricht und das Leben in der Schule so zu gestalten, daß wir bei den Schülern folgende Eigenschaften fördern:

ihre Mitverantwortlichkeit
ihre Fähigkeit zur Zusammenarbeit
ihre Toleranz
ihre Initiative
ihre Urteilsfähigkeit und
ihre Entschlußkraft.
(Die ersten drei Begriffe betreffen Verpflichtungen den anderen gegenüber.)

Anders ausgedrückt: Man muß die Schüler in Situationen versetzen, die ihre Initiative, ihre Urteilsfähigkeit und Entschlußkraft herausfordern und die sie mit Toleranz, sozialer Verantwortung und in Zusammenarbeit anpacken. Diese sechs Begriffe sind an sich nichts Neues. Die Eigenschaften gehören grundsätzlich zu jedem menschlichen Umgang, zu jeder Arbeitsgemeinschaft, in der die Abhängigkeiten voneinander gegenseitige Mitverantwortlichkeit erfordern. Der Mensch ist ein soziales Wesen. Aber wie bereitet man Alltagssituationen so auf, daß sie immer diese Eigenschaften hervorrufen? Ich kannte ja mein grundtvigianisches Zuhause, das Pfarrhaus. Und aus meiner Erfahrung schloß ich, daß es notwendig sei, daß die Lehrer eine neue Rolle bekämen. Sie konnten nicht mehr Gastgeber spielen, sie mußten ihre Initiative, ihre Entschlüsse, ihren Dirigismus aufgeben. Sie mußten den Schülern aus dem Wege treten, damit diese selbst und miteinander leben und arbeiten konnten. Die Lehrer sollten den Schülern folgen und helfen, sie sollten animieren und anfeuern.

1956 gründete ich in Rantzausminde in Svendborg, Südfünen, eine Schule, in der dies in die Praxis umgesetzt werden sollte.
  „Herzstück" des Schullebens ist die Generalversammlung mit allen Schülern und Angestellten. Jedes Mitglied der Generalversammlung hat eine Stimme, und niemand kann ein Veto einlegen. Die Aufgaben der Generalversammlung sind:

1. die Generalversammlung zu organisieren,
2. einen Arbeitsplan zu erstellen,
3. Konflikte zu lösen und
4. Regeln aufzustellen.

Man wählt einen Versammlungsleiter, und die erste Regel lautet für gewöhnlich so: Nur derjenige spricht, der vom Versammlungsleiter das Wort erhält. Es wird festgelegt, wie oft und wann eine Generalversammlung stattfindet, wie außerordentliche Generalversammlungen einberufen werden und wie die Themen auf die Tagesordnung gesetzt werden.
  Es wird festgelegt, wie der Tagesplan auszusehen hat. Wenn die Schüler kommen, haben wir noch kein Curriculum. Wir fragen einfach: Was wollt ihr? Die Lehrer selbst schlagen nie bestimmte Themen vor. Alle von den Schülern vorgeschlagenen Themen werden notiert und diskutiert, danach bestimmt die Versammlung durch Abstimmung, welche Themen der Unterrichtsplan enthalten soll. Man bestimmt, ob es einen Wochen- oder Monatsplan gibt, wie die Stunden verteilt werden und wie lange der Plan dauern soll. Danach macht jeder einzelne Schüler seinen eigenen „Lernplan". Niemand kann alle Fächer wählen, zwei, drei oder vier Fächer zur gleichen Zeit belegen. Jeder Schüler macht seinen eigenen Stundenplan mit mindestens 28 Stunden.
  Der ganze Planungsprozeß dauert beim ersten Mal wohl vier Stunden, aber der Zeitaufwand zu Beginn macht sich bezahlt. Die Schüler werden in der Folge immer tüchtiger im Planen. Sie wissen, was sie wollen, und wenn jemand etwas ganz Spezielles

lernen möchte, so kann er es alleine in der Freizeit studieren, gegebenenfalls mit Hilfe des Lehrers.

Der erste Stundenplan ist gewöhnlich sehr traditionell, da die Schüler nur Pläne aus ihrer früheren Schule kennen, aber nach und nach probieren sie Verschiedenes aus, vielleicht sogar, eine Zeitlang ganz ohne Plan zu arbeiten. Nach der ersten Planperiode wird beurteilt, was gut und was schlecht war, und es entsteht ein verbesserter Plan. In der Regel haben wir sieben oder acht Planperioden im Laufe eines Jahres.

Die dritte Aufgabe der Generalversammlung ist es, Konflikte zu lösen. Innerhalb der ersten vierzehn Tage geschieht es immer wieder, daß sich einige Schüler – Mädchen und Jungen – streiten. Sie verfeinden sich sogar, und dann wird eine Versammlung einberufen. Der Versammlungsleiter wird gewählt, das Problem besprochen, man bekommt weitere Auskünfte von den Betroffenen und den anderen, dann werden Vorschläge zur Lösung des Problems gemacht, man beurteilt sie, und zuletzt folgt der Beschluß – die Versammlung ist vorbei. Die Feinde sind nicht mehr böse aufeinander, weil alles sachlich geklärt wurde. Sie wissen, daß sich alle bemüht haben, eine Lösung zu finden. Bei uns gibt es auch keine Strafen.

Die vierte Aufgabe der Generalversammlung ist es, „Gesetze" zu erlassen, sobald ein und dasselbe Problem häufiger auftritt. Dann ist es leichter, den Problembereich zu regeln, und alle sind eher bereit, diese Regeln anzunehmen.

Wir Lehrer haben unsere Durchsetzungsmacht (Autorität) aufgegeben, und das wagen wir, weil wir den Schülern vertrauen. Sie sind ebenso vernünftig wie die Erwachsenen, und sie sind voller Bereitschaft. Sie haben unsere Einladung akzeptiert, mitverantwortlich zu handeln, und wir zeigen ihnen, was wir erwarten, wenn sie als Teilnehmer hier ein Jahr leben dürfen. Wir haben ihnen im voraus gesagt, daß es schwierig und doch auch gut ist, eine Zeitlang hier zu leben. Sie haben von anderen Stellen andere Erziehungserfahrungen. Später werden sie wieder andere Erfahrungen machen, und zuletzt müssen sie entscheiden, welche Richtung ihr eigenes Leben nehmen soll. Dann ist es gut, verschiedene Richtungen kennengelernt zu haben.

Die Lehrer vertrauen den Schülern. Die Lehrer sind Helfer und Teilnehmer, nicht Gastgeber der Schüler.

Ich habe jetzt bereits mehrfach das Wort Teilnehmer benutzt. Nun möchte ich hier einmal fragen: Was erwartet man von einem Teilnehmer? Von einem Teilnehmer eines Vorstandes, von einem Teilnehmer an einer Schlittenfahrt in Grönland, von einem Teilnehmer eines Familienrates – oder z.B. von einem Gruppenmitglied. Manchmal habe ich in Dänemark einer Versammlung diese Frage gestellt, und jedesmal kam dieselbe Antwort: Unsere sechs Begriff von eben.

Wir sind alle Teilnehmer. Gewöhnlicherweise erwartet man diese Eigenschaften von den anderen, nur nicht von sich selbst. Das schwierigste ist es immer, Menschen dazu zu bringen, das zu tun, was sie selbst richtig finden. Deshalb üben wir immer Kritik – im neutralen Sinne des Wortes –, um darauf aufmerksam zu machen, daß alle Pflichten haben, d.h. Kritik an den anderen und an sich selbst. Wenn eine Situation zu Ende ist, fragen wir: was war gut, was war schlecht? Was hätte er/sie besser tun können?, d.h., wir urteilen immer auf der Grundlage unserer sechs Begriffe.

Wir haben in Rantzausminde ein obligatorisches Fach: Themen-Gruppenarbeit, und jeder Tag beginnt mit zwei Stunden an dieser Arbeit. Weil das Wissen in unserer Zeit sich fast auf allen Gebieten rasch wandelt, ist es notwendig, daß die Schüler lernen, wie man studiert, wie man sich neues Wissen aneignet. Wenn wir Erwachsenen studieren, so folgen wir gewöhnlicherweise diesem Plan: 1. Materialsammlung, 2. Bearbeitung und 3. Schlüsse ziehen. Es ist wichtig, daß alle Schüler lernen, so zu arbeiten. Sie müssen alle später etwas Neues lernen, mitunter etwas Neues, das kein Lehrer kennt.

Klassenunterricht mit einem Lehrer kennt man nur in den Schulen, als Erwachsener muß man selbst studieren können.

Das Thema wählen die Schüler selbst aus, die einzige Bedingung ist, daß mindestens vier Schüler dasselbe Thema wählen. Nur die Schüler schlagen die Themen vor, niemals die Lehrer! Durch Abstimmungen (oftmals sind mehrere Abstimmungen nötig) wird beschlossen, welche Themen gewünscht werden. Einer bekam vielleicht sein Thema nicht, obgleich er stark dafür geworben hat. Es geschieht auch, daß es zu Vereinbarungen kommt wie: Wenn ich diesmal mit euch studiere, könntet ihr nächstes Mal mit mir studieren. Wir haben auch schon erlebt, daß jemand den anderen Eis versprochen hat für diejenigen, die ihm bei der Durchsetzung seines Themas helfen. Von den Lehrern sollen aber keine besonderen Anregungen gegeben werden.

Wenn wir mit der Wahl fertig sind, richtet sich jede Gruppe im Klassenzimmer einen Arbeitsplatz ein. Unser Klassenzimmer ist 10 x 30 Meter groß. Das erlaubt, einen guten und angenehmen Arbeitsplatz für 60 Schüler einzurichten.

Vorher wurde auch festgelegt, wie lange die Arbeit dauern soll, ob z.B. vier oder sechs Wochen. Nachfolgend nun einige Beispiele von Themen, die zur gleichen Zeit gewählt wurden: Grönland, Kibbuzim, Hinduismus, Kapitalismus/Sozialismus, Motoren, Astronomie, Ameisen, Fürsorge und Wohlfahrt in Dänemark, Gefängnisse, Indianer. Diese Themen haben die Schüler gleichzeitig gewählt, und es scheint mir, daß wir Lehrer nicht besser hätten wählen können. Die Schüler sind in der Wahl der Themen sehr vernünftig. Es ist ein großer Vorteil, daß sie selbst wählen, und das Thema gilt als Eigentum der Gruppe, der Lehrer ist lediglich ihr Helfer. Er wählt selbst seine Gruppen, und es ist nicht notwendig, daß er Experte spielt. Er soll nur dabei helfen, sich das Thema zu erarbeiten.

Die Gruppen sind jetzt eingeteilt, und alle Lehrer betreuen zwei bis drei Gruppen. So sind sie vollauf beschäftigt, aber doch nicht immer bei derselben Gruppe. Die Gruppenmitglieder erzählen einander, warum sie dieses Thema wählten, ob sie schnell oder langsam lesen, ob sie das Thema im voraus kannten usw. Sie machen einen Plan, holen sich Bücher aus der Bibliothek und verteilen die Arbeit untereinander. Entweder übernehmen immer zwei oder auch einzelne Schüler die Verantwortung, und so sammelt sich langsam immer mehr Wissen an. Jedes Gruppenmitglied faßt seinen eigenen Bericht ab. Gründlich und ausführlich stellt es seinen Stoff dar und schreibt einen kurzen Bericht über das, was es herausgefunden hat. Der Lehrer wird nur bei Bedarf herbeigerufen, wenn z.B. Verständnisfragen auftauchen oder Unklarheiten im Formulieren entstehen. Er sieht nach dem Rechten und hilft, die Grundhaltung des Verfassers zu finden, oder weist auf Bücher mit anderen Gesichtspunkten hin.

Nach Beendigung der Arbeit erfolgt die Kritik. Ist die Arbeit gut, was war gut und was war mäßig? War der Plan gut, haben alle ihren Teil geleistet, wer hatte die guten Ideen und die Initiative usw.? Wie waren die sozialen Beziehungen innerhalb der Gruppe? Wer verhalf zum guten Arbeitsklima und wer nicht? Alles wird notiert.

Obwohl alle Gruppen im selben Raum arbeiteten, kennen sie die Ergebnisse der anderen nicht. Jede Gruppe hat am Ende die Aufgabe, kurz mündlich den anderen zu berichten, was sie herausgefunden haben. Das Thema muß daher ausführlich und abwechslungsreich dargestellt werden.

Die Gruppen bereiten diese Vorführungen gründlich vor. Wir haben hier eine gute Lernsituation: niemand streitet und alle helfen mit, die Aufgabe begeistert alle. Manchmal stehen die Schüler schon morgens ganz früh auf, um noch einmal vorher zu üben. Nach der Vorführung kommen die Fragen der Zuhörer. Es gehört dazu, daß die Gruppe mitunter sagt: das wissen wir nicht. Zuletzt kommt die Kritik an der Darbietung. Eine Kritik muß positiv gegeben und empfangen werden, denn sie ist eine Hilfe. Durch dieses Verfahren haben die Schüler eine gute Übung gehabt, und sie haben die Erfahrung gemacht, wie man studiert. Sie haben gelernt zusammenzuarbeiten, zu beurteilen und sich mündlich auszudrücken.

Ich möchte nun einige Beispiele erzählen. Mitunter wählen die Schüler Beobachtungsthemen, wie z.B.: Wie alt werden die Nadeln der Tanne? Für die Schüler ist es sehr interessant zu erleben, wie Wissen entsteht. Wissen ist nicht nur etwas, das in den Büchern steht, man kann es auch selbst durch systematisches Beobachten erlangen. Um die Frage „Wie alt werden die Nadeln der Tanne?" zu beantworten, muß man erst herausfinden, wie eine Tanne, ihre Zweige und Äste, wächst. Wenn man das herausgefunden hat, kann man zurückzählen und die älteste Nadel der Tanne finden. Und schon entwickeln sich wieder neue Fragen: Wieviele Tannen muß man untersuchen, bevor man genau sagen kann, wie alt die Nadeln werden? Zehn oder hundert? Ist es dasselbe, wenn die Tannen 10 oder 50 Jahre alt sind? Und wie wachsen die Nadeln? Oben auf der Oberseite der Zweige und Äste? Es ist merkwürdig zu entdecken, daß es sich nicht so verhält, wie man vorher angenommen hat; man ist erstaunt darüber.

Oder die Ameisen!

Was kann man da alles beobachten! Wie sehen sie aus, was machen sie? Man findet einen großen Ameisenhaufen, durch dessen Löcher viele kleine Ameisen aus- und eingehen. Man kann also den Verkehr der Ameisen zählen – im Sonnenschein, bei Regen, am Morgen, mittags oder abends. Danach kann man herausfinden, wohin die Ameisen gehen. Sie folgen bestimmten Wegen vom Haufen in den Wald. Man sieht, daß, wenn man sich einem Weg nähert, Ameisenwachtposten aufgestellt werden. Sie nehmen eine drohende Gebärde ein. Folgt man einer Ameise, so kann man sehen, wohin sie geht, was sie macht und wie lange Zeit sie vom Ameisenhaufen unterwegs ist usw.

Zufälligerweise war einmal neben dem Haufen ein asphaltierter Weg, und die Schüler bemerkten, daß die Ameisen diesen Weg nie betraten. Dies war eine ganz besondere Gelegenheit: Konnten die Ameisen zurückfinden zu ihrem Haufen, wenn sie an einer Stelle ausgesetzt wurden, wo Ameisen dieses Haufens nie vorher gewesen waren? Konnten sie sich orientieren? Die Schüler beschlossen, einen Versuch zu machen. Sie wollten 100 Ameisen markieren, aber sie wußten nicht, wie. Mit Speisefarbe? Nein, das ging nicht, denn Ameisen lecken sich rein. Mit Leuchtfarbe? Auch das ging nicht, denn dann würden sie sterben. Mit Schleifen? Auch das war nicht möglich. Zuletzt kam man auf die Idee, es mit weißem Nagellack zu versuchen. Wenn diese Farbe genau oben auf dem Hinterleib angebracht wurde, starben die Ameisen nicht. Also wurden 100 Ameisen gekennzeichnet und um 5 Uhr nachmittags 100 Meter vom Haufen jenseits des Weges freigelassen. Um 9 Uhr am nächsten Morgen standen die 6 Schüler gespannt um den Haufen um festzustellen, wie viele Ameisen zurückgefunden hatten. Um 11 Uhr hatten sie 61 gekennzeichnete Ameisen wiedergefunden.

Die Schüler wurden förmlich selbst zu großen Fragezeichen. Wie orientieren sich die Ameisen? Sie befragten viele Bücher, und zuletzt bildeten sie eine Hypothese. Ein Professor in Südamerika nahm an, daß die Ameisen nach der Sonne navigieren wie ein Schiff. Aber das war nur eine Annahme. Ich erzählte dies meinem Schwager, der Professor für Pflanzenkunde an der Universität in Kopenhagen ist. Man hat dort versucht, einen Wissenschaftler zu finden, der dies untersucht hatte, aber das ist nicht gelungen.

Bedenken Sie übrigens, was Studium im Lateinischen bedeutet, nämlich Eifer, Lust, Interesse. Und das Wort Schule ist griechischen Ursprungs und heißt dort soviel wie Freizeit bzw. bezeichnet den Ort, an dem man seine freie Zeit ausnutzt.

Unser tägliches Leben in der Schule organisieren wir etwa folgendermaßen: Die Schüler machen ihr Essen selbst. Eine Gruppe meldet sich für 14 Tage, um das Essen zuzubereiten, das gut und gesund sein soll. Deshalb muß sich die Gruppe eingehend damit befassen, damit sie begründen kann, warum sie eben dieses Gericht serviert.

Sie reinigen auch die Schule täglich selber.

Sie haben Werkstätten, wovon die meisten sich in einem großen Raum ohne Trennwände befinden. Die Schüler arbeiten mit Textilien, Lehm, Holz, Metall und Farben. Sie haben einen Photoraum, eine Schmiede und einen Motorenraum. Mitunter bauen sie auch Boote.

Um 8 Uhr morgens versammeln sich alle, um gemeinsam am Radio Nachrichten zu hören. Das dauert 10 Minuten, und anschließend wird darüber gesprochen, und Fragen werden beantwortet. Eine Weltkarte wird aufgehängt, so daß wir feststellen können, wo die Ereignisse stattgefunden haben. Einmal haben wir erlebt, daß ein Mädchen nicht wußte, was auf der Landkarte Wasser und was Land war. Wichtig dabei war vor allem, daß sie wagte, das zu sagen.

Wir möchten zur Teilnahme an der Schule einladen. Wir möchten:
- die Schüler mitverantwortlich machen, indem wir sie in bestimmte Situationen versetzen,
- ihnen zeigen, daß sie immer dazulernen können,
- daß sie erfahren, daß der Mensch dazu geschaffen ist, in Gesellschaft zu leben, und daß Zusammenarbeit und Hilfe wertvoll sind,
- zeigen, daß das Wort *wir* älter ist als das Wort *ich*,
- daß sie erfahren, daß der Mensch ein soziales Wesen und daher auch den anderen gegenüber verpflichtet ist,
- ihre kritische Urteilsfähigkeit entwickeln,
- daß sie lernen, wie Wissen angeeignet wird,
- daß sie Probleme lösen lernen,
- ihnen helfen, von ihren eigenen Fähigkeiten überzeugt zu sein.

Wir hoffen, daß sie einsehen, daß das, was sie bisher gelernt haben, vielleicht nur vorläufig richtig und keine endgültige Wahrheit ist. Wir hoffen weiter, daß sie neugierig bleiben und erfahren, daß Studium eine lustige Fahrt auf das Meer des Wissens ist.

Die Zukunft hängt von ihnen ab – und somit auch von uns!

Alles, was ich hier berichtet habe, basiert auf den Erfahrungen meines grundtvigianischen Elternhauses und ist ein Beispiel für die Efterskoler in Dänemark.

Ehrenhard Skiera
Allgemeine Informationen zur dänischen Efterskole
Gesprächsbericht

Die dänische „Efterskole" (=Nachschule) wurde Mitte der siebziger Jahre in Deutschland besonders durch eine ihrer spezifischen Ausprägungen bekannt. Die „Internationale Efterskole i Tvind" (Tvindschule) erregte durch ihre spektakulären Aktionen (Nutzung der Windenergie, Reisen in andere Länder und Kontinente mit selbstreparierten Bussen) und engagierten Stellungnahmen zu ökologischen Fragen und zu den Problemen der „Dritten Welt" ein weites öffentliches Interesse. Eine ernsthafte Auseinandersetzung mit der „normalen" Form der dänischen Nachschule, ihren bildungsgeschichtlichen Voraussetzungen und ihrer Stellung im dänischen Schulwesen, wurde dadurch aber kaum angeregt. Die Haslev-Efterskole beispielsweise gehört zur Gruppe von mittlerweile etwa 200 Nachschulen (einschließlich der acht Tvind-Efterskoler), die ein alternatives Konzept für die letzten zwei bis drei Jahre der „Folkeskole" bieten. Bei aller Unterschiedlichkeit des weltanschaulichen und pädagogischen Standortes der einzelnen Schulen läßt sich dieses Konzept – kurz gesagt – auf den gemeinsamen Nenner bringen: Erwachsene und Jugendliche leben, lernen und arbeiten in einer familiären Atmosphäre in gegenseitiger Verantwortung zusammen. Von daher ist diese Schule mit den Landerziehungsheimen der Reformpädagogik zu vergleichen, entstammt aber einer von dieser unabhängigen genuin dänischen Linie, die auf die national- und volkserzieherischen Bemühungen (Volkshochschulen) von N.F.S. Grundtvig (1783-1872) und Christen Kold (1816-1870) zurückgeht. Der Name „Nachschule" deutet noch auf diese Wurzeln hin: Bis in die sechziger Jahre hinein war die Efterskole eine Heimvolkshochschule, die den meist bereits im Berufsleben stehenden jungen Erwachsenen einen etwa fünfmonatigen Weiterbildungskurs anbot – also nach dem damals siebenjährigen Pflichtunterricht. (In Dänemark gibt es keine Schul-, sondern eine Unterrichtspflicht. D.h. man kann seine Kinder auch zu Hause unterrichten bzw. unterrichten lassen.) Der Unterricht wandte sich gegen den „toten Buchstaben", knüpfte an den Wünschen und Interessen der jungen Erwachsenen an und zielte, frei von verordneten Lehrplänen oder Prüfungen irgendwelcher Art, auf die Entwicklung der ganzen Persönlichkeit. Diese Grundorientierung der möglichst freien und selbständigen Persönlichkeitsentwicklung ist in den modernen Nachschulen erhalten geblieben, auch wenn zunehmend theoretische Inhalte, schließlich der schulische Fächerkanon aufgenommen und die Möglichkeit der staatlichen Abschlußprüfung geschaffen wurde. Diese Entwicklung mag von manchen konservativen Kräften bedauert worden sein, führte aber gerade dazu, daß sich die Nachschule als attraktives alternatives Angebot zur normalen Schule etablieren konnte. Während sich in den sechziger Jahren z.T. wegen der Ausweitung der Unterrichtspflicht manche Nachschulen durch Rückgang der Schülerzahlen in ihrem Bestand bedroht sahen, brachten die siebziger Jahre einen ungeahnten Aufschwung mit der Folge einer quantitativen Ausweitung dieses Schultyps. Diese liegt auch an der eben erwähnten Flexibilität.

Für den deutschen Betrachter ist diese Entwicklung umso erstaunlicher, wenn man bedenkt, daß es sich bei den Nachschulen ausnahmslos um Schulen in privater Trägerschaft handelt. Ermöglicht wurde sie erst durch eine vom Grundtvigianismus mitgeprägte liberale Schulgesetzgebung, die privaten schulpädagogischen Initiativen beim Vorliegen bestimmter Voraussetzungen eine finanzielle staatliche Unterstützung von 85% der Kosten sichert. (Eine vergleichbare und noch darüber hinausgehende gesetzliche Regelung für Privatschulen findet sich auch in den Niederlanden.)

Die staatliche Kontrolle der „Voraussetzungen" bezieht sich jedoch niemals auf den religiösen, pädagogischen oder politischen Hintergrund der Schule, sondern auf die räumlichen, hygienischen u.a. Bedingungen. Durch die großzügige finanzielle Regelung ist es im Prinzip jedem Jugendlichen möglich, eine Efterskole zu besuchen; der Beitrag der Eltern richtet sich nach sozialen Gesichtspunkten und nach dem Einkommen. Die Schülerschaft kommt aus verschiedenen Schichten der Bevölkerung, entsprechend dem in Dänemark weithin akzeptierten Grundsatz, daß sich im Bildungsbereich keine sozialen Ghettos bilden dürfen.

Im Gespräch mit Kollegen zeigt sich, daß die Motive zum Besuch einer solchen Schule außerordentlich heterogen sind. Manchen soll die Schule einen Ersatz für eine zerbrochene Familie bieten, manche sind an den herkömmlichen Schulen gescheitert und suchen hier einen neuen Weg, manche Eltern haben mit dieser Form der Schule selbst gute Erfahrungen gemacht und empfehlen sie deshalb ihren Kindern, manche Jugendliche gehen einfach dem Wunsch nach, „mal etwas ganz anderes zu machen".

Franz Pöggeler

„Nu kommer bonden" – Aufklärung und Aufweckung der Bauern im Sinne Grundtvigs*

Anstelle von Claus Bjørn referierte Sidsil Eriksen, Kopenhagen. Es war nicht klar zu erkennen, inwiefern das Referat von der Referentin, bzw. von Claus Bjørn formuliert war. Die Referentin wollte – wie sie mehrfach betonte – mit der Kernthese ihrer Ausführungen „provozieren": Die Führungskräfte des dänischen Bauerntums sind nicht erst durch den Besuch der Volkshochschule führungsfähig geworden, sondern durch ihre Gesamtbildung, zu der auch die landwirtschaftlichen Berufsschulen zu rechnen sind. Die Wirkung der Volkshochschulkurse im Sinne Grundtvigs lag und liegt nicht direkt in der Stärkung der agrarisch-fachlichen Qualifikation, sondern in der Persönlichkeitsbildung. – Die Grundthese des Vortrags sollte von der Referentin durch Ergebnisse einer Befragung von Volkshochschul-Absolventen abgesichert werden, doch erschien den Teilnehmern des Arbeitskreises das Sample der Befragten als nicht sonderlich repräsentativ.

Da zum Thema selbst im Referat fast nichts ausgesagt wurde, galt die Diskussion der Präzisierung der Begriffe „Aufklärung" und „Aufweckung", so wie sie Grundtvig verstand. Gemeint sein konnte nicht der rationalistische Aufklärungsbegriff des 18. Jahrhunderts; vielmehr ging es Grundtvig um die Sensibilisierung der jungen Bauern für die sozialen, politischen und religiösen Aufgaben ihres Berufs sowie um Weckung des Interesses an nationaler Identität und politischer Mitverantwortung. Emanzipatorisch waren Aufklärung und Aufweckung insofern, als die Bauern motiviert werden sollten, mit Hilfe moderner Wirtschaftsformen (vor allem der Kooperation in Genossenschaften) ihr Schicksal in die Hand zu nehmen und es nicht „von außen" bestimmen zu lassen. Die Referentin erläuterte dies ausgiebig am Beispiel der Molkereigenossenschaften. Sie warnte zugleich davor, den Genossenschaftsgedanken Grundtvigs und auch dessen Volkshochschul-Konzept als demokratisch zu interpretieren, – es sei vielmehr stark patriarchalisch orientiert gewesen, und bis in die Gegenwart hinein seien manche „alten" Volkshochschulen Dänemarks stark patriarchalisch geleitet worden.

Fazit der Erörterungen war, daß ein lange kolportierter Grundtvig-„Mythos" endlich überwunden und die Bildungsidee Grundtvigs realistisch und konkret begriffen werden müsse.

---

* Der Vortrag von Sidsil Eriksen stand zum Abdruck nicht zur Verfügung.

Ebbe Kløvedal Reich

Grundtvig, die Volkshochschule und die Emanzipation der Frau

Meine These, die ich hier darlegen möchte, lautet: Grundtvig hatte sein Leben lang ein tiefes Interesse am Geschlechterunterschied oder der erotischen Dialektik – zeitweise versank er fast darin.

Er beschäftigte sich zeitlebens mit einer Variation des Hieros Gamos, der heiligen Ehe im Himmel und ihren Entsprechungen auf Erden.

In einem seiner Gedichte schrieb er:

Das Leben hat eine doppelte Natur
Ganz ist es nur in Mann und Frau.
Scheidet sie grausam eine Mauer,
muß von beiden das Leben schwinden.

Diese Auffassung ist fast noch bestimmender für sein Leben als sein christlicher Glaube selbst. Aus diesem Glauben nahm er die Energie für seine umfangreiche historisch-poetische Wirkensweise. Auch wirkt dieser Glaube ständig in seine anderen Auffassungen über Schulwesen oder demokratische Politik hinein.

Leider kann ich diese meine These nicht anhand textkritischer Argumente und historischer Analysen belegen, ich kann sie lediglich illustrieren, denn die Geschichte der erotischen Dialektik ist ständig eine verborgene Geschichte. Hier geht es nicht nur um Vorurteile und Tabu-Bereiche jeden Zeitalters, sondern es schwingen auch prinzipielle Entschlossenheit und Individualität in ihr mit. Diese Geschlechterdialektik läßt sich nicht, wie andere soziale Phänomene, einfach erfassen. Das besondere und ganz enge und verschlossene Genre der erotischen Literatur und sein populistisches Gegenteil, die Pornographie, sind zwei Illustrationen für das, was ich meine.

Grundtvig hat sehr hart und mutig gegen diese Verschlossenheit der erotischen Dialektik, Hieros Gamos, gearbeitet. Fünf Jahre vor seinem Tod geschah dies auf eine ganz ungewöhnliche Weise: Ostern 1867 gestaltete Grundtvig einen Gottesdienst, der so merkwürdig war, daß er in unseren dänischen psychiatrischen Annalen einen Platz fand und nicht etwa in unserer Kirchengeschichte, was ich persönlich aber für ungerechtfertigt halte. In diesem Gottesdienst hielt er seine Pfarrgemeinde stundenlang über die gewöhnliche Zeit hinaus verzaubert. Leider gibt es nur sehr bruchstückhafte Berichte davon, wie dies vonstatten ging. So viel steht allerdings fest, daß ein großer Teil der Kirchgänger meinte, etwas Wunderliches /Mirakulöses sei geschehen, und ein anderer, kleinerer Teil, meinte, daß der alte Grundtvig nun offensichtlich wahnsinnig geworden sei. Einer der Höhepunkte war, daß er die Königswitwe Caroline Amalie zum Altar rief, um durch sie dem ganzen dänischen Volk den Sündenerlaß zu schenken. Diese beiden waren seit 30 Jahren einander sehr zugetan – auch ein wenig ineinander verliebt – und es knisterte noch immer zwischen ihnen (er war nun 84 Jahre, sie 71). Einige Kirchgänger, die diese Spannung spürten, wurden sogar ohnmächtig.

Ein weiterer Höhepunkt war seine Prophezeiung, daß die eingeborene Tochter Gottes bald in Dänemark zur Welt kommen sollte, so wie sein Sohn vor 2000 Jahren im Land der Juden geboren worden war. Wenn dies geschehe, so solle das neue Jerusalem an der dänischen Küste gebaut werden mit dem „Maß der Körper". Weder seine Frau Asta noch die Königswitwe wollten nach dem Gottesdienst etwas davon hören, daß Grundtvig wahnsinnig sei. Aber damit waren sie in der Minderzahl. Fürsorgliche, kompetente Männer diagnostizierten bei ihm die Krankheit Satyriasis (diese Krankheit ist seitdem aus dem psychiatrischen Sprachgebrauch verschwunden, heute spricht man von einer manischen Psychose mit sexuellem Inhalt). Daraufhin wurde Grundtvig unter Hausarrest gestellt und unterlag ständiger ärztlicher Kontrolle.

Nach einigen Monaten benahm er sich wieder so „normal", daß er sein Pfarrersamt zurückerhielt und dort auch bis zu seinem Tode fünf Jahre später wirkte. Die Kirche in Vartov war jeden Sonntag, wenn er predigte, bis auf den letzten Platz gefüllt, so sehr wartete die Gemeinde auf eine Wiederholung dieser wunderbaren oder wahnsinnigen Ostermesse.

Ich bin der Auffassung, daß die Ereignisse dieses Ostergottesdienstes eine Verschmelzung der zwei wichtigsten Leitmotive in seinem Leben darstellen: des hellen, vorurteilsfreien und umfassenden christlichen Glaubens einerseits und der Mystik des Geschlechterunterschiedes, der erotischen Dialektik, seiner lebenslangen Liebe zu und Beschäftigung mit Frauen auf der anderen Seite.

Dieses lebenslange Interesse am Geschlechterunterschied fand auch seinen politischen Ausdruck. Grundtvig war – zusammen mit dem Dramatiker Johan Ludvig Heiberg – der erste dänische Mann (zumindest soweit wir es vom heutigen Kenntnisstand aus beurteilen können), der sich radikal für die Frauen und die moderne Frauenfrage einsetzte.

Im Jahr 1851 war seine Frau Lise gestorben. Kurze Zeit später gab das junge, unbekannte Fräulein Mathilde Fibiger, von Heiberg unterstützt, ein kleines aufsehenerregendes Buch heraus mit dem Titel „Clara Rafael, zwölf Briefe". Mathilde Fibiger beschreibt darin das unglückliche Leben der Frauen unter immer stärkerer Männergewalt. Sie kommt zu der Schlußfolgerung, daß eine Frau nur frei sein kann, wenn sie nicht mit einem Mann zusammenlebt und auch keine erotischen Verhältnisse hat. Das allerdings kann eine Frau wiederum nur tun, wenn sie einen Mann hat, der sie und ihre Lebensart beschützt (rein platonisch), ohne irgendwelche Ansprüche daraus abzuleiten. Jede Rezension war negativ oder machte sich lustig über ihr Buch. Ihre Familie hatte sogar versucht, sie einzusperren um zu verhindern, daß sie in der Öffentlichkeit auftrat. Heiberg schwieg zu all dem. Nur Grundtvig schrieb in der Zeitschrift „Der Däne" eine sehr positive und lobende Rezension. Die Öffentlichkeit jedoch war der Meinung, daß Mathilde Fibiger ein unsittliches und gefährliches Buch geschrieben habe. Daß gar ein alter Mann wie Grundtvig es verteidigte, war noch viel schlimmer, es war „pervers", wie viele sagten.

Später luden Grundtvig und seine neue Ehefrau Marie Toft Mathilde Fibiger ein, auf ihrem Bauernhof in Rønnebæksholm zu leben, solange sie wolle. Sie verbrachte dort aber nur einen Sommer und danach ging sie fort, um sich zur ersten Telegrafin Dänemarks ausbilden zu lassen.

Oft wird gesagt, daß die dänische Volkshochschule von Grundtvig erdacht und geschaffen wurde. Das ist zwar richtig, aber nur in dem Sinne, daß er die pädagogischen Grundsätze zu einer Art Volkshochschul-Idee zusammenfaßte und auf diese Weise breite Kreise der Bauernbewegung und des Staates in dieser Form der freien Erwachsenenbildung eine Perspektive gewannen. Man muß jedoch auch hinzufügen, daß seine Gedanken über eine freie Volkshochschule ihre endgültige Gestalt erst annahmen, als er schon sehr alt war. Die „Schule für das Leben" erschien 1838, als er 55 Jahre alt war, und dieses Buch ist gewissermaßen durch national-liberale Politiker „provoziert" worden. Die Demokratie wurde immer greifbarer, und die Nationalliberalen wollten diese Entwicklung beschleunigen. Für Grundtvig war aber eine freie und demokratische Schule überhaupt erst die Voraussetzung für einen demokratischen Staat mit Meinungsfreiheit. Die Eile der Nationalliberalen brachte Grundtvigs Schulgedanken hervor, und es sollte sich bald zeigen, daß er recht hatte. In den folgenden Jahren schrieb er immer wieder auch über das Thema Volkshochschule. Es kommt nicht von ungefähr, daß eine seiner letzten Schriften aus dem Jahr 1872 „Kleine Schriften über die historische Hochschule" heißt. Allerdings hatte er nicht viel Zeit, praktische Erfahrungen mit dieser neuen und ganz ungewöhnlichen Weise, Lehrer an einer Hochschule zu sein, zu sammeln. Zwar hatte er 1856 seine eigene Volkshochschule Marielyst bekommen, aber die praktische Arbeit überließ er anderen.

Wenn es sich um die praktische Pädagogik dreht, so ist der eigentliche Schöpfer eher Christen Kold als Grundtvig. Diese beiden stimmten in vielen Auffassungen überein, sowohl in der Theorie als auch in der Praxis. Aber Kold hatte eine grundsätzlich andere, disziplinierte und konventionellere Auffassung von der Geschlechterdialektik. Er meinte, daß sie eine unerträgliche Konkurrenz zum Unterricht darstelle, weshalb er auch für getrennte Hochschulen für Männer und Frauen plädierte, die er auf gar keinen Fall mischen wollte. Die meisten Volkshochschulen der ersten Generation waren nur für Männer zugänglich, vielleicht mit kurzen Sommerkursen für Frauen, wenn die Männer nicht auf der Hochschule waren. Selbst in den Schulen, die Männer und Frauen zu den selben Kursen einluden, überwogen die männlichen Schüler.

Für mich steht außer Zweifel, daß Grundtvig sich eine Schule vorstellte, die von Männern und Frauen gleichermaßen besucht würde. Dafür hatte er sich klar und deutlich in „Bitte und Begriff betreffend eine dänische Hochschule in Sorø" (1840) ausgesprochen.

Die erste Volkshochschule, in der dieses Ideal verwirklicht wurde, war die Hochschule von Ernst Trier in Vallekilde, die dieser 1866 einrichtete. Triers Grundsatz war, daß beide Geschlechter zahlenmäßig gleich stark vertreten sein sollten, und er hatte sogar eine „heimliche Waffe", mit der er Mädchen „anlockte": die neue, freie, entspannende schwedische Frauengymnastik unter Leitung der berühmten Sally Høgstrøm. Aber diese „Quotierung" bereitete Trier auch viele Sorgen; in jedem Kurs gab es Jungen und Mädchen, die sich verlobten, oft sehr zum Ärger ihrer Eltern, die ganz andere Pläne mit ihnen hatten. Und mindestens zweimal im Jahr kam ein Mädchen schwanger von einem Kurs aus Vallekilde zurück.

Aber Trier war ein treuer, ein romantischer Schüler Grundtvigs, der nicht so schnell aufgab. Und die Zeit sollte ihm recht geben, denn Vallekilde wurde zum Modell für viele weitere Volkshochschulen. Aber die Zeit brachte es auch mit sich, daß zweideutige Gerüchte von Frivolität und Freizügigkeit zu einem festen Vorurteil gegen die grundtvigschen Hochschulen wurden – im Gegensatz zu den Schulen der Inneren Mission. Ganz im Sinne Grundtvigs übrigens – wie ich meine!

Dieser Zug seines Geistes trat in seinem Leben immer deutlicher hervor, bis hin zu den Ereignissen Ostern 1867. Es begann schon im Jahr 1805 auf Langeland mit der Ehefrau seines Arbeitgebers Constance Steensen de Leth. Seine Ehe mit Lise, die ihm drei Kinder gebar, hatte unter vielen Mißerfolgen und Widerständen zu leiden. Im Jahr 1830 waren Lise und Grundtvig bereits zwölf Jahre verheiratet, aber die Ehe lief nicht sehr gut. Lise und die Kinder lebten in einer Welt, zu der Grundtvig nur selten Zugang hatte. Im Sommer 1830 fuhr Grundtvig, ausgestattet mit einem königlichen Stipendium, nach London, um dort altnordische Schriften zu studieren und zu übersetzen (es handelte sich hierbei um Schriften aus dem Beowulf-Gesang).

Dort traf ihn der „erotische Blitz". Viele Jahre später schrieb er darüber ein Gedicht und behauptete, daß die Energie zu der zweiten, großen Ausgabe der „Mythologie des Nordens" den Gesprächen mit Clara Bolton entsprang. „Der Felsen barst, der Wasserstrom fließt", so schreibt er in diesem Gedicht, und es ist klar, daß es sich um einen Wendepunkt in Grundtvigs Leben handelt.

Nach der „Mythologie des Nordens" erschienen noch eine Reihe hervorragender Kirchenlieder und Psalmen sowie die erste Schrift über die Volkshochschule. In der „Schule für das Leben" schreibt er: „Alle lebendige, auf das Leben bezogene Vernunft ist nichts anderes als ein Gefühl in uns, das ans Licht tritt und sich selber klar wird."

Gefühl, das sich selbst klar wird! Vielleicht ist das eine der präzisesten Formulierungen, die Grundtvig je gefunden hat, um sein ganzes Werk und Leben zu beschreiben. In diesem Sinne ist er zugleich echter Romantiker und Bahnbrecher für erotischen Freimut und erotische Befreiung, die seitdem Dänemark mehrfach beeinflußten – oftmals im Gegensatz zu den Nachbarländern.

Diese erotische Befreiung steht in einem sehr engen, aber komplizierten Zusammenhang mit der Befreiung der Frauen, die mit Mathilde Fibiger und den „Briefen Clara Rafaels" ihren Anfang nahm, aber erst in den letzten Jahrzehnten des 19. Jahrhunderts nach Grundtvigs Tod blühte. Sie war es auch, die die dänischen Männer im Jahre 1920 dazu brachte, den Frauen das Wahlrecht zu geben.

Es besteht gar kein Zweifel darüber, daß Grundtvig auch in der Geschlechterpolitik Bahnbrecher war. Ich meine, daß dies eine logische Folge aus der Vision von Hieros Gamos ist, wobei es sich zuerst um Liebe und erotische Energie handelt. Es geht nicht primär um Gerechtigkeit im Verhältnis zwischen Frauen und Männern; Grundtvig würde sagen, daß dann, wenn es sich nur um Gerechtigkeit handelt, dies ein Symptom dafür ist, daß die Liebe fehlt.

Daß Grundtvig selber sein ganzes Leben lang die Frauen hoch verehrte und liebte, ist bekannt. Hierbei handelt es sich um erotische Dialektik im reinsten Sinne des Wortes. Daher heißt es auch in dem Lied „Die Volkstümlichkeit" (Folkeligheden), das er als eine Art Geburtstagslied für die dänische Demokratie 1849 schrieb:

> Volkstümlichkeit ist hier im Land
> Noch eine aus dem Grunde des Herzens.
> Volkstümlich ist das Liebeslied,
> Echt dänisch in allen Stunden.
> Nicht im Kampf und nicht im Rat
> werden Frauen gering geschätzt.
> Auch wenn alles auf und ab geht:
> die Liebe ist immer dänisch!

Barbara Rosenthal
Gesprächsbericht

Zu Beginn der Seminareinheit wurde konstatiert, daß für den deutschen Sprachraum trotz der größeren Anzahl von neueren Publikationen zur dänischen Frauenbewegung nach wie vor ein großes Wissensdefizit über die Grundtvig-Rezeption in der (dänischen) Frauenbewegung vorherrsche, so daß der Vortrag von Ebbe Kløvedal Reich eine wichtige Grundlage für eine gemeinsame Diskussion sei.

Ebbe Kløvedal Reich umriß in seinem Vortrag die theoretischen Überlegungen Grundtvigs zur Emanzipation der Frau und seine daraus resultierenden praktischen Empfehlungen. Er orientierte sich dabei an der Lebensgeschichte Grundtvigs.

Folgende Thesen stellte er insbesondere zur Diskussion:

- Grundtvigs Geschlechterauffassung lasse sich am besten mit dem Begriff der „erotischen Dialektik" charakterisieren. (Zur Verdeutlichung des Begriffs seien insbesondere Grundtvigs „Variationen" über die „heilige Ehe im Himmel" und ihre „irdische Korrespondenz" heranzuziehen.)
  Das Interesse an den Fragen zum Verhältnis der Geschlechter untereinander habe, wie seine Biographie verdeutliche, Grundtvig lebenslang beschäftigt.
- Leben habe für Grundtvig eine Doppelnatur, es sei dialektisch zu begreifen (wie auch die Begriffe Wahrheit und Lüge, Dasein und Geschichtlichkeit).
  Leben als Doppelnatur sei für Grundtvig „ganz nur in Mann und Frau" zu verstehen, „scheidet sie eine Mauer, muß das Leben verschwinden".
- Diese Auffassung wurzelt, so Ebbe Kløvedal Reich, tief in Grundtvigs Verständnis des christlichen Glaubens, es habe Auswirkungen auf seine pädagogischen wie auf seine politischen Gedanken gehabt.
- Der Begriff der erotischen Dialektik zeige, so Reich, wie bei Grundtvig heller, vorurteilsloser Glaube und mythische Geschlechterauffassung in eins gehe. „Liebe ist die Lösung des Rätsels des Lebens."
- Erotische Dialektik ist die Geschichte einer „verborgenen Dialektik". Sie sei nur schwer in Literatur zu überführen.

Ebbe Kløvedal Reich betonte, daß zwei Aspekte in Grundtvigs Biographie für diese Thematik von zentraler Bedeutung seien: Zum einen sei dies die vehemente Verteidigung des 1851 erschienenen Briefromans von Mathilde Fibiger mit dem Titel „Clara Raphael", welcher für Dänemark zum ersten Mal grundlegend Frauenleben unter Männergewalt kritisierte. Grundtvig wurde zum einzigen positiven Kritiker, der dieses Buch gegen die ablehnenden zeitgenössischen Stimmen verteidigte. Für Grundtvig war selbstverständlich, daß eine Frau im Gemeinwesen auch ohne Mann, d.h. für sich selbst einstehen könne.

Zum zweiten führte Ebbe Kløvedal Reich in diesem Zusammenhang Grundtvigs Begegnung mit Clara Bolton an; diese Begegnung sei als Wendepunkt seines Lebens anzusehen, wichtig vor allem für die Einbeziehung der nordischen Mythologie in sein Schaffen.

Abschließend führte Reich ein Zitat Grundtvigs an, das dessen Definition von Erotik verdeutliche: „Vernunft ist ein Gefühl in uns, das ans Licht tritt und sich selber klar wird." Grundtvig sei für ihn so als ein „Bahnbrecher" in der Frauenpolitik anzusehen, zwar nicht so sehr im praktischen Vollzug, sondern durch dessen Vordenken. Dieses

Vordenken habe in bezug auf das Geschlechterverhältnis auch für die Entwicklung der dänischen Volkshochschule zu gelten.

In der sich dem Vortrag anschließenden lebhaften Diskussion wurde u.a. angesprochen,

- ob zum Grundtvigschen Nationalbegriff eine erotische Komponente im o.g. Sinne dazugehöre? Reich führte dazu aus, daß der nationalliberale Gedanke bei Grundtvig erotisch zu verstehen sei, seinen Ursprung in der „Folkelighed" habe;
- ob die vorgestellte Konzeption des Geschlechterverhältnisses – wie etwa im deutschen Idealismus – polaristisch zu verstehen sei, welche Zuordnung den Begriffen Mann und Frau bei Grundtvig zukomme? Reich betonte, daß die Geschlechterauffassung Grundtvigs nicht polaristisch aufzufassen sei, es fänden sich keine speziellen Definitionen weiblicher Eigenschaften;
- ob nicht doch eine allgemeine Parallele zwischen der deutschen Frühromantik und ihrer Geschlechtsauffassung und Grundtvigs Gedanken zu ziehen sei? Eine Diskussionsteilnehmerin (Frau Dr. Kühnholt) betonte die absolute Grundtvigsche und dänische Besonderheit der Konzeption;
- welche Rolle den Frauen in der Genossenschaftsbewegung Dänemarks zukam? An praktischen Beispielen (Molkereien) verdeutlichte sich, daß Frauen eine eher untergeordnete Rolle im Gemeinwesen einnehmen mußten;
- wieviele Volkshochschulen in Dänemark heute von Frauen geleitet werden? Es wurde die Zahl von 6% genannt bei einem 55% Anteil weiblicher Schüler.

Es wurde abschließend bedauert, daß die Diskussion aus Zeitgründen nicht fortgeführt werden konnte.

Henrik Yde

Die grundtvigsche Volkshochschule und die sozialistische Arbeiterbewegung[1]

Historische Gegensätze und aktuelle Begegnungen

Seit den 70er Jahren des 19. Jahrhunderts gibt es im Geistesleben des dänischen Volkes zwei „stromführende Kabel": den Grundtvigianismus und den Sozialismus. Es muß aber betont werden, daß sie in der Regel Strom unterschiedlicher Art geliefert und unterschiedliche Bevölkerungsgruppen mit ihrem Strom versorgt haben. Die Verbindung zwischen ihnen war meist als nicht existent zu betrachten – als habe man versucht, Kabel verschiedener Spannung ohne Transformator miteinander zu verbinden. Wenn sie aufeinander trafen, war das Spannungsverhältnis oft stark, und mitunter kam es zu einem Kurzschluß.

Ihr soziales Hinterland war verschieden. Ihre klassenbedingte Herkunft bei den Bauern beziehungsweise bei den Arbeitern brachte es mit sich, daß sie sich als geistige Kräfte und politische Faktoren auf unterschiediche Art entfalteten. Der Grundtvigianismus betonte das „Folkelige", das Dänisch-Nationale und das Christliche, während der Sozialismus auf das Soziale und das Internationale Wert legte.

Etwa zehn Jahre lang, 1885 – 1894, verbündeten sie sich im Kampf gegen einen gemeinsamen Feind: die undemokratische Regierung des rechtsgerichteten Konseilspräsidenten J.B.S. Estrup. Ansonsten war ihr Lebensrhythmus verschieden. Der Grundtvigianismus war in seinem Ursprung nicht zuletzt eine Oppositionsbewegung des Volkes innerhalb der Schule und der Kirche. Das Interesse der Arbeiterbewegung für geistige Fragen war aber bis etwa 1920 begrenzt; man konzentrierte sich auf materiell-soziale Fragen, die die Grundtvigianer im allgemeinen außer acht ließen.

Hier soll durch einige Beispiele beleuchtet werden, wie sich die grundtvigsche Volkshochschule und die sozialistische Arbeiterbewegung früher gegenseitig betrachteten (wenn sie überhaupt voneinander Notiz nahmen).

Schon immer war Geschichte, nicht zuletzt die Geschichte der Volksbewegungen, ein Hauptfach im Unterricht der Volkshochschule. Es sollte jedoch sehr lange dauern, bis die Geschichtslehrer der Volkshochschule entdeckten, daß die religiösen Erweckungsbewegungen, der Grundtvigianismus und die Bauernbewegung nicht das Endziel der geschichtlichen Entwicklung darstellten, und daß auch die Arbeiterbewegung eine Volks-Bewegung mit eigener Dynamik und eigener Ideologie, dem Sozialismus, war. Charakteristisch für die Tendenzen der Volkshochschulbewegung, die Existenz und Bedeutung der Arbeiterbewegung zu verdrängen, ist das umfassendste von einem Vertreter der Volkshochschule geschriebene geschichtliche Werk. Es handelt sich um den bedeutenden links-liberalen Volkshochschulleiter Holger Begtrup und sein 1914 abgeschlossenes vierbändiges Werk „Det danske Folks Historie i det nittende Aarhundrede" (Geschichte des dänischen Volkes im 19. Jahrhundert). Begtrup behandelt darin nicht zuletzt die Volksbewegungen. So findet die Inncre Mission eine etwa 40seitige Behandlung, die Volkshochschulbewegung 60 Seiten, Georg Brandes und der „Moderne Durchbruch" weitere 60 Seiten usw. Die Arbeiterbewegung dagegen wird fast gänzlich ausgeklammert. In einem ergänzenden Kapitel, das auch die Ge-

---
1 Übersetzung: Einar Sørensen

nossenschaftsbewegung (Konsumgenossenschaften und Genossenschaftsmolkereien) behandelt, beansprucht die Behandlung der Arbeiterbewegung ganze vier Seiten der insgesamt 2000 Seiten des Werkes! Über Karl Marx, den „großen Propheten" des „ausländischen Sozialismus" heißt es in aller Kürze, daß er „ein ausgesprochener Verleugner alles Geistigen" gewesen sei, und über Louis Pio, den Gründer der dänischen Arbeiterbewegung, daß er „in Geldsachen äußerst unordentlich" gewesen sei.[2]

Wie war es nur möglich, daß hochbegabte und wissende Männer der Volkshochschule eine solche Verdrängung der Existenz und Bedeutung der Arbeiterbewegung aufrechterhalten konnten? Ein Teil der Erklärung ist wohl darin zu finden, daß man überhaupt keine konkrete Berührung miteinander hatte: Bis ungefähr 1920 waren von der Gesamtzahl der Volkshochschüler nur 5% Städter, und von diesen 5% nur sehr wenige Arbeiter. Typisch sind z. B. die 95 (männlichen) Schüler der Heimvolkshochschule Askov Jahrgang 1892-93: 48 der Schüler waren Söhne von Hofbesitzern, 23 Söhne von Kleinbauern, 10 Handwerkersöhne und 14 kamen aus Familien mit bürgerlichen Berufen. Von diesen 95 Schülern stammten nur insgesamt vier aus der Stadt. Obwohl acht dieser Schüler selbst handwerkliche Berufe hatten (Molkereiangestellter, Gärtner, Schmied, Maurer, Schuster, Typograph u.a.m.), waren sie doch Ausnahmen.[3] Die sogenannte Volkshochschule war nach der Zusammensetzung ihrer Schülerschaft im wesentlichen eine Bauernhochschule, was natürlich auch den Unterricht bestimmte. Die Lehrer der Volkshochschule haben sich nur vorübergehend veranlaßt gesehen, die Arbeiterbewegung zu erwähnen. Wenn die Arbeiterbewegung tatsächlich in den Schulen diskutiert wurde, ging die Initiative wohl öfter von den Schülern als von den Lehren aus.

Am 24. November 1895 schrieb eine Askov-Schülerin an ihre Eltern, ein Gutsbesitzer-Ehepaar in Nordjütland, und gab in ihrem Brief den Inhalt eines Diskussionsabends der Volkshochschule folgendermaßen wieder:

„Gestern Abend hatten wir eine sehr interessante Diskussion. H.D. leitete ein Gespräch über die Arbeiterfrage ein. Er wolle die Landarbeiterfrage darstellen und zu unserem Verständnis der Sache beitragen, und zwar durch eine Schilderung der Verhältnisse, wie sie wirklich seien, wenn man sie kenne, was aber nur möglich sei, wenn man unter den Arbeitern gelebt habe. – Mit seiner nie versagenden, fließenden Sprache schilderte er nun, welch ein erbärmliches Leben die Landarbeiter hätten, wie armselig ihre Wohnungen seien, wie sie hungern, frieren, an Mangel an Kleidern leiden müßten, wie sie eher Tieren als Menschen glichen, und daß sie aufgrund all dessen, was sie aushalten mußten, frühzeitig stürben, vollkommen abgestumpft seien und doch einen tiefen (und wohlbegründeten) Haß auf die Gesellschaft hegten. Die Arbeitgeber dächten nur daran, die Arbeiter zum eigenen Vorteil auszunützen. – Dies war der Hauptinhalt. – Wir saßen natürlich kopfschüttelnd da und gaben uns Zeichen. – Dann stand ein junger Mann auf und sagte, seiner Meinung nach sei die Schilderung von H.D. doch reichlich düster. Er selbst schilderte, wie zwei arme Leute, obwohl sie nichts besäßen, mit einer guten Hoffnung anfangen und aus allen Kräften darauf hinarbeiten könnten, selbständig zu werden, wohl aber durch Mißgeschick und Krankheit trotz all ihrer Mühe im Armenhaus landen würden. Er meinte, daß bei solchen Menschen doch vieles zu bewundern sei. – Dann begab er sich in etwas Politisches und begründete die Auffassung, die Lösung der Arbeiterfrage müsse von Radikalen (Sozialliberalen) und den Sozialdemokraten durchgesetzt werden. Das alles war recht unklar, aber der Bursche gefiel mir gut. – Danach meldete sich ein Hofbesitzer aus Westjütland, A.H., zu Wort. Er protestierte gegen die Schilderung, die H.D. gegeben hatte. Die Verhältnisse der

---

2 Holger Begtrup: „Det danske Folks Historie i det nittende Aarhundrede", IV, 411-14 (1914)
3 Ludvig Schrøder: „Meddelelser fra den udvidede folkehøjskole i Askov" (1892-94)

Landarbeiter seien jedoch auch nicht, wie sie sein sollten. In seiner Gegend habe man eine Gesinde-Sparkasse gegründet. Diese habe 6% Zinsen zahlen können, und so hätten die Arbeiter mehr von ihren Ersparnissen gehabt. Der Bauernverband habe ihnen dann zum Ankauf von Land und schließlich zu eigenem Besitz verholfen. Auf diese Weise hätten sie in seiner Gegend versucht, die Verhältnisse zu verbessern. Außerdem könnten die Bauern die Gesindestuben abschaffen, sich zu ihren Arbeitern gesellen und sich vor keiner Arbeit scheuen, dann würden auch die Arbeiter keine Arbeit für zu niedrig halten.(...) H.D. nahm dieses mit vernichtender Überlegenheit hin, blieb bei seiner Meinung, daß seine Schilderung die wahre sei ..., daß diese kleinen Verbesserungsversuche nur Flickwerk seien, das mit der Lösung der ‚großen Arbeiterfrage' nichts zu tun habe, und daß diejenigen, die davon gesprochen hätten, von dieser großen Arbeiterfrage nichts verstanden hätten. – H.D. steigerte sich weit über die Wirklichkeit hinaus. Th.K. fragte ihn dann, wie er die Frage zu lösen gedenke. – Das brachte ihn ein wenig in Verlegenheit, aber dann führte er ins Feld Henry George und das Recht eines jeden Menschen, ein Stück von dem Boden zu besitzen, auf dem er geboren ist u.s.w. (...) Appel warf ein, daß die Verteilung der Pfarrländereien schon genüge, um alle Häusler der Gutshöfe (...) mit Land zu versorgen. Dies aber, meinte H.D., sei nicht im entferntesten genug, ‚die große Arbeiterfrage' zu lösen. Das müsse mit einem Schlag geschehen – wie aber – , das wurde uns nicht gesagt."[4]

Es geht aus diesem Bericht hervor, daß auf der Volkshochschule Askov (wie auf anderen Volkshochschulen in den 90er Jahren) eine Debatte über die ‚Arbeiterfrage' nichts Alltägliches war. Es geht auch hervor, daß sich die anwesenden Lehrer kaum an der Debatte beteiligten und schließlich, daß Henry George in popularisierter Ausgabe der einzige in der Diskussion vorkommende Annäherungsversuche an die ideologischen Positionen der 2. Internationale, einschließlich der dänischen Sozialdemokratie, war. Das qualifizierte politische Spektrum ging in Linksrichtung nicht über die liberale Bauernpartei (Venstre) hinaus – weder bei Schülern noch bei Lehrern.

Als Mittel zur Befreiung des Menschen und des Volkes galt dem Grundtvigianismus vor allem die Volksaufklärung. In der Arbeiterbewegung dagegen spielte in den ersten fünf Jahrzehnten ihres Bestehens die Bildungs- und Kulturfrage eine verhältnismäßig untergeordnete Rolle, verglichen mit der Rolle des politischen, gewerkschaftlichen und ökonomischen Kampfes für ein Herausheben der Arbeiterklasse aus ihrem materiellen Elend. Schon in dem kleinen Flugblatt, „Socialistiske Blade" (Sozialistische Blätter) Nr. 1 vom 21. Mai 1871, das die Gründung einer selbständigen sozialistischen Arbeiterbewegung in Dänemark ankündigte, warnte Louis Pio vor der existierenden Volksbildung: Halbhungernden Menschen aufklärende Vorträge über Literaturgeschichte und astronomische Eigentümlichkeiten anzubieten sei bestenfalls unnütz. Eigentlich sei es ein Hohn, solche Leute, denen das Notwendigste zur Aufrechterhaltung des nackten Lebens fehlte, mit einer Anleitung zum kostenlosen Vertiefen in die Hauptwerke des Geistes abzuspeisen.

„Was dem Arbeiter an Wissen nützlich sein kann, hat ganz anderen Charakter. Man muß ihn lehren, wie er sich mit den wenigen gesetzlichen Mitteln, die ihm zur Verfügung stehen, gegen die Übergriffe des Kapitals wehren kann, ihm die Kenntnisse geben, die nötig sind, damit er, wenn die Zeit reif dafür ist, die Führung der Fabrik, in der er jetzt nur ein willenloses Werkzeug ist, mitübernehmen kann, ihn davon in Kenntnis setzen, was seine Brüder in anderen Ländern schon erreicht haben, und man muß ihm dann schließlich die Gelegenheit und die Möglichkeit geben, sowohl in der Presse als auch in den Volksvertretungen seine Meinungen und seine Wünsche, seine Hoffnungen und seine Forderungen auszudrücken – eben das ist seine berechtigte

---

4 Sigurd Müllers breve til hjemmet (Askov Højskoles arkiv)

Forderung an einen Verein, der behauptet, die Bildung und Aufklärung der Arbeiter zum Ziel zu haben. Und wie sehr bedarf er seiner Stellung nach nicht einer solchen!"[5]

Man kann jedoch nicht behaupten, daß die dänische Arbeiterbewegung jemals kulturfeindlich oder blind für geistige Fragen gewesen sei. Als von 1882 an der brandesianische Studenterforeningen (Studentenverband) den Kopenhagener Arbeitern Abendunterricht (z.B. in Literaturgeschichte und Astronomie!) anbot, nahm die Arbeiterbewegung dieses Angebot mit Kußhand an, und dieser Abendunterricht wurde von Tausenden von Arbeitern frequentiert. Aber von sich aus ergriffen weder die Sozialdemokratische Partei noch die Gewerkschaften die Initiative zu einer breiter angelegten Arbeiteraufklärung.

Noch im Jahr vor der Gründung von Arbejdernes Oplysningsforbund (Bildungsverband der Arbeiter) im Jahre 1924 äußerte sich das Hauptvorstandsmitglied der Sozialdemokratischen Partei C.V. Bramsnæs ganz im Sinne des recht mechanischen ‚Phasen-Denkens'[6], das seit Pios Zeiten in der Partei vorherrschend war, man müsse sich zuerst materielle Verbesserungen erkämpfen, danach könne man Bildung und Ausbildung in Angriff nehmen: „Die Arbeiterbewegung hat vor allem ökonomische Ziele, und erst wenn im Hinblick auf eine Aufbesserung der ökonomischen Stellung der Arbeiterklasse in der Gesellschaft gewisse Erfolge erzielt sind, wird es möglich und nützlich sein, Kräfte in Bewegung zu setzen, die eine planmäßige Förderung der geistigen Interessen in der Arbeiterbevölkerung anstreben."[7]

Aus dem ‚Phasen-Denken' der Sozialdemokratischen Partei – erst Brot, dann Geist – folgte mit einer gewissen Notwendigkeit, daß das Aufklärungs-Verständnis der Arbeiterbewegung ein rationalistisches wurde. Man wünschte Wissen, denn Wissen ist, wie es schon Francis Bacon formulierte, Macht: und die Arbeiterbewegung brauchte Macht und Einfluß, wenn sie ihre Aufgaben sollte lösen können. In erster Linie zielte deshalb die Arbeiterbewegung auf Schulung von Klassenkämpfern, in zweiter Linie auf Allgemeinbildung der Arbeiter, damit sie das ausbildungsmäßige Defizit im Verhältnis zu den privilegierten Klassen aufholen könnten.

Auch aus diesem Grund stand die Arbeiterbewegung dem grundtvigschen Begriff Lebens-Aufklärung fremd gegenüber. Die Volksaufklärung der Volkshochschule hatte nämlich nicht als primären Zweck, Wissen zu vermitteln, auszubilden, sondern aufzuklären, aufzuhellen, (bewußt zu machen, würde man wohl heute sagen), und zwar die schon lange vorhandene Bildung, die der Schüler besitzt kraft seiner Zugehörigkeit zu einem bestimmten Volk, zu einer bestimmten Zeit in der Geschichte dieses Volkes und somit kraft einer bestimmten Kultur und einer bestimmten Muttersprache.

Grundtvig hatte seine Ideen über Lebens-Aufklärung in offener Opposition zu dem Bildungsbegriff konzipiert, der zu seiner Zeit (und zu allen Zeiten!) üblich war: daß nämlich eine qualifizierte geistige Elite ein gewisses Quantum an Fertigkeiten und Bildungsgut an ein unwissendes, passiv entgegennehmendes Volk vermitteln sollte. Der 1968er Aufstand gegen die Professoren-Herrschaft mutet als schwacher Abglanz der Wut an, mit der Grundtvig seinerzeit die Universität und die Lateinschule attackierte, die seiner Meinung nach „der hoch-deutschen Einbildung" verfallen waren, „das Leben könne und müsse sich erklären lassen, bevor es gelebt wird, könne und müsse sich nach den Köpfen der Gelehrten umgestalten lassen, jener Einbildung, die alle auf ihr gegründeten Schulen in Werkstätten der Auflösung und des Todes verwandeln muß, wo sich die Würmer auf Kosten des Lebens durchfressen ..."[8]

---

5   Louis Pio: „Socialistiske Blade", nr. 1, 12-13 (1871)
6   Vgl. Gunhild Agger & Anker Gemzøe: „Arbejderkultur 1870-1924", 258 (1982)
7   „Socialisten" nr. 7 (1923)
8   N.F.S. Grundtvig: „Skolen for Livet og Akademiet i Soer" (1838)

Die Arbeiterbewegung aber war ursprünglich eine defensive Bewegung, deren erstes Bestreben es war, unmittelbarer Not abzuhelfen und den Arbeitern zu Gütern – materiellen und danach geistigen – Zugang zu verschaffen, die ihnen bisher vorenthalten waren. Deshalb war man in der Arbeiterbewegung nicht so ablehnend gegen z.B. staatlich verordneten obligatorischen Schulbesuch, wie Grundtvig es war. Schlechte Schulen seien wohl besser als gar keine Schulen.

In der Arbeiterbewegung war man jedoch früh darauf aufmerksam geworden, welche große Bedeutung die Volkshochschule für die geistige und ökonomische Befreiung der Bauern gehabt hatte. Als man nach der Jahrhundertwende im kleinen anfing zu diskutieren, ob es wünschenswert wäre, Arbeiter-Volkshochschulen zu gründen, eröffnete man gleichzeitig eine – bis heute nicht abgeschlossene – Diskussion über den direkten Nutzen der Arbeiterbildung im Vergleich mit ihren universalen Aspekten sowie ihren kollektiven und ihren individuellen Zielen. Es konnte in der Debatte vorkommen, daß man gegen die Grundtvigianer und Christen Kold als Angriffswaffe Grundtvig selber benutzte, indem man, wie z.B. ein Diskussionsteilnehmer in dem Organ der Jungsozialisten „Fremad" (Vorwärts), daran erinnerte, daß „der Leitgedanke Grundtvigs ... eine Schule für die Jugend des ganzen Volkes" gewesen sei, und daß man stattdessen eine ausgesprochene Bauernschule bekommen habe, geprägt von einer „religiösen Bewegung, dem Grundtvigianismus, fast sektiererischen, freimaurerhaften Charakters ... einer salbungsvollen Gefühlsduselei, einer äußerlichen Innigkeit, die die kritischen Städter, die die Volkshochschulen suchten, verjagt hat. ... Ein Mann wie Christen Kold hegte bekanntlich tiefe und heftige Verachtung gegen das, was er ‚totes Wissen' nannte. Physik, Astronomie, Mathematik, Sprachen – das alles war ‚totes' Wissen. Und wenn sich ein Mensch entschließt, eine Schule zu besuchen, dann wohl im allgemeinen, weil er den Wunsch hat, etwas zu lernen, sein Wissen zu mehren. Jedenfalls gilt dieses von der Arbeiterjugend. Ihr Wissensdrang ist gewiß noch größer als der der Bauernjugend – und gerade deshalb wird sie sich auch nicht mit ‚Erweckung' abspeisen lassen."[9]

Da nun also die Arbeiterbewegung Erfahrungen aus der Volkshochschulbewegung zu ziehen suchte, die zugunsten der Arbeiterbildung zu verwenden waren, richtete man den Blick namentlich auf die formale Idee der Heimvolkshochschule als freier Schule der Jugend sowie auf Grundtvigs ursprünglichen Gedanken aus den 1830er und 40er Jahren über eine Mitbürgerschule. Mehrere der Diskussionsteilnehmer aber, so auch C.V. Bramsnæs, hatten selbst Erfahrungen aus erster Hand als Volkshochschullehrer oder -schüler gemacht, und sie wußten oder ahnten, daß die Tatsache, daß die Volkshochschule in den Jahren nach 1864 eine so starke gesellschaftliche, mit-bürgerliche Bedeutung bekam, nicht gänzlich von ihrer ‚Erweckung' zu trennen war. Christen Kold hatte sich zwar auf seiner Volkshochschule eher auf einen von Søren Kierkegaard inspirierten religiösen Individualismus, der namentlich auf die geistige Erweckung jedes einzelnen Volkshochschülers zielte, als auf Grundtvigs Gedanken von einer Erweckung zum Mitbürger, gestützt. Und Kold war im Gegensatz zu Grundtvig nicht politisch interessiert gewesen. Es ließ sich vielleicht aber doch bezweifeln, ob die Volkshochschulbewegung ohne die Erweckung im Kold'schen Sinne so weitreichende – auch politische – Folgen für die ‚erweckten' Bauern bekommen hätte, wie sie tatsächlich als grundtvig-kold'sche Schule bekam. Die persönliche Aneignung, die Verinnerlichung, bedeutete jedenfalls, daß die Aufklärung der Volkshochschule – verglichen mit manch anderer Aufklärung gezielteren und deshalb begrenzteren Charakters – durch eine größere Tiefe gekennzeichnet war.

---

9   O.B. Jensen: „Byen og Bondehøjskolen", „Fremad", nr. 8 (1916)

Im Jahre 1908 wurde ein von dem späteren Ministerpräsidenten Th. Stauning vorsichtig und im allgemeinen gehaltener Resolutionsantrag über die Gründung einer Arbeiterschule, die „von der größten Bedeutung für eine einträchtige und zielbewußte Arbeit für die Befreiung der Arbeiterklasse sein würde"[10], von der Sozialdemokratischen Partei auf einem Kongreß in Odense angenommen. Im selben Jahr stellte C.V. Bramsnæs in der Zeitschrift „Socialisten" (Der Sozialist) fest, man brauche sowohl eine reine Parteischule als eine Schule, die zum Zwecke habe, durch allgemeine Bildung die Arbeiterschaft zu fördern. Zwei Jahre später war beides verwirklicht: Im September 1910 wurde die sozialdemokratische Arbeiterschule in Kopenhagen als Partei- und Gewerkschaftsschule zur Ausbildung von Vertrauensleuten eröffnet, und im November 1910 wurde die erste allgemeine Arbeitervolkshochschule, die auf die Allgemeinbildung der Arbeiter auf sozialistischer Grundlage zielte, die Arbeitervolkshochschule in Esbjerg, eingeweiht.

Die Arbeitervolkshochschule Esbjerg sollte nach ihrem ersten Programm „nicht ausschließlich eine Wissens-Schule sein, sondern durch ihren gesamten Unterricht auf den Bildungswert der Fächer und die Entwicklung des Schülers als Mitglied der Gesellschaft Wert legen".[11] Die Arbeitervolkshochschule Esbjerg war als sozial orientierte Volkshochschule für Arbeiter der Städte gedacht – und wurde es tatsächlich auch. Unter ihren ersten Vorstehern Rasmus Vind und Laura Alkjærsig war die Arbeitervolkshochschule Esbjerg eine allgemeine lebensaufklärende Volkshochschule, die auf sozialistischer Grundlage und mit der sozialen Geschichte und Poesie des Volkes als primärem Unterrichtsstoff wirkte. Die Tradition blieb aber nicht mehr als ein paar Jahrzehnte auf den Volkshochschulen der Arbeiterbewegung erhalten. Die Arbeitervolkshochschulen verwandelten sich in Kursuszentren, die sich auf das an sich lobenswerte, aber begrenztere Ziel konzentrierten, gewerkschaftliche Vertrauensleute auszubilden.

Lebens-Aufklärung auf sozialistischer Grundlage zu vermitteln, schien wieder einmal vergleichbar mit dem Versuch, zwei unterschiedliche Arten von elektrischem Strom zu verbinden. Der Transformator war abhanden gekommen.

Vor kurzem aber sind die Arbeiter- und die Volkshochschulbewegung wieder auf Tuchfühlung gegangen. Der bisher markanteste Ausdruck einer Interessengemeinschaft und einer positiven Zusammenarbeit zwischen beiden Bewegungen ist in der aktuellen Debatte über jene Reform zu sehen, die den ungelernten Arbeitern das Recht auf ‚Entlohnte Freistellung zur Ausbildung' (Bildungsurlaub), darunter auch zur Teilnahme an Kursen an den Heimvolkshochschulen, einräumt. Die Forderung wird seit vielen Jahren vor allem von Seiten des Spezialarbeiterverbandes (Gewerkschaftsbund für ungelernte Arbeiter) und dem Gewerkschaftsbund der Frauen erhoben. Da auch der Verband der Heimvolkshochschulen in Dänemark voriges Jahr – mit perfektem politischem Timing – sein Gewicht in die Waagschale warf, gelang es, das Folketing (Parlament) dazu zu bewegen, dem Anfang einer solchen Reform im Prinzip zuzustimmen. Was – wenn überhaupt etwas daraus werden wird – wird sich in den kommenden Jahren und Jahrzehnten herausstellen.

Man hat aber schon jetzt – bevor die notwendigen Gelder dafür bewilligt sind – die künftigen Freuden vorweggenommen. In den letzten zehn Monaten haben sich in allen

---

10 Zitat nach J.F. Jensen: „Arbejderhøjskolen og det ‚socialdemokratiske dannelsesparadoks' – delstudie i arbejderbevægelsens historie 1981", 47(1981). Über die Debatte betreffend die Arbeitervolkshochschulen siehe obengenanntes Werk sowie Roar Skovmand: „Lys over Landet", 132-49 (1949) und Henrik Yde: „For selv de mindste af de små får di i livets glæde...Grundtvigsk folkeoplysning og socialistisk arbejderbevægelse – et historisk rids" 32-33 (1987)
11 Zitat nach Roar Skovmand: obengenanntes Werk, S. 146

Gegenden Dänemarks Gewerkschafter und Volkshochschullehrer auf lokaler Ebene getroffen, um zusammen Richtlinien und Rahmen für eine Bildungs- und Lebens-Aufklärung auszuarbeiten, die besonders den Ungelernten zugute kommen könnte – dem Fünftel der dänischen Bevölkerung, das nur Volksschulbildung besitzt. Diese Direkt-Gespräche sind jedenfalls jetzt etwas – historisch gesehen – gänzlich Neues. Etliche der Teilnehmer an diesen Gesprächen sehen darin den Anfang einer Kulturrevolution, die nur mit ‚der großen Zeit der Volkshochschulen' in den Jahrzehnten nach 1864 zu vergleichen ist. Andere aber verhalten sich skeptischer und äußern Vorbehalte.

Wie ist aber diese Begegnung möglich geworden?
Dänemark hatte sich (mit historischer Verspätung, verglichen mit dem übrigen Westeuropa) erst im Laufe der 1960er Jahre von einer Bauern- in eine Industriegesellschaft verwandelt, und damit ist auch das traditionelle Hinterland der Volkshochschulbewegung, der Bauernstand, im großen und ganzen verschwunden. Der typische Heimvolkshochschüler von heute ist nicht wie früher ein 20jähriger Bauernknecht mit einem väterlichen Hofbesitz im Rücken; typisch ist jetzt eine 23jährige arbeitslose Kopenhagenerin mit einer unsicheren Zukunft – mit einem Job, einer Berufsausbildung und einer gescheiterten Zweierbeziehung hinter sich und in Erwartung eines neuen Jobs, einer neuen Berufsausbildung und einer neuen Zweierbeziehung.[12] Sie tauchte während der Jugendrevolte der 70er Jahre in den Heimvolkshochschulen auf, eine Gitarre unter dem Arm, und verunsicherte manchen alten Volkshochschulleiter mit ihrem Anspruch auf gesellschaftsbezogenen Unterricht. Heute stellt sie nicht mehr so viele Ansprüche – seit der Jugendrevolte ist die Volkshochschule aber auch eine andere geworden, oder genauer gesagt: sie hat viel alten Staub abgeschüttelt.

Auch die Arbeiterbewegung hat aber andere Signale setzen müssen. Die apokalyptischen Erwartungen der ursprünglichen Arbeiterbewegung auf einen kommenden sozialistischen Volksstaat haben sich bekanntlich nicht erfüllt. Damit kann man (wie die Gewerkschaften der großverdienenden Arbeitnehmer) sich abfinden. Die Gewerkschaftsverbände der Ungelernten aber können sich unmöglich damit abfinden, daß die Unterschiede innerhalb der Arbeiterklasse im Hinblick auf Lohn, Ausbildung, Wohnverhältnisse, Sicherheit des Anstellungsverhältnisses, Einfluß auf die eigene Lebenslage heute nicht kleiner sind als in der ersten Zeit der Arbeiterbewegung. Wenn es sich so verhält wie unser großer Proletarierdichter Martin Andersen Nexø es ausdrückte, die Arbeiterbewegung könne nur auf dem Vormarsch sein, wenn sie anders als alle früheren Volksbewegungen Ballast nicht abwirft, die Untersten nicht zurückläßt, die Hunde nicht die Letzten beißen läßt – dann steht die Arbeiterbewegung noch am Anfang. Die Arbeitslosigkeit hat jetzt in Dänemark permanenten Charakter angenommen, und die Politiker haben deshalb aufgehört, von ihr zu reden. Dieses Schweigen kann ihnen gelingen, weil die Arbeitslosen eine Minderheit sind, auf die man keine Rücksicht zu nehmen braucht. Es gibt in Dänemark etwa 80.000 chronisch Arbeitslose, die nie lauthals auf sich aufmerksam gemacht haben und deren Einfluß auf die eigene Situation nie groß gewesen ist: mit der Einführung des europäischen Binnenmarktes 1992 wird dieser Einfluß (durch ihre Stimmabgabe bei den Wahlen) völlig illusorisch werden.

Jetzt sieht es aber wenigstens so aus, als könnten sich die Gewerkschaftsverbände der Ungelernten und die Volkshochschulbewegung in der Auffassung treffen, diese Entwicklung als Drohung gegen etwas Wesentliches und Ursprüngliches ihrer Bewegungen zu betrachten, und zwar als Drohung gegen das, was die Volkshochschule ‚Folkelighed' nennt und in der Arbeiterbewegung Solidarität heißt. Die beiden Begriffe decken sich nicht völlig, da sie aber wesentliche Berührungsflächen haben, werde ich

---

12 Vgl. FFD:„Udredning om folkehøjskolens udvikling og vilkår 1970-1987" (1987)

hier zwei Bereiche erwähnen, wo sie sich auch historisch gesehen überschneiden: das Befreiungsinteresse und die Auffassung vom Menschen.

Zuerst zum Befreiungsinteresse. Es kann kein Zweifel darüber bestehen, daß der Grundtvigianismus wie auch der Sozialismus beide in ihrem Ursprung Ausdruck eines Interesses sind, den Menschen von Unterdrückung und Selbstunterdrückung zu befreien; daß sie in ihrem Ursprung realistisch und antielitär die untere Klasse (Bauern beziehungsweise Arbeiter) als Objekt der Unterdrückung und als Subjekt der Befreiung betrachteten: daß die Unterdrückten sich selbst befreien müssen, ist eine gemeinsame Erfahrung.

Heute sind die Unterdrückten und Ausgestoßenen, die ‚Randgruppen', wie sie mit sozialministerieller Präzision genannt werden, mehr denn je der Entmündigung durch den Wohlfahrtsstaat ausgesetzt: sie sind Sozialfälle, Rehabilitanden, zu Behandelnde. Objekte der Sorge und des Mitleids anderer.

Die neuen Alternativbewegungen verdienen allen Respekt, aber neben der Frauenbewegung haben nur die Arbeiter- und die Volkshochschulbewegung die lange historische Erfahrung gemacht, daß Unterdrückung erst bekämpft werden kann, wenn die Unterdrückten selbst sich auflehnen, und daß die Überwindung der Selbstunterdrückung der erste Schritt dessen ist, der auch an seine Umgebung Forderungen stellen will. Eben diese gemeinsame historische Erfahrung ist dafür entscheidend, daß die Volkshochschulbewegung jetzt auf dem besten Wege ist, ihre Furcht vor dem großen Organisationsapparat der Gewerkschaften zu überwinden, und dafür, daß die Gewerkschaften ihrerseits allmählich den Glauben an den Staat als verkörperte Welt-Vernunft aufgeben. Rahmen und Boden kann deshalb heute eine gemeinsame Aufgabe der beiden Bewegungen sein.

Zweitens, zur Auffassung des Menschen. Sowohl Grundtvig als auch Marx formulierten ihre Anthropologien im Gegensatz zu einer mechanisch materialistischen, ahistorischen und individualistischen Auffassung vom Menschen, – Marx aus einer dialektisch-materialistischen und Grundtvig aus einer christlichen Position heraus, welche letztere namentlich die lebendige Wechselbeziehung zwischen Geist und Materie betonte. Der Unterschied bleibt bestehen: Für den Grundtvigianismus ist der Mensch vor allem Geschöpf und gehört nicht sich selbst, sondern Gott; – für den Marxismus ist der Mensch in erster Linie Schöpfer. Aus einer protestantisch-grundtvigschen Auffassung betrachtet ist der Marxismus mit seiner humanistischen Anthropologie deshalb durch kindliche Selbstüberschätzung gekennzeichnet; – und aus einer weltlich sozialistischen Auffassung betrachtet leidet der Grundtvigianismus an Wirklichkeitsverflüchtigung, indem er dazu neigt, die Verantwortung für das Dasein einer Macht zuzuschieben, die Autorität über den Menschen hat. Dieser Unterschied schließt jedoch nicht aus, daß der Grundtvigianismus und der Marxismus wesentliche gemeinsame Züge aufweisen, was ihre Vision von dem guten Menschenleben angeht, und er schließt auch nicht einen gemeinsamen Kampf gegen jene Kräfte aus, die dieses Menschenleben bedrohen. Poetisch läßt sich diese Vision von dem guten Menschenleben ausdrücken, wie es der grundtvigianische Sozialist Martin Andersen Nexø als Anfang und Schluß seines großen Romans „Ditte Menneskebarn" (Ditte Menschenkind) getan hat:

„Jede Sekunde kommt eine Menschenseele auf die Welt. Ein neues Licht wird angezündet, ein Stern, der vielleicht ungewöhnlich schön glänzen wird, der jedenfalls sein eigenes, nie gesehenes Spektrum besitzt. Ein neues Wesen, das vielleicht Genialität, vielleicht Schönheit um sich streuen wird, küßt die Erde; das nie Gesehene wird Fleisch und Blut. Kein Mensch ist eine Wiederholung anderer oder wird selbst jemals wiederholt, jedes neue Wesen gleicht den Kometen, die nur einmal in aller Ewigkeit die Bahn der Erde berühren und eine kurze Zeit selbst ihre leuchtende Bahn darüber hinziehen – ein Phosphoreszieren zwischen zwei Ewigkeiten des Dunkels."[13]

So hat der größte Geist des dänischen Sozialismus einer Auffassung des Menschen, die der Auffassung Grundtvigs parallel ist, poetisch Ausdruck gegeben – indem er gleichzeitig betonte, daß sich das, was Grundtvig ein göttliches Experiment zwischen Staub und Geist nannte, nicht in einem sozialen Vakuum vollzieht, sondern in einer Klassengesellschaft, wo der ‚Staub' ein schwerwiegender Faktor ist.

Die Begegnung zwischen Arbeiter- und Volkshochschulbewegung findet statt, wenn das ‚Folkelige' konkret und verpflichtend wird, weil es nicht von dem ‚Sozialen' weg und über das ‚Soziale' hinaus abstrahiert wird; und sie findet statt, wenn das ‚Soziale' konkret und historisch wird, weil die soziologischen Abstraktionen vor dem Mythos und der Poesie weichen.

---

13 Martin Andersen Nexø: „Ditte Menneskebarn", 11. Ausg., 22 (1916/1974)

Inken Meinertz

Die Volkshochschule und die Gewerkschaftsbewegung in Dänemark – aus der Sicht der Frauengewerkschaft

Die 1901 gegründete dänische Frauengewerkschaft hatte zum damaligen Zeitpunkt etwa 1.000 Mitglieder, und heute sind es über 100.000. Es sind dies vor allem un- und angelernte Frauen aus der Industrie, Putzfrauen im öffentlichen und privaten Bereich. Zwei Drittel der Mitglieder haben höchstens acht Schuljahre absolviert, das heißt, daß ein großer Teil der Mitglieder nur eine kurze Schulausbildung und überhaupt keine gewerbliche Ausbildung hat.

Die Gewerkschaft hat 61 Bezirksabteilungen und eine Hauptverwaltung in Kopenhagen mit 130 Angestellten und Vertrauensleuten. Der Ausbildungsbereich ist ein verhältnismäßig neues Aufgabenfeld, und auf dem letzten Kongreß im Herbst 1985 wurde das erste Bildungsprogramm der Frauengewerkschaft verabschiedet.

Warum Bildungsarbeit – so fragen uns einige Mitglieder. Die Antwort ist sehr einfach: Weil über 20.000 unserer Mitglieder arbeitslos sind und die Qualifikationsanforderungen sich ständig ändern.

Das heißt, daß ein Ziel unserer Bildungsarbeit darin liegt, durch Ausbildung und Umschulung Arbeitsplätze zu schaffen und zu sichern. Weitere Ziele sind:

– Chancengleichheit zu fördern,
– das gewerkschaftliche und politische Bewußtsein zu entwickeln und
– das Selbstvertrauen und Selbstbewußtsein der einzelnen Frauen zu stärken.

Das ist nicht immer leicht, was unter anderem durch den Alltag der Frauen erklärlich wird.

Viele kennen sicher das folgende Bild:

– die Kinder wollen nicht aufstehen...
– in einer halben Stunde müssen Pausenbrote geschmiert und Kinder und Ehemann verabschiedet werden...
– aufs Fahrrad in die Schule, in die Fabrik, wo bereits Stempeluhr und Akkord warten...
– alles fing an mit dem Wunsch, ein Auto zu kaufen...
– jetzt sind wir 5,10,15 Jahre dabei, und heute kann kaum eine Familie mehr von nur einem Gehalt leben;
– hat man sich so das Leben vorgestellt?
– aber – ohne Arbeit, das wäre auch nicht gut! Die Nachbarin ist seit einem Jahr arbeitslos. Sieht immer schlechter aus...

Welche Rolle spielen Ausbildungs- und Bildungsangebot in so einer Situation? Die meisten Frauen denken verständlicherweise nicht daran, was diese Angebote bedeuten können – im Gegenteil.

Denn:
1. Lehrgänge und Ausbildungen werden als zusätzliche Belastung erlebt.
2. Mit dem Erfahrungshintergrund eines autoritären und unterdrückenden Bildungssystems ist der Wunsch, das noch einmal mitzumachen, nicht gerade groß. Die meisten haben auf den hintersten Schulbänken gesessen und dort von klein auf – wenn auch nichts anderes so dann das – gelernt, daß sie zu den Dummen gehören.
3. Vor etwa 10-15 Jahren war es nicht notwendig, eine Ausbildung zu haben, um Arbeit zu bekommen. Viele, die jahrelang hart gearbeitet haben, fragen sich nun, ob sie noch zu etwas nütze sind.
4. Und wie reagieren Mann und Kollegen? Der Mann ist in der Regel skeptisch. Die Kollegen verspotten einen oft, weil sie glauben, man wolle nun etwas besseres sein.
5. Darüber hinaus kommen sowohl finanzielle wie praktische Behinderungen dazu.

Hier – bei Angst und Skepsis gegenüber den Bildungsangeboten – setzt unsere Bildungsarbeit an. Sie setzt auch an bei dem Traum von einem besseren Leben, in dem Arbeits- und Familienleben zusammenpassen, in dem man selbst und nicht andere das Leben bestimmen.

In diesem Zusammenhang bieten die Volkshochschulen Möglichkeiten, vor allem aber die, Lust am Lernen zu erwecken dadurch, daß

a) es keinen Prüfungsdruck gibt,
b) man hier lernen kann, wozu man Lust hat,
c) Lernen, Erleben und soziales Zusammensein Hand in Hand gehen und
d) handwerkliche und geistige Arbeit integriert werden.

Die Möglichkeit, auf diese Weise Ausbildungsbarrieren zu überwinden, bietet das übrige Bildungswesen nicht unbedingt. Deshalb ist der Dialog zwischen Volkshochschulen und Gewerkschaften eingeleitet worden.

Schwierigkeiten der Zusammenarbeit von Gewerkschaft und Volkshochschulen

Im Dialog sind wir jedoch auf verschiedene Schwierigkeiten gestoßen:

Verschiedene Sprachen
Wir sprechen von Solidarität, Freiheit, Gleichheit, von unterschiedlichen gesellschaftlichen Interessen. Ist das nicht Gleichmacherei und Organisationszwang, so fragen uns die Volkshochschulen, für die die persönliche Freiheit absolut im Mittelpunkt steht. Im Gegenteil, so antworten wir, ohne gesellschaftliche Veränderungen erreichen wir auch keine persönliche Freiheit und umgekehrt.

Unterschiedliche politische und ideologische Einstellungen
Wir vermissen das gesellschaftliche Engagement der Volkshochschulen, sagen, daß sie Stellung beziehen müssen. Warum, so fragen wir sie, habt ihr euch nicht schon früher z.B. für den Bildungsurlaub interessiert? Wir kritisieren, daß sie sich erst jetzt dafür einsetzen, da die Schülerzahlen sinken und bereits Volkshochschulen schließen mußten.

Das erzeugt Skepsis. Sind die Schulen wirklich an uns interessiert, an uns als Personen und politisch und gewerkschaftlich interessierten Menschen, oder an uns als Kunden?

Praktische Schwierigkeiten
Der Internatsaufenthalt ist schwer mit dem Familienleben vereinbar, und er kostet sehr viel Geld.

Das Verhältnis Lehrer-Schüler
Für uns stehen die Schüler im Mittelpunkt des Unterrichts, und alle Unterrichtssituationen sollen deren Lebenssituation und Erfahrung zum Ausgangspunkt nehmen. Wir meinen, daß jeder Mensch reich an wertvollen Erfahrungen ist, von denen wir lernen können, auch die vielen, die tagein und tagaus die gleichen monotonen Arbeitsaufgaben erledigen und dann nur noch Zeit für den Haushalt übrig haben.

Volkshochschullehrer, die an den konkreten Projekten teilgenommen haben, erzählten, daß sie so etwas wie einen „Kulturzusammenstoß" erlebt haben. So haben sie sich z.B. gewundert, daß diese neue Schülergruppe den einen oder anderen Komponisten oder Schriftsteller nicht kannte.

Darauf sagen wir:
Fragt nicht nach dem, was die Schüler nicht wissen. Fragt lieber nach ihren Lebens- und Arbeitserfahrungen. Fragt sie auch danach, warum sie als Mitglieder in unserer Gewerkschaft organisiert sind. Denn mancher Volkshochschullehrer ist selbst nicht gewerkschaftlich organisiert.

Konkrete Erfahrungen
Angefangen hat es im Winter 1987, als sich Vertreter der Volkshochschulen und der Gewerkschaften im Norden Kopenhagens trafen. Der konkrete Anlaß für dieses Treffen war das gemeinsame Interesse an der Einführung des Bildungsurlaubs. Seitdem gab es mehrere weitere Treffen in alles Landesteilen.

Höhepunkt war die Zusammenkunft in der Volkshochschule Askov im Dezember 1987 und 1988, wo über 100 Vertreter beider Bewegungen Möglichkeiten der Zusammenarbeit diskutierten. Ergebnisse dieser Treffen sind z.B. verschiedene konkrete Zusammenarbeitsprojekte:

— ein 14wöchiger Aufenthalt für arbeitslose Frauen und ihre Kinder auf einer Volkshochschule im Norden Kopenhagens,
— ein 8wöchiger Einführungslehrgang auf der Volkshochschule Danebod als Teil einer längeren Ausbildung,
— ein 3monatiger Aufenthalt für arbeitslose Mitglieder auf Vestjyllands Højskole im Herbst 1988.

Unserer Auffassung nach werden sich die Möglichkeiten und Grenzen der Zusammenarbeit zwischen Volkshochschulen und Gewerkschaften in der ganz konkreten Zusammenarbeit zeigen. Unsere gegenseitigen Erwartungen sind hoch, auch wenn die Schwierigkeiten enorm sind. Schon Mitte der fünfziger Jahre sagte der frühere Leiter der Volkshochschule Roskilde: „Wenn die bestehende traditionelle Volkshochschulbewegung den Kern ihrer Tradition bewahren will, wenn sie auch in Zukunft die Schule des lebendigen Wortes, der Persönlichkeitsentwicklung, der Bildungserlebnisse sein will und nicht eine Konservierungsstätte äußerer traditioneller Formen oder nur ein Ersatz für die, die nicht in die Realschule gekommen sind, dann muß sie die neuen Anforderungen, die der gesellschaftlichen Entwicklung entspringen, verstehen."

In der Zusammenarbeit von Volkshochschulen und Arbeiterbewegung besteht die Möglichkeit, den neuen Anforderungen gerecht zu werden.

Hartmut Meyer-Wolters
Gesprächsbericht

In der Arbeitsgruppe „Grundtvigianismus und Arbeiterbewegung – Gleichklänge, Disharmonien, Chancen" stand – nicht zuletzt unter der Optik aktueller Entwicklungen – die Frage im Vordergrund, weshalb diese beiden großen sozialen Bewegungen in Dänemark einander bis heute fremd gegenüberstehen und ob die seit kurzem unternommenen Schritte aufeinander zu sich in dauerhafte Gemeinsamkeiten überführen lassen werden. Referenten waren: Inken Meinertz, Bildungsreferentin der dänischen Gewerkschaft für Arbeiterinnen und Henrik Yde, Volkshochschullehrer in Kopenhagen. Der folgende Bericht versucht, eine kurze Orientierung über die Vorträge und die in ihrem Zusammenhang erörterten Fragen zu geben.

Grundtvigianismus und Sozialismus können in Dänemark auf eine etwa gleich lange, aber weitgehend durch Unverständnis und Ablehnung gekennzeichnete Geschichte zurückblicken. Dies dürfte zum einen darin begründet sein, daß die Volkshochschule in Dänemark zunächst ausschließlich ländlich orientiert und geprägt war und die Arbeiterbewegung ihre Wurzeln in den städtischen Regionen hatte. Noch 1920 waren nur 5% der Hörer der Volkshochschulen Städter und von diesen nur ein verschwindend geringer Teil Arbeiter. Verstärkt und bis zum Mißtrauen gesteigert wurde die gegenseitige Unkenntnis durch die konträren Grundorientierungen an der Nation und an einer christlich geprägten Auffassung des Menschen als eines Teils der Schöpfung einerseits und am Internationalismus und einer marxistisch inspirierten Sicht des Menschen als des Schöpfers seiner selbst und seiner Welt andererseits. Auch die Bildungsauffassungen lagen beinahe polar auseinander: In der Arbeiterbewegung – überwiegend instrumentell als Waffe im Kampf um politische Macht verstanden, für die grundtvigianisch-koldschen Volkshochschulen war Bildung – davon völlig verschieden – Lebensaufklärung im Sinne einer individuell gedachten Erweckung des einzelnen. In der Arbeiterbewegung wurde denn auch lange Zeit ausdrücklich vor den grundtvigianischen Volkshochschulen gewarnt. Andererseits konnte auch die Arbeiterbewegung nicht übersehen, daß die Volkshochschulen einen entscheidenden Beitrag zur Befreiung der Bauern in Dänemark geleistet haben. Zu einer gewissen Gemeinsamkeit beider sozialer Bewegungen kam es aber nur während des Kampfes gegen die vom König seit 1875 immer wieder gegen die Mehrheit im Folketing berufenen Regierungen des Jakob Bronnum Scavenius Estrup. Erst seit die Arbeiterbewegung und hier besonders die Gewerkschaften der ungelernten Arbeiter und der Frauen gemeinsam mit dem Verband der Heimvolkshochschulen für einen gesetzlichen Anspruch auch der ungelernten Arbeiter auf Bildungsurlaub eintraten, scheint es so, als könne es zu einer länger andauernden und für beide Seiten fruchtbaren Zusammenarbeit kommen. Dies ist nicht zuletzt Ausdruck davon, daß der Übergang Dänemarks von einem Bauernland zu einem Industrieland auch an den Volkshochschulen nicht spurlos vorbeigegangen ist. Seit den 60er Jahren hat sich die Teilnehmerschaft der Volkshochschulkurse deutlich gewandelt: Nicht mehr der Bauerssohn mit eigenem Hof als lebensgeschichtlicher Perspektive ist der typische Teilnehmer an Kursen der Heimvolkshochschulen, sondern die ungelernte Frau mit unsicheren Lebensaussichten.

Die neue Situation hat den Blick für Gemeinsamkeiten geschärft, die es bei allem, was trennt, auch gibt, ja immer gegeben hat: Beide Bewegungen sind in ihrem Grunde soziale Befreiungsbewegungen gewesen und ihrer Grundintention nach davon überzeugt, daß man Unterdrückung und Bevormundung nicht stellvertretend abschaffen kann, sondern die Unterdrückten und Bevormundeten sich letztlich nur selbst erfolgreich befreien können und daß es somit entscheidend darauf ankommt, denjenigen, die Objekte eines fremden Willens sind, die Chance zu geben, zu Subjekten zu werden. Hinter dieser Grundintention, die die Arbeiterbewegung in Dänemark mit der Volkshochschulbewegung und der Frauenbewegung teilt, treten heute erstmals die theoretisch-programmatischen Differenzen zurück. Man läßt die Begegnung und gemeinsame Arbeit in bestimmten Projekten nicht mehr daran scheitern, daß eine vorgängige Einigung über Konzepte und Theorien nicht erfolgt ist, sondern klammert theoretische Meinungsverschiedenheiten zunächst ein. In der Bewältigung bestimmter Aufgaben soll sich dann zeigen, ob es tatsächlich unüberbrückbare Differenzen gibt, wenn die „Folkelighed" der grundtvigianischen Volkshochschulen und die ihr in der Arbeiterbewegung entsprechende Solidarität konkret gefaßt und in gemeinsamen Arbeitszusammenhängen demonstriert werden.

Diese ermutigende Auseinandersetzung bedeutet nun aber – wie mehrfach ausdrücklich betont wurde – noch längst nicht, daß das gegenseitige Mißtrauen bereits ausgeräumt ist. Besonders auf seiten der Arbeiterbewegung gibt es deutliche Vorbehalte und mehr oder weniger deutlich ausgesprochene Zweifel an der Ernsthaftigkeit und Zuverlässigkeit der Neuorientierung der Volkshochschulen. Es wurde etwa darauf hingewiesen, daß Gewerkschafter und Volkshochschullehrer völlig verschiedene Sprachen sprechen, so daß inzwischen sogar ein Wörterbuch der Grundtvig-Sprache für Gewerkschafter verfaßt wurde. Ferner mißtrauen viele Gewerkschafter dem gesellschaftspolitischen Engagement der Volkshochschulen in der Frage des Bildungsurlaubs, weil dieses sich just in dem Moment eingestellt hat, als die Volkshochschulen unter einem spürbaren Hörerverlust zu leiden begannen und sich nach neuen Hörergruppen umsehen mußten. Schließlich ist zweifelhaft, ob gemeinsame Grunderfahrungen und -einschätzungen als Basis der Bildungsarbeit überhaupt gegeben sind, was sich besonders deutlich in der unterschiedlichen Bewertung organisierten Handels zeigt: Während dies unter Arbeitern zu den unumstrittenen historischen und aktuellen Erfahrungen zählt, sind nur knapp 50% der Volkshochschullehrer organisiert und dies überhaupt erst seit einem Jahrzehnt. Letztlich wird sich die Tragfähigkeit der neu begonnenen Zusammenarbeit in den weiteren Auseinandersetzungen um den Bildungsurlaub ebenso wie in der alltäglichen Bildungsarbeit erst noch erweisen müssen.

In einer vorsichtigen Zusammenfassung läßt sich sagen, daß die Irritationen auf beiden Seiten noch keineswegs ausgeräumt sind, daß diese aber kein Grund mehr sind, einander auszuweichen und sich um der Reinheit des eigenen ideologischen Standpunktes willen voneinander zu isolieren. Stattdessen sucht man die Zusammenarbeit in der Lösung konkreter sozialer Probleme. Ob und wieweit das Kennenlernen des jeweils anderen Standpunktes in seiner konkreten Fassung und die in der Zusammenarbeit geknüpften persönlichen Kontakte die ideologischen Gräben und die lange getrennt verlaufende Geschichte zu überbrücken vermögen, bleibt abzuwarten. Der Arbeitskreis und der Umgang der Referenten miteinander läßt hoffen, daß es gelingen wird.

Erica Simon

Grundtvigs „Folkelighed" und Leopold Senghors „Négritude"

Das schwarze Afrika eroberte Paris in den Zwanziger Jahren. Negerskulpturen inspirierten den Surrealismus, 1925 begeisterten sich die Pariser Intellektuellen für die Negerrevue, in der Josephine Baker zum ersten Mal auftrat. 1928 kam aus Dakar ein junger Student, der mehrere Jahre seiner Studienzeit mit den später sehr berühmten Politikern Frankreichs verbrachte. Er erlangte die höchsten akademischen Auszeichnungen, nichts schien im Wege zu stehen, um diesen jungen Mann aus Senegal zu einem der markantesten Erfolge der „Assimilation" zu machen: Die französische Kulturpolitik in den Kolonien war ja darauf ausgerichtet, eine „assimilierte" Elite auszubilden, die später die französischen Interessen wahrnehmen konnte.

Aber es kam anders. Der junge Student aus Senegal, Leopold Sedar Senghor, ist wahrscheinlich vollständiger und tiefer in die französisch-europäische Kultur eingedrungen als alle anderen in Frankreich ausgebildeten afrikanischen Intellektuellen, aber das Resultat war nicht „Assimilation", sondern Erkenntnis der Verschiedenheit: Senghor erkannte, daß Neger kulturell gesehen nicht Franzosen werden konnten. Der französische Kulturimperialismus, von französischen Ethnologen als Ethnozentrismus bezeichnet, der vorgab, Universalität zu repräsentieren und sich sogar als Humanismus darstellte, schloß aus dieser vorgegebenen Universalität alle außereuropäischen Kulturen aus. Senghor und sein Freund Aimé Césaire, auch dieser tief vertraut mit der französischen Kultur, hatten verstanden, daß es unmöglich war, die Neger zu assimilieren – zu Franzosen zu machen – mit anderen Worten, sie hatten intellektuell entdeckt und seelisch empfunden, daß sie einer anderen Kultur angehörten – einer verachteten, völlig unbekannten Kultur, die sich nicht nur in der in Paris so bewunderten Negerkunst offenbarte, sondern die sich in der Volksseele der schwarzen Bevölkerung seit Jahrhunderten bewahrt hatte, und diese Kultur wurde von den beiden schwarzen Intellektuellen als „Négritude" bezeichnet. Dieses Wort erscheint zum ersten Mal im Jahre 1934 in einer kleinen Zeitschrift, die von Senghor und Aimé Césaire herausgegeben wurde.

In wenigen Worten ausgedrückt, hat Senghor der europäischen Intelligenz vorgeworfen, alle Kulturen der Welt auszuschließen und zu behaupten, daß Universalität bedeute, die europäische Kultur überall einzuführen. Diesen „universalen Humanismus" will Senghor durch einen anderen universalen Humanismus ersetzen, einen Humanismus, der universal ist in dem Sinne, daß alle Kulturen der Welt dort ihren Platz haben. Und eine von diesen Kulturen ist die Kultur des schwarzen Afrika, als Négritude bezeichnet, die eigene Kultur der Neger. Um es mit Grundtvig auszudrücken: Die „Folkelighed" des schwarzen Afrika.

Übersetzt in die Sprache der heutigen Zeit haben die afrikanischen Intellektuellen die Négritude in völliger Übereinstimmung mit der grundtvigianischen Folkelighed definiert. Z.B. erklärt Aimé Césaire: „Wir wählen nicht unsere Kultur, wir werden in unsere Kultur hineingeboren." Eine deutliche Antwort auf die französische Assimilationspolitik! Aber was bedeutet für die Négritude-Kämpfer die Vergangenheit? Senghor erklärt: „Das Problem ist nicht, die Vergangenheit wieder aufleben zu lassen, in einem afrikanischen Museum zu leben, das Problem ist, die Welt von heute – hic et nunc – mit den Werten unserer Vergangenheit zu durchdringen." Auch hier sieht man eine offensichtliche Reaktion auf den europäisch-französischen Enthnozentrismus: Die Négritude-Bewegung will Afrikas Weg in die Modernität „afrikanisch", nicht „europäisch" gestalten. Mit Aimé Césaires Worten: „Der kürzeste Weg zur Zukunft ist immer derjenige, der durch die Vertiefung in die Vergangenheit führt."

Für diesen kulturellen Kampf fanden die Afrikaner in Frankreich wenig Verständnis. Auch bei Ländern, die sich in der Peripherie Europas befinden, die nicht die Möglichkeit haben, kulturellen Imperialismus auszuüben, im Gegenteil, die in französischer Perspektive – und das schon seit vielen Jahrhunderten – als kultivierte Barbaren angesehen wurden, konnte vielleicht hier Inspiration gefunden werden.

In diesem Zusammenhang ist es wohl nicht uninteressant, den französischen Autor anzuführen, der zum ersten Mal in der französischen Literatur dafür plädiert hat, daß es andere Kulturen geben könnte als die auf griechische und lateinische Vorbilder ausgerichtete klassische Kultur. Ich weise auf Fontenelle hin, der in seinem berühmten Werk „Digression sur les Anciens et sur les Modernes" (1688) diese für die damalige Zeit revolutionären Überlegungen anstellte. Immerhin wurden von diesem kulturellen „Pluralismus" die Lappländer im Norden und die Neger im Süden ausgeschlossen.

Die Entwicklungsländerpolitik der nordischen Völker ist bekannt. Weniger bekannt ist, daß zwischen dem vom klassischen Frankreich verachteten Norden und Süden Kontakte durch die Volkshochschule vermittelt wurden. Und dadurch entdeckten mehrere Intellektuelle der Négritude-Bewegung, daß man in der kulturgeschichtlichen Entwicklung dieser Länder Impulse finden konnte, die von Frankreich nicht zu erwarten waren.

Man denke z.B. an die sprachliche Lage in Süd-Schleswig, die in dem Bericht eines deutschen Beamten im Jahr 1800 folgendermaßen geschildert wird: „Wer in den nördlichen Gegenden des Herzogtums Schleswig und im größten Teil von Jütland in der Regel nicht hölzerne Schuhe trägt, oder wer nicht mit beschlagenen Geschirren fährt, ein Verdeck auf dem Wagen hat oder auf einem englischen Sattel reitet, wer ein Geistlicher , ein angesehener königlicher Beamter ist, den kann man deutsch anreden, der versteht die deutsche Sprache. Alle übrigen sprechen Dänisch."[1] Seit dieser Zeit hat sich die Lage grundsätzlich gewandelt, aber gerade deshalb konnten die Afrikaner feststellen, daß es möglich war, eine von den Gebildeten verachtete Sprache zu rehabilitieren. Die Sprachenkämpfe in Norwegen und Finnland illustrieren dieses Thema noch anschaulicher als Süd-Schleswig.

Jedoch war das, was vielleicht noch größeres Interesse weckte, Grundtvigs Auffassung vom Verhältnis zwischen Christentum und der nationalen Kultur. Es dürfte bekannt sein, daß die christlichen Missionen bewußt die einheimischen Kulturen zerstört haben. Die Négritude-Bewegung ist natürlich auch in das Gebiet der Religion eingedrungen. Der Kampf war nicht einfach, denn, nachdem man endlich die schwarze Bevölkerung – einen Teil der Bevölkerung – besonders die schwarzen Priester, in die zentralistisch organisierte römisch-katholische Kirche aufgenommen und ihr das von Rom bestimmte Kulturmodell aufgezwungen hatte, sollte nun plötzlich auch die Religion, die christliche, von Europa – und mit dem europäischen Prestige – eingeführte Religion, in die afrikanische Kultur integriert werden. In diesem Kampf wurde Grundtvigs Auffassung von dem Verhältnis zwischen Christentum und Nationalität gründlich studiert. Hatte Grundtvig nicht gesagt, daß das Christentum nur angenommen werden könne, wenn das Volk fest in seiner nationalen Identität verwurzelt sei? Die christliche

---

1 Fragmente aus dem Tagebuch eines Fremden, meistenteils während dessen Aufenthalt in einigen königlichen Staaten gesammelt. A. von Essen, 1800.

Religion darf also nicht das Volk von seiner eigenen Kultur entfernen, sondern nur, wenn das Volk sich seiner Nationalität – seiner Folkelighed – bewußt ist, kann es das Christentum annehmen.

Das größte Verdienst der Négritude-Bewegung liegt vielleicht darin, daß sie Interesse für die afrikanische Kultur in der ganzen Welt geweckt hat. Ich brauche nur an die beiden internationalen Kongresse zu erinnern, die 1957 und 1959 in Paris stattfanden und wo sich ein imposantes Bild der afrikanischen Kultur – Kunst, Literatur, Musik, Philosophie – vor den erstaunten Augen der Welt entrollte.

Aber bleiben wir nicht hier im traditionellen Feld der kulturellen Kommunikation von Elite zu Elite? In Dänemark spaltete sich die Kulturelite, denn die ersten Grundtvigianer, die sich auf dem Lande niederließen und unter unvorstellbar primitiven Verhältnissen den dänischen Bauern ihre eigene Kultur erschlossen, diese Grundtvigianer waren akademisch gebildete Theologen. Ich glaube nicht, daß jemand von der Négritude-Bewegung das intellektuelle, städtische Milieu verlassen hat, um die afrikanische Buschbevölkerung in diese Négritude-Bewegung hineinzuziehen und ihr Bewußtsein kultureller Identität zu stärken.

Senghor und Aimé Césaire beabsichtigten natürlich nicht, die Négritude-Bewegung in elitäre Bahnen zu leiten. Aber schon allein die Tatsache, daß alle kulturellen Äußerungen sich der französischen Sprache bedienten, war ein unüberwindbares Hindernis, welches die Négritude-Bewegung nicht hat überbrücken können. Aus diesen Gründen wird sie von der jüngeren Generation hart angegriffen. Wie kann man eine Verbindung herstellen zwischen der „Kulturelite", die die Négritude-Bewegung ins Leben gerufen hat und der afrikanischen Kultur, wie sie im täglichen Leben von den afrikanischen Völkern gelebt wird? Diese Verbindung kann nur hergestellt werden, wenn man sich von dem traditionellen Begriff der Kultur entfernt und Kultur unter anderen Kriterien betrachtet. Einer der ersten, der dem traditionellen Kulturkonzept den Krieg erklärte, war der Ethnologe Claude Lévi Strauss, der schon 1956 in einem Beitrag in der afrikanischen Kulturzeitschrift „Présence Africaine" (Zeitschrift der Négritude-Bewegung) den europäischen Humanismus als ausgesprochene Elitekultur angriff. Claude Lévi Strauss schreibt: „Der traditionelle Humanismus war beschränkt auf die Grenzen der Welt des Mittelmeeres, in bezug auf geographische und historische Grenzen und umfaßte 20 Jahrhunderte, von 500 vor Chr. bis 1500 nach Chr. Es handelte sich um einen Humanismus – oder eine Kultur –, die sich auf einige privilegierte Zivilisationen gründete – Griechenland und Rom –, und die logischerweise nur einer privilegierten Klasse zugänglich war, da sie allein die Möglichkeit hatte, sich diese Kultur anzueignen."

Diese Kritik von Lévi Strauss betrifft auch die Négritude-Bewegung, denn auch hier ist die Kultur nur einer gewissen Schicht der Bevölkerung zugänglich: der afrikanischen, in Europa ausgebildeten Kulturelite.

Seit Ende der sechziger Jahre, besonders seit der UNESCO-Konferenz in Venedig 1970, setzt sich eine kulturanthropologische Auffassung von Kultur immer mehr durch. Mit anderen Worten, man wird sich anscheinend klar darüber, daß „Kultur" nicht bedeuten kann, daß gewisse sehr beschränkte Kreise der menschlichen Gesellschaft „Kultur" schaffen und genießen, während die arbeitende Masse davon ausgeschlossen ist.

In Übereinstimmung mit dem kulturanthropologischen Konzept schafft das ganze Volk in allen Äußerungen des menschlichen Lebens „Kultur". Um diese Kultur auszudrücken – zu leben und zu erleben – braucht man keine fremde Sprache, keine „Kulturinstitutionen", keine Bibliotheken. Diese Auffassung stimmt völlig überein mit dem, was Aimé Césaire sehr richtig ausgedrückt hat in der oben zitierten Aussage, daß man seine Kultur nicht wählt, sondern in sie hineingeboren wird! Aber die Négritude-Bewegung hat keine praktische Lösung für dieses Dilemma gefunden.

Dagegen findet man Verständnis für dieses kulturelle Dilemma in einem vor kurzem erschienenen Buch eines Schweizer Soziologen. Der Verfasser, Jean Ziegler, an der Genfer Universität oft angegriffen als Verteidiger aller marxistischen Regime der Dritten Welt, bekennt seinen Irrtum und führt uns durch unzählige afrikanische Stammeskulturen, nimmt mit Interesse und Verständnis an religiösen Zeremonien teil und gibt seinem Buch den provokanten Titel „Der Sieg der Besiegten". Die Schlußfolgerung bleibt: Von den Besiegten, von den von unserer Kulturüberheblichkeit, unserem kulturellen Ethnozentrismus verachteten Kulturen der Dritten Welt, muß Europa lernen, eine menschlichere Welt zu schaffen, mit Zieglers Worten: „Die Armen sind die Zukunft der Reichen."

Jean Ziegler, ein großer Freund aller prominenten Persönlichkeiten der Dritten Welt, bekannt natürlich mit Senghor, Aimé Césaire und der Négritude-Bewegung, hat versucht, der kulturellen Eigenart der Völker, besonders der Völker des schwarzen Afrika, gerecht zu werden: Sein Buch ist dem kürzlich ermordeten Regierungschef von Burkina Faso, Thomas Sankara, gewidmet. Hier kommt das grundtvigianische „von unten auf" zum Tragen, und die nationale Dimension, dargestellt an den kleinsten Stammesgruppen im äquatorialen Afrika, entspricht der „folkeligen" Komponente bei Grundtvig, die auch nicht, wie schon hervorgehoben, an Staaten gebunden ist, sondern an Völker und Bevölkerungsgruppen. Hier kommt auch zum Ausdruck, daß es sich nicht um Ideologien handelt, zu denen Staaten sich bekennen, sondern um eine Tatsache, wie Grundtvig es sehr konkret ausgedrückt hat: Kein Mensch existiert ohne Zugehörigkeit zu einer „folkeligen" Gemeinschaft, und diese muß respektiert werden. Die nationale Komponente – also das Folkelige – in Grundtvigs Gedankenwelt wird verschiedentlich in unserer internationalen Welt als „out of date", als überholt, bezeichnet. Auf diese Frage kann man keine eindeutige Antwort geben. Einerseits stellt man fest, daß die nationalen Bestrebungen des 19. Jahrhunderts – und Grundtvigs Folkelighed ist ja eine sehr spezielle Komponente dieser Bewegungen – in unserer Zeit immer mehr ans Licht treten. So schreibt ein Freund Senghors, der kürzlich zurückgetretenen Präsident der UNESCO, der Senegalese M'Bow, im UNESCO-Kurrier 1983, daß er mit Interesse feststellt, daß man überall in der Welt ein wachsendes Interesse verspürt, die nationalen Kulturen zu fördern. Was sich in Europa im 19. Jahrhundert in den nationalen Bewegungen äußerte, meint er, geschieht heute in der ganzen Welt.

Andererseits stellt man fest, daß diese weltweiten Bestrebungen nach nationaler Identität sich in einer Welt äußern, die durch elektronische Kommunikationstechnologien und Massenkulturen bestimmt wird, die bis in die entferntesten Gegenden der Erde vordringen. Der bekannte Amerikaner Kenneth Boulding erwähnte schon in den siebziger Jahren, daß die Verbindung einer weltumspannenden „Super-Kultur" mit den traditionellen nationalen und regionalen Kulturen für ihn die große – offene – Frage der kommenden 50 Jahre sei.

Rolf Niemann

Grundtvig, die dänische Volkshochschule und die Entwicklungsländer. Das Beispiel Afrika*

Der langjährige dänische UNESCO-Beauftragte für Afrika, Paul Bertelsen, hatte den Teilnehmerinnen und Teilnehmern des Arbeitskreises seine Erfahrungen von mehr als 30 Jahren Erwachsenenbildungsarbeit in Afrika in einer sehr lebendigen Weise präsentiert. Der erste von Frau Prof. Dr. Erica Simon aufgeworfene Themenkomplex betraf die Landflucht in afrikanischen Ländern. Sie befürchtete, daß die afrikanische Kultur in der dichten Ansammlung von Zuwanderern in afrikanische Großstädte sehr bedrängt sein würde. Darauf wurde erwidert, daß die dörflichen Lebensmuster bestehen bleiben. Fast alle Städter kommen meistens am Wochenende in ihr Dorf zu ihren Großfamilien zurück; mindestens besuchen sie ihre Verwandten anläßlich von Ostern und Weihnachten. Sehr häufig bauen die Städter auch ein Haus in ihrem Heimatdorf, und in den Großstädten gibt es eine Reihe sozialer Vereinigungen bzw. Clubs von Angehörigen der Dörfer, die sich regelmäßig in großer Anzahl treffen. Hinzu kommt, daß die städtischen Gehälter nicht gestiegen sind; daher ergibt sich, daß eine Reihe von städtischen Zuwanderern durch landwirtschaftliche Aktivitäten in ihrem Heimatdorf etwas dazuverdienen müssen. Ein herausragendes Beispiel für die Fähigkeit, eine große Anzahl von städtischen Bewohnern wieder in den Dörfern zu absorbieren, war der Exodus von einer Million Ghanaern aus Nigeria, die in ihren Familien in den Dörfern problemlos aufgenommen worden sind.

Von daher läßt sich sagen, daß es für die Erhaltung der afrikanischen Kultur wesentlich ist, daß die Dörfer und der soziale Kontakt in den Dörfern aufrechterhalten bleiben.

Ein zweiter Diskussionspunkt befaßte sich mit der modernen und traditionellen Erziehung. Prof. Siebert fragte nach der Qualität der modernen westlichen Erziehung und den Elementen der traditionellen Erziehung in Afrika. Herr Bertelsen betonte, daß es zur Bewältigung moderner Technologien notwendig ist, daß die moderne Erziehung eine hohe Qualität hat und illustrierte dies an den Notwendigkeiten von Angehörigen von Fluggesellschaften oder modernen Industrieunternehmen. Andererseits stellte er aber auch heraus, daß ein wesentlicher Fundus für die persönliche Erziehung in traditionellen Werten liegt. Erziehung ist nicht erst mit den europäischen Missionaren nach Afrika gekommen, sondern hat schon Hunderte von Jahren in den dörflichen Zusammenhängen existiert. Eine Reihe von Erzählungen und Liedern spielen eine wesentliche Rolle für das Weitertragen traditioneller Erziehungsprinzipien. In diesem Zusammenhang wies er auch auf die wertvolle Arbeit des Deutschen Volkshochschul-Verbandes hin, dessen Repräsentant Dr. Heribert Hinzen in Sierra Leone eine große Anzahl von Liedern und Geschichten in den Provinzen gesammelt und herausgegeben hat.

Allerdings wurde eingeräumt, daß die derzeitige Erziehung in Afrika nicht in erster Linie dazu geeignet ist, sich mit Problemen auseinanderzusetzen, sondern ihnen eher zu entfliehen. Hier wurde hingewiesen auf eine neuere Veröffentlichung von Prof. Hanf vom Arnold-Bergstraesser-Institut in Freiburg: „Education – An Obstacle to Development".

---

* Der Vortrag von Paul Bertelsen stand zum Abdruck nicht zur Verfügung. Bericht über Vortrag und Aussprache

Aber auch sehr praktische Beispiel wurden eingebracht, nämlich ein Kursus an der von Herrn Bertelsen geleiteten Heimvolkshochschule in Tsito in Ghana: „How to make your own soap"; dieser Kurs hatte eine Reihe von Teilnehmerinnen dazu geführt, daß sie eine eigene wirtschaftliche Existenz aufbauen konnten.

Der Gesprächsleiter brachte ein weiteres Beispiel ein über den Austausch im Lernen zwischen Europäern und Afrikanern. Der Deutsche Volkshochschul-Verband hatte im Juli/August 1987 einen Studienkurs für Leiterinnen von Töpferkursen an deutschen Volkshochschulen in Ghana veranstaltet. Nach einer sorgfältigen Vorbereitung gab es zunächst ein länderkundliches Einführungsseminar in der genannten Heimvolkshochschule in Tsito in der Volta-Region in Ghana. Sodann wurde in verschiedenen Töpferdörfern in Kpandu zusammen mit afrikanischen Töpferinnen konkret mit dem Material gearbeitet. Es war für die afrikanischen Dorfbewohnerinnen zunächst schwierig zu verstehen, daß europäische Erwachsenenbildner zu ihnen kamen, um von ihnen etwas zu lernen, statt ihnen etwas beizubringen, wie sie es über mehr als 100 Jahre gewöhnt waren. Die Zusammenarbeit gestaltete sich dann aber so fruchtbar, daß die afrikanischen Töpferinnen den deutschen Töpferinnen nicht nur in technischer Hinsicht sehr viel beibringen konnten, sondern ihnen auch ihr alltägliches Leben auf dem Dorf vermitteln konnten.

Durch Fortbildungsveranstaltungen des Deutschen Volkshochschul-Verbandes wird schon seit mehreren Jahren daran gearbeitet, Informationen über die Lebenssituation von Menschen in Afrika, Asien und Lateinamerika über beliebte Freizeittechniken wie Töpfern, Weben und Batiken einer breiteren Öffentlichkeit in Deutschland nahezubringen. Zur Unterstützung dieses Ansatzes sind auch Materialbände entwickelt worden, die für Kursleiter/innen und Teilnehmer/innen kostenfrei vom Deutschen Volkshochschul-Verband[1] zu beziehen sind.

Zum Abschluß dieser Diskussionsrunde wurde noch einmal betont, daß das geistige Erbe Grundtvigs auf vielfältige Weise unter den nationalen Gegebenheiten mehrerer afrikanischer Länder dort phantasievoll umgesetzt wird und auch heute noch lebendig ist.

---

1 Fachstelle für Internationale Zusammenarbeit des Deutschen Volkshochschul-Verbandes, Rheinallee 1, 5300 Bonn 2

Ok-Bun Lee
Asiens Echo auf Grundtvigs Volksbildungsidee

Als ich während meiner Studienzeit in Köln in einem Oberseminar mit Grundtvigs Bildungsidee vertraut gemacht wurde und im Juni 1979 an einer Studienreise nach Dänemark teilnahm, konnte ich dort die verschiedenen Volkshochschul-Einrichtungen besichtigen und so die Verwirklichung der Ideen Grundtvigs kennenlernen. Während ich die Volkshochschulen Askov, Rødding, Tvind, Esbjerg, Herning, Kolding und andere besuchte, wurde mir bewußt, wie stark die Volksbildungsidee Grundtvigs im Land, beziehungsweise im Volk gelebt wird, das heißt, daß sie wirklich von der Bevölkerung praktiziert wird.

Gerade dies, daß die Bürger seine Ideen annahmen, hat mich sehr beeindruckt, und ich denke, daß ich für unsere Volksbildungsideen in Korea daraus Wesentliches für die Umsetzung der Theorie in die Praxis entnehmen kann und will.

Für das koreanische Volk erscheint mir heute Aufklärung im Sinne Grundtvigs besonders wichtig. Sie gibt nämlich dem Gedanken der Aufklärung im Sinne von: „Für das Leben sein" – d.h., das Leben zu retten und Bewußtseinsbildung zu betreiben, – eine neue Bedeutung, wenn man sie so versteht, daß das „gelebte Leben" des Volkes mit Bewußtsein betrachtet wird. Gerade eine so verstandene Aufklärung ist für Korea in seiner heutigen Situation wichtig.

Es ist sicher auch von Interesse zu erfahren, wann die Volksbildungsidee bzw. der Bildungsgedanke für Bauern von Grundtvig in Dänemark bekannt geworden ist: Die Biographie Grundtvigs, seine Lebensbeschreibung, ist 1955 von dem Mitte der Fünfziger Jahre nach dem Korea-Krieg (1950-53) gegründeten Koreanisch-Dänischen Verband übersetzt worden. Übersetzer war der koreanische Schriftsteller Joo Johann.

Ein Mitglied des Koreanisch-Dänischen Verbandes, Kim Yeong-Hwan, machte die Ideen Grundtvigs den Bauern bekannt. Er veröffentlichte eine Beschreibung der Geographie, Geschichte, Politik und Kultur Dänemarks, die Lebensgeschichte Grundtvigs und damit auch seine Volksbildungsideen.

In Korea gab es auch einen Versuch in seinem Sinne, die *Saemaul-Undong-Bewegung*. Saemaul-Undong bedeutet: „Eine Neue Dorfbewegung". Diese Bewegung wurde 1971 im Rahmen der Fünfjahrespläne, die 1962 begannen und fortlaufend bis heute gelten, ins Leben gerufen. Sie zielte zunächst auf die Entwicklung der ländlichen Regionen Koreas.

Kim Young-Hwan, der damals schon in Dänemark gewesen war und sich mit der dänischen Kultur vertraut gemacht hatte, schrieb in einem Aufsatz: „Wer Grundtvig nicht kennt, kennt Dänemark nicht". Er sagte, durch Grundtvig sei ein Wunder in Dänemark geschehen, wir in Korea bräuchten auch so eine Persönlichkeit wie Grundtvig.

Wie Sie wissen, war Korea 36 Jahre lang Kolonialland Japans gewesen. Nach dem Zweiten Weltkrieg wurde Korea unabhängig. Zunächst stand es drei Jahre lang (1945-48) unter amerikanischer Militärherrschaft. Kurz nach der Gründung einer selbständigen koreanischen Regierung 1948 brach der Korea-Krieg im Jahr 1950 aus. Während des Korea-Krieges landete eines Tages ein dänisches Schiff in Pusan. Als dies Herrn

Kim bekannt wurde, besuchte er den dänischen Kommandeur Kaj Hammerich in Pusan und bat um die Gründung des Koreanisch-Dänischen Verbandes. So kam diese Gründung zustande. Major Kaj Hammerich hat dann neben anderer Hilfe für Korea zwei Bücher über Grundtvig, die von Professor Hal Koch geschrieben worden sind, für Korea besorgt. Kim unternahm eine Vortragsreise von Bauerndorf zu Bauerndorf und verbreitete so die Bildungsidee Grundtvigs unter den Bauern bzw. dem Volk.

Gerade nach dem Korea-Krieg war die Situation in Korea ähnlich wie in Dänemark 100 Jahre vorher. Darum appellierte Kim an die Bauern Koreas, die 80% des Volkes darstellten: „Die Rettung des Bauern ist die Rettung Koreas". Die unselbständigen Koreaner sollten selbständig gemacht werden.

Die „Saemaul-Undong-Bewegung", also die „Neue Dorfbewegung", verstand erstmalig Volksbildung im Sinne von *Volksbildung als Funktion und Motor eines umfassenden Modernisierungsprozesses der materiellen und geistigen Basis des koreanischen Volkes*. Im Vordergrund stand zunächst die Verbesserung der Lebensumstände jedes einzelnen wie auch des koreanischen Volkes insgesamt, also zunächst die Erhöhung des Lebensstandards der Land-Bevölkerung.

In der ersten Versuchsphase im Jahr 1971, in die 33.267 Dörfer einbezogen wurden, lag das Schwergewicht der Saemaul-Aktivitäten eindeutig auf Maßnahmen, durch die der Lebensstandard der Bevölkerung erhöht werden sollte: Man baute Straßen, Brunnen, Brücken, legte Kanalisation, Strom- und Telefonkabel, deckte die traditionellen Strohdächer neu mit Ziegeln, verbesserte die medizinische Versorgung durch regelmäßige Untersuchungen der Bevölkerung und führte Maßnahmen zur Familienplanung und Geburtenkontrolle durch.

Diese Maßnahmen sind üblich für Länder mit relativ geringem Lebensstandard. Das Besondere daran war, daß die Dorfbevölkerung durch ein verändertes Bewußtsein dazu kam, diese Verbesserungsmaßnahmen als ihre eigene Sache anzusehen und an der Durchführung aktiv mitzuwirken. Aufgrund des positiven Verlaufs dieser ersten Versuche wurde der Saemaul-Undong-Bewegung seit 1972 Priorität innerhalb der Staatsaufgaben zuerkannt, und sie wurde seit 1974 mit einigen wichtigen Veränderungen auch auf die Städte ausgedehnt.

Es war aber schwierig, alle städtischen Bevölkerungsgruppen anzusprechen. So wurden zunächst Gruppen angesprochen, die schon in irgendeiner Organisation waren, z.B. Mitarbeiter einer Firma, Mitglieder eines Berufs- oder Interessensverbandes. Als positive Auswirkung der Saemaul-Undong auf die Städte hat man vor allem hervorgehoben, daß es mit ihrer Hilfe gelungen sei, unter der städtischen Bevölkerung so etwas wie *Verständnis für die marginale Lage der Landbevölkerung* zu wecken und in Ansätzen auch bereits die Bereitschaft, *Verantwortung zu übernehmen und Hilfe bei der Entwicklung der rückständigen Regionen* zu leisten.

Aufgrund der guten Erfahrungen wurde versucht, die Saemaul-Undong in alle Schichten des Volkes hineinzutragen und in allen existierenden Bildungseinrichtungen durchzuführen, z.B. in Kindergärten, Volksschulen, Mittel- und Grundschulen, Universitäten und Volkshochschulen.

Hierbei sollte noch erwähnt werden, daß diese Saemaul-Undong aufgrund der Industrialisierung Koreas, die mit den Fünf-Jahres-Plänen fortlaufend weiterschritt, wirklich zustande gekommen ist. Durch die Saemaul-Undong ist die traditionell bestimmte Einstellung zur körperlichen Arbeit geändert worden. Die ursprünglich verachtete körperliche Arbeit ist heute eine normale Arbeit, und man erfährt aufgrund dieser Arbeit heute keine Verachtung mehr in der Gesellschaft.

Das Ziel der Saemaul-Undong beziehungsweise der Saemaul-Kyoyuk (zu Deutsch: „Die Erziehung zur Schaffung einer neuen Gemeinde") ist, das Bewußtsein der Bürger durch Selbsttun, durch die Erfahrung von Selbständigkeit und Kooperation zu verändern. Das Motto dieser Bewegung ist: „Do it yourself", „Learning by doing", also Lernen beim Selbst-Tun sowie Lernen durch Selbsterfahrung.

In den verschiedenen staatlichen Universitäten wurden Saemaul-Forschungsinstitute gegründet, die mit dem Saemaul-Zentrum in Seoul und mit anderen Saemaul-Instituten in den einzelnen Provinzen in Verbindung stehen. Diese Institute tragen unter anderem den Namen „Saemaul", z.B. „Saemaul-Kindergarten", „Saemaul-Mütter-Klassen", „Saemaul-Jugendklassen".

Für die Entwicklung der Agrarwirtschaft in Korea wurden sehr viele Institutionen gegründet, sowohl von seiten des Staates als auch von privater Seite.

Die Bauernbildung war unter japanischer Herrschaft durch Abendkurse – in japanischer Sprache – angestrebt worden, in denen man gleichzeitig versuchte, das Analphabetentum zu beseitigen. Nach dem Zweiten Weltkrieg 1945-1948 wurden dann unter der amerikanischen Militärregierung technische Bildungskurse für Agrarwirtschaft und nach dem Korea-Krieg das Institut für Agrarwirtschaft eingerichtet. 1962, in dem Jahr, in dem die Fünf-Jahres-Pläne für die Wirtschaftsentwicklung zusammengestellt wurden, wurde ein Institut für die Erforschung der Agrarwirtschaft (Nong-Tschon Zin Heung-Tscheong) gegründet. In diesem Institut wurden neue Techniken für die Entwicklung der Agrarwirtschaft erforscht und an die verschiedenen Provinzen weitergegeben. In diesem Institut werden noch heute die Leiter der Gemeinden für die agrarwirtschaftliche Entwicklung geschult. Allgemein wird hierbei hauptsächlich technische Bildung angeboten. Daneben wird aber auch ein Angebot zur Freizeitgestaltung gemacht. Die Bauern bekommen Hilfe durch Beratung und durch technische Bildung, wenn sie es brauchen. Es findet also eine Art Gruppen- oder Einzelberatung statt.

Es gibt auch eine ganze Reihe von privaten Instituten, die der Bauernbildung dienen, z.B. die Ganaan-Agrar-Schule, die eine Art landwirtschaftlicher Erwachsenenbildung betreibt und schon im Februar 1962 aufgebaut wurde. Daneben gibt es auch eine katholische Bauernbewegung, beziehungsweise eine kirchliche Bauernbildung, die mehr für die Bewußtseinsbildung der Bauern arbeitet, während sich andere Institutionen mehr für die technische Bildung einsetzen. Sie bemühen sich um die Verteidigung der Menschenrechte für die Bauern und um die Bewußtmachung der wirtschaftlichen, sozialen und kulturellen Entwicklung der Bauern, um Vermittlung von Informationen für Agrarwirtschaft und Agrartechnik und die Vermittlung der kooperativen Arbeit unter den Bauern. Es werden vier- bis fünftägige Seminare durchgeführt mit den Inhalten Organisationlehre, Probleme der Landwirtschaft und der Solidarität der Bauern untereinander, Ursache der Bauernprobleme und deren Lösungsmöglichkeiten, die gemeinsam zu finden sind. Eine weitere bedeutende private Bildungsstätte ist in der Stadt Su-Won im März 1954 gegründet worden.

So haben sehr viele Kurse in den verschiedenen Einrichtungen für Bauern stattgefunden, die ihnen mannigfaltige technische Hilfe für eine gesteigerte Produktion der Agrarwirtschaft vermittelten.

Was Grundtvig mit „Bauernbildung" beziehungsweise „Aufklärung für Bauern" gemeint hat, ist, daß der „Bürger lernen soll, den Lebenssinn zu verstehen und sich darüber Gedanken zu machen". Der Bürger soll nicht nur lernen, um produktivere Leistung zu erbringen, um Karriere zu machen, sondern, wie oben gesagt, um den Sinn zu erfassen und damit die Gesellschaftserneuerung selbst zu verstehen. So soll der Bürger lernen, die gegebene Situation der Gesellschaft kritisch zu betrachten.

In diesem Zusammenhang möchte ich auch erwähnen, daß die Bildungsmethode, in der meistens traditionell auswendig gelernt wird, abgeschafft werden muß. Man lernt dabei nicht zu denken! Wenn ein Mensch nicht denken kann, ist er nichts anderes als eine Marionette; nur Auswendig-Lernen – das nachmachen, was gesagt wird – kann der Entwicklung der Gesellschaft nicht dienlich sein. Also ist diese Methode nicht geeignet für die Entwicklung der Persönlichkeit und damit auch nicht für die Entwicklung der Gesellschaft. Wenn das „Leben der Bauern" gerettet wird, wird das Leben des Volkes gerettet.

Auch in den Universitäten wurden Fakultäten für Agrar-Wirtschaft gegründet, z.B. in der National-Universität in Seoul 1971 und in den verschiedenen Provinz-Universitäten des Landes. Ich möchte aber hierbei nicht vergessen, die Entwicklung der universitären Erwachsenenbildung in Korea zu erwähnen: Im Jahr 1920 wurden Alphabetisierungskurse für Bauern von Studenten initiiert. Seit 1965 war diese Hilfe von seiten der Studenten eine obligatorische Tätigkeit während der Sommerferien. Seit 1970 wurden die Kurse, die im Rahmen der Volkshochschulprogramme angeboten wurden, in den Hochschulen eingeführt. Diese Kurse sind meistens für Frauen und Senioren gedacht und existieren an mehr als 20 Hochschulen in Korea. 1980 wurde dann das „Institut für lebenslanges Lernen" (Pyeong-Saeng Kyo-Yuk-Won) in den Hochschulen gegründet. Dies bedeutet, daß die Erwachsenenbildung auch in den Hochschulen einen eigenen Platz einnimmt.

Wichtig zu nennen ist auch der Ausschuß der koreanischen Erwachsenenbildung, „The Koreans Association of Adult and Youth Education", der 1976 von Professor Jong-Go Hwang gegründet wurde. Als dieser Ausschuß für Erwachsenenbildung in Korea sein 10-jähriges Bestehen im Jahre 1986 feierte, war Professor Röhrig in Korea und hielt unter anderem einige Vorträge bei verschiedenen Organisationen und Gruppen. In einem dieser Vorträge stellte er Grundtvigs Bildungsideen vor, die für unsere Arbeit im Rahmen der Erwachsenenbildung sehr nützlich sind. Besonders wichtig war die Idee, „das Leben zu retten", eine Idee, die er in fünf zentralen Begriffen näher umschreibt:

1. die Aufklärung
2. die Schule für das Leben – die Aufgabe der Bildungseinrichtungen, bei der Bewältigung von Lebensfragen Hilfe zu leisten
3. die Benutzung der Muttersprache
4. Folkelighed (Volkskultur)
5. die Wechselwirkung.

Wir versuchen heute, zur Verwirklichung der Demokratie durch die Volksbildung beizutragen, und zwar sowohl in den Schulen als auch in außerschulischen Bildungsbereichen, also in den kommunalen Volkshochschulen und in den kirchlichen privaten Heimvolkshochschulen (Christian Academy, Katholische Bildungszentren für Jugend und Erwachsene). Hierbei gab es neben der Auswahl der Bildungsinhalte ein wesentliches Problem bezüglich der Methoden des Lehrens und Lernens. In den Kursen für Jugendliche und Erwachsene wurde in erster Linie vorgetragen, mitgeschrieben und dann auswendig gelernt. Es gibt wenige Institutionen und Bildungszentren, die durch ihre Lernmethoden zum Mitdenken anregen, und es ist heute noch nicht so einfach, das Anderssein und Andersdenken des anderen Menschen zu akzeptieren. Dies ist bedingt durch die Tradition. Im Unterricht findet bei uns nur selten eine Diskussion statt.

Für die Zukunft möchte ich den internationalen Kontakt mit Europa pflegen, die Bildungsideen und -methoden Grundtvigs weiter studieren und auch unsere Studenten nach Dänemark schicken, damit sie dort erleben und studieren können, wie die dänische Volksbildung die Ideen Grundtvigs in die Tat umgesetzt hat und diese jetzt im Volk gelebt werden. Sie sollten darüber hinaus die europäische Volksbildung allgemein kennenlernen. Auch hoffe ich, langsam entstehende Kontakte nach Japan und Indien intensivieren zu können.

Wenn man rückblickend unsere Bauernbildung betrachtet, so sieht man, wie die Bildungsidee Grundtvigs ihre Anfänge und ihre weitere Entwicklung sehr stark beeinflußt hat.

Sri N.K. Mukherjee
Grundtvigs Botschaft für das indische Volk*

Ich komme von einer indischen Universität, Visva-Bharati genannt, die besser als Tagores Internationale Universität bekannt ist; sie wurde gegründet von unserem großen Dichter, Philosophen, Erzieher, Schriftsteller, Komponisten, Künstler und vor allem großen Humanisten Rabindranath Tagore. Sie ist ein Ort des Lernens, zu dem Schüler, Professoren und Studenten aus aller Welt kommen, um die Kultur der Welt zu bereichern.

Im folgenden werde ich ihn häufig erwähnen, da ich große Ähnlichkeiten zwischen ihm und Grundtvig sehe.

Lassen Sie mich zu Anfang auf das Bulletin Nr. XVIII, veröffentlicht 1923 vom Weltbund für Erwachsenenbildung, Bezug nehmen. Der Titel dieses Bulletins lautet „Erwachsenenbildung in Dänemark und Sriniketan". Es ist interessant, daß, statt es „Erwachsenenbildung in Dänemark und Indien" zu betiteln, lediglich der Name eines kleinen Ortes in Indien, zusammen mit dem Namen eines Landes, erwähnt wird. Ich nehme an, daß der Hauptgrund für diese Vorgehensweise darin liegt, daß zu diesem Zeitpunkt in Indien nur an einem Ort ein Institut existierte, welches systematisch auf wissenschaftlicher Basis Pionierarbeit in der Erwachsenenbildung leistete.

Ich habe zwei große Erzieher kennengelernt, die Pioniere der Erwachsenenbildung waren, nämlich Rabindranath Tagore und N.F.S. Grundtvig. Ich habe auch viele andere große Erzieher aus diesem Bereich kennengelernt und einige ihrer Bücher gelesen. Aber bei Grundtvig und Tagore habe ich das Gefühl, sie aus nächster Nähe kennengelernt zu haben, und ich habe die Gelegenheit gehabt, die Anwendung ihrer Ideen zu sehen.

Von Anfang an wurde ich an Tagores berühmter Experimentierschule, der Internationalen Universität, erzogen, die „Visva-Bharati" genannt wird, und wo, wie Tagore gesagt hat, „die Welt sich trifft, im Nest". Der Geist von Grundtvigs „Folkelighed" liegt dort quasi in der Luft. Seit 1959 arbeite ich als Lehrer im Ländlichen Aufbauprogramm. Ich bin einer von denen, die für die Umsetzung seiner Ideen in die Praxis verantwortlich sind.

Und wie steht es mit Grundtvig? Ich gehöre zu den glücklichen Personen aus der Dritten Welt, die genügend Gelegenheit hatten, ihn kennenzulernen, da ich von 1954-58 und nochmals von 1964-65 in Dänemark war. Während dieser Zeit lebte ich in der Dorfgemeinschaft, arbeitete zusammen mit den jungen Bauern auf den dänischen Feldern und ging zusammen mit ihnen zur Landwirtschaftsschule und zur Volkshochschule, wo der Geist Grundtvigs lebendig ist.

Es gibt keinen Widerspruch zwischen der Erziehungsauffassung dieser beiden Personen; das Ziel ihrer Ideen über Erziehung ist das gleiche, d.h. eine Erziehung für ein gutes Leben. Tagore sagt, daß Erziehung die Schaffung einer Person in ihrer Ganzheit sei, einer Person, die das materielle Leben durch harte Arbeit festigt und dann die Fertigkeiten ihres kulturellen und geistigen Lebens erweitert. Er wollte, daß die Männer durch eine verbesserte Wirtschaftslage ein gutes Familienleben genießen können, aber

---

* Aus dem Englischen übersetzt von Konrad Lenniger

zugleich die Gesellschaft bereichern – kulturell wie auch spirituell. Er sagte: „Für uns ist eine erleuchtete Lampe das Ziel, nicht ein Brocken Gold."

Tagore war nicht immer glücklich mit der Art und Weise, wie unsere Freiheitsbewegung von Zeit zu Zeit geführt wurde. Es schien ihm so, daß die Führer offensichtlich nur politische Unabhängigkeit zu gewinnen versuchten, die soziale und wirtschaftliche Freiheit aber vernachlässigten, welche höchste Beachtung verlangt. Weil 80% der Gesamtbevölkerung Indiens in den Dörfern unter Armut und schlechter Gesundheit litten, glaubte Tagore, daß politische Freiheit allein ihnen keine Erleichterung bringen würde.

Die hilflosen Menschen, die unter der Ausbeutung litten, erwarteten, daß irgendwann einige erleuchtete Freunde kommen würden, um ihnen bei der Entwicklung von Selbstvertrauen zu helfen, so daß sie in die Lage versetzt würden, viele soziale Übel loszuwerden. Aber die Intellektuellen und Führer hatten nur ein Ziel: Sie wollten politische Freiheit erreichen, und das einzige, was sie von der Dorfbevölkerung wollten, war, daß sie mit ihnen gegen die britische Herrschaft zusammenstehe und, falls nötig, leide.

Tagore verstand die Probleme der Dorfbevölkerung und erinnerte die Führer häufig an ihre moralische Pflicht gegenüber diesen Menschen. In seinen ernsten Schriften und Vorlesungen kommt er immer wieder auf die Probleme, wie man in den Dörfern einen Stolz auf ihre Selbstverwaltung durch Selbsthilfe, ökonomische Unabhängigkeit und die Kunst und das kulturelle Erbe wecken kann. Schließlich wagte es Tagore, alleine gegen heftige Widerstände sein ländliches Aufbauprogramm in Sriniketan (1922) zu beginnen. Glücklicherweise kam ihm ein junger Engländer, L.K. Elmhirst, zu Hilfe; nicht nur als Experte, sondern auch mit genügend Geld. Er wählte aus den Jungen und Mädchen von Sriniketan einige selbstlose Arbeiter aus, um seine Auffassung von Erwachsenenbildung in der Dorfgemeinschaft um Sriniketan umzusetzen. Innerhalb weniger Jahre wurde das Experiment von Sriniketan in der ganzen Welt anerkannt. Er versuchte, „Folkelighed" durch das Wiederentdecken des kulturellen Erbes bei den Menschen einzuführen. Er fand, daß die Intellektuellen und Akademiker ihr eigenes großes Kulturerbe vergaßen und hinter der westlichen Kultur herliefen, und er wußte sehr genau, daß man nie die Kulturen anderer assimilieren kann, wenn man nicht seine eigene Kultur gut kennt. Ein guter Nationalist kann ein guter Internationalist sein.

Nach und nach eröffnete er mehrere Institutionen, die Erwachsenenbildung förderten, in Sriniketan. Er glaubte an das Lernen durch Tun. Es wurden Versuche gemacht, ein System zu etablieren, das das Landleben in einer Weise aufbaute, nach der mit der Zeit niemand mehr das Stadtleben dem Landleben vorziehen würde. Auf diesem Hintergrund wurde der Schwerpunkt auf Erziehung durch Erfahrung, im Gegensatz zur Erziehung durch Lehre, gelegt. Die Erfahrung, die er sich vorstellte, bestand aus zwei Formen: 1. den Lernenden in die Lage versetzen, seinen Lebensunterhalt zu verdienen, 2. ihn vorzubereiten auf das erfüllteste mögliche Leben als Bürger in seiner ländlichen Gemeinschaft. Jede Ausbildung zur Lebenstüchtigkeit zielt auf eine Ausbildung zum Leben ab. Der kleine Garten des Dorfjungen zu Hause kann deshalb die Basis einer Erziehung zum Leben darstellen.

Als Grundtvig geboren wurde, stand Dänemark am Rande des Bankrotts: politisch, sozial und kulturell. Aufeinanderfolgende Wellen des Unglücks schienen die natürlichen Energien der Menschen vernichtet zu haben, und ihre althergebrachte Kultur litt unter den Angriffen ausländischer Kulturen, die damals die dänische Gesellschaft in den verschiedenen Schichten dominierten.

Grundtvig, ein Gelehrter, Dichter, Historiker, Prediger, verstand es mit Leichtigkeit, ihre eigene Kultur zu ihrer alten, unberührten Herrlichkeit wiederzubeleben, so daß die Leute Selbstvertrauen und den Glauben an ihre eigenen Fähigkeiten gewannen und ihre Köpfe wieder in der Gesellschaft erhoben. Um seinen Mitmenschen frische Inspiration zu geben, begann Grundtvig seinen Weg zunächst mit dem Rückgriff auf die ursprünglichen Grundlagen der dänischen Mythologie und Literatur.

Wie Tagore, so meinte auch Grundtvig, daß politisches Wahlrecht für die Massen wenig Bedeutung hätte, solange nicht ein soziales und intellektuelles Erwachen einsetze und ein Sinn der Verantwortung für das Volkswohl bei jedem zu spüren sei. Er fand auch, wie Tagore, daß es zwei große Nachteile in der dänischen Gesellschaft gab, nämlich die Unwissenheit der Massen und ihre Abhängigkeit für ihr soziales und intellektuelles Erwachen von einer ausländischen Macht.

Grundtvig lag viel daran, das Wissen um die dänische Geschichte populär zu machen und er wollte, daß die Leute an ihrer nationalen Literatur interessiert waren. Er war entschlossen, der Erziehung eine neue Grundlage durch den Bruch mit dem Monopol der lateinischen Schule zu geben, die er zu aristokratisch und vom Volksleben und -gedanken entfremdet fand. Er wollte für die Menschen eine Schule, in der „die Muttersprache der bestimmende Faktor, das Vaterland das Lebenszentrum, auf das alle Ohren gerichtet sind", ist. Glücklicherweise hatte Grundtvig eine Anhängerschaft erworben, die er bat, die Menschen mit Vorlesungen und Ansprachen aufzurütteln, sie mit dem „lebendigen Wort" zu gewinnen.

Obwohl es ihm damals nicht gelang, die Unterstützung der Regierung zu bekommen, war er nicht niedergeschlagen. Er entschied sich für einen Alleingang, nur unterstützt von seinen Freunden. Daraufhin wurde Dänemarks erste „Volkshochschule" in Rødding eröffnet. Sie bot eine „liberale Erziehung", nicht auf ein „sicheres Leben" zielend, sondern auf „Kultur und Aufklärung, die ihre eigne Belohnung haben". Dies beinhaltet „klare Vorstellungen von einer bürgerlichen Gesellschaft und den Bedingungen ihrer Wohlfahrt, eine Anerkennung des Nationalgedankens, die Fähigkeit, sich leicht und kraftvoll mündlich auszudrücken, Freiheit und Anstand; ein fundiertes Wissen von dem, was wir haben und was wir nicht haben, basierend auf realistischen Berichten, die den Zustand des Landes beschreiben". Immer hat Grundtvig darauf bestanden, daß er die Vorstellung von einer „Schule für das Leben" hatte, in der erwachsene Menschen, die schon im Arbeitsprozeß stehen, ihre Bildung fortsetzen können. Der Zweck einer solchen Schule war es nicht, die Schüler zur Aufgabe ihrer Arbeitstätigkeit zu führen, sondern sie mit innerer Freude, Liebe zum Land, und der Anerkennung einer höheren idealen Vorstellung von Arbeit und Leben zurückkehren zu lassen.

Nun möchte ich diskutieren, wie die dänischen Volkshochschulen, die in der Folge entstanden, speziell den ländlichen Gemeinden Indiens helfen können.

Grundtvig sagte, daß Volkshochschulen Bildung für das Volk vermitteln sollen. In Wirklichkeit verhalfen sie auch der Gemeinschaft zu einem besseren Broterwerb. Der Geist der Volkshochschule prägte den Charakter der Schüler und machte sie zu offenen und kooperativ eingestellten Menschen; sie bereitete sie für ein besseres Gemeinschaftsleben vor. Der Geist der Kooperation, den die Dänen besitzen, ist ein Ergebnis der Volkshochschulerziehung.

Es ist selten in der Geschichte, in einem einzelnen Menschen eine so große Bandbreite von herausragenden Talenten wie bei Tagore zu finden. Er war ein sehr liberaler Mann mit einem großen Horizont, der mehrmals die Welt bereist hat, um Wissen zu sammeln und in seinen Experimenten in Indien anzuwenden. Aus dem Westen waren Tagore die Wissenschaften willkommen, obwohl viele seiner großen Zeitgenossen in Indien zu jener Zeit den Wissenschaften gegenüber eine negative Einstellung hatten. Tagore war sich sicher, daß die Wissenschaften die Mittel bereitstellen müßten, und, falls diese weise angewandt würden, die Menschheit vor einem großen Spektrum vermeidbarer Unglücke gerettet werde. Aber zu welchem Ende führen sie uns? „Uns anzutreiben", sagte er, „auf unserem Pilgerpfad", einer geistigen Pilgerfahrt, die, obwohl gespickt mit Schmerz und Leiden, mit harter Arbeit und schwerster Enttäuschung, darin endet, daß wir vielleicht eine neue „Realität" der Wahrheit, des Friedens, der Einigkeit und Zuneigung, des menschlichen Verstandes und des Mitgefühls erreichen werden.

Als Pionier der Erwachsenenbildung in Indien gelang es Tagore nicht, anders als Grundtvig, die Gesellschaft in ihrer Gesamtheit zu bewegen. Einer der Gründe dafür war, daß er sehr wenig Zeit hatte, sich dieser Mission zu widmen, da er durch ein großes Spektrum von anderen Aktivitäten gebunden war. Außerdem ist Indien so groß wie ganz Westeuropa; es ist nicht so einfach, Erziehung in alle Winkel Indiens durch individuelle Anstrengungen zu verbreiten. Er hatte nicht, wie Grundtvig, eine Gruppe von Schülern, die seine Lehre durch ganz Indien trugen. Natürlich hatte er einige selbstlose Helfer, die hart in den Experimentierdörfern, die seine Institutionen umgaben, arbeiteten. Während der ersten Dekaden des Jahrhunderts betrachtete die indische Elite die Bemühungen Tagores um die ländliche Gemeinschaft mit Argwohn.

Jedoch brauchen wir heute in Indien Tagore und Grundtvig mehr als je zuvor. Tagores „Lernen durch Tun" und Grundtvigs „Lernen durch das lebendige Wort" werden unserem Volk helfen, sich ökonomisch, sozial und intellektuell zu entwickeln, um das letzte Ziel des Geistigen zu erreichen. Grundtvigs Konzept der „Folkelighed" ist jetzt nötiger denn je.

In Indien sind viele Institutionen von den Objekten der Volkshochschule beeinflußt worden. Das ländliche Aufbauprogramm der Visva-Bharati-Universität, 1922 von Rabindranath Tagore gegründet, ist der lebendige Beweis dafür, wie seine Ideen hier eingesetzt wurden. Tagore besuchte Dänemark und andere skandinavische Länder und war von zwei Sozialeinrichtungen sehr stark beeindruckt – der gesetzlichen Krankenversicherung und der Erwachsenenbildung, insbesondere den Volkshochschulen. Er nahm die Ideen auf und setzte sie seit den frühen 20er Jahren in die Praxis um. Seitdem ist es eine Tradition, einige Arbeiter von Zeit zu Zeit nach Dänemark zu schicken. 1924 sandte er den Direktor für Dorfwiederaufbau bis 1929 dorthin, um das Erwachsenenbildungssystem zu studieren.

L.K. Elmhirst, der der erste Direktor von Sriniketan, Ländliche Widerauf bauabteilung der Tagore-Universität, war, hatte immer gute Verbindungen zur dänischen Volkshochschule. Tatsächlich halfen er und seine Frau Dorothy Dr. Peter Manniche finanziell bei der Gründung der Internationalen Volkshochschule in Helsingør.

In den frühen 50er Jahren schickte die indische Regierung eine Expertengruppe nach Dänemark, um Erwachsenenbildung, wie sie von Grundtvig und anderen Anhängern gelehrt wurde, zu studieren. Als sie zurückkamen schlugen sie vor, daß einige Erwachsenenbildungsinstitutionen auf der Grundlage der dänischen Volkshochschule eingerichtet werden sollten. Danach stellte die indische Regierung eine hochrangige Kommission unter der Leitung des damaligen Erziehungsministers Dr. Shrimali zusammen. Die anderen ausländischen Experten waren D. L.K. Elmhirst und Arthur Morgan. Nach ihren Empfehlungen wurden 1956 zehn Institutionen für Ländliche Höhere Erziehung eingerichtet. Ich selbst hatte die Gelegenheit, als Dozent in einer dieser Institutionen in Sriniketan zu arbeiten. Darüberhinaus arbeiten Persönlichkeiten wie Professor Ramlal Parikh aus Gujrat Vidypith und meine engen Freunde Herr Viswanathan aus Mitranikethan, Kerala, und Professor S. Dasgupta vom PIDT-Institut, Neu-Delhi, mit bei der Förderung solcher Erwachsenenbildungszentren. Gandhigram, jetzt eine Universität, hat ebenfalls nach den Idealen von Tagore, Gandhi und Grundtvig angefangen.

Kürzlich haben wir eine neue Institution, das „Elmhirst Institut für gesellschaftliche Studien" gegründet. Ich möchte hier die Arten der Arbeit, die wir aufgenommen haben, vorstellen. Wir möchten dieses Institut zu einem wichtigen Zentrum der Erwachsenenbildung machen. Offen gesagt bin ich ein großer Bewunderer der dänischen Volkshochschulen und Landwirtschaftsschulen. Dadurch, daß ich eine sehr schöne Zeit bei der dänischen Landbevölkerung verbracht habe und mit den Arbeitern verkehrte, bin ich überzeugt, daß das dänische Erwachsenenbildungsprogramm einen Beitrag zum Wachstum der indischen Gemeinschaft leisten könnte. In unserem Institut haben wir einige der höchsten Prinzipien, die Tagore niedergeschrieben hat, aufgenommen, wie:

a) Respektiere jeden, Kind oder Greis, Männer und Frauen, Arme und Hilflose.
b) Dränge nichts auf; Du darfst ihnen alles Gute wünschen. Du hilfst ihnen, damit sie sich selbst helfen.

Unter Berücksichtigung dieser Prinzipien haben wir die Lehre der Volkshochschule eingeführt, wo das „lebendige Wort" einen Sinn für die Verantwortlichkeit der ganzen Gemeinschaft gegenüber weckt. Denn solch ein Bewußtsein wird der indischen Gesellschaft helfen, miteinander zu kooperieren, um Genossenschaften zu gründen, die der einzige Weg sind, die Wirtschaft eines armen Landes wie Indien zu verbessern.

Die landwirtschaftliche Ausbildung in Indien ist nicht sehr sinnvoll. Sie ist meistens theoretischer Natur, und die meisten Studenten machen gerne Gebrauch von ihr, um Schreibtischjobs zu bekommen. Sie haben sehr wenig auf den Feldern zu tun, wo die Bauern ihre Früchte anbauen. Wir brauchen sehr dringend landwirtschaftliche Institutionen in der Richtung der Landwirtschaftsschulen Dänemarks für die Bauern selbst, basierend auf der praktischen Ausbildung. Die Bauern sollten durch das lebendige Wort besser für das Leben gebildet werden und so bessere Menschen werden. Außerdem sollten sie durch wissenschaftliche Ausbildung bessere Bauern werden.

Ökonomisch gesehen ist Indien ein rückständiges Land, und wir müssen solche Ideen aufgreifen, sie an unsere Bedürfnisse und Mittel anpassen. Wir haben daran gedacht, beide Schulen unter dem gleichen Dach anzusiedeln. So planen wir z.B. die Errichtung sehr einfacher Bauerngemeischaftshallen, in die die Bauern kommen sollen, um das „lebendige Wort" von ihren engagierten Lehrern zu hören. Und falls sie in der Landwirtschaft ausgebildet werden sollen, wird dies unter vernünftiger Anleitung auf ihren eigenen Feldern geschehen. Danach werden sie, wenn sie Zeit haben, zum Diskutieren ins Zentrum kommen. Diese Gemeinschaftszentren werden so einfach wie möglich gebaut werden, aber die Lehrer müssen gut ausgebildet und bestens vertraut sein mit Tagores, Gandhis und Grundtvigs Gedanken. Wie schon Tagore immer sagte: „Es ist wichtig, daß das Essen nahrhaft ist und nicht, daß der Teller teuer war."

In den letzten Jahren haben wir mit unseren Kollegen den Geist der dänischen Volkshochschule geteilt, der die Lehre in Sriniketan durchdringt, und sie bereiten sich vor, solche Schulen in verschiedenen Teilen Indiens zu eröffnen. Wir haben einige Freunde, die ebenfalls die dänische Genossenschaftsbewegung, Volkshochschulen und Landwirtschaftsschulen studiert haben.

Jetzt sei es mir erlaubt, einige konkrete Vorschläge anzuführen, um Grundtvigs Botschaft für das indische Volk zu implementieren, aus der Erfahrung der Arbeit der letzten Jahre mit den Menschen in Bengalen, die wie folgt aussehen:

1. Wir sollten Volkshochschulen, besonders für die Bauern, Handwerker und Industriearbeiter, nach dem Vorbild der dänischen Volkshochschule, wo immer möglich, errichten.
2. Da die wirtschaftlichen Bedingungen indischer Bauern und der anderen sehr ungünstig sind, ist es für sie finanziell schwierig, so lange in einer solchen Schule zu bleiben. Sie müßten von der Regierung unterstützt werden, was nahezu unmöglich ist in einem so großen Land wie Indien, in dem die Bevölkerungszahl annähernd so

hoch ist wie in ganz Westeuropa. Deshalb schlage ich vor, Landwirtschaftsschulen und Volkshochschulen, die im Geiste von Grundtvigs Ideen arbeiten, zusammenzulegen.
3. In Indien gibt es ein Projekt: „Integriertes Kind-Entwicklungsdienstprogramm", das wahrscheinlich das größte Wohlfahrtsprogramm für Frauen ist, das jemals von einer Regierung initiiert wurde. In diesem Projekt werden Tausende junger Frauen in unterschiedlichen Ausbildungszentren ausgebildet, um Basisarbeiterinnen zum Wohl der Kinder und Frauen zu werden. Dieses Programm hat sich über ganz Indien ausgebreitet. In unserem Elmhirst Institut haben wir ein solches Ausbildungszentrum, zu dem eine Gruppe von 50 jungen Frauen für drei Monate zur Ausbildung in Erziehungsfragen, Ernährungs- und Gesundheitslehre, Gemeinschaftorganisation, Handwerk und Musik kommt. In unserem Institut behandeln wir sie wie unsere Familienmitglieder, und wir geben unser Bestes, um eine Atmosphäre zu schaffen, wie wir sie in den dänischen Volkshochschulen finden. Die Lehrer, die sie ausbilden, gehen mit ihnen um wie ältere Brüder und Schwestern, und nach Abschluß des Kurses sind sie so motiviert, daß sie erfolgreiche Sozialarbeiterinnen werden, in den verschiedenen Dörfern Kurse für Frauen organisieren und den Müttern und jungen Mädchen beibringen, daß die Hauptsache in der Erziehung die Erziehung zu einem guten Leben ist. Sie arbeiten für sich selbst und die Gesellschaft. Diese Mädchen, die im Institut ausgebildet werden, arbeiten in ganz West-Bengalen, und jeder kann den Unterschied sehen zwischen den Orten, wo sie arbeiten und denen, wo es noch keine solche Arbeiterinnen gibt. Ich habe das Gefühl, daß, falls wir es schaffen, die Ideen von Tagore und Grundtvig auch in die anderen Ausbildungszentren zu tragen, dies einen großen Einfluß auf die Frauen in ganz Indien haben wird.
4. Um solche Ideale von Grundtvig zu verankern, brauchen wir einige Ausbildungszentren (Volkshochschulen) wie in Dänemark für die Ausbilder, die diese Basisarbeiter ausbilden; sowohl für Männer als auch für Frauen. Für Männer haben wir viele Gram Sevak Zentren, d.h. Ausbildungszentren für diejenigen, die mit den Bauern arbeiten. Sie können ebenfalls so motiviert werden, wie ich es schon bei den Frauen erwähnt habe.
5. Manchmal ist es in Indien notwendig, daß die Volkshochschulen zu den Dorfhäusern gebracht werden, statt die Menschen in die Schule zu bringen. Hiermit meine ich, daß das ehrenamtliche Institut, so wie unseres, seine Lehrer und Sozialarbeiter in die Dörfer schicken kann, in die Bauernhäuser oder das Gemeinschaftshaus. Dies ist praktischer und wirtschaftlicher. Ich freue mich sehr, daß ich sagen kann, daß wir mit dieser Methode sehr erfolgreich Erwachsenenbildung nach dem Vorbild von Tagore, Gandhi und Grundtvig vermitteln konnten. Dies ist notwendig, denn viele arme, junge Menschen können es sich nicht leisten, zur Volkshochschule zu kommen.
6. Es soll in Indien ein Verband gegründet werden, in dem die ehrenamtlichen Wohlfahrts- und Erziehungsinstitutionen organisiert werden, die an den Weg Grundtvigs glauben und seinem Weg der Erwachsenenbildung folgen möchten.

Abschließend möchte ich erwähnen, daß wir die engen Grenzen verlassen und auf der ganzen Welt nach den Idealen Grundtvigs arbeiten sollten. Wir haben großes Vertrauen in die Menschheit, wie Tagore es ausdrückte: „Nationen werden untergehen und sterben, wenn sie ihr Vertrauen verspielen, aber lang lebe die Menschheit!"

Nikolaus Richartz
Gesprächsbericht

Beide Vorträge (von Prof. Dr. Ok-Bun Lee, Korea, und Prof. N.K. Mukherjee, Indien) hoben die Notwendigkeit und Bedeutung der Erwachsenenbildung sowohl in Süd-Korea als auch in Indien hervor. In der Diskussion wurde die Überlagerung einheimischer Kulturen durch Imperialismus und Kolonialismus festgestellt und nach der aktuellen Situation, nicht nur in Süd-Korea und Indien, sondern in ganz Asien gefragt.

Ökonomische Bedingungen, Abhängigkeit von ausländischen Kapitalgebern und Überlagerung der einheimischen Kulturen durch massenkulturelle Produktionen westlicher Herkunft, von der landeseigenen Kulturindustrie häufig kopiert, wurden als Bedrohung nationaler Identität erkannt. Im Anschluß an diese Analyse wurden die Thesen von Frau Professorin Dr. Erica Simon, Universität Lyon, die diese in ihrem Eröffnungsvortrag am 7. September im Forum der Volkshochschule Köln entwickelt hatte, diskutiert. Frau Simon, die am Arbeitskreis teilnahm, meinte, daß sie zu wenig von den Problemen asiatischer Länder wisse, sich aber trotzdem vorstellen könne, daß eine Erwachsenenbildung, die sich auf die grundtvigsche Tradition berufe und dabei gleichzeitig die jeweiligen nationalen Besonderheiten berücksichtige, durchaus in der Lage sein könne, einen Beitrag zur Wiederherstellung nationaler Identitäten zu leisten.

In ihren abschließenden Statements wiesen die beiden Referenten darauf hin, daß es in ihren Ländern in der Erwachsenenbildung bestimmte Entwicklungen gebe, die eine solche Deutung zuließen. Frau Professorin Dr. Ok-Bun Lee wies auf die Erfolge von „Saemaul-Undong" (Neue-Dorf-Bewegung) hin, die die ländlichen Regionen Süd-Koreas entwickeln will und dabei nicht nur materiellen, sondern auch kulturellen Fortschritt anstrebt. Professor Mukherjee erinnerte an die schon recht lange Tradition einer auf Grundtvig zurückgehenden Erwachsenenbildung in Indien und drückte die Hoffnung aus, daß diese, besonders in den ländlichen Regionen, weiter ausgebaut werden könne. Indien benötige dazu allerdings Hilfe aus den westlichen Ländern. Wenn dies jedoch aus der Tradition heraus geschehe, die Grundtvig begründet habe, sei es auch durchaus akzeptabel, da dadurch eine neue Abhängigkeit und Unterdrückung ausgeschlossen werde.

Sektion Theologie / Religionspädgogik

Leitung und Redaktion: Henning Schröer

Henning Schröer
Grundtvigs theologisches und religionspädagogisches Erbe

I. Zur Rezeption Grundtvigs in der Theologie und Kirche im deutschen Sprachraum

Um einen Grundtvig von außen bittend, das ist unsere deutsche Situation gegenüber dem, was Grundtvig geschaffen hat an theologischen und religionspädagogischen Gedanken, Schriften und Taten. Für unüberwindbar ist immer wieder von beiden Seiten die Sprachgrenze gehalten worden, aber das könnte auch eine Schutzbehauptung sein. Die Einschränkung, Grundtvig eine nur innerdänische Bedeutung zu geben, erwies sich in Fragen der Volkshochschule als nicht statthaft. Sollte es sich bei Theologie und Religionspädagogik anders verhalten? Kann Grundtvig theologisch regionalisiert werden, wenn man ihn recht versteht? Ein Grundtvigkongreß in Deutschland einschließlich einer Sektion Theologie/Religionspädagogik ist sicher ein Wagnis, aber auch, wie ich meine, Gelegenheit, bisher versäumtes geschichtliches Erbe über die Grenzen Dänemarks hinweg in rechter Weise wahrzunehmen und nicht vorschnell auszuschlagen.

Immer noch lernen Theologiestudenten für ihr Examen nach dem Kompendium der Kirchengeschichte von Karl Heussi. Dort finden sie folgende Würdigung Grundtvigs: „Der einflußreichste Kirchenmann Dänemarks im 19. Jh. wurde N.F.S. Grundtvig (1783-1872), Pastor, Geschichtsforscher und Dichter, ein scharf deutschfeindlicher dänischer Patriot, ein begeisterter Verkünder der Herrlichkeit der altnordisch-heidnischen Welt und eines weltfreudigen, das national-germanische Erbe in sich aufnehmenden Christentums altlutherischer Prägung, Bahnbrecher der Vertiefung der Staatskirche zur *Volkskirche* mit weitgehenden Freiheiten des einzelnen und dem bis auf das erste Pfingstfest zurückdatierten *Apostolikum* als Grundlage (unter Ausschluß der lutherischen Bekenntnisschriften) sowie Gründer der dänischen Volkshochschule (seit 1844), die auch für Norwegen, Schweden, Finnland Bedeutung gewann."[1]

Lernen Studierende nach dem ansonsten verdienstvollen Arbeitsbuch „Kirchen- und Theologiegeschichte in Quellen"[2], so erfahren sie von Grundtvig gar nichts, im Gegensatz natürlich zu Kierkegaard, der in Band IV,1, 220-224, übrigens zwischen Karl Marx und Alexander Vinet plaziert, zu Wort kommt. Eine genauere Bestandsaufnahme der Würdigung Grundtvigs in Darstellungen der Kirchen- und Christentumsgeschichte deutscher Feder kann ich hier nicht leisten, weitgehend ergeben sich Fehlanzeigen oder nur kurze Hinweise.

Eine Ausnahme bildet Emanuel Hirsch in seiner „Geschichte der neueren evangelischen Theologie"[3], in der in Bd. V, in dem 49. Kapitel mit der Überschrift „Der Streit um den Kirchenbegriff", nach der Erörterung der Auffassungen von Schleiermacher, Hegel, Marheineke, Rothe, Stahl, Löhe, Vilmar, Kliefoth, Harleß, Dorner, Wichern und Beck zuletzt auch Grundtvigs als „Beitrag des außerdeutschen Luthertums zur Kirchenfrage" gedacht wird. „Was diese nationaldänische Kirchenidee zusammenhält,

---
1 § 124, ¹⁰1949, S. 499
2 Kirchen- und Theologiegeschichte in Quellen, Neunkirchen 1977ff.
3 Emanuel Hirsch: Geschichte der neueren evangelischen Theologie, Gütersloh ⁴1968

ist die ungewöhnlich phantasiereiche und willensstarke Persönlichkeit ihres Urhebers, des dänischen Dichters, Geschichtsschreibers, Pfarrers und Volksmanns Nikolai Frederik Severin Grundtvig..."[4] Hirsch betont die Zusammenhänge mit Fichtes „Bestimmung des Menschen" und dessen „Reden an die deutsche Nation", aber auch Schellings. Ein Hinweis auf Herder als Sachentsprechung fehlt, wohl aber wird an Novalis erinnert: „Bei keinem Dichter und Denker jener Zeit ist die von Novalis ausgesprochene Idee, daß dem frommen Sinn schlechthin alles zum Mittler des Göttlichen werde, so reich entfaltet wie bei Grundtvig. Aber alles dies ist mit Entschlossenheit dem alten christlichen Glauben untertänig gemacht."[5] Hirsch stellt zu Recht die Bedeutung der Taufe wie der Sakramente überhaupt für Grundtvigs Kirchenverständnis heraus. Es geht um „die fröhliche Botschaft, daß der Christ durch die Taufe bereits Glied der Gemeinde der durch Christi Blut Erlösten geworden ist... Die Fülle und den Reichtum gewinnt diese einfache Verkündigung dadurch, daß sie mit dem ganzen Schatz biblischer und kirchlicher Bilder und Formen sowie mit allen von Geschichte und Poesie dargebotenen Hilfsmitteln die Phantasie und das Gemüt entzündet, und Kraft und Gewißheit teilt sie dem Einzelnen dadurch mit, daß sie ihn in eine um den Altar zu Dank und Anbetung sich sammelnde Gemeinde stellt, die sich zu frohem Schaffen und Wirken in ihrem Volke gerufen weiß und ihre Freude in die Welt hinaussingt. Dies ist der eigentliche Kern der Kirchenidee Grundtvigs."[6] Diese Hinweise auf lebensbejahendes Christentum und die Bedeutung von Liturgie und Hymnus wie auch die Rolle von Phantasie und Poesie werden uns noch beschäftigen. Hirsch macht noch auf die s.E. bedeutendste theologische Leistung aufmerksam, die Überwindung des „exegetischen Papsttums" der Schriftgelehrten und Theologen, also Grundtvigs Verständnis von Heiliger Schrift und lebendigem Wort. Daß Grundtvig hier in Frontstellung zu dem Rationalismus steht und dem Glauben eine elementare Grundlage unabhängig von gelehrter Tüftelei geben will – übrigens in dieser Intention Kierkegaard nicht unähnlich – weiß Hirsch zu würdigen, aber er urteilt: „So klug nun aber Grundtvigs Fragestellung ist, so seltsam ist seine Antwort."[7] Hirsch meint die Verankerung des Glaubens im Apostolikum, das durch Kierkegaards Bruder Peder Christian Kierkegaard in besonders anfechtbarer Weise als eigenes persönliches Wort Christi in den vierzig Tagen zwischen Ostern und Himmelfahrt aufgefaßt wurde, damit aber historischer Forschung hilflos preisgegeben ist. Inzwischen ist wohl längst erkannt, daß man Grundtvigs Bedeutung für die Hermeneutik von Bibel und Kirche nicht mit jener Theorie schon als erledigt ansehen kann, daß vielmehr Erkenntnisse über das Verhältnis von mündlichem Wort und schriftlichen Dokumenten, also das Problem der viva vox evangelii und des sola scriptura, nicht zuletzt in den Aussagen über den Zusammenhang von Erzählung und Theologie, aber auch Poesie und Theologie bei Grundtvig vorliegen, die erst allmählich als wegweisend anerkannt werden. Schließlich ist Hirschs Würdigung Grundtvigs durch eine Anmerkung, die bisher wohl weniger beachtet wurde – ich kenne nur einen Kommentar dazu in Kurt Meiers Studie über „Volkskirche 1918-1945" –, aktuell. Er stellt eine Hypothese für die Entwicklungsgeschichte der Deutschen Christen im Dritten Reich auf: „Wenn der in der jüngsten deutschen Kirchengeschichte unternommene Versuch der ‚Thüringer Deutschen Christen', die Kirchenidee und die Methoden des Grundtvigianismus auf deutschem kirchlichem Boden nachzubilden, verunglückt ist, so liegt das wesentlich daran, daß ihnen eine Persönlichkeit wie Grundtvig, die trotz allen theologischen Sonderbarkeiten unwidersprechlich war, gefehlt hat."

---

4 E. Hirsch, a.a.O., S. 221
5 ebd., S. 224
6 ebd., S. 225
7 ebd., S. 227

Mit dieser erstaunlichen Hypothese, die also behauptet, daß den Deutschen Christen vor allem ein deutscher Grundtvig gefehlt habe, um zum Erfolg zu kommen, wird unterstellt, daß Grundtvigs Anschauungen von Kirche und Volk kein Widerstandspotential gegen die Lehre der Deutschen Christen in sich hätten. Hirsch unterstellt dies, obwohl er die Zusammenhänge Grundtvigs mit Demokratiebewußtsein[8] und Freiheit innerkirchlicher Toleranz[9] nicht leugnet. Ist Grundtvig so ambivalent, daß diese, wie ich meine, falsche Beerbung möglich ist? Daß hier die Analyse des Verständnisses von ‚Folkelighed' mit Konsequenzen für das Verständnis von Volkskirche den Kernpunkt der Probleme bildet, ist sicher unter denen, die hier über Klischees hinauskommen wollen, anerkannt. Götz Harbsmeier, Bernd Henningsen und Theodor Jørgensen haben darauf aufmerksam gemacht, daß bei Grundtvig, wie schon Hal Koch feststellte, eine Konzeption vorliegt, die sicher nicht mit dem Begriff völkisches oder nationales Christentum politisch und theologisch zusammengefaßt werden kann. Die Schwierigkeiten einer Übersetzung von ‚Folkelighed' sind bekannt, sie dürfen uns nicht dazu führen, hier nur das dänische Fremdwort als Zauberformel stehen zu lassen.

Zwei Hindernisse stehen einer unideologischen aufgeschlossenen Rezeption, einer sachgemäßen Erbfolge, entgegen, 1. die Unterstellung der Parallelität zu der Blut-und-Boden-Volkstum-Ideologie der Deutschen Christen. Entsprechend ist die Zurückhaltung deutlich bei K. Barth zu spüren, der im Zusammenhang mit dem Mißverständnis des Volks als Schöpfungsordnung, provoziert durch H. Weinels RGG Artikel [2] V 1623, auch auf Grundtvig als „eine sehr schillernde Gestalt" zu sprechen kommt, wobei er wohl im wesentlichen seinem Gewährsmann N.H. Søe folgt[10], 2. die Neigung, Grundtvig mit den Augen Kierkegaards wahrzunehmen. Da gilt dann für viele der Grundsatz: Erst Kierkegaard und dann keineswegs mehr Grundtvig. Ich gehe hier nicht im einzelnen auf diese Problematik ein. Götz Harbsmeier hat am deutlichsten, nicht zuletzt aufgrund langer eigener Erfahrung, die Gefahr deutlich erkannt und beschrieben, Grundtvig durch die Brille Kierkegaards zu sehen und sich dann an dessen bekanntermaßen scharfe Polemik zu halten: Grundtvig als „biernordischer Hüne", seine Zugehörigkeit ins dänische „Fjanteon" (Narrenhaus) statt Pantheon, seine Kennzeichnung als Quatschkopf. Man darf ja nicht übersehen, daß Kierkegaard Grundtvig auch als Genie anerkennt. Aber, wie gesagt, wir sollten uns von diesem viel benutzten Zugang lösen, später mag man dann auch auf diese Kontroverse zurückkommen. Götz Harbsmeiers großer Einsatz für Grundtvig ist bekannt, man wird aber auch hier sagen müssen, daß seinen Bemühungen nur ein mäßiger Erfolg zuteil geworden ist. Es lohnt sich, den Gründen dafür nachzugehen. Ich möchte sie außer im Fehlen einer sinnvoll kommentierten exemplarischen Textausgabe, die ein Studium an den Quellen ermöglicht, darin sehen, daß Grundtvig eine so spannungsvolle Persönlichkeit ist, daß man damit kaum zurechtkommt. Zum einen ist hier die Spannung zwischen traditioneller Frömmigkeit – Bußchristentum im Sinne der Analysen Grønbechs und Thanings gesprochen – und einer weltlichen Theologie zu nennen. Sie prägt sich aus in den Spannungen von reformatorischem Anspruch, prophetischem Sehertum und Bejahung der Tradition, zwischen Ritualismus und Prophetie, zwischen Säkularismus und Sakralität, zwischen Poesie und Reflexion. Dazu kommen die verschiedenen Entwicklungsphasen Grundtvigs. Wir stoßen zuletzt auf das Problem von Theologie überhaupt. Wie stark ist es biographisch an eine Person gebunden und wie hängen Liturgie, Hymnologie und Theologie zusammen?

Es fehlt an einer Biographie Grundtvigs, die uns die Persönlichkeit erst einmal nahebringt. Ebbe Kløvedal Reichs Volksbuch „Frederik" – „ein Märchenbuch, aber von

---

8 ebd., S. 226
9 ebd., S. 229
10 KDIII, 4, 346

hohem kulturtheoretischem Wert", wie Bernd Henningsen zu Recht urteilt – hat kein Gegenstück im deutschen Sprachraum, was wahrscheinlich auch nicht durch Übersetzung zustandegebracht werden könnte. Die aktuelle Verwurzelung mit politischen und kulturellen Grundfragen unserer Geschichte wäre bei uns erst noch herzustellen. Wir haben dank Hal Koch, Kaj Thaning und Georg Simon bemerkenswerte Darstellungen über Leben und Werk Grundtvigs, aber der Funke für eine breite Aneignung kann damit noch nicht überspringen.

Zum anderen fehlt uns der Zugang zu den Liedern Grundtvigs. Es gibt m.E. respektable Versuche der Übertragung der Kirchenlieder Grundtvigs ins Deutsche, sei es seinerzeit von W. Görnandt oder neuerdings von der Grundtvig-Werkstatt. Sie zeigen natürlich auch Grundtvigs Zeitgebundenheit, wenn sie philologisch rechtschaffen sind. Der Zugang läßt sich auch hier am ehesten durch Praxis finden, die aber an dieser Stelle ökumenisch kaum gelingt. „Ewig steht fest der Kirche Haus" – Riethmüllers kühner Übersetzungsversuch schlug für das deutsche EKG in mehreren Anhängen eine Bresche; es ist aufschlußreich, daß der Probeentwurf des neuen EKG für den Stammteil kein Grundtviglied enthält. Das ist äußerst bedauerlich in einer Zeit der Bemühungen um ökumenische Liedkultur. Ich denke, man sollte dagegen etwas unternehmen, auch wenn wenig Hoffnung besteht, noch etwas auszurichten.

II. Anknüpfungspunkte für Grundtvigs Aktualität

1. Theologie und Kirche für das Leben

Mein Ausgangspunkt für den Aufweis der Aktualität Grundtvigs ist jene schon oft erwähnte, aber wohl doch nicht im allgemeinen theologischen Bewußtsein unseres Landes verankerte Szene der Begegnung von Grundtvig und Marheineke in Kopenhagen 1836. Martensen, der spätere Bischof, der bei dieser Begegnung als Vermittler fungierte, hat davon berichtet, daß Marheineke die spekulative Theologie als das, dessen die Zeit bedürfe, sehr empfahl. „Hierauf wollte sich Grundtvig nicht einlassen und äußerte, er fürchte sich sehr, darauf einzugehen. ‚Warum fürchten Sie sich?' fragte Marheineke. ‚Ich fürchte mich vor mir selbst. Für mich ist (nun) einmal der Hauptgegensatz der zwischen Leben und Tod.' Marheineke nahm die Sache als Scherz und äußerte: der Unterschied zwischen Leben und Tod sei allerdings ein erklecklicher Unterschied, hierbei müsse man jedoch auf den Gegensatz zwischen Denken und Sein zurückgehen. Grundtvig erwiderte mit Laune: ‚Ihr großen Philosophen vergesset das Leben über der Aufführung eurer Denkgebäude.'"[11]

Die Vorrangigkeit des Gegensatzes von Leben und Tod gegenüber einer nichtexistentiellen ontologischen Fragestellung, das stiftet Nähe zu den heutigen vielfachen Bemühungen, eine *lebensnahe* Theologie zu entwickeln, eine Theologie *lebendiger Liturgie* oder *lebendiger Gemeinde*. Es scheint eine Jahrhundertaufgabe zu sein, eine Theologie zu entwickeln, die den Gegensatz von Sünde und Gnade mit dem von Tod und Leben verschränkt. Eine Theologie, die nur die Äquivalente zur Lebensphilosophie des vorigen Jahrhunderts, etwa Diltheys, repristinieren wollte, wäre den derzeitigen Aufgaben der biblischen Tradition nicht gewachsen, wohl aber eine Theologie, die elementar lebensweltlich zu denken, zu reden und zu handeln versteht. Diese Notwendigkeit ist durch die ökologische Herausforderung, durch die neuen Bedrohungen des Lebens bis hin zu der Frage des Überlebens radikalisiert worden. So wie die Schule für das Leben von Grundtvig angemahnt und angebahnt worden ist, so wie unser Kongreß

---

11 Martensen, Hans: Aus meinem Leben. 2. Abt. Karlruhe u. Leipzig 1884, S. 55f.

genau formuliert heißt: „Um des Menschen*lebens* willen", so ist die Frage nach einer Theologie, die „Umkehr zum Leben", bekanntlich die Losung des Kirchentages 1983, bedeutet, vordringlich aktuell.

1.1. Das lebendige Lied

Auf dem Wege zu einer solchen nicht dem Tode dienenden Theologie stoßen wir bei Grundtvig zuerst auf seine Lieder. Martensen berichtet von seinen zahlreichen Gesprächen mit Grundtvig: „Auf eigentliche Theologie oder Dogmatik ließ er sich so gut wie gar nicht ein, wenn er auch gelegentlich einen einzelnen Punkt anging, wie den jenseitigen Zwischenzustand, oder das Tausendjährige Reich, bei dessen Ankunft er die leibliche Wiedererscheinung des Propheten Elias erwartete. Bei Grundtvig trat an die Stelle der Dogmatik das geistliche Lied"[12]. Christian Thodberg hat in dem instruktiven Sammelwerk „N.F.S. Grundtvig. Tradition und Erneuerung"[13] eine lehrreiche Darstellung von „Grundtvig als Liederdichter" gegeben[14], die zeigt, wie in seinen Liedern die Dramatik geschöpflichen Lebens in tödlicher Bedrohung aus der Vergewisserung in der Taufe den Abschied von Zweifel, Furcht und Sorge gewinnt. Es gibt auch bei Grundtvig den Typus Vertrauenslied. Es hat wenig Sinn, aus den Liedern eine Dogmatik herausdestillieren zu wollen. Es ist wie bei Paul Gerhardt: Wenn wir seine dogmatischen Anschauungen, etwa auch sein Grundtvig ähnliches Festhalten am Exorzismus bei der Taufe, rekonstruieren wollen, ist er mehr tot als lebendig, aber seine Lieder bis hin zu dem Erfahrungszeugnis D. Bonhoeffers in der Gefängniszelle erweisen lebendige Kraft. Grundtvigs Lieder sind Poesie, für unser Empfinden sicher zu sehr romantisch, zu gefühlvoll, zu blumig und zu „zwitscherig", aber man sollte das nicht zu schnell geringschätzig übergehen. Neuere geistliche Lieder suchen ähnliche Symbolkraft und elementare Sprache („Herr, deine Liebe ist wie Gras und Ufer..."). Grundtvig fordert uns jedenfalls zu einer neuen Begegnung von Hymnologie und Liturgie auf. Sein Erbe sind vor allem seine Lieder. Können wir sie nicht direkt übernehmen – was bis auf Ausnahmen mir nicht realistisch erscheint – so doch die an ihnen deutlich werdende Aufgabe erkennen, gerade bei der Erneuerung des Gesangbuches.

1.2. Mythos als lebendige Sprache

Mit dieser Aufgabe hängt eine zweite Entfaltung des Themas lebenskräftiger Theologie zusammen. Grundtvig hat die Mythologie wiederentdeckt und seinem Volk als Schatz zurückzugeben versucht. Das Thema Mythos ist derzeit wieder aktuell, wie der Europäische Theologenkongreß in Wien 1987 mit dem Thema „Mythos und Rationalität" bewies. Auf ihm spielte allerdings trotz eines dänischen Votums Grundtvig keine Rolle, obwohl Grundtvig in der Deutung der Mythologie als dem poetischen Ausdruck volkhaften archetypischen Erlebens genau den Fragestellungen nahekommt, die derzeit z.B. in Auseinandersetzung mit Eugen Drewermann diskutiert werden. In seiner Forderung nach lebendiger Wissenschaft und historisch-poetischer Methode hat Grundtvig sich eingesetzt „für diese große und wichtige Wahrheit, daß die Poesie wissenschaftlich werden muß, damit die Wissenschaft poetisch werden kann".[15] Andreas Haarder hat in dem erwähnten Sammelband auf diese Intentionen aufmerksam

---

12 ebd., S. 59
13 Christian Thodberg, Anders Pontoppidan Thyssen (Hrsg.): N.F.S. Grundtvig. Tradition und Erneuerung, Kopenhagen 1983
14 Thodberg/Pontoppidan Thyssen, a.a.O., S. 172-209
15 ebd., S. 622

gemacht. Wer heute von narrativer Theologie redet und die Zusammenhänge von Symbol und Mythos zu klären versucht – gerade wenn es gilt, bei den Mythen des zwanzigsten Jahrhunderts Brauch und Mißbrauch zu klären –, der kann nicht an Grundtvig vorübergehen.

1.3. Für lebendige Volkssprache

Von seiner Bemühung um Sprache, elementarer Sprache, lebendiger Sprache, nicht nur im Lied, sondern auch in der Predigt, was für ihn übrigens schriftliche Konzeption der Predigt nicht aus-, sondern einschloß, ist drittens eine Aktualität gegeben, die uns auch auf die Frage nach dem usus scripturae zurückweist, auf die mündliche Aneignung der Glaubenserfahrung der biblischen Tradition, vor allem in Erzählung und Gottesdienst. Für die Sprachauffassung Grundtvigs hat Christa Kühnhold wichtige Grunderkenntnisse erarbeitet, die theologisch noch kaum zur Kenntnis genommen worden sind. Die Verkündigung bedarf keiner Machtgewalt, weil sie selbst von der Macht des lebendigen Wortes lebt. Ich bin froh, daß Christian Thodberg über die zentrale Bedeutung des lebendigen Wortes für Grundtvig hier auf diesem Kongreß einen grundlegenden Vortrag bieten wird. Damit wird es auch zu der Frage kommen, wie weit Grundtvigs Überzeugung, der Reformation, insbesondere Luther, nicht untreu geworden zu sein, zutrifft, also wie Wort und Leben als viva vox evangelii bei beiden zur Geltung kommen. Es könnte ja sein, daß, wie heute besser erkannt wird, Schleiermacher gerade der Reformation treu bleiben wollte, indem er sie ganz neu im neuzeitlichen Christentum zur Geltung zu bringen versuchte, auch Grundtvig eine solche kontextuell kühne Antwort des 19. Jahrhunderts gewesen ist.

1.4. Die Freiheit lebendiger Schöpfung

Dies gilt sicher besonders für Grundtvigs Interesse an Freiheit, die eben auch Freiheit zu der Sprache der Natur und der Bibel als lebendiger Schöpfung ist. Was wie Agrarreligion aussieht, könnte ökologische Weisheit sein. Man müßte sicher auch hier Vergleiche mit Matthias Claudius und Ernst Moritz Arndt anstellen.

2. Lebendige Bildung

In den theologischen Anknüpfungspunkten liegt auch schon die religionspädagogische Aktualität Grundtvigs. Sie ist freilich wesentlich komplizierter, weil das Verhältnis von Kirche und Schule, seine erstaunliche Verbindung von Freiheit und Entschiedenheit der Kirche, die das dänische ‚frisind‘ (Freisinnigkeit als Offenheit) zu einem aktuellen Stichwort in der Debatte um Wahrheit und Pluralität der Kirche macht. Der Kampf um die Anthropologie, das Verhältnis von Menschsein und Christsein, die „Abarbeitung des Pietismus", durch Kaj Thanings Forschungen uns allen vor Augen, muß ja politisch, zumindest bildungspolitisch, auch Folgen haben. Das berühmte „Erst der Mensch, dann der Christ", hat sicher befreiende Wirkung, aber es stellt auch die Frage nach dem Zusammenhang beider ohne eine Stufenlehre, im Sinne von: Erst die Pädagogik, dann die Theologie. Was besagen, zumal im Verhältnis zu Schleiermacher, Aussagen Grundtvigs wie: „Die Kirche bringt das Verhältnis des Menschen zu Gott zum Ausdruck, der Staat sein Verhältnis zum Menschen-Geschlecht und die Schule sein Verhältnis zu sich selbst?"[16] Wie verhalten sich Säkularisierung und Sakralisierung? Heinrich Vogel hat

---
16 N.F.S. Grundtvig: Dannevirke IV, S. 20f.

folgenden Gedanken zuerst entwickelt, und Karl Barth hat ihn aufgenommen, daß es für die Kirche die beiden Grundgefahren, zum einen die Säkularisierung, die Fremdherrschaft, und zum anderen die Sakralisierung, d.h. die Selbstherrlichkeit gäbe. Wie mag sich Grundtvigs Sicht von Kirche dazu stellen? Im Kern ist es die Frage nach dem Verhältnis von Wahrheit und Freiheit im Glauben. Grundtvigs Vertrauen in die Evidenz von Freiheit stellt uns vor das Problem, wie diese Autorität der Freiheit gerade Zusammenleben ermöglicht, das persönliche Freiheit und gemeinsame Verantwortung verbindet.

Ich denke, daß bei den heutigen Versuchen kontextueller Theologie und Indigenisation in den Kirchen der dritten Welt Grundtvig Parallelen und Verständnis findet für eine Kirche von unten, für eine Kirche des Volkes Gottes. Mir scheint, daß bei Grundtvig das Verständnis von Volksein doch viel mit dem biblischen Verständnis von ‚am haarez' zu tun hat. Ich bin froh, daß diese Probleme der religionspädagogischen Aktualität Grundtvigs hier in einem Arbeitskreis extra erörtert werden. M.W. gibt es überhaupt noch keine Aufnahme der Gedanken Grundtvigs, obwohl Bernd Henningsens Darlegungen über die „Ziviltheologie" Grundtvigs uns religionspädagogisch sehr wichtig sein müßten. Auch K.E. Nipkow hat davon nichts in seine „Grundlagen der Religionspädagogik" aufgenommen. Die Interessen an den Lernprozessen einer civil religion wie an der Lebenslaufforschung müßten auch bei Grundtvig Nahrung finden. Freilich ist es wohl so, daß Grundtvig eher Anlaß gibt, eine seinen Leitideen folgende Praxis zu entwickeln, als eine tragfähige Theorie der Lehr- und Lernprozesse zu entwickeln, die international didaktisch vermittelbar ist. Aber hier müssen uns die dänischen Kollegen helfen. Unsere kirchliche Erwachsenenbildung braucht jedenfalls neue Impulse zwischen Säkularisierung und Sakralisierung. Grundtvigs Betonung von Poesie und Phantasie dürfte dabei in der Forderung nach Kreativität und Spiritualität einzubringen sein. Was mündliche Tradition in Lied und Erzählung bedeutet, z.B. eine lebendige Aneignung der eigenen Frömmigkeitsgeschichte, in Familie, Landschaft und Volk, könnte hier sehr bedeutsam sein. Martensen glaubt Grundtvig gegenüber Kingo und Brorson tadeln zu müssen, daß er zu wenig innerlich, mehr an der äußeren Dramatik biblischer und mythologischer Geschichte interessiert sei. Das könnte aber heute ein Vorteil sein für eine biblische Didaktik, die das Drama zwischen Tod und Leben zum Inhalt bringt.

Soviel an Anregungen und Rezeptionsdefiziten und -chancen wie ich sie sehe. Um einen Grundtvig von außen bittend, meine ich, könnte das Erbe Grundtvigs uns zu neuer Erinnerung an die Möglichkeiten einer lebensförderlich lebenserhaltenden Theologie und Kirche führen.

Christian Thodberg
Das lebendige Wort bei Grundtvig

Nikolaj Frederik Severin Grundtvig wurde in einer altmodischen, lutherischen Pfarrersfamilie geboren und erzogen, deren lutherische Grundlage aus der Bibel, dem kleinen Katechismus und dem orthodoxen Gesangbuch aus dem Jahre 1699 bestand. Grundtvig kannte also das lebendige Wort – oder lutherisch ausgedrückt: die viva vox – in der Heiligen Schrift, aber wohlgemerkt in Form eines pietistisch gefärbten Biblizismus, dessen subjektive Glaubensleidenschaft mehr bedeutete als die Kraft des Wortes. Das Elternhaus war von Grund auf vom biblischen Fundamentalismus der lutherischen Orthodoxie geprägt.

Im Laufe seiner Studienjahre brach Grundtvig mit dem elterlichen Christentum zugunsten des rationalistischen Glaubens an Gott, Tugend und Unsterblichkeit. Die beginnende Bibelkritik machte den biblischen Fundamentalismus unmöglich, und so bestand Grundtvig sein theologisches Examen „ohne Geist und ohne Glauben".

Zu Anfang des Jahrhunderts wirkte er als Dichter und Historiker im Geiste der Romantik und setzte sich unter den Katastrophen der Napoleonischen Kriege für eine nationale Selbstbesinnung ein. Hier wurde besonders die romantisch inspirierte Poesie in großen Gedichten und Dramen über die Glanzzeit des Nordens zum lebendigen Wort, das das Interesse des Volkes für die Großtaten erwecken sollte.

Dieser Prozeß jedoch führte Grundtvig auf zwei Wegen zur Bibel zurück. Die Frage nach Sinn und Ziel der Geschichte fand ihre deutlichste Antwort in der biblischen Darstellung von Gott als dem Herrn der Geschichte und Christus als dem Mittelpunkt der Geschichte. Zum anderen: Ist die Poesie die wahre Sprache, so ist es natürlich, nach dem Ursprung dieser Sprache zu fragen, um eben die echte Poesie finden und festhalten zu können. Dies veranlaßte Grundtvig zu eingehenden und zuweilen phantasievollen Überlegungen philosophischer Art: Die Urform der Poesie findet er in der reinen Bildersprache, in erster Linie den ägyptischen Hieroglyphen und in deren abgeleiteter Form, den hebräischen Schriftzeichen, aber auch in der Bibelsprache, die von Poesie – von „poiesis", von Schöpfung – dominiert wird, so wie es aus den biblischen Imperativen, dem poetischen Stil und den beigeordneten Sätzen hervorgeht.

Es war daher nur natürlich, daß Grundtvig zum Christentum seiner Kindheit zurückkehrte – in das er jedoch seine neuen Erkenntnisse einarbeitete – und 1811 Pfarrer wurde. Von seinem Glauben an Gott als dem Herrn und Richter der Geschichte ausgehend, verurteilte er mit unerhörter Schärfe seine Zeitgenossen in einer Weltgeschichte, die nur die letzten 100 Jahre umfaßte.

In seinen Predigten, die ebenfalls von der biblischen Geschichtsauffassung bestimmt waren, verwendete er einen prophetischen Stil in Form einer eigentümlich euphorischen Prosapoesie, die mit breiten Strichen die biblische Geschichte und ihre Aktualisierung oder Wiederholung in der Gemeinde der Gegenwart und in Dänemark überhaupt abzeichnete.

Somit ging die Poesie als lebendiges Wort in die Verkündigung ein, und Grundtvigs biblische Bilderpredigten sind formal und inhaltlich von außerordentlicher Kraft und Schönheit. Den gedanklichen Hintergrund bildete eine christliche ausgeformte Fassung der romantischen Idee: Die Poesie in der Verkündigung soll die Gemeinde in die himmlische Sphäre heben. Grundtvig bestimmt die Sprache der Predigt folgendermaßen:

„Daß selbst hier die Sprache bildlich wird, wie in den Reden Jesu und Pauli, ist offenbar, denn solange das Himmlische nur im Spiegel zu sehen ist, muß es als ein Bild gesehen werden, und ohne Einbildungskraft könnte der Mensch unmöglich eine Vorstellung vom Unsichtbaren haben ..." Danach geht Grundtvig dazu über, vom Wohlklang im Allgemeinen zu reden, den er vor allem im Vers findet: „Daß der Vers das wohlklingendste sein soll, daran zweifelt wohl niemand, und der Grund ist leicht zu finden, denn was ist der Vers anderes als eine Form, wo wir die Worte verschmelzen, ein Bild des unteilbaren Wortes hervorzuzaubern, dessen Gleichnis das Wort ursprünglich ist!" Mit dem „unteilbaren Wort" ist an Christus gedacht – entsprechend dem Anfang des Johannesevangeliums: Am Anfang war das Wort. „Frei kann man sagen, daß die Rede wohlklingender ist, wenn sie sich dem Verse nähert, und in der wohlklingenden Prosa ist stets ein Versmaß verborgen ..."

Diese romantische Auffassung blieb jedoch so nicht stehen, sondern mußte sich Spracherfahrungen aus dem Alltag stellen. Grundtvig befaßte sich mit einer Reihe sprachpsychologischer Gedanken: Nur die Aussagen, die mich persönlich betreffen, erschaffen Leben. Das geschieht, wenn Gatten und Eltern und Kinder einander ihre Liebe versichern; das geschieht nur in Aussagen, denen ein unbedingter Charakter eignet.

Die Verkündigung betreffend wäre sein Anliegen so auszudrücken: Wie werde ich mit den biblischen Geschehnissen gleichzeitig, so daß ich Gewißheit darüber erlange, daß sie mich angehen? Es ging um ein elementares religiöses Bedürfnis nach Leben und Kraft, geschenkt von Gott selbst. Die Frage Grundtvigs ist nicht: Wer ist Gott? Daran zweifelt er nicht – sondern: Wo ist Gott?

Grundtvig setzte seine poetischen Predigten fort, aber das zentrale Element der Predigt ist von nun an eine eindrucksvolle Bibelstelle, sehr häufig Johs. 3,16: „Also hat Gott die Welt geliebt..." Worte also, die „Zeit und Ewigkeit durchtönen" und die demzufolge auch in der zeitgenössischen Gemeinde ihre Gültigkeit haben.

Und dennoch waren Grundtvig, der hohe Anforderungen an die persönlich ansprechende, ‚mich-berührende' Sprache stellte, diese zentralen Worte des Evangeliums nicht effektiv genug. Es sind Worte „im Allgemeinen", die ich nicht ernsthaft als mich betreffend verstehen kann. Im Grunde genommen erinnert Grundtvigs Kampf an Luthers Bemühungen um den pro me-Charakter des Evangeliums 1520. Das Wort wird nur dann lebendig, wenn es unzweideutig pro me oder zu mir gesagt wird.

Es war die basale menschliche Erfahrung, daß die Kraft des Wortes Leben erschaffen kann, die Grundtvig antrieb. Theologisch ausgedrückt dreht es sich um die Gegenwart Gottes und die Gleichzeitigkeit mit dem biblischen Geschehen.

Obgleich dies ein zutiefst persönliches Problem darstellte, versuchte Grundtvig, es anfänglich theoretisch und historisch zu lösen. Für ihn war die Tatsache entscheidend, daß die Kirche trotz ihrer Wandlungen 1800 Jahre hatte bestehen können. Das war – mit seinen Worten – „der Kraftbeweis des Christentums". Das war ein Ausdruck für das Werk des Heiligen Geistes, nur – womit hatte nun der Heilige Geist material gewirkt? Die Bibel konnte es nicht sein, deren Zweideutigkeit hatte die Bibelkritik erwiesen. Das Fundament mußte andernorts gefunden werden.

Auf diesem Hintergrund entdeckte Grundtvig das Apostolische Glaubensbekenntnis und damit auch den Weg aus seinem Dilemma. Er faßte das Bekenntnis nämlich im wörtlichen Sinne *apostolisch* auf, also als den ersten Aposteln entstammend, und konnte in kühnen Augenblicken behaupten, Christus habe das Bekenntnis den Jüngern während der 40 Tage zwischen Ostermontag und Himmelfahrt diktiert.

Der unmittelbaren Betrachtung mag das Verständnis dieser Entdeckung, die Grundtvig selbst als „unvergleichlich" bezeichnete, schwierig erscheinen. Führte sie nicht zu einem neuen Fundamentalismus mit Zentrum im Glaubensbekenntnis? Und hält die Entdeckung historisch gesehen stand? Die spätere Apostolikum-Forschung hat erwiesen, daß das Bekenntnis in seiner heutigen Form nicht weiter als ins 8. Jahrhundert zurückzuführen ist.

Um zu beleuchten, was Grundtvig eigentlich unter der unvergleichlichen Entdeckung verstand, müssen wir zu seinem Versuch zurückkehren, herausfinden, wo der Herr gegenwärtig ist und wo sein Wort zu mir persönlich gesagt wird. In diesem Zusammenhang ist zu bemerken, daß Grundtvig nicht vom Glaubensbekenntnis allein spricht, sondern gleichzeitig von der *Entsagung* und dem Glaubensbekenntnis *bei der Taufe*. Oder noch deutlicher: Es geht um die Funktion der Entsagung und des Glaubensbekenntnisses bei der Taufhandlung. Dort treten beide in der fragenden Form auf: „Entsagest du dem Satan und all seinem Werk und Wesen? Glaubst du an Gott den Vater...? Glaubst du an Jesus Christus, Gottes eingeborenen Sohn...? Glaubst du an den Heiligen Geist...?" Dies sind genau Worte, die sich in der Taufhandlung an den einzelnen wenden. Das Glaubensbekenntnis in der fragenden Form versteht Grundtvig nicht als Glaubens-Verhör, sondern als Angebot und Gabe – als ein totales Austauschen des Lebens und als Schicksalsgemeinschaft mit dem dreieinigen Gott. Grundtvig war sich der Verständnisschwierigkeiten wohl bewußt; so sagte er: „Solange wir nämlich unsern Taufbund oder die Entsagung und das Glaubensbekenntnis als Menschen-Gebote betrachten, liegen sie schwer auf unsern Schultern: verlangen viel und schenken nichts; wenn wir sie aber als ... Nachlaß dessen betrachten, der lieber gibt als nimmt, dessen Gebote allesamt große Angebote sind, dessen Geheiß wie das seines Vaters ein ewiges Leben ist – wenn wir sie so betrachten, sehen wir sogleich, sie verlangen wenig und schenken unsäglich viel. Sie verlangen nur Ehrlichkeit und Vertrauen, schenken aber alles, was sie nennen und zwar den Vater und den Sohn und den Heiligen Geist: den Schöpfer zum Vater und den Richter zum Bruder und die Vorsehung, den allmächtigen Lenker, zum Fürsprecher, Tröster, Begleiter!"

Die Entsagung und das Glaubensbekenntnis erklären die Bedeutung der Taufe: der Macht des Teufels zu entkommen und den allmächtigen Gott zum Vater, Jesus zum Bruder und den Heiligen Geist zum Begleiter und Fürsprecher für das ewige Leben zu bekommen. Die Frageform, die sich *an mich richtet*, verwandelt sie in Gottes jetzt geltende und unbedingte Zusage. Damit kam Grundtvig aus seinem Dilemma heraus: Er hatte die Gegenwart des Herrn in der Gemeinde gefunden und das lebendige Wort gehört, das Leben und Kraft gibt.

Anders ausgedrückt: Die theologiehistorische Entdeckung des Glaubensbekenntnisses als des eigentlichen Fundaments der Kirche muß notwendigerweise mit einer Ausführung über die Konsequenzen, die sich daraus ergeben, ergänzt werden. Nachdem Grundtvig seine Entdeckung gemacht hatte und sie am 31. Juli 1825 in einer Predigt proklamiert hatte, begannen Taufe und Abendmahl eine zentrale Rolle in seinen Predigten zu spielen. In den Tauf- und Abendmahlsritualen fand er nämlich eine Serie „lebendiger Worte", die den Charakter einer persönlichen Anrede haben. Im Taufritual außer der Entsagung und dem Glaubensbekenntnis in der fragenden Form auch das Kreuzzeichen mit den Worten: „Nimm hin das Zeichen des heiligen Kreuzes...", die Taufworte selbst: „Ich taufe Dich im Namen des Vaters und des Sohnes und des Heiligen Geistes", das lutherische Gebet unmittelbar nach dem Überguß und den Friedenswunsch: „Friede sei mit dir/euch!" Selbst das Vaterunser wurde zum lebendigen Wort; das Gebet, das im Namen Jesu vom Sohne selbst vor dem Thron des Vaters gesprochen wird – und zwar zu uns und für uns. Im Abendmahlsritus werden die Einsetzungsworte ganz und besonders die Imperative hervorgehoben: „Nehmet hin und esset ... trinket alle daraus... Solches tut zu meinem Gedächtnis."

So ist der Herr in seiner Gemeinde gegenwärtig und spricht unzweideutig *mich* an. Und da Worte faktisch auch Laute sind, repräsentieren diese „lebendigen Worte" ebenfalls die Körperlichkeit des Herrn. Das gilt für die Worte: Friede sei mit euch!, dem Gruß, der in den Evangelien den Jüngern die Auferstehung des Herrn und seine Gegenwart bestätigt. Dieser Gruß hat in Grundtvigs Gottesdienst dieselbe Funktion, „...wenn also der Herr zu uns sagt der Friede *sei* mit euch, müssen wir notwendig glauben, daß der Frieden, wie Er sagt, wirklich da ist und wirklich unser ist,..." (GP 10, S. 125). In einem so hohen Grade unterstreicht Grundtvig die Körperlichkeit des lebendigen Wortes, daß er mit der lutherischen Lehre von der Gegenwart des Herrn in Brot und Wein in Konflikt zu geraten scheint. Der englische Konsulatsprediger Wade kann 1835 Grundtvigs eigentümliche Auffassung genau registrieren, weil er die dänischen Verhältnisse von außen betrachtet; er schreibt: „He is positive upon a *real presence* takes that to be the word which he says is a body and considers the words of Christ in sacrament to be his bodily presence."

Grundtvigs Auffassung des Verhältnisses zwischen Gott und dem Wort ist biblisch oder genauer gesagt alttestamentlich; er ist der einsame Hebräer des 19. Jahrhunderts.

Aufgrund der Betonung des lebendigen Wortes bei Taufe und Abendmahl kann Grundtvig auch evangelischer Ritualist genannt werden. Er konnte seinen Gesichtspunkt so ausschließlich formulieren, daß er noch am heutigen Tage Ärger erregt, so z.B. die folgenden Zeilen:

> Nur beim Bade und am Tische
> hör'n wir Gottes Wort an uns.

Wird die Predigt als Wort Gottes damit nicht verleugnet? Nein, im Gegenteil! Die Entdeckung des lebendigen Wortes gab Grundtvig den hermeneutischen Schlüssel, den er lange vermißt hatte. Jetzt belebten sich die Predigten, und Grundtvig kehrt mit Begeisterung zu den allgemeinen biblischen Imperativen zurück: „Es werde Licht! Tu dich auf! Komm heraus!" Früher wußte er nicht recht, was er mit ihnen anfangen sollte, schließlich waren sie nicht „zu uns" gesprochen. Zugegebenermaßen sind die Worte, die Jesus am Stadttor von Nain spricht – „Weine nicht!" zur Mutter und „Stehe auf!" zu ihrem Sohn – in Menschenmund wirkungslos und unmöglich. Nur von Jesus ausgesprochen bewirken sie auch, was sie sagen, aber dieses Wunder, die Auferstehung zum Leben, geschieht wieder, wenn die Taufworte gesprochen werden und wenn der Herr an seinen Tisch einlädt. So heißt es bei Grundtvig: „Ja, dies ist mein Zeugnis und darum sagte ich oft und wiederhole nun, daß der Herr seiner Gemeinde im Geiste begegnet, so wie er im Evangelium dieses Tages der Witwe und ihrem einzigen Sohn begegnete, die Bahre anhielt, der Kirche, unserer Mutter, sagte: weine nicht, und, dadurch, daß er sein Wort mit den Heilsmitteln von den Toten erweckte, Hoffnung und Trost der Kirche erweckte, was im Grund er selbst ist, das Wort des lebendigen Gottes". Auf diese Weise werden die kraftvollen Worte Jesu bei den Wundern durch die kraftvollen Imperative aktualisiert, die heute in der Kirche ausgesprochen und die in der Predigt wiederholt werden, die zwischen Taufe und Abendmahl im Gottesdienst ihren Platz hat. Die Imperative machen die Predigt zur kraftvollen Anrede. Die Predigt trägt das Wort, das erschafft, was es nennt. So sagt Grundtvig: „Ja, liebe christlichen Freunde! Das Haus des Herrn, die Kirche unseres Herrn Jesus Christus, das ist keine Totengruft und keine Leichenhalle, kein Buchladen und keine Schreibstube, sondern eine göttliche Anstalt für die geistig Taubstummen, die wir vom Mutterleib an alle sind...".

Das Fundament des Gottesdienstes ist das lebendige Wort, d.h. die Aktualisierung von Jesu Wort in der mündlich ansprechenden Form sowohl bei den Sakramenten als auch in der Predigt. Das lebendige Wort, das in der Kirche von Geschlecht zu Geschlecht gewandert ist, erhellt die Bibel und nicht umgekehrt, denn der Gottesdienst war vor der Heiligen Schrift. Die Glaubwürdigkeit der Bibel bezeugt der Herr, der in seiner Gemeinde gegenwärtig ist; man kann sich die goldenen Tage der ersten Christenheit ins Gedächtnis rufen, aber Grundtvig entdeckte eine ebenso vortreffliche Wirklichkeit: „Diese Wirklichkeit entdeckten wir, als wir das Wort des Herrn fanden, das nicht mit Himmel und Erde vergehen soll, als wir seine Stimme nicht aus der Ferne, sondern an unserer Seite, mitten unter uns vernahmen, da, wo Er im Geiste steht und mit dem Heiligen Geist tauft, mit dem Brot speist, das vom Himmel herab kommt und einschenkt mit dem Kelch der Seligkeit. Und jetzt ist es uns eine Lust im Buche des Herrn zu lesen, denn jetzt bersten alle Gräber des Wortes, und die Heiligen, die geschlafen haben, stehen auf mit dem Herrn und offenbaren sich uns, ja, jetzt werden uns all die guten Worte lebendig, die er vormals sprach und erklingen aufs neue im Kämmerlein und in der Versammlung zu Hoffnung und Trost, zu Lust und Freude."

Grundtvig wußte, daß er damit mit Luther und dessen Motto *sola scriptura* in Konflikt geriet, war aber überzeugt, Luther hätte ihm recht gegeben, wenn er vorausgesehen hätte, daß „sola scriptura" in dem unfruchtbaren Biblizismus enden würde, den die Bibelkritik unmöglich machte. Von einem historischen Gesichtspunkt aus betrachtet, vertritt Grundtvig eine liturgische Exegese, die in der neueren Zeit mit anderen Prämissen Anklang in der neutestamentlichen Forschung gefunden hat.

Aber der Gottesdienst bedeutete Grundtvig mehr als nur anredendes Wort. Der Gottesdienst ist *dialogisch*, denn das anredende Wort verlangt natürlich eine Antwort in Dank und Lobpreisung. Im Verhältnis zum lebendigen Wort ist der Lobgesang ein „Wort des Widerhalls". So verlagerte der Dichter Grundtvig denn seine poetische Kraft von der Predigt aufs Kirchenlied und erneuerte, von seinem neuen Verständnis des Christentums ausgehend, mit seinen insgesamt 1500 Liedern den dänischen Kirchengesang von Grunde auf.

Es führt eine gerade Linie von Grundtvigs Wiederentdeckung des lebendigen, mündlichen Wortes zu seinen Kirchenliedern. So wie das Volk am Schluß der Erzählung vom Jüngling zu Nain Gott lobpreiste, so läßt Grundtvig die Gemeinde singen:

> Gott hat sein Volk besucht aufs neu',
> machte die Nacht zum Morgen.
> Nun steht sein Wort, der Sohn, uns bei,
> löst uns von Leid und Sorgen.
>
> Christus, das Wort, ins Grab gesenkt,
> sitzt auf dem Ehrenthrone;
> Leben und Geist er uns nun schenkt,
> Freude dem Psalmentone.

Denn das Wunder des Gottesdienstes ist jedes Mal wieder die Auferstehung von den Toten. Stark inspiriert von der griechischen Liturgie machte Grundtvig geltend, daß jeder Sonntag ein Ostermorgen ist.

Das lebendige Wort im Gottesdienst erlöst den Menschen und setzt ihn wieder ins Paradies hinein, wo er Gott hören und mit Gott wie mit seinem Nächsten sprechen kann. Diese Erfahrung wird nicht nur im Kirchenraume gemacht, sondern auch an der Güte der erschaffenen Welt erkannt. Sehet die Vögel unter dem Himmel an, spricht Jesus, sie lobpreisen Gott:

> Was sich empor auf Flügeln schwingt,
> was nach der Vögel Weise singt,
> was Stimme hat und Kehle,
> lobpreise Gott, denn er ist gut,

er gibt in seiner Gnade Mut,
der bangen Menschenseele!

Außer an die Vögel ist hier an den Menschen gedacht, der an den Vogel erinnert. Die Vögel, die ohne Unterlaß Gott mit ihrem Gesang preisen, sollen den Menschen nachdenklich machen, damit er sowohl denken wie glauben, reden wie singen kann. Im Lied sagt der Mensch deshalb zu sich selbst:

Dir, meine Seele, er beschert
in Wort und Denken hier auf Erd
die allerbesten Schwingen,
und nie sich weitet eine Brust
so frei, als wenn du voller Lust
den Schöpfer preist mit Singen.

Denn der Mensch, zum Bilde Gottes erschaffen, hat in seiner tiefsten Erniedrigung sich das Verlangen nach Gottes Gnade erhalten:

Was wär schon auf dem Erdenreich
dir, Seele, im Verhalten gleich
nach Gott des Herren Gnade?
Und dich sie suchte, als sie kam,
als unser Herr, so wundersam
betrat der Menschen Pfade.

Auf diese Weise wird der Mensch für seine eigentliche Bestimmung freigestellt, wenn er als erlöstes und lobpreisendes Geschöpf Gott gegenübersteht:

Erwache denn, du Seele mein!
Stimm jubelnd in das Loblied ein
dem Schöpfer und Erlöser,
der seinen Geist auf uns ergießt,
und dessen Liebe überfließt
stets herrlicher und größer!

Denn der Lobgesang des Menschen ist wesentlich kraftvoller als der der Vögel und Engel, weil Gott uns sowohl erschaffen als auch erlöst hat:

Und sag den Vögeln in dem Wald,
den Engeln, deren Loblied schallt
im allerschönsten Singen,
daß um die Wette wundervoll
dein Dank mit ihrem tönen soll
für Odem, Stimm' und Schwingen!

Das Lied stellt also einen Prozeß dar: Es geschieht etwas mit dem Menschen, der singt. Beim Singen lernt er, warum er Gott lobpreisen soll. Der Mensch erfährt an seinem eigenen Leib, was Schöpfung und Erlösung ist. Das Lied ist somit eine mikrokosmische Heilsgeschichte.

Das lebendige Wort – die ursprüngliche Sprache – ist also nicht nur in der Bibel zu finden, denn der Gott, der die Welt erschuf, hinterließ Spuren seiner Güte und Liebe in der Natur, u.a. den Vögeln unterm Himmel und den Lilien auf dem Felde, aber auch im Menschen. Das lebendige Wort existierte selbst nach dem Sündenfall beim Volke Israel, z.B. bei den Hirten, und es findet sich immer noch beim Kinde. Das Kind hat eine

Erinnerung an ein Leben vollkommener Geborgenheit, zusammen mit Vögeln und Blumen. Das ist „der süße Morgentraum des Herzens", denn Träger der Erinnerung ist vor allem das Menschenherz – und die Frau oder das weibliche Element, das bei Grundtvig mit dem Herzen als der Stelle verschmilzt, der das lebendige Wort entspringt.

So ist das lebendige Wort, wenn ich so sagen darf, säkular in jeder Muttersprache wiederzufinden, besonders in den Worten der Liebe, den unbedingtesten Aussagen zwischen Menschen. Diese Worte sind der Kern jeder Muttersprache, denn Gott hat jedem Volk einen besonderen Geist, eine besondere Bestimmung gegeben. Dieser Geist ist die Identität des jeweiligen Volkes, die die gemeinsame Sprache und die gemeinsame Geschichte bestätigen.

Schließlich, so lautet meine These, kann man das lebendige Wort im Verständnis Grundtvigs am besten definieren, wenn man die christliche Entwicklung Grundtvigs verfolgt. In diesem Zusammenhang mag man das berühmte Schlagwort umkehren und sagen: Zuerst Christ, danach Mensch. Denn es ist sein religiöses Bedürfnis nach einer direkten Anrede Gottes, das ihm im Laufe seines Lebens das lebendige Wort offenbart. Daher kommt der dialogische Charakter des Gottesdienstes bei Grundtvig. Und in abgeleiteter Form spielt das lebendige Wort eine zentrale Rolle für seine pädagogischen Ideen. Auch in diesem Bereich geht es um den echten dialogischen Charakter des Unterrichts, d.h. die lebendige Wechselwirkung zwischen Lehrer und Schüler.

Theodor Jørgensen
Gesprächsbericht

Programmatisch hatte Professor Schröer in seinem Vortrag festgestellt: „Nicht von Grundtvig, sondern an Grundtvig lernen." Dementsprechend formte sich die Aussprache nach den beiden Vorträgen als informative Anfrage an die beiden Referenten.

Zunächst wurde nach dem Verhältnis Grundtvigs zu Luther gefragt, nachdem Professor Thodberg geltend gemacht hatte, daß Grundtvigs Frage nicht „Wer ist Gott?", sondern „Wo ist Gott?" und somit eigentlich Luthers Frage nach dem „pro me" gewesen sei, wogegen Grundtvig nicht daran zweifelte, wer Gott sei. In der Aussprache wurde festgestellt, daß man nicht von einem Gegensatz zwischen den beiden reden kann, was ihre Grundeinsichten betrifft. Die verschiedene Ausrichtung ihrer Fragestellungen hängt mit ihren verschiedenen Kontexten zusammen.

Ein anderes Thema der Aussprache war Grundtvigs Verständnis von Geschichte und Kirchengeschichte. War die Kirchengeschichte für Grundtvig Beweis für die Kraft und die Wahrheit des Christentums? Als Schwierigkeit für das Lernen an Grundtvigs Geschichtsverständnis wurde festgestellt, daß man nicht eine Geschichtsstheorie übernehmen kann, die sich als nicht mehr haltbar erwiesen hat.

Thodbergs These, für die er in seinem Vortrag zahlreiche Belege gab, war, daß man am besten bestimmen kann, was das lebendige Wort für Grundtvig ist, indem man seine Lebensgeschichte studiert. Wegen der Vielschichtigkeit dieses Begriffs wurde der Wunsch geäußert, in überschaubarer Zukunft in Deutschland ein Seminar über das Thema „Lebendiges Gotteswort, lebendiges Menschenwort" abzuhalten.

Weiter wurde diskutiert, was man unter liturgischer Exegese der Bibel verstehen könne, nachdem Thodberg dieses Stichwort eingebracht hatte, indem er deutlich machte, wie der Gottesdienst bei Grundtvig der Ort des lebendigen Gotteswortes sei und die Bibel trage, denn der Gottesdienst war vor der Bibel. In Verbindung mit dem Taufbekenntnis und der zentralen Rolle, die dieses bei Grundtvig spielt, wurde gefragt, weshalb Grundtvig die Absage an den Teufel bei jedem Sprechen des Glaubensbekenntnisses wiederholt haben wollte.

Sowohl Herr Schröer als auch Herr Thodberg hatten die Bedeutung der Lieder bei Grundtvig hervorgehoben. Professor Schröer hatte geltend gemacht, daß in den Kirchenliedern Grundtvigs eine Theologie hervortritt, die dem Leben dient. Professor Thodberg verdeutlichte in seinem Vortrag, wie die menschliche Sprache als Widerlaut auf das lebendige Gotteswort vor allem in den Kirchenliedern als Lobgesang der Gemeinde laut wird. Das Loblied sei bei Grundtvig ein Mikrokosmos der Schöpfungsgeschichte. Eben wegen der zentralen Stellung, die Grundtvigs Lieder in seiner Verfasserschaft haben, muß man besonders bedauern, daß die Lieder in so geringem Umfang auf deutsch zugänglich sind, weil dadurch das Lernen an Grundtvig behindert ist. So ließ sich auch die in der Aussprache gestellte Frage schwer beantworten, ob Grundtvigs Lieder heute überhaupt noch singbar wären.

Auch Grundtvigs Interesse am Mythos und an der Mythologie wurde im Anschluß an die Ausführungen von Professor Schröer besprochen, der in der Behandlung dieses Gebiets Grundtvigs Forderung zitiert hatte, daß die Wissenschaft poetisch und die Poesie wissenschaftlich werden müßte.

Es wäre eine Untersuchung wert, was Grundtvig zu der heute laufenden Diskussion über das Verhältnis von Vernunft und Mythos beitragen könnte.

Wenn der Gottesdienst Grundtvig zufolge der eigentliche Ort des lebendigen Gotteswortes ist, kann man dann das Feiern des Gottesdienstes auch als Lernprozeß auffassen? Diese Frage wurde abschließend diskutiert. Festgestellt wurde, daß hier eine Gefahr bestünde, daß man den Gottesdienst als einen Sinnzusammenhang neben anderen Sinnzusammenhängen auffaßt, die man nicht miteinander zu vermitteln braucht. Hier würde dann dem heutigen Pluralismus in einer Weise nachgegeben, die nicht dem Grundtvig entspricht, der den Satz prägte „Mensch zuerst und Christ danach" und nicht nur auf die Selbständigkeit des Menschlichen und Christlichen im Verhältnis zueinander Gewicht legte, sondern auch auf deren Wechselwirkung. Lernprozeß kann der Gottesdienst nur in rechter Weise sein, wenn er zugleich volklich ist.

Martin Greschat
Kirche, Volk, Volkskirche in Deutschland 1918 – 1945

Es ist ja viel über Volk, Kirche, Sinn und Chance, Notwendigkeit von Volkskirche in Deutschland im Verlauf des 19. Jahrhunderts nachgedacht und veröffentlicht worden. Aber alles das war im November 1918, also zum Zeitpunkt des militärischen Zusammenbruchs des Reiches und der revolutionären Erhebung von Arbeitern und Soldaten, praktisch überholt.

Oder, genauer formuliert: Wie ein Magnetfeld ungeordnet angehäufte Eisenspäne nicht nur anzieht, sondern dadurch auch strukturiert, genauso wirkte das Ende des Kaiserreichs auf die vorangegangene Diskussion über die Volkskirche. Was auch immer die Inhalte dieser Auseinandersetzungen gewesen waren, welche restaurativen und emanzipativen Elemente in dieser Diskussion eine Rolle gespielt hatten, alles das wurde nun im Kontext einer tiefgreifenden gewandelten politischen und gesellschaftlichen Situation zwar aufgenommen, aber doch auch verändert, zumindest aber umfunktioniert. Der November 1918 bedeutete in Deutschland eine „Wasserscheide", auch und gerade für die evangelische Kirche.

Wenn es nun darum geht, das zu verdeutlichen, möchte ich Ihnen jetzt schon mitteilen, daß meine Ausführungen sich in drei große Teile gliedern werden, d.h. diese drei Teile sind so etwas wie die russischen „Babuschkas", d.h. also nach hinten hin wird's immer kleiner, und das mag sie dann vielleicht erheitern und erleichtern, wenn's dem Ende zugeht. Zunächst aber etwas über Volk, Volkskirche und die Funktion von Gesellschaft im Zusammenhang der Ereignisse von 1918/19.

Wer 1918/19 von der Volkskirche sprach, lag voll und ganz im Trend der Zeit. Freilich formulierte er mit diesem Wort wenig Klares oder gar Eindeutiges. Und das war auch alles andere als ein Zufall. Doch was die Zielsetzung, der Auftrag der evangelischen Kirche nach dem Schock der Niederlage sein sollte oder konnte, lag keineswegs einfach auf der Hand. Zu sehr hatte sich die offizielle Kirche mit dem nun zertrümmerten Kaiserreich identifiziert. Dem müssen wir jetzt nicht nachgehen. -

Wesentlich für unseren Zusammenhang ist dreierlei:

– das Verständnis der kirchlichen Repräsentanten vom Auftrag der Kirche an und im Volk, in der Gesellschaft,
– die für die Zeit spezifische Vorstellung von dem, was denn nun eigentlich „Volk" sei, bedeute, schließlich
– die aus solchen Vorstellungen resultierende inhaltliche Umschreibung des so gern und häufig zitierten Wortes „Volkskirche".

Ich beginne mit dem Versuch, das damalige Verständnis des Begriffes „Volk" ein wenig zu konturieren. Der Terminus entzieht sich, nicht zufällig, einer exakten Definition. Denn nicht zuletzt darin lag die Faszination und Breitenwirkung dieser Vokabel, daß sie emotionale, ja sogar religiöse Empfindungen mit anklingen ließ. Diese Aura des Irrationalen gehörte wesentlich zum Wort „Volk" mit hinzu. Das gilt keineswegs nur für konservative Kreise, vielmehr läßt sich jene Hochschätzung und Hypostasierung des Volkes von der politischen Rechten bis zur politischen Linken beobachten. Ich kann jetzt nicht auf die gegenwärtige spannende Diskussion darüber eingehen, ob möglicherweise eine revisionistische marxistische Linke in Frankreich und in Italien dem Faschismus in Italien die entscheidenden Stichwörter geliefert hat, gerade im Blick auf das Konzept des „Volkes".

Bleiben wir im Deutschland des Jahres 1918. Hier ist festzustellen, daß jetzt alle vom „Volk" redeten, sich darauf beriefen oder es beschworen, keineswegs, wie gesagt, nur SPD und USPD – also Mehrheitssozialisten und unabhängige sozialdemokratische Partei, sondern auch die Nationalliberalen, die Konservativen. Sie firmierten jetzt, nicht zufällig, die Liberalen, die bisherigen Nationalliberalen, als deutsche Volkspartei, währenddem die Konservativen sich als deutsch-nationale Volkspartei bezeichneten.

Um mich weiter auf die politische Rechte zu konzentrieren, in deren Lager die große Mehrheit der evangelischen kirchlichen Kreise stand: Auf das Volk konnte, mußte man sich berufen, nachdem alle anderen Ordnungen und Strukturen zerbrochen oder diskreditiert waren. Wenn man also „Volk" sagte, war man ebenso aktuell und modern wie eben auch konservativ und traditionell. Wir haben es hier mit einem enthistorisierten, also aus dem Prozeß der Geschichte herausgelösten und insofern verabsolutierten, Begriff zu tun, genauer gesagt mit einer Wertvorstellung, einer Leitidee von Kultur. „Volk" stand hier im deutschen Bereich gegen alles, was die Moderne ausmachte, ohne doch direkt antimodern zu sein, stand insbesondere gegen die politischen und sozialen Antagonismen und den damit verkoppelten strukturellen und weltanschaulichen Pluralismus. Modernisierung, Rationalität, Differenzierung, Funktionalität, überhaupt alle diese charakteristischen Merkmale einer modernen Industriegesellschaft, das sollte integriert werden in dieses Konzept des „Volkes", um auf diese Art und Weise überwunden, versöhnt zu werden. Denn „Volk" war, nun einige Begriffe: Ganzheit, Leben, Gemeinschaft, und diese Vorstellung ließ sich gut mit kollektiv gefaßten Individualbegriffen verbinden, wie beispielsweise: Seele, die Seele des Volkes, der Geist, Wesensart usw., aber durchaus auch zugleich, oder alternativ, mit biologischen Deutungen, etwa: Körper, Leib, Blut, Rasse usw.

Diese knappen Andeutungen müssen hier genügen, worauf es mir ankommt ist dies: die Vertreter der evangelischen Kirche, die seit November 1918 vom „Volk" redeten, benutzten einen Begriff und bewegten sich in einem geistigen und ideologischen Umfeld zusammen mit zahllosen anderen Zeitgenossen, sie waren grundsätzlich weder klüger noch dümmer als jene, wenn sie versuchten, die notwendige Neuordnung der Kirche auch innerhalb dieses geistig-kulturellen Kontextes zu entwerfen.

Freilich, *die* evangelische Kirche gab es nicht. Es existierten damals etwa 30 Landeskirchen, und in nahezu jeder von ihnen standen kirchenpolitische Gruppen sich mehr oder weniger feindlich gegenüber. Die Beschwörung von „Volkskirche" hatte dementsprechend nicht nur den Sinn, diese Kirchen nach dem Ende des Staatskirchentums, durch die Berufung auf das „Volk" in ihrem Anspruch auf Rechtskontinuität und gesamtgesellschaftliche Repräsentanz zu legitimieren, sondern es ging auch darum, die evangelisch kirchliche Einheit, wenn schon nicht darzustellen, so doch wenigstens zu proklamieren. Freilich benutzte jede kirchliche Gruppe das Wort „Volkskirche" nur so, um damit das eigene Konzept der Kirche durchzusetzen. Denn wie die „Volkskirche" aussehen sollte, darüber gingen die Meinungen beträchtlich auseinander.

Ich skizziere nun kurz die Modelle, die nach 1918 vertreten wurden, es waren insgesamt vier.

Zeitlich äußerten sich zuerst die Liberalen, angeführt von einer Gestalt etwa wie Martin Rade. Sie zielten auf einen kirchlichen Neubau von unten, d.h. von den Gemeinden aus. Hier in den Gemeinden sollten Pfarrer und sogenannte Laien gleichberechtigt alle kirchlichen Belange regeln, durchaus auch bis hin zu Fragen der

Verkündigung und der Lehre, also nicht nur formal, sondern auch inhaltlich. Hier sollten Vertreter für die nächsthöhere kirchliche Ebene gewählt werden. „Volkskirche" bedeutete hier mithin wirklich die vom Volk getragene und gestaltete Kirche. Dieses ebenso moderne wie betont demokratische Konzept besaß allerdings zwei entscheidende Nachteile, an denen insgesamt seine Durchsetzung dann auch gescheitert ist. Zum einen waren die Liberalen eine verschwindende Minderheit, eine Minderheit, die zudem nach 1918 noch mehr abnahm, die dementsprechend in keiner evangelischen Kirche die Chance besaß, den notwendigen Anhang und damit den entscheidenden Einfluß auf die kirchliche Neugestaltung zu gewinnen. Zum anderen, und das greift tiefer, war dieser Liberalismus wesensgemäß am Grundsatz der religiösen Individualität und Subjektivität orientiert. Das hieß nicht nur Gewissensfreiheit, sondern meinte zugleich umfassende Glaubensfreiheit im Sinne der Zurückweisung lehrmäßiger Festlegungen und Bindungen.

Auf die darinliegende theologische Problematik komme ich gleich zurück. Hier ist nur der Hinweis wichtig, daß eine derartige liberale Position kein positives Verhältnis zum Recht der Kirche finden konnte.

Wie sich an Rade, aber auch an anderen Vertretern, Sohm und anderen, des theologischen Liberalismus verdeutlichen läßt, wurde Recht hier grundsätzlich als Gegensatz zum protestantischen Prinzip begriffen, das hieß individueller, persönlicher, subjektiver Glaube. Lediglich freie geistige und sittliche Zusammenschlüsse Gleichgesinnter wollte Rade auch nach 1918 zulassen. Daß sich aufgrund solcher Voraussetzungen keine Kirche gestalten und organisieren ließ und läßt, schon gar nicht als Volkskirche im ursprünglichen Sinne des Wortes, liegt auf der Hand.

Ich sprach von der theologischen Problematik dieses Entwurfes und komme damit zum zweiten Modell der „Volkskirche" in jenen Jahren, das ich als dogmatisch-bekenntnismäßig bezeichnen möchte. Es wurde damals vor allem von den konfessionellen Lutheranern vertreten, aber durchaus auch von Reformierten, und, nicht zu vergessen, von Vertretern der Gemeinschaftsbewegung. Sie alle wandten sich scharf gegen das liberale Konzept, bezeichnenderweise verzichteten sie darum jedoch nicht auf den Begriff der „Volkskirche". Das Wort in diesem Munde meinte nun eine Kirche, die möglichst weitgehend im Volk verankert war, ja, aber der Nachdruck konnte und sollte nicht darauf liegen, sondern auf der Bedeutung und dem Gewicht der kirchlichen Lehre und Verkündigung für das Volk, für das ganze Volk.

Ob und wieweit dem Volk hier Mitwirkung oder gar Mitverantwortung eingeräumt wurde, blieb offen, von sekundärer Bedeutung war auch letztlich, wieviele Gruppen und Kreise, Bereiche des Volkes erreicht wurden. Und schließlich bleibt festzustellen, daß dieses Konzept einer Volkskirche, verglichen mit dem liberalen, strukturell hierarchisch und keineswegs demokratisch konzipiert war. Das zeigte sich sowohl im innerkirchlichen Aufbau als auch in der Einstellung gegenüber der Gesellschaft. Alle Ausformungen dieses ekklesiologischen Types waren betontermaßen antidemokratisch, weil Demokratie hier prinzipiell begriffen wurde als weltanschaulicher Pluralismus, und das wiederum bedeutete ja Relativierung, Zerstörung des eigenen, dogmatisch bekenntnismäßigen Wahrheitsanspruchs, worum es in diesem Konzept ging.

Ähnliches gilt auch, in abgemilderter Form, für die beiden übrigen Modelle einer „Volkskirche", die nach 1918 zu realisieren versucht wurden. Relativ kurz kann ich mich im Blick auf jene Vorstellung fassen, wonach Kirche und Volk dahingehend zusammengehörten, daß die Kirche Mund und Stimme, Anwalt der Sorgen, Nöte und Hoffnungen des eigenen Volkes im umfassenden Sinn, also vor allen Dingen auch politisch, zu sein habe. Ich kann mich deshalb mit knappen Andeutungen begnügen, weil dieses betont politische Verständnis der Volkskirche uns im Zusammenhang mit den Deutschen Christen noch kurz beschäftigen wird, und weil zum anderen diese massive Identifizierung von evangelischer Kirche und deutschem Volk gerade auch für das vierte und letzte Modell der „Volkskirche" außerordentlich charakteristisch ist. Nur so viel jetzt zum politischen Verständnis: Im Verlauf des Ersten Weltkrieges wurden in zahllosen Predigten, aber auch in vielen anderen kirchlichen Verlautbarungen, Gott und das deutsche Volk auf das engste miteinander verbunden, bis hin zur Identifikation beider. Die Verkündigung eines nationalistischen deutschen Gottes warf damals ein katholischer Kritiker, nicht zu Unrecht, den Protestanten vor. Diese Gleichsetzung von Gott und Deutschland brach 1918 natürlich nicht mit einem Schlage ab.

Insofern konnten sich die Vertreter dieses nationalistisch-völkischen Modells der Volkskirche durchaus in der offiziellen evangelischen Kirche noch zu Hause fühlen. Langsam nur veränderte sich die Situation. Das lag zum einen daran, daß die entschlossenen Völkischen, also jene Kreise, die das eigene Volk zum höchsten Wert und damit in den Rang eines Glaubensartikels erhoben, sich folgerichtig nicht nur von der Kirche, sondern eben auch vom Christentum lösten. Und umgekehrt ergab sich aus der erfolgreichen Durchsetzung des vierten volkskirchlichen Modells, das ich sogleich erörtern werde, kirchlicherseits eine gewisse Distanzierung von der früheren weitreichenden Deckungsgleichheit von deutschem Volk und evangelischer Kirche. Erst als die Völkischen mit ihrem Gedankengut, und damit ihren Aktivitäten, wieder eine gewisse Macht in der Öffentlichkeit zu werden begannen, wandte sich das Interesse führender kirchlicher Kreise ihnen, den Völkischen, wieder zu. Nun aber nicht mehr im Sinne einfach der Identifikation mit dieser völkischen Ideologie, wohl aber mit einem besonderen Verständnis und großer Sympathie für dieses Denken und für diese Kreise, d.h. im Sinne des Versuchs der Integration dieser Menschen und ihrer Tendenzen. Dieser Vorgang ist nun aber nicht nur historisch interessant, sondern er besitzt – denke ich – grundsätzliche Bedeutung für jenes schon mehrfach angesprochene und schließlich allein erfolgreiche Modell der Volkskirche, eben jenes vierte, das ich als „institutionell" bezeichnen möchte.

Auch hier ging es, negativ formuliert, nicht um die Kirche des Volkes, sondern um Kirche für das Volk. Auf der hierarchischen, autoritären Struktur lag durchaus der Nachdruck, nicht auf einem egalitären demokratischen Prinzip. Aber auf der anderen Seite muß man sehen und feststellen, daß kein anderes volkskirchliches Konzept auch nur im Ansatz eine derartige Breitenwirkung erzielte, also wirklich Kirche mit Ausstrahlungen in das ganze Volk hinein war, auch im Sinne einer gewissen Lehrvielfalt, wie eben dieses institutionelle Modell der Volkskirche. Hierbei handelte es sich weniger um Theorie und Reflexion, als in hohem Maße um nüchternen Pragmatismus. Ich kann den spannenden Prozeß jetzt nicht entfalten, wie es den alten Kirchenleitungen gelang, sie also, die Ende 1918 ohne jede Legitimation, ohne inneren und äußeren Rückhalt waren, wie es diesen Kirchenleitungen gelang, binnen eines Jahres ihre Position nicht nur zu behaupten, sondern zu festigen und auszubauen. Abgekürzt gesagt: Die kirchenleitenden Gruppen griffen Elemente der anderen volkskirchlichen Konzepte auf und integrierten sie in die bestehende Organisation. So also, daß nun auch hier in dieser institutionellen Kirche etwas ganz Neues, ganz Unbekanntes geschah bis dahin, daß die Bedeutung der Basis, die Mobilisierung der kirchlichen Basis, beispielsweise für Durchsetzung und Beibehaltung des Religionsunterrichts in den Schulen, die Betonung der Lehr- und Bekenntnisbindung, oder eben die Hervorhebung des nationalistischen Gedankengutes, eine große und wichtige Rolle spielten. Dies geschah derart, daß alle diese Institutionen und Aktivitäten nicht voll und ganz verselbständigt wurden, sondern eingebunden blieben in die Organisation unter der Leitung der Kirchenführer. Und eben dies bedeutete – darin lag nicht zuletzt der Erfolg dieses Modells –, daß weder der liberale, noch der dogmatisch-konfessionelle noch auch der nationalistische völkische Entwurf der Volkskirche dominierten, wohl aber ein Konzept, in dem Teile,

Elemente jener jeweiligen Zielsetzung aufgenommen und auch zugleich in einen großen Zusammenhang integriert wurden. Ich denke nicht, daß es allein an dem Beharrungsvermögen der traditionellen kirchlichen Machtzentralen lag, daß diese Form sich durchsetzte. Eben weil auch andere Elemente aufgenommen werden konnten von dieser Institution, auch deshalb, weil hier offensichtlich manches effizienter und breitenwirksamer durchgesetzt werden konnte in diesen kleinen Kreisen, setzte sich dieses Modell der Volkskirche, also das institutionelle, mit Integration anderer Elemente durch.

Es geht nun, nach unserem knappen Überblick über die Auffassungen von „Volk" und „Volkskirche" zu Beginn des Jahrhunderts, um die Frage nach dem kirchlichen Verständnis, und zwar im Blick auf das Volk, auf die Gesellschaft. Die Antworten hierauf lauten, trotz der unterschiedlichen und, wie erwähnt, sogar feindlich einander entgegenstehenden theologischen und kirchenpolitischen Positionen, die Antworten lauten im Prinzip derart einhellig, daß man versteht, wieso es zu keiner gründlichen und grundsätzlichen Infragestellung des Volkskirche-Ideals kam. Denn, was die Aufgabe der Kirche gegenüber der Gesellschaft sei, das schien allen außerordentlich klar, unzweideutig und gar nicht strittig. Strittig und umstritten war dagegen, wie man dieses Ziel am besten oder überhaupt erreichen konnte. Es ging nach dem Verständnis breiter kirchlicher Kreise um das folgende: Das Zusammenleben von Menschen, zumal einer großen Zahl, und erst recht eines ganzen Volkes, kann nur gelingen, wenn es grundlegende, allem individuellen Streben und kollektiven Wollen über- und vorgeordnete Normen und Ordnungen gibt, also religiöse, metaphysische, wie man sogleich folgerte. Man war überzeugt, wenn vielleicht schon nicht jeder, so brauchte doch das Ganze, die Gesellschaft also, so etwas wie Religion, um leben, sich entfalten zu können. Und der nächste logische Schritt war dann der Nachweis, den man entweder historisch oder religionswissenschaftlich oder sonstwie zu führen suchte, daß eben auf jeden Fall das Christentum, und im Zusammenhang des Christentums wieder der Protestantismus, die höchste und vortrefflichste Ausprägung von Religion darstellte. Das bedeutete: Gesund und stark und zukunftsmächtig mußte eine Gesellschaft sein, die von christlichen Werten durchdrungen war, ein Volk, in dem der Geist des Protestantismus lebte. Ethos, Moral, Sittlichkeit waren somit die entscheidenden Werte, die das Christentum, oder exakter formuliert eben die Kirchen, dem Volk zu vermitteln hatten. Darin waren sich liberale und orthodoxe wie auch um die Vermittlung bestrebte Theologen und Kirchenpolitiker vor allen Dingen einig. So fragte etwa 1919 ein Konsistorialrat: „Soll unser Volk sich selbst überlassen werden ohne den Einfluß des Geistes Christi – Volk ohne Christus? Die Entkirchlichung des Volkes führt schließlich doch zur Entchristlichung weiter Kreise. Entchristlichung aber ist gleichbedeutend mit Entsittlichung. Die Entsittlichung aber des Volkes wäre der Anfang vom Ende."

Und noch krasser formulierte ein anderer evangelischer Theologe im gleichen Jahr die Folgen. Er meinte, man müsse sich doch nur die Statistiken einmal ansehen, um sofort zu erkennen, „...daß die jährliche Durchschnittszahl der Straffälligen bei den Religionslosen fast viermal größer ist als die der straffälligen Evangelischen. Die Geldmittel, die der Staat der Kirche entzieht, würde er also in vervielfältigtem Maße zum Bau von Gefängnissen und Zuchthäusern verwenden müssen."

Wie praktisch ist die Kirche als Volkskirche!
Das Denken, das hier zum Ausdruck kommt, läßt sich also so zusammenfassen: Was Kirche und Volk verbindet, ist die Notwendigkeit von Sittlichkeit und Moral. Weil die Menschen in diesem Sinn geleitet und beeinflußt werden müssen, hat die Kirche immer auch Erzieherin zu sein. Die „volkspädagogische Aufgabe der Kirche", ein Lieblings-

begriff der Zeit. Erzieherin des ganzen Volkes kann sie aber natürlich nur sein, wenn sie eine Institution ist, und zwar eine solche, die tatsächlich alle Menschen der Gesellschaft erreicht. Folgerichtig muß die Kirche Volkskirche sein.

Dieses Modell implizierte aber zweierlei. Zum einen die Überzeugung, daß den christlichen Werten und Normen und damit der Kirche in der Gesellschaft eine beherrschende oder doch zumindest sehr wesentliche Position eingeräumt werden müßte. Zum anderen: Alles, was das Volk bewegt, bedrängt oder beglückt, muß sich in jenes christliche Werte- und Normenkonzept integrieren lassen, oder es wird ausgestoßen und bekämpft. Anders ausgedrückt: Dieses Konzept von Volkskirche ist untrennbar verbunden mit dem Konzept einer christlichen Volkskultur. Wir müssen hier auf die komplizierte Frage nach den Inhalten dieser Kultur nicht eingehen, auch nicht darauf, ob und wiefern diese sich seit dem Ausgang des 19. Jahrhunderts gewandelt haben. Für unseren Zusammenhang ist die Feststellung wichtiger, daß die Konkretion des Entwurfs der Volkskirche, also eben diese christlich-protestantische Volkskultur, prinzipiell einen Alleinvertretungsanspruch erheben mußte. Sie hatte, aufgrund der geschilderten Voraussetzungen, die Leitkultur zu sein, neben der es lediglich Subkulturen geben konnte. Aber wo immer man so dachte, lag man folgerichtig in einem nicht nur kulturellen und ideologischen, sondern auch in einem politischen Kampf mit anderen Ideologien und Konzepten.

Bevor davon zu berichten ist, erscheint es sinnvoll, sich kurz die Relevanz eines derartigen Anspruchs aus soziologischer Sicht zu vergegenwärtigen. Bekanntlich spricht man im Blick auf die Sinnhaftigkeit oder Notwendigkeit von Religion für eine Gesellschaft von „civil religion". Diese erfüllt bestimmte soziale Bedürfnisse, legitimiert entsprechende Werte und Normen und sanktioniert Übertretung und Nichtachtung. Das erfolgreiche Modell der Volkskirche nach 1918 war insofern, wie natürlich schon vorher, in einem hohen Maße civil religion. Sie fundierte und stabilisierte eine christlich-konservative Wertordnung, einen dementsprechenden protestantischen Kodex von Sittlichkeit und Moral, wozu unter anderem Ordnung, Pflicht und Gehorsam usw. zählten, aber natürlich auch Vaterlandsliebe und durchaus auch Antisemitismus.

Damit komme ich zum zweiten Hauptteil, der Darstellung dieser Modelle in der Weimarer Zeit und der Zeit des Dritten Reiches. Es mag dahingestellt sein, ob und wiefern sich das geschilderte Konzept vor 1918 mit der Wirklichkeit deckte. Jetzt, nach 1918, war das jedenfalls nicht mehr der Fall. Der Zusammenbruch des Kaiserreiches bedeutete ja nicht nur eine militärische oder auch eine politische Niederlage, sondern ging Hand in Hand mit einer politischen und nicht zuletzt auch mit einer kulturellen Revolution. Gewiß – die Modernisierung der Gesellschaft war längst vorher angelaufen, sicher seit 1890, aber sie wurde nun in einem bis dahin ungekannten Maße öffentlich, diese Durchsetzung, diese Modernisierung der Gesellschaft. Ich kann hier auch nur einige Stichworte liefern. Von der Weimarer Verfassung und den staatstragenden Parteien angefangen – die drei, gegen die der Protestantismus gekämpft hatte: die Sozialdemokratie, Linksliberale, Katholizismus - über Kunst und Kultur bis hinunter zu den Tageszeitungen breitete sich jetzt aus, was viele Vertreter des konservativen Bürgertums und evangelische Christen nur als Angriff, als Zerstörung und Verhöhnung christlicher Ordnungen und Normen im Blick auf Sittlichkeit und Moral begreifen konnten. Zu Recht hat man in diesem Zusammenhang von einem „Kulturschock" gesprochen.

Was bedeutete alles das für das Konzept von Volkskirche und seine Durchsetzung? Ich will das im folgenden nacheinander im Blick auf die Zeit der Weimarer Republik und dann des Dritten Reiches erläutern.

1. Weimarer Republik

Wie bereits angedeutet, stand das hier entfaltete Konzept der Volkskirche in einem prinzipiellen Gegensatz zu den politischen, kulturellen und mentalen Realitäten der Republik. Sicherlich trat dieser Antagonismus nicht auf Schritt und Tritt zutage, aber gegenwärtig war er stets. Der aus der Revolution entstandene, allen religiösen Fragen gegenüber kritische, oder bestenfalls neutrale, neue deutsche Staat, der als parlamentarische Demokratie mit einer Vielzahl von Parteien agierte, das waren Punkt für Punkt elementare Herausforderungen an ein Verständnis von Volkskirche und christlicher Volkskultur, die auf einer monarchisch-christlichen Gesellschaftsordnung basierte, mit konservativ-hierarchischen Normen und autoritären antidemokratischen Wertvorstellungen. Die Moralvorstellungen und insgesamt die Sittlichkeit, die man nun, vor allem in den Großstädten, vor Augen hatte, bedeuteten eine tägliche Beleidigung der eigenen protestantischen Überzeugung. Die Auswirkungen des Modernisierungsprozesses in Industrie, Wirtschaft und Gesellschaft kamen primär als Zersetzung aller Werte und Ordnungen in den Blick, als Auflösung der Familie, der Gesellschaft, aber auch des Handels, des Handwerks. Der Antisemitismus schoß ins Kraut, Juden machte man für nahezu alle Mißstände in der Gesellschaft verantwortlich, natürlich auch dafür, daß die Republik angeblich nicht national gesonnen sei, daß ihre Vertreter mitgeholfen hätten, Deutschlands Ehre in den Staub zu treten. Kurz – dieser Staat erschien nicht nur unwillig, sondern von seinen gesamten Voraussetzungen her unfähig das zu leisten, was eine Kirche, die von dem gezeichneten Bild der Volkskirche ausging, von ihm unbedingt erwarten und fordern mußte. Das Dilemma, in das diese Kirche dadurch geriet, läßt sich auch so beschreiben: Man wollte ja die Funktionen einer civil religion wahrnehmen, ohne sich aber doch auf die Realitäten dieser Gesellschaft einzulassen. Die Folge war: Nach ihrem Selbstverständnis als Volkskirche konnte diese Kirche nicht aufhören, Mahnungen, Weisungen, Forderungen an das ganze Volk zu richten und sich darüber hinaus politisch zu betätigen. Aber jedes wirkliche volkskirchliche Engagement, das über verbale Äußerungen hinausging, also wo man dann Politik zu machen versuchte, wie bei der Frage der Fürstenenteignung und anderem, jedes wirkliche volkskirchliche Engagement machte nun stets aufs Neue schmerzhaft deutlich, daß diese Kirche keineswegs das Volk hinter sich hatte, sondern lediglich eine Partei unter anderen war und zudem eine, deren Vorstellungen nicht einmal von den ihr sozial und politisch nahestehenden Rechtsparteien durchgängig aufgenommen wurde. Die Auseinandersetzungen, die sich ständig hindurchziehen, daß die Rechtsparteien nicht genug gegen den Schmutz und Schund tun, daß der Hugenberg-Konzern gerade Schmutz und Schund verbreitet, obwohl eben Hugenberg die große Gestalt in der deutsch-nationalen Volkspartei ist, und zusammenhängend damit immer, daß die evangelische Kirche eine eigene christliche evangelische Partei gründen müsse, das ist etwa das, was hier immer wieder zum Ausdruck kommt. Zugespitzt formuliert: Die antidemokratisch-konservativen Grundwerte dieses volkskirchlichen Modells samt den darin enthaltenen Implikationen behinderten immer wieder erheblich den Anspruch und die Sehnsucht dieser Kirche, nicht nur Kirche für einen Teil, für eine Gruppe, sondern Volkskirche im ursprünglichen Sinn des Wortes zu sein.

Daraus resultierte ein Doppeltes: Man konnte sich mit allem Nachdruck auf die Kirche konzentrieren, auf ihre Selbständigkeit dem Staat gegenüber, und gleichzeitig auf den Auf- und Ausbau einer eigenen ideologischen und kulturellen Infrastruktur, meinetwegen auch Subkultur. Beispiele dafür gibt es hinreichend, das bekannteste und vielleicht auch breitenwirksamste ist eines, das Otto Dibelius in seinem „Jahrhundert der Kirche" entfaltet hat.

Eine restaurative Grundhaltung und moderne funktionale Elemente mischen sich hierin auf eine interessante Weise. Wesentlich für unseren Zusammenhang ist die Überzeugung von Dibelius, daß die Kirche, die mit Gottes Hilfe die „letzten und höchsten Werte zu schaffen vermag, darum dem Volk unmittelbar verbunden ist", das daraus, aus solchen Werten, lebt, aber nur mittelbar dem Staat. Kirche und Volk gehören also unmittelbar zusammen, der Staat ist etwas Abgeleitetes. Daraus folgt für Dibelius: Die Kirche muß in der Neuzeit auch solche Aufgaben wahrnehmen, um die sich in früheren Zeiten die christliche Obrigkeit gekümmert hat. Diebelius ist überzeugt: Es gibt keine christliche Obrigkeit mehr, diese ganzen Funktionen sind an die Kirche zurückgefallen, oder wie er es 1926 formuliert in diesem „Jahrhundert der Kirche": Die Kirche muß ihrer Aufgabe gerecht werden, eine Lebensform der evangelischen Christenheit deutscher Art zu sein. Volkskirche als Lebensraum für das Volk in grundsätzlicher Distanz gegenüber dem Staat. Darin ist bei allem Anregenden und Bedenkenswerten, was Dibelius auch sonst noch zu sagen weiß, doch, denke ich, die Unfähigkeit, ja Unwilligkeit, sich auf die vorfindliche Wirklichkeit einzulassen, überaus prägnant zusammengefaßt. So verbindet sich dann auch mit dieser Einstellung sehr gut die andere Reaktion der Zeitgenossen auf die Erfahrung der permanenten Blockade der volkskirchlichen Zielsetzungen durch die Realitäten der Republik. Man sehnte sich nach einem *anderen* Staat, einem besseren Staat sozusagen, nach einem solchen, der stärker den Idealen, den eigenen Idealen entsprach, der eben eindeutig ein autoritärer, konservativer Staat war, christlich strukturiert, eben dem eigenen kirchlich-kulturellen Leitbild weithin entsprechend. Die Anfälligkeit vieler evangelischer Christen bis hinauf in die Kirchenleitungen für alle konservativ-christlichen Parolen ist nur zu bekannt, sie muß hier nicht noch einmal wiederholt werden. Bekannt ist auch, wie Hitler sich diese Erwartungen zunutze gemacht hat.

2. Fixiert auf ihr Konzept der Volkskirche fanden erhebliche Teile der deutschen evangelischen Kirche kein Verhältnis zur Demokratie und Republik. Fasziniert von Hitler erwarteten sie Großes für die Durchsetzung ihres kirchlichen Programms von einer von ihm geführten Regierung. Hier wie da verstellte also das Leitbild der Volkskirche in einem erheblichen Ausmaß den Blick auf politische, soziale und nicht zuletzt ideologische Gegebenheiten. Dasselbe gilt nun aber auch für große Parteien des Kirchenkampfes. Die theologischen Auseinandersetzungen zwischen der Bekenntnisfront und den Deutschen Christen werden m.E. erst vollends durchsichtig, ebenso wie die gegenwärtig breit verhandelte Frage nach dem kirchlichen Widerstandspotential, wenn man die dominierende Rolle jenes Leitbildes von Volkskirche in Rechnung stellt, eben auch für die Zeit nach 1933. Abgesehen von einer winzigen bruderrätlichen Minderheit, die sich schließlich zwar nie grundsätzlich, wohl aber praktisch partiell vom allgemeinen volkskirchlichen Konsens löste, und auf der anderen Seite den Nationalkirchlern, die eine neue überkonfessionelle Kirche errichten wollten und dabei bestimmte entscheidende christliche Grundlagen weitgehend relativierten – also abgesehen von diesen beiden Gruppen war die volkskirchliche Zielsetzung im evangelischen Lager nach 1933 selbstverständlich unumstritten. Auch jetzt ging man davon aus, daß die Kirche im Volk zu wurzeln und ihm, dem Volk, zu dienen habe. Es sollte natürlich mit christlichen Werten durchdrungen werden. Staat und Kirche hätten nun endlich, anders als in der Zeit des Systems, wo kein Staat war, hätten nun nach 1933 vertrauensvoll zu kooperieren, um Großes für das Vaterland zu erreichen. Das betonten die Anhänger der Bekenntnisfront ebenso wie die Deutschen Christen. Beide Gruppen waren gewillt, Funktionen einer civil religion im neuen nationalsozialistischen Staat zu übernehmen. Nur darüber gingen wieder die Meinungen auseinander, und an dem Punkt stand man sich dann alsbald feindlich gegenüber, wie jenes Ziel am sinnvollsten und angemessensten erreicht werden könne. Verkürzt gesagt, setzten die Gruppen der

Deutschen Christen auf eine Öffnung der Kirche gegenüber dem Nationalsozialismus und eine Durchdringung der Verkündigung mit dieser nationalsozialistischen Ideologie, dagegen betonten die Kreise der Bekenntnisfront stärker die Selbständigkeit der Kirche und die lehrmäßig-dogmatische Prägung der Verkündigung. Beide Seiten waren aber überzeugt, daß sie auf ihrem Weg, auf ihre Weise, Volk und Staat am effektivsten dienten. Es geht nicht darum, den tiefgreifenden theologischen Unterschied zwischen den Deutschen Christen und der Bekenntnisfront zu verwischen, es gilt jedoch daneben auch jene gemeinsame Zielsetzung zu erkennen. Im übrigen muß man bedenken, daß im Alltag die Fronten durchaus abgeschliffener waren, als wir es im Nachhinein und zumal aus systematisch-theologischer Sicht gerne wahrhaben möchten. Jedenfalls dachten erhebliche Teile der Deutschen Christen nicht daran, das evangelisch-kirchliche Bekenntnis durch die nationalsozialistische Ideologie ersetzen zu wollen. Lediglich verbinden wollte man beides, genauer noch: Elemente des Neuen in die alte Verkündigung integrieren, um auf diese Weise das Volk wirksamer missionieren zu können, also das Ideal einer Volkskirche, die alle umfaßt, besser realisieren zu können. Die polemische Behauptung, die Deutschen Christen hätten schlicht die Kirche an Hitler und den Nationalsozialismus verraten, vereinfacht allzu sehr und verstellt die historische Wahrheit. Dasselbe gilt aber auch von der These, die Bekenntnisfront sei unpolitisch gewesen und habe lediglich einen theologischen Kampf für die Wahrheit des Evangeliums geführt.

Die lauten und zahlreichen Sympathieerklärungen und Loyalitätsbekundungen der Bekenntnisfront für den nationalsozialistischen Staat und insbesondere für Hitler sprechen eine andere Sprache. Sie lassen sich auch keineswegs, wie nach 1945 gerne geschehen, als Schutzbehauptungen relativieren. Vielmehr umwarb die Bekenntnisfront in den ersten Jahren durchaus den Führer, daß er mit ihnen zusammen das Ideal der Volkskirche verwirklichen möchte. Treffend kommt dieses Anliegen in einem Brief zum Ausdruck, den Berliner Pfarrer, keine Deutschen Christen, am 29. Juni 1933, also unmittelbar nach der Einsetzung von August Jäger zum Staatskommissar für die Preußische Kirche, an Hitler geschrieben haben. In diesem Brief heißt es: „Wenn die übergroße Mehrheit der Pfarrer die Deutschen Christen ablehnt, so geschieht das nicht aus politischen, sondern aus Glaubensgründen. Herr Reichskanzler, es kann Ihnen nicht gleichgültig sein, wenn derselbe deutsche Staat, der nahezu alle Parteien zu einem einheitlichen Willen zusammengeschlossen hat, auf kirchlichem Gebiet als Partei in Erscheinung tritt. Wir beschwören Sie, Herr Reichskanzler, erlösen Sie uns aus dem unseligen Zwiespalt, bewähren Sie sich als der Brückenbauer auch in der Kirche."

Das ist dieselbe Linie, die noch die große mutige Denkschrift der zweiten vorläufigen Leitung der deutschen evangelischen Kirche vom Frühjahr 1936 verfolgte, oder die auch maßgebend war für Theophil Wurms Eingaben an staatliche Vertreter. Es ging gegen die Verstöße gegen Moral und Sittlichkeit durch das Regime, die Kirche hatte diese Grundlagen zu verteidigen für das Leben des Volkes und dann auch durchaus des Staates. Darauf basierte die Volkskirche, darauf auch die entsprechende christliche Prägung und Kultur. Eine Alternative zu diesem Konzept besaß man nicht, weder bei der Bekennenden Kirche noch bei den Deutschen Christen. So wurden sie beide in dem Maße verunsichert und auch orientierungslos – ab 1935, vor allen Dingen 1936/37 – wie sich zeigte, daß das Regime weder die religiöse Kooperation mit der Kirche wollte noch deren religiöse Ergänzung und Unterstützung wünschte. Der Nationalsozialismus wollte, wenn auch auf eigene Weise, selber Kirche sein.

Zuletzt möchte ich fragen, ob die Bereitwilligkeit vieler evangelischer Christen, im Zweiten Weltkrieg zu kämpfen und zu sterben, mit der ausdrücklichen Unterscheidung, man tue das nicht für das Regime, aber für Volk und Vaterland, nicht vielleicht noch einmal die Mächtigkeit und dauerhafte Prägkraft des sonst gescheiterten – so schien es jedenfalls 1943/44 – Konzepts der Volkskirche und der damit gekoppelten christlich-konservativen civil religion zum Ausdruck brachte.

Einige Anmerkungen und Anfragen zum Schluß:

1. Das Modell der Volkskirche hat gleichwohl den totalen Zusammenbruch Deutschlands im Jahre 1945 überlebt. Ob und wie es sich in den folgenden Jahrzehnten gewandelt hat, sei hier dahingestellt. Mindestens ebenso wichtig erscheint mir die Frage, ob der deutsche Protestantismus in der Neuzeit überhaupt anders existieren kann als in einer volkskirchlichen Ausprägung, wozu dann eben – konsequentermaßen – die Erfüllung bestimmter Funktionen einer civil religion gehört.
2. Der Begriff des „Volkes" ist für deutsche Ohren weithin fragwürdig geworden. Es wäre interessant zu wissen, ob das Wort in anderen Kulturkreisen ebenso hochgradig irrational besetzt ist, auch so stark gegen die Moderne gerichtet. Gibt es anderswo vielleicht einen Zusammenhang, eine echte Symbiose von Rationalität und Ursprünglichkeit, von Geborgenheit/Heimat hier und logischer Durchsichtigkeit, Klarheit auf der anderen Seite, das also, was in der deutschen Tradition so weithin nicht vorhanden ist?
3. Zum Konzept der Volkskirche in Deutschland gehört nicht zufällig, wie wir sahen, die hierarchische und autoritäre Struktur, die antidemokratische Ausrichtung, die grundsätzliche Bestreitung jedes weltanschaulichen Pluralismus. Das war offenkundig von weit her in Dänemark so nicht der Fall. Schon deshalb bewegten sich die deutschen Christen und die dänischen Anhänger Grundtvigs auf verschiedenen Ebenen, anders als Emanuel Hirsch das behauptet hat. Aber, das interessiert nun eigentlich die Deutschen, wie verband man im Norden christliche Werte mitsamt dem darin liegenden Wahrheitsanspruch mit einem weltanschaulichen Pluralismus? Wie standen dort eine demokratische Grundhaltung in Kirche und Gesellschaft zur Frage der dogmatisch-bekenntnismäßigen Lehreinheit der Kirche?

Ich habe bisweilen die Antwort bekommen, das sei eben eine typisch deutsche Frage. Da mag ich zurückfragen: Reicht die Antwort, alles das sei eben rein pragmatisch und nicht grundsätzlich entschieden worden?

Jörg Thierfelder
Gesprächsbericht

Das Gespräch setzte bei der Verwendung des Begriffs „Volk" in den politischen und kirchlichen Strömungen der Weimarer Republik ein. Der Volksbegriff war keinesfalls eine Domäne der politischen Rechten; er wurde auch von den Linken verwendet („Volkskommissar"). Sowohl der theologische Liberalismus um Martin Rade, politisch linksliberal ausgerichtet, wie auch die Religiösen Sozialisten um Eckert und auch um Tillich mit ihrer Affinität zu den Linksparteien, bedienten sich des Volksbegriffs. Betont wurde noch einmal, wie in allen kirchlichen Strömungen von Volkskirche gesprochen wurde. In Baden beteiligten sich die Religiösen Sozialisten an den Kirchenwahlen unter der Bezeichnung „Volkskirchenbund evangelischer Sozialisten".

In einem zweiten Gesprächsgang ging man noch einmal auf die große Breitenwirkung des „institutionellen" Modells von Volkskirche ein. Die theologischen Auseinandersetzungen im „Kirchenkampf" zwischen Bekennender Kirche und Deutschen Christen verstellen leicht den Blick dafür, daß die volkskirchliche Zielsetzung die Gegner gerade miteinander verband. Nicht nur die Deutschen Christen, sondern auch die Bekennende Kirche hielten am Ziel der Volkskirche fest. Überlegungen hin zur Freikirche, etwa bei Niemöller 1934, wurden sowohl 1934 (Dahlem!) wie auch 1945 eine klare Absage erteilt. Auch die von Karl Barth inspirierten ekklesiologischen Aussagen von Barmen (Barmen III: „Die christliche Kirche ist die Gemeinde von Brüdern...") mußten nicht – und haben das wirkungsgeschichtlich auch nicht getan – zu einer Zerstörung oder Auflösung der Volkskirche führen. Andere ekklesiologische Modelle, die mehr von der Gemeinde her dachten und stärker „demokratisch" strukturiert waren, ließen sich nicht durchsetzen. Die Frage, warum ein theologisch möglicherweise „richtiges" Modell nicht durchgesetzt werden konnte, sollte nicht zu schnell mit dem allzu bequemen Hinweis auf den Heiligen Geist beantwortet werden; es ist eher zu überlegen, ob der Protestantismus mit seiner starken Betonung der Subjektivität die Fragen nach der Kirche als Institution, nach dem Verhältnis von Kirche und Recht zu sehr vernachlässigt hat.

Welche Bedeutung hat die politische Teilung Deutschlands für die Volkskirche? Hier wies der Referent auf die Verfassung des „Bundes der Evangelischen Kirchen in der DDR" hin, die die besondere Gemeinschaft der evangelischen Kirchen in der DDR und der Bundesrepublik „bekennt". Ob hier das Nationale oder das Kirchliche stärker akzentuiert ist, ist durchaus umstritten. Zweifellos versteht sich die evangelische Kirche in der DDR als Volkskirche, für den Referenten durchaus auch ein Grund zur Frage, ob der deutsche Protestantismus überhaupt anders existieren kann als in volkskirchlichen Strukturen. Auch in der DDR übernimmt der Protestantismus bestimmte Funktionen gesellschaftsintegrierender Art. Daraus zu schließen, daß er der einzige Integrationsfaktor in der Gesellschaft der DDR sei, dürfte freilich übertrieben sein.

Die mehrfach gestellte Frage nach den Unterschieden zwischen Deutschland und Dänemark in Fragen Volk und Volkskirche konnte nur andiskutiert werden. Es bleibt der Eindruck, daß die nordischen Völker leichter und unbefangener von „Volk" reden können als das deutsche und daß der Begriff der Volkskirche in Dänemark weit weniger belastet ist als bei uns.

Theodor Jørgensen
Volk und Volkskirche bei Schleiermacher und Grundtvig

I.

Dieses Thema in der hier gebotenen Kürze abzuhandeln, scheint schier unmöglich. Nicht einmal für einen dieser Großen würde die Zeit reichen. Dennoch ist es sinn- und reizvoll, Schleiermacher und Grundtvig überhaupt und besonders hinsichtlich dieses Themas zu vergleichen. Beide nehmen in der Geschichte ihrer Länder eine zentrale Stellung ein, und zwar nicht nur als Theologen und Männer der Kirche, sondern ebensosehr als Volksbildner und Politiker. Ihrer beider Tätigkeit fällt in eine Zeit, in der sich in Europa der Nationalstaat entwickelt, weshalb beide sich eingehend damit beschäftigen, was unter Größen wie Volk und Volkheit zu verstehen sei, und wie das Christentum oder die Kirche sich zu ihnen verhält. Von Schleiermacher scheint der Begriff der Volkskirche zu stammen,[1] und die grundgesetzliche Bezeichnung der evangelisch-lutherischen Kirche in Dänemark als die dänische Volkskirche ist ohne Grundtvigs Verständnis von Volk, Volkheit und Kirche kaum zu erklären. Sie findet sich weder in dem norwegischen noch in dem schwedischen Grundgesetz.

Wie relevant ist jedoch dieses Thema überhaupt für unsere Zeit? Ist das Volk noch wirklich eine Größe, die als solche in der heutigen Europäischen Gemeinschaft ernstzunehmen ist? Steht sie nicht eher der Entwicklung auf eine wirkliche europäische Gemeinschaft zu hinderlich im Wege? Und muß man sich in unserer ökumenischen Zeit nicht entsprechend kritisch gegenüber einer Größe wie der Volkskirche verhalten? Ist es zulässig, die Volkseinheit theologisch in der Lehre von der Kirche zu verwerten? Auf diese Fragen kann man nur antworten, indem man sich noch einmal mit dem Verhältnis von Volk und Kirche auseinandersetzt, und wir sind hier gut beraten, dies in Begleitung Schleiermachers und Grundtvigs zu tun.

Von beiden ist Schleiermacher der Systematiker, der gerne Maximen für ein Verhältnis sucht und es in einen so umfassenden Zusammenhang wie möglich hineindenkt. Grundtvig dagegen ist in seinem Denkstil der von der Geschichte bewegte Dichter und Seher. Er nannte seine Lebensanschauung mosaisch-christlich, was schon die Geschichtsverbundenheit derselben indiziert. Weltgeschichte interpretierte er aus der Sicht der biblischen Geschichte. Doch fangen wir mit Schleiermacher an. Bei ihm muß man immer nach dem Ort fragen, den bestimmte Größen wie Volk und Kirche in dem Ganzen seines Denkens einnehmen.

Der umfassende Zusammenhang, in dem das Verhältnis von Volk und Kirche bei Schleiermacher ihren Ort hat, ist die Vergeistigung der Materie, die gegenseitige Durchdringung von Natur und Vernunft, bis das höchste Gut erreicht ist, d.h. das harmonische Zusammenwirken aller Güter. Schleiermacher nennt es auch das Him-

---
[1] Vgl. W. Huber, Welche Volkskirche meinen wir? In: Folgen christlicher Freiheit. Ethik und Theorie der Kirche im Horizont der Barmer Theologischen Erklärung, Neukirchener Verlag, 1983, S. 131-145

melreich.² In diesem Prozeß ergibt sich eine Naturseite und eine Vernunftseite, und auf jeder Seite wiederum Identität und Individualität. Je vergeistigter die Natur wird, desto mehr individualisiert sie sich. Der höchste Gipfel dieser Individualisierung ist der Mensch. In ihm ist die Durchdringung von Geist und Natur zu bewußtem Sein, zu Bewußtsein geworden. Und der Mensch wird nun Organ für die weitere Entwicklung. Indem die Natur im Menschen Bewußtsein wirkt, wird sie weiter vergeistigt; nicht nur indem sie im Menschen bewußt wird, sondern auch indem der Mensch als Bewußtsein weiter auf die Natur einwirkt und sie gestaltet. Schleiermacher spricht von der symbolisierenden und organisierenden Funktion der menschlichen Vernunft. Die symbolisierende Funktion ist das Erkennen, das zum Wissen werden will. Die organisierende Funktion jede menschliche Arbeit, wodurch die Natur zum Organ des Menschen wird und Güter hervorbringt. Für beide dieser Funktionen gilt nun weiter, daß sie identisch oder individuell, gemeinsam oder eigentümlich sein können. Das identische Symbolisieren wird in der Wissenschaft betrieben, das individuelle Symbolisieren in der Kunst. Das identische Organisieren geschieht in der Wirtschaft, das individuelle Organisieren in der Gestaltung der Privatsphäre als Heim und Eigentum.³

Nun hat jede dieser Funktionen ihre Institution, weil sie nur in Gemeinschaft und für Gemeinschaft betrieben werden kann. Dem wirtschaftlichen Verkehr entspricht der Staat, der Wissenschaft entsprechen die wissenschaftlichen Akademien, die Universitäten und das allgemeine Schulwesen, der Gestaltung des Eigenbesitzes die Gastfreiheit und Freundschaft, und endlich entspricht der Kunst die Kirche einerseits und die freie Geselligkeit andererseits.

Basis aller dieser Institutionen ist die Familie, die alle die genannten Funktionen in sich vereinigt und aus sich entwickelt.

Somit haben wir den Ort gefunden, den Schleiermacher in seiner philosophischen Ethik der Kirche zuweist. „Kirche" ist der soziologische Begriff für jede religiöse Gemeinschaft, die sich um eine in der Geschichte fundierte, bestimmte Gestaltung des Gottesbewußtseins sammelt⁴; wobei zu erinnern ist, daß Schleiermacher das Gottesbewußtsein als die höchste Form des unmittelbaren Selbstbewußtseins auffaßt. In dieser Betrachtung sind auch Judentum und Islam Kirchen.

In der Kirche, vor allem in der christlichen Kirche, wird der Mensch als eigentümliche Person zu Gott in Beziehung gesetzt, was zugleich eine Beziehung zur ganzen Welt in sich schließt. Denn in seiner Beziehung zu Gott empfängt der Mensch die ganze Welt von Gott her und versteht sie gemäß ihrer göttlichen Bestimmung, Reich Gottes zu sein. Sollte die christliche Kirche als soziologisches Gebilde dem entsprechen, müßte sie sich über die ganze Erde verbreitet haben und zwar als die einzige bestehende Kirche⁵. Das wäre die Vollendung der christlichen Kirche. Bis dahin gibt es Zwischenstufen sowohl in der Zeit als auch im Raum. Das Christentum besteht aus einer Vielfalt von kirchlichen Gemeinschaften, die jede für sich eine eigentümliche Gestaltung des christlichen Glaubens sind. In diesem Zusammenhang wird nun der Volksbegriff ekklesiologisch relevant für Schleiermacher.

Das Volk gehört auf die Naturseite in dem Prozeß der gegenseitigen Durchdringung von Vernunft und Natur. Die Einheit des ganzen Menschengeschlechts läßt sich nicht

---

2 Vgl. Schleiermachers zwei Abhandlungen „Ueber den Begriff des höchsten Gutes", SW III/2 S. 446-495, bes. S. 494
3 Vgl. die obengenannten Abhandlungen samt Schleiermachers Entwürfen zu einem System der Sittenlehre, Ed. Otto Braun, Schleiermachers Werke, Bd. 2, 1967
4 Vgl. Schleiermacher, Kurze Darstellung des theologischen Studiums 1. Ed. Heinrich Scholz, 1910
5 Vgl. Schleiermacher, Der christliche Glaube, Bd. 2, 157, Ed. Martin Redeker, 1960, S. 408ff.

aus einzelnen eigentümlichen Personen verwirklichen, sondern der Bildungsprozeß verläuft über eine Reihe von Zwischenstufen, Familie, Sippe, Stamm, Volk, die Schleiermacher wiederum als eigentümliche Personen auffaßt, die sich in Individualitäten mit gemeinschaftlichen Zügen vereinigen.[6] Auf politischer Seite gibt es keine höhere eigentümliche Gemeinschaft als das Volk. Schleiermacher hält nichts vom Weltbürgertum. Zwar gibt es Staaten, die mehrere Völker umfassen, aber das ist ein Unding. Recht besehen sollte ein Staat nur ein Volk umfassen, also ein Nationalstaat sein, denn Schleiermacher versteht den Staat als die sittliche Form des Volkes. Ein Volk wird Staat, indem es sich als eigentümliche Person konstituiert und somit imstande ist, seine Eigentümlichkeiten anderen Staaten gegenüber zu behaupten, aber auch aufzuheben, um in Gemeinschaft mit ihnen zu treten.

Schleiermachers Definition einer Person ist folgendermaßen: eine um sich selbst bewußte Individualität, die sich im Verhältnis zu anderen setzen und aufheben kann. Aber auf politischer Seite kann Schleiermacher sich, wie gesagt, keine höhere eigentümliche Einheit vorstellen als den Nationalstaat. Hier läßt sich die Gemeinschaft der Menschheit nur realisieren in einem freien Völkerbund, der in einem freien Übereinkommen seine Verhältnisse durch ein Völkerrecht regelt. Dieses verschiedenartige Verhältnis der Kirchen und Völker zur Gemeinschaft der Menschheit hat einen entscheidenden Einfluß auf das Verhältnis von Kirche und Volk zueinander. Darauf werde ich noch zurückkommen.

Was konstituiert nach Schleiermacher ein Volk? In einer Predigt aus dem Jahr 1806, also zur Zeit der Unruhen des Feldzuges Napoleons, die Schleiermacher in dem französisch besetzten Halle hielt, kommt das schön zum Ausdruck. Die Predigt trägt die Überschrift: „Wie sehr es die Würde des Menschen erhöht, wenn er mit ganzer Seele an der bürgerlichen Vereinigung hängt, der er angehört"[7]. Die bürgerliche Vereinigung oder das Volk „beruht auf den geheimnisvoll bleibenden Eigentümlichkeiten, auf der verschiedenen Lebensweise, und auf der Sprache vorzüglich, welche ganz bestimmt jedes Volk von den übrigen absondert".[8]

Dazu kommt die Lage des Volkes in der Welt. Die Völker „gehören unter die wesentlichsten bleibendsten Ordnungen in dem Hause Gottes"[9], und jedes Volk ist dazu bestimmt, „eine besondere Seite des göttlichen Ebenbildes darzustellen"[10]. Deshalb ist man ohne Liebe zu dem eigenen Volk „in der sittlichen Welt in dem Hause Gottes (...) gewiß nur ein Fremdling"[11], ohne Einfluß „auf alle großen Angelegenheiten des Hauses Gottes"[12], weil einem das Volk als vermittelnde Gemeinschaft fehlt. Bewußtsein eigener Volkszugehörigkeit ist Voraussetzung dafür, andere Völker in ihrer Eigentümlichkeit kennenzulernen und liebzugewinnen. Auch für den Christen und die christliche Gemeinde ist somit das eigene Volk der nächstliegende Bereich für das Handeln im Reiche Gottes. Und Schleiermachers Schlußfolgerung in dieser Predigt ist: „Nur der kann alle Pflichten erfüllen, alle Rechte ausüben, alle Vorteile benutzen und also einheimisch sein wie ein Bürger in dem Reiche Gottes, der es treu mit dem Volk hält und meint, dem ihn der Herr zugestellt hat."[13] In dieser relativ frühen patriotischen Predigt Schleiermachers ist Patriotismus Voraussetzung für die Bürgerschaft im Reiche

---

6 Zu Schleiermachers Verständnis von Individualität und Person, hierunter auch Person als kollektive Person verstanden, vgl. Th. Jørgensen, Das philosophische und religionsphilosophische Offenbarungsverständnis des späteren Schleiermacher, 1977, S. 42ff.
7 Vgl. Schleiermacher, Kleine Schriften und Predigten I, Ed. Hayo Gerdes, 1970 S. 285ff.
8 a.a.O., S. 289
9 ebd.
10 a.a.O., S. 290
11 ebd.
12 a.a.O., S. 291
13 a.a.O., S. 299

Gottes geworden. So undifferenziert bestimmt Schleiermacher das Verhältnis von Kirche und Volk später nicht, wie wir sehen werden.

Das Volk ist also die natürliche Einheit für die Kirche. Schleiermacher ist Anhänger der Volkskirche und Landeskirche, vor allem aufgrund der gemeinsamen Sprache. Kirchliche Gemeinden, die nicht dieselbe Sprache sprechen, können nicht auf dieselbe Weise verbunden sein wie die, welche sich derselben Sprache bedienen.[14] In der Sprache, Sitte und Kultur eines Volkes kommt ja dessen Individualität zum Ausdruck, die – wie gesagt – eine bestimmte Modifikation des göttlichen Ebenbildes ist, und gerade diese volkliche Individualität, wie sie sich verschieden in jedem einzelnen darstellt, will die Kirche zur Frömmigkeit bilden. Versucht man, sich über die volklichen Individualitäten um der Einheit der christlichen Kirche willen hinwegzusetzen, wie es die römisch-katholische Kirche nach Schleiermachers Meinung tut, bekommt man zwar eine äußere Einheit, aber keine innere. Die Pluralität der protestantischen Kirchen als Volkskirchen stellt dagegen „ein wahres Verhältnis,, dar.[15] Das heißt jedoch nicht, daß man bei den völkischen Grenzen stehenbleiben darf. Das wäre unchristlich und unsittlich. In dieser Hinsicht übt der Christ auch auf den Staat einen Einfluß aus, indem er ihn zu hindern versucht, sich anderen Völkern gegenüber abzugrenzen. Aber das Volk ist – wie gesagt – auch die natürliche Einheit des Staates, der ebenso wie die Kirche sittliche Form des Volkes ist, nur mit einer anderen Funktion und auf einer anderen Stufe als die Kirche im umfassenden Bildungsprozeß der Natur durch den Geist.

Denn der Geist der christlichen Kirche ist der Geist Jesu oder der Heilige Geist, der die individualisierte Vernunft oder den eigentümlichen Geist eines Volkes in Besitz nimmt.[16] Das Verhältnis von Volk und Kirche läßt sich bei Schleiermacher nur so thematisieren, wie Schleiermacher es selbst tut. Einerseits muß man nach dem Verhältnis der Kirche zum Staat und andererseits nach dem Verhältnis der Kirche zur Geselligkeit als Gebiet der Kunstausübung eines Volkes fragen.

Schon der Redner über die Religion hatte die Unabhängigkeit der Kirche von dem Staat gefordert. Daran hält Schleiermacher in der „Christlichen Sitte" fest. Zwar hat die Kirche als Sozialkörper eine äußere Existenz[17], für die der Staat selbstverständlich Gesetze geben muß (das sogenannte jus circa sacra), aber darauf soll der Staat sich auch beschränken und die Kirche ihre inneren Verhältnisse, das jus in sacra, selbst verwalten lassen. Umgekehrt hat die Kirche als Kirche sich nicht einzumischen in die Angelegenheiten des Staates. Der einzelne Christ ist als Mitglied der Kirche und Staatsbürger zugleich der Vermittler des Verhältnisses. Und so behandelt Schleiermacher auch das Verhältnis in seiner christlichen Sittenlehre. Er spricht überwiegend von dem Tun des Christen (nicht der Kirche) im Staat und seiner Teilnahme an allen Funktionen des Staates, dem reinigenden und verbreitenden Handeln. Zweifellos bringt der Christ nach Schleiermachers Meinung eine Dimension in das Handeln des Staates, die staatsverbessernd wirkt. Aber notwendig für den Staat ist das Christentum durchaus nicht. In seiner „Praktischen Theologie" stellt Schleiermacher die Frage, ob der Staat recht tut zu meinen, daß er die Frömmigkeit entbehren kann, und beantwortet sie folgendermaßen: „...wenn er glaubt vollkommen gesichert zu sein durch die herrschende Kraft intellektueller Motive, bei welcher sich aber die Frömmigkeit entbehren läßt: so ist das auch der vollkommenste Zustand für den Staat."[18]

---

14 Vgl. Schleiermacher, Die christliche Sitte, SW I/12, 2. A. 1884, S. 569. Die folgenden Seitenhinweise verweisen auf diesen Band
15 Schleiermacher, Die christliche Sitte, a.a.O. S. 570
16 a.a.O., S. 62f.
17 a.a.O., S. 569
18 Vgl. Schleiermacher, Die Praktische Theologie nach den Grundsätzen der evangelischen Kirche im Zusammenhange dargestellt, 1850, S. 669

Der Staat hat als Aufgabe den Talent- und Naturbildungsprozeß, die Kirche dagegen die Bildung der Gesinnung. Daraus schließt Schleiermacher, daß die bürgerliche Tugend des Christen nicht der Materie, aber der Form nach eine andere ist. Denn der Christ kann nicht unterlassen, die ganze Sphäre des Talent- und Naturbildungsprozesses auf die Verbreitung des Reiches Gottes nach der christlichen Idee zu beziehen.[19] Das hat sittliche Folgen für das bürgerliche Handeln des Christen. Er kann z.B. den Patriotismus nicht akzeptieren, der das Vaterland zu einer eigennützigen moralischen Person und zum höchsten Zweck macht.[20] Der Christ setzt sich dafür ein, daß der eigene Staat sich auch als Organ des ganzen Menschengeschlechts im Sinn einer Völkergemeinschaft versteht[21], und dringt deshalb in seinem politischen Handeln darauf, daß das Völkerrecht gefördert wird. Diese Bezugnahme auf das Reich Gottes bestimmt weiter die Haltung des Christen zum Krieg oder zur Technologisierung im Talentbildungsprozeß, wo er davor warnt, daß der Mensch zur Maschine wird.[22]

Die Kirche ist eng verbunden mit der Geselligkeit eines Volkes. Hier vor allem zeigt sich, wie das Volk auch die natürliche Einheit für die Kirche bildet. Kirche und Geselligkeit haben im weiten Sinn die Kunst gemeinsam, die im darstellenden Handeln der Kirche (im Gottesdienst) und des Volkes (z.B. in Volksfesten) zum Ausdruck kommt. Nun hat jedes Volk die Tendenz, in sich Klassenunterschiede verschiedener Bildungsgrade zu entwickeln, wodurch die Einheit des Volkes bedroht ist, was wiederum das Volk im Verkehr mit anderen Völkern schwächt. Hier trägt die Kirche dazu bei, diese Unterschiede zu nivellieren, weil sich das christliche Gemeingefühl zu solchen Unterschieden gleich verhält.

Dadurch wird auch das Bewußtsein eines Volkes von seiner gemeinsamen kulturellen Eigenart gestärkt, wodurch es klarer und bestimmter sich anderen Völkern darstellen kann, wie andere Völker sich ihm gegenüber. So läßt sich die Völkergemeinschaft auch auf dem Gebiet des geselligen Handelns verwirklichen, wodurch – wenn die Völker auch christlich werden – die Einheit der Menschheit oder das Reich Gottes erreicht wird.

Die wesentliche Struktur der Kirche und des Staates sind analog. In der Kirche ist sie der Gegensatz von Hervorragenden und Masse (Klerus und Laien)[23], im Staat der Gegensatz von Obrigkeit und Untertan. Der Bildungsprozeß geht bei Schleiermacher klar von oben nach unten, aber zielt darauf ab, daß dieser Gegensatz nur ein funktioneller wird und kein persönlicher bleibt, so daß alle wechselweise Klerus und Laien oder Gebietende und Gehorchende sind. Denn in diesem Bildungsprozeß bleibt jeder sein Leben lang selbst ein zu Bildender und ein andere Bildender zugleich. Und doch kann man sich nicht des Eindrucks eines elitären Gemeinschaftsverständnisses bei Schleiermacher erwehren. Das zeigt sich auch deutlich in seinen Entwürfen zur Kirchenverfassung.

In den Überlegungen Schleiermachers zum Verhältnis von Kirche und Volk, wie er sie vor allem in der Christlichen Sittenlehre entfaltet hat, klingt „das große Grundthema" derselben an: „das Christentum als Lebensgestalt und als ethische Geschichtsmacht, in der alles wahrhaft Humane bewahrt und integriert ist".[24]

Das Christentum ist um der Menschen willen in ihrer von Gott gewollten Mannig-

---

19 Vgl. Die christliche Sitte, S. 461f. Hierauf verweisen auch die folgenden Seitenhinweise
20 a.a.O., S. 416, 490f.
21 a.a.O., S. 491
22 a.a.O., S. 466, 479
23 Vgl. Kurze Darstellung des theologischen Studiums, 2. A. S. 267
24 H.-J. Birkner, Schleiermachers Christliche Sittenlehre im Zusammenhang seines Philosophisch-Theologischen Systems, 1964, S. 141

faltigkeit da, um sie heimzuholen in die Ewigkeit des Reiches Gottes. Hineingenommen in diese Bewegung, wird das einzelne Volk in seinem eigentümlichen Eigenwert nicht aufgehoben, sondern bestätigt, aber gleichzeitig relativiert.

II.

Auch für Grundtvig ist das Christentum um des Menschen willen da, und ebensowenig wie Schleiermacher kann Grundtvig allgemein vom Menschen sprechen, sondern versteht ihn immer als Glied eines Volkes, der eine Muttersprache spricht, in einer Landschaft als Heimat wohnt, mit anderen Menschen eine Geschichte gemeinsam hat, in einer Kultur lebt, in der er durch seine Arbeit mitwirkt, und deren Brauchtum er mit anderen teilt.[25] Das sind auch infolge Grundtvigs die konstitutiven Elemente der Volkheit eines Volkes, die vom Volksgeist zusammengehalten und am Leben erhalten werden. Nicht nur knüpft das Christentum an diese Volkheit an, wenn es zu einem Volk kommt; um geglaubt und verstanden zu werden setzt es ein volkskirchliches Bewußtsein voraus. „Mensch zuerst und Christ danach, nur das ist des Lebens Ordnung." So leitet Grundtvig ein Lehrgedicht 1837[26] ein. Zuerst sind diese Worte als Leitworte für das rechte Verständnis von Volkstum und Christentum, Volk und Kirche bei Grundtvig charakterisiert worden. Ernstnehmen muß man aber auch eine andere Verhältnisbestimmung Grundtvigs: Sonderung und Wechselwirkung.[27] Auch hier unterscheidet Grundtvig sich m.E. nicht von Schleiermacher. Aber seine Begründung ist eine andere. Sie ist wesentlich theologisch, während Schleiermachers ebensogut philosophisch verstanden werden kann. Und Grundtvig denkt mehr an der konkreten Geschichte entlang, während Schleiermacher mehr nach den Strukturen fragt.

In der Schöpfung des Menschen zum Ebenbild Gottes ist für Grundtvig eigentlich alles enthalten, was sich in der Geschichte und durch die Geschichte der Menschheit entfalten soll. Grundtvig findet die Gottesebenbildlichkeit des Menschen vor allem in seiner Sprache, und zwar nicht nur in seinem Sprachvermögen, wodurch er ansprechbar und verantwortlich wird, sondern auch in der konkreten Sprache, die der Mensch spricht, in den Worten, die ihm lieb und wahr sind, und wodurch er Liebe und Wahrheit erfahren und ausdrücken kann.[28] Die Muttersprachen der Menschheit sind Widerlaute des göttlichen Schöpferwortes, in dessen Ebenbild wir geschaffen sind. Grundtvig ist hier einig mit Schleiermacher, daß jedes Volk eine bestimmte Seite des göttlichen Ebenbildes darstellt. Diese Gewißheit entnimmt Grundtvig der Menschwerdung Gottes in Christus.[29] Grundtvig denkt hier ganz konsequent die einleitenden Verse des ersten Schöpfungsberichts in der Bibel mit den einleitenden Versen des Johannesevangeliums im Neuen Testament zusammen. Das Verhältnis von Christentum und Volkstum oder Volkheit und dementsprechend von Kirche und Volk kann Grundtvig anhand der Zwei-Naturen-Lehre der Christologie entwickeln. Die wahre Menschheit Jesu entspricht der Volkheit, die wahre Gottheit Jesu entspricht der christlichen Botschaft, in

---

25 Vgl. z.B. Grundtvigs Gedicht „Folkeligheden", Danskeren 1848, Nr. 24, = Udvalgte Skrifter, Ed. H. Begtrup, Bd. IX, S. 139ff. Teilweise in Deutsch in G. Harbsmeier, Was ist der Mensch? Grundtvigs Beitrag zur humanen Existenz, 1972, S. 157f.
26 „Menneske først og Christen saa", Grundtvigs Sang-Værk Bd. III, 1948 S. 296-298. Eine deutsche Übersetzung findet sich in Harbsmeier, a.a.O., S. 65-67
27 Vgl. hierzu Th. Jørgensen, „Volkstum und Christentum bei Grundtvig", KuD 1987 S. 192-206
28 Vgl. Grundtvig, Om Folkeligheden og Dr. Rudelbach, Dansk Kirketidende Nr. 124, 1948, Udvalgte Skrifter Bd. IX, S. 95, 93f.
29 Vgl. Grundtvig, Den christelige Børnelærdom, 1868, a.a.O., S. 428f. und obengenannten Aufsatz, a.a.O., S. 95

der das ganze Gotteswort von Anfang an in einer bestimmten Muttersprache Fleisch wird. Grundtvig kann aber auch dieses Verhältnis trinitarisch entfalten.[30] Aus dem Herzen Gott Vaters entspringt die Liebe, die sich im Wort oder Sohn Gottes darstellt und durch den Geist Gottes vermittelt wird. Wo der dreifaltige Gott sich eine Kirche baut, wird das Wort Gottes Fleisch in einer Muttersprache, die sein Widerlaut ist, und die durch den Heiligen Geist eine machtvolle Sprache Gottes wird, welche den Geist dieses Volkes erweckt.

Den Menschengeist gibt es infolge Grundtvigs nicht allgemein, sondern nur in der Mannigfaltigkeit von Volksgeistern. Und ebenso wie die Muttersprache ein Widerlaut des göttlichen Schöpferwortes ist, ist der Volksgeist eine Schöpfung des Heiligen Geistes.[31] Und dasselbe gilt von dem Geist des einzelnen Menschen. Unermüdlich unterstreicht Grundtvig diese Entsprechung von Gott und Mensch. Der Mensch ist ein göttliches Experiment von Staub und Geist[32], von Gott von Anfang an dazu geschaffen, sich mehr und mehr als Ebenbild Gottes zu verwirklichen und am Leben Gottes teilzunehmen. Die Schöpfung des Menschen war infolge Grundtvigs keine endgültige Handlung, sondern der erste Schritt eines Weges, den der Mensch in Übereinstimmung mit Gottes Willen, getragen von der göttlichen Liebe und getrieben von dem göttlichen Geiste, gehen sollte. In dieser Entwicklung wurde der Mensch durch den Sündenfall angehalten. Grundtvig versteht den Sündenfall sowohl als Schicksal als auch als Schuld. Der Mensch wurde von dem Bösen überlistet, indem er aber der Versuchung nachgab, weil er noch nicht das Reifealter erreicht hatte, willigte er ja ein und wurde somit schuldig. Aber der Sündenfall bedeutet nicht, daß der Mensch seine Gottesebenbildlichkeit völlig verloren hat. In gebrochener aber durchaus nicht kraftloser Weise ist es dem Menschen dunkel bewußt, und zwar im Herzen als Quellort der Sehnsucht und Liebe und in der Sprache des Herzens.

Ohne Sehnsucht nach ewigem Leben, ohne Liebe zum eigenen Volk und Vaterland, ohne dunkles Bewußtsein davon, als Mensch seinen Ursprung in einem Göttergeschlecht zu haben, ohne Schmerz über begangene Missetat versteht man nicht das Evangelium von Gottes Reich und von Gottes Volk und von der Wiedergeburt als Gottes Kinder.[33] Alle diese Gefühle und Erfahrungen sind in bestimmten Worten der Muttersprache enthalten. Deshalb kann das Wort Gottes in der Muttersprache gesprochen uns rühren. Die Muttersprache als Sprache des Herzens gibt ja hier wieder, wovon sie selber Nachklang ist. Das Wort Gottes, d.h. Christus, kommt in sein Eigenes, wenn es in einer Muttersprache laut wird.

Aus dieser Sicht wird Grundtvigs Grundsatz „Mensch zuerst und Christ danach" voll verständlich. Bestrebt man sich darauf, wahrer Mensch zu sein und nach dem wahren Wort zu fragen, stößt man, wenn auch gebrochen, auf die Erfahrung der Gottesebenbildlichkeit und öffnet sich deshalb auch dem Wort der Wahrheit. Dessen ist Grundtvig sich so gewiß, daß er schreiben kann:

---

30 Zu Grundtvigs Verständnis der Dreieinigkeit vgl. M. Mortensen, Helligånden, Guds røst på jord, in: For Sammenhængens Skyld, ed. Chr. Thodberg, 1977, S. 40ff.

31 Vgl. hierzu Helge Grell, Skaberånd og folkeånd, 1988

32 Grundtvig, Nordens Mytologi 1832, Indledning, Udvalgte Skrifter S. 394ff., bes. S. 408. = N.F.S. Grundtvig, Schriften zur Volkserziehung und Volkheit, ed. J. Tiedje, Bd. II, S. 9ff., bes. S. 25f.

33 Vgl. Grundtvigs Lied „Ingen har guldtårer fældet, som ej glimt af guldet så" (Keiner hat je Goldtränen geweint, der nicht einen Funken des Goldes gesehen hat), Folkehøjskolens Sangbog 1972, Nr. 298, zusammengestellt aus Strophen aus Grundtvigs großem Gedicht Christenhedens Syvstjerne 1855, hier aus dem Abschnitt über die nordische Gemeinde

Ist Christentum der Wahrheit Sach,
Ob Christ er auch nicht heute ist,
Er wird es sein noch morgen[34].

Aber Mensch zuerst ist man – wie schon gesagt – nur als Angehöriger eines bestimmten Volkes. Deshalb wirkt Gott sein Heil für die gefallene Menschheit durch eine Geschichte mit den Völkern. Grundtvigs Geschichtsverständnis ist universalgeschichtlich. Aber nicht alle Völker sind in gleicher Weise von dem Gang Gottes berührt. Hier besteht eine gewisse Unklarheit bei Grundtvig. Einerseits betont er, daß er „unter der Volkheit, die vom Christentum vorausgesetzt wird,...weder etwas (verstehe), was an die Stelle des Christentums treten könne, noch etwas, was ein Volk zum Segen des Christentums berechtige".[35] Aus dieser Sicht stehen alle Völker gleich dem Christentum gegenüber. Kein Volk kann sich darauf berufen, besondere Voraussetzungen für das Christentum zu haben. Andererseits unterscheidet Grundtvig unter den Völkern Hauptvölker, die eine besondere Rolle in der Heilsgeschichte Gottes mit der Menschheit spielen. Vor allen anderen steht hier natürlich das israelitische Volk. Denn dieses Volk ist ja von Gott in besonderer Weise dazu erwählt worden, Vermittler für Gottes Heil zu sein. Ob der Volksgeist Israels mit dem Heiligen Geist identisch ist, oder ob er nur in einem ganz besonderen Verhältnis zu ihm steht, ist nicht immer deutlich bei Grundtvig zu erschließen. Aber fest steht, daß der Heilige Geist in besonderer Weise in Israel tätig gewesen ist, durch erwählte Männer und Frauen, Richter, Könige und Propheten, daß er als Geist der Wahrheit gesprochen hat, und daß die Sprache Israels in ganz besonderer Weise eine poetische Bildersprache ist und somit dafür geeignet, Vermittler des Wortes Gottes zu sein. In der Volkheit Israels findet man das Bewußtsein von dem Sündenfall des Menschen, aber auch die Erinnerung an den göttlichen Ursprung des Menschen und deshalb auch die Sehnsucht nach ewigem Leben, alles das, was Grundtvig unter der mosaisch-christlichen Lebensanschauung verstand. Die übrigen Völker werden nun danach beurteilt, in wie hohem Maße in ihren Volkheiten Züge der mosaisch-christlichen Lebensanschauung enthalten sind. Das entscheidet darüber, ob sie zu den Hauptvölkern gezählt werden sollen oder nicht.[36] Grundtvigs Geschichtsverständnis ist letztlich ein geschichtstheologisches. Hauptvolk ist außer dem israelitischen selbstverständlich das griechische Volk, schon aus dem Grunde, daß die griechische Sprache die zweite Ursprache des Christentums ist, aber auch wegen der griechischen Mythologie als ureigener Schöpfung des griechischen Volksgeistes. Aus eben diesem Grunde steht das römische Volk tiefer als das griechische, weil es nur eine geliehene Mythologie hat. Dagegen ist der Norden ein Hauptvolk und nicht zuletzt das dänische, weil die nordische Mythologie auch ureigene Schöpfung der nordischen Volksgeister ist. Dazu kommt die besondere Affinität, die die nordische Mythologie zum Christentum hat. Sie weiß von einem Sündenfall in der Geschichte, und sie versteht den Gang der Geschichte als einen Kampf zwischen guten und bösen Mächten, zwischen Leben und Tod, der zuletzt in einen Weltuntergang mündet, wonach ein neues Leben entsteht. In der nordischen Mythologie findet Grundtvig eine Eschatologie, die der christlichen entspricht. Darum haben die nordischen Völker, und hier besonders das dänische, eine besondere Stellung im Verhältnis zum Christentum und stehen hier auf gleicher Ebene mit dem grie-

---

34 Vgl. Anm. 26

35 Grundtvig, Om Folkelighed og Dr. Rudelbach, Udvalgte Skrifter Bd. IX, S. 90. Vgl. zum ganzen Zusammenhang auch die Aufsätze: Om Kirkehistorien und Folkelighed og Kristendom, a.a.O., S. 70-79 und S. 80-88

36 Vgl. zu Grundtvigs universalhistorischer Auffassung und der mosaisch-christlichen Lebensanschauung vor allem die Einleitung zu Nordens Mythologi 1832, Udvalgte Skrifter Bd. V, S. 391-503, = J. Tiedje, a.a.O., S. 9-137

chischen und ein wenig unter dem israelitischen Volk. Hier unterscheidet Grundtvig also trotzdem zwischen den Völkern. Einige haben in ihrer Volkheit bessere Voraussetzungen als andere, das Christentum zu empfangen. Wir finden hier bei Grundtvig eine gewisse Unausgeglichenheit zwischen zwei Tendenzen in seinem Verständnis von Christentum und Volk. Einerseits die klare Hervorhebung der Gleichheit aller Völker im Verhältnis zum Christentum: Kein Volk birgt das Heil in sich, nicht einmal teilweise. Alle müssen sie es von außen empfangen, wie es vermittelt wird durch die Kirche Jesu Christi als dem Volk Gottes auf Erden, dessen Geist der Heilige Geist ist. Andererseits ist nicht jede Volkheit gleich gut geeignet, das Christentum zu empfangen und Voraussetzung für diesen Empfang zu sein. Grundtvig denkt hier geschichtlich-konkret. Und es läßt sich kaum bestreiten, daß es Kulturen gibt, deren Geist dem Christentum fremder gegenübersteht als der Geist anderer Kulturen. Das wissen wir z.B. von den mannigfachen Erfahrungen her, die man in dieser Hinsicht in der christlichen Mission gemacht hat. Aber wir wissen es m.E. auch aufgrund der Erfahrungen mit unserer heutigen technologisch geprägten westlichen Zivilisation. Ein fruchtbares Zusammenspiel von Christentum und Menschentum in der Gestalt einer Volkheit läßt sich nach Grundtvigs Meinung nur machen mit Menschen, die mit den Christen die Auffassung vom Menschen als einem göttlichen Experiment von Staub und Geist teilen, ohne deshalb Christen zu sein. Mit Materialisten wußte Grundtvig nichts anzufangen.

Eben weil Grundtvig die Volkheiten der Völker konkret sieht, wo jede Volkheit bestimmte Seiten des Menschseins verwirklicht, und dazu noch sie wertend einordnet in den Gang der christlichen Kirche durch die Geschichte der Völker, entsteht diese unterschiedliche Wertung. Einen Niedergang findet er schon im römischen Volk und der römischen Christenheit, dann geht es in der englischen Christenheit wieder aufwärts, weil die englische Volkheit dem Christentum dazu verhilft, das Evangelium in die eigene Muttersprache zu übersetzen. Und wiederum geht es aufwärts mit Luther, weil er das Evangelium als mündliches Wort in der Muttersprache gesprochen versteht und wieder den wahren Sinn von Taufe und Abendmahl aufdeckt. Aber mit seiner Schriftauffassung bereitet er, ohne es zu wollen, den Grund für sowohl Orthodoxie als auch Rationalismus, wo das lebendige Christentum beinahe ausstarb. Erst jetzt mit Grundtvig, der sich selbst als Reformator und hier als treuer, wenn auch kritischer Schüler Luthers verstand, geht es wieder aufwärts mit dem Christentum, und zwar weil das Christentum in den Volkheiten des Nordens einen Erdboden hat, der das Christentum besonders schöne Blüten treiben läßt.

Der Ordnung halber sei erwähnt, daß Grundtvig das Kommen der letzten Gemeinde in der Geschichte des Christentums bei den Völkern in Indien erwartet. Hier wird die tiefe Weisheit der Menschheit, wie sie in der Religion dieser Völker vorliegt, in eine für beide Seiten fruchtbare Wechselwirkung mit dem göttlichen Logos eintreten.

Wir sehen also, daß der Grundsatz „Mensch zuerst und Christ danach" nicht nur für das Leben einzelner Menschen gilt, sondern auch für das Leben ganzer Völker. So war es schon am Anfang. Die Volkheit des israelitischen Volks wurde schon vor dem Kommen Jesu durch Johannes den Täufer für die Verkündigung Jesu vorbereitet.

Und so muß es nach Grundtvigs Meinung immer sein. Die Volkheit eines Volkes muß bereit, d.h. sie muß lebendig sein. Ist sie es nicht, muß das Christentum oder besser die Kirche durch ihr Leben im Volk dessen Volkheit aufwecken. Aber wohlgemerkt nicht, indem sie die Volkheit zu etwas Drittem christianisiert.

Hier kommen wir auf die beiden anderen für Grundtvig wichtigen Kriterien für das Verhältnis von Volk und Kirche zu sprechen: die Sonderung und die Wechselwirkung.

Grundtvig unterstreicht sehr bestimmt die Notwendigkeit der Sonderung. Das tut er, weil das Christentum nach seiner Meinung nur in einem Volk Gast sein kann, wenn es in Freiheit kommt und in Freiheit anerkannt wird. Unfreiheit im Verhältnis von Volk und Kirche würde bedeuten, daß das Menschliche verkümmerte. Das wäre sowohl aus menschlicher als auch aus christlicher Sicht eine Katastrophe, weil eben das verkümmern würde, was in jedem Menschen letztlich von Gott herkommt, das nämlich, was seine Gottesebenbildlichkeit ausmacht. Sollte die Volkheit eines Volkes völlig verkümmert sein, so daß nur noch die Kirche hier Leben bringen könnte, darf sie das nur, indem sie dem Volke dessen Freiheit und Selbstachtung wiedergibt.

Worin besteht nun die Wechselwirkung? Voraussetzung einer echten Wechselwirkung ist wiederum die Freiheit im Verhältnis, und daß jede Seite etwas zur Förderung der anderen Seite beitragen kann, daß also die Verschiedenheit nicht eine wesentliche Unvereinbarkeit bedeutet. Was das letzte betrifft, liegt es auf der Hand, daß die Verschiedenheit von Volkheit und Christentum letzten Endes eine Entsprechung ist. Gottes Wort, das Evangelium vom Reich Gottes, kommt ja immer in sein Eigenes, wenn es in einem Volk laut wird. Gott begegnet seinem Geschöpf. Und ebenso wie der Mensch von Gott aus Liebe zu einer freien Antwort geschaffen wurde, was sich in seiner Sprache als Widerhall von Gottes Wort manifestiert, ebenso soll der Mensch in seinem Volk der Botschaft Gottes in freier Antwort begegnen. Nur in solcher Freiheit entsteht wahres Lob Gottes in einem Volke. Was hier mit der Volkheit eines Volkes geschieht, kann Grundtvig erstaunlicherweise als „christlich werden„ charakterisieren. Als wirklich in der Welt seiend soll die Volkheit „in Geist und Wahrheit christlich werden".[37]

Dieses Christlich-Werden ist jedoch keine Synthese, die als ein Drittes im Verhältnis zur Volkheit und zum Christentum verstanden werden könnte. Es ist die Wechselwirkung selber, die sozusagen Inhalt ihrer eigenen Wirkung ist. Hier bringt die Volkheit die Vielfalt menschlicher Erfahrungen mit ein, die in jeder Volkheit aufgehoben ist, wodurch der Ausdruck des Christlichen bereichert und vertieft wird. Die Wechselwirkung bewirkt von seiten der Volkheit einen christlichen Sprachgewinn. Das Christentum seinerseits bringt den Heiligen Geist in die Wechselwirkung ein als Schöpfer-, Tröster- und Erlösergeist, als Geist der Hoffnung, der das irdische sterbliche Leben auf das ewige Leben hin öffnet und den irdischen Hoffnungen Bestand und Lebendigkeit gibt.

Wie versteht Grundtvig die Volkskirche?[38] Im Grundgesetz von 1849, welches eine demokratische Staatsverfassung in Dänemark einführte, wurde die frühere dänische Staatskirche, die evangelisch-lutherisch war, zur Volkskirche umbenannt.[39] Es entstand sehr bald eine Diskussion darüber, was man eigentlich unter dem Begriff „Volkskirche" verstehen sollte. Grundtvig vertrat hier die Meinung, daß die evangelisch-lutherische Kirche in Dänemark Volkskirche sei, weil der größte Teil des Volkes zu ihr gehörte. Daraus folgert Grundtvig, daß die Kirche, um Volkskirche zu sein, dann Kirche für das Volk sein muß. Er beruft sich hier auf Jesu Auslegung des Sabbatgebotes (Mark. 2,27). Ebenso wie der Mensch nicht für den Sabbat da ist, sondern der Sabbat für den Menschen, ebenso ist das Volk nicht für die Kirche da, sondern die Kirche für das Volk. Und das ist nur der Fall, wo ein freies Verhältnis zwischen Kirche und Volk besteht. Deshalb beteiligte Grundtvig sich energisch als Reichstagsabgeordneter an der Debatte um den Umfang der im Grundgesetz gesicherten Religionsfreiheit. Von kirchlicher Seite sah man gerne, daß diese Religionsfreiheit nur auf die außerhalb der Volkskirche stehenden Bürger begrenzt wurde, und daß man also an der in der Staatskirche

---

37 Grundtvig, Om Folkeligheden og Dr. Rudelbach, Udvalgte Skrifter, Bd. IX, S. 93
38 Vgl. zum Folgenden Grundtvig, Folket, Folke-Kirken og Folke-Troen i Danmark, Danskeren Bd. IV, 1851, S. 1-16 = Værker i Udvalg, ed. G. Christensen u. Hal Koch, Bd. V, S. 378-394
39 Der § 4 des Grundgesetzes lautet: „Die evangelisch-lutherische Kirche ist die dänische Volkskirche und wird als solche vom Staat unterstützt."

bestehenden bürgerlichen Tauf-, Konfirmations-, Trauungs- und Abendmahlspflicht auch innerhalb der Volkskirche festhalten sollte. Das weist Grundtvig auf das bestimmteste ab. Er nennt eine solche gesetzlich bestimmte Pflicht ein Zwangsrecht der Kirche über das Volk. Davon hat man in der Kirche genug gehabt. Und mit einem solchen Zwangsrecht herrscht die Kirche über das Volk, anstatt Kirche für das Volk zu sein. Grundtvig wünscht, daß die bürgerliche Religionsfreiheit auch innerhalb der Volkskirche gilt. Der Glaube kann nur eine freie Sache sein, und das Volk kann nur in Freiheit für den Glauben gewonnen werden. Das sollte in einer evangelisch-lutherischen Volkskirche sonnenklar sein.

Deshalb ficht Grundtvig für Freiheitsgesetze innerhalb der Volkskirche. Grundtvig konstatiert, daß sich die Pfarrer ja schon innerhalb der Staatskirche die Freiheit genommen hatten, die Liturgie zu modifizieren und das Evangelium so zu predigen, wie es mit ihrer eigenen theologischen Auffassung, ob orthodox, pietistisch oder rationalistisch, übereinstimmte. Die Gemeinden dagegen hatten keine entsprechende Freiheit. Sie waren an den Pfarrer und seine Auffassungen gebunden, den sie nun eben hatten. Deshalb fordert Grundtvig Freiheit vom Kirchspielband, so daß jedes Mitglied der Volkskirche den Pfarrer suchen und sich von ihm betreuen lassen kann, mit dem es in der Glaubensauffassung übereinstimmt. Entsprechend soll der einzelne Pfarrer sich frei verhalten können den einzelnen Mitgliedern gegenüber und also nicht verpflichtet sein, jedes Mitglied zu betreuen, wenn er das nicht mit seinem Gewissen vereinbaren kann.

Was Grundtvig sich vorstellt, ist eine „freie Volkskirche", die sicherlich – meint er – in der Christenheit etwas Neues darstelle, aber durchaus nicht unrealisierbar sei. Was der Staat der Kirche sichern soll, ist sozusagen eine Rahmenordnung, innerhalb welcher diese Freiheit für Gemeinden und Pfarrer bestehen kann. Grundtvig will keine Synodalordnung, weil er hier die geistliche Dominanz und damit eine Gleichrichtung und einen geistigen Zwang befürchtet. Grundtvig befindet ebenfalls ein autorisiertes Bekenntnis, eine autorisierte Liturgie und eine autorisierte Agende für nicht notwendig. Das überläßt man am besten den einzelnen Gemeinden und ihren Pfarrern innerhalb der Grenzen, die der Glaube im Volk, die Aufklärung im Sinne geistiger Erhellung und die Heilige Schrift, frei interpretiert, setzen.[40]

Man fragt sich, was in einer solchen freien Volkskirche noch das einigende Band sein kann, abgesehen von der bürgerlichen Rahmenordnung? Grundtvig ist nicht im Zweifel. Das einigende Band ist das Volkliche. Wenn die Pfarrer volklich würden und in der Muttersprache als lebendigem Wort und mit dem Herzen des Volkes wirklich vertraut wären, würde das Volk, das Glauben hat, auch wieder kirchlich und ebenfalls evangelisch-lutherisch werden. Zwar nicht im Sinne eines eidlichen Verpflichtetseins auf die Confessio Augustana und Luthers Kleinen Katechismus, aber in dem Sinn, wie Grundtvig die Bezeichnung im Grundgesetz meint verstehen zu müssen. Ihm zufolge führt die Bezeichnung auf den großen Grundsatz hin, „den Luther gemeinsam mit der fröhlichen Botschaft hatte, welche dem Volk bekannt ist unter dem Namen ‚Christi Evangelium', und dieser gemeinsame kirchliche Grundsatz ist der, daß unsere eigenen Gedankenerfindungen und die Werke unserer eigenen Hände nichts bedeuten in der Sache unserer Seligkeit, sondern daß es allein *Gottes Wort* und der *Glaube* unseres Herzens daran sind, die das ganze Seligkeitswerk bewirken". Grundtvig ist davon überzeugt, „daß ...dieser evangelisch-lutherische Grundsatz durch seine eigene Lebenskraft in unserer freien Volkskirche herrschen würde".[41] Diese Erwartung findet er unterbaut von der Reformationsgeschichte des 16. Jahrhunderts, aber auch von dem nordischen Gedan-

---

40 Værker i Udvalg, a.a.O., S. 390.
41 a.a.O., S. 393

kengang im Ganzen. Und diesen Grundsatz wünscht Grundtvig auch in der Volkshochschule angewandt, was nützliche und erhellende Aufklärung bewirken würde, „weil er für das *Wort* und das *Herz* denselben Platz im Denken behaupten würde, die sie im *wirklichen Menschenleben* haben".[42]

Am letzten Zitat sieht man, wie das Volkliche für ihn verankert ist in der Gottesebenbildlichkeit des Menschen. Denn nur so kann er sinnvoll behaupten, daß dieser evangelisch-lutherische Grundsatz sowohl in der Kirche als auch in der Schule Anwendung finden soll. Und aus dieser Sicht versteht man dann auch die Auffassung Grundtvigs besser, daß die Pfarrer volklich werden müssen, wenn das Volk kirchlich werden soll.

Man kann fragen, ob Grundtvigs Vision einer freien Volkskirche innerhalb des Rahmens einer bürgerlichen Gesetzgebung eine praktikable Kirchenordnung ist, und ob eine solche Kirche eine innere Einheit wirklich wahren kann. Man muß aber Grundtvig zugestehen, daß er in seinem Kirchenbegriff kirchenrechtliche Konsequenzen aus der Freiheit vom Gesetz zieht, die in der Rechtfertigung durch den Glauben enthalten ist. Das tut Grundtvig vielleicht so radikal, daß er in seinem Kirchenverständnis als Antinomer zu bezeichnen ist.

---

42 ebd. – Alle Hervorhebungen sind Grundtvigs

Hermann Deuser
Volk und Volkskirche bei Schleiermacher und Grundtvig

Gesprächsbericht

Die Relationen von Volk und Kirche waren im Vortrag dargestellt worden als Wechselwirkungen von Gemeinschaftsformen, wobei sich Individualisierung und Geselligkeit (Schleiermacher) ergänzen, bedingen und im Volk ihre natürliche, in der Kirche ihre religiöse Organisation (um ein bestimmtes Gottesbewußtsein) finden. Sind in dieser Zuordnung Schleiermachers wohl auch patriotische Töne möglich gewesen (1806) und hierarchische Funktionen gefordert, so zeigt demgegenüber Grundtvigs Denken eine Fundierung von Freiheit und Nationalität (dän. „Folkelighed"), die im ganzen theologisch gedacht und auf die alltäglichen Lebensumstände und deren Geschichtlichkeit zurückbezogen waren. Dort, wo sich ein bestimmtes Volkstum und Christentum verbinden, soll nach Grundtvigs Auffassung aber keineswegs eine neue Synthese von beidem entstehen, sondern in dieser Verbindung bleibt die „Folkelighed" selbständig, wenn auch angewiesen auf Christus. Wie der Sabbat für den Menschen geschaffen ist, so die Kirche für das Volk.

Von daher sind zunächst die theologischen Unterschiede zwischen der deutschen (lutherischen) und der dänischen (von Grundtvig beeinflußten) Tradition erkennbar zu machen. Grundtvig teilte nicht Luthers Bußchristentum des totalen Gegensatzes von altem und neuem Menschen in Christus, aber Grundtvigs Luthertum könnte darin gefunden werden, daß er die „coram-Relationen" des Menschen als sprachlich und geschichtlich gebundene wie einen positiv ausgeführten usus paedagogicus des Gesetzes schöpfungstheologisch entwerfen konnte: Kein Christ, der nicht sein Vaterland und seine Muttersprache liebt, worin er verwurzelt ist !

Was die beiden bis heute deutlichen politischen Unterschiede zwischen Deutschland und Dänemark betrifft, so sind diese sicher auf den massiven Einfluß von Religiosität, Liberalität und Volkstümlichkeit im Sinne Grundtvigs zurückzuführen, aber darüberhinaus sind die machtpolitischen Veränderungen zu Beginn des 19. Jahrhunderts zu beachten: Daß Dänemark seit den Napoleonischen Kriegen nicht mehr als europäische Großmacht gelten konnte, dadurch aber die Chance zu einer inneren Liberalität und zunehmend demokratischen Konstitution nutzte, was die Machtstrukturen in Kirche und Gesellschaft frühzeitig zu entkrampfen half. Vom dänischen 19. Jahrhundert her konnte Grundtvigs Charisma, seine Predigten und seine Lieder, diesen Einfluß gewinnen und diese Prägung von unkomplizierter, unverschulter Bildungsarbeit erreichen, die mit dem dänischen Wort „Folkelighed" ausgedrückt ist – ein Wort, das eben wegen dieser Vorgeschichte im Deutschen als unübersetzbar gelten muß. Das im Deutschen gekünstelt klingende „Volklichkeit" ist sperrig genug, um diese Distanz bis in die Sprache hinein festzuhalten. (In dieses Bild könnte neben Grundtvig sein Zeitgenosse und Gegengenius S. Kierkegaard insofern passen, als dieser ebenfalls aus derselben Vorgeschichte heraus nicht in Dänemark, sondern in Deutschland zu Beginn des 20. Jahrhunderts sehr schnell und sehr gut verstanden wurde! Entsprechendes gilt für die Differenzen in der Lutherrezeption, ob nämlich über Erfahrungen mit Grundtvig oder mit Kierkegaard gelesen und interpretiert wird.)

Der in Dänemark bis heute ungezwungene Umgang mit der eigenen Nationalität ist in Deutschland durch die Katastrophen des 20. Jahrhunderts versperrt worden. Die zu späte und dann überzogene deutsche Nationalgesinnung hat die Kirche mitgerissen und eben den vaterländischen und muttersprachlichen Sinn für Religion verdächtig gemacht. Dem Christentum waren damit diese freundlichen (schöpfungstheologischen) Verbindlichkeiten erschwert oder sogar ganz abgeschnitten. Ist der Begriff „Volk" nach dieser Vorprägung und angesichts der gegenwärtigen globalen Politikstrategien und Verantwortlichkeiten theologisch überhaupt noch zu vertreten? Wäre der Terminus „Gemeinde" nicht an seine Stelle zu setzen – mit all den Konsequenzen für die Ekklesiologie im Blick auf Volkskirche, Staatskirche, Freikirchen? Definiert sich „Volk" heute anders als zu Grundtvigs Zeiten, oder wäre nicht – auch aus der romantischen Tradition, der Grundtvig dabei anhängt – heute wieder zu lernen, daß Heimat, Herkunft, Freunde, Muttersprache, Kulturregionalität unaufgebbar sind gerade auch dann, wenn verschiedene Nationalitäten und Sprachen, verschiedene Religionen und Kulturtraditionen aufeinanderprallen und zusammen leben müssen? Solche „Lebenswelten" sind unabdingbar und dürfen nicht destruiert werden, wenn Menschen miteinander auskommen sollen, ohne ihre Identität zu verlieren oder solche Identitätsverluste in Aggressivität umsetzen. – Aber dieser Begriff der Lebenswelt zeigt wieder den bildungssprachlichen Eifer deutscher Intellektualität, die dem dänischen Wort von der „Folkelighed" eben nichts Gleichwertiges auf derselben Ebene an die Seite zu stellen vermag.

Ist das nicht Grund genug, in Deutschland nun doch auch eine theologische Lektüre Grundtvigs zu beginnen?

Gerhard Strunk

Tendenzen der kirchlichen Erwachsenenbildung in Deutschland

Stellung und Aufgabe der Erwachsenenbildung als Feld pädagogischen Handelns der Kirche sind umstritten. Es ist ein Streit über Ansatz und Begründung dieses Handelns, der durch eine Praxis mit inhaltlich vielfältigen und institutionell vielgestaltigen Aktivitäten begleitet wird. Wenn hier über Tendenzen der kirchlichen Erwachsenenbildung berichtet wird, geschieht das in der Absicht, die Theoriediskussion in diesem Feld zu skizzieren und dabei auftretende Konflikte zu beschreiben und zu analysieren.

Vordergründig geht es bei dem Streit um die Erwachsenenbildung um die Frage, wie sich die genuin kirchliche Erwachsenenarbeit, die sich aus der klassischen Aufgabe der Gemeinden und der natur- und berufsständischen Werke und Verbände mit ihrem dezidierten Gemeindebezug herleiten, zu jener Arbeit verhält, die sich als evangelischer Beitrag zu einer öffentlich verantworteten Erwachsenenbildung versteht und die unter besonderen bildungstheoretischen wie institutionellen Vorgaben des Staates steht.[1] Tatsächlich aber geht es bei dieser Auseinandersetzung nicht nur um Zuordnung und Abgrenzung zweier Ausprägungen der kirchlichen Bildungsarbeit mit Erwachsenen, sondern auch und vor allem um den Widerstreit von theologischer und bildungstheoretischer Rechtfertigung dessen, was man in der Sprache der Kirche als „Erwachsenenarbeit" bezeichnet.[2]

Auch wenn die Auseinandersetzung über Ansatz und Begründung der beiden Arbeitszweige gleichsam Bestandteil der Entwicklung war, gewinnt die Diskussion Anfang der 80er Jahre neuen Auftrieb und neue Brisanz. Die Erosion in der Mitgliedschaft der Kirche, die damit verbundenen Finanzprobleme und die auch unter den verbleibenden Mitgliedern abnehmende Bindungsbereitschaft[3] geben Anlaß zu vielfältiger Sorge um die ‚Zukunft der Volkskirche'. Diese Sorge ruft ein immer neues Nachdenken über angemessene Strategien eines zeitgerechten und den neuen Bewußtseinslagen vor allem der Erwachsenen angemessenen Gemeindeaufbaus hervor.[4] Denn es setzt sich die Erkenntnis durch, daß ohne intensive Zuwendung zu den Erwachsenen alle Anstrengungen um einen zeitgerechten Gemeindeaufbau scheitern müssen. Es kommt darum zu energischen Bemühungen, neu über einen gemeindebezogenen An-

---

1 Vgl. Strunk,G.: Zum Auftrag der Erwachsenenbildung in evangelischer Trägerschaft. Analyse und Kritik von zwei Programmschriften, in: Beiträge aus dem Fachbereich Pädagogik der Universität der Bundeswehr Hamburg, Hamburg 1984;
ders.: Bildung zwischen Qualifikation und Aufklärung. Zur Rolle der Erwachsenenbildung im Prozeß gesellschaftlichen Umbaus, Bad Heilbrunn 1988.
2 Vgl. Nipkow, K.E.: Grundfragen der Religionspädagogik Bd. 3: Gemeinsam leben und glauben lernen, Gütersloh 1982, S. 238
3 Vgl. Hanselmann, J. u.a. (Hrsg.): Was wird aus der Kirche? Ergebnisse der zweiten EKD-Umfrage über Kirchenmitgliedschaft, Gütersloh 1984;
Kirchenamt der EKD (Hrsg.): Christsein gestalten. Eine Studie zum Weg der Kirche, Gütersloh 1986
4 Vgl. die Übersicht bei Herbst, M.: Verantwortung für die Zukunft. Was sagen kirchenleitende Gremien über den Weg der Volkskirche? In: Verkündigung und Forschung 32 (1987), S. 32-48

satz des pädagogischen Handels der Kirche nachzudenken, in dem die vielfältigen Aktivitäten der Kirche unter der Leitformel von „Leben, Glauben und Lernen" zusammengefaßt werden und dem auch die kirchliche Erwachsenenbildung unterstellt wird.[5] Und insofern geht es um eine Inpflichtnahme der Erwachsenenbildung durch die Kirche.

Diese Ansätze werden 1982 von der Kammer für Bildung und Erziehung in den „Empfehlungen zur Gemeindepädagogik"[6] gleichsam amtlich ein erstes Mal gebündelt. Welche Bedeutung die Kammer der Erwachsenenbildung zuschreibt, mag man daran ersehen, daß sie schon 1983 spezielle „Grundsätze" zur „Erwachsenenbildung als Aufgabe der evangelischen Kirche" ausarbeitet[7]. Es ist die erste Positionsbestimmung der EKD zur Erwachsenenbildung, deren Aufbau und Gestaltung sie bis dahin den einschlägigen Arbeitsgemeinschaften auf Bundes- und Landesebene überlassen hatte.[8] Ergänzt und entscheidend modifiziert werden die Initiativen der Kammer durch „Christsein gestalten. Eine Studie über den Weg der Kirche", die 1986 von der Studien- und Planungsgruppe der EKD vorgelegt wurde.[9]

Die breite Beschäftigung kirchlicher Gremien mit der Erwachsenenarbeit oder Erwachsenenbildung – schon die Bezeichnung für das so interessant gewordene Arbeitsfeld ist ebenso umstritten wie unentschieden[10] – erfolgt weder zufällig noch willkürlich, sondern ist von den Bestrebungen gekennzeichnet, die vielfältigen Aktivitäten in diesem Bereich systematisch und organisatorisch zusammenzufassen und für den Kampf um die Zukunft der Volkskirche einzusetzen. In dieses existentielle Motiv mischt sich die Nötigung, auch aus finanziellen Gründen für eine verstärkte Koordination des pädagogischen Handelns zu sorgen, um so für die erforderlichen Prioritätenentscheidungen begründete Kriterien einsetzen zu können.

Diese Situation, in der sich finanzielle, gesellschaftliche und theologisch-ekklesiologische Interessen, Fragen und Ziele überlagern, und in der zudem der Meinungsstreit der sich polarisierenden Gruppen der Kirche um ihren ‚richtigen' Weg in die Zukunft neues Gewicht und neue Schärfe erhält, ist wesentliche Ursache dafür, daß die Frage nach den theoretischen Grundlagen von Erwachsenenarbeit oder Erwachsenenbildung in ihrer theologischen, bildungstheoretischen und bildungspolitischen Dimension zusätzliche Bedeutung gewinnt, ist sie doch der einzige Weg, angemessene Kriterien für die weitere Entwicklung dieses Arbeitsfeldes zu finden. Es ist klar, daß die Arbeit an der theoretischen Grundlegung der Erwachsenenbildung nicht das sonst übliche Glasperlenspiel darstellt, sondern in ihr zugleich die Frage nach der Definitionskompetenz und Definitionsmacht zu klären ist. Die Theorieproblematik droht so zu einem Instrument der Kirchenpolitik bzw. der innerkirchlichen Bildungspolitik zu werden. Insofern geht es bei der Analyse der „Tendenzen der kirchlichen Erwachsenenbildung" primär um die Untersuchung eines innerkirchlichen Konflikts in der Frage, wie die Bildung der Laien ausgestaltet und ausgelegt werden soll, und mit welchem bildungstheoretischen Konzept die Kirche vor allem den Erwachsenen gegenübertreten will, die sich ihr entfremdet haben oder immer schon fremd geblieben sind.

---

5 Vgl. Nipkow, a.a.O., S. 233-261
6 Vgl. Kirchenamt der EKD (Hrsg.): Die Denkschriften der Evangelischen Kirche in Deutschland, B. 4/1: Bildung und Erziehung (Eine umfassende Dokumentation der EKD zum Thema), Gütersloh 1987, S. 211-262
7 ebd., S. 261-290
8 Vgl. Strunk 1984
9 Vgl. Kirchenamt der EKD (Hrsg.) 1986
10 Vgl. Nipkow 1982, S. 238

Laienbildung im Widerstreit von christlicher Freiheit und kirchlicher Normierung

Bildung und Kirche haben eine komplizierte Geschichte miteinander. Sie ist im Protestantismus besonders widersprüchlich verlaufen. Als Kirche des Wortes war und ist sie in ihrer Wirksamkeit elementar abhängig von Bildungsvoraussetzungen, die erst das angemessene Verstehen und Bedenken des Wortes Gottes ermöglichen. Die protestantischen Kirchen haben sich im Bewußtsein dieser Abhängigkeit immer für die Entwicklung und den Ausbau des Bildungswesens eingesetzt. In solchem Interesse werden aber Bildung und Bildungswesen im Kern ihrer Begründung instrumentell begriffen, – eben als Voraussetzung und Bedingung des Zugangs zum Wort der Bibel, der Predigt und des Unterrichts. Die inhaltliche Substanz jeder Bildung wurde darum auch allein in der biblischen Überlieferung und ihrer jeweils zeitgenössischen Auslegung vor allem durch die dazu berufenen Theologen gefunden. Das Bild der lehrenden Kirche hat sich durch die Zeiten übermächtig durchgehalten und wird in dem Auftrag, das Heil allen Menschen zu verkündigen, immer wieder neu bekräftigt.

Es ist darum auch kaum überraschend, daß die positive Wertschätzung der Bildung im Protestantismus erheblich gestört wurde, als sich im Zuge des neuzeitlichen Denkens der Begriff von Bildung änderte. Eine Bildung, die definiert wurde als Weg des Menschen, die ihm zugesprochenen Potentiale zu vernünftiger Selbstbestimmung zu entfalten, wurde als Angriff auf den Wahrheitsanspruch der Offenbarung Gottes, als Selbstermächtigung menschlicher Vernunft gedeutet. Weil Bildung im neuzeitlichen Verstande als Unternehmen wahrgenommen wurde, das auf die Selbstvollendung des Menschen ziele, wurde Bildung für viele Christen zum „nicht-theologischen Äquivalent des theologischen Begriffs Sünde".[11] Diese Einschätzung eines breiten Stromes theologisch-kirchlicher Bildungskritik wurde notwendig verstärkt durch die antiklerikale Zuspitzung in Aufklärung und Klassik und geriet bald zum Vorwurf der „Bildungsreligion", die sich als Religion in bewußten Gegensatz zur ‚wahren' Religion der Christen setzend wahrgenommen wurde.[12]

In solchen historischen Zusammenhängen verwundert es nicht, daß die Kirche und die Theologen ein erhebliches Mißtrauen „gegen den Gedanken einer durch Bildung errungenen Eigenständigkeit" entwickelten.[13] Nicht umsonst wird bis in Texte der EKD-Synode von 1958 hinein pädagogisches Handeln der Kirche als „Unterweisung" und dann als „Unterweisung in der christlichen Wahrheit" begriffen.[14] Methodisch wie inhaltlich ist Eigenständigkeit oder Selbstbestimmung des Subjekts lange Zeit jedenfalls nicht Programm kirchlicher Bildungsarbeit.

Wenn neuzeitliche Bildung etwas mit Aufklärung und Aufklärung mit Mündigkeit und Mündigkeit damit zu tun hat, sich seines Verstandes „ohne Leitung eines anderen zu bedienen" und dies öffentlich (Kant), dann versteht man, daß jene Menschen, Gruppen und Institutionen, die der Heranbildung und tatsächlichen Nutzung von eigenständiger Urteilskraft und Urteilsfähigkeit mit Mißtrauen begegnen, das pädagogische Handeln jedenfalls in der Kirche lieber unter Kuratel gestellt sehen möchten, als einer Bildung mit diesem Ziel, die immer wieder geforderte – horribile dictu – Autonomie zu gewähren. Denn Bildung in diesem Verstande wird nicht zufällig eine eigentümlich zersetzende Kraft unterstellt, ist sie doch unmittelbar verbunden mit dem

---

11 Preul, R.: Religion – Bildung – Sozialisation. Studien zur Grundlegung einer religionspädagogischen Bildungstheorie, Gütersloh 1980, S. 51
12 Vgl. jetzt Buttler, G.: Einige Überlegungen zum Verhältnis von Evangelischer Kirche und Erwachsenenbildung, Theologica Practica 23 (1988), S. 276-283
13 Preul, a.a.O., S. 51
14 Vgl. Kirchenamt der EKD (Hrsg), a.a.O., 1987, S. 29

Kampf um die demokratischen Freiheitsrechte, die die Würde der Person ausmachen. Sie hat immer auch eine kirchenkritische Komponente.

Nun wird immer wieder betont, die christliche Skepsis gegenüber dem neuzeitlichen Bildungsdenken sei Folge der in der klassisch-humanistischen Bildungsreligion entworfenen Selbstermächtigung des Menschen. In der Reformationszeit dagegen habe man „Glaube und Bildung ... im Bilde des mündigen Christen" zusammengesehen.[15] Doch folgt man neueren Ergebnissen der historischen Forschung zur Laienbildung, ergibt sich ein zwiespältigeres Bild.[16] Die Auseinandersetzung um Ausmaß und Ziel einer Laienbildung beginnt bereits vorreformatorisch mit dem Streit um die volkssprachliche Bibelübersetzung. Denn sie war in Verbindung mit einer verbreiteten Lesefähigkeit die entscheidende Voraussetzung für einen eigenständigen Zugang der Laien zur Heiligen Schrift – ohne Vermittlung des Priesters. Dieser Streit wird bei traditionsbewußten Kirchenmännern unmittelbar durch die Sorge um die Einheit von kirchlicher Lehre und Rechtgläubigkeit der Laien ausgelöst. Schon früh wurde eine Verbindung zwischen Ketzertum und eigenständiger Bibellektüre hergestellt, weil es ja nicht nur um das Bibellesen allein ging, sondern auch um das „Recht der Bibelauslegung", das nicht zuletzt von den ‚Ketzerbewegungen' beansprucht wurde.[17]

Die Bedrohung der Einheit der Lehre, die Gefährdung der Rechtgläubigkeit und die Relativierung der Stellung des Priesters und seines Auslegungsmonopols zeigen an, daß das herrschaftskritische Potential von Bildung vor aller Aufklärung in der Kirche erkannt und durchaus mit Sorge beobachtet wurde. Dabei spielt die Furcht vor einer „Individualisierung von Glauben und Frömmigkeit" bereits damals eine zentrale Rolle.[18] Denn nach Auffassung altkirchlicher Theologen war „für das Heil letztlich der Glaube (bedeutsam), der auf gehorsamem Zuhören beruhe, nicht das Verstehen, dem es auf die subjektive Durchdringung des Geglaubten ankomme".[19]

In Opposition zu solcher Auffassung steht Luther gemeinsam mit früheren Kirchenreformern. Für sie war die muttersprachliche Bibel und das Interesse der Laien, in ihr zu lesen, „nicht ein Verstoß gegen den amtlichen Lehrauftrag der Kirche, sondern eine notwendige Voraussetzung kirchlicher Reform", weil sie „die Chance religiöser Erneuerung und Vertiefung" bot.[20] Zugleich aber muß man sehen, daß Luther diesen Streit um „die heiligen Sprachen" und die Heilige Schrift in der Muttersprache – wie früher schon die ‚Ketzer' – zur Durchsetzung seiner reformatorischen Vorstellungen nutzte. Die Verselbständigung der Laien von der Priesterherrschaft als politisches Instrument verbindet sich unmittelbar mit seinen übersetzerischen und katechetischen Anregungen für Laien und hat ihren Grund in seinem Schriftprinzip, die Schrift lege sich selbst aus, sei „sui ipsius interpres". Die selbständige Bibellektüre sollte nicht nur die individuelle Verantwortlichkeit für das ewige Heil stärken, sondern zugleich von der Herrschaft altkirchlicher Dogmen befreien.[21] Wie Lorenz von Stein formulierte, trat „der Bibelglaube an die Stelle des Kirchenglaubens".[22] Laienbildung der Reformation bedeutete so einerseits gleichsam die ‚Demokratisierung' des Zugangs zum Heil, und andererseits wurde sie als solche zu einem wesentlichen Instrument in der kirchenpolitischen Auseinandersetzung.

---

15 ebd., S. 270
16 Vgl. Schreiner, K.: Laienbildung als Herausforderung für Kirche und Gesellschaft. In: ZS für historische Forschung 11 (1984), S. 257-354
17 ebd., S. 287ff.
18 Vgl. Schreiner, a.a.O., bes. S. 294ff.
19 ebd., S. 310
20 ebd., S. 294
21 ebd., S. 317
22 ebd., S. 318

Doch dies ist nur die eine Seite. Sobald die reformatorische Kirche vor dem Problem ihrer institutionellen Stabilisierung stand, mußte auch sie Vorkehrungen treffen, die „Eintracht in der Lehre" zu entwickeln und zu bewahren.[23] Da dies nicht über ein verbindliches Lehramt und auch nicht über ein priesterliches Amtsverständnis zu erreichen war, hob schon Luther im Kampf gegen die „Schleicher und Winkelprediger" den Amtscharakter öffentlicher Verkündigung hervor. Noch unmittelbarer verwies Jacob Andreä 1568 darauf, es bestehe „ein grosser vnterscheid zwischen predigen/vnnd die heilige Schrifft lesen. Wer die heilig Schrifft liset/ der kann darumb nicht zugleich auch predigen". Deshalb werde der „Predigtstand" auch nicht überflüssig. Vielmehr erklärte er die Predigt wie die „sechs Hauptstück christlicher Lehr als ein gewisse Richtschnur alles rechten und unrechten verstands der heiligen Schrifft".[24] Aus all dem geht hervor, daß auch die lutherische Kirche der frühen Neuzeit der „Lese- und Auslegungsfreiheit" Grenzen setzte. „Bibellektüre sollte nicht in emanzipatorischer Absicht erfolgen, sondern im Geist der reinen und gesunden Kirchenlehre."[25] Es ging also um die kirchliche Normierung der ‚selbständigen' Beschäftigung der Laien mit Glaubensfragen.

Die hier skizzierten Sorgen um die Einheit und Reinheit der Glaubenslehre verweisen auf die besondere Stellung des Geistlichen. Weder wird die Predigt überflüssig, noch kann auf den wissenschaftlich ausgebildeten und ordnungsgemäß in sein Amt berufenen Pfarrer verzichtet werden, hat er doch durch Unterricht und Predigt den ‚rechten' Verstehenshorizont der Laien aufzubauen und zu erhalten. Nur so war zu erreichen, daß – wie Troeltsch 1925 schreibt – „alle persönlich-individuelle Überzeugung doch zugleich eine eng dogmatisch und kirchlich gebundene" bleibt.[26] Damit verbindet sich in der Tätigkeit des Pfarrers mit seinen Predigt- und Lehraufgaben eine affirmativ-disziplinierende Funktion gegenüber den Laien, die der freien religiösen Selbstbestimmung des einzelnen entgegenwirkt. Begründet wird diese Funktion nicht mehr aus dem priesterlichen Amtsverständnis, sondern aus dem Vorsprung dessen, der als „doctus" die Heilige Schrift regelrecht auszulegen vermag, ihm allein kommen „die Aufgabe und Freiheit der theologischen Reflexion"[27] zu, was zugleich die religiöse und soziale Sonderstellung auch der evangelischen Pfarrer begründet und reversible Beziehungen zwischen Laien und Geistlichen bis heute so außerordentlich erschwert, wenn nicht unmöglich macht.

Kennzeichnend in der Geschichte der evangelischen Laienbildung ist eine offenbar systembedingte Spannung zwischen theologisch begründeter Selbstbestimmung und Mündigkeit in den persönlichen Glaubensvorstellungen des erwachsenen Christen und der Sorge institutionalisierter Glaubensgemeinschaften gegenüber beliebiger Auslegung der Schrift und der kirchlichen Lehre. Gerade weil die Individualisierung von Glauben und Frömmigkeit durch die Reformation ausgelöst und gerechtfertigt wurde, werden im kollektiven Gedächtnis auch der reformatorischen Kirchen Individualisierung und Pluralisierung der Glaubensvorstellungen nicht so sehr als Reichtum, sondern bis heute eher als Bedrohung der Einheit der Lehre gedeutet, die als Bedingung ihrer institutionellen Existenz einen hohen Stellenwert erhält.[28] In solchen historischen Kontexten gedeutet wird es eher verständlich, daß eine Bildung, die auf die Befähigung des Menschen zu vernünftiger Selbstbestimmung in allen Lebensbereichen ausgelegt

---

23 ebd., S. 318
24 ebd., S. 319
25 ebd., S. 319
26 zit. nach Schreiner, a.a.O., S. 318
27 ebd., S. 320
28 vgl. Wintzer, F.: Freiheit und Lebensorientierung, in: Deutsches Pfarrerblatt 1973, S. 778-783, S. 779ff.

ist, nicht nur wegen ihrer ehemals antiklerikalen Zielsetzungen äußerstes Mißtrauen hervorruft. In der Spannung zwischen Freiheit und Einordnung erweist sich ein Konzept der Laienbildung, das aus Begriff und Sache der „Unterweisung" abgeleitet wird, allemal als eher funktional, sichert es doch zugleich die Vorrangstellung der Theologen, gegen die sich schon Schleiermacher energisch wehrte.[29]

Die hier aufgewiesenen Grundmuster kirchlicher Laienbildung verweisen zugleich auf die besonderen Schwierigkeiten im ‚pädagogischen' Umgang mit Erwachsenen. Schon ihr Status als Erwachsene, die von Selbstanspruch und rechtlicher Stellung her ihr Leben selbst und in allen Belangen verantwortlich zu gestalten haben, sind dem Konzept der kirchlichen Unterweisung gleichsam entwachsen. Anthropologisch wie bildungstheoretisch und didaktisch ist darum jene Laienbildung als außerordentlich problematisch anzusehen, welche nicht die Kategorie der Erwachsenheit mit ihrem Respekt vor einer zu unterstellenden Selbstbestimmung und Mündigkeit der Teilnehmer als konstitutiv für den Ansatz der Bildungsarbeit ansieht. Die Schwierigkeiten, die die Kirche in der Bestimmung ihres Verhältnisses zur Erwachsenenbildung hat, verweisen erneut auf Defizite in der produktiven Auseinandersetzung mit der neuzeitlichen Bildungstheorie.[30]

Kirchliche Erwachsenenbildung im Konflikt zwischen Verkündigung und gesellschaftlicher Verantwortung

Die zentrale These, die aus dem historischen Exkurs zur Laienbildung abgeleitet werden kann, bezieht sich auf die Spannung zwischen Freigabe eines im Gewissen des einzelnen verantworteten Glaubens und seiner Normierung durch die Kirche. Beide Elemente sind in der reformatorischen Tradition vorgegeben, wobei die Tendenz zu theologisch-kirchlicher Normierung sich immer wieder durchsetzt. Diese wesentlich in institutionellen Sicherungsinteressen begründete Tendenz ist nicht frei von Dominanzstrebungen der Geistlichen, die auf diese Weise ihre für angestammt gehaltene Position bewahren möchten. Die Tendenz zur Abwehr eines auf Bildung beruhenden Anspruchs der Laien auf Selbstbestimmung und Mündigkeit auch in Glaubensfragen ist sozusagen der Kirche als Institution immanent.

Die institutionsimmanenten Vorbehalte gegenüber einer so ausgelegten Laienbildung mußten sich notwendigerweise verstärken, als im neuzeitlichen Denken Bildung als Weg zur Entfaltung des menschlichen Potentials zur Selbstbestimmung und Mündigkeit auch den Anspruch erhob, die Wahrheit christlicher Verkündigung vor dem Forum der Vernunft einer Prüfung zu unterziehen – gleichsam unter dem Paulinischen Motto „drum prüfet alles..." In der Kritik dieses Anspruchs wurde und wird häufig übersehen, wie sehr das kirchliche Bemühen um Anerkennung des theologisch Vorgedachten als geistige und geistliche Bevormundung erfahren wurde. So wie Bildung von Kirchenleuten als Synonym für Sünde stigmatisiert wurde, wurde für viele Gebildete geistige Bevormundung zum Synonym für Kirche und Glaube.[31]

Alle diese Elemente wechselseitigen Mißtrauens werden im Thema kirchlicher Erwachsenenbildung virulent. Steht für Kirchenkritiker fest, daß nun auch noch die Erwachsenen kirchlicher Bevormundung, Manipulation oder Indoktrination ausgesetzt

---

29 Vgl. Schleiermacher, F.D.E.: Die Freiheit des einzelnen und sein Verhältnis zur christlichen Gemeinde, in: F. Wintzer (Hrsg.): Seelsorge. Texte zum gewandelten Verständnis und zur Praxis der Seelsorge in der Neuzeit, München 1978, S. 3-17
30 Vgl. Lämmermann, G.: Ethische Implikationen und sozialethische Themen der kirchlichen Erwachsenenbildung, in: ZS für Evangelische Ethik 26 (1982), S. 366-399, S. 368ff.
31 Vgl. auch Buttler, a.a.O., 1988, S. 3ff.

werden, befürchtet man kirchlicherseits, daß mit Übernahme des Begriffs Bildung das pädagogische Handeln der Kirche vom ‚eigentlichen' Auftrag der Kirche wegführe. All dies spitzt sich weiter zu, wenn der staatlichen Bildungspolitik ein Entwurf von Erwachsenenbildung zugrundegelegt wird, in dem Bildung dezidiert im Sinne des neuzeitlichen Denkens ausgelegt wird.

Im Horizont der bisherigen Überlegungen wird es verständlich, daß Bildungsbegriff und Aufgabenbestimmung für die Erwachsenenbildung, wie sie der „Deutsche Ausschuß für das Erziehungs- und Bildungswesen" vorgelegt hat, geeignet sind, die alten Vorbehalte neu zu beleben: „Je mehr in einem Umbruch der Zeiten die überkommenen Daseinsformen erschüttert werden, desto mehr wird jeder einzelne und jede soziale Gruppe genötigt, aus eigener Kraft und nach eigener Einsicht die neue Gestalt des Lebens zu suchen, die es dem Menschen möglich macht, sich in einer gewandelten Welt als Mensch zu behaupten. ... In einer geschichtlichen Lage, in der kein vorgebahnter Pfad mehr verläßlich ist, hat er seinen eigenen Weg zu suchen: er hat ihn auch dann zu verantworten, wenn er glaubwürdigen Autoritäten einsichtig folgt."[32] Lebensentwurf und Lebensgestaltung werden so prinzipiell der Verantwortung des einzelnen unterstellt, der ihr auch dann nicht zu entkommen vermag, wenn er „vorgebahnten Pfaden" oder „glaubwürdigen Autoritäten" folgt oder folgen möchte. Immer bleibt die Entscheidung und damit auch die Verantwortung bei ihm selbst – seiner Einsicht und Urteilsfähigkeit überlassen. Daß er seine Entscheidung möglichst sachkundig, hinreichend kritisch bezogen auf die Folgen und in Kenntnis möglicher Alternativen treffe, dazu hat die Erwachsenenbildung ihm zu helfen.[33]

Als nun die Kirche in den 60er Jahren aufgefordert wurde, sich am Aufbau einer Erwachsenenbildung, die von einer solchen Bildungstheorie her konzipiert war, mit eigenen Einrichtungen zu beteiligen, kann man die daraus entstehende innerkirchliche Kontroverse nachvollziehen. Es gab Repräsentanten der Kirche, die offen auf dieses Angebot zugingen und zugleich bereit waren, sich den begründeten Vorhaben staatlicher Politik zu unterwerfen; es gab aber nicht wenige, die in der Beteiligung an so ausgelegter Bildung Erwachsener ein „opus alienum" sahen, das Kraft und Geld der Kirche von ihrem eigentlichen Auftrag entfremde, die christliche Heilsbotschaft unverkürzt und in ihrem Wahrheitsanspruch ungebrochen zur Sprache zu bringen. Die Befürworter des damaligen Angebots konnten sich zwar durchsetzen, es gelang ihnen aber nur deshalb, weil über den organisatorischen und rechtlichen Problemen des Aufbaus seine bildungstheoretische Begründung allgemein in Vergessenheit geriet. Gleichwohl begleitet den zügigen Aufbau einer Erwachsenenbildung in evangelischer Trägerschaft, der ab 1970 auf eine gesetzliche Grundlage gestellt wurde, der Vorwurf des „opus alienum", das in schon boshafter Zuspitzung als „Allotria" bezeichnet wurde. Bildung und Verkündigung gerieten so zu einer prinzipiell gegeneinander ausgespielten Aktivität der Kirchen.[34]

Die Diskussion über Möglichkeiten, das Engagement der Kirche theologisch zu begründen, beschränkt sich – so hat es den Anschein – auf wenige Topoi. Man kann in der Sprache der Religionspädagogik einen eher diakonisch und einen eher missionarisch begründeten Ansatz feststellen.[35] Der eine greift auf den Auftrag von Kirche und

---

32 Deutscher Ausschuß für das Erziehungs- und Bildungswesen, Zur Situation und Aufgabe der deutschen Erwachsenenbildung, Stuttgart 1960, S. 14
33 Vgl. ebd., S. 16
34 Vgl. Pöhlmann, H.G.: Warum Erwachsenenbildung durch die Kirche? In: Studienstelle und Generalsekretariat der DEAE (Hrsg.): Die Erwachsenenbildung als evangelische Aufgabe, Karlsruhe 1978, S. 5-9, S. 7ff.
35 Vgl. z.B. Nipkow, a.a.O., S. 244ff.

Christen zur Weltverantwortung zurück und findet sein wesentliches Motiv in der Sorge um das Wohlergehen der Menschen in dieser Welt; der andere ist voll zentriert auf den Verkündigungsauftrag und ordnet das pädagogische Handeln diesem zu und unter. Für diese Positionen einige Beispiele:

- Die evangelische Arbeitsgemeinschaft für Erwachsenenbildung Schleswig-Holstein bestimmt ihr Aufgabenverständnis ganz wie der Deutsche Ausschuß von den modernen Menschenrechten her und sieht die Aufgabe der von ihr betriebenen Erwachsenenbildung darin, „den Menschen zu Selbstbestimmung, Eigenverantwortlichkeit und Engagement für das Allgemeinwohl zu verhelfen".[36]
- Gleichzeitig vertritt die Landessynode in Württemberg eine fundamental gegensätzliche Position: „Die Erwachsenenbildung ist eine verpflichtende Aufgabe der Kirche im Rahmen des Verkündigungsauftrags. ... Wenn dem Menschen der Zuspruch und Anspruch des Evangeliums bezeugt werden soll, (muß) auf seine Rollen und deren Verflechtungen eingegangen werden."[37]
- Eine Arbeitsgruppe der Bayrischen Arbeitsgemeinschaft formuliert 1985: „Die Kirche hat den Auftrag, die Botschaft vom künftigen und gegenwärtig wirksamen Reich Gottes zu verkündigen und ihre Umsetzung ins Leben des einzelnen anzustoßen. ... Evangelische Erwachsenenbildung ist einer der Wege, auf dem die Kirche ihrem Auftrag zur Verkündigung des Evangeliums gerecht wird."[38]
- Diese These könnte als Antwort auf die Position des Vorsitzenden der Deutschen Evangelischen Arbeitsgemeinschaft für Erwachsenenbildung aus dem Jahre 1984 gesehen werden: „Bildung ist nicht Verkündigung (wenngleich auf diese bezogen), und Verkündigung ist nicht Bildung (obschon nicht ohne Bildungsbezug). ... Es geht also darum, den dialogischen Charakter im Bildungsprozeß nicht aufzugeben, sondern sich im Gegenteil ohne Vorbehalt in die Konkurrenz der Meinungen und Entwürfe hineinzugeben". Dies ist als „erklärte Absage an die Vorstellung" gemeint, „kirchliche Erwachsenenbildung könnte so etwas wie eine ‚volksmissionarische Notbremse' sein, indem sie die Entlaufenen wieder zurückholt".[39]
- Dieses deutliche Wort wiederum könnte an die Kammer für Bildung und Erziehung von 1983 gerichtet sein: „Die elementaren Wahrheiten und elementaren Strukturen der Glaubensüberlieferung sind (sc. in der Erwachsenenbildung) so zu erschließen, daß sie im Zusammenhang der elementaren Erfahrungen der Erwachsenen und der immer wieder neu aufzusuchenden elementaren Anfänge des Glaubensverständnisses angeeignet werden können."[40]
- Unterstellt man weiter ein Gespräch mit dem Ziel, zu einer gemeinsam vertretbaren Begründung und Aufgabenbestimmung zu kommen, könnte das letzte Zitat in dieser Gegenüberstellung erneut eine Antwort auf die Position der Kammer sein: „Erwachsenenbildung sollte begriffen werden ‚als Dienst an und in gemeinsamer Suchbewegung mit jedem, der sich um Besser-Verstehen und Gemäßer-Handeln bemüht'. Sie kann und sollte es tun in einer ‚Liebe, die nicht das Ihre sucht', sondern

---

36 Erwachsenenbildung in der Kirche, in: Evangelische Arbeitsgemeinschaft für Erwachsenenbildung (Hrsg.): Der evangelische Beitrag zur Erwachsenenbildung, Karlsruhe 1971, S. 63-70, S. 64
37 Evangelische Erwachsenenbildung in Württemberg, in: Deutsche Evangelische Arbeitsgemeinschaft für Erwachsenenbildung (Hrsg.): Der evangelische Beitrag zur Erwachsenenbildung, Karlsruhe 1971, S. 89-91, S. 89
38 Nachrichtendienst der DEAE: Grundsätze für die Arbeit der Evangelischen Erwachsenenbildung in Bayern, in: Nachrichtendienst der DEAE 6=85, S. 54-58, S. 55
39 Apsel, G.: Über den Status quo hinaus. Ein Zwischenruf in die bildungspolitische Diskussion aus evangelischer Sicht, in: Nachrichtendienst der DEAE 4/84, S. 1-9, S. 2ff.
40 Vgl. Kirchenamt der EKD (Hrsg.), a.a.O., 1987, S. 278

das ‚gelingende Leben' derer meint, die ihre Bildungsangebote annehmen, um in und mit den Einrichtungen der Erwachsenenbildung nach ‚Gott und der Welt' zu fragen."[41]

Die Belege für die hier exemplarisch veranschaulichten Positionen ließen sich leicht vermehren.[42] Weitere Erhellung wäre aber kaum zu gewinnen, weil es entgegen den hier hergestellten Bezügen weniger um einen Fortschritt in der Positionsentwicklung zu gehen scheint als um die Selbstbehauptung der je eigenen Position. Dadurch aber, daß das Ringen um ein angemessenes Verständnis von Bildung der Kirche ständig und immer wieder auch mit Rücksicht auf die Stellung der Erwachsenenbildung der Kirche in einem plural-kooperativ verfaßten Vierten Bildungsbereich verquickt wird, gerät die Darstellung des jeweiligen bildungstheoretischen Selbstkonzepts immer auch zur Rechtfertigung der Präferenz für oder gegen die Eigenständigkeit der evangelischen Einrichtungen, für oder gegen ein ‚zweigleisiges' System der kirchlichen Arbeit mit Erwachsenen. Eine wirklich begründete und systematisch angelegte Auseinandersetzung um die kirchlich-theologisch wie bildungstheoretisch reflektierte Grundlegung der Erwachsenenbildung kann so schwerlich zustandekommen.

Wenn man allerdings die einschlägigen Äußerungen der ‚verfaßten Kirche' zur Kenntnis nimmt, wie sie z.B. in Synodenbeschlüssen, Denkschriften oder Empfehlungen niedergelegt sind, dann verstärkt sich – besonders mit Beginn der 80er Jahre – der Eindruck, als solle der missionarische Ansatz, der die Aufgabenstellung der Erwachsenenbildung aus dem Verkündigungsauftrag der Kirche ableitet, als die verbindliche Geltung beanspruchende Position durchgesetzt werden. Indiz dafür sind die beiden Äußerungen der 1979 eingesetzten Kammer für Bildung und Erziehung von 1982 und 1983. Sowohl die „Empfehlungen zur Gemeindepädagogik" wie die Grundsätze zur „Erwachsenenbildung als Aufgabe der evangelischen Kirche" lassen keinen Zweifel daran, daß das pädagogische Handeln der Kirche insgesamt und das in der Erwachsenenbildung im besonderen direkt oder indirekt auf eine pädagogische Strategie des Gemeindeaufbaus ausgerichtet und unter das Motto der Einheit von „Leben, Glaube und Lernen" gestellt werden sollte. Es geht ihnen gemeinsam um eine „gemeindepädagogische Aufgabenstellung" – wie der damalige Ratsvorsitzende Eduard Lohse formuliert –, „in der das Leben vom Glauben her ausgelegt und ein Auseinanderfallen von Glauben und Leben in zwei unverbundene Bereiche vermieden werden möchte."[43] Nicht nur die Gemeindepädagogik, sondern auch die Erwachsenenbildung wird also auf das Ziel hin ausgelegt, daß Menschen „zum Glauben...finden oder im Glauben...wachsen", und der Mitarbeiter wird aufgefordert, sich zu fragen, wie das, was getan wird, ein Zeugnis des christlichen Glaubens ist, das aus dem Glauben kommt und zum Glauben hilft".[44]

Die von der Kammer formulierte Position läßt sich in der Tat als Aufgabenbeschreibung einer „volksmissionarischen Notbremse" (Apsel) bezeichnen, die die Erwachsenenbildung lediglich als methodische Variante von Verkündigung in Predigt und Katechese definiert. Sie zielt nicht nur auf „elementares theologisches Verstehen"[45], sondern darüber hinaus auf eine „Glaubensauslegung", die „inmitten der Auslegung

---

41 Buttler, G.: Was meint „Evangelische Erwachsenenbildung"? Auszug aus dem Jahresbericht des Vorstandes der Arbeitsgemeinschaft für Erwachsenenbildung der EKHN, in: Nachrichtendienst der DEAE 5-6/87, S. 82f.
42 Vgl. z.B. die Beiträge im Nachrichtendienst der DEAE seit 1984
43 Vgl. Kirchenamt der EKD (Hrsg.), a.a.O., 1987, S: 266
44 ebd., S. 271
45 ebd., S. 277f.

des Lebens, eins durchs andere, im Kontext von individuellen und gesellschaftlichen Alltagserfahrungen gelingen" sollte.[46] Sie könnte darum auch als ein – wenngleich unzulänglicher – Ersatz für die sonntägliche Predigt bezeichnet werden, nachdem diese von immer weniger Menschen besucht wird. Dieser Eindruck verstärkt sich weiter, wenn man den Rang zur Kenntnis nimmt, den „Bildung im Glauben als geistliche Lebenspraxis" gewinnt, in der weitere Elemente des Gottesdienstes zur Geltung gebracht werden.[47]

Es ist jedoch in Erinnerung zu rufen, daß die hier skizzierte Position der Kammer für Bildung und Erziehung eine konsequente Entfaltung der synodalen Leitprinzipien darstellt. Pädagogisches Handeln der Kirche geht – so die EKD-Synode von 1958 – „vom Gottesdienst der christlichen Gemeinde aus" und wird konsequent als „Unterweisung in der christlichen Wahrheit" definiert.[48] Diesen Leitgedanken nimmt die sogenannte Bildungssynode von 1971 auf, wenn sie darauf dringt, daß „die Maßnahmen zur Verstärkung der (sc. kirchlichen) Bildungsarbeit von der Elementarerziehung bis zur Erwachsenenbildung ... in unmittelbarem Zusammenhang mit dem Vollzug des Verkündigungsauftrages, des Gemeindeaufbaus und der Öffentlichkeitsarbeit der Kirche zu sehen" seien.[49] Und die EKD-Synode von 1978 entwirft schließlich jene gemeindepädagogischen Leitvorstellungen, die die Kammer mit ihren „Empfehlungen zur Gemeindepädagogik" konkret ausarbeitet.[50] Man kann angesichts solcher Sachverhalte durchaus von einer zeitlich wie konzeptionell außerordentlich konsistenten Position der EKD sprechen, die kaum zufällig in den bisherigen Dokumenten der Kammer für Bildung und Erziehung konzisen Ausdruck finden.

Bindet man die hier referierte Position der Amtskirche an die Ergebnisse des Exkurses zur Laienbildung zurück, zeigt sich, daß die Kirche als Großinstitution besonders zu einer Zeit, in der sie sich von Mitgliederrückgang, Überalterung und Distanzierung der Gebildeten bedroht fühlt und für die Zukunft tatsächliche Bestandssorgen bekommen könnte[51], voll auf die innere Stabilisierung und Sicherung der einen, von ihr vertretenen Wahrheit konzentriert. Die Suche aber nach neuer „missionarischer Kompetenz"[52], in der die Erwachsenenbildung als vorrangig bedeutsames Instrument des Gemeindeaufbaus betrachtet wird, entfacht den Konflikt zwischen den Integrationsinteressen und Sammlungsbedürfnissen und dem nicht nur neuzeitlichen Anspruch des einzelnen auf seine eigene Deutung und Gestaltung von Leben und Glauben neu, denen notwendig die Pluralisierung der Daseinsdeutung und der Lebensentwürfe korrespondiert. In diesem Konflikt gerät die Kirche in ein unlösbares Dilemma, wenn sie sich einseitig auf eine kirchlich verbindliche Auslegung der Existenz festlegt und sich so zu den seit Beginn der Moderne sich immer rasanter durchsetzenden Autonomieansprüchen der Erwachsenen in Widerspruch begibt.[53]

---

46 ebd., S. 280
47 Vgl. ebd., S. 381f.
48 Vgl. Kirchenamt der EKD (Hrsg.), a.a.O., 1987, S. 29
49 ebd., S. 76
50 Vgl. ebd., bes. S. 190ff.
51 Vgl. Hild, H.: Wie stabil ist die Kirche. Bestand und Erneuerung, Ergebnisse einer Umfrage, Gelnhausen 1974; Hanselmann u.a. (Hrsg.), a.a.O.
52 Kirchenamt der EKD (Hrsg.), a.a.O., 1986, S. 85
53 Vgl. Beck, U.: Risikogesellschaft. Auf dem Weg in eine andere Moderne, Frankfurt/M. 1986, bes. S. 205ff.

Öffnung zu einer kritischen Rezeption neuzeitlichen Bildungsdenkens

Sieht man von Publikationen einzelner Repräsentanten der evangelischen Erwachsenenbildung ab, ist die innerkirchliche Diskussion zur Theorie der Erwachsenenbildung bestimmt von dem Konzept, die Aufgaben in diesem Bildungsbereich aus dem Auftrag der Kirche abzuleiten, der ein Auftrag zur Verkündigung des Evangeliums nach innen und außen ist. Jedem pädagogischen Konzept, das aus einem derartigen Auftrag entwickelt ist, liegt ein instrumentell-funktionaler Ansatz zugrunde, mit pädagogischen Mitteln die Interessen und Ziele der betreffenden Organisation oder Institution durchsetzen zu helfen. Dies gilt für Betriebe ebenso wie für Parteien, Gewerkschaften oder auch die Kirchen als Träger von Erwachsenenbildungseinrichtungen. Eine bildungstheoretisch reflektierte Vermittlung von Träger- und Teilnehmerinteressen ist aber nur möglich, wenn den Einrichtungen und ihren Mitarbeitern ein Mindestmaß an Selbstbestimmung und Selbstverwaltung in der Gestaltung ihrer Arbeit eröffnet wird. Eine solche Position durchzusetzen, fällt offenbar immer schwerer, weil die bildungstheoretischen Prämissen für eine solche Verfassung der Erwachsenenbildung entweder verlorengegangen sind oder aber – was wahrscheinlicher ist – von den Trägern als dysfunktional angesehen werden.[54]

All dies geschieht in einer Phase der gesellschaftlichen Entwicklung, die durch einen weiteren Schub der Individualisierung und Pluralisierung von Lebenslagen und Lebensentwürfen sowie der hintergründigen Daseinsorientierungen gekennzeichnet ist. Und dies nicht nur, weil sich das neuzeitliche Freiheitsbewußtsein verbreitet durchsetzt, sondern vor allem deshalb, weil die Zwänge zunehmen, „den eigenen Lebenslauf selbst zu gestalten, und zwar auch gerade dort, wo er nichts als das Produkt der Verhältnisse ist".[55] Die Menschen werden in diesem Prozeß aus ihren sozial und biographisch vorgegebenen Bindungen und Orientierungen herausgelöst. Leben gestalten unterliegt deshalb einem alltäglichen Entscheidungs- und Handlungsdruck, dem der einzelne immer wieder neu gerecht werden muß. „Die Anteile der prinzipiell entscheidungsverschlossenen Lebensmöglichkeiten nehmen ab, und die Anteile der entscheidungsoffenen, selbst herzustellenden Biographie nehmen zu. Individualisierung von Lebenslagen und -verläufen heißt also: Biographien werden ‚selbstreflektive'; sozial vorgegebene wird in selbst hergestellte und herzustellende Biographie transformiert."[56] In einer solchen Gesellschaft muß der einzelne immer wieder neu die Erfahrung machen, daß er den Anforderungen des Alltags im Ansatz nur gerecht wird, wenn er „sich selbst als Handlungszentrum, als Planungsbüro in bezug auf seinen eigenen Lebenslauf, seine Fähigkeiten, Orientierungen, Partnerschaften usw. zu begreifen" lernt.[57]

Doch geschieht dies alles nicht allein unter dem Aspekt der Wahrnehmung von Freiheitsrechten, sondern unter dem Druck und Zwang der Verhältnisse. Und eben diese Verhältnisse, die ja nicht oder bestenfalls indirekt dem Gestaltungseinfluß des einzelnen unterliegen, schaffen neue Standardisierungen und Abhängigkeiten, die eben durch jene ‚Medien' bewirkt werden, die die Individualisierung ermöglicht haben: Markt, Bildung, Recht, Geld, Mobilität. Mit Händen ist dieses widersprüchliche Phänomen auf dem Arbeitsmarkt zu greifen. Für die Wahl des Berufs, den Erhalt oder Wechsel des

---

54 Vgl. Strunk, a.a.O., 1988 und ders.: Erwachsenenbildung zwischen staatlicher Bevormundung und freiem Markt. Analyse und Kritik des Hamburger Beitrages zur aktuellen Weiterbildungspolitik, in: Beiträge aus dem Fachbereich Pädagogik der Universität der Bundeswehr Hamburg, Hamburg, 1988a
55 Beck, a.a.O., S. 216
56 ebd., S. 216
57 ebd., S. 217

Arbeitsplatzes werden Bedingungen vorgegeben, denen sich der einzelne nur bei Strafe der Arbeitslosigkeit entziehen kann.

Die individuellen Gestaltungsspielräume werden so unter Voraussetzungen und Bedingungen gestellt, innerhalb derer er sein Leben zu entwerfen und zu gestalten hat. Die hier charakterisierte Abhängigkeit entbindet ihn aber nicht vom Zwang zur ‚Selbstreflexivität' in den allfälligen Entscheidungen, die durch staatliche, wirtschaftliche und weitere Institutionen wie vor allem die Medien abverlangt werden. Deshalb ist es schon von schwer überschätzbarer Relevanz, daß die massenhafte Ermöglichung von Individualisierung „die Menschen an eine Außensteuerung und -standardisierung (ausliefert), die die Nischen ständischer und familiärer Subkulturen noch nicht kannten".[58] Die innere Ambivalenz, ja die Widersprüchlichkeit der Moderne wie aber auch die Unumkehrbarkeit der Entwicklung zeigen sich hier in ihrer ganzen Unerbittlichkeit.

Bemerkenswert in der kurzen Geschichte der Erwachsenenbildung ist nun, daß der Deutsche Ausschuß in seiner Analyse des Bedingungszusammenhangs von Erwachsenenbildung auf identische Phänomene verwiesen hat. Wer den Text seines Gutachtens heute liest, ist immer wieder neu von der divinatorischen Kraft seiner Aussagen beeindruckt. Und es ist wohl alles andere als zufällig, daß sein bildungstheoretischer Ansatz in der gegenwärtigen Phase der Neuorientierung der Erwachsenenbildung für die Revitalisierung des neuzeitlichen Bildungsbegriffes und gegen ihre verbreitete Instrumentalisierung zentrale Bedeutung gewinnt. Erst wenn das neuzeitliche Freiheitsbewußtsein mit seinem Leitbild des selbstbestimmten und mündigen Subjekts in der Spannung zu jenen Auswirkungen gesehen wird, die von ihm selbst heraufgeführt wurden, ist sozusagen das Bild der Wirklichkeit vollständig und die ‚idealistische Halbierung' der Moderne wenigstens im Ansatz vermieden.

Projiziert man die hier vorgetragene Analyse auf die Kirche und ihr pädagogisches Handeln, dann entdeckt man überraschende Analogien. Schon zu Beginn der 70er Jahre hat Ernst Lange darauf verwiesen, daß eine Bildung, die auf Traditionsübermittlung und Bestandssicherung ausgerichtet sei, sich der gesellschaftlichen Wirklichkeit entfremde. Bildung müsse auf das Ziel hin ausgelegt sein, den überhaupt von der Kirche ansprechbaren Menschen zu ermöglichen, ja sie herauszufordern, die zugeschriebene Mitgliedschaft in eine bewußt übernommene zu überführen. Damit entwarf er vor 15 Jahren ein Bildungskonzept für die Kirche, das ausging von der Entscheidungsabhängigkeit der Lebensentwürfe und Lebensläufe und so die ‚Selbstreflexivität' der Lebensgestaltung als grundlegend auch für alle Bildungsprozesse ansah.[59]

Es ist klar, daß der Entwurf einer Bildung aus dem Verkündigungsauftrag durch seine innere Affinität zur Unterweisung mit den Vorstellungen Langes in Konflikt geraten mußte. Wie die Analyse der Diskussion seit Anfang der 80er Jahre gezeigt hat, sah sich die Kirche in der Tat nicht in der Lage, solchen Argumenten zu folgen. Im Gegenteil! Durch ihre gemeindepädagogisch ausgelegten Initiativen verfestigte sich eher das Beharren auf dem missionarischen Ansatz, der auch dann ein solcher bleibt, wenn seine ‚autoritären' Implikationen durch eine „recht zu verstehende, nämlich dialogisch und diakonisch dienende Wahrnehmung der missionarischen Dimension" im pädagogischen Handeln der Kirche abgebaut werden sollen.[60] Eine solche Modifikation der ‚herrschenden Lehre' verweist ja auf eine methodische, nicht aber prinzipielle Weiterentwicklung.

---

58 ebd., S. 212
59 Vgl. Lange, E.: Bildung als Problem und als Funktion der Kirche, in: J. Matthes (Hrsg.): Erneuerung der Kirche. Stabilität als Chance? Folgerungen aus einer Umfrage, Gelnhausen 1975, S. 182-222
60 Nipkow, a.a.O., S. 253

Demgegenüber scheint zumindest innerhalb der EKD der frühe Vorstoß Ernst Langes neue Aktualität zu gewinnen. Denn in der Studie „Christsein gestalten" sind Ansätze zu entdecken, die die bisherige Konzeptionsentwicklung in eine neue Richtung lenken könnten. In ihnen wird der immer wieder verdrängte Konflikt zwischen kirchlich organisierter Frömmigkeit und neuzeitlichem Bewußtsein ernstgenommen. Das „neuzeitliche Freiheitsbewußtsein"[61] führt unter den heute gegebenen gesellschaftlichen Bedingungen zum Nachlassen der Traditionslenkung und erweitert die Spielräume für Selbstbestimmung des einzelnen. „Er kann sich nicht mehr fraglos in Traditionen hineinstellen, sondern muß ihre Annahme oder Ablehnung als eigene Wahl und subjektive Entscheidung leisten." Zugleich wird auf die Abwehr von Fremdbestimmung durch „von außen angesonnene Deutungsangebote und Verhaltenserwartungen" verwiesen. Es wachsen auch „die Reserven gegenüber kirchlicher Bevormundung".[62]

Der in solch generellen Feststellungen zum Ausdruck kommende Selbstbestimmungsanspruch, nach dem sich „das Subjekt ... als autonom in der Auswahl und Kombination von Rollenmustern, in der Aneignung von Traditionen und in der Identifikation mit Vorgaben" verstehe, läßt auch den Autoritätsanspruch der kirchlichen Verkündigung[63] nicht unberührt und bedroht damit zugleich die Verbindlichkeit ihrer Aussagen, werden sie doch vom „grundlegenden Freiheitsvorbehalt" des Subjekts relativiert und zugleich im Gefolge der Individualisierung pluralisiert. „Auch die Fragen des Glaubens werden unter solchen Bedingungen zu einer ‚Verständigungsaufgabe'. Die Vermittlung des Evangeliums vollzieht sich als ‚Kommunikation in Gegenseitigkeit'." Selbst wenn man in solchem Argumentationszusammenhang den Begriff „Vermittlung des Evangeliums" weiter problematisieren müßte, ist doch die Vorstellung, sie erfolge auf dem Wege ‚autoritativer Verkündigung' entschieden abgewiesen. Vielmehr geht es nach innen um die „Verständigung über unser Leben im Lichte der Botschaft von Jesus Christus als der einen Wahrheit" in und durch die „konziliare Gemeinschaft" der Kirche[64]; nach außen geht es zwar weiter um „Mission", bei der es sich aber nicht mehr um den schlichten Weg der „Eingemeindung" oder Integration neuer Mitglieder in den alten Bestand handeln kann. Vielmehr vollzieht sich Mission „in der ständigen Selbstüberschreitung und Selbstveränderung auf Fremde und andere hin".[65] Die hierin sich ausdrückende Offenheit schließt „die Bereitschaft zur Selbsttransformation" ein. „So ist eine Mission, die nicht darauf ausgerichtet ist, auch von denen zu lernen, an die sie sich wendet – und zwar nicht nur in Äußerlichkeiten, sondern in der Substanz – als autoritär anzusehen."[66] Als solche würde sie nicht nur dem christlichen Respekt vor der „Unverfügbarkeit des Geistes Gottes"[67] widersprechen, sondern auch die grundlegenden Freiheitsrechte des Menschen in Frage stellen.

Der hier in groben Umrissen dargestellte Entwurf kirchlichen Handelns stellt sich als Gegenentwurf zu jenen Vorstellungen dar, die dem gemeindepädagogischen Konzept zugrundeliegen. In der Analyse der Ausgangsbedingungen der Lebenswelt, ihrer widersprüchlichen Auswirkungen auf das Bewußtsein der Menschen und in den grundlegenden Prinzipien kirchlichen Handelns enthält dieser Entwurf entscheidende Voraussetzungen für eine Versöhnung der Kirche mit einer Erwachsenenbildung, die sich nach dem Vorbild des Deutschen Ausschusses auf die neuzeitliche Bildungstheorie

---

61 Kirchenamt der EKD (Hrsg.), a.a.O., 1986, S. 40
62 ebd., S. 35f.
63 Vgl. ebd., S. 42
64 ebd., S: 47
65 ebd., S. 82
66 ebd., S. 74
67 ebd., S. 47

gründet. Denn eine so ausgelegte und begründete Erwachsenenbildung, die das Recht des Erwachsenen, „Subjekt seiner Bildung zu sein, selbst zu denken und für seine Lebensgestaltung selbst Verantwortung zu übernehmen, anerkennt und berücksichtigt, ihn aber mit dem Einspruch Jesu gegen die Zerstörung seiner selbst und seiner Welt begleitet"[68], liegt nicht nur im Interesse einer „Kirche um des Menschen" willen, sondern auch im Interesse von Erwachsenen, die nach neuen Formen gelingenden Lebens suchen. Würde dieser Ansatz systematisch ausgearbeitet[69], könnte die unfruchtbare Konfrontation von kirchlicher Erwachsenenarbeit und Erwachsenenbildung in kirchlicher Trägerschaft endlich produktiv überwunden werden.

---

68 Buttler, a.a.O., S. 7
69 Vgl. Ansätze dazu bei Buttler, a.a.O.

Günter Weitling
Unterricht in Religion nach Grundtvig

Grundtvig als Religionspädagoge

Angesichts vieler Aussagen über Grundtvig als dem „größten Pädagogen des 19. Jahrhunderts", dem „Vater der Volkshochschule", der wie Pestalozzi und Rousseau dem Unterricht und der Erziehung ganz neue Perspektiven eröffnete, als dem „Erzieher seines Volkes" usw. wird derjenige, der sich bei diesem in der Tat einflußreichsten und originellsten Kirchenmann Dänemarks im 19. Jahrhundert ausführliche didaktische und methodische Anweisungen zum christlichen Religionsunterricht erhofft, enttäuscht feststellen müssen, daß es solche zumindest in der Form einer theoretischen und systematischen Zusammenfassung nicht gibt.

Das, was deshalb zum Thema „Unterricht in Religion nach Grundtvig" zu sagen ist, ist aus kleineren und größeren Nebenbemerkungen des Gesamtwerkes zusammenzutragen.

Bei manchen ausländischen Beobachtern erweckt es immer wieder Erstaunen, daß die christliche Religionskunde die schulischen Gedanken Grundtvigs nur am Rande beschäftigten, und daß ein solcher Unterricht als selbständige Disziplin in seiner „Schule fürs Leben" – der Volkshochschule – überhaupt nicht vorkommt.

Ursache dieses Tatbestandes ist letztendlich eine grundlegende Klärung der pädagogischen Position am Anfang der 1830er Jahre.

Grundtvig ist kein pädagogischer Denker im üblichen Sinne. Ein pädagogisches, geschweige denn ein religionspädagogisches System mit einer ausführlichen Darlegung von fachlich-didaktischen, methodischen Möglichkeiten usw. hat er nicht hinterlassen.

Die Äußerungen Grundtvigs zu religionspädagogischen Problemen haben ihren „Sitz im Leben" in sehr verschiedenen äußeren Anlässen, welche zu einer Konfrontation mit seinen theologischen und anthropologischen Grundanschauungen führten und somit zur Stellungnahme auch in bezug auf die christliche Religionskunde herausforderten.

In diesem Zusammenhang kann auf Einzelheiten eines umfassenden gedruckten und ungedruckten Materials nicht eingegangen werden. Es soll vielmehr auf diejenigen Schwerpunkte der geistigen und theologischen Entwicklung Grundtvigs hingewiesen werden, welche für die Herausbildung der religionspädagogischen Grundanschauungen einschneidende Bedeutung gehabt haben.

Religionspädagogik unter rationalistischen und romantischen Voraussetzungen

Ganz vom Geist des Rationalismus geprägt ist eine Polemik aus dem Jahre 1804, worin es um eine Gemeinde ohne Schulmeister ging. Die Schule steht dabei ganz im Dienst der Kirche. Es geht Grundtvig um die Einübung derjenigen schulischen Voraussetzungen, welche das katechetische Handeln eines „aufgeklärten Religionslehrers", d.h. des rationalistischen Ortsgeistlichen, im Konfirmandenunterricht ermöglichen sollen.[1] Auf dem Gut Egeløkke auf der Insel Langeland erlebte Grundtvig als Hauslehrer des Knaben Frederik Steensen-Leth in den Jahren 1805-08 seine durch die Romantik inspirierte Phase.

Das „Pensum- und Zeugnisbuch" aus dem Jahre 1806 läßt erkennen, daß er im romantischen Sinne darauf hinarbeitet, daß sein Schüler „sich über alles Irdische zum Ewigen, Höchsten" erhebe, ohne „Ekel vor der Existenz" zu empfinden.[2]

Bereits hier bahnt sich eine der grundlegenden Ideen auf dem Gebiet des Religionsunterrichts an. In Äußerungen zum Unterricht an den Dorfschulen aus dem Jahre 1807 wendet Grundtvig sich gegen die Religion als Unterrichtsgegenstand, weil der Glaube an das Himmlische und die Vereinigung mit demselben, welche nach dem Tode stattfindet, nicht durch Schulunterricht sondern durch ein Gott wohlgefälliges Leben in dieser Welt zu erreichen sei.

Auswendiglernen und Dozieren eines religiösen Systems bringe nichts. Bereits sehr früh wurde dies von Grundtvig hervorgehoben. Religion sei außerdem nichts für Kinder, sondern eine Sache, die Erwachsenen durch die lebendige und motivierende Darstellung der Pastoren mitgeteilt werde. Es ging in diesen Äußerungen jedoch nicht um christliche Religion, sondern um allgemeine Religiosität bzw. um „Religion an sich".

Der Standpunkt des „alten Glaubens"

Während der Zeit am Schouboeschen Institut in Kopenhagen mit gymnasialem Unterricht nimmt Grundtvig einen biblisch-christologischen Standpunkt ein, der am Ende des Jahres 1810 sehr deutlich zum Ausdruck kommt. Grundtvig hat eine sehr tiefgreifende Wandlung durchgemacht. In den folgenden Jahren gestaltet er somit seinen Religionsunterricht auf völlig anderen Prämissen.

Nach der Ordination im Mai 1811 trat er die Stellung als Kaplan seines Vater, Johan Grundtvig, an. Konfirmandenunterricht und Ausübung der Schulaufsicht ließen Grundtvig die religionspädagogischen Fragen aus der Sicht der neugewonnenen Grundlage des „alten Glaubens" durchdenken. Seine Voraussetzung war ein lutherisches Bibelchristentum, ausgerichtet auf die Ewigkeit als Ziel und wahre Heimat des Menschen. Der konservativ-kirchliche Pietismus des Vaters gab dabei Grundtvig Orientierungshilfe. Als einzig gültige Unterrichtsmethode wurde diejenige des ‚Kleinen Katechismus' Martin Luthers – der christliche Kinderglaube – angesehen. Schulischer Erziehungsauftrag sei es, die Kinder Christus zuzuführen, damit sie ewige Erlösung erlangen könnten. Die Verfolgung dieses Zieles sei zugleich die beste Vorbereitung auf das Leben in dieser Welt.

Bis zu seiner entscheidenden theologischen Wende in der Mitte der 20er Jahre hat Grundtvig sein Verständnis und seine Praxis der Konfirmation und des Konfirmandenunterrichts auf die Verordnung Christians VI. von 1736 gegründet. Die Konfirmation wurde hierin als „allgemeine Regel und schuldige Pflicht" eingeführt, wobei das Ziel als die Erweckung der Kinder zu wahrer Buße und Herbeiführung der Bekehrung angegeben wurde.

Mit der Durchführung dieses pietistischen Konfirmationserlasses hat Grundtvig es sehr ernst genommen. Die Bedeutung des Gelübdes, dessen Ernst und Ewigkeitscha-

---

1 „Grundtvigs Skoleverden i tekster og udkast", udgivet af K.E. Bugge, København 1968, Bd. I, S. 41-43
2 Ebd., S. 93f.

rakter, wurden in seinen Konfirmationspredigten derart hervorgehoben, daß zuweilen eine sehr große gefühlsmäßige Wallung, welche sich in Schluchzen und Weinen ausdrückte, aufkommen konnte.[3] Der im Jahre 1810 gewonnene Standpunkt des „alten Glaubens" kommt mehrfach in den Manuskripten dieser Zeit zum Ausdruck.

„Unterweisung für rechte Schulmeister in Martin Luthers Kleinem Katechismus" u.ä. lauten die Titel der ungedruckten bzw. unvollendeten Aufsätze.

Es wird hervorgehoben, daß die Unterweisung auf der Grundlage der biblischen Offenbarung stattzufinden habe. In „einer kleinen Bibelchronik für Kinder und den gemeinen Mann" aus dem Jahre 1814 stellt Grundtvig in der Vorrede fest, daß eine angemessene „Aufklärung" unter dem Gesichtspunkt der Ewigkeit und auf die Erlangung des ewigen Lebens hin nur durch die biblische Offenbarung möglich sei. „Aufklärung" wird in diesem Sinne als das Geschenk Gottes durch den Heiligen Geist verstanden.

Andererseits versteht Grundtvig den Kernbegriff „Aufklärung" auch als eine menschliche Sache, die den Schüler zum Zeugnis der Heiligen Schrift hinführt.

K.E. Bugge stellt in seiner Habilitationsschrift „Die Schule fürs Leben" fest, daß Theologie und Pädagogik in dieser Phase ineinander überfließen. Kirche und Schule, Pastoren und Lehrer haben die gleichen Funktionen. Beide dienen Christus und führen den Schüler zu ihm.[4]

Merkbar wirkt die radikale Betonung der Sündhaftigkeit des Menschen sich auf die Auffassung vom Kind aus.

Wissenschaftlichkeit, Aufklärung, Unterricht und Erziehung sind ganz im Sinne der pädagogischen Vorbilder Martin Luther und Johan Grundtvig von heilsgeschichtlichen und biblizistischen Voraussetzungen und der prinzipiellen Anschauung des Glaubens als des höchsten Gutes geprägt.

Kirchliche Wende

Dies wird nun plötzlich ganz anders. Im großartigen aber dunklen Dichtwerk „Neujahrsmorgen" (1824) kommt der dichterische Durchbruch Grundtvigs zum Ausdruck. Der Blick richtet sich immer mehr vom Einzelnen auf die Gemeinschaft, sowohl auf die Gemeinde als auch auf die Volksgemeinschaft. Grundtvig sah sich vor die Aufgabe gestellt, dem Volk die wahren Fundamente des Glaubens zu verdeutlichen. Bisher hatte er auf die Bibel hingewiesen. Nunmehr meinte er erkannt zu haben, daß der Gemeinde mit einem solchen Rat schlecht gedient sei. Der gemeine Mann sei von den „Schriftgelehrten", welche an die Stelle des Papstes die Bibel und wiederum über die Bibel ihre eigene Vernunft gestellt hätten, zu befreien. Grundtvig wünschte eine sichere, unangreifbare Grundlage des Glaubens, nachdem die Bibel durch die Spitzfindigkeiten der gelehrten Ausleger und Zurechtleger der Willkür und Unsicherheit ausgeliefert sei und unmöglich als das unerschütterliche Bollwerk des Glaubens angesehen werden konnte.

Rückschauend sagt Grundtvig, daß ihm „in einem gesegneten Augenblick" gewahr wurde, „daß das einzigartige Zeugnis, nach dem ich so lange suchte, durch die ganze Zeit hindurch schon wie eine himmlische Stimme in der ganzen Christenheit im Apostolischen Glaubensbekenntnis erklungen war".[5]

---

3 S. Lodberg Hvas: „Konfirmationens historie og teologi." In: „Konfirmation og Begravelse". Betænkning afgivet af Kirkeministeriets liturgiske Kommission Nr. 1100, København 1987, S. 17
4 K.E. Bugge: „Skolen for Livet"
5 Aus Grundtvigs „Kirchenspiegel". Zitiert nach J. Lorentzen: „Diesseits und jenseits der Grenze. Nicolai Frederik Severin Grundtvig und Claus Harms. Gegenwartsfragen im Licht der Vergangenheit", Neumünster 1933, S. 38f.

Grundtvig spricht von seiner „unvergleichlichen kirchlichen Entdeckung" („Den mageløse Opdagelse") des Jahres 1825. Diese Entdeckung ist Dreh- und Angelpunkt auch für das Verständnis des religionspädagogischen Denkens und Handelns im Bereich der „Kirchen-Schule".

Grundtvig ist zu der Erkenntnis gekommen, daß die Kirche vor der Heiligen Schrift dagewesen ist. Diese sei durch das Sakrament der Taufe in Verbindung mit dem Apostolischen Glaubensbekenntis entstanden und gewachsen. Grundtvig kam später zu der Annahme, daß wir in dem „Apostolischen" Glaubensbekenntnis sozusagen „das Evangelium der 40 Tage", d.h. der Tage zwischen Auferstehung und Himmelfahrt, vor uns hätten.

Der auferstandene Christus habe seinen Aposteln dieses Glaubensbekenntnis in den 40 Tagen überliefert und damit selbst „das unverrückbare und unveränderliche Fundament der christlichen Kirche auf Erden" gelegt.

Neben die Taufe tritt das Sakrament des Abendmahls mit dem Einsetzungswort Jesu als „des Herrn eigenem Mundwort". Die Sakramente werden folglich ins Zentrum des Gemeinde- und Kirchenlebens gestellt, während die Bibel und Predigt im Gegensatz zum „Gotteswort", das in den Sakramenten zutage tritt, nur als „Menschenwort" angesehen werden können.

Die Aussagen zum christlichen Religionsunterricht sind fortan durchweg von dieser „unvergleichlichen kirchlichen Entdeckung" geprägt.

Dies wird u.a. in Grundtvigs Konfirmationsverständnis deutlich. Es ist die Rede von einem ganz „entscheidenden Bruch".[6] Das Gewicht hat sich vom Einzelnen auf die um Wort und Sakrament versammelte Gemeinde verlagert. Taufe wird als Paktschließung Gottes mit dem Menschen verstanden, und es ist die Aufgabe des Konfirmandenunterrichts sowie der Konfirmation, diesen Zusammenhang deutlich werden zu lassen. Es geht weder darum, die Taufe zu bestätigen noch zu beglaubigen, sondern vielmehr um die Anerkennung des Paktes, den Gott in der Taufe mit dem Menschen geschlossen hat.

Grundtvig verwendet gelegentlich in einem Rückgriff auf die altkirchliche Tradition unter Überspringung des Pietismus den Begriff der Besiegelung.

In dem Konfirmationslied „Lügen-Vater wir entsagen" (Løgnens Fader vi forsage) aus dem Jahre 1844 heißt es z.B. in der 6. Strophe:

„Vater hoch im Himmelssaale,
O gedenk an Deinen Bund!
Wahrheits-Geist, im Erdentale
Ihn besiegle jetzt zur Stund!
Und verkläre fort und fort
Unsern Herrn im Glaubenswort!
Präg uns ein in Ruhn und Wachen:
Gott ist mächtig in den Schwachen!"[7]

Die Polemik Grundtvigs gegen die Konfirmationspraxis, die auf Grundlage der pietistischen Verordnung von 1736 ausgeübt wurde, ist teilweise außerordentlich heftig, wie überhaupt seine Auseinandersetzung mit der pietistischen Pädagogik, welche sich einbildete, Menschen zum christlichen Glauben erziehen zu können.

In den 20er Jahren bahnt sich der endgültige Bruch mit den schulischen Gedanken des Pietismus, der in den 30er Jahren stattfindet, an. Grundtvig nimmt von seiner

---

6 S. Lodberg Hvas, a.a.O., S. 17
7 W. Görnandt: „Grundtvig als Kirchenliederdichter in lutherischer und ökumenischer Sicht (Grundtvig auf Deutsch)", Helsingør 1969, S. 61

bisherigen Intention gewissermaßen Abstand, als „ein lutherischer Mönch" die Welt zwingen zu wollen, nicht nur als christlich zu erscheinen, sondern es auch zu sein.[8]

Der unchristliche Zwang, der die Konfirmation zur Pflicht und Voraussetzung für die Ausübung bürgerlicher Rechte macht, ist ihm zuwider.

Für weltliche Zwänge sei in der „Kirchen-Schule" keinerlei Platz vorhanden. Auch in der Kirche gelte das Prinzip der Freiheit. Die Aneignung des Glaubens ist eine Angelegenheit des Herzens und nicht erzwingbar. „Ob wir nun an den Glauben der christlichen Kirche oder an die christliche Aufklärung der Kirchen-Schule denken mögen – so sagt Grundtvig – so ist leicht einzusehen, daß weltlicher Zwang ihnen unmöglich nützen oder sie fördern kann, sondern ihnen nur schaden und hinderlich sein kann..."[9]

Kirche-Schule, Glaube-Anschauung

Die Trennung zwischen Kirche und Schule, die bereits im Ansatz vorhanden war, tritt nach der „kirchlichen Entdeckung" im Jahre 1825 deutlicher zutage, gleichwie die schärfere Markierung des lebendigen und mündlichen Wortes, welche Grundtvig sehr wenig Gewicht auf Lehrbücher im Fach Religion legen ließ.

Hatte er in der Periode des „alten Glaubens" Kirche und Schule, Pastoren und Lehrern die gleichen Funktionen zugeteilt, so wird die scharfe Trennung der beiden Bereiche nun die unausweichliche Voraussetzung des pädagogischen Denkens und Handelns. Das objektive und souveräne Handeln Gottes in Sakrament und mündlichem Wort des Herrn läßt sich nicht in einen menschlichen Erziehungsplan einbauen. Zu dieser Unterscheidung zwischen Kirche und Schule tritt nunmehr diejenige zwischen Glaube und Anschauung.

Der „unvergleichlichen kirchlichen Entdeckung" gemäß ist der Glaube nur dort, wo das Apostolische Glaubensbekenntnis in der Taufe bekannt wird.

In ihm finden wir das unveränderliche Kennzeichen der wahren Kirche und der „Kirchen-Schule", die vom kirchlichen Lehramt wahrzunehmen ist.

In der „Kirchen-Schule" geht es um die Frage nach dem Glauben an die Person sowie an das Wort und die Tat Christi als eine echte Angelegenheit des Herzens.

Die „unvergleichliche kirchliche Entdeckung" hatte andererseits die Konsequenz, daß sie Grundtvig davon befreite, alles im menschlichen Leben in eine christliche Form hineinzwingen zu müssen.

Unter diesen neuen Umständen stellt er sich die Frage: Was ist der Mensch?

Dem Zeitlichen, womit die Schule sich beschäftigt, dient der Begriff „Anschauung". Grundtvig verwendet ihn zur Unterscheidung vom christlichen Glauben in der vorhin genannten Bedeutung.

In der Vorrede zur „Mythologie des Nordens" aus dem Jahre 1832 zeichnet die neue Sicht der Dinge sich klar ab.

Die anthropologischen Grundvoraussetzungen haben sich geändert. Grundtvig wendet sich sowohl gegen die geistlose Wissenschaftlichkeit des Rationalismus, der keinerlei Blick für den Reichtum des Lebens hatte, als auch gegen diejenige Grundanschauung der lutherischen Orthodoxie und des Pietismus, die alles Menschliche durch den Sündenfall als radikal verderbt ansah. Die Behauptung, daß es überhaupt nichts Gutes im Menschen gäbe, fand Grundtvig in der Wirklichkeit des Lebens nicht bestätigt.

---

8   Bugge: „Skolen for Livet", a.a.O., S. 239
9   „Dansk Kirketidende" 1846/54. In „Haandbog i N.F.S. Grundtvigs Skrifter", udvalgt ved Ernst J. Borup og Frederik Schröder, Bd. III Kirkelige Grundtanker, København 1931, S. 99

Daß das Menschliche und Volkliche, worin jenes am deutlichsten zum Ausdruck käme, deshalb um des Wachstums des Christlichen willen zu unterdrücken sei, war ein Gedanke, den er schärfstens meinte zurückweisen zu müssen.

Im Jahrzehnt nach 1830 bildete sich zusammen mit dem Erscheinen der großen Schriften zum Thema Volkshochschule auch das Verständnis der rechten Einordnung des Religionsunterrichts heraus.

In der Schrift „Dänischer Vierklee" (1836) findet sich die Anregung einer „Schule fürs Leben". Diese ist für die Jugend um das 18. Lebensjahr herum gedacht. Im Gegensatz zum Kindesalter sei die Jugend besonders dazu motiviert, sich mit den großen Fragen des Menschseins auseinanderzusetzen, so meinte Grundtvig.

Unter dem Eindruck u.a. in England gewonnener Erfahrungen von der persönlichen und volklichen Freiheit als Voraussetzung eines Menschenlebens von Geist findet eine umfassende Umorientierung auf allen möglichen Gebieten, auch dem pädagogischen, statt, wobei der Begriff „Anschauung" eine wesentliche Rolle spielt.

Was ist darunter zu verstehen?

Es ist eine Grundauffassung vom Leben und vom Menschen, welche Christen und „Naturalisten", d.h. solchen, die, wie K.E. Bugge es ausgedrückt hat, „ungebunden von einer engen biologischen, mechanistischen Auffassung vom Menschen, positiv dafür eintreten, daß ‚Geist' eine wesentliche Bestimmung des Menschseins sei[10]," gemeinsam ist.

Es war die Absicht Grundtvigs, daß der Begriff „Anschauung" seiner pädagogischen Auffassung im Unterschied zum christlichen Glauben, der an Christi Person und Christi Tat gebunden ist, einen allgemeinen Charakter verleihen möge.

Inhaltlich ist „Anschauung" diejenige Überzeugung, daß der Mensch im Bilde Gottes geschaffen ist und denjenigen Lebensgeist in sich trägt, welcher es ihm ermöglicht, die menschliche Bestimmung, ein Kind Gottes zu sein, zu erlangen.

In der „Mythologie des Nordens" heißt es, daß der Mensch „kein Affe" ist, dazu bestimmt, erst die anderen Tiere und danach sich selbst für alle Zeiten nachzuäffen. Der Mensch ist vielmehr „ein unvergleichbares wundervolles Geschöpf, worin göttliche Kräfte sich durch tausend Geschlechter hindurch als ein göttliches Experiment erweisen, entwickeln und klären sollen, welches zeigt, wie Geist und Staub einander durchdringen können und in einem gemeinsamen göttlichen Bewußtsein verklärt werden können".[11]

Dieses genuin menschliche Leben und seine Bestimmung in der Zeitlichkeit zu erklären, das ist die Aufgabe der Schule. Grundlage der Arbeit ist die allen gemeinsame Auffassung vom Menschen als ein „göttliches Experiment" und eine Vereinigung von „Geist und Staub".

Der dänische Kirchenhistoriker Hal Koch hat die Aussage folgendermaßen erklärt. Das Leben sei nicht irgendetwas, welches wir selbst geschaffen hätten bzw. worüber wir Herr wären, und welches wir deshalb nach Gutdünken gestalten oder umgestalten könnten.

Menschenleben unterscheidet sich auch vom tierischen und pflanzlichen Leben. Somit ist ihm etwas Unvergleichliches und Rätselhaftes eigen. Es ist Geist und Staub, durch das Wort des Schöpfers zusammengefügt, und aus eben diesem Grunde voller Geheimnisse.

Jeder Mensch, der sich deshalb dem Leben offen und ehrlich hingibt, wird diese Rätselhaftigkeit erkennen, welche das Menschenleben über tierisches Leben erhebt.

---

10 K.E. Bugge: „Grundtvigs pædagogiske tanker". In „Grundtvig og grundtvigianismen i nyt lys. Hovedtanker og udviklingslinier. Fra de senere Års Grundtvigforskning". Red. Chr. Thodberg u. A. Pontoppidan Thyssen, Århus 1983, S. 212

11 „Grundtvigs Skole Verden", a.a.O., Bd. I, S. 239

Eine wissenschaftlich stichhaltige Definition dessen, was Geist und Leben sei, kann unmöglich gegeben werden. Da deren Wirkungen jedoch in den Worten und Taten der Menschen zu erkennen seien, sei die Geschichte diejenige Disziplin, worin Geist und Leben erkennbar würden. Durch die Betrachtung des menschlichen Lebens und durch das Lauschen auf das, was Menschen aller Zeiten gesprochen haben, ist es möglich, etwas über den Menschen und seine Lebensumstände zu ergründen.

Diese sogenannte historisch-poetische Anschauung ist das Fundament der pädagogischen Gedanken Grundtvigs.

Schule und Kirche sind zweierlei Dinge. Die Schule predigt nicht. Sie hat redlich darüber aufzuklären, was Menschenleben wirklich ist. Diese Begegnung des Schülers mit der Wirklichkeit führt zur Erweckung, die den Menschen zum Leben ruft.

Der Dienst der Schule ist somit ein vorbereitender Johannes-Täufer-Dienst. Schule ist nicht Kirche aber dennoch nach oben hin, d.h. nach Christus hin, welcher alleine den Menschen zu erlösen vermag, offen.[12]

Da das Christentum im Menschlichen und Volklichen wurzelt, hat die Erziehung zum Menschsein somit der religiösen Erziehung vorauszugehen.

Das Menschliche ist für Grundtvig durchaus keine blasse und abstrakte Idee, sondern konkrete Wirklichkeit in einem bestimmten Volk, erfahrbar in dessen Sprache und Geschichte. Dabei geht es nicht nur um äußere, meßbare, faktische Verhältnisse, sondern vielmehr um die geheimnisvolle Macht des „Volksgeistes", der das Volk und all dessen Äußerungen in Geschichte und Sprache durchdringt.

So heißt es in dem bekannten Lehrgedicht Grundtvigs über seinen Wahlspruch: „Erst Mensch – Dann Christ!", welches vermutlich im Jahre 1837 entstand:

> „Mensch ist man erst, dann wird man Christ:
> Die Ordnung gilt auf Erden... -
> Drum strebe jeder immerfort,
> Hier wahrer Mensch zu werden,
> Öffne sein Ohr dem Wahrheits-Wort
> Und ehre Gott auf Erden:
> Ist Christentum der Wahrheit Sach,
> Dann wird er Christ ganz ungemach;
> Wenn heute nicht, dann morgen!"[13]

Grundtvig ist der Auffassung, daß alle sich darüber einigen können, daß der Mensch im Bilde Gottes geschaffen sei. Die Geschichte bezeuge, daß er auch ohne Christ zu sein, von Gott in Gnaden angenommen werden könne.

Im Lehrgedicht heißt es im 4. Vers:

> „Adam war ja ein heidnisch Mensch
> Und Hennoch war's desgleichen:
> Beide nahm Gott in Gnaden an,
> Das können wir nicht streichen.
> Der fromme Noah seinerzeit
> - Darob herrscht doch kein Zank noch Streit -
> War weder Christ noch Jude!"[14]

---

12 „Den danske Kirkes Historie", Red. Hal Koch u. Bjørn Kornerup, Bd. VI, København 1954, S. 246ff.
13 Görnandt, a.a.O., S. 76f.
14 Ebd., S. 76

Zu einem frühen Zeitpunkt der Geschichte sei jedoch ein großes Unglück eingetreten, welches den Menschen in ein gestörtes Verhältnis zu seiner ursprünglichen Bestimmung geraten ließ.

Für den Christen ist dieser Schaden durch die Vereinigung des wiedergeborenen Menschen mit Christus im Glauben heilbar. Der „Naturalist" hingegen ist der Meinung, daß er Christus als das göttliche Vorbild in sich aufzunehmen habe. „Glaube" und „Anschauung" klaffen hier auseinander und werden zu einem unüberbrückbaren Gegensatz.

Was den Bereich der Schule betrifft, so genügt es jedoch, auf der Grundlage der gemeinsamen Anthropologie zu arbeiten, die den Menschen allen einsichtig als „göttliches Experiment" und als Vereinigung von „Geist und Staub" versteht.

Grundtvig kommt zu der Erkenntnis, daß Christen und „Naturalisten" zusammen Schule halten können. Die speziellen christlichen Glaubensvorstellungen seien in bezug auf die Festlegung des Zieles der schulischen Erziehung nicht notwendig.

Kirchlicher Glaube und Lehre der Schule seien zweierlei Dinge. Da der Glaube jedermanns eigene Angelegenheit sei, ist er im bürgerlichen Sinne eine „freie Sache", die keine weltliche Obrigkeit etwas angeht, oder worüber man dieser Rechenschaft schuldig wäre.[15]

Trotz dieser klar abgegrenzten Aufgabenbereiche sind sie nicht unabhängig und ohne Einfluß aufeinander. Die Geschichte enthält sehr deutliche Beispiele dessen, welchen nützlichen Einfluß die Kirche auf die Schule ausgeübt habe. Es gelte deshalb, daß sowohl Kirche, Schule als auch Staat in einer „lebendigen Wechselwirkung" miteinander stünden.[16]

Christliche Religionskunde kein öffentliches Unterrichtsfach

In Konsequenz dieser Anschauungen verstand Grundtvig die Freiheit dann auch als Freiheit dazu, von christlichen Glaubensvorstellungen in den didaktischen Zielen der öffentlichen Schule abzusehen.

Diese neugewonnenen Erkenntnisse in bezug auf die christliche Religionskunde führten am Anfang des Jahres 1836 zu einer heftigen Debatte. Ausgelöst wurde sie von dem streitbaren Laienprediger und Lehrer Rasmus Sørensen aus Venslev/Seeland. In „Nordisk Kirketidende" stellte er die Frage: „Was ist eine lutherische katechetische Schule?" Eifrig setzte er sich gegen diejenigen Grundtvigianer zu Wehr, welche den Katechismusunterricht aus der Volksschule entfernen wollten.[17]

Grundtvigs Antwort erfolgte in dem Artikel: „Ist der Glaube wirklich eine Schul-Sache?"[18]

Er ist „Gott seis gelobt! überhaupt keine Schul-Sache", heißt es. Der ganze schulische Religionsunterricht, womit man jahrhundertelang sich selbst und die Kinder geplagt habe, sei vielmehr ein großes Mißverständnis. Dabei ging es Grundtvig nicht zuletzt um die Religionslehrer. Weder neue Methoden noch ein neues Ausbildungsinstitut für Lehrer seien die Voraussetzung eines lebendigen Unterrichts, sondern vielmehr lebendige Lehrer „stark im Geist und fest im Glauben".

Den Gläubigen sei es ebensowenig zumutbar, ihre Kinder durch rationalistisch

---

15 Borup/Schröder: „Haandbog i N.F.S. Grundtvigs Skrifter", a.a.O., Bd. III, S. 96
16 Vgl. Hans Henningsen: „Folkelige temaer hos Grundtvig og Løgstrup". Religionspædagogiske Skrifter 5, Aros 1983
17 1836/4
18 „Grundtvigs Skoleverden", a.a.O., Bd. I, S. 268ff.

geprägte Lehrer, wie es den ungläubigen Eltern zuzumuten sei, ihre Kinder durch orthodoxe Schulmeister unterrichten zu lassen.

Ferner sei danach zu fragen, welche Früchte der Schulunterricht in Glaubensangelegenheiten alles in allem gezeitigt habe.

Grundtvig meinte hier feststellen zu können, daß 300 Jahre Religionsunterricht sowohl im protestantischen Deutschland als auch in Dänemark den Glauben mehr und mehr getötet hätten, um schließlich dem Unglauben Platz zu geben.

Aus diesem Grunde sei es „grundfalsch, den Glauben auswendig wie Schularbeiten zu lernen oder ihn katechetisch breitzutreten und einzupeitschen".

Grundtvig möchte nicht erleben, wie seine eigenen Kinder „das Christentum mit den Schulbüchern wegwerfen würden", und er empfahl deshalb, daß die Unterweisung im christlichen Glauben in der Hausgemeinde stattfände.

Nicht nur die Kreise des „alten Glaubens", sondern auch diejenigen, die aus anderen Gründen an dem bestehenden Verhältnis: Kirche-Schule-Staat festzuhalten wünschten, waren ob dieser kopernikanischen Drehung Grundtvigs natürlich erschüttert.

Besser wurde dies ganz gewiß nicht dadurch, daß Grundtvig im gleichen Artikel dem herkömmlichen Konfirmationsverständnis, welches insbesondere den erweckten, pietistischen Kreisen am Herzen lag, eine Abfuhr erteilte.

Er wollte die Konfirmation zu einer Angelegenheit der „Aufklärung und des Wissens" machen „ohne Rücksicht auf den Glauben des Einzelnen". Sein Verständnis vertrug sich somit nicht mehr mit dem offiziellen, welches – wie bereits erwähnt – die Konfirmation als Glaubensangelegenheit zur Voraussetzung der Erlangung und Ausübung bürgerlicher Rechte machte.

Grundtvig war der Meinung, daß die Konfirmation, wie er sie nunmehr verstand, mit „einer schönen nationalen Feier zur Aufnahme in die Bürger-Gemeinschaft" verbunden werden könne.

Letztendlich haben diese Gedanken, die eine Folge des Grundsatzes „Erst Mensch – dann Christ!" waren, und worin es Grundtvig um die Freiheit zu einem eigenen Glaubensleben und zur selbständigen Ausgestaltung der religiösen Erziehung der eigenen Kinder ging, zu einer unüberbrückbaren Kluft zwischen ihm und den Kreisen des „alten Glaubens" in bezug auf die christliche Unterweisung geführt.[19]

In den Gedanken dieses Artikels finden wir dann auch die Wurzeln der „Frei-Schulen", d.h. der von der Elternschaft selbst verwalteten Schulen, sowie anderer Regelungen in bezug auf den Unterricht in christlicher Religionskunde in den dänischen Volksschulen und Gymnasien, die z.T. bis auf den heutigen Tag nachwirken.

Der Religionsunterricht verläuft nach Grundtvig somit auf zwei Ebenen. Einmal als der hinführende Johannes-Täufer-Dienst der Schule unter dem Begriff der „Anschauung" und zum anderen als die christliche „Aufklärung" der Kirchen-Schule, die unter dem Begriff des „Glaubens" zu Christus hinführt.

Dies hatte vornehmlich durch die Einführung des Kindes in das Leben der bekennenden Gemeinde durch das lebendige Wort zu geschehen.

Der Begriff „Kirchen-Schule" scheint von Grundtvig insbesondere als „Unterricht von Kindern im Rahmen der Gemeinde" verstanden worden zu sein.[20]

Letztendlich ist die christliche Kinderlehre das lebendige Zeugnis der Gemeinde von der Taufe, ihrer Bedeutung und Frucht.[21] Auch in der Kirchen-Schule hat Leben somit den Vorrang vor der Aneignung von Wissen.

---

19 Borup/Schröder: „Haandbog i N.F.S. Grundtvis Skrifter", a.a.O., Bd. III, S. 268ff.
20 Bugge: „Grundtvigs pædagogiske tanker", a.a.O., S. 220

Inhalt und Methode christlicher Religionskunde

Zum Inhalt und zur Methode der christlichen Kinderlehre einige wenige Angaben. Eine Methodik des christlichen Religionsunterrichts hat Grundtvig nicht vorgelegt. Es war anderen beschieden, seine Gedanken praktisch umzusetzen.

Selbst hat er übrigens seinen Fähigkeiten als praktischer Pädagoge eher kritisch gegenübergestanden. Zum Schulmeister sei er nur wenig tauglich, schreibt er.[22] In einem weiteren Brief an Pastor Peter Andreas Fenger vom 17. Dezember 1833 führt er an, daß er „Schulmeister geworden sei", und sich solange mit seinen eigenen und anderen faulen Jungen herumgeärgert habe, daß er Kopfschmerzen bekommen hätte. Die Früchte dieses „neuen Schul-Wesens" seien nur mäßig und sauer, welches jedoch letztendlich in höherem Maße seiner „eigenen Ungeschicklichkeit als der Faulheit der Jungen" zuzuschreiben sei.[23]

Den „Heimunterricht" seiner beiden Söhne, Johan und Svend, hat er dann auch nach kurzer Zeit wechselnden Hauslehrern überlassen. Es ist nicht Grundtvigs Sache gewesen, sich in die Gedanken anderer, geschweige denn in diejenigen von Kindern, hineinzuversetzen.[24]

In der kleinen Schrift mit dem Titel: „Die christliche Kinderlehre" (1847) hat er den Versuch gemacht, über den Inhalt des christlichen Religionsunterrichts Auskunft zu geben.[25]

Diese Ausführungen, die er seinen Kopenhagener Amtsbrüdern anläßlich eines Konvents mitteilte, sind nicht zu verwechseln mit der kirchlichen Laiendogmatik gleichen Titels, die in den Jahren 1855-61 zunächst in Artikelform und dann im Jahre 1868 in Buchform herausgegeben wurde.

Grundtvigs Entwurf eines leichtverständlichen, informativen Lehrbuchs für die Kinder der Gemeinde ist nicht mit dem Erlernen eines unangemessenen dogmatischen Systems zu verwechseln. Das Buch könne keine Wunder vollbringen, sondern lediglich den Grund legen, worauf die Pastoren später in ihrem Unterricht aufbauen könnten.

Es geht Grundtvig um die Einführung in Grundbegriffe wie: Kirche, Pastor, Feiertage, Gottesdienst, Sakramente, Konfirmation, Apostolisches Glaubensbekenntnis, Vater Unser usw., wobei er die Erklärung der Begriffe mit einem schönen deutenden Bild und einem Vers verbinden möchte. Diese „Kinderlehre" sei, so meinte Grundtvig, durch eine kleine „Biblische Geschichte" sowie eine „Kirchengeschichte" zu ergänzen.

Grundtvig nimmt mit alledem natürlich nicht von seinem Grundsatz des lebendigen Wortes Abstand. Dieses ist auch in der christlichen Kinderlehre das Hauptunterrichtsmittel. „Was dänische Kinder vom Wort und Bekenntnis des Glaubens lernen müssen", sagt er, „das soll keine Schulaufgabe sein, sondern das sollen die Kinder von den Älteren lernen, ohne daß sie es eigentlich merken."[26]

Gegen den Rationalismus gerichtet empfiehlt er, das Buch zu schließen und den Mund zu öffnen.

Als im Jahre 1869 anläßlich des grundtvigianischen Freundestreffens in Kopenhagen der Wunsch geäußert wurde, daß die nordische Reformation weitergehen möge, ihr Lehrbuch aber erst später fertiggestellt werden würde, da schien Grundtvig das Wort

---

21 Borup/Schröder: „Haandbog i. N.F.S. Grundtvigs Skrifter", Bd. III, S. 136f.
22 „Breve fra og til N.F.S. Grundtvig II (1821-1872)" udg. G. Christensen u. Stener Grundtvig, København 1926, S. 184 (Nr. 342)
23 Ebd., S. 231 (Nr. 371)
24 Bugge: „Grundtvigs pædagogiske tanker", a.a.O., S. 210ff.
25 Dansk Kirketidende 1847/71
26 Borup/Schröder: „Haandbog i N.F.S. Grundtvigs Skrifter", a.a.O., Bd. I, S. 242

„spät" nicht entschieden genug zu sein. Er rief deshalb „niemals" in die Versammlung hinein.

Bücher würden niemals der Ersatz des mündlichen Zeugnisses der Gemeinde und des Herrn selbst sein können.[27]

Dies habe u.a. auch dem Kleinen Katechismus Martin Luthers zu gelten, einem Buch, das Grundtvig seit seiner Kindheit und seit den ersten Jahren im Pfarramt lieb und vertraut gewesen ist, und das mehr als jedes andere Buch als eine „christliche Kinderlehre" angesehen wurde, welche den Blick auf Glauben und Taufe zu richten vermochte.

Gemessen am Zeugnis der Gemeinde enthalte es jedoch „große Fehler und Mängel".

Schlüssel zur Bibel und Bibelkunde ist der kirchlichen Entdeckung gemäß das Apostolische Glaubensbekenntnis. Die Bibel ist zwar weder Fundament noch Lebensquelle der Kirche, dennoch ist sie ein „unvergleichliches und fehlerfreies Lehrbuch in der Kirchen-Schule in bezug auf die Dinge, die zum Reiche Gottes gehören".[28] Sie ist das „ererbte, unverlierbare Schul-Buch".[29]

Alles in allem geht es jedoch um das Leben, d.h. in der Kirchen-Schule um das Bekenntnis des lebendigen Glaubenswortes.

Einen originellen Beitrag hat Grundtvig in seinem umfassenden „Gesang-Werk für die dänische Kirchen-Schule" (1870) geleistet.[30]

In leichtverständlichen Versen werden Ereignisse der biblischen Geschichte und der Kirchengeschichte erzählt und von den Kindern singend angeeignet.

Die verschiedenen Aspekte dieses pädagogischen Beitrages Grundtvigs wurden niemals erforscht. Auch in diesem Liedgut scheint die Scheide zwischen Glauben und Anschauung zu stehen. Während die Kirchenlieder (Salmer) eine direkte christliche Verkündigung enthalten, so ist es die Aufgabe der bibelgeschichtlichen Gesänge, ein Vorverständnis der späteren Verkündigung aufzubauen.

Mit seinen Liedern regt Grundtvig einen fröhlichen, natürlichen, kindergemäßen Unterricht an, worin Leben und Freiheit herrschen.[31]

Wie in seinem ganzen pädagogischen Denken, so spielt auch im Religionsunterricht nach Grundtvig die historische Dimension eine überragende Rolle.

Es ist sicherlich keine Frage, daß Grundtvig durch sein Hervorheben der sogenannten „historisch-poetischen" Methode dänisches Christentumsverständnis und überhaupt dänische Art und Weise zu denken und zu empfinden zutiefst geprägt hat.

Lassen Sie mich mit dem schönen Zeugnis eines deutschen Pastoren abschließen, der auf der Länderbrücke zwischen Nord und Süd gewirkt hat. Sein Name ist Johannes Mouritzen, der diese Worte anläßlich des 100jährigen Todestages Grundtvigs formulierte (1972):

„Wir Menschen von heute, von denen viele das Wort Vaterland nicht mehr hören wollen, es allerdings oft bei anderen, die dies Wort bejahen, gelten lassen oder diese gar heimlich beneiden, haben alle Ursache hier aufzuhorchen. Zu der Freude an der Herrlichkeit geistigen Lebens gehört ein rechtes nationales Empfinden. Im Grenzland, wo Deutsche und Dänen zusammen wohnen, begegnen wir dem dänischen Nationalgefühl. Es kann Situationen geben, wo es uns fast komisch anmuten will, aber davon sollten wir uns nicht irreführen lassen, sondern vielmehr uns besinnen auf die Schätze der Vergangenheit, auch die Fehlentwicklungen sehen und sie mit der Geduld tragen,

---

27 Vgl. Theodor Jensen: „Tolv Foredrag om Nik. Fred. Sev. Grundtvig", Stege 1904, S. 71
28 Borup/Schröder: „Haandbog i N.F.S. Grundtvigs Skrifter", Bd. III, S. 94
29 Ebd., S. 161
30 „Sang-Værk til den danske Kirke Skole". Grundtvigs Sang-Værk, Bd. II, København 1946
31 Bugge: „Grundtvigs pædagogiske tanker", a.a.O., S. 221f.

zu der nur die Liebe fähig ist. Man spürt dieses Nationalgefühl, wenn man dänische Geschichte betreibt und liest, wie abgewogen und mit Würde über das eigene Volk, das eigene Haus gesprochen wird. Sogar die Tagespresse kann auf geschichtliche Dinge so eingehen, daß man spürt, der betreffende Verfasser kann mit bestimmten Kenntnissen und Interesse für solche Dinge allgemein rechnen.

Hier sind nun bei uns gerade die Christen gefragt; denn es gilt ja mehr als einen falschen Nationalismus zu verdammen; es kommt darauf an, ein rechtes Gefühl für das zu empfinden, was Gott uns in Volk, Landschaft, Geschichte, Sprache, kurz, rechtverarbeiteter Tradition gegeben hat. Nur so gewinnt auch ein Volk die Würde, die es braucht, damit seine Stimme in der Welt wirklich gehört wird."[32]

---

32 Johs. Mouritzen in Breklumer Kirchen- und Volkskalender 1972.

Hans Grothaus
Gesprächsbericht

Die Diskussion zum Vortrag von Dr. Weitling über den „Unterricht in Religion nach Grundtvig" stand unter drei Fragestellungen:

1. Nachfragen zum Verständnis Grundtvigs, wobei die unterschiedlichen Lebens- und Erkenntnisphasen Berücksichtigung finden sollten.
2. Die Rezeption Grundtvigs in Dänemark und Deutschland, wobei überlegt werden sollte, von welchen Aussagen und Handlungen Grundtvigs wichtige Impulse ausgegangen sind, und auf welchen Grundtvig man sich heute berufen kann.
3. Welche Bedeutung Grundtvig heute für uns haben kann und wo er wichtige Impulse vermittelt.

Zu 1.: In den Vorträgen des Kongresses tauchte immer wieder die Bedeutung des Freiheitsbegriffes bei Grundtvig auf. In unserer Arbeitsgruppe wurde die Frage gestellt, wie frei der Christ sei, mit den biblischen Quellen christlichen Glaubens umzugehen. Offensichtlich hat Grundtvig einen sehr eigenwilligen Umgang mit der biblischen Tradition gehabt, und sich wenig um die Ergebnisse wissenschaftlicher Forschung an der Bibel gekümmert. Dies wird insbesondere deutlich an seiner Behauptung, daß das Apostolikum direkt auf Jesus zurückzuführen sei, der es zwischen Ostern und Pfingsten seinen Jüngern verkündet habe. Die für uns Deutsche so grundsätzliche Frage nach einer der Wahrheit auf den Grund gehenden biblischen Hermeneutik hat für Grundtvig anscheinend so nicht bestanden. Bei ihm geht es immer wieder darum, im Dialog mit alten Mythologien, biblischen Aussagen und Erfahrungen der Geschichte, Einsichten für das tatsächliche Leben zu gewinnen. Auch die Diskussion über das Verhältnis von natürlicher Offenbarung und biblischer Offenbarung als Grundsatzfrage stellt sich für Grundtvig nicht. So wie jeder Mythos vielschichtig ist und nicht eindeutig dogmatische Aussagen formuliert, also immer offen ist für lebendige Auslegung, so soll z.B. der Religionsunterricht den Schüler nicht festlegen durch das Memorieren dogmatischer Aussagen, das wäre ein Unterstellen unter das Gesetz und nicht ein Überführen in die Freiheit. In der Begegnung mit Erfahrungen des Glaubens und des Lebens gewinnt der Schüler sein eigenes Leben. Leicht mißverständlich kann auch der Begriff der „Anschauung", den Grundtvig dem schulischen Unterricht zuordnet, verstanden werden. Es geht hierbei nicht um „Anschauung" als methodisches Prinzip, sondern um die Einführung und Orientierung über Religion. Hier handelt es sich also mehr um Wissensvermittlung. Diese ist in Sachen Religion Aufgabe der Schule, während es in der Kirchenschule um das Erleben geht, das methodisch vor allem durch die lebendige Erzählung des Lehrers nachvollzogen werden kann.

Gefragt wurde weiter, wie Religionsunterricht eigentlich auszusehen habe. Grundtvig gibt hierfür keine genauen Angaben, zumal er selbst zugesteht, daß er von der Praxis des Religionsunterricht wenig verstünde. Es wird aber deutlich, daß das Erzählen sowohl biblischer Texte als auch alter Mythen eine zentrale Stellung im Religionsunterricht habe, ebenso wie das gemeinsame Singen, das ein ganzheitliches Erfassen von Glaubenserkenntnissen ermöglicht. Grundtvig ist überzeugt, daß in der Poesie eine schöpferische Kraft zum Zuge kommt, die das Leben erschließt. Darüber hinaus vermittelt das „Historisch-Poetische" eine Schicksalsgemeinschaft mit dem Dänischen.

Kritisch wurde nachgefragt, wie Grundtvig seine Wertschätzung nordischer Mythen, die z.T. ein Heldentum propagieren, mit dem Glauben an den leidenden Gottesknecht Jesus, den Gekreuzigten, in Verbindung bringt. Dieser Frage müßte in zukünftiger Forschung über Grundtvigs Umgang mit den nordischen Mythen weiter nachgegangen werden. Aber man kann wohl bei Grundtvig allgemein eine Betonung des Heldischen wahrnehmen, so wenn er – historisch sicher nicht zu belegen – Ansgar als missionarischen Held versteht und den Bekennermut Luthers preist.

Zu 2.: Für die Rezeption Grundtvigs sind vor allen Dingen seine Aussagen aus der Epoche nach 1832 von Bedeutung. Sicherlich ist das Schulgesetz von 1975, das eine konfessionelle Bindung des Religionsunterrichts ablehnt, mit auf Grundtvig zurückzuführen. Religionsunterricht in der Schule ist als Religionskunde zu verstehen. Im deutschen Raum hat Grundtvigs Religionspädagogik, wenn man überhaupt davon sprechen kann, kaum Widerhall gefunden.

Zu 3.: Bei der Frage, welche Bedeutung Grundtvig heute für uns haben kann und welche Impulse er vermittelt, wurde hervorgehoben, daß sein Ansatz, aller Unterricht habe dem Leben selbst zu dienen, ein wichtiger Anstoß für uns sein könne.

Für den Religionsunterricht ist nicht so sehr die Weitergabe von abstrakter Lehre von Bedeutung, sondern die Begegnung mit Zeugen des Glaubens, die zum heilbringenden Leben in dieser Welt verhelfen. Hier muß auch die Rolle des Lehrers wieder mehr Beachtung finden, der durch die Wahrhaftigkeit seiner eigenen Lebensweise dem Schüler zum Leben verhilft.

Auch seine Bewertung des Symbolischen und der Aussagekraft von Mythen haben in der gegenwärtigen religionspädagogischen Diskussion einen möglichen Platz.

Sektion Nordische Philologie

Leitung und Redaktion: Ulrich Groenke

Jürgen v. Heymann

Grundtvigs Geist und Islands Freiheit – Rezeption, Wirkungen und Widerstände in Dänemarks ehemaliger Kolonie

In der „Denkschrift betreffend die in Dänemark befindlichen isländischen Handschriften und Museumsgegenstände" von 1951, erstellt wegen der wiederholt von Island erhobenen Rückgabeforderungen, werden zwei große Dänen besonders herausgestellt. Beide hätten sich zu Beginn des neunzehnten Jahrhunderts um Literatur und Sprache Islands verdient gemacht: Rasmus Kristian Rask und N.F.S. Grundtvig. Ihre Leistungen seien in Geist und Wissenschaft Dänemarks weit über ihre Zeit hinaus spürbar gewesen.[1]

Rask, der Pionier der Sprachforschung, erkannte als einer der ersten die Bedeutung der alten Literatursprache und erstellte die erste wissenschaftliche Grammatik des Isländischen. Er regte die Gründung einer Isländischen Literaturgesellschaft (Hið íslenzka bókmenntafélag) an, die heute die älteste in Nordeuropa erscheinende Zeitschrift herausgibt (Skírnir, gegr.1827). Das Isländische, dessen unmittelbare Nähe zum Altnordischen ihn faszinierte, sah er durch den Einfluß der dänischen Kolonialsprache gefährdet; in seinen Forschungen hatte es einen zentralen Platz.

Mit seiner Arbeit förderte Rask unmittelbar die Entstehung einer isländischen Unabhängigkeitsbewegung. Unter dem Einfluß der Romantik erwachte in Island die Erinnerung an die mittelalterliche Freistaatzeit; sie wurde zur Triebfeder einer nationalen Bewußtwerdung, an deren Anfang die Zeitschrift „Fjölnir" stand, 1835 von isländischen Studenten in Kopenhagen gegründet. Rasmus Rask, der drei Jahre zuvor im Alter von nur 45 Jahren verstarb und erst auf dem Sterbebett zum Professor berufen wurde, sah die Früchte seiner Arbeit nicht reifen; doch in Island vergaß man seine Verdienste nicht – Rasks zweihundertster Geburtstag wurde dort 1987 gebührend gefeiert.

Dagegen sind die Verdienste Grundtvigs um Island und das altisländische Schrifttum bisher in Island wenig gewürdigt worden. Sein Ziel war es, so die Denkschrift, etwas von dem Geist der alten Werke in die dänische Kultur einzubringen. Seine intensive Arbeit mit altnordischen Themen, seine Bestrebungen, seinen Zeitgenossen den alten „nordischen Geist" (nordisk aand) zu vermitteln, habe ihre Fortsetzung in den zahlreichen Vorträgen der Volkshochschulleute[2] gefunden und in umfangreichen, populären Übersetzungen der Sagaliteratur (namentlich von N.M.Petersen). So sei die norröne Literatur auch zum Eigentum des dänischen Volkes geworden. Vielleicht gerade deshalb waren es die von Grundtvig beeinflußten Kreise in Dänemark, die sich am meisten für die Rückgabe der isländischen Handschriften einsetzten, die während der dänischen Herrschaft in Kopenhagen gesammelt worden waren.

In Island begrüßte man 1971 die Rückkehr der alten Kulturschätze mit Jubel. Doch

---

1 Betænkning vedrørende de i Danmark beroende islandske håndskrifter og museumsgenstande afgivet af den af undervisningsministeriet under 13.marts 1947 nedsatte kommission. Kopenhagen 1951, S. 45.
2 Mit „Volkshochschule" ist im folgenden stets die Heimvolkshochschule grundtvigscher Prägung (Folkehøjskole) gemeint.

Grundtvigs Werk hat hier deutlich weniger Spuren hinterlassen als in den anderen nordischen Ländern. Bezeichnend ist, daß die Heimvolkshochschule (folkehøjskole), sonst überall im Norden anzutreffen, sich hier kaum hat etablieren können. „Scheiterte" Grundtvig in der ehemaligen Kolonie, für die er in Dänemark so viel Interesse weckte?

Grundtvigs Verhältnis zu Island hat zwei Aspekte: Zum einen vermittelte er in Dänemark und im übrigen Norden Informationen über die altisländische Kultur und förderte das Interesse an Island, wie er überhaupt um Verständnis für die Eigenständigkeit anderer Völker warb. Er trug so zu einer Aufwertung Islands bei, die die dänische Einstellung zum Unabhängigkeitsstreben der Kolonie nachhaltig mitveränderte.

Zum anderen wirkten die von Grundtvig inspirierte Volkshochschulbewegung und seine Beeinflussung der dänischen Kirche auf Island zurück, wenn auch gegen mancherlei Widerstände, die ihre Gründe wohl zum einen in der isländischen Schultradition, zum andern in dem kolonialen Verhältnis hatten, das zwischen Island und Dänemark bestand.

Beide Aspekte betreffen unterschiedliche Teile des Grundtvigschen Werkes: Grundtvig vermittelte dem dänischen Leser Islands literarische Vergangenheit, insbesondere durch seine Werke zur Mythologie, die in Island selbst kaum rezipiert wurden; auf der Insel wirksam wurden dagegen seine Schulgedanken, zum Teil wohl auch seine christlich-kirchlichen Schriften, doch in deutlich geringerem Maß als in den anderen nordischen Ländern.

Hier soll zunächst anhand einiger Textbeispiele auf Grundtvigs Äußerungen zu Island eingegangen werden. Anschließend wird, anhand von Texten aus einer Zeitungsdebatte des Jahres 1885, exemplarisch die Frage behandelt, welches Echo Grundtvig in Island fand und auf welche Widerstände seine Schulgedanken dort stießen.

Grundtvigs Beschäftigung mit Island hängt unmittelbar zusammen mit seiner Beeinflussung durch die Romantik, die mit den Vorlesungen seines Vetters Henrik Steffens in Kopenhagen im Winter 1802-1803 beginnt.[3] Das romantische Suchen nach den nationalen Wurzeln führt ihn zurück in die Vorzeit der nordischen Völker, zu den frühen Mythen, die in den auf Island überlieferten Edda-Liedern ihren Niederschlag gefunden haben. Er beschreibt die Quellen des „nordischen Geistes", und in seiner Mythologie des Nordens (1808/1832) gelingt es ihm, die Mythen zu einer Gesamtschau zu verbinden und mit in sein christliches Weltbild einzubeziehen. Er sieht in ihnen Bilder eines ewigen Kampfes ums Dasein, der die gesamte Geschichte, die gesamte Existenz umfaßt.[4] Nicht die historischen Ursprünge der Mythen sind ihm wichtig, sondern das romantisch-poetische Prinzip, das Unsichtbare, das durch Sichtbares bezeichnet wird, Assoziationen und Ahnungen. Lundgreen-Nielsen sieht Grundtvig zu dieser Zeit „in schöner Übereinstimmung mit der Methodik der romantischen Mythenforschung".[5]

Auch Grundtvigs umfangreiche Übersetzungen von Saxos Gesta Danorum und Snorri Sturlusons altisländischer Heimskringla entspringen romantischer Perspektive: Es geht darum, zu ahnen, was hinter dem Text steht, nicht philologisch-exakt um dessen Inhalt. Und da Grundtvig nicht nur das Ziel hat, die Werke zugänglich zu machen, sondern sie auch aufklärend wirken lassen will, wählt er einen Stil, der weder dem lateinischen noch dem altisländischen entspricht, sondern dem Ohr seiner dänischen Zeitgenossen: eine einheitliche, von der Mündlichkeit inspirierte seeländische Bauern-

---

3 Lundgreen-Nielsen, Flemming: Grundtvig og romantiken. In: Thodberg, Christian und Anders Pontoppidan Thyssen (Hrsg.): Grundtvig og grundtvigianismen i nyt lys. Hovedtanker og Udviklingslinier fra de senere Års Grundtvigforskning. Århus 1983, S. 19-42.
4 Thyssen, Anders Pontoppidan: Grundtvigs tanker om kirke og folk indtil 1824. S. 94. In: Thodberg, S. 84-114.
5 Lundgreen-Nielsen, a.a.O., S. 34.

sprache. Seine Absicht ist es, Saxo und Snorri in populären, preiswerten Ausgaben unters Volk zu bringen.[6]

Island ist für Grundtvig zunächst die Stätte, an der der „nordische Geist" noch zu finden ist. Daß Grundtvig die dort niedergeschriebene Literatur nicht als spezifisch isländisch ansieht, versteht sich aus seiner Geschichtsauffassung; er betrachtet sie als gemeinsames skandinavisches Erbe und insofern auch nicht als nationales, (reichs-)dänisches Eigentum; er bezieht sie jedoch in seine romantisch geprägte Auffassung von „Danskhed" ein, die mehr und mehr zum Inbegriff einer Überhöhung alles Dänischen wird, in christlicher, nationaler, sprachlicher und kultureller Hinsicht. So fördert auch er die Entwicklung, die während der schleswigschen Kriege 1848-50 und 1864 ihren Höhepunkt findet.

Ohne daß es erkennbar seine Absicht ist, Island zu einer nationalen Wiedergeburt zu verhelfen, trägt Grundtvig mit seiner Mythologie und seinen Übersetzungen dazu bei, daß in seinem Heimatland wie auch in Norwegen das Interesse für Island wächst – wenn auch zunächst mehr für das historische Island als für die verarmte, zurückgebliebene Insel des 19. Jahrhunderts.

In Grundtvigs verstreuten Äußerungen zu Island wird deutlich, daß er den Isländern die Möglichkeit einer nationalen Perspektive durchaus nicht abspricht. Für Island beginnt diese Perspektive bei der Pflege der nationalen Sprache, für die sich Grundtvig in Dänemark und Norwegen besonders einsetzt. „Ein Volk ohne Muttersprache ist wie ein König ohne Reich", sagt er in „Der dänische Vierklee"[7], und der Appell in seiner Schrift „An die Norweger über eine norwegische Hochschule" von 1837 hätte ebensogut an Island gerichtet sein können:

„Norwegischer Volksmund, öffne dich und sage uns, was kein Römer wußte und kein Lateiner sich zusammenbuchstabieren kann: was das norwegische Volk denkt, und auf welche Weise es sich in seiner eigenen Sprache frei zu äußern vermag, über seine eigenen Bedürfnisse und Neigungen, Belastungen und Entbehrungen, Wünsche und Hoffnungen, zum Wohle des Volkes und zur Blüte des Landes! Norwegischer Volksmund! Sei der erste, der zeigt, daß ein Volk noch den Mut hat, sich selbst zu gleichen, das bringt dir Nutzen und Ehre!"[8]

Ohne Zweifel lassen sich viele Gedanken, die Grundtvig Norwegen zukommen läßt, auch auf Island übertragen. Doch Norwegen ist seit 1814 im Besitz einer eigenen Verfassung und nicht mehr Teil des dänischen Reiches. Davon ist Island noch weit entfernt – Isländer sind für Grundtvig zunächst einmal ausgewanderte Norweger. In der gleichen Schrift verweist er darauf,

„daß die Norweger in Island hier daheim im Norden die ersten waren, die es im Mittelalter wagten, Latein und Römertum zu verschmähen, nicht nur, indem sie ihre Muttersprache zur Schriftsprache machten, sondern indem sie sich der Feder und des Mundes in gleicher Weise bedienten, nicht nach römischen Regeln oder zum Übersetzen aus dem Lateinischen, sondern zur Offenbarung, Entwicklung und Erhöhung der Helden-Natur, die sie bei sich selbst vorfanden, und sie zögerten keinen Augenblick, auch geistig den Kampf gegen die Wolfsnatur aus Rom aufzunehmen, wie schön sie sich auch in ihr Schafsfell hüllte!"[9]

---

6   Ebd., S. 35f.
7   Grundtvig, N.F.S:: Det danske Fiir-Kløver eller Danskheden partisk betragtet. Kopenhagen 1836, S. 180. In: Grundtvig, N.F.S.: Værker i udvalg. Udgivet ved Christensen og Hal Koch, Kopenhagen 1940-49, 4. bind, 1943, S. 145-185.
8   Grundtvig, N.F.S.: Til Nordmænd om en norsk højskole. Kristiania 1837, S. 188f. In: Grundtvig, Værker..., 4. bind, S. 186-198.
9   Ebd. S. 189

Die Norweger, die Island im 9. und 10. Jahrhundert besiedelten, haben nach Grundtvigs Meinung bereits im Mittelalter den großen Schritt vollzogen, den er seinen norwegischen Zeitgenossen empfiehlt, nämlich über die eigene Sprache eine geistige Selbständigkeit (aandelig Selvstændighed) anzustreben.

Bemerkenswert ist, daß Grundtvig bereits früh dazu auffordert, sich mit der (neu)isländischen Sprache zu befassen. Als Sprache des Mittelalters eröffne sie den Zugang zum Geist der Vorzeit und sei – da weitgehend unverändert – zugleich ein lebendiges Band zu einer heutigen Kultur, in gleicher Weise, wie dies nach Grundtvigs Meinung auch beim Neugriechischen der Fall ist. Im Vorwort zu Nordens Mythologi (1832) schreibt er:

„(...) die Gelehrten des Nordens können und dürfen auf keinen Fall vergessen, daß der Norden auch ein eigenes Altertum hat, zu dem sie ein doppeltes, ein näheres und innigeres, herzliches Verhältnis haben. Die Bewohner des Nordens sind nämlich das vierte Haupt-Volk in der Universal-Geschichte, das man notwendigerweise kennen muß, um Leben und Geschichte des Mittelalters und der neuen Zeit zu verstehen; und der lebendige Schlüssel zur Altnordischen Literatur ist die Isländische Sprache, die also notwendigerweise erlernt werden muß, sowohl um der alten Bücher als auch um der neuen dänischen Schriftsprache willen, die es immer nötig haben wird, bei ihr Anleihen zu machen und sich von ihr erhellen zu lassen. Was dazu erforderlich ist, ist unterdessen für uns hier daheim im Norden so wenig und so leicht zu bewältigen, daß es in der Schule ein Spiel sein wird und keine Bürde, und darüber hinaus im Norden auf die natürlichste und trefflichste Weise die gelehrte Bildung mit der volksnahen <folkelige> verbinden wird."[10]

So sehr sich Grundtvig einerseits für das Isländische als Medium der alten Literatur einsetzt, so sehr bedauert er andererseits, daß die lebendigen Stoffe überhaupt niedergeschrieben werden mußten, weil man offensichtlich auch in Island nicht mehr in der Lage war, ihre mündliche Überlieferung fortzusetzen. Seine Bewunderung für die altisländische Gesellschaft und deren enorme literarische Aktivität mischt sich mit deutlicher Kritik am (im Sinne der Romantik) unpoetischen Umgang mit der alten Literatur, durch die Isländer selbst wie auch durch die Dänen. Man müsse das Leben nicht unmittelbar in den überlieferten Schriften suchen, sondern diese als ein Medium auffassen, das Kenntnisse über den Geist der jeweiligen Zeit vermittelt. Dann könne man versuchen, diesen Geist zu verstehen, ihn zum Leben zu erwecken, und selbst seinen Weg zu beschreiben; nur auf diese Weise sei es möglich, so meint Grundtvig, davon zu profitieren, daß die alten Schriften erhalten sind. Der folgende Abschnitt aus Nordens Mythologi (1832) verdeutlicht dies und zeigt zugleich, welche Bedeutung er Island beimißt:

„<Die Isländer> gehörten selbst dem Helden-Geschlecht an, welches das Wort – da sie es nicht am Leben halten konnten – in Büchern begrub, mit einem glänzenden Leichenbegängnis; denn in Büchern ist sogar Gottes Wort tot, zumindest scheintot auf eiskalten Lippen. Bei einem Volk entwickelt sich daher niemals mehr Leben und Kraft, als sich an Leben und Kraft in dessen Muttersprache erkennen läßt. Wenn wir also sehen, daß die Isländer die einzigen im Norden waren, die begeistert geistige Dinge in ihrer Muttersprache ausdrückten, und sehen, daß ihre drápur[11] dennoch lauter geistige Särge sind, ausgeklügelte Arbeit, dann finden wir dieses Begräbnis höchstnatürlich und nur die Auferstehung wunderbar.
Wenn wir unterdessen einfach lernen, den Unterschied zwischen Wort und Schrift zu erkennen, so wie den zwischen Leben und Tod in der Welt des Geistes, dann werden wir nicht das Leben selbst in den Büchern suchen – wo wir sicher sind, daß es sich nicht befindet – sondern nur Unterweisung

---

10 Grundtvig, N.F.S.: Nordens Mythologi eller Sindbilled-Sprog. 2. omarbeidede Udg. Kopenhagen 1832, S. 30 f. In: Grundtvig, Værker, a.a.O., S. 1-126 (Auszug).
11 Altnordische Gedichtform.

darüber, was bei dem Verfasser lebendig war, in der Zeit, die er beschreibt; dann können wir <...> uns nicht genug freuen an den Büchern aus dem zwölften und dreizehnten Jahrhundert, ohne die es uns nicht möglich wäre, dem Geist des Nordens seinen Lebensausdruck wiederzugeben, und genauso unmöglich, seinen prachtvollen Weg zu verstehen und fortzusetzen.< ...>
Ja, wenn der Leser sich an der Seite der kleinen, hübschen Laube am Ufer des Halikarnas, wo Herodots Wiege stand, wie ein Lilienflor, leicht bewegt von Zephyren, wenn er sich dort eine Steinstube zu denken vermag, so groß wie ganz Island, entsprechend hoch, mit der Hekla als Herd, mit Eisbergen als Burgmauern und dem brausenden Nordmeer als Graben, dann erhält er eine Vorstellung von dem Kolossalen, das darin liegt, daß der Norden eine Kolonie von Geschichtsschreibern hat!"[12]

Grundtvigs Bemühen um das dänische Nationalbewußtsein geht einher mit einer radikalen Abgrenzung vom jahrhundertelangen deutschen Einfluß in Dänemark. Wenige Jahrzehnte später beginnt die erwachende isländische Nationalbewegung in ähnlicher Weise sich von allem Dänischen abzugrenzen, was für Grundtvigs Wirkung in Island Konsequenzen hat. In Nordens Mythologi (1832) stellt er fest, daß weder Dänen noch Deutsche Zugang zum „Geist des Nordens" hätten. In den isländischen Schriften sei der Geist jedoch noch zu finden:

„Wirklich, so kluge Leute wie die Deutschen sollten sich schämen, daß sie noch immer nicht haben herausfinden können, was dem Geist des Nordens eigentümlich war – obwohl es doch so gründlich in Büchern verzeichnet ist, <...> aber auch wir Völker im Norden sollten uns schämen, daß man <erst> Isländisch lernen und sich durch alte Pergamentbücher hindurchbuchstabieren muß, um zu entdecken, von welchem Geist wir sind; und wir dürfen da unser Glück groß preisen, daß Snorris Vorväter nicht mit denen von Shakespeare auswanderten, so wie Herodots Vorväter mit denen Homers, und nicht der Normannischen Strömung folgten, zu der sie doch gehörten, sondern sich einfach auf dem Eisgebirge im Nordmeer festsetzten, um im Abendlicht zu malen, als kaltherzige Zuschauer all des Merkwürdigen, das sich auf der nördlichen Halbkugel zutrug, und daß sie nicht erfroren, bevor wir lernten, dies <alles> anzuerkennen!"[13]

Grundtvig sieht die Bewahrung der Literaturschätze in Island als Glücksfall an. Doch für ihn erfordern die überlieferten Schriften eine historisch-poetische Betrachtung, nicht die Sichtung durch kritische Historiker. Um überhaupt etwas zu verstehen, müsse man sich in die Zeit zurückversetzen, als die Stoffe noch mündlich an Opferstätten, auf Thingplätzen, Wikingerfahrten und Fischerbooten weitergegeben wurden. Wenn dies gelänge, sei es letztlich egal, wie die alten Helden hießen, wann genau sie geboren seien, wieviel Schlachten sie geschlagen hätten oder wer die Völuspá gedichtet habe. Die Überlieferung sei ohnehin bruchstückhaft, und jeder Versuch, Historie von Poesie zu trennen, sei daher vergebens.[14] Den gelehrten Isländern wirft Grundtvig jedoch vor, gerade diesen Versuch unternommen zu haben:

„Islands unvergleichliche Geschichte ist bisher nur von unpoetischen Isländern behandelt worden, unter Überschätzung von Skalden und Saga-Menschen; dann auch durch deren Schüler, die auf die Worte des Meisters schworen, und durch genauso unpoetische Deutsche, die sich in der Sache nicht auskannten, so daß hier alles noch im alten Chaos liegt. Aber wenn man lernt, die Berichte des Ari fróði und des Landnahmebuches als das zu betrachten, was sie sind: lose unzuverlässige Sage, aufgeschrieben erst in der Zeit des Sigurr Jórsalafari und seiner Nachfolger, und lernt zu unterscheiden zwischen der jämmerlichen Dichtung und der ausgezeichneten Saga-Schreibung, dann wird es unter Kundigen <bald> nicht mehr zwei Meinungen darüber geben, ob Islands Geschichte es verdient, recht gründlich studiert zu werden – sowohl von kritischen als auch von volksnahen Geschichtsschreibern."[15]

---

12 Ebd. S. 85f. Hekla: Vulkan in Südisland, galt im Mittelalter als Eingang zur Hölle.
13 Ebd. S. 86.
14 Ebd. S. 97f.
15 Ebd. S. 104f.

Das mittelalterliche Island ist für Grundtvig Vorbild für ein neues Bildungsideal. In seiner Schrift „Über die wissenschaftliche Vereinigung des Nordens" erhebt er die Forderung, Dänen, Schweden und Norweger sollten neben je einer eigenen „volksnahen" Hochschule eine gemeinsame, universale Hochschule gründen, die die lateinischen Universitäten ablösen und alle geistigen Kräfte vereinen würde. Die geistige Einheit des Nordens sei durch die Sprachverwandtschaft und die gemeinsamen Mythen offensichtlich, besonders aber durch

„<...> die nordische Hochschule des Mittelalters auf Island, einzigartig in der ganzen Welt, und so hoch besungen und gut beschrieben durch sich selbst, daß es im Norden niemals den geringsten Zweifel an ihrer geschichtlichen Existenz geben kann und geben wird, auch nicht an ihrer ungeheuren Wirksamkeit über mindestens zwei Jahrhunderte. Diese historisch-poetische Kolonie der drei nordischen Reiche, in beständiger lebendiger Wechselwirkung mit jedem von ihnen, unabhängig von deren staatlicher Selbständigkeit, beweist nämlich sowohl die geistige Einheit des historischen Nordens als auch die Tendenz der höchsten Kräfte des Lichtes, sich in dem kleinen Freistaat abzusondern, um sich nach Belieben zu entwickeln und von dort mit gesammelter Kraft auf den ganzen Norden zurückzuwirken. Dieses einzigartige Wagnis im Mittelalter hätte daher auch mißlingen können, ohne daß der Grundgedanke dafür weniger nachweislich nordisch gewesen wäre oder es weniger wert wäre, mit klarer Besonnenheit in der Zeit der Wissenschaft verwirklicht zu werden. Doch nun gelang dieses nordische Wagnis obendrein weit über Erwarten, so daß Island wirklich zu seiner Zeit ein wissenschaftliches Wunder wurde; seine im Norden umherreisenden Skalden und Sagamänner waren von Harald Blauzahn bis zu Waldemar dem Sieger und von Håkon Adelsteen bis zum Tode von Håkon dem Alten eine Nothilfe zur Erhaltung des nordischen Geistes, die man, mit all ihren Mängeln und Fehlern, als unschätzbar ansehen muß."[16]

Anhand dieser Textbeispiele wird deutlich, daß Grundtvig Island und seinem Kulturerbe zentrale Bedeutung beimaß. Die intensive Grundtvig-Rezeption in Dänemark, insbesondere das Studium der Mythologie an zahlreichen Volkshochschulen, konnte zur Aufwertung des lange Zeit negativen Islandbildes beitragen. Natürlich stand Grundtvig als Förderer des Interesses für die altisländisch-nordische Überlieferung nicht allein. Sein Einfluß zeigt sich u.a. jedoch darin, daß gerade die Kreise, in denen Grundtvigs Gedankengut die meiste Verbreitung fand, sich später intensiv für die Sache der Insel einsetzten. In einer Rede, die er als Abgeordneter hielt, sagte Grundtvig, die Dänen verschenkten nichts, wenn sie den isländischen (Unabhängigkeits-)Forderungen nachgäben: Ihre eigene Existenz beruhe auf dem isländischen Kulturerbe.[17]

Der im internationalen Vergleich so friedlich verlaufene Weg der Insel Island zur erneuten Unabhängigkeit – die Freigabe jahrhundertealten kolonialen Besitzes durch Dänemark – wäre kaum denkbar gewesen ohne die Aufwertung, die Island in der zweiten Hälfte des 19. Jhd. erfuhr. Mit der Ausbreitung des Grundtvigianismus in Dänemark nach 1865, der zunehmenden Zahl der Volkshochschulen und der Entwicklung der Bauernpartei Venstre[18] wurden nicht nur Voraussetzungen für den politischen Sieg des Parlamentarismus (systemskiftet, 1901) geschaffen, sondern auch für die Loslösung Islands. Eine isländische Unabhängigkeit bedeutete in jedem Fall für Dänemark einen weiteren Territorialverlust und war deshalb insbesondere nach dem verlorenen Krieg gegen Preußen und Österreich lange Zeit nicht annehmbar. Während jedoch in Dänemark das Verständnis für Island wuchs, wurde in Island alles Dänische, und

---

16 Grundtvig, N.F.S.: Om Nordens videnskabelige Forening. Brage og Idun I. (Ztschr.) 1839, S. 381. In: Grundtvig, Værker..., a.a.O., S. 353-384.
17 Vgl. Eiríksson, Eiríkur J.: Nicolai Frederik Severin Grundtvig. Erindi flutt á tveggja alda afmæli hans. Sérprentun úr Andvara 1983. (Reykjavík 1983), S. 7.
18 Zum Zusammenhang Venstre – Grundtvigianismus vgl. Thyssen, Anders Pontoppidan: Grundtvigianismen som bevægelse indtil ca. 1900, in: Thodberg, S. 360-81.

damit auch Grundtvigs Gedankengut, in zunehmendem Maße unakzeptabel. Die Gründe dafür liegen in der Entwicklung der isländischen Unabhängigkeitsbewegung nach 1840.

Um die Mitte des 19. Jahrhunderts sind in Island die Folgen von Absolutismus, dänischem Monopolhandel und Naturkatastrophen allgegenwärtig. Es gibt deutliche Parallelen zu Kolonialgebieten außerhalb Europas: Politische Abhängigkeit trotz kultureller Eigenständigkeit (Sprache, Literatur); Verarmung der Bevölkerung; primitive, seit dem Mittelalter kaum veränderte Landwirtschaft, Fischerei mit offenen Ruderbooten; Transporte ausschließlich mit Tragtieren (oder dänischen Schiffen); Rohstoffexport (Wolle, Fisch); starke wirtschaftliche Ausrichtung auf das Mutterland.

1840, fünf Jahre nach der Einrichtung dänischer Ständeversammlungen, stimmt König Christian VIII. der Errichtung einer beratenden, in Island zu wählenden Versammlung zu. Ein Abgeordneter dieses Parlaments, das unter dem historischen Namen „Allthing" (Alþingi) ab 1845 zusammentritt, ist Jón Sigurðsson; er gehört zu den aktivsten Befürwortern der isländischen Unabhängigkeit. Als Präsident des Allthings, der Isländischen Literaturgesellschaft und Herausgeber der Zeitschrift „Ný félagsrit" hat er weitreichenden Einfluß auf die Meinungsbildung seiner Landsleute. Schon 1833 war er als Student in Kopenhagen mit romantischem umd freiheitlichem Gedankengut in Berührung gekommen.

Im Revolutionsjahr 1848 veröffentlicht Jón Sigurðsson einen Artikel mit dem Titel „Hugvekja til Íslendinga" (etwa: Denkanstoß für die Isländer), in dem er reklamiert, daß „Island ein eigenständiges Land sei, das sich mit dem Alten Vertrag Gamli sáttmáli oder Gissurarsáttmáli, 1262 freiwillig dem norwegischen König unterstellt habe." Durch die Union zwischen Norwegen und Dänemark im Jahre 1380 seien diese Rechte an den dänischen König übergegangen. Mit dem Ende des Absolutismus müsse man nun wieder von der Gültigkeit dieses Vertrages ausgehen und daraus die politischen Konsequenzen ziehen.[19]

Auf den jährlichen Volksversammlungen zwischen 1849 und 1851 auf der historischen Thingstätte Þingvellir) wird die volle gesetzgebende Gewalt und eine eigene Finanzhoheit für das Allthing gefordert; auch Judikative und Exekutive, soweit sie isländische Angelegenheiten beträfen, müßten in isländische Hände übergehen.[20]

1855 erhält Island Handels- und Versammlungsfreiheit; die Zensur wird aufgehoben. Fünf Jahre später gerät das Land jedoch in den Schatten der Auseinandersetzungen um Schleswig und Holstein. Jede weitere Entwicklung wird zunächst gebremst. Nach der dänischen Niederlage 1864 erwägt man in Kopenhagen sogar, Island gegen Nordschleswig einzutauschen. Der für die Siegermächte Preußen und Österreich unakzeptable Vorschlag wird jedoch nicht förmlich in die Friedensverhandlungen eingebracht.[21]

Nach dem Verlust Schleswigs und Holsteins sind König und Regierung umso weniger bereit, die Zügel zu lockern. 1871 wird die Abhängigkeit gesetzlich besiegelt und Island zu einem untrennbar mit Dänemark verbundenen Teil des dänischen Reiches erklärt. Das Gesetz (stöðulög) stößt in Island auf breiten Widerstand; eine von Jón Sigurðsson veranlaßte Volksversammlung in inþvellir stellt 1873 ausdrücklich fest, die Personalunion durch den König sei die einzig gültige Verbindung zwischen den Ländern.[22]

Ein Jahr später, bei der Tausendjahrfeier des Allthings, erhält Island durch König Christian IX. eine eigene Verfassung, mit der jedoch nur das drei Jahre zuvor verab-

---

19 Þorleifsson, Heimir: Frá einveldi til lýðveldis. 3. Aufl. Reykjavík 1977/1983, S. 30/31.
20 Ebd. S. 34-35.
21 Ebd. S. 45.
22 Ebd. S. 49 ff.

schiedete Gesetz bestätigt wird. Weder der König noch die konservative Regierung unter Estrup sind zu Änderungen bereit. Erst mit der Regierungsübernahme durch die Venstre im Jahre 1901 kommen Kräfte zum Zuge, die den isländischen Forderungen prinzipiell positiv gegenüberstehen. An ihrer Spitze stehen Politiker mit grundtvigschem Hintergrund, darunter J.C.Christensen. Doch auch von der radikalen Venstre erhält Island Unterstützung, besonders durch Edvard und Georg Brandes. Mit ihnen ist Hannes Hafstein (1861-1922), seit 1904 erster Minister für Island mit Sitz in Reykjavík, persönlich bekannt.[23] Brandes' Realismus sagt auch anderen Isländern zu dieser Zeit mehr zu als Grundtvigs „volksnahes" Dänentum.[24]

Mit Hannes Hafstein beginnt die begrenzte isländische Autonomie (heimastjórn). Ab 1918 ist Island nur durch den König mit Dänemark verbunden (Personalunion), 1944 wird es Republik. Grundtvigianisch orientierte Kreise und Politiker beeinflussen die Veränderungen entscheidend mit, von der schrittweisen Gewährung der Unabhängigkeit bis zur Rückgabe der mittelalterlichen Handschriften nach 1971 (K.B.Andersen u.a.), dem letzten, folgerichtigen Schritt zur Lösung des kolonialen Verhältnisses.[25] Für die kleine Republik bedeutet er die endgültige Zuerkennung des von Grundtvig so beschworenen altisländischen Kulturerbes und der Fähigkeit, dieses Erbe (u.a. durch Gründung eines Handschrifteninstituts) selbst zu verwalten.

Grundtvigs Wirken trug zur Wiederentstehung des isländischen Staates bei. Doch dieses Wirken erfolgte im dänischen Mutterland. In Island galt Grundtvig stets als Vertreter des Dänentums, von dem man sich lösen wollte. Die Würdigung, die seinem Zeitgenossen Rasmus Rask zuteil wurde, blieb ihm hier versagt.

Das augenfälligste Anzeichen der reduzierten isländischen Grundtvig-Rezeption ist das Fehlen von Volkshochschulen im Grundtvigschen Sinne; im Gegensatz zu den anderen nordischen Ländern hat es in Island nur wenige Versuche gegeben, Grundtvigs Schulgedanken umzusetzen. Selbst auf den kulturell und wirtschaftlich vergleichbaren Färöer-Inseln war die Volkshochschul-Bewegung ein wichtiger Faktor im Kampf um die Anerkennung der kulturellen Eigenständigkeit.[26]

Das Fehlen von Volkshochschulen in Island veranlaßt Thomas Rørdam zu der leicht widerlegbaren Hypothese, dank der alten Tradition des Hausunterrichts und der abendlichen Lesungen auf den Bauernhöfen seien Einrichtungen wie die Volkshochschulen in Island nicht erforderlich gewesen.[27] Auch in Island überschätzte man lange Zeit die Möglichkeiten häuslicher Unterweisung. Dieses Lernen durch Lesen und Zuhören war selten ein formaler Unterricht, hatte jedoch eine erstaunliche Wirkung auf die Volkskultur. Den Hintergrund bildete das fast völlige Fehlen eines öffentlichen Schulsystems.[28]

Der wichtigere Aspekt bei der Frage, warum grundtvigsche Schulversuche in Island scheiterten, liegt im politischen Widerstand gegen Dänemark. Hinzu kommt die Tatsache, daß die einzige Schultradition, die in Island bestand, die der Lateinschule in Reykjavík war, einer Gelehrtenschule im Sinne des Humanismus. Die importierten „dänischen" Schulgedanken Grundtvigs standen in einem deutlichen Gegensatz zu dieser „isländischen" Tradition, wie noch zu zeigen ist.

---

23 Ebd. S. 70.
24 Eiríksson, S. 8.
25 Bekker-Nielsen, Hans: Islandske håndskrifter i Danmark og deres tilbagevenden til Island. Et forsøg på en redegørelse. In: Nordisk Institut. Artikler og kroniker 1966-73. Odense Universitet 1974, S. 15 f.
26 Rørdam, Thomas: The Danish Folk High Schools. Kopenhagen 1965, S. 160.
27 Rørdam, S. 162 f.
28 Um die Mitte des 19. Jahrhunderts gab es in Island nur wenige private Primarschulen und eine einzige Lateinschule. Erst 1907 wurde die Schulpflicht eingeführt. Bjarnason, Þorleifur: Aldahvörf. Ellefta öldin í sögu Íslendinga. Reykjavík 1974, S. 172.

Grundtvig hatte das Island des Mittelalters als Vorbild für seine Hochschule dargestellt. Doch schon der erste Bote seiner Schulideen im Island des 19.Jahrhunderts, Guðmundur Hjaltason, wurde dort jahrzehntelang verkannt. Seine Schulversuche und die Reaktionen darauf sind bezeichnend für die Grundtvig-Rezeption in Island; sein weitgehend autodidaktischer Bildungsweg zeigt zugleich exemplarisch die Bildungssituation der ländlichen Bevölkerung.

Als Guðmundur Hjaltason 1853 auf einem Hof im Hinterland des Borgarfjords geboren wird, leben drei Viertel der isländischen Bevölkerung von der Landwirtschaft, fast ausschließlich auf Einzelhöfen, die aus ungeheizten Grassodenhäusern (torfbæir) bestehen, nur in der Küche gibt es gewöhnlich eine Feuerstelle. Sämtliche Transporte erfolgen mit Pferdekarawanen oder per Schiff; befahrbare Wege sind vor der Jahrhundertwende kaum zu finden. Elementarunterricht wird überwiegend durch die Eltern erteilt, wobei es den Pfarrern obliegt, die Unterweisung – besonders in der Glaubenslehre – durch Hausbesuche zu überprüfen.[29]

So besucht auch Guðmundur Hjaltason, wie die meisten seiner Zeitgenossen, keine Schule, doch hat er das Glück, als Pflegekind auf einem Hof aufzuwachsen, auf dem die traditionelle isländische Lesekultur (abendliche „kvöldvökur", sonntägliche Hausandachten) noch besonders ausgeprägt ist. Er lernt früh lesen und kommt mit einem Großteil der volkstümlichen geistlichen und weltlichen Literatur in Berührung, die damals in Island allgemein verbreitet war.[30]

Als Jugendlicher arbeitet er in Landwirtschaft und Fischerei, und mehr durch Zufall führt ihn sein waches literarisches Interesse zu landesweit bekannten Schriftstellern in Reykjavík, den Romantikern Steingrímur Thorsteinsson (1831-1913), Matthías Jochumsson (1835-1920) und Benedikt Gröndal (1826-1907) sowie dem später stark von Georg Brandes beeinflußten Gestur Pálsson (1852-91). Guðmundur Hjaltason hat zu dieser Zeit begonnen, Gedichte zu schreiben, und erhält u.a. von Benedikt Gröndal zurückhaltende, aber doch ermunternde Anregungen.

1875 erscheint ein schmaler Band mit Gedichten, auf Kosten zweier Bauern, bei denen Guðmundur Hjaltason gearbeitet hat. Dem damaligen Landessekretär (landritari) in Reykjavík, Jón Jónsson, erscheint der junge Mann so vielversprechend, daß er Mittel sammelt, um ihm einen Schulaufenthalt an einer norwegischen Volkshochschule zu ermöglichen.

Am 1.August 1875 schifft sich Guðmundur Hjaltason nach Norwegen ein und reist über Bergen und Christiania zu Christopher Bruuns Volkshochschule Vonheim im Gaustal, westlich des Gudbrandstals. Leben und Atmosphäre in Vonheim machen großen Eindruck auf ihn. In seinen Lebenserinnerungen nennt er später Vonheim in naiver Übertreibung „ein Hauptzentrum der allgemeinen Kultur" im Norden Europas:

„<...> Edda und Sagas (fornsögurnar) waren dort ein hauptsächliches Unterrichtsfach. Dann die neuen nordischen Dichter. Neben der Kulturgeschichte der Welt standen nordische Wissenschaften und Dichtung. Und was am wichtigsten war: die Lehrer der Schule waren hervorragende Männer und gehörten zu den besten geistigen Köpfen der nordischen Länder."[31]

---

29 Schon Bischof Gísli Jónsson in Skálholt gab 1569 eine dahingehende Anweisung an die Pfarrer; 1746 gebot die dänische Regierung den Pfarrern, die Lese- und Glaubenskenntisse der Kinder bei Hausbesuchen zu überprüfen; in der Folgezeit ging der Analphabetismus, der nach den Untersuchungen Ludvig Harboes 1741-1745 etwa 70% betragen hatte, zurück. Björnsson, Lýður: Frá samfélagsmyndun til sjálfstæðisbaráttu. Reykjavík 1977/1983, S. 107.
30 Jósepsson, Bragi: Lýðskólamaðurinn Guðmundur Hjaltason og ritverk hans. Reykjavík 1986 (Lebensabriß und Biographie); Hjaltason, Guðmundur: Æfisaga Guðmundar Hjaltasonar, skrá af honum sjálfum, og þrír fyrirlestrar. Reykjavík 1923, S. 12ff.
31 Ebd. S. 55.

Christopher Bruun, von Guðmundur Hjaltason als vorbildlicher Patriot und Menschenfreund, sittenfest und tiefreligiös beschrieben, war in seiner Jugendzeit vom Pietismus, später von der norwegischen Nationalromantik beeinflußt und hatte 1864 am deutsch-dänischen Krieg teilgenommen. Zwei Jahre zuvor war er in Kopenhagen Grundtvig und den dänischen Volkshochschul-Pionieren Ernst Trier und Ludvig Schrøder begegnet. 1867 besuchte er Schrøder in Askov und Kristen Kold in Dalum bei Odense; im Herbst desselben Jahres gründete er im Gudbrandstal die Volkshochschule, die später nach Vonheim verlegt wurde.[32]

Durch Bruun kommt Guðmundur Hjaltason unmittelbar mit grundtvigschem Gedankengut in Berührung. Er berichtet von Bruuns „unvergeßlichen Vorträgen" über Aspekte des menschlichen Lebens. Gesellschaftliche Themen, Erziehung und Schule, Edda und Christentum, Kulturgeschichte, Literatur, Norwegische Geschichte, rigsmål und landsmål stehen auf dem Lehrplan. Prägend für die Jahre 1875-77 in Vonheim ist jedoch ohne Zweifel Bjørnstjerne Bjørnson, der in dieser Zeit in unmittelbarer Nähe wohnt und regelmäßig zu Vorträgen in die Schule kommt. Guðmundur Hjaltason besucht ihn häufig. In seinen Erinnerungen schreibt er, Bjørnson habe ihm prophezeit, man werde ihn mißverstehen in seinem Heimatland. Vierzig Jahre später, als er ihm in Norwegen erneut begegnet, hat sich diese Prophezeihung erfüllt.[33]

1877 bricht Bjørnson mit Bruun und dem Christentum; eine Andeutung dieses Konflikts erlebt Guðmundur Hjaltason ein Jahr zuvor auf einer Zusammenkunft in Lillehammer, wo sich beide über die Todesstrafe streiten und Bjørnson verärgert den Saal verläßt.[34] Guðmundur Hjaltason hat wohl kaum die Tiefen dieser Auseinandersetzung erkannt, so vereinfacht zeichnet er sie in seinen Lebenserinnerungen. Sein Weltbild besteht eher aus praktischen Lebensregeln, verbunden mit hohem moralischem Anspruch an sich selbst und andere und einem kindlichen Christenglauben: Ein isländischer Kristen Kold, doch ohne dessen Charisma. Zeitgenossen beschreiben ihn als merkwürdigen, wunderlich-naiven, doch vielseitig begabten, sensiblen und lernbegierigen Mann mit einem äußerst guten Gedächtnis.[35]

In Lillehammer kommt das Gespräch auf Island, das man als so armselig darstellt, daß sich der Isländer Guðmundur Hjaltason empört zu Wort meldet; Bruun unterstützt ihn. Kurze Zeit später hält Guðmundur Hjaltason vor Lehrern in Vonheim seinen ersten Vortrag über Island. In den nächsten vier Jahren folgen Vorträge in vielen Teilen Norwegens und Dänemarks, später auch in Schweden. 1877 kommt er als erster Isländer nach Askov, wo er sich bis 1881 aufhält, immer wieder unterbrochen von Vortragsreisen; im letzten Jahr ist er selbst dort als Lehrer angestellt. Insbesondere Ludvig Schrøder und Poul la Cour beeindrucken ihn. Mit dem späteren norwegischen Volkshochschul-Leiter Andreas Austlid hält er sein Leben lang Verbindung. 1881 kehrt er über London nach Island zurück.

Dort beginnt er 1883 auf dem Hof Laufás am Eyjafjord mit dem ersten Versuch einer Volkshochschule in Island, zeitweise unterstützt durch den dänischen Volkshochschul-Lehrer Jens Johansen. Drei Jahre lang besteht die Schule, mit 10-24 Schülern, überwiegend Söhnen von Bauern im Alter von sechzehn bis zwanzig Jahren; im zweiten Winter wird sie ins nahgelegene Städtchen Akureyri verlegt (Alþýðuskólinn á Akureyri). Guðmundur Hjaltason hält sich eng an das grundtvigsche Vorbild, unterrichtet im Sinne des „lebenden Wortes" in Vortragsform und

---

32 Torjusson, Aslak: Den norske Folkehøgskulen. Opphav og grunnlag. Oslo 1977, S. 170ff.
33 Hjaltason, S. 237f.
34 Ebd. S. 58.
35 Guðmundsson, Sigurður: Norðlenski skólinn. Þórarinn Björnsson bjó til prentunar. Reykjavík 1959, S. 220.

hält keine Prüfungen ab. Nebenbei berichtet er im dänischen Højskolebladet aus Island, verfaßt volkstümliche Zeitungsartikel über Literatur, Religion, Bodenverbesserung, Pflanzen, aber auch etwa über den Nutzen von Holzschuhen und ihre Überlegenheit über die dünnen isländischen Lederpantoffeln.

Von Beginn an wird seine Aktivität mit Argwohn beobachtet. 1880, drei Jahre zuvor, war in Möðruvellir bei Akureyri eine Realschule gegründet worden, die erste weiterführende Schule in Nordisland überhaupt seit Aufhebung der Lateinschule am Bischofssitz Hólar im Jahre 1800. Ein „anonymer Steuerzahler", hinter dem sich der Schuldirektor Jón A. Hjaltalín verbirgt, übt im Winter 1884/85 in einem Leserbrief scharfe Kritik an der Gewährung öffentlicher Mittel für eine Schule, die keine Prüfungen abhält. Es entspinnt sich eine lebhafte Debatte, an der sich auch der Schriftsteller und Lehrer Benedikt Gröndal beteiligt, der Guðmundur Hjaltason bei seinen ersten Schreibversuchen ermuntert hatte.[36]

Im März 1885 veröffentlicht Gröndal in der Zeitschrift „Fróði" einen schroffen Artikel gegen den „Holzschuhdoktor", dessen aufklärerische Aktivität in der Zeitschrift „Norðanfari" er mit dem Treiben eines „Berserkers" vergleicht.

„<...> Unsere Fortschritte sind mächtig und groß, das sieht man unter anderem daran, daß die Berserker der Vorzeit weder lesen noch schreiben konnten, aber nun können sie beides; und es wundert nicht, daß der Redakteur des Noranfari diesen Berserker hochhält und ihn wie einen Zugochsen vor dem tieffurchenden Pflug der Bildung gehen läßt. Man kann wohl nichts anderes erwarten, wenn Volkswirtschaftlehre und Verfassung im Kopf des begabten Autors zusammenschlagen, und unten zugleich die Holzschuhe klappern wie Vulkandonner in den Tiefen. <...>
Da sind etwa diese langen Artikel über die Lebensverhältnisse der Frauen. Aus Worten und Tendenz dieser Artikel muß man schließen, daß jede einzelne Magd nun die Schulbank drücken und mehr oder minder gelehrt werden soll. Es ist klar, es geht darum, daß alle gleich sein sollen; Begabungen, körperliche Kräfte und Lebensverhältnisse sollen bei allen übereinstimmen, auch in allem Natürlichen, Eigenen und Vorgegebenen soll man sich gleichen.
Es ist gut, für die Gleichberechtigung zu sein, vorausgesetzt, man ist es mit Verstand. Beispiellos wird es sein, dieses bemerkenswerte, teure Bildungsparadies, das hier in unserem Land entstehen soll! Am Ende haben wir nur noch gelehrte Mägde und Knechte, oder, richtiger gesagt, wir bekommen überhaupt keine Dienstleute mehr, wenn alle vor Gelehrsamkeit strotzen und sich zu fein sind, um zu dienen <...>
(...) Was Guðmundur vorschlägt, sollte man unbedingt in die Tat umsetzen, nämlich einen „Großen Frauenschul-Fond zu gründen und das Allthing anzutreiben, ihn zu unterstützen".<...> Dieser „Große Fond" (...) ist natürlich ein großer Sack, groß wie eine Heringstonne, doch das Schlimmste ist, daß Guðmundur selbst in dem Sack steckt. Damit der Sack gefüllt werden kann, muß Guðmundur aus ihm heraus; dann erst könnte es den „Unterstützern des Volkes" gelingen, das Allthing zu drängen, seinerseits den Landeshauptmann zu drängen, die Amtsräte zu drängen, die Gemeindevorsteher zu drängen, die Hausherren zu drängen, die Dienstleute zu drängen – zu folgender Lebens-Methode: 1. immer Holzschuhe oder Stiefel zu tragen, 2. immer sauber zu sein und sich nie nasse Füße zu holen, 3. keine grobe Arbeit zu tun, 4. Blumen und Vögel zu studieren, 5. Grundtvig zu verehren, 6. regelmäßig von tüchtigen Leuten und Helden zu lesen; 7. keine Magd darf einen Mann anfassen; 8. Mägde sollen bei den Knechten im Gras liegen; 9. das Schulvolk sollte möglichst nackt sein unterm nackten Himmel, und 10. die Verfassung auswendig zu wissen."[37]

Gröndals Polemik ist bezeichnend für die damalige Reaktion studierter Isländer auf das grundtvigsche Gedankengut; die rechtschaffenen Bemühungen des Guðmundur Hjaltason um die Volksbildung vermag Gröndal nicht ernstzunehmen. In seiner Antwort rechtfertigt Guðmundur Hjaltason Hoffnungen auf eine zukünftige Gleichberechtigung der Frau und begegnet Gröndals Vorwurf, er kenne die Lebensverhältnisse des Volkes

---

36 Guðmundsson, S. 208.
37 Fróði. Oddeyri/Akureyri 1885 (Zeitschr.) Nr. 154, Spalte 37-40.

im Ausland nicht, mit einer minutiösen Auflistung seiner Aufenthalte, Besuche und Arbeitsstellen in Norwegen, Dänemark und Schweden.

Für die Schule in Möðruvellir, die in Nordisland das Erbe der Lateinschule angetreten hat, stellt die Volkshochschule in Akureyri eine konkrete Bedrohung dar. Guðmundur Hjaltason macht ein Angebot: Möðruvellir solle eine Art Oberschule werden; die Absolventen könnten dann in der Freizeit ihr Wissen an das „arme Volk" weitergeben. Grundtvigscher Einfluß wird deutlich, wenn er den Nutzen eines solchen Unterrichts beschreibt:

„Der Gemeinsinn und die Liebe zur Gemeinschaft, als Ausdruck der Kenntnis der menschlichen Gesellschaft und der des Volkes, werden ihnen Freude daran schenken, für sich und für die Gemeinschaft, in der sie leben, zu arbeiten. Und das Gefühl für gute Sitte und Schönheit, das durch den Umgang mit gebildeten Menschen geweckt wird, wird ihnen helfen, vieles in ihren Häusern zu verbessern und zu verschönern, wenn sie selbst einen Haushalt führen. Diese meine Hoffnung auf einen Nutzen der Volksbildung baut jetzt auf Erfahrung. Sie baut auf der Erfahrung, die ich bei gebildeten Arbeitsleuten in Jütland machte, mit denen ich zusammen gearbeitet habe. Sie baut auf der Erfahrung, daß ich, nachdem ich sechs Jahre im Ausland durch Stadt und Land gereist bin und mich dort gebildet habe, trotzdem genauso viel, ja noch mehr Zufriedenheit darin finde, im Frühling, Sommer und Herbst mit Erde, Kuhmist und Steinen zu arbeiten, in geflickten Kleidern und Holzschuhen!"[38]

Der beißenden Ironie des Benedikt Gröndal ist Guðmundur Hjaltason rhetorisch unterlegen. Doch in einer Antwort an den erwähnten „Steuerzahler" vermag er sachlich darauf hinzuweisen, daß seine eigene Schule in Akureyri bereits die gleiche Schülerzahl habe wie die Schule in Möðruvellir. Dort sei seit 1882 ein Rückgang zu verzeichnen; dennoch erhalte Möðruvellir mehr als den zehnfachen Betrag aus öffentlichen Mitteln. Wären die Lehrer sich dort nicht zu schade für Holzschuhe und nebenamtliche Landarbeit, dann könne man mit dem gleichen Geld zehn Schulen betreiben.[39]

Auch Hjaltalín ist um Polemik nicht verlegen; er bezeichnet Guðmundur Hjaltasons Schulbetrieb als „Pfuscherei" und bezweifelt dessen pädagogische Fähigkeiten:

„Ich weiß wohl, daß man bei Guðmundur Sparsamkeit und Fleiß lernen kann; auch weiß ich, daß er vieles gelesen hat; aber seine Unterrichtsmethode kann ich nicht akzeptieren. Er hat nie gelernt, zu lernen; das Wissen stapelt sich wie ein ungeordneter Haufen in seinem Gehirn, doch es fehlt die Grundlage. Deshalb zögert Guðmundur nicht, über Dinge zu schreiben und Vorträge zu halten, von denen er wenig versteht; er wirft dann herum mit dem, was er hier und da aus Büchern zusammengeklaubt und arrogant und selbstherrlich verbraten hat, ohne es verdaut zu haben."[40]

In einem offenen Brief steigert Benedikt Gröndal die Demütigung des Guðmundur Hjaltason noch weiter. Er knüpft an dessen Aufzählung von Reise- und Arbeitsstationen an:

Sie hätten nie davon berichten sollen, daß Sie 5 Jahre – sage und schreibe fünf! – im Ausland gewesen seien, Sie haben das als enorm lange Zeit empfunden und ein Ausrufezeichen dahinter gesetzt! Und in diesen fünf Jahren seien Sie in fast 60 Klein- und Großstädten und vielen Landbezirken gewesen. Wieviel jemand lernt, der auf diese Weise im Laufschritt von einem Ort zum anderen hastet, kann man vermuten, denn Sie haben es gezeigt. Es wissen auch alle, daß Sie an vielen Orten im Ausland Vorträge über die Isländer gehalten haben, sogar gedruckt sind sie – pures Gefasel, von dem sich keiner erlaubt hätte, es anderen vorzutragen als Leuten, die davon keine Ahnung haben. Wieviel Zeit haben Sie zum Lernen gehabt, wenn Sie überall diese Vorträge gehalten und sich mit Hurrarufen haben

---

38 Fróði, Nr. 158, Sp. 88.
39 Fróði, Nr. 156, Sp. 67-69.
40 Fróði, Nr. 158, Sp. 88-92.

feiern lassen? Dieser „isländische Bauernsohn"! Dieses „Genie"! Dieses unvergleichliche Phänomen aus der Barbarei! Aber den Standpunkt Islands haben Sie nie eingenommen, obwohl sowohl Norweger als auch Dänen versucht haben, uns, so sehr sie konnten, um unsere alten Schriften und unsere Freiheit zu bringen – das haben Sie wohlweislich vermieden, damit Ihnen das Lob nicht abhanden kam; wir sollten es nicht begrüßen, daß Sie die Hand für uns ins Feuer gelegt haben, denn Sie konnten es gar nicht, dazu fehlte ihnen alle Kenntnis und Bildung.[41]

Der Volkslehrer Guðmundur Hjaltason verlor den Schlagabtausch mit den Akademikern aus Möðruvellir; die Zahl seiner Schüler ging zurück. Im Herbst 1887 mußte er schließen, da sich nur drei Bewerber gemeldet hatten. Es begannen zwei Jahrzehnte eines unsteten Lebens als Landarbeiter und Wanderlehrer. 1897 heiratete er; drei Jahre später begann er seinen zweiten, letzten Schulversuch, der nur zwei Jahre anhielt, auf der abgelegenen Halbinsel Langanes im Nordosten Islands. 1903 bis 1908 folgte ein zweiter Aufenthalt in Norwegen, mit Vortragsreisen kreuz und quer durch das Land. Norwegische Freunde unterstützten ihn, insbesondere der Schulleiter Austlid. Guðmundur Hjaltason lernte die Bewegung der norwegischen Jugendvereine kennen, und nach seiner Rückkehr nach Island setzte er sich intensiv für die damals entstehenden isländischen Jugendvereine ein (ungmannafélög). Jetzt erkannte man in ihm den Pionier der Volksbildung; er wurde rehabilitiert und erhielt eine Stellung als Redakteur der Vereinszeitschrift Skínfaxi, die er jedoch bald zugunsten von Vortragsreisen aufgab.

Von 1909 bis zu seinem Tode 1919 hielt Guðmundur Hjaltason etwa 1100 Vorträge in allen Gegenden Islands und arbeitete weiter für die Jugendvereine.[42] Zu deren Zielen gehörten die politische Unabhängigkeit des Landes und die Gleichberechtigung der Frau, die Wiederaufforstung Islands und die Errichtung von Vereins- und Versammlungshäusern. Die Spuren dieser Arbeit sind heute vielerorts zu finden; in einer Selbstdarstellung zum 75. Jubiläum des Verbandes der Jugendvereine heißt es, „die Jugendvereine seien die Volkshochschule der <isländischen> Nation gewesen".[43]

Etwa zur gleichen Zeit entstanden zwei neue Volkshochschulen, die zeitweise landesweit Anerkennung fanden: Hvítárbakkaskóli[44] im Hinterland des Borgarfjordes, gegründet 1905 durch den Askov-Schüler Sigurður Þórólfsson, und Núpsskóli[45] am Dyrafjord, gegründet 1907 durch den Pfarrer Sigtryggur Guðlaugsson. Er hatte 1884-85 Guðmundur Hjaltasons Schule in Akureyri besucht. Beide Schulen, die bis 1931 bestanden, waren die einzigen in Island, in denen man sich eng an das dänisch-grundtvigsche Vorbild hielt und beispielsweise Prüfungen ablehnte.

Die in den dreißiger Jahren in vielen Gegenden Islands entstandenen ländlichen Bezirksschulen mit Internaten (héraðsskólar), die auch die genannten Volkshochschulen ablösten, waren in mancher Hinsicht von der grundtvigschen Idee beeinflußt, doch sahen sie von Anfang an Examen vor: „<...> Isländer haben großen Respekt vor Prüfungen und sehen examensfreien Unterricht, der mit keinerlei Berechtigungen verbunden ist, mit Skepsis," heißt es in diesem Zusammenhang in einem verbreiteten Geschichtsbuch für den Schulunterricht.[46]

Jónas Jónsson <frá Hriflu>, isländischer Kultusminister von 1927-32 und Askov-Schüler, formte das 1929 verabschiedete Gesetz für diese ursprünglich zweijährigen

---

41 Fróði, Nr. 159, Sp. 105.
42 Guðmundsson, S. 228.
43 Kristjánsson, Gunnar: Ræktun lýðs og lands. Ungmannafélag Íslands 75 ára 1907-1982. Reykjavík 1983, S. 262.
44 Sveinsson, Magnús: Hvítárbakkaskólinn 1905-1931, Reykjavík 1974.
45 Kristjánsson, Halldór: Sigtryggur Guðlaugsson prófastur og skólastjóri á Núpi. Aldarminning, Reykjavík 1964.
46 Bjarnason, S. 177f.

Schulen wesentlich mit und berücksichtigte dabei Elemente der Volkshochschulen. In Artikel drei heißt es:

„Sinn der Bezirksschulen ist es, die Schüler für ein aktives Leben unter den isländischen Lebensverhältnissen vorzubereiten, durch Bücherstudium, Arbeitsunterricht und Leibesübungen. In der Stufe für Jüngere soll der Schwerpunkt auf verschiedenen Kenntnissen, Fertigkeiten und Techniken liegen, die für ein Selbststudium notwendig sind; in der Stufe für Ältere dagegen mehr auf Selbststudium und Eigenarbeit, je nach Fähigkeiten und Interesse. Schüler können von einzelnen Fächern freigestellt werden, unter der Voraussetzung, daß sie mehr Interesse an anderen Fächern zeigen .<...>"[47]

1946 wurden jedoch auch die Bezirksschulen in das allgemeine staatliche Schulwesen eingegliedert. Damit war eine Entwicklung abgeschlossen, die sich schon 1929 abzeichnete: Die von der grundtvigschen Volkshochschule ausgehenden Anregungen flossen in Island – soweit sie überhaupt Wirkungen hinterließen – in den Aufbau des staatlichen Schulwesens, ohne hier auf Dauer ein Eigenleben zu führen. Die Organisation des Schulwesens ging von Reykjavík aus, zu Grundtvigs Zeiten Sitz der einzigen höheren Schule des Landes; die Skepsis, die seinerzeit Guðmundur Hjaltasons Initiative entgegenschlug, ist gegenüber den „Schulen ohne Abschluß" auch heute noch verbreitet. In Hinsicht auf Lerninhalte und Lernformen hat man inzwischen weitgehend mit der Tradition der Lateinschule gebrochen, doch hier spielen auch andere Faktoren eine Rolle, beispielsweise der Einfluß des schwedischen Schulsystems nach 1970.

Erst 1972 erfolgte eine erneute Schulgründung im grundtvigschen Sinne. Auf Initiative der lutherischen Staatskirche, der Jugendvereine und anderer entstand am ehemaligen Bischofssitz Skálholt im Süden des Landes eine kleine Volkshochschule mit Unterbringungsmöglichkeit für etwa 20 Kursteilnehmer.[48] Für die Volkshochschule Skálholt wurde 1978 eigens ein Gesetz erlassen, das den Volkshochschulgesetzen der anderen nordischen Länder entspricht. Hier sind Grundtvigs Gedanken heute in Island lebendig, doch vermag die kleine Schule kaum das Gegengewicht zum öffentlichen Schulwesen zu schaffen, das die Volkshochschulen im übrigen Norden darstellen. Weitere Neugründungen sind nicht erfolgt.

Eine weitergehende Untersuchung der Grundtvig-Rezeption in Island müßte auch deren Wirkung auf die isländische Kirche berücksichtigen. Im Gegensatz zu Norwegen, wo das Dänische nach der Reformation Kirchensprache wurde und der Zugang zu Grundtvig sprachlich erleichtert war, übernahm die lutherische Kirche in Island die dortige Landessprache. Eine Rezeption grundtvigscher Kirchenlieder ist jedoch in einer größeren Anzahl von Übersetzungen dokumentiert, die auch in neuen Auflagen des Kirchengesangbuches z.T. zu finden sind.[49]

Die koloniale Abhängigkeit von Dänemark und der zeitgleich mit dem Wirken Grundtvigs einsetzende Ablösungsprozeß sind, wie zu zeigen versucht wurde, wichtige Faktoren, die Rezeption und Wirkung des Dänen Grundtvig im fünften nordischen Land negativ beeinflußt haben. Auch in der Gegenwart, nach siebzig Jahren Souveränität und über vierzig Jahren Republik, ist das koloniale Erbe noch nicht voll bewältigt. Dänisch ist nach wie vor erste Fremdsprache an Islands Schulen, doch herrscht weiterhin eine zwiespältige Einstellung zu allem, was Dänisch ist. Kopenhagen, die Hauptstadt des ehemaligen Mutterlandes, ist ein beliebtes Reiseziel; doch dem Besucher aus Dänemark antwortet man lieber auf Englisch. Man möchte den sprachlichen Zugang nach Skandinavien erhalten und tut sich dennoch schwer mit der Rechtfertigung des Dänischunterrichts.

---

47 Lög (Gesetz) Nr. 37, 1929, zitiert nach Eiríksson, S. 11.
48 Kristjánsson, G., S. 262.
49 Sálmabók íslensku kirkjunnar. Reykjavík 1981, S. 537ff.

Vieles, was an die dänische Herrschaft erinnert, ist inzwischen beseitigt – die Isländer haben „beim Verdrängen der eigenen Vergangenheit und beim Beseitigen ihrer Spuren fast ebenso gute Fähigkeiten gezeigt wie die Deutschen", meint der Schriftsteller Guðbergur Bergsson.[50] Ein isländischer Journalist, der in Algerien die radikale Entfernung französischer Inschriften bemerkte, fühlte sich merkwürdig an seine Heimat erinnert. Man pflegt freundschaftliche Beziehungen zu Dänemark – doch ist sich uneins über die Krone Christians IX., die noch immer das Dach des isländischen Parlamentsgebäudes schmückt. Vielleicht wird auch sie noch weichen, bevor Grundtvig in Island vorbehaltlos rezipiert wird.

---

50 Bergsson, Guðbergur: Island ist ein kleines Land, weitab von anderen Völkern. In: Gíslason, Franz, Sigurður A. Magnússon und Wolfgang Schiffer (Hrsg.): Wenn das Eisherz schlägt. Isländische Nachkriegsliteratur, Kunst und Kultur. Die Horen 146, 31. Jahrg. Band 3/1986, S. 10.

Hans Bekker-Nielsen

Für eine färöische Schriftsprache: N.F.S. Grundtvig, Svend Grundtvig und V.U. Hammershaimb

Wie wir alle wissen – spätestens seit dem Grundtvig-Kongreß – war N.F.S. Grundtvig unter den Dichtern seiner Zeit der beste Kenner der alten Literatur des hohen Nordens, aber er beschäftigte sich auch mit den Sprachen der nordatlantischen Inselvölker selbst. Dabei galt sein Hauptinteresse der bedeutsamen Rolle, die diese Sprachen in den Freiheitsbewegungen jener Völker spielten. In dieser Beziehung nun kommt N.F.S. Grundtvig insofern die größte Bedeutung zu, als er sein Interesse seinem Sohn vermittelte – Svend Grundtvig. Er wurde der große Künder färöischen Volkstums und färöischer Sprache im Dänemark jener Zeit, Mitstreiter und Verteidiger der Färinger in ihrem Kampf um eine färöische Schriftsprache, eine färöische Nationalsprache.

Über die Färöer wußte man nicht viel in Dänemark in der ersten Hälfte des vorigen Jahrhunderts, und vermutlich waren die Färöer im übrigen Europa noch weniger bekannt, welches der Grund dafür sein könnte, daß die Färöer – sozusagen unbemerkt – zusammen mit Island bei Dänemark verblieben, als ihr altes „Mutterland" Norwegen im Kieler Frieden von 1814 von Dänemark losgerissen wurde. Doch N.F.S. Grundtvig kannte die Färöer durch sein Studium der altnordischen Literatur und seine philologischen Arbeiten. Von ihm stammt eine Übersetzung der Heimskringla Snorri Sturlusons, (1818-1822), die ihm große Anerkennung als Nordist einbrachte. Es kann kaum überraschen, daß der Sohn Svend, vom Vater auf den Weg gewiesen, Geschmack an der nordischen Philologie im weitesten Sinne fand. Sicher hat es Svends nordische Interessen auch sehr gefördert, daß er einen Isländer als Hauslehrer hatte, und zwar keinen geringeren als den Philologen und Politiker Jón Sigurðsson, glückhafter Vorkämpfer für die Freiheit Islands.

Früh erwachte Svend Grundtvigs Interesse am Studium der Volkslieder, angeregt durch eine Handschrift dänischer Volkslieder aus dem 17. Jahrhundert, die der Vater dem Vierzehnjährigen schenkte. Svend Grundtvigs Arbeit an den Volksliedern führte ihn zu den färöischen Liedern, die er in seine Studien einbezog.

Von großer Tragweite sollte die Begegnung des jungen Philologen mit Venceslaus Ulricus Hammershaimb im Jahre 1843 werden. Der junge Hammershaimb, Sohn des letzten løgmaður (in der alten Bedeutung) auf den Färöern, studierte in Kopenhagen Theologie und wohnte im „Regensen". Svend Grundtvig suchte ihn dort auf, um Informationen über färöische Volkslieder zu erhalten, und die beiden jungen Herren (Grundtvig war 18 Jahre und Hammershaimb 24 Jahre alt) hatten ein interessantes Gespräch. Im Verlaufe ihrer Unterhaltung ließ Hammershaimb die Bemerkung fallen, daß Svend Grundtvig genau der richtige Mann sei, um sich der färöischen Volkslieder anzunehmen. „Grundtvig antwortete ganz ernsthaft ,Herrgott ja, der bin ich'", erzählt Hammershaimb, „und von Stund an waren wir Freunde und Mitarbeiter für's Leben, bis er in so beklagenswert jungen Jahren von uns ging." Mit diesem Treffen zwischen Svend Grundtvig und V.U. Hammershaimb wurde der Boden bereitet, auf dem sich der Aufbau der färöischen Spracherneuerung im kommenden halben Jahrhundert vollziehen sollte. Auf die färöische Sprachbewegung werde ich noch zurückkommen, doch sind zunächst einige Worte dazu zu sagen, wie es bis dahin um die färöische Sprache bestellt war.

Die Durchführung der Reformation im Königreich Dänemark-Norwegen und seinen Kolonien erwies sich als außerordentlich förderlicher Faktor für die sprachliche und literarische Entwicklung in Dänemark – bis zu einem gewissen Grade auch in Island – denn in beiden Ländern wurde die neue Kunst des Buchdrucks in den Dienst der neuen Kirche gestellt. Anders lagen die Dinge in Norwegen und auf den Färöern. In diesen beiden Ländern wurde die Sprache der lutherischen Kirche und die der Verwaltung das Dänische. Im Verkehr mit den dänisch sprechenden Beamten und Pfarrern mußten die Norweger und Färinger dänisch radebrechen. In Norwegen nannte man diesen Dialekt „klokkerdansk", und auf den Färöern redet man auch heute noch halb im Scherz und halb im Ernst von „gøtedansk". Irgendeine Pflege der Muttersprache – etwa von kirchlicher, gerichtlicher, amtlicher Seite – war nicht zu erwarten. Auch hatten diese beiden Länder keine Buchdruckereien, die für eine Verbreitung der Kenntnisse des Norwegischen und Färöischen hätten sorgen können. Die Folge dieses Zustands (oder besser gesagt: Stillstands) auf den Färöern war, daß vor 1800 keine einzige Schrift auf färöisch das Licht erblickte.

Doch wußte man auch außerhalb der Färöer – jedenfalls in philologischen Kreisen – sehr wohl, daß die Färinger eine eigene Sprache besaßen, die man auf den Inseln im täglichen Umgang benutzte und auch, daß es eine mündlich überlieferte Liedtradition gab. Der färöische Gelehrte Jens Christian Svabo (1746-1824) arbeitete ein färöisches Wörterbuch aus, sammelte färöische Lieder und verfaßte einen Bericht über eine Forschungsreise zu den Färöern. Doch keines dieser Werke erschien zu seinen Lebzeiten im Druck, sie wurden erst in diesem Jahrhundert herausgegeben. So blieben sie denn auch für die Zeitgenossen Svabos ohne Wirkung.

In seiner Orthographie versuchte Svabo die lautliche Realität des Färöischen wiederzugeben und lehnte sich aber gleichzeitig ans Dänische an, so daß sein Schriftfäröisch sich im Vergleich zum Schriftisländisch auffällig und merkwürdig ausnimmt. Gleichwohl war es Svabos Orthographie, die mit gewissen Veränderungen dem ersten färöischen Textband zugrundelag, erschienen im Jahre 1822: Færøiske Qvæder om Sigurd Fofnersbane og hans æt, kompiliert von dem dänischen Pfarrer H.C. Lyngbye mit der unentbehrlichen Hilfe des auf den Färöern geborenen Pfarrers J.H. Schrøter. Im Jahre darauf erschien Pastor Schrøters Übersetzung des Matthäusevangeliums und im Jahre 1832 seine Übertragung der Færeyinga saga nach der Edition des fünischen Philologen C.C. Rafn. Es war ein anderer fünischer Philologe, nämlich Rasmus Rask, der diesmal Schrøter mit orthographischen Richtlinien geholfen hatte.

Trotz dieses Einsatzes und dieser Leistungen so vortrefflicher Gelehrter muß man doch sagen, daß das Färöische damals noch keine rechte Zukunft als Schriftsprache hatte. Aber wenn es mit dem Färöischen als Schriftsprache auch noch nicht weit her war, bestand doch eigentlich kein Anlaß, ihm als Umgangssprache Hindernisse in den Weg zu legen. Aber genau das war es, was man tat, als man auf der Ständeversammlung zu Roskilde 1844 einen Vorschlag diskutierte und verabschiedete, der darauf hinauslief, das allgemeine Schulwesen auf den Färöern einzuführen, und zwar nach den Prinzipien des dänischen Schulwesens mit Dänisch als Unterrichtssprache wie in Dänemark. Faktisch bedeutete das, das Färöische als Unterrichtssprache des Heimunterrichts durch das Dänische als Unterrichtssprache der Pflichtschule abzulösen. Das konnte dem Färöischen den Todesstoß versetzen, und diese tödliche Gefahr veranlaßte V.U. Hammershaimb, gegen den Vorschlag in einem Zeitungsartikel vom Dezember 1844 vehementen Protest einzulegen. Noch schärfer polemisierte Hammershaimbs Freund Svend Grundtvig gegen die drohende Maßnahme mit seinem kleinen Buch Dansken paa Færøerne: Sidestykke til Tysken i Slesvig von 1845. (Man beachte den Seitenhieb im Untertitel.)

In seiner Schrift geißelte Grundtvig die Behandlung des Entwurfs einer königlichen Resolution für eine allgemeine Schulpflicht auf den Färöern durch die Ständeversammlung. Als Sprachenfachmann griff Svend Grundtvig die Delegierten äußerst scharf in der Frage an, inwieweit das Färöische eine selbständige Sprache sei, denn von seiten jener wurden so groteske Meinungen vorgetragen wie: „das Färöische ist ein dänischer Dialekt" oder „das Färöische ist eine Mischung von Isländisch und Dänisch". Sprachpolitisch geschickt bezog er den damals aufflammenden Streit in der schleswigschen Sprachenfrage in seine Polemik mit ein. Denn hier gingen die Dänen auf die Barrikaden, um sich der Eindeutschung von Schleswig durch die deutsche Kirchen-, Schul- und Gerichtssprache in dem alten dänisch sprechenden Gebiet zu widersetzen. Und nun war also Dänemark offenbar bereit, das gleiche Unrecht auf den Färöern zu begehen.

Es muß auch erwähnt werden, daß kein einziger färingischer Delegierter auf der Ständeversammlung für die Sache der färöischen Sprache eintrat. Nicht einmal Probst Plesner, der die Verhältnisse dort draußen recht gut kannte, hatte die Einsicht oder den Mut, gegen den Beschluß über die dänischen Pflichtschulen Einwände vorzubringen. Die empörende Behandlung der Färinger und ihrer Sprache war es wohl, die den alten Grundtvig im gleichen Jahr 1845 auf den Plan rief. Er schrieb sein berühmtes Gedicht Færinge-Saga, das mit den Worten beginnt „Fru Saga hun bygged fra Hedenold...". Es beschwört prophetisch die geschichtlichen nordischen Schätze, die sich in der färöischen Überlieferung finden und die es zu heben gilt.

Die färöische Sprache war nun auf dem besten Wege, ein Diskussionsthema der gebildeten Kreise Kopenhagens zu werden. Und erweckt hatte das Interesse ein zwanzigjähriger Feuerkopf, der sich in die Schlacht geworfen hatte – Svend Grundtvig. Die beiden Freunde, Hammershaimb und Grundtvig, waren sicher glücklich über das erwachte Interesse, und um ihrer Sache noch mehr Nachdruck zu verleihen, entschlossen sie sich, zur Gründung einer Färöischen Gesellschaft aufzurufen. Aufgabe und Ziel der Gesellschaft sollten sein, färöische Texte zu sammeln und herauszugeben, die Leselust auf den Färöern zu steigern und im Ausland Interesse für die Geschichte und Sprache der Färinger zu wecken. Den beiden Initiatoren gelang es, einige „gute Namen" als Förderer zu gewinnen, darunter Frederik Barfod und Svend Grundtvigs alten Lehrer Jón Sigurðsson.

In ihrer Begeisterung freilich hatten die jungen Herolde eines übersehen und nicht bedacht; nämlich, daß sich noch keine feste Norm für eine färöische Schriftsprache entwickelt hatte. Das mußte sich als schweres Hindernis für die gedachte Schriftenreihe auswirken. Wohl stand Svabos Orthographie zur Verfügung, aber sie war im großen Ganzen orthophonisch konzipiert und schwerlich geeignet, ein die Dialekte überdachendes Standardfäröisch zu verschriftlichen. Einen einzelnen Dialekt wiederum als Richtschnur zu verwenden kam auch nicht in Frage, denn keiner der drei Hauptdialekte hatte eine größere Verbreitung als die anderen, und keiner von ihnen genoß ein höheres gesellschaftliches Ansehen als die anderen, es gab keinen „Prestige-Dialekt". Das orthophonische Prinzip mußte also zugunsten eines morpho-phonemischen oder eines etymologischen aufgegeben werden. Es war Dänemarks erster Professor der Nordischen Sprachwissenschaft, N.M. Petersen, Rasmus Rasks Jugendfreund, der nicht nur auf diese Problematik aufmerksam machte, sondern auch Zweifel anmeldete, ob es überhaupt eine gute Idee wäre, den Versuch zur Etablierung einer färöischen Schriftsprache zu unternehmen. Die jungen Idealisten Grundtvig und Hammershaimb waren sicher tief enttäuscht und verzagt über die Bedenken und Widerstände, die ihrem Plan einer Färöischen Gesellschaft nun entgegenstanden.

Doch frischte der Wind nun wieder auf, denn N.M. Petersen und C.C. Rafn, die beiden älteren Philologen, standen im Verein mit dem getreuen Jón Sigurðsson V.U. Hammershaimb mit Rat und Tat zur Seite, und es war dann Hammershaimb, der eine konsequent etymologisch orientierte Rechtschreibung entwickelte und zum ersten Male in einem 1846 veröffentlichten Artikel praktizierte. Seine Rechtschreibung, die er in seiner Ausgabe färöischer Lieder und in seiner färöischen Sprachlehre zu Beginn der 50er Jahre anwandte, setzte sich in philologischen Kreisen in Kopenhagen durch. Auch Svend Grundtvig bediente sich der Hammershaimbschen Orthographie in seinen Arbeiten über das Färöische. Die von Hammershaimb begründete und von Svend Grundtvig aufgenommene Rechtschreibung ist, von einigen Korrekturen und Modifikationen abgesehen, die heutige färöische Standardorthographie.

Für die zeitgenössischen Philologen ergab sich natürlich die Schwierigkeit, daß sie sich in ihren färöischen Studien und Forschungen mit verschiedenen orthographischen Varianten auseinander zu setzen hatten, denn sie mußten selbstverständlich auf die weiter oben genannten färöischen Schriften aus den 20er, 30er und 40er Jahren zurückgreifen, die ja schon vor Hammershaimb die Aufmerksamkeit der gelehrten Welt auf das Färöische gelenkt hatten. Man kann sagen, daß Hammershaimbs Orthographie noch gerade zur rechten Zeit entstanden war.

Es war aber auch insofern die rechte Zeit, als der Norden wach geworden war für alles, was nordisch ist. So verfolgte man mit größter Aufmerksamkeit die Bestrebungen der Norweger, einer genuin norwegischen Schriftsprache das Bürgerrecht in Norwegen zu erstreiten. Die Streiter für die färöische Schriftsprache, meine drei Hauptpersonen, Vater und Sohn Grundtvig und Hammershaimb, aber traten als die rechten Männer zur rechten Zeit auf.

Mit der Rechtschreibung von 1846 hatte man sich ein Instrument geschaffen, um der färöischen Schrift den ihr gebührenden Platz auf den Färöern zu verschaffen, doch standen dem immer noch schwere Hindernisse entgegen. Die offizielle Sprache in Schule, Kirche und Verwaltung war Dänisch, und dies blieb so, bis die Sprachbewegung ein Element der nationalen Erhebung ab 1880 wurde. Indessen bewirkte die Hammershaimbsche Orthographie sofort einen großen Fortschritt für die wissenschaftliche Beschäftigung mit dem Färöischen, so z.B. bei der Sammlung färöischer Lieder, bei der sich Svend Grundtvig an die Spitze stellte. Seine große, handgeschriebene Sammlung, gemeinsam ausgearbeitet mit seinem Schwager Jørgen Bloch (herausgegeben in diesem Jahrhundert von Christian Matras und Napoleon Djurhuus) und das große Wörterbuch Lexicon Færoense von Grundtvig und Bloch – ebenfalls handschriftlich – sind Monumente philologischen Fleißes und bezeugen Svend Grundtvigs Treue zum Färöischen, die er in so beredten Worten in seiner Streitschrift von 1845 bekundet hat.

Grundtvig hatte gehofft, daß Hammershaimb ihm mehr hätte helfen können bei der Sammlung von färöischen Liedern als es der Fall war, aber Hammershaimb hielt sich zurück, denn – der Freund war 1855 Pfarrer, 1867 Probst auf den Färöern geworden – er hatte alle Hände voll zu tun mit seinen Dienstgeschäften. 1878 jedoch kam Hammershaimb wieder nach Dänemark, wo er mit der Pfarre zu Lyderslev auf Seeland betraut wurde, und Svend Grundtvig konnte den alten Freund dazu überreden, eine färöische Anthologie mit literaturhistorischer und grammatikalischer Einleitung zu erstellen. Dieses Werk, Färöische Anthologie, das in den Jahren 1886-1891 erschien, stellt den Schlußstein der Zusammenarbeit der beiden Freunde dar, die mit dem berühmten Zwiegespräch im Regensen vierzig Jahre zuvor begonnen hatte. Svend Grundtvig starb im Jahre 1883.

Die färöische Sprachbewegung hatte inzwischen so viel an Boden gewonnen, daß auf der denkwürdigen Versammlung am zweiten Weihnachtstag 1888 im Tinghaus zu Tórshavn der Beschluß gefaßt wurde, eine Gesellschaft zu gründen, die sich zum Ziel setzte, das Färöische in der färöischen Schule und Kirche und in der öffentlichen Verwaltung der Färöer einzuführen. Darüber hinaus wollte man sich für die Einrichtung einer färöischen Hochschule einsetzen. Dies waren unbestreitbar berechtigte Forderungen, war doch das Dänische Unterrichtssprache an den zuvor errichteten weiterführenden Schulen – der Realschule in Tórshavn (gegründet 1861) und dem Seminarium (1870).

Die neue Vereinigung erhielt den Namen Føringafélag (genauso wie die Vereinigung in Kopenhagen, die von jungen national gesinnten Färingern in der dänischen Hauptstadt gegründet worden war), und sie nahm sich viel vor, indem sie 1890 eine Zeitung herausgab, Føringatíðindi, die erste Zeitung des Landes in der Muttersprache. Sie wurde der Gegenpol zu der bislang einzigen Zeitung des Landes, Dimmalætting (begründet 1877), die in dänischer Sprache herauskam und nur gelegentlich Beiträge in färöischer Sprache brachte.

Es ist hier nicht der Ort, auf die Geschichte des Føringafélag einzugehen, noch auf die Rolle, die Føringatíðindi in der Sprachdebatte der 90er Jahre spielte. Indessen muß hier noch von der fatalen Orthographiedebatte die Rede sein, die sich in den 90er Jahren entzündet hatte:

Hammershaimbs Mitarbeiter an der färöischen Anthologie war der junge Linguist Jakob Jakobsen, Zeitgenosse und Anhänger Otto Jespersens und Henry Sweets. Folglich war er von der Konzeption einer phonologisch orientierten Rechtschreibung eingenommen. Er trat mit seinen Gedanken nun gerade zu einem kritischen Zeitpunkt auf, nämlich zum Erscheinen der färöischen Anthologie, einem Werk also, das die färöische Rechtschreibung manifestieren wollte und der färöischen Sprache den Rang einer gleichberechtigten Nationalsprache im Kreise der nordischen Sprachen verschaffen sollte.

Jakobsens Gedanken erregten große Aufmerksamkeit und stießen auf Interesse, denn viele Färinger – damals wie heute – taten sich mit einer etymologisch fundierten Orthographie schwer. Jakobsens Ideen waren nicht so einfach von der Hand zu weisen, und er drang damit so weit durch, daß eine beiden konkurrierenden Prinzipien verpflichtete modifizierte Orthographie zunächst bei der Färöischen Gesellschaft in Kopenhagen Eingang fand und wenig später bei der Färöischen Gesellschaft in Tórshavn – der Herausgeberin der Føringatíðindi. Bezeichnenderweise ging diese Kompromiß-Orthographie unter dem Namen broyting in die Geschichte der färöischen Sprache ein. Eine Zeitlang sah es nun so aus, als sollte die färöische Sprache, die im Kreise der nordischen Sprachen gerade zur Schriftsprache geworden war, in einer Orthographiedebatte zugrunde gehen.

Derjenige, der alles wieder in neue Bahnen lenkte und damit wohl die Schriftsprache rettete, war Jóannes Paturson aus Kirkjubøur. Er war der Redakteur der Føringatíðindi und hatte sich zur Abkehr von der unseligen broyting entschlossen. Er gab nicht nur die Redaktion der Zeitung auf, sondern trat auch aus der Färöischen Gesellschaft aus, der Vereinigung, die er selbst mitgegründet hatte und der er mit seinem berühmten Programmgedicht „Nú er tann stundin komin til handa..." den Weg in die Zukunft gewiesen hatte. Der Ausgang des Rechtschreibungsstreites der 90er Jahre war, daß die gute alte Hammershaimbsche Orthographie aus den 40er Jahren als die maßgebliche schriftsprachliche Norm den Sieg davontrug.

Erst in den Jahren 1938 und 1939 kam die färöische Sprache zu ihrem vollen Recht als Schul- und Kirchensprache auf den Färöern. Doch schon Jahre zuvor war die erste färöische Schule eingerichtet worden, in der die Muttersprache Unterrichtssprache war. Dies war freilich keine öffentliche Schule, sondern eine sogenannte friskole, eine Privatschule, und gerade auf einem Grundtvig-Kongreß ist die Tatsache hervorzuheben, daß es sich bei dieser Privatschule um eine Heimvolkshochschule handelte, eine Einrichtung im Geiste N.F.S. Grundtvigs und Kolds.

Die Teilnehmer an diesem Kongreß wissen sicherlich mehr über die Geschichte der Volkshochschule als ich. Deshalb sei nur noch in aller Kürze angemerkt, daß in den 27 Jahren von 1873 bis 1899 über 200 junge Färinger Stipendien zum Besuch einer Volkshochschule erhielten. Zwei von ihnen, Símun af Skarði und Rasmus Rasmussen, gründeten im Jahre 1899 eine Hochschule auf den Färöern, in der auf färöisch gelehrt wurde. Damit hatte das Färöische eine vornehme Pflegestätte im eigenen Land erhalten. Símun und Rasmus führten das aus, was Svend Grundtvig und V.U. Hammershaimb vor nun bald 150 Jahren vor Augen hatten und auf das jene Männer gehofft hatten, die am zweiten Weihnachtstag des Jahres 1888 das Føringafélag aus der Taufe gehoben hatten. Und sie führten es aus im Geiste des alten Grundtvig.

Jens Peter Ægidius
Mythenerzählen in der Nachfolge Grundtvigs an den dänischen Volkshochschulen

Das ausgehende achtzehnte Jahrhundert und die romantische Bewegung brachten eine Neubewertung und Neubelebung des Mythos, nach dem Rationalismus und Intellektualismus der Aufklärung, und haben auch eine Mythenforschung ins Leben gerufen, die seitdem eine solche Masse von Einsicht in die Natur und Funktion des Mythos zusammengetragen hat, daß wir ihn notwendigerweise als eine bedeutende Manifestation des menschlichen Geistes ernst nehmen müssen. Eine Neubelebung, habe ich gesagt, und zwar in dem Sinne, daß der Mythos nunmehr nicht nur das antiquarische Interesse der Historiker und Philologen erweckte, sondern auch Dichter und Schöngeister beschäftigte, in Deutschland wie auch in unserem Norden.
Und zwar nicht nur die griechische Mythologie, die schon seit Jahrhunderten einen Bestandteil der allgemeinen europäischen Bildung ausmachte, sondern auch die bisher ziemlich unbekannte nordische Mythologie, hauptsächlich überliefert in isländischen Handschriften aus dem Mittelalter, die jetzt – am Ende des 18. Jahrhunderts – teilweise herausgegeben und popularisiert worden waren. Das neuerweckte und wachsende Interesse für diese bisher als barbarisch angesehene Mythologie war mit der sogenannten „germanischen Renaissance" verbunden, die sich als ein Gegenzug gegen die bisherige französisch-romanische Dominanz im europäischen Geistesleben und in der Literatur in der zweiten Hälfte des achtzehnten Jahrhunderts in den Ländern des germanischen Sprachraums ausgebreitet hatte, und die z.B. in Deutschland und im Norden viele gemeinsame Züge hatte.
Dieser großen geistigen Strömung gehörte auch Grundtvig als Mythologe an und ebenso die Bewegung oder Tradition in den dänischen Volkshochschulen in seiner Nachfolge, die zusammen mit Grundtvig das Thema meines Vortrages sein soll.
Wie diese Geistesströmung von Deutschland zu uns in den Norden kam, so möchte auch ich meine Geschichte in Deutschland beginnen, und zwar bei Johann Gottfried Herder, der ja eine durchgreifende Bedeutung für das Geistesleben seiner eigenen und auch der nachfolgenden Zeit hatte. Herder hatte sich schon früh in seiner Laufbahn als Literat und Schriftsteller auch für die nordischen Mythen interessiert, und in einem Dialog in der Zeitschrift Die Horen (herausgeben von Schiller) trat er im Jahre 1796 für die Aufnahme der nordischen Mythen als Gegenstand für deutsche Dichter ein und verteidigte eine positive Bewertung des nordisch-isländischen Geistes und seiner Poesie und Mythologie gegen die damals gängigen Einwände: sie seien aus ästhetischer Sicht barbarisch, „nordpolarisch" und inakzeptabel. Am Ende des Dialogs ruft Alfred, das Sprachrohr Herders, aus: „Nun möge das Ideal, das in diesen Sagen, in dieser Denkart, in dieser Sprache liegt, hervortreten und selbst wirken." Sein Gesprächspartner Frey fragt dabei: „Meinst Du, auf unser Leben wirken?" – und Alfreds abschließende Replik lautet: „Deshalb bin ich unbekümmert. Verschaffe uns nur den Apfel Idunens." (Der Apfel – eigentlich die Äpfel – von Idun oder Iduna sind ja die Verjüngungsäpfel der nordischen Mythologie, die die Asen immer jung hielten, die aber einmal, und zwar mit bedrohlichen Folgen, gestohlen worden waren.)
Die Äpfel Idunens wurden nun eher von nordischen als von deutschen Dichtern

aufgefunden, und zwar zunächst von dem jungen dänischen Dichter Adam Oehlenschläger zu Anfang des neunzehnten Jahrhunderts. Seine nordische Dichtung über nordische Geschichte, nordische Mythologie und Sagen repräsentiert eine wahre Erneuerung, sie leitete die große Epoche der Romantik in der nordischen Literatur ein. Der Gedanke – ich weise auf die gerade zitierten Schlußworte aus Herders Dialog hin – : daß die altnordische Denkart und die damit verbundene Mythologie „auf unser Leben", auf das Leben des Volkes wirken sollten, dieser Gedanke wurde von Grundtvig und seinen Anhängern, besonders in der Volkshochschule, verwirklicht. Wie es dazu kam und wie es war, das ist eine lange Geschichte, die ich versuchen werde hier in kurzer, konzentrierter Fassung zu berichten.

Für Grundtvig war die nordische Mythologie sehr früh eine Sache, zu der er stark hingezogen wurde, schon im Kindesalter, und es berührte ihn schmerzlich – wie er später erzählt –, als er bei dem Historiker Arild Huitfeldt las, daß man nichts über die alten nordischen Götter wisse. In seinen Gymnasialjahren las er das Buch von P.F. Suhm „Über Odin und die heidnische Götterlehre und den Gottesdienst im Norden" (das erste „Handbuch" der nordischen Mythologie auf Dänisch aus dem Jahre 1772); in seinen Studienjahren und späteren Jugendjahren trug Grundtvig sich mit Plänen von Dichtungen, worin auch die Mythologie eine Rolle spielen sollte. Als er sich dann auf Langeland, als Hauslehrer auf einem Herrenhof, hoffnungslos in die Mutter seines Schülers verliebte und durch die aussichtslose Verliebtheit in einen stark labilen seelischen Zustand geriet, da griff er zu dem Ausweg, sich in Altertumsstudien zu vertiefen. Diese Studien waren wirkliche gelehrte Studien, worin er energisch mit den Texten in der Originalsprache arbeitete, sofern er an sie herankommen konnte. Aber als der Dichter, welcher er auch immer war, mußte er in den studierten Gegenstand auch etwas Existentielles legen oder darin finden. Mit Energie und persönlicher Leidenschaft, und dabei nicht wenig von der neuesten deutschen romantischen Philosophie und Literatur beeinflußt, suchte er einen inneren religiösen und philosophischen Zusammenhang in dem, was in der schriftlichen Überlieferung zerstreut und bruchstückhaft vorlag. Und vermeinte ihn auch zu finden! Was ihn dabei am allerstärksten ansprach war der ständige Kampf zwischen entgegengesetzten geistigen und triebhaften Kräften, den er auch in seinem eigenen Inneren erfahren hatte.

Äußerliche Ergebnisse dieser gärenden Jugendperiode, die er später zurückblickend seinen „Asenrausch" nannte, waren, auf dem Felde der Mythologie, einige kürzere Zeitschriftenabhandlungen und ein Buch: Nordens Mythologi, auf Deutsch:„Die Mythologie des Nordens oder Ausblick über die Eddalehre für gebildete Männer, die nicht selbst Mythologen sind". Das eigentliche Ziel seiner mythologischen Forschungen war eine großangelegte dichterisch-dramatische Schilderung des Übergangs vom Heidentum zum Christentum im Norden. Am Ende konnte er nur Teile dieses großen Planes verwirklichen. Er wurde auf andere Gebiete abgelenkt, und es sollte fast 25 Jahre dauern, bis er sich wieder einer systematischen, wissenschaftlichen (wie er es nannte) Beschäftigung mit den nordischen Mythen zuwandte.

Aber diese wiederaufgenommene Jugendliebe, die ihn dann in seiner zweiten Lebenshälfte nie mehr verließ, sollte Folgen haben für die dänische Gesellschaft seiner Gegenwart und für spätere Generationen. Die manifesten Ergebnisse dieser zweiten Periode waren die Bücher (ich übersetze die Titel ins Deutsche): 1) „Die Mythologie des Nordens oder Sinnbilder-Sprache, historisch-poetisch erläutert und entwickelt" (1832), 2) „Bragi-Reden (oder Bragi-Geschwätz) über griechische und nordische Mythen und altertümliche Sagen" (1844), und 3) „Griechische und nordische Mythologie für die Jugend" (1847).

Das zweite dieser Bücher entsprang einer Reihe von Vorträgen, die Grundtvig im Winter 1843-44 in Kopenhagen vor einer Versammlung von „Damen und Herren" hielt.

Der Titel des Buches, „Brage-Snak" (Bragi-Geschwätz), sollte zu einem stehenden Begriff in der dänischen Sprache werden, und zwar mit negativem Klang.

Sowohl Form als auch teilweise Inhalt der mythologischen Vorträge Grundtvigs sollten allmählich eine Tradition schaffen. Bevor ich nun zu der Schilderung dieser Tradition übergehe, möchte ich versuchen, die mythologische Betrachtung Grundtvigs kurz zu charakterisieren:

Zunächst stelle ich fest, was immer wieder betont werden muß, daß Grundtvig in seiner ganzen, umfassenden Tätigkeit Dichter war und blieb, „Skalde", wie er sich selbst nannte. Als Skalde, Dichter, kam er in seiner Jugend zu dem Studium der Mythen, als dichterische Bildsprache (Metaphorik) nahm er sie auf, und sein Leben lang holte er immer wieder seine poetischen Bilder aus dieser Schatzkammer. Zu dem Dichter kamen dann allmählich der Christ und der Historiker, alle in lebendigem, organischem Zusammenhang.

„Historisch-poetisch" nannte er sein Zusammendenken von Mythen und Geschichte und meinte damit eine Anschauungsweise, die wohl eine Kombination von Poesie und Geschichte ist, die sich aber nicht einfach und kurz erklären läßt. Sie hat aber gerade mit den Mythen zu tun, denn Mythen sind, auf jeden Fall für ihn, sowohl Poesie als auch Geschichte. Feste Grundlage seines Lebens wie auch seines Denkens war immer das Christentum. In seinem geschichtlichen Denken legte er das zugrunde, was er die „christliche – oder mosaisch-christliche Anschauung" nannte: der Mensch – wie die Welt – ist eine göttliche Schöpfung, nach Gottes Bild geschaffen, aber gefallen oder, wenn man so will, verirrt. Diese Grundlage möchte ich mythisch nennen, und in seinem Denken wird dann das Christentum der übergeordnete Mythos, der die alten Mythen in sich aufnimmt und erfüllt. Er kann es z.B. poetisch so ausdrücken (die folgende, für diese Gelegenheit vorgenommene Übersetzung ist meine eigene):

> Die tiefen Träume aus Heidenzeit
> vom Halbgott, irdisch geboren,
> von Melkart, Herakles, Thor und Skjold,
> auf ihn (Christus) doch verblümt hindeuten.[1]

In Prosa ausgedrückt: Die Mythen von Halbgöttern, wie z.B. auch Thor in der nordischen Mythologie (den er also auch als Halbgott rechnet), sind weissagende Träume, die dann Christus erfüllt hat.

Ein deutscher Anthroposoph[2] hat über dieses Zusammendenken Grundtvigs von nordischer Mythologie und Christentum gesagt, daß dadurch „einer der bedeutungsvollsten Gedanken geboren (wurde), die je im Norden Europas ausgesprochen worden sind". Mit diesem Gedanken wird eine Verbindung der „Mysteriensubstanz" der nordischen Mythologie mit den sittlichen Werten des Christentums geschaffen. Grundtvig hat es nicht so ausgedrückt und würde es so nicht ausdrücken; „Mysterium" gehört nicht zu dem Vokabular seines Denkens über die Mythen, aber doch Wörter wie „Tiefe", „Dunkelheit", „Rätsel" und „Wunder". Den Zugang Grundtvigs zu den Mythen kann man sicherlich aus heutiger Sicht kritisieren, vielleicht sogar von verschiedenen Gesichtspunkten aus. Indessen hat er, und die Tradition, die sich daraus bildete, historische Wirkung gehabt und hat sie vielleicht immer noch.

Die allerersten Versuche in dieser Tradition, von der ich zuerst in Verbindung mit Grundtvigs mythologischen Vorträgen 1843-44 gesprochen habe, hatten eigentlich

---

1 N.F.S. Grundtvig, Krönike-Riim til levende Skolebrug(1842), S.11
2 Herbert Hahn, Vom Genius Europa. Begegnung mit zwölf Ländern, Völkern, Sprachen, II (Stuttgart, 1981), S. 135

schon früher angefangen, indem schon in den dreissiger Jahren – 1835 – ein guter Freund Grundtvigs, der Dorfpfarrer auf Seeland Gunni Busck, junge Leute aus seiner Gemeinde zu historischen Vorträgen versammelt und dabei auch von den Göttern des Nordens erzählt hatte; „von Walhall, Odin und besonders Thor, dessen Reise nach Jotunheim, Kampf mit Hrungner und Fischen nach der Midgardschlange sie recht herzlich erfreute", wie er brieflich Grundtvig rapportierte[3]. Zum Erzählen, weit besser als Vorlesen, ermunterte ihn Grundtvig.

Zu der Zeit waren Pfarrhöfe noch die natürlichen Plätze für solche „kulturvermittelnde" Veranstaltungen, und noch lange haben sie diese Rolle in Dänemark bewahrt. Aber, nachdem die ersten Volkshochschulen im grundtvigschen Geist ins Leben gerufen worden waren, haben diese allmählich die Kulturvermittlerrolle der Pfarrhöfe übernommen und sind Kraftzentren geworden, auch für die Tradition, von der hier die Rede ist: die Mythenerzählungstradition in Grundtvigs Nachfolge.

Die erste dieser Schulen war, wie vielleicht bekannt, die Schule in Rødding, Nordschleswig, 1844 gegründet, zunächst als eine Festung im kulturellen, sprachlichen und nationalen Kampf zwischen Deutsch und Dänisch im Herzogtum Schleswig. Hinter dieser Schule, sowohl bei ihrer Gründung als auch in ihrer Tätigkeit, solange sie noch wirkte und er noch lebte, stand Christian Flor, Professor für dänische Sprache und Literatur an der Universität in Kiel 1827-45.

Flor war ein entschiedener und erklärter Anhänger Grundtvigs, sowohl kirchlich als auch „volklich" (folkeligt), und hatte 1839 eine große, anerkennende Rezension zu der „Mythologie des Nordens" von 1832 geschrieben; auch hatte er in seinem Unterricht seinen Kieler Studenten die nordische Mythologie vorgetragen. Und nun, als er sich 1845 von der Universität verabschieden ließ und Vorsteher der Volkshochschule in Rødding wurde, fing er an, die nordischen Mythen im grundtvigschen Geiste zu benutzen, indem er der Erzählung eine Deutung oder aktuelle Interpretation beifügte. Viel wissen wir leider nicht darüber, wie er das machte, nur, daß er auch die humoristischen Saiten anschlug. Eine Tatsache ist, daß in diesen Jahren der direkten Konfrontation zwischen Deutsch und Dänisch oft genug die nordischen Mythen, und dann besonders die Thor-Mythen von seinen ständigen Kämpfen gegen die Riesen, benutzt wurden, um diese Kampfstellung zu unterstreichen und den Kampfesgeist zu ermuntern. Ich kann hier ein Zitat von Grundtvig selbst bringen, und zwar aus seiner Zeitschrift Danskeren (Der Däne), seinem ideologischen Kampforgan während des ersten schleswigschen Krieges. Die Kriegssituation trug dazu bei, die Haltungen stark zu vereinfachen (ich zitiere, und die Übersetzung ist wiederum meine eigene):

„...Was für einen herrlichen Thorshammer für die harte Stirn des Deutschen wir doch in der Mythologie des Nordens haben, und welch eine herrliche Urda-Quelle und einen Mimir-Brunnen, Bildersprache-Quell und Gedankenverwahrungsort wir noch dazu darin finden...wie klar und lieblich die alten Hirngespinste des nordischen Heldengeistes beweisen, daß wir keine Deutschen sind, sondern, so gut wie irgend ein anderes Volk auf der Erde, unser eigenes Maß haben, was sowohl Gedanken als auch Sprache betrifft, Zeiten wie auch Kleider..."[4]

Gerechterweise muß man hinzufügen, daß für Grundtvig der Kampf zunächst gegen das Deutschtum *innerhalb unserer Grenzen* stand: in dem geistigen Leben, in der Theologie und Philosophie, in dem Bildungswesen, in der Sprache, in der Denkart und in den Sitten, und zuletzt dann auch im altdänischen Volksland Schleswig, und hierzu benutzte er auch gerne die nordischen Mythen.

---

3 Hier gelesen nach J.P. Ægidius, Bragesnak (Odense, 1985), S. 166
4 Danskeren, 1850, Nr. 48 (S. 767)

Aber, um zu Christian Flor und der Volkshochschule in Røddding zurückzukommen: Flor blieb nicht lange Vorsteher der Schule, aber trotzdem war mit ihm die Tradition in Rødding geschaffen, die nordischen Mythen in Unterricht und Rede zu benutzen. Sein Nachfolger, Frederik Helweg, nahm den Faden auf, und er war es, der das Manifest – wenn ich es so nennen darf – dieser Tradition formulierte (Zitat in meiner Übersetzung):

„Entweder ist all unsere Rede von volklicher Aufklärung ein Mißverständnis, oder die gemeinnordische Sinnbildersprache, die in der von den Gelehrten so genannten nordischen Mythologie dargelegt ist, muß an der Spitze stehen...“⁵

Und nach ihm kamen andere Lehrer, die die mythologische Tradition in Rødding weiterführten: Gotfred Rode, Jens Lassen Knudsen, Ludvig Schrøder, – bis im Jahre 1864 beim Ausbruch des zweiten schleswigschen Krieges die Schule ihre Tätigkeit einstellen mußte.

Der letzte Vorsteher der Røddinger Schule vor dem Krieg, Ludvig Schrøder, war also auch Mythenerzähler, und zwar, als er dazu kam, seine Fähigkeiten und Ideen selbständiger, als er das in Rødding konnte, zu entfalten, ein sehr berühmter, auf den man innerhalb der ganzen Volkshochschulbewegung im Norden hinwies, als einen Beweis dafür, welch ein gutes Mittel zur Jugenderziehung die nordischen Mythen waren.

Die Schule in Askov, die er nach dem Kriege gründete, da ja eine weitere Arbeit in Rødding unmöglich geworden war, machte er, zusammen mit seinem Lehrerkollegen Heinrich Nutzhorn und allmählich auch mit anderen Lehrern, zu einer echt historisch-poetischen Jugendschule in Grundtvigs Geiste, wo durch Mythenerzählen, Geschichte, Poesie, Singen, neben einigen praktischen Fächern, eine meist bäuerliche Jugend zu national und gesellschaftlich bewußten Persönlichkeiten erzogen wurde. Jahr für Jahr hielt Ludvig Schrøder für neue Jahrgänge junger Bauernsöhne und -töchter seine Mythenvorträge, die sich über viele Einzelstunden erstreckten und bei vielen Schülern eine ganz besondere Aufmerksamkeit fanden.

Die besondere Empfänglichkeit der Jugend dieses Alters eben für solche Erzählungen erklärte man sich vor allem daraus, daß diese Jugend nicht ans Lesen gewöhnt war, sondern eben an die ungeschriebene Literatur religiöser und weltlicher Art, und daß es für sie keine scharfe Abgrenzung zwischen dem Sichtbaren und dem Unsichtbaren gab.

Schrøder fügte die Mythen in seine Geschichtserzählung ein, als Grundlage und Anfang der eigentlichen Geschichte, aber zugleich standen sie in ihrem eigenen Recht, indem er sie benutzte, halb systematisch, um darauf, wie er sagte, „eine volkliche Seelenlehre (Psychologie) und Sittenlehre (Ethik)" aufzubauen. Nicht durch bewußte Rhetorik, sondern durch seinen sittlich-religiösen Ernst wirkte er stark auf seine Zuhörer, wie auch durch die ruhige, warme Eindringlichkeit, die die Zuhörer merken ließ, daß er sich mit seiner ganzen Person dahinterstellte.

Was ich hier über Ludvig Schrøder sage, stammt (natürlich) aus schriftlichen Zeugnissen. Schrøder ist 1908 gestorben. Viele seiner ehemaligen Zuhörer haben bezeugt, daß eben die Mythenvorträge für sie das Kernerlebnis ihres Volkshochschulaufenthaltes gewesen waren. Einer von ihnen, der später selbst Hochschullehrer wurde, Thomas Bredsdorff, hat zurückblickend darüber geschrieben:

„Diese mythologischen Abendstunden wurden dann für etliche von uns die eigentlichen volklichen Erbauungsstunden, die der ganzen Schularbeit ihre heimliche Kraft gaben."⁶

---

5 Rede in Rødding Nov. 1854, hier gelesen nach Bragesnak (1985), S. 171
6 Die Worte sind 1916 geschrieben; hier gelesen nach Bragesnak (1985), S. 185

Das Erlebnis, über das Bredsdorff hier schreibt, fand 1884 statt. Zu der Zeit waren die Mythen beinahe 20 Jahre unbestritten Schrøders Hauptthema gewesen. Aber eine Veränderung war schon im Gange, die sich im Laufe der achtziger Jahre vollzog, und die sich so auswirkte – man hat es aus späterer Sicht „mythisch" so ausgedrückt –, daß Schrøder von den Mythen zu „Dänemarks Gewerben und Hilfsquellen" übergegangen sei.

Die Mythen als Thema verließ er tatsächlich nicht; aber sie bekamen ein anderes, schwächeres Gewicht im Gedränge der aktuellen Fächer, wonach neue politisch und sozial bewußtere Generationen von Schülern riefen. Und nicht nur bei Schrøder in Askov, sondern allmählich fast überall in der dänischen Volkshochschule dieser Zeit, d.h. im Laufe der achtziger und neunziger Jahre, so daß im ersten Jahrzehnt dieses Jahrhunderts der alte L. Schrøder nunmehr fast der einzige war, der den Mythen in grundtvigscher Betrachtung noch treu geblieben war, und nach seinem Tode 1908 gab es kaum einen mehr.

Gründe für diese Änderung gab es mehrere. Sie lagen nicht nur in der wissenschaftlichen Kritik der nordischen Echtheit und Ursprünglichkeit der Eddamythen, die von nordischen Archäologen und Philologen kam, sondern auch, und vielleicht noch mehr, in dem geistigen Klima der achtziger Jahre und der folgenden Jahrzehnte: Das Zeitgefühl hatte sich geändert, man konnte nicht mehr auf die alte Weise Mythen erzählen und interpretieren, die Zeit erforderte Realismus, Gegenwartsliteratur – und sie war realistisch-naturalistisch geworden –, soziales und politisches Bewußtsein (es war ja eine Zeit starker innenpolitischer Auseinandersetzungen), internationale Orientierung. Lars Lönnroth z.B. meint, daß die Mythen einfach ihre Rolle als ideologisches Kampfmittel in dem politischen Kampf der Bauernklasse ausgespielt hatten[7], und es kann gut sein, daß einige eben diesen Gebrauch der Mythen stark betont und vielleicht übertrieben haben. Wie dem auch sei: Die grundtvigianisch geprägte Schule für die erwachsene Jugend gab die nordischen Mythen als erzieherisches und, wenn man will, ideologisches Mittel auf. In der Schule für Kinder, dort, wo sie grundtvigianisch beeinflußt war, hat man länger an der Erzählung der Mythen festgehalten, ich schätze – ohne einen genauen Überblick zu haben – bis in die Jahrzehnte nach dem zweiten Weltkrieg. Wohl gemerkt: Es war hier die reine Erzählung, ohne irgendeine Deutung oder Auslegung.

Die Jahrzehnte 1890-1920 waren die große, „klassische" Zeit der dänischen Volkshochschule: Schulen waren über das ganze Land verstreut, sie hatten einen Verein gebildet, „die Volkshochschule" als Institution war ein anerkannter, vom Staat bezuschußter Teil des Bildungssystems geworden, ihre Schüler saßen auf vielen Vertrauensposten oder waren führende Politiker; die Bauernpartei, mit der sie zumeist identifiziert wurde, Venstre (die Linke), war an der Regierung. Aber nach dem großen Krieg, von dem Dänemark ja nicht unmittelbar berührt wurde, machte sich in der Volkshochschule eine Krise bemerkbar. Einige ihrer jüngeren Leute, unter ihnen die besten Kräfte, hatten das Gefühl, daß der Kurs nicht ganz richtig war. Einer von ihnen, Aage Møller, war besonders radikal und kompromißlos, und zwar in dem Sinne, daß er auf die erste Generation zurückverwies, die Pioniere der Hochschulbewegung aus der Zeit vor der Entartung in Realismus, Intellektualismus, Wissenschaftsgläubigkeit. Mit solchen kritischen Gedanken machte er sich in den Jahren 1917-20 bemerkbar. 1921 gründete er seine eigene Volkshochschule ganz in der Nähe der neuen Grenze, in Rønshoved an der Flensburger Förde; und 1924 machte er seine Entdeckung, daß die nordischen Mythen, so wie sie von Grundtvig aufgefaßt wurden, die zu der Zeit innerhalb der Volkshochschule in Vergessenheit geraten waren, der eigentliche Kern-

---

[7] Lars Lönnroth, „Frihed for Loke såvel som for Thor". Den nordiska mytologin som politiskt redskap i grundtvigianiskt bonde-och folkhögskolemiljö. (Aalborg, 1987), S. 16

stoff für die Jugenderziehung im Norden waren – bzw. in Dänemark, denn Aa. Møllers Horizont war eigentlich nur wenig über Dänemark hinaus ausgedehnt. Seine Entdekkung geschah rein zufällig, so jedenfalls hat er es später dargestellt: Indem er bei einer bestimmten Gelegenheit, als er einen Vortrag angekündigt hatte, das Gefühl hatte, die gewöhnlich gebräuchlichen Themen für volkliche Vorträge gingen zur Neige, griff er nach dem ersten besten Buch im Regal, und bekam dann „Die Mythologie des Nordens" von 1832 in die Hand. Er schlug es auf und las von Odin, gestaltete seinen Vortrag darüber und konnte auch etwas hineinlegen, das ihm am Herzen lag, – und siehe! Es ging unmittelbar bei den Zuhörern aus dem umliegenden Land wie auch bei den jüngeren Schülern ein. Er hatte seinen Stoff gefunden, er prüfte ihn in verschiedenen Zusammenhängen, vor unterschiedlichen Kategorien von Zuhörern, und fand Bestätigung: bei den einfachen, ungebildeten, von Versammlungskultur unverdorbenen Gemütern ging seine Rede direkt ein. Danach gab es für ihn keinen Zweifel: Die nordischen Mythen waren das Kernthema für die Volkshochschule in Dänemark, mit ihnen als Mittel konnte man erst eine wahre Volkshochschule betreiben!

Und das gab er dann bekannt, mündlich und schriftlich, unter seinen sich wundernden, eher skeptischen Kollegen in der Volkshochschule. Sie fühlten sich eher zum Protest provoziert als von einem Propheten der Wahrheit belehrt. Es bildete sich eine Front, Aage Møller sagte sich los von seinen „rationalistischen, humanistischen" wissenschaftsorientierten Kollegen, und dafür wurde die „mythologische" Volkshochschule isoliert.

Diese Front zwischen der „mythologischen" Minderheit, die für eine rein grundtvigianische Linie in der Nachfolge der ersten Volkshochschulen plädierte, und der „humanistischen" Mehrheit, die sich auf eine neue Jugend und den Geist einer gewandelten Zeit einstellen wollte, blieb durch die 20er, 30er und 40er Jahre bestehen. Schimpfwörter wie „Propheten" auf der einen Seite, „Humanisten" auf der anderen flogen durch die Luft! Die Zeit der deutschen Okkupation (1940-45) zeigte diese Front recht scharf: Die „etablierte", „humanistische" Volkshochschule machte weitgehend loyal die Verhandlungspolitik der Regierung (durch die ersten drei Jahre) mit, während die „Mythologen", von dem Kampfgeist der Mythologie inspiriert, früh für den aktiven Widerstand eintraten. In der Nachkriegszeit, als die Südschleswigfrage brennend war, fühlten sich die „Mythologen" als „Südschleswigaktive" denen verbunden, die in Verpflichtung gegenüber den südschleswigschen Landsleuten, auf der Wiedervereinigung des Landesteils mit Dänemark zu bestehen, verharrten, während die „Humanisten" auf der Grundlage der Selbstbestimmung stehenbleiben wollten.

Bis in die 70er Jahre hat es ausdrücklich mythologische Hochschulen gegeben, deren Leute der Linie Aage Møllers gefolgt sind, z.B. sind sie aktiv im Widerstand gegen die dänische Mitgliedschaft in der EG gewesen. Nach unserem „Anschluß" 1973 ist, was nun auch der Grund sein mag, das Profil der „Mythologen" etwas verwischt worden, soweit ich es sehe, jedenfalls das der Mythologen der Aage Møller'schen Gefolgschaft. Ausgesprochen mythologische Hochschulen gibt es im Augenblick, soweit ich weiß, nicht.

Das heißt jedoch nicht, daß die nordischen Mythen für die Volkshochschulleute überhaupt keine Rolle mehr spielen, nur scheinen sie eine andere oder andere Rollen zu haben. Da bin ich nicht mehr im Stande, ein wahres, klares Bild zu zeichnen, denn da habe ich zu wenig den Finger auf dem Puls. Nur kann ich beobachten, daß, nach einer Pause – allgemein gesehen – während der 50er, 60er und bis in die 70er Jahre, ein neues Interesse in der Öffentlichkeit für die nordische Mythologie sich auf verschiedene Weise erkennen läßt: Bücherausgaben, die sich an unterschiedliche Lesergruppen wenden, nunmehr meist mit Illustrationen, comic-strips, ein Zeichentrickfilm sogar, innerhalb der letzten Jahre; ein bekannter Schriftsteller schreibt eine „Göttererzählung" über die nordischen Mythen – die eine lebhafte Diskussion im Wochenblatt Højskolebladet (Volkshochschulblatt) erregte –, ein Werk, das den mythischen Erzählungen aktuelle politisch-existentielle Fragestellungen unterlegt; aus Volkshochschulen hie und da höre ich, daß die Mythen wieder erzählt werden, dramatische Darstellungen, Schauspiele, Musicals wählen Stoff aus der nordischen Mythologie, in den Webräumen der Hochschulen tritt die Esche Yggdrasil als Motiv für Bildteppiche auf, u.v.a.m.

Wohin nun dieses neuerwachte Interesse für die nordischen Mythen führen wird, wage ich nicht zu prophezeien. Da es jedoch keine ausschließlich dänische Modeerscheinung ist, sondern sich auf internationaler Ebene, wissenschaftlich und in anderen Zusammenhängen, ein neues Mytheninteresse beobachten läßt, muß man vermuten, daß es tiefere Wurzeln haben muß. Eine Wiederaufnahme der Mythenerzählung und -interpretation in der Art Grundtvigs selbst, von Ludvig Schrøder oder Aage Møller ist kaum vorstellbar. Die Mythenforschung der letzten 200 Jahre und die Einsicht in die Natur und Funktion der Mythen läßt sich nicht ausschalten. Besonders für das Sakrale, das Heilige, das mit ihnen verbunden ist, hat man ein erweitertes Verständnis gewonnen.

Bei den Männern, die ich hier als Mythenerzähler und -interpreten besonders hervorgehoben habe: Grundtvig selbst, Ludvig Schrøder, Aage Møller, war immer die Verehrung des Sakralen, des Heiligen, auf das Christentum gerichtet. Gegen Beschuldigungen von christlicher Seite, sie wollten altes Heidentum in die christliche Gegenwart hineinbringen, haben sie sich gewehrt. Für sie alle war das Christentum die entscheidende Lebensgrundlage. Was sie in den Mythen hervorgehoben haben, war das poetische und das ethische Element, und dazu kam noch das humoristische. Das, was in ihrer Mythen„Auslegung" unmittelbar die größte durchschlagende Kraft gehabt hat, nach meiner Einschätzung, ist die Betonung des Kampfes, die ihre Zuhörer zur Spannung der Kräfte und zur Teilnahme an dem Lebenskampf aufrief.

Trotz des erwähnten Herunterspielens des Sakralen bei Grundtvig – und hier möchte ich zum Vergleich die Wagner'sche Inszenierung der Mythen in den großen Musikdramen erwähnen, die, soweit ich es verstanden habe, sehr bewußt durch die Kombination von Musik, Bild, Gebärde und Wort das sakrale Element betonen will, – trotz des Herunterspielens des Sakralen bei Grundtvig und seinen Jüngern in ihrer Mythenbetrachtung – und Grundtvig wollte ausdrücklich nicht die Schauspielbühne für seine Zwecke benutzen, sondern im Gegenteil das Drama „in die Hörsäle bringen", wie er sagte – versteckt sich doch irgendwo bei ihm auch eine Ahnung des Sakralen den Mythen gegenüber, er nennt sie prophetisch, – und die Prophezeiung ist doch eine religiöse Kategorie. Bei den Jüngern: Schrøder, Møller und den anderen befand sich die Ehrerbietigkeit in ihrer Haltung dem Meister gegenüber: in ihm sahen sie, nach meiner Einschätzung, das Heilige, das Prophetische, das in dieser Hinsicht Autorität über sie hatte. Endlich muß ich dann auch das Singen erwähnen, das traditionell die Vorträge, mythologische wie andere, in der Volkshochschule begleitet hat. Also doch ein bezauberndes, gemeinschaftsbeschwörendes Element, das dazu beigetragen hat, diese Vortragsstunden zu „volklichen Erbauungsstunden" zu machen.

Flemming Lundgreen-Nielsen

Grundtvig als Dichter – halb Aufklärer, halb Romantiker, ganz Christ

Die Frage, wo Grundtvig in der dänischen Literaturgeschichte steht, scheint einfach zu beantworten: er ist eine der Hauptgestalten des „goldenen Zeitalters" der skandinavischen Romantik. Betrachtet man aber sein Leben und Werk näher, wird es klar, daß diese Bestimmung nicht ohne erhebliche Einschränkungen geltend gemacht werden kann. Ich werde das Problem erst von außen, dann von innen betrachten.

Aber zunächst einige Worte der Warnung. Es gibt leider viele Schwierigkeiten für die Forscher und Leser, die Grundtvigs literarischen Einsatz zu studieren und beurteilen wünschen.

Erstens schrieb Grundtvig so lange und so viel, daß allein ein Überblick seines Gesamtwerkes kaum erreicht werden kann. Er wurde 1783 geboren und starb 1872, und seine schriftliche Tätigkeit erstreckte sich über ganze 75 Jahre.

Zweitens besitzen wir keine Gesamtausgabe seiner Schriften – nur mehrere Ausgewählte Werke in zwei bis zehn Bänden. Manche seiner Titel sind nicht in Neudrucken zugänglich, viele existieren nur in der Erstausgabe.

Drittens hat Grundtvig eine Unmenge von Handschriften hinterlassen. Insgesamt befinden sich im Grundtvig-Archiv in der Kopenhagener Königlichen Bibliothek 565 Faszikel, d.h. Manuskript-Bündel. Kladden, Entwürfe und aufgegebene Projekte nehmen hier den größten Platz ein. Alles ist in einem 30-bändigen Register verzeichnet. Das meiste davon ist nie gedruckt worden und wird wahrscheinlich nie die Öffentlichkeit erreichen. Wie ein alter Grundtvig-Forscher gesagt hat: Es ist ein Adlerhorst, groß und voller Mist und Dreck, aber eben der Horst eines Adlers. Für Grundtvig-Besessene ist das Archiv natürlich eine wahre Goldgrube.

Viertens ist Grundtvigs Werk eine lebenslange Auseinandersetzung mit vor allem ihm selbst, dann auch mit der unmittelbaren Umwelt. Das bedeutet, daß er entweder über Themen geschrieben hat, die nur ihn beschäftigten, oder über Themen, die damalige aktuelle Angelegenheiten berührten, die heute vielleicht nicht mehr bekannt sind. Grundtvigs prinzipielle Standpunkte müssen also häufig Pamphleten, Zeitungs- und Zeitschriftenbeiträgen, Vorreden und Gelegenheitsgedichten entwunden werden. Tatsächlich hat er nie ein Buch geschrieben, das als sein Hauptwerk gelten kann, kaum ein einziges, in sich gerundetes und künstlerisch durchaus geglücktes Werk geschaffen. Seine Prosatexte sind oft zu lang und weitschweifig, seine Gedichte haben regelmäßig zu viele Strophen. Er ist deshalb meistens anthologieweise herausgegeben und studiert worden, und sogar die Grundtvig-Forscher haben sich spezialisieren müssen. Noch eine Folge ist, daß die Hauptideen und Hauptbegriffe Grundtvigs *mehr* bekannt sind als die Schriften, in denen sie ursprünglich erschienen. Grundtvig braucht Deuter und Deutungen.

Fünftens ist es schwer, Grundtvig zu lesen. Er zieht einen komplizierten Satzbau vor, der mit Zusätzen, Einschaltungen und Ausschweifungen den oft mühsamen Weg seiner Gedanken spiegelt. Dazu kommt noch, daß er nicht selten gängige dänische Wörter – wie *Herz* oder *schauen/sehen* – im ganz persönlichen und philosophisch präzisen Sinne benutzt, ohne den Leser zu warnen, daß hier etwas Besonderes vorhanden ist. Seine

Vorliebe für die Wiederaufnahme alter Wörter und Ausdrücke erleichtert schließlich auch nicht das Verständnis. Aus denselben Gründen ist die Übersetzung seiner Schriften natürlich beschwerlicher als bei den übrigen zeitgenössischen dänischen Dichtern. Meiner Erfahrung nach geht es sogar noch besser auf Deutsch als auf Englisch oder Französisch.

Von außen gesehen ist Grundtvigs literarische Laufbahn leicht festzulegen. Er ist bis etwa 1820 ein junger romantischer Dichter. Als eifriges Mitglied der Kopenhagener literarischen Welt las er, was erschien und rezensiert wurde, er besuchte sogar das Königliche Theater, um gegen den schlechten Geschmack der Direktion zu demonstrieren – kurz: er mischte sich in alles ein und war nicht beliebt. Zwar fand er bald Mäzene wie auch Leser, aber die Kopenhagener Kritiker und die Akademiker der Universität erkannten ihn nicht an. 1818 zog er sich zurück und widmete sich von jetzt ab seinem eigenen Werk, ohne sich um Rezensenten oder Buchkäufer weiter zu kümmern. Er las wenig von der schönen Literatur des „Goldenen Zeitalters" nach 1820 und war in der Regel nicht beeindruckt von dem, was ihm zu Gesicht kam.

Wäre Grundtvig ein durchschnittlicher Dichter der Periode gewesen, seine Schriften hätten längst ihren Platz in der Literaturgeschichte gefunden, diesem schönen Friedhof mancher guter Bemühungen. Das wollte er aber nicht. Schon als 37jähriger Schriftsteller hat er sich von der literarischen Institution seiner Zeit losgesagt. Er versuchte nicht mehr, modern zu sein. Er schrieb nie Dramen für die Bühne, er verfaßte keine Rezensionen in den Zeitungen; den Roman, die Lieblingsform der modernen Literatur, bezeichnete er prinzipiell als leeres Geschwätz und schlechten Zeitvertreib, und in einem Zeitalter, in dem die Dichter die Verse immer geschmeidiger und natürlicher machten, hat er altmodische steife Formen wie das Lehrgedicht, das Epos in Versen, das patriotische Lied, das Kirchenlied und die Reimchronik vorgezogen. Seine unübersehbare hypotaktische Prosa erinnert eher an das 18. Jahrhundert als an die Experimente, die Hans Christian Andersen oder Søren Kierkegaard gleichzeitig gestalteten.

Betrachtet man als Literaturforscher sein dichterisches Gesamtwerk – nochmals von außen –, findet man allerlei Stilarten im Gebrauch. Seine lyrische Leistung, in den Augen der meisten Dänen der Kern seines Schaffens, fällt in ganz verschiedene Gruppen, von denen hier nur zwei Kategorien behandelt werden sollen.

Einen Hauptteil macht seine romantische Lyrik aus. Es handelt sich dabei um eine Dichtung, die geprägt ist von Mehrdeutigkeit und Vielfalt in Symbolen und Bildern, üppig wachsenden Assoziationen, Sprüngen zwischen normal getrennten Bedeutungsebenen, raschen Wechseln der Grundstimmung und verständnisvollem Gebrauch von Mythologie, Sagen und Geschichte. Hier spielt übrigens auch Grundtvigs Christentum mit: die letzten Geheimnisse des irdischen Lebens müssen dunkel bleiben und können bestenfalls nur geahnt werden, aber die mit Rätseln gespickte Bildersprache des Dichters wird einmal in der Fülle der Zeit „verklärt" werden, denn ihre letzte Auflösung ist Gott vorbehalten.

Ein Beispiel mag an dieser Stelle genügen: Erwähnt Grundtvig in einem Gedicht den Namen Signe aus Saxo, steht diese Frau für Liebe und Treue bis in den Tod, und sie bedeutet auch eine erbauliche Erinnerung an Saxo, den nationalen Geschichtsschreiber im Mittelalter und an die Szene der betreffenden Sage, die mittelseeländische Landschaft. Diese Landschaft ist auch die Heimat des dänischen Reichsgründers Absalon. Signe ruft auch eine liebevolle Erinnerung an Norwegen hervor, denn ihr Liebhaber Habor war ja norwegisch. Sie vertritt auch Grundtvigs Vorstellung von der Frau als herzlicher gesinnt als die Männer, und durch ihren Freitod spricht sie von dem Verlangen nach dem Leben nach dem Tode sogar bei den alten Heiden Dänemarks. Es ist nicht leicht, diese Art von Symbolen auszuschöpfen. Vielleicht sind noch andere

Hinweise hier verborgen. Man muß nur hören können, denn durch das Berühren einer einzelnen Taste seines Instruments vermag Grundtvig eine ganze Symphonie auszulösen. Wer aber allein den Bewegungen des Fingers mit dem Auge folgt, sieht nichts als eine einfache und monoton wiederholte Bedienung der Taste.

Eine andere Hauptkategorie besteht in seiner Gedankenlyrik. Wo sie nicht nur gereimte Prosa ist, findet man eine kurze und knappe Formulierung, Lehrsätze und gemeine Feststellungen, die durch Alliterationen und archaisierenden Stil wie alte Sprüche anmuten, eine Darstellung ohne überflüssige Füllsel, überwiegend in abstrakten Begriffen ausgedrückt. In Gedichten dieser Kategorie hat Grundtvig geflügelte Worte geschaffen, die außerhalb seiner Schriften leben, fast wie anonyme und mündliche Volkstradition. Hinter dem romantischen Dichter Grundtvig steht in dieser Weise ein guter humanistischer Denker, ein Lehrer von großer Klarheit, der im dichterischen Schaffen dem Rezept der Aufklärung erstaunlich nahe kommt: „Ein schönes Denken bloß erhebt des Dichters Lied" – Ludvig Holbergs Devise im komischen Epos Peder Paars 1719-20. Die enge Verbindung zur dichterischen Persönlichkeit ist verschwunden, der Dichter wird zum Sprachrohr universeller Erfahrungen.

Ich habe absichtlich eben Grundtvigs Lyrik als beispielhaft hervorgehoben, denn seine Verse sind oft die prägnante Konklusion dessen, was er in seinen Abhandlungen, Reden und Predigten ausgedacht hat.

Wenden wir uns Grundtvigs innerer Entwicklung zu, also seinem Verhältnis zur Dichtung und Literatur.

In seiner frühen Jugend war Grundtvig ein Aufklärer, Schüler und Anhänger der Verstandeskultur des 18. Jahrhunderts. Politisch und theologisch war er als Student radikal kritisch, tolerant, ein begeisterter Verfechter der Freiheit im Geiste Voltaires. Seine literarischen Vorbilder in Dänemark waren Leute wie der intellektuelle Satiriker Ludvig Holberg aus der ersten Hälfte des 18. Jahrhunderts und dessen kecke und provozierende Nachfolger in der zweiten Hälfte, der Komödiendichter und Gesellschaftskritiker P.A. Heiberg sowie der Verseschreiber T.C. Bruun.

In ungedruckten dichterischen Versuchen ab 1800 ahmt Grundtvig eine Reihe von dänischen Genres der Aufklärung nach: das Lehrgedicht, die Gedankenlyrik, die psychologisch-moralische Erzählung mit historischem Stoff, die satirische Komödie – nur nicht das Kirchenlied. Das liegt nicht an Unkenntnis der Hauptideen der modernen europäischen Romantik. Denen hatte er nämlich 1802-03 ausdauernd zugehört, als sein Vetter Henrik Steffens sie in öffentlichen Vorträgen in Kopenhagen bekannt gemacht hatte. Steffens, ein recht feuriges Gemüt, predigte hier die Auffassung der deutschen Jenaer Romantik von der Wissenschaft im allgemeinen und von der Naturgeschichte, der Weltgeschichte und dem Platz des einzelnen Individuums in der Ganzheit im besonderen.

Erst 1805, mitten in einer heftigen und unglücklichen Liebe, hat Grundtvig, um seine Seelenruhe zu schützen, sich in die Schriften der romantischen Philosophen und Ästhetiker vertieft. Er ging aus dieser Krise als Romantiker hinaus – jedenfalls scheinbar.

In ästhetischen Aufzeichnungen in seinem Tagebuch meint Grundtvig im Sommer 1805 feststellen zu können, daß sich Kunst – Malerei, Skulptur, Musik, Dichtung – als *poetisch* im romantischen Sinne definieren lasse: die Kunst spiegelt eine „höhere, nur geahnte Existenz" wider. Er führt weiter einen terminologischen Unterschied zwischen *Kunst* und *Poesie* ein. *Kunst* bezeichnet die handwerkliche Form (in Farben, Stein, Worten und Tönen), die in willkürlich aufgeteilte Disziplinen zerfällt. *Poesie* dagegen konstituiert sich quer durch die Fachgrenzen aus einer Lebensauffassung, die sich an einem höheren Dasein in der Ewigkeit orientiert. Zwei Monate später klingt es noch positiver: Poesie ist alles, was an das Ewige erinnert, und ein Mittel, es wahrzunehmen, besitzt der Mensch in der reinen Naturanschauung des inneren Auges und Ohres. Grundtvig zitiert tatsächlich hier Steffens' achte Vorlesung. Die Naturanschauung versteht Grundtvig als eine besondere innere und angeborene Fähigkeit, die höhere Bedeutung zu erkennen, die unter den Oberflächen liegt, an der die allgemeinen Sinne haften bleiben.

Grundtvig hat jedoch gleichzeitig auch Einwände gegen die Romantik. Ein Problem ist es, daß eine solche poetische Gesamtanschauung in einer irdischen Form, z.B. in Elementen der Sprache, ausgedrückt werden muß, aber die vollkommene Assimilation zwischen dem inneren Erlebnis und dem materiellen Medium sich niemals verwirklichen läßt. Er sieht auch ein Problem darin, daß ein Leben im Streben nach der höheren Sphäre der Ewigkeit einen schmerzlichen Gegensatz zwischen dem in diesem Falle uninteressanten Alltag und der höheren, aber ungreifbaren Existenz hervorruft. Grundtvig schlägt sich selbst einen praktischen Kompromiß vor: auch niedere und weniger vollkommene Grade der Poesie als die absoluten, die der Mensch zeit seines Lebens doch nicht erreichen kann, sollten als Beispiele für das Streben des Geistes nach der Urpoesie anerkannt werden. Grundtvig denkt also den praktischen Ort des Dichters im alltäglichen Leben mit und vertieft sich nicht umweltfeindlich in sein eigenes Inneres.

In weiteren ästhetischen Aufzeichnungen über Schillers „Die Braut von Messina" 1807 lobt Grundtvig Schiller wegen seiner idealistischen Tendenz, bedauert aber, daß er sich einer künstlichen, menschengeschaffenen Harmonisierung des Ewigen und des Zeitlichen verschreibe. Wenn Grundtvigs oben erwähnte Einwände einer aufklärerischen Haltung beizumessen sind, nähert er sich hier einer religiösen. Grundtvig behauptet nämlich, daß moderne Leser sich nur mit Helden wie Schillers Karl Moor, Don Carlos, Jeanne d'Arc und vor allem Shakespeares Hamlet identifizieren können. Diese kämpfen von einer Ahnung des Ewigen heraus mit der ärmlichen Existenz, ganz wie es der heutige Leser tun muß. Das Disharmonische und Unvollendete am Lebenslauf dieser Helden ist für Grundtvig zwar ein Mangel an höchster Abrundung, d.h. mit dem antiken griechischen Drama verglichen ein Mangel an *Kunst*, aber gerade dadurch ein Signal für eine „Fülle von Poesie", Ewigkeitssehnsucht. Hier kann der moderne Leser, meint Grundtvig, seine Gefühle investieren, in Freud und Leid sich mitreißen lassen, denn allein das absolute Engagement für die Poesie kann den modernen Menschen von dem verhaßten irdischen Dasein befreien – und das auch nur in Augenblicken. In einer – dann verworfenen – Kladde fügt Grundtvig hinzu, daß Schillers (und Goethes) Versöhnung mit dem Dasein in ihrer klassizistischen Periode offenbar Illusion sei, faktisch identisch mit der Knechtschaft des vergänglichen Wesens, von der Paulus im Römerbrief (8, 19-23) spricht, die poetische Lebensform aber entspreche dem an gleicher Stelle beschriebenen Seufzer nach der herrlichen Freiheit der Kinder Gottes. So geht Grundtvig von der durchgängig egozentrischen Romantik zu der Sache über, die größer ist als das Ich: zum Christentum.

Für den Rest seines langen Lebens zieht Grundtvig gerne in der Dichtung die Poesie, d.h. die Richtung nach dem Ewigen, der Kunst, d.h. der polierten harmonischen Form, vor. Innerhalb der Malerei steht für ihn das nur angedeutete Christus-Gesicht auf dem Abendmahlsbild Leonardo da Vincis immer weit über den vollendeten Malereien Raphaels.

Bald sollte Grundtvigs Poetik noch christlicher werden. Nach einer tiefen geistigen Krise und mehreren Anfällen akuter Geisteskrankheit Weihnachten 1810 erlebte Grundtvig einen christlichen Glaubensdurchbruch und begann sogleich nach neuer dichterischer Sicherheit in der Bibel und der Kirchengemeinde zu suchen. Es schien ihm beruhigend, daß große Dichter wie David im Alten Testament, Johannes Ewald im dänischen 18. Jahrhundert und der norwegische Pfarrer Johannes Rein in seiner eigenen

Zeit ihre Dichtergaben in den Dienst Gottes stellen konnten. In der Rede des Paulus auf dem Areopag (Apostelgeschichte 17, 28) fand er eine neutestamentliche Argumentation für die Berechtigung der Dichtkunst, auch der antiken und nordischen heidnischen, als ein wahrer Rest der Gottesbildlichkeit.

Noch 1811 führt ihn das zu einer Art Identifikation mit den alttestamentlichen Propheten – was romantisch anmutet: die romantische Vorstellung vom Dichtergenie war ja unter anderem aus dem Alten Testament abgeleitet, wie auch die Lieblingsgestalt der Frühromantik, der alte blinde Ossian, zeigt. Grundtvig aber greift religiös und nicht nur ästhetisch auf die biblischen Seher zurück. Seine retrospektive Gedichtsammlung Saga, erschienen im Dezember 1811, hat ein Motto vom Propheten Ezechiel (33, 32): „Die Leute hören auf den Propheten wie auf einen Künstler und glauben seinen Worten nicht", und er setzt in der Vorrede sogar das Zitat fort: „Wenn er aber kommt, so werden sie erfahren, daß ein Prophet unter ihnen gewesen ist". In einem Entwurf zur selben Vorrede hat Grundtvig mit einer christlichen Definition eines Dichters gearbeitet. Er sieht in seiner Zeit zwei Dichtertypen. Der eine ist der passive, der sich zum willenlosen Werkzeug seiner eigenen Phantasie und ihrer Impulse macht – also wohl der Romantiker. Der andere Typ ist der aktive Dichter, der seine Phantasie streng im Dienst eines bestimmten Ziels steuert – also wohl der moralisierende und formbewußte Klassizist. Über diese beiden will Grundtvig einen dritten Typ stellen, den er mit einem grammatikalischen Wortspiel als deponentisch bezeichnet, d.h. eine Vereinigung von passiver Form und aktiver Bedeutung. Der deponentische Dichter betrachtet laut Grundtvig intellektuell die Flucht seiner Phantasie, um ihre Richtung festzustellen, bevor er sich ihr hingibt. Da Grundtvig 1811 schon jahrelang die wahre Poesie durch ihr Streben nach dem Ewigen definiert hat, kann er hier schnell folgern, daß deponentische Dichter „religiös oder christlich" sein müssen.

In den folgenden Jahren sieht es aus, als bemühe Grundtvig sich darum, ein solcher deponentischer Dichter zu werden.

Das läßt immer noch Raum für romantische Elemente auf einem niedrigeren Niveau als dem weltanschaulichen. Grundtvig beschließt 1811, in seinen biblisch-christlichen Werken direkt und ohne überflüssige Umwege über Metaphern zu sprechen. In einer kurzen Phase wurde sein lyrischer Stil asketisch, bildarm und sinnenfeindlich abstrakt. Es dauerte jedoch nicht lange, bis er wieder auf die stimmungsvolle und mehrdeutige Ausdrucksweise der Romantik zurückgriff, um das Unaussprechliche und Wunderbare darstellen zu können. Die lange Reimchronik Roskilde-Reim 1814 bezeugt deutlich, welche Anregungen er aus einer frei wuchernden Bildersprache empfängt, die sich zuweilen rationalem Verstehen entzieht. Grundtvig mußte faktisch die Absicht eines präzisen Einzelkommentars zu dem Roskilde-Buch sowie später zum großen selbstbekennenden Gedicht Neujahrs-Morgen 1824 aufgeben, weil er sah, daß seine Aufzeichnungen zu einer noch dichteren Wildnis anwuchsen als die Texte, die er seinen Lesern erklären wollte.

Weihnachten 1815 änderte er nochmals seinen dichterischen Ausdruck, da er erfahren hatte, daß sogar begabte Menschen ihn mißverstanden, sowohl wenn er sich direkt über die Dinge ausließ, als auch wenn er Themen in einer komplizierten dichterischen Form behandelte – einer Form, die er selbst so natürlich fand wie das Atmen. Das bedeutete eine bewußte Wiederaufnahme der dichterischen Technik aus den stark romantisch gefärbten Jugendjahren.

Zur gleichen Zeit bekämpfte Grundtvig die Weltanschauung und Kunsttheorie der Romantiker – insbesondere bei Schelling und Novalis – als eine trügerische Selbsterlösung und Scheinharmonie, bestenfalls schöne, aber verworrene und verwirrende Visionen. Grundtvig erkennt jedoch an, daß die deutsche Romantik im großen weltgeschichtlichen Streit zwischen Christentum und Materialismus ihre Funktion als ein anwendbares geistiges Gärungsmittel habe, denn Deutschland sei eben der große Braukessel Europas.

Ich versuche zusammenzufassen. Grundtvig näherte sich in den ersten Jahrzehnten seines Werkes weitgehend der Romantik an, ohne richtiger Romantiker zu werden. Das liegt, kurz gesagt, in erster Linie an seiner wechselnden, immer deutlicher werdenden Hinwendung zu einem evangelischen Christentum, in zweiter Linie an seinem Respekt für wissenschaftliche Gelehrsamkeit, universelle Belesenheit und sorgfältigen Fleiß, ein Erbe der Polyhistoriker des 18. Jahrhunderts.

Mit den Romantikern hatte Grundtvig viele Anschauungen gemein: die hohe Einschätzung der Dichtung, die Auffassung von der Natur und der Welt als einer Ziffernschrift, die gedeutet und – im biblischen Sinne – verklärt werden müsse, den souveränen Überblick über die Geschichte, der dem Gang der Dinge einen Sinn verleiht, und schließlich den Gebrauch von Mythen und Mythologien als Werkzeuge zur Lebenserhellung, d.h. als lebendige Religion eher denn als Gegenstand eines akademischen Studiums.

Es gibt aber wichtige Züge der romantischen Poetik, die Grundtvig dezidiert ablehnt. Die Idee vom Künstler als einem Schöpfer, die Idee von der Selbstgültigkeit der Kunst und die Idee von der Originalität des Künstlers nahm Grundtvig nie an. Vor Romantikern, die meinten, das Gute und das Böse ausgleichen zu können, warnte er als gefährlichen Irrlichtern. Die subjektive moderne Anbetung der eigenen seltenen oder einmaligen Persönlichkeit schien ihm abscheulicher Götzendienst.

In dieser antiindividualistischen Haltung kam Grundtvig, ohne es genau zu wollen, wieder Gesichtspunkten der Aufklärung nah. Grundtvig dachte in kollektiven Kategorien wie Volk, Gesellschaft, Gemeingut, Gemeinde. Er wertete ab, was den Erzromantikern am wertvollsten erschien: die Widerspiegelung des unendlichen inneren Reichtums einer eigentümlichen Persönlichkeit im Werk. Wie die Aufklärer schätzte Grundtvig die Sache höher als die in der Sache involvierten Personen. Das gilt besonders, wenn man sich der Kirchenliederdichtung Grundtvigs zuwendet. Hier vertritt Grundtvig Erbe und herkömmliche Sitten, indem er anstrebt, sich in eine geschichtliche Tradition zu stellen, um das allzu Individuelle zu verlassen. Deshalb hat er älteres und neueres Liedgut übersetzt und bearbeitet und oft auch darauf im passenden Stil weitergedichtet. Die Erwartung eines künstlerischen Individualismus bei den modernen Kunsttheoretikern sieht er als schädlich für das allgemeine Verständnis, die Gültigkeit und den Gebrauch dieser Texte an.

Nach 1832, als Grundtvig in der zweiten Ausgabe der „Mythologie des Nordens" das Menschliche von dem Christlichen trennte und ersteres für eine Voraussetzung für das letztere erklärte, schloß er seinen Frieden und verbündete sich sogar mit den nicht-christlichen Menschen, die er „Naturalisten" nannte – d.h. Leute, die wie die Griechen der Antike und die alten Nordländer sich des geistigen Ursprungs und der geistigen Natur des Menschen bewußt waren. Das bedeutete nicht nur eine weitgehende Versöhnung mit den deutschen und dänischen Romantikern, sondern auch mit einem großen Teil der Aufklärer des 18. Jahrhunderts. Grundtvigs unaufhaltsame und unermüdliche Arbeit, seine Landsleute über ihre Geschichte und Gesellschaft, Sprache und Literatur zu erleuchten, ist wirklich eine Fortsetzung dessen, was Holberg, Sneedorff und andere im 18. Jahrhundert anstrebten.

Und Grundtvig konnte zweckmäßig die Dichtung als Medium seiner Anschauungen benutzen. Er schrieb Gedichte, die wohl auf einer romantischen Symbollehre ruhten, aber deren Ziel Aufklärung, Belehrung und Erweckung von gemeinschaftlichen Gefühlen und Einsichten war – weit von der Bildung und Entfaltung des einzigartigen Genies in der romantischen Poesie entfernt. Grundtvig verkündete in vaterländischen und geistlichen Liedern, daß der Mensch im Leben nicht allein sei: Hinter sich hat jeder

Mensch die Geschichte seiner Nation, um sich herum hat er die Gesellschaft des gegenwärtigen Vaterlandes, wo die Muttersprache ihn mit seinen Landsleuten innerlich verbindet, und vor sich hat er die Hoffnung auf das ewige Leben, dem zuzustreben die Kirche ihm empfiehlt. Grundtvig wollte die Einbeziehung des Individuums in eine größere Gemeinschaft fördern. Er sagte viel lieber *wir* als *ich*. Wo die Aufklärer von Staatsbürgern oder Mitgliedern der Volksgemeinschaft sprachen, die wie Maschinenteile funktionierten, sah Grundtvig eine lebendige Wechselwirkung zwischen aufgeklärten Menschen und der familienhaften Gesellschaft, in der sie lebten. Für Grundtvig war die Welt keine wohlkonstruierte Maschine, sondern ein wirkender und wachsender Organismus.

Es mag recht romantisch sein, die literarische Welt zu verlassen, wie Grundtvig es tat, um die Wirklichkeit mit- und umzugestalten. Aber seine Mittel waren in erstaunlich hohem Grade dem 18. Jahrhundert entlehnt. Besonders nach 1832 kehrte Grundtvig fast zu den Voraussetzungen der ganzen Romantik, der Organismusphilosophie und Volkslehre Herders zurück. Neu war es allerdings, daß Grundtvig nach drei Englandreisen um 1830 die herderschen Gedanken in originaler Weise mit dem regen englischen politischen, wirtschaftlichen und volkstümlichen Liberalismus verbinden konnte.

Viele der guten Ideen der Aufklärung und der Romantik fanden ein schlechtes Ende. Goethes Werther verlangt nach Freiheit, Gleichheit und Liebe, aber der Freitod ist das Resultat seiner Hoffnungen. Die hohen Ideale der französischen Revolution münden in einen Blutrausch und werden durch einen Diktator ersetzt.

Vor allem verdankte Grundtvig seinem evangelischen Christentum, daß er diesen Fallen zu entweichen wußte. Als Grundtvig die kleine Kopenhagener Literaturwelt verließ, um durch Pamphlete, Volkshochschulen und Reichstagsreden seine Gegenwart zu beeinflussen, ist er ohne jede Gewalt oder voreiligen Eifer verfahren. Das Leben hatte ihn Geduld gelehrt. Er glaubte an das Gute im einzelnen gottgeschaffenen Mitbürger. Er glaubte im allgemeinen an das friedfertige und ruhige Wachstum an Menschlichkeit, dann das Wachstum in Gott. Er hatte keine Eile, er wollte nicht unbedingt alle seine Ideen zu Lebzeiten verwirklicht sehen. „Spät, aber süß", lautete einer seiner Lieblingsausdrücke. Sein nie erschütterter Glaube an Gott und die Ewigkeit gab ihm Geduld und Gelassenheit. Grundtvig besaß nicht die persönliche Eitelkeit anderer Romantiker, z.B. Oehlenschlägers. Deshalb war er schon zu seinen Lebzeiten zur Legende geworden. Bei seinem Tode war er nicht nur die führende Gestalt einer Volksbewegung, sondern auch ein Symbol einer Lebensanschauung, die den Geist, d.h. unsichtbare, aber unbestreitbare reale Kräfte, höher als andere denkbare Triebkräfte des Lebens einschätzte. In diesem Symbol, das Aufklärung, Romantik und Christentum in sich vereint, schließt Grundtvig die Laufbahn ab, die 1798 mit den unbedeutenden Versuchen des kleinen Schulbuben, eine Komödie von Terenz zu übersetzen, angefangen hat.

Als Symbol wirkt sich Grundtvig noch im späten 20. Jahrhundert aus. Warum, das hat schon der Norweger Bjørnstjerne Bjørnson in Grundtvigs letzten Lebensjahren verstanden, als er ihn historisch und zugleich prophetisch charakterisierte: „Es gab gewiß mehr Poesie in Oehlenschlägers Werken, mehr Denken in Kierkegaards, mehr Form bei anderen, mehr Phantasie vielleicht bei einzelnen, aber all dies zusammengenommen in Gesundheit, Breite, Glauben und Visionen besaß er, es ist eine Urkraft (...) mit ihm beginnt zum ersten Mal etwas großes im Volk, alles Verlangen der Literatur geht in die Seele des Volkes hinein und wird hier zur Kraft."

Das mag auch literaturgeschichtlich zutreffend sein.

Bernd Henningsen

Grundtvig als Dichter – halb Aufklärer, halb Romantiker, ganz Christ

Gesprächsbericht

Von draußen betrachtet, so referierte der Kopenhagener Literaturwissenschaftler Flemming Lundgreen-Nielsen, wird Grundtvig der romantischen Schule zugerechnet; aber bereits 1818 meldet er sich aus der literarischen Welt ab, um für den Rest seines (langen) Lebens altertümliche und unmoderne Dichtarten zu pflegen. Zwei Stillagen sind ihm dabei als Lyriker zugeordnet: teils romantisch-symbolistisch, teils *folkelig*-didaktisch.

Von innen betrachtet ist Grundtvig im großen und ganzen seit 1805 Romantiker; allerdings leitet er den deutschen romantischen Idealismus, die Ich-Zentrierung und Weltabgewandtheit auf die Ebenen des praktischen Bedarfs des täglichen Lebens, so wie es das Erbe der Aufklärungsbewegung des 18. Jahrhunderts begründet hatte (von Ludvig Holberg bis Peter Andreas Heiberg). Den Hintergrund für Grundtvigs Ablehnung der romantisch-ästhetischen Vorstellung von Kunst als göttlichem Schaffensprozeß, von Kunst als eigenständigem Wert und von der einzigartigen Größe des Genies bildete das Christentum. Das Christentum schafft eine Demut angesichts der Existenz und gebiert gleichzeitig den Gedanken vom großen historischen Kollektiv, in das die Individuen eingehen – heimfinden über Jahrhunderte und Landesgrenzen hinweg.

Auch wenn Grundtvig selbst die Aufklärung des 18. Jahrhunderts oft angriff, sind doch viele seiner Gedanken über Volksgeist und Volksaufklärung von dort hergeleitet. Aber er erneuerte den Glauben des Aufklärungszeitalters an das Vaterland, an Staat und Gesellschaft durch einen tiefergreifenden Humanismus, aufgrund dessen er den Platz des Individuums im Dasein eher als Resultat einer Wechselwirkung zwischen Individuum und einem wirkenden und wachsenden Organismus erkannte als einer Einverleibung in eine wohlkonstruierte Maschine. Grundtvigs pädagogische und politische Aktivitäten nach 1832 sind ohne Romantik und Christentum undenkbar, aber sie benennen auch einen wiederauferstandenen Humanismus, der über Literatur und Kirche hinaus wirken sollte. Gemeinsam für alle philosophischen und literarischen Schulen, die Grundtvig berührte, ist ein Glaube an die Macht des Geistes als unsichtbare, aber unbestreitbar wirksame Kraft.

Bei seinem Tod im Jahre 1872 war Grundtvig für seine Zeit das Symbol für diese Lebensanschauung – ein Symbol, das bei der EG-Abstimmung 1972 seine Kraft nicht verloren hatte.

Paul Röhrig
Bericht über die abschließende Diskussion

Podiumsteilnehmer waren:
Inken Meinertz
Hans Henningsen
Eckhard Bodenstein
Knud Eyvin Bugge
Paul Röhrig
Theodor Jørgensen
Henning Schröer

Gesprächsleitung: Johann Michael Schmidt

Dekan Schmidt konnte zur Abschlußveranstaltung am Samstagmorgen noch eine ungewöhnlich große Zahl von Teilnehmern begrüßen und wertete dies als Zeichen, daß der Grundtvig-Kongreß in den ersten Tagen viel Interesse gefunden, aber auch neues Interesse geweckt habe und die Erziehungswissenschaftliche Fakultät mit ihren vielen miteinander verbundenen Fächern einen guten Rahmen für den Versuch abgegeben habe, unter dem Thema „Grundtvig" wiederum eine Vielzahl von Fächern und Fachwissenschaftlern, aber auch Praktikern, im Gespräch zu vereinen.

Es war verabredet worden, dem Plenum keine Berichte aus den Arbeitsgruppen vorzutragen, sondern zunächst vom Podium aus zu versuchen, die Frage nach der Aktualität Grundtvigs zu beantworten und dann ein allgemeines Gespräch darüber zu eröffnen.

Inken Meinertz, Bildungsreferentin der dänischen Gewerkschaft für ungelernte Arbeiterinnen, eröffnete die Runde mit dem Bericht über eine bildungspolitische Aktivität, durch die wohl am schärfsten die Frage nach Grundtvigs Aktualität gestellt ist, nämlich durch den neuerlichen Versuch zweier dänischer Gewerkschaften, bei denen nur ungelernte und angelernte Arbeiterinnen und Arbeiter organisiert sind, gemeinsam mit den grundtvigianischen Volkshochschulen eine neue Form von Bildungsarbeit zu gestalten.

Inken Meinertz verteidigte indirekt Grundtvig, der ja mit seiner Volkshochschulidee gerade dem Leben dienen wollte, gegenüber den heutigen Volkshochschulen, die kaum Kontakt zu jenem Bereich hätten, wo sich das Leben am stärksten bewege: zur Arbeitswelt. Sodann berichtete sie einerseits über die große Schwierigkeit, völlig lernungewohnte Erwachsene für eine Bildungsarbeit zu gewinnen, und dann andererseits sich mit den Volkshochschulen über Ziel und Weg einer solchen Arbeit zu verständigen. Die ersten Gespräche der Gewerkschaften mit Volkshochschulleuten hätten eine regelrechte Sprachbarriere deutlich gemacht, die gar nicht so leicht zu überwinden gewesen sei. Dadurch, daß die Volkshochschulen sich in den letzten Jahrzehnten kaum um die Belange der Gewerkschaften gekümmert hätten, etwa um die Forderung nach einem bezahlten Bildungsurlaub, seien in den Gesprächen auch die Einstellungen zu bildungspolitischen Fragen zunächst sehr deutlich auseinandergetreten. Aber man dürfe nicht warten, bis alle Differenzen gänzlich ausgeräumt sind, sondern müsse den Weg praktischer Zusammenarbeit gehen und vor allem von Mensch zu Mensch miteinander reden, dann könne die Volkshochschule im Geiste Grundtvigs heute für die Arbeiter vielleicht ähnliches leisten, wie sie es im vorigen Jahrhundert für die Emanzipation der Bauern getan habe.

Hans Henningsen schwächte die Vorwürfe, die den Volkshochschulen wegen mangelnder Zusammenarbeit mit den Gewerkschaften gemacht worden waren, erheblich ab, indem er darauf hinwies, daß es in den ganz alten Volkshochschulen, wie etwa Vallekilde, schon Abteilungen für Handwerksgesellen gegeben hatte, daß schon 1910 die Arbeitervolkshochschule Esbjerg und später die in Roskilde gegründet und voll in den Kreis der anderen Volkshochschulen integriert wurden, und daß so bekannte Volkshochschulleiter wie Hjalmar Gammelgaard und Hal Koch zwischen den beiden Welten oder „Milieus" doch erfolgreich vermittelt haben. Außerdem gebe es viele informelle Kontakte unterhalb der Organisationsebene, wie etwa seit 30 Jahren zwischen den Volkshochschulen Askov und Esbjerg, die man nicht unterschätzen sollte, und die in den letzten sieben oder acht Jahren auch zu gemeinsamen Gesprächsrunden zum Thema „bezahlter Bildungsurlaub" geführt hätten.

Nach dieser Replik auf Inken Meinertz' Beitrag ging Hans Henningsen auf das Kongreßthema ein. Auf die eingangs vom Dekan in Erweiterung des Themas gestellte Frage, ob eine vielleicht zu konstatierende gegenwärtige Bedeutung Grundtvigs auch für uns Deutsche zutreffe, antwortete Hans Henningsen so: Der Kölner Grundtvig-Kongreß war in erster Linie ein deutsches Projekt, und sein Verlauf und die Tatsache einer so großen und regen Beteiligung sprechen bereits deutlich für Grundtvigs Aktualität auch für Deutsche. In einer Zeit starker antiaufklärerischer Strömungen sei es vielleicht sehr wichtig, eine zweite Form der Aufklärung zur Kenntnis zu nehmen, die sich nur in Dänemark neben der rationalistischen europäischen Aufklärung ausgeprägt habe, die von Grundtvig so genannte und gedanklich und praktisch entwickelte „folkelige oplysning", die man vielleicht als eine historisch-poetische, aus dem Volk selbst kommende Aufklärung bezeichnen könnte. Es komme darauf an, diese beiden Stränge von Aufklärung zusammenzuführen und miteinander in einen Dialog zu bringen. Dazu sollte und könnte dieser Kongreß ein guter Anfang sein, zumal hier nicht nur eine Verbreitung von Grundtvigs Aufklärungsgedanken versucht worden sei, sondern auch ihre Vertiefung.

Eckhard Bodenstein vertrat den Standpunkt, daß es einiger Voraussetzungen bedürfe, um sich in Deutschland mit Grundtvig auseinanderzusetzen. Auch Grundtvig stehe nämlich für viele Deutsche im Rahmen eines typischen deutschen, unkritischen und leicht euphorischen Skandinavienbildes, das sich von der Romantik über den Wandervogel und die Nazizeit bis hin zur Begeisterung für die dänischen (in Dänemark selber sehr umstrittenen) Tvind-Skoler erstrecke. Einmal müsse man bedenken, daß in Dänemark die Grundtvigforschung überwiegend von Grundtvigianern betrieben werde und deshalb der notwendigen kritischen Distanz entbehre. Zum anderen müßten wir uns von dem engen nationalen Gesichtswinkel lösen, unter dem in Dänemark auch pädagogische Probleme gesehen und behandelt würden – beispielsweise, wenn in der neuen Ausgabe vom Højskolesangbog alle fremdsprachigen Lieder hinausgeworfen würden, um weiteren dänischen Platz zu machen. Einer Kritik an der nationalen Enge von Teilen der dänischen Gesellschaft stellte Eckhard Bodenstein als positive Seite entgegen: die freien Unterrichtsformen in der Schule und die demokratische Lebensform, die das politische Leben bestimmt. Beides sei stark vom Grundtvigianismus beeinflußt und enthalte vieles, wovon wir Deutsche lernen könnten, wie wir überhaupt Grundtvig in Teilen übernehmen könnten, wenn wir ihn vorher vom nationalen und christlichen Zuckerguß befreiten.

Knud Eyvin Bugge betonte, daß besonders der Arbeitskreis über Grundtvig und die Dritte Welt gezeigt habe, wie aktuell Grundtvig heute noch sei. Wenn ein Referent aus Indien sagen konnte, „we need Grundtvig more than Western Society does", dann war das eine eindeutige Beantwortung der im Kongreßthema formulierten Frage. Grundtvigs Begriff der Folkelighed wurde in dreifacher Hinsicht beansprucht: Zur Verteidigung der eigenen Kultur der Dritten Welt gegenüber der Kultur der ehemaligen Kolonialmächte, ferner gegenüber der elektronischen Massenkultur und drittens gegenüber der elitären Bildung der sozialen und kulturellen Oberschicht dieser Länder.

Paul Röhrig beantwortete die Frage nach Grundtvigs Aktualität für die Erwachsenenbildung zunächst mit einer eigenen Erfahrung. Als er 1972 zum erstenmal mit etwa fünfzig Studenten für zehn Tage zu dänischen Volkshochschulen fuhr, war der Eindruck auf die Studenten so stark, daß sie schon auf der Rückreise vorschlugen, einen Arbeiterbildungsverein zu gründen mit dem Ziel, in Köln eine besondere Bildungseinrichtung für Arbeiter zu schaffen. Es kam dann tatsächlich zur Errichtung eines Volkshochschulheims für junge Arbeiter, nach dem Modell der Heime, die während der Weimarer Zeit in Leipzig und Jena existiert hatten. Etwa zwanzig junge Arbeiter wohnen mit einigen Pädagogen für zehn Monate dort, gehen ihrer normalen Arbeit weiterhin nach und arbeiten an einigen Abenden und am Wochenende geistig auf verschiedenen Gebieten aller Art. Gerade zur Eröffnung des Grundtvig-Kongresses konnte der Direktor der Kölner Volkshochschule in seiner Begrüßungsrede mitteilen, daß das seit einigen Jahren geschlossene Volkshochschulheim für junge Arbeiter jetzt großzügig renoviert und wieder eröffnet werde, so daß auch wieder etwas vom Geiste Grundtvigs in die städtische Volkshochschule einziehe.

Es gab in der deutschen Erwachsenenbildung einen äußerst fruchtbaren Augenblick für die Aufnahme der Volkshochschulidee Grundtvigs, und das war die Zeit nach dem ersten Weltkrieg. Junge Intellektuelle kamen aus dem Kriege mit der festen Absicht zurück, an der Heraufführung einer neuen Zeit, einer demokratischen Gesellschaft und vor allem des „neuen Menschen" mitzuwirken. Sie wußten damals nur Bruchstückhaftes über Grundtvig und die dänische Volksschule, aber sie hatten sozusagen den genialen Blick für das Wesentliche in diesen Gedanken und erkannten deren Parallelität zu ihren eigenen Intentionen. Was sie dann unter dem Begriff „Neue Richtung" ins Werk zu setzen suchten, stand stets in Konkurrenz oder gar im Kampf mit anderen streitbaren Richtungen der Erwachsenenbildung, wobei man jeweils für den Gegner ein herabsetzendes Schlagwort bereithielt: Romantiker oder Aufklärer.

Auf die Seite der Romantik stellte man mit einigem Recht die Jugendbewegung, mit viel weniger Recht aber die pädagogische Reformbewegung, die Neue Richtung der Erwachsenenbildung und die das alles theoretisch begleitende geisteswissenschaftliche Pädagogik. Hier war dann auch Grundtvig verortet, und er hätte dem gewiß zugestimmt, denn wo man ausdrücklich vom lebendigen Wort sprach, von Lebensbildung (E. Rosenstock) oder Laienbildung (W. Flitner), und wo man meinte, die akademisch Gebildeten müßten selbst wieder „Volk" werden und die Geistigkeit der werktätigen Menschen erst kennenlernen und anerkennen, ehe sie Volksbildung betrieben – dort überall hätte Grundtvig sich verstanden fühlen müssen.

Aufklärer waren vom Standpunkt der Neuen Richtung aus jene, denen es hauptsächlich auf Wissensvermittlung ankam, die meinten, die Gebildeten sollten die Ungebildeten belehren, Wissenschaft und Kultur müßten im Volk verbreitet werden. Hier war auch die Bildungsarbeit der Gewerkschaften und überhaupt alle sog. Zweckbildung einzuordnen, sei es berufliche oder einer politischen Partei dienende.

Es war eine ziemlich schiefe Schlachtordnung, unter der man sich damals bekämpfte, wenn man etwa bedenkt, daß Grundtvig selbst immer von Oplysning, Aufklärung, sprach, daß die Neue Richtung nicht romantisch und idealistisch sein wollte, sondern eher, wie Grundtvig, realistisch, und daß die Aufklärer oft ein großes humanistisches und soziales Engagement bei sich hatten. Es gab in Wahrheit viele Zwischentöne und Gemeinsamkeiten. Dennoch gab es das verhängnisvolle Problem, das Inken Meinertz auch noch für die Gegenwart konstatiert, nämlich daß der Grundtvigianismus in Dänemark, entgegen den Intentionen Grundtvigs, ein eigenes, bäuerlich geprägtes Milieu entwickelt hatte, welches etwa der Arbeiterschaft und ihren Organisationen fremd sein mußte. Weil vielen deutschen Erwachsenenbildnern die dänische Volkshochschule nur innerhalb dieser Art Subkultur begegnete, glaubten viele, die Heimvolkshochschule sei nur als „ländliche" denkbar. In Deutschland war aber damals nicht die Bauernfrage, sondern die Arbeiterfrage das wichtigste soziale Problem, und leider erkannten nur wenige, wie etwa Adolf Reichwein in Jena oder die Leipziger Gertrud Hermes und Hermann Heller oder die Gründer der Arbeitervolkshochschulen Tinz, Habertshof oder Dreißigacker, daß Grundtvigs Idee der Arbeiterschaft zugute kommen konnte.

Nun ist aber Grundtvig nicht nur durch die Heimvolkshochschulen in die deutsche Erwachsenenbildung eingedrungen, sondern auch die Gründung der Abendvolkshochschulen stand vielfach unter seiner Idee der Schule für das Leben, der lebendigen Wechselwirkung und einer folkeligen Aufklärung. Dem Empfinden vieler Volksbildner, man müsse das Leben und die Menschlichkeit des Menschen vor der Gefahr totaler Mechanisierung, Bürokratisierung, Erstarrung und Entfremdung retten, kamen Grundtvigs Gedanken sehr entgegen. Man entdeckte, auch mit Hilfe Grundtvigs, das dialogische Prinzip, wie Buber es nannte, als Gegengewicht gegen die Unterwerfung der menschlichen Lebenswelt unter die Zwänge von Produktion und Organisation. Die Menschen sollten miteinander reden und die Frage nach dem Sinn und nach ihrer eigenen Verantwortung stellen.

Die dialogische Linie der deutschen Erwachsenenbildung hat zunächst eine hohe Gesprächskultur entwickelt, vor allem bei den jährlichen Treffen führender Volksbildner in Hohenrodt, wurde natürlich in der nationalsozialistischen Zeit nicht geduldet, lebte in abgeschwächter Form nach 1945 wieder auf und wurde schließlich von der Wende zum zweckbetonten Lernen in seiner Bedeutung stark zurückgedrängt.

Wir können heute einsehen, daß der Romantikvorwurf obsolet geworden ist, daß Aufklärung heute kritisch und differenziert betrachtet werden muß, daß nicht alles Dialog ist, was sich so nennt, daß die ganze Erwachsenenbildung in allen ihren Formen heute in Gefahr steht, für die Zwecke der Produktion und des Marktes völlig instrumentalisiert zu werden. Ein neues Denken ist gefordert, das selbst dialogisch sein muß, das auf Zwischentöne hören, auf Zusammenhänge achten müßte und vor allen Dingen folkelig sein sollte. Auf Grundtvig zu hören und miteinander über ihn zu sprechen und nachzudenken ist dabei sicher erhellend, aufklärend, wie dieser Kongreß gezeigt hat.

Dekan Schmidt gibt nun die Frage, ob Grundtvig wirklich eine Herausforderung an unsere Zeit sei, an die Theologie weiter, und da er selbst Theologe ist, spitzt er diese Frage noch weiter zu: Was kann die Formel „zuerst der Mensch und dann der Christ" für deutsche Christen nach Auschwitz bedeuten, die erkennen müssen, daß damals die Kirchen, selbst die bekennende, zuerst an das Bekenntnis und die eigene Kirche dachten und dann nur in geringem Maße an jene, die einfach als Menschen in der Not und der Bedrohung der Gefängnisse und Konzentrationslager waren.

Theodor Jørgensen gab zu bedenken, daß man auch in Dänemark immer wieder darüber diskutieren müsse, wie man Grundtvig rezipieren solle und gerade heute, wo die Romantik wieder aufblüht, der Postmodernismus über uns gekommen ist und ernste Krisenphänomene auftauchen, man sich fragen müsse, warum man sich auch gerne an Leute wie Grundtvig oder Schleiermacher zurückwendet. Unsere Zeit sei dadurch gekennzeichnet, daß wir in verschiedenen, ziemlich voneinander getrennten Bereichen leben und dort ganz unterschiedliche Rollen spielen müssen, die wenig miteinander zu tun haben, so daß der moderne Mensch nach seinem eigenen Zusammenhang frage und dabei oft ohne Antwort bleibe. Grundtvig gehöre zu denen, die nicht müde wurden, nach dem Zusammenhang zu fragen und in dieser Weise auch ihr eigenes Leben angegangen sind. Wenn wir uns nicht zufriedengeben wollen mit der Pluralität, den schillernden Farben und unseren vielen Rollen, sondern nach dem Zusammenhang fragen und unseren Wurzeln, dann könnte, so Theodor Jørgensen, Grundtvig heute eine Inspiration für uns sein.

Grundtvig gebe damit auch eine Antwort auf die Frage von Dekan Schmidt. Das kirchliche und christliche Leben darf sich nicht in den Gottesdienst, in ein Getto oder einen Elfenbeinturm zurückziehen und dort ein vertrautes Spiel darstellen, das unverbunden neben den Spielen steht, die man am Montag spielt. Grundtvig sage dann etwa: „Nein, so geht das nicht; hat das Evangelium nicht mit meinem Leben zu tun, dann ist es ein leeres Wort. Ist kein Zusammenhang zwischen Sonntag und Montag, dann ist das ein Versagen." Mensch und Christ haben je ihre eigene Dignität, und das Christsein soll das Menschsein nicht überwältigen, aber sie stehen auch in einem unaufhebbaren Zusammenhang.

Zum Schluß wies Theodor Jørgensen die Vorstellung zurück, das Christliche sei bei Grundtvig ein Zuckerguß, von dem man ihn befreien müsse, wenn man ihn heute rezipieren wolle. Weder könne man das Christliche, noch das Nationale und Folkelige von Grundtvig abtrennen, denn gerade diese wesentlichen Grundbestände seines Denkens und Handelns könnten uns, wenn wir sie in die Zusammenhänge unserer heutigen Zeit richtig hineininterpretieren, Antworten auf Fragen unseres Lebens geben. Auch wenn Dänemark und Deutschland unterschiedliche Bedingungen hatten und haben, um ihre nationale Identität zu finden, so könne er nicht mit Eckhard Bodenstein darin übereinstimmen, daß Grundtvig in Bezug auf die nationale Frage in Deutschland keine Antwort habe, weil wir europäisch denken müßten. Dänemark sei zwar mehr eine ethnische Einheit als Deutschland, aber durch die vielen Einwanderer sei jetzt auch Dänemark herausgefordert zu beweisen, was es wirklich unter Folkelighed versteht, und Deutschland müsse neu zu verstehen suchen, was es bedeutet, schicksalhaft und positiv ein Volk zu sein – und da gebe Grundtvig für beide Völker Inspiration und Hilfe, diese Herausforderung zu bestehen.

Henning Schröer griff das Kongreßthema noch einmal von der Theologie her auf und stellte zunächst fest, daß Grundtvig auch für die Theologie in Deutschland „der große Unbekannte aus dem Norden" sei. Insofern sei es, didaktisch gesprochen, gar kein Fehler, daß man jetzt mit einiger Begeisterung Grundtvig zur Kenntnis nehme. Die kritische Auseinandersetzung bleibe dann sowieso nicht aus.

Als wichtigste theologische Frage bezeichnete Henning Schröer die, ob Grundtvig ökumenisch werden könne. Auf welche Weise ist er, theologisch, nur bis zur Eider gekommen, und was bedeutet es, daß er jetzt so deutlich in Köln zur Sprache kommt? Nur dann, wenn wir gleiche Probleme erkennen, gebe es auch für uns eine Möglichkeit der Aneignung Grundtvigs. Hätte Grundtvig nur eine Art Agrarreligion wiederbelebt, könnten wir heute wenig damit anfangen. Nun sei aber über die Zwischenstufe einer stark sozial geprägten Religion heute so etwas wie eine ökologische Religion entstanden, die man in etwa mit dem Schlagwort „Umkehr zum Leben" charakterisieren könnte. Wie geht diese ökologische Religion zusammen mit der christlichen Tradition?

In den Anfangszeilen zweier Gedichte drücken sich für Henning Schröer die beiden Haltungen aus, nach deren Zusammenhang wir heute fragen müssen, in Grundtvigs „Dejlig er den himmel blå" (Prächtig ist der Himmel blau) und in der Zeile von Alfred Andersch: „Empört euch, der Himmel ist blau". Kann, mit anderen Worten, eine kritische Gesellschaftstheorie mit einer gefühlsmäßigen Heimatverbundenheit zusammengebunden werden? Ein frühes Zitat von Dorothee Sölle gibt einen Hinweis: „Religion ist Heimatkunde", womit gemeint ist, daß es um Beheimatung des Menschen geht.

Menschen wie Dorothee Sölle und Alfred Andersch, die ja einerseits für die Emanzipation einstehen, zeigen auch auf die Notwendigkeit von Integration hin, und dies Spannungsverhältnis, in den Begriffen „Freiheit und Verbundenheit" ausgedrückt, ist nach Henning Schröer auch das Problem des Grundtvigianismus. Allerdings müßte man darin sowohl über die nationalen und auch europäischen Denkweisen hinauskommen und die Theologie und Lebensanschauung der Dritten Welt befragen und von dort aus unser Denken in Frage stellen lassen. Vom Grundtvig-Kongreß könnte dazu ein Impuls ausgegangen sein.

Einen zweiten Gedankenkreis leitete Henning Schröer mit der Bemerkung ein, daß man heute in Deutschland beginne darüber nachzudenken, was lebendige Mythologie sei. Kann es einen Zusammenhang zwischen Ritus und Alltag geben, wie Theodor Jørgensen auch schon gefragt hat? Das Verbindende ist die Kultur, die Lebensanschauung, wie Grundtvig es nannte, und woran wir alle gemeinsam arbeiten. Kultur bestehe aus Riten, aus Umgang mit Zeit, aus gemeinsamem Tun, aus symbolischer Deutung des gesamten Lebens – und deshalb bräuchten wir von da aus eine gemeinsame Arbeit an den Riten der Gesellschaft, an ihren Symbolen und denen der Kirche und an der Frage, wie sich das zueinander verhält. Die Theologie – so Henning Schröer – ist sehr daran interessiert, an einer derartigen Anthropologie mitzuarbeiten und ist von daher von Grundtvig dauernd herausgefordert. Wie sollte etwa die Kultur aussehen, was bedeutet das gemeinsam gesungene Lied heute noch, was wir vielleicht mit Dänen zusammen ausprobieren sollten, und was bedeutet heute Muttersprache, die bekanntlich etwa gegenüber Asylanten auch zur Herrschaftssprache werden kann. Und zu der Frage, was „Volk" sei, hatte Henning Schröer Grundtvigs Ausspruch sehr überrascht und beeindruckt, zum Volk gehöre, wer sich selbst dazu rechnet. Und wie sieht es mit der Volkskirche aus, wer gehört zu ihr, was bedeutet es, wenn das Volk die Kirche ausmachen soll, was ist überhaupt Volkskirche im grundtvigschen und dänischen Verstand? Da gibt es in Deutschland vieles zu klären und kritisch aufzuarbeiten.

Grundtvig ist also für Theologie und Kirche durchaus eine Herausforderung, und der Kongreß in Köln hat einen guten Anlauf genommen, sich dieser Herausforderung zu stellen, so etwa resümierte Henning Schröer.

Die Diskussion mit dem ganzen Publikum verlief lebhaft und sachlich, klärte Mißverständnisse auf, ergänzte manches, ohne daß gänzlich neue Gesichtspunkte hinzukamen.

Der Kongreß selbst wurde einmütig positiv beurteilt und mit Hoffnungen auf eine Fortführung der Arbeit auf verschiedenen Ebenen beendet. Was als das Besondere dieses Kongresses hervorgehoben wurde, war die Übereinstimmung des Inhalts mit den Formen der Durchführung. Es war ein selten lebhafter und herzlicher Dialog über alle Grenzen hinweg: über die nationalen, die fachlichen und die zwischen Wissenschaftlern und Praktikern. Das müsse sich wiederholen lassen, meinten viele zum Abschied.

Autorenverzeichnis

Jens Peter Ægidius, Nordisches Institut, Universität Kiel

Jakob Andersen, Gründer und langjähriger Leiter der Efterskole Svendborg

Arne Andresén, Leiter des Sekretariats der Volkshochschulen, Kopenhagen

Knud Arnfred, Leiter der Heimvolkshochschule Herning

Professor Dr. Hans Bekker-Nielsen, Nordisches Institut, Universität Odense

Dr. Eckhard Bodenstein, Pädagogische Hochschule Flensburg

Professor Dr. Knud Eyvin Bugge, Hochschule für Lehrerfortbildung, Kopenhagen

Professor Dr. Otto Dann, Historisches Seminar, Universität zu Köln

Professor Dr. Hermann Deuser, Institut für Geschichte, Philosophie und Theologie, Universität Wuppertal

Poul Engberg, Jurist und ehemaliger Volkshochschulleiter, Rønshoved

Privatdozentin Dr. Martha Friedenthal-Haase, Institut für Erziehungswissenschaft II, Arbeitsbereich Erwachsenenbildung/Weiterbildung, Universität Tübingen

Privatdozentin Dr. Barbara Gaebe, Seminar für Pädagogik, Abteilung Allgemeine Pädagogik, Universität zu Köln

Professor Dr. Martin Greschat, Theologische Fakultät der Universität Gießen

Jens Grøn, Leiter der Heimvolkshochschule Vestbirk

Professor Dr. Ulrich Groenke, Institut für Nordische Philologie, Universität zu Köln

Professor Dr. Hans Grothaus, Theologisches Institut, Pädagogische Hochschule Flensburg

Eberhard Harbsmeier, Dozent an der Universität Kopenhagen

Professor Dr. Bernd Henningsen, Fachbereich Germanistik/Skandinavistik der Freien Universität Berlin

Hans Henningsen, Leiter der Heimvolkshochschule Askov

Jürgen von Heymann, Universitätslektor, Reykjavik

Professor Dr. Theodor Jørgensen, Institut für Systematische Theologie, Universität Kopenhagen

Jakob Krøgholt, Direktorat für Volksbildung im dänischen Unterrichtsministerium

Professorin Dr. Ok-Bun Lee, Kyungpook-National-Universität Daegu, Süd-Korea

Dr. Flemming Lundgreen-Nielsen, Lektor, Universität Kopenhagen

Inken Meinertz, Bildungsreferentin der dänischen Gewerkschaft für Arbeiterinnen

Privatdozent Dr. Hartmut Meyer-Wolters, Pädagogisches Seminar, Universität zu Köln

Professor Sri N.M. Mukherjee, Institut für Community Studies der Visva-Bharati-Universität, Indien

Dr. Rolf Niemann, Fachstelle für Internationale Zusammenarbeit des Deutschen Volkshochschulverbandes, Bonn

Erik Overgaard, ehemaliger Leiter der Heimvolkshochschule Rødding

Professor Dr. Franz Pöggeler, Seminar für Pädagogik und Philosophie, Technische Hochschule Aachen

Ebbe Kløvedal Reich, Schriftsteller und Historiker, Kopenhagen

Dr. Nikolaus Richartz, Seminar für Pädagogik, Abteilung Allgemeine Pädagogik, Universität zu Köln

Professor Dr. Paul Röhrig, Seminar für Pädadogik, Abteilung Allgemeine Pädagogik, Universität zu Köln

Barbara Rosenthal, Diplompädagogin, Köln

Professor Dr. Klaus Schaller, Institut für Pädagogik, Ruhr-Universität Bochum

Dr. Hermann Scheile, Hamburg

Professor Dr. Johann Michael Schmidt, Dekan der Erziehungswissenschaftlichen Fakultät der Universität zu Köln, Seminar für Theologie und ihre Didaktik

Professor Dr. Henning Schröer, Evang. theologisches Seminar, Universität Bonn

Professor Dr. Egon Schütz, Pädagogisches Seminar, Universität zu Köln

Professor Dr. Horst Siebert, Fachbereich Erziehungswissenschaften, Universität Hannover

Dr. Erica Simon, em. Professorin der Universität Lyon

Dr. Ehrenhard Skiera, Institut für Bildungsforschung und Pädagogik des Auslands, Universität Gießen

Professorin Dr. Thea Sprey-Wessing, Seminar für Pädagogik, Abteilung Allgemeine Pädagogik, Universität zu Köln

Professor Dr. Gerhard Strunk, Fachbereich Pädagogik, Universität der Bundeswehr, Hamburg

Dr. Kaj Thaning, ehem. Pfarrer und Volkshochschulleiter, Middelfahrt

Professor Dr. Jörg Thierfelder, Fachbereich Evangelische Theologie/Religionspädagogik, Universität Heidelberg

Professor Dr. Christian Thodberg, Theologische Fakultät der Universität Aarhus

Hans-Wilhelm Tölke, Gründer und ehemaliger Leiter der Heimvolkshochschule Barendorf

Dr. Norbert Vogel, Institut für Erziehungswissenschaft II, Arbeitsbereich Erwachsenenbildung/ Weiterbildung, Universität Tübingen

Dr. Günter Weitling, Gemeindepfarrer, Sønderborg

Henrik Yde, Volkshochschullehrer, Kopenhagen